赵松樵先生

不积跬步

以至千里

不积细流

无以成江海

戊戌初冬书于松江三乐书屋 尚长荣

中国戏剧家协会名誉主席尚长荣先生题词

菊壇藝友

天道酬勤

緒昕先生大作道松榦評傳

出版書以相賀

劉琦敬題

画家赵诗予画《雪松渔樵图》以贺《赵松樵评传》再版

中国艺术家评传

CRITICAL BIOGRAPHY OF CHINESE ARTISTS

戏曲卷

赵松樵 评传

赵绪昕 著

主编 谢柏梁

中国文联出版社
http://www.clapnet.cn

图书在版编目（ＣＩＰ）数据

赵松樵评传 / 赵绪昕著. -- 北京 ：中国文联出版

社，2018.6

（中国艺术家评传 / 谢柏梁主编. 戏曲卷）

ISBN 978-7-5190-3585-3

Ⅰ．①赵… Ⅱ．①赵… Ⅲ．①赵松樵－评传 Ⅳ．

①K825.78

中国版本图书馆 CIP 数据核字(2018)第 084519 号

赵松樵评传

作　　者：赵绪昕	
出 版 人：朱　庆	
终 审 人：朱彦玲	复 审 人：周劲松
责任编辑：李成伟 张凯默	责任校对：刘成聪
封面设计：马庆晓	责任印制：陈　晨

出版发行：中国文联出版社

地　　址：北京市朝阳区农展馆南里 10 号，100125

电　　话：010-85923060（咨询）010-85923000（编务）010-85923020（邮购）

传　　真：010-85923000（总编室），010-85923020（发行部）

网　　址：http://www.clapnet.cn　　　http://www.claplus.cn

E - mail：clap@clapnet.cn　　　panshijing@clapnet.cn

印　　刷：天津画中画印刷有限公司

装　　订：天津画中画印刷有限公司

法律顾问：北京市德鸿律师事务所王振勇律师

本书如有破损、缺页、装订错误，请与本社联系调换

开　　本：710×1000	1/16
字　　数：618 千字	印　张：41.5
版　　次：2018 年 6 月第 1 版	印　次：2018 年 6 月第 1 次印刷
书　　号：ISBN 978-7-5190-3585-3	
定　　价：66.00 元	

戏曲卷·总序

谢柏梁

一

在宇宙的浩瀚星空中，我们人类所居住的地球，无疑是最有灵性的星球之一。

人类作为地球的主人，其源远流长的创造与发展变化的历史，主要由各行各业的杰出人物所代表，由各色各样的奋斗历程所体现。

在美丽地球的东方世界，在古老而又年轻的中国，历朝历代的大家们，一向以对各式各类人物事迹的记述与描摹作为己任。我国的人物传记体裁丰富多样，大致可以分为纪传（皇家大事记）、文传（文学化传记）、史传（历史家所写人物传记）、志传（各地方志中所记载的本地人物传记）这四大类别。四类传记互为补充，构成了中国传记文化的多元谱系。

从左史记言、右史记事的专业化分工，到《左传》《国语》《战国策》式的整体氛围感的描述，最后由司马迁振臂一呼，以人物传记体为中心的《史记》横空出世。《史记》记载了地球东方的上自传说中的黄帝时代、下至汉武帝元狩元年（前122年）共三千多年的华夏历史。概述历代帝王本末的十二本纪，记录诸侯国和汉代诸侯兴废的三十世家，描摹重大历史人物的七十列传，使之成为号称"史家之绝唱，无韵之离骚"的中国历史上第一部纪传体通史。

在《史记·孔子世家》所记载的夹谷会盟中，孔夫子面对"优倡侏儒为戏而前"的表演场面，在非常严肃而力图放松的外交场合下，做出了特别粗暴野蛮的极端化处理。这也成为历代梨园界对于孔子不够恭敬的源头。此后历代史书方志，都不同程度地涉及优伶们的言行事迹。

魏晋以降，文史两家由混成到分野，自一体而两适。文者重藻饰心曲，史家倡材料事实，各臻其至，泾渭分明。隋唐而后，碑铭行传，五花八门，高手操觚，佳作如云。韩愈《祭十二郎文》情深委婉，柳宗元为慧能所作碑文机趣横生。

北宋乐史作《太平寰宇记》，分地区而织入姓氏人物，因人物又详及诗词、官职，"后来方志必列人物艺文者，其体皆始于史"（《四库全书总目提要》）。

太平世界，因人物而繁盛；梨园天地，赖优伶而生存。

美妙绝伦的中华戏曲艺术从唐代的梨园开始，至少存在了漫长的十个世纪。千百年以来，戏曲艺术一直在蓬勃兴旺地发展，成为中国人民雅俗共赏的朵朵奇葩、民族文化中不可忽视的重要部类、戏剧天地内中华文化的闪亮名片、国际社会审美天地中的东方奇观。

较早对优伶进行分类撰述的史书，是宋代大文学家欧阳修的《新五代史》。该书包含了分类列传45卷，这种分类传的体例较有特色，其中就包括了《伶官传》。

一向被人们所津津乐道，甚至还被收入到中学教科书的《五代史伶官传序》云："《书》曰：'满招损，谦受益。'忧劳可以兴国，逸豫可以亡身，自然之理也。故方其盛也，举天下之豪杰，莫能与之争；及其衰也，数十伶人困之，而身死国灭，为天下笑。夫祸患常积于忽微，而智勇多困于所溺，岂独伶人也哉！"尽管欧阳修的本意是说祸患之起乃多方面的原因所累积爆发而成，但还是对表演艺术家们带来了较大的负面影响。

与东土中国的情形完全不同，西方世界对于戏剧艺术家的看法与评价完全不一样。对于以三大悲剧家和一大喜剧家作为代表的古希腊戏剧家，对于以莎士比亚、歌德、席勒等的西方戏剧界的灿烂星座，西方人给予无限崇敬和由衷热爱。

晚清以来最早睁开眼睛看世界的中国人，是那些在西方世界出使、考察或者读书的官员士子。当他们瞻仰到西洋剧院的建筑艺术之华美绝伦、内部装饰之金碧辉煌后，不由得发出由衷的赞美，感叹西洋剧院其"规模壮阔逾于王宫"，特别是舞台上的机关布景之生动逼真，变幻无穷，"令观者若身历其境，疑非人间"；至于西方的戏剧艺术家地位之高贵，更是令国人叹为观止：所谓"英俗演剧者为艺士，非如中国优伶之贱"，"优伶声价之重，直与王公争衡"！

人类的艺术天地原本皆是可以共同分享的，何以东西方对于戏剧艺术家的认同度与景仰度，相差之大犹若天壤之别呢？泱泱中华，文明古国，难道就没有有识之士站出来振臂一呼，为戏剧艺术家们说几句公道话吗？

二

江山代有才人出，是非终有识者论。

我国历史上，首度给予戏曲艺术家们全方位高度评价的文人，是元代的钟嗣成（约1279年—约1360年）。这位祖籍大梁（今河南开封）人士，长期生活在素有天堂之称的杭州城。他先在杭州官学读书，师从于邓文原、曹鉴、刘濩等名家宿儒，又与对戏曲有着共同爱好的赵良弼、屈恭之、刘宣子、李齐贤等人同窗攻书，其乐融融。有记载说，钟嗣成曾一度在江浙行省任掾史。他自己写过《寄情韩翃章台柳》《讥货赂鲁褒钱神论》《宴瑶池王母蟠桃会》《孝谏郑庄公》《韩信泜水斩陈余》《汉高祖诈游云梦》《冯驩烧券》七种杂剧，但不知为何皆已散佚。

真正使得钟嗣成开宗立派、名传青史的著作，还是其为中华民族有史以来第一代剧作家描容写心、传神存照、树碑立传的《录鬼簿》。

《录鬼簿》上卷分"前辈已死名公有乐府行于世者""方今名公""前辈已死名公才人有所编传奇行于世者"三类，这三类名公才人之情形，乃其友陆仲良从"克斋吴公"处辗转所得，故"未尽其详"。下卷分为"方今已亡名公才人余相知者为之作传，以【凌波曲】吊之""已死才人不相知者""方今才人相知者，纪其姓名行实并所编""方今才人闻名而不相知者"四类。这上下两卷书大体依据时代之先后加以排列，一共记述了

152位元杂剧及散曲作家的基本情况，同时也记录了四百余种剧目。

我很欣赏钟嗣成的"不死之鬼"说。在他看来，天地开辟，亘古及今，自有不死之鬼在。何则？圣贤之君臣，忠孝之士子，小善大功，著在方册者，日月炳焕，山川流峙，及乎千万劫无穷已，是则虽鬼而不鬼者也。

不死之鬼，是为不朽之神或曰永恒之圣。在钟氏的神圣谱系中，那些门第卑微、职位不振的剧作家，那些高才博识、俱有可录的梨园才人，都值得传其本末，叙其姓名，述其所作，吊以乐章，使之名传青史，彪炳千秋，泽及后世。

因此，写作《录鬼簿》更为重要而直接的意义，还在于对于后学的直接指导和充分激励。"冀乎初学之士，刻意词章，使冰寒于水，青胜于蓝，则亦幸矣。名之曰录鬼簿。"唯其如此，则杂剧戏文创作之道，才可能被一代代年轻的才人们所自觉自愿地衣钵相传，推陈出新，生生不已，得到更加健康的发展。

元杂剧作为中国戏剧史上第一个黄金时代，需要有人进行认真的归纳和总结。从此意义上言，钟嗣成在中国的地位，因为其成书于至顺元年（1330年）的《录鬼簿》之横空出世，甚至可以与西方的大学问家亚里士多德的《诗学》等书相提并论。

有明一代，在贾仲明所增补的天一阁蓝格钞本《录鬼簿》之后，又附有约成书于洪熙、宣德（1425年—1435年）年间的《录鬼簿续编》一卷。该书直接受到《录鬼簿》的影响，以相同的体例记述了元、明之间一些戏曲家、散曲家的大致事迹，接续前贤，踵事增华，令人欣慰。

自兹之后，从总体上对于当代戏曲作家进行专门记载和研究的著作，从明清两代至中华民国，皆未得见。中华人民共和国成立以来，安葵的《当代戏曲作家论》和本人的《中国当代戏曲文学史》等相应的专著，都属于《录鬼簿》的悠远传统在新时代的传承、示范和发展。

三

与《录鬼簿》蔚为双璧的元代重要戏曲典籍，是生于元延祐年间、卒于明初的华亭（今上海松江）人夏庭芝所撰的《青楼集》。前书论作家，后者集演员，正好勾勒出元代戏曲艺术家中两个最为重要部类的旖旎景观和绰约风采。

《青楼集》成书于元至正乙未十五年（1355 年），该书记述了从元大都到山东，从湖广武昌到金陵、维扬以及江浙其他地方的歌妓、艺人共一百一十余人的简约事迹。这些女演员们各自身怀绝技，有的在杂剧、院本、诸宫调方面负有盛名，有的在嘌唱、乐器和舞蹈等项目上造诣颇深。有的演员如珠帘秀的弟子赛帘秀在双目失明之后，依然能在舞台上正常表演，"出门入户，步线行针，不差毫发"；脚步地位，规范犹在，这是多么高深的艺术造诣！

也正是因为她们的色艺双绝，声名鹊起，所以才引起了社会各界的热切关注和诸多应酬往还。书中除了记载与她们有过合作关系的二十多位男伶之外，还记录了她们与诸多戏曲散曲作家等文人士子的交情，其中有五十多位达官贵人、名公士大夫，都与这些女演员们有着或多或少、或深或浅的广泛交往。一部《青楼集》，作为第一部比较简练而系统的表演艺术家史传，对研究元代演剧、表演艺术、演员行迹与时代风尚等多方面的话题，都具备非常重要的史料价值和文化意义。

明清以来，与关于戏曲剧作家的记录相对寂寥的研究局面不一样，类似明代潘之恒《鸾啸小品》之类关于演员与表演艺术的文献相对较多。表演艺术家们的优美声容及其较大的社会影响力，使他们得到了较多的关注和充盈的记载。

清代，戏曲艺术进入另一个鼎盛时期，演员记录极为丰富。《清代梨园燕都史料》中所收录的《燕兰小谱》《日下看花记》等几十种书，都对演员予以主体性的关注。如小铁笛道人在《日下看花记》自序中论及其作传缘起云：

> 唐有雅乐部。宋时院本始标花旦之名，南北部恒参用之。

每部多不过四、三人而已。有明肇始昆腔，洋洋盈耳。而弋阳、梆子、琴、柳各腔，南北繁会，笙磬同音，歌咏升平，伶工荟萃，莫盛于京华。往者，六大班旗鼓相当，名优云集，一时称盛。嗣自川派擅场，蹭蹭竞胜，坠髻争妍，如火如荼，目不暇给，风气一新。迩来徽部迭兴，踵事增华，人浮于剧，联络五方之音，合为一致，舞衣歌扇，风调又非卅年前矣。……录成一稿，名之曰《日下看花记》。梨园月旦，花国董狐，盖其慎哉。余别有《杨柳春词》一册，备载芳名，以志网罗，无俾遗珠之叹。凡不登斯录者，毋怼予为寡情也。

这段序言，既有史识在，又有人情浓，令人为之莞尔首肯。

民国以来，由于出版业的发达与报刊传媒业的勃兴，又使得关于演员的记载、评选和评论蔚为大观。民国二十七年（1938 年）由徐慕云编著的《中国戏剧史》（上海世界书局出版）卷一专列《古今优伶戏曲史》，以编年体形式，研究家的眼光，纵述自先秦以来直到民国戏曲演员的大的历史线索与知名演员，颇具史家眼光。

近些年来，北京学者孙崇涛、徐宏图等人合著的《戏曲优伶史》（文化艺术出版社 1990 年）和上海学者谭帆的《优伶史》（上海文艺出版社 1995 年）先后问世，这都是关于中国历代演员事迹的研究著作。

四

中华人民共和国成立以来，戏剧艺术家的位置得到了前所未有的大提高。在全国政协委员和全国人大代表的席位中，戏剧家特别是戏曲表演艺术家都占有一定的比例。

与此同时，关于戏曲表演艺术家的各种传记资料愈来愈繁盛起来。最负盛名的自传性著作，是梅兰芳的《舞台生活四十年》。关于盖叫天的《粉墨春秋》，也激励过业内外的诸多读者。

20 世纪末到 21 世纪初以来，戏曲艺术家的传记纷纷面世。诸如河北教育出版社、中国戏剧出版社、中国青年出版社、文化艺术出版社等多家单位出版过不少戏曲家传记。

有鉴于目前出版的一些戏曲家传记，还存在着收录偏少、体例不全的遗憾，随着新资料的发现、新人物的涌现，社会各界迫切需要一套相对系统、完整些的戏曲人物传记资料。这既是对于钟嗣成、夏庭芝等人开拓的曲家与伶人传记之风的现代传承，也是在国学与民族艺术学越来越受到全民重视的前提之下，从戏曲艺术家传记方面所做出的积极呼应。

在中国已经崛起为世界上第二大经济体的今天，在中国商品出口多、文化输出少的不对称情形下，在国际社会与世界戏剧界关于中国民族戏剧的热切关注下，一部系统的中国戏曲家传记丛书呼之欲出。

作为中国戏曲人才培养与学术研究的专业化最高学府，中国戏曲学院理所当然地应该担当起编纂中国戏曲艺术家传记丛书的重任。而且今天的戏曲艺术家丛书，既包括了演员与编剧在内，也同样不会遗漏著名的戏曲音乐家和舞美设计家等不同专业的代表人物。

中国戏曲学院的表、导、音、舞、美等不同系科，都对本专业的佼佼者了如指掌。在教师、研究生和本科生三结合的编纂模式下，在文献资料收集、当事人采访调查、专辑文本写作修改等较为漫长的过程中，学院都有着较为雄厚的人才基础。有道是铁打的校园水流的学生，也只有中国戏曲学院才能一直具备较为丰富而新鲜的专业化人力资源。

在文化部、中国文联、北京市教育委员会的慧眼关照下，在上海文化基金会的一度支持下，在中国戏曲学院领导与师生的有效指导与大力参与下，在社会各界贤达众人相帮、共襄盛举的积极姿态下，中国戏曲艺术家传记丛书终于正式立项。从 2010 年到 2016 年 5 年间，上海古籍出版社、商务印书馆、中国政协出版社、中国戏剧出版社和后来居上的中国文联出版社，已经出版了近七十种京昆人物传记。

国务院艺术学科评议组召集人仲呈祥、全国政协京昆室负责人赵景发、王春祥、文化部外联局舒晓书记、中国戏曲学会会长薛若琳、副会长龚和德、王安奎、北京戏剧家协会名誉主席郭启宏、中国艺术研究院话剧所前所长田本相研究员、中国戏曲学院李世英教授等名家耆宿，都就这套严肃认真的戏曲人物传记，以蔚为大观序列鱼贯推出，给予了高度肯定，并寄予了无限期望。前文化部部长、全国政协副主席、中国文联主席孙家正先生，在该套丛书中的全国政协委员序列谭元寿、梅葆玖、李世济、叶少兰和蔡正仁五位京昆大师的传记写作研讨会上说，这是传承京昆遗产、戏曲艺术和中华文化的重要举措。这套书的出版，与京剧的音配像工程一样，都会在戏曲文化的传承方面，做出重大的贡献。

美国加州大学洛杉矶分校吴琦幸教授，北美中国戏曲曲艺学会会长、美国佛萨大学都文伟教授，美国芝加哥大学陆大伟教授，台湾著名戏曲学者曾永义教授、洪惟助教授和王安祈教授，曾多次盛赞这套丛书在中国戏曲发展史上个体阐扬、微观记录和叠加在一起的宏大叙事的贡献和意义。大家认为，已经出版的近百种传记，行将逐年出版的三百多种传记，厥功甚伟，既有"青楼集"，也有"录鬼簿"，这将构成迄今为止第一套最为丰富的关于中国戏曲艺术家的传记丛书。

《中国戏剧》主编晓赓，《中国演员》主编陈牧，《中国京剧》《戏曲研究》《光明日报》《新民晚报》等多家报刊的相关主编与编辑，都对丛书的不断发展予以关注和阐扬。上海古籍出版社田松青主任，张永和、翁思再、和宝堂、陈珂、陈培仲、田志平等院内外评传作者，不仅在已经召开的三次传记研讨会上分别就自己的撰写情况作了交流，有的传记作者还在为丛书撰写新的人物传记。

人有善念，天必从焉，众必扶焉。大家共同期待这套日新月异、逐年发展壮大的丛书能够成为中国戏曲学院和中国戏曲界的诸多学术与专业品牌之一，为弘扬京昆传统、继承国粹艺术、振兴地方戏曲、留住民族记忆，深化联合国教科文组织人类口头与非物质文化遗产代表作的研究与推广，发挥其应有的作用。

五

"中国艺术家评传丛书"，是由中国文联牵头、中国文联出版社主持，并与相关艺术专业类大学合作，以期全面系统地评析不同艺术门类、不同时期艺术家的从艺经历、经典作品和艺术思想等，全方位、多层次地揭示中国艺术的发展脉络、传统沿袭和其中历久弥新的艺术活力，构筑一部点面结合的中国艺术发展史。丛书以弘扬和传承中华优秀传统文化、汇聚和总结中华优秀艺术资源为指导思想，选择在各艺术门类发展过程中，举足轻重、影响深远、德艺双馨的艺术名家，为其撰著评传。同时抢救性地寻访高龄的艺术名家，记录其个人口述艺术史，传承其服务人民的文艺观、美学观和创作观。评传既写传主的知识储备、文化修养、艺术训练、艺术作品等；又写后人对传主的艺德艺品、学养涵养、艺术观和方法论的理解与评价；同时站在当今时代精神的高度，把握传主的艺术思想，研究和继承其艺术精华和底蕴。重点剖析艺术家们高尚的职业操守、良好的社会形象、文质兼美的经典作品，同时力求从艺术评述的角度，建构中国艺术发展史的理论体系，体现中华艺术精神。丛书以历史性、学术性、艺术性的广泛视角，写作不同的传主，评传结合，有评有传，且侧重于评，再现传主的艺术精神风貌，呈现中国艺术各门类的全景式发展图景。既展现传主的艺术形象，又凸显各流派的发展规律，以微见著，古为今用。

"中国艺术家评传丛书"，拟规划《戏曲卷》《美术卷》《书法卷》《音乐卷》《舞蹈卷》《曲艺卷》《民间艺术卷》《电影卷》等分卷，既评述各时代传主的艺术成就，又呈现各艺术门类的发展历程。

作为"中国艺术家评传丛书"中的《戏曲卷》分类丛书，本套丛书将推出中国戏曲艺术家中对剧种做出过重大贡献的那些不可遗忘的人物。我们打算用十年时间，持续推出京昆艺术家当中的重要人物传记，推出越剧、黄梅戏和豫剧、粤剧和全国各大地方剧种之领军人物的传记，持续推进。积之以时日，继之以心力，伴随着梨园界各方贤达和社会各界有识之士的支持，中国戏曲艺术家的三百余种系列评传，就一定能够在太平盛世当中积少成多，聚沙成塔，共同托举出中华文化中戏曲艺术家的辉煌群像。

昆曲，既是京剧之前最具备代表意义的"前国剧"，又是戏曲剧本文学性较强、表演艺术趋于典范精美的大剧种，还是2002年起首批被联合国教科文组织列入"人类口头与非物质文化遗产"名录、具备较大国际影响的古典剧种。

从 1917 年开始，吴梅先生在北大开辟了戏曲教学的先例。在他的指导、启发和参与下，由上海的实业家穆藕初赞助，昆剧传习所在苏州正式开班，培养了承前启后的"传"字辈演员。设非如此，兰苑遗音，古典仙音，险些儿做广陵散，斯人去矣，芳踪难寻。至于北昆的韩世昌、白云生等人，也都是正式拜过吴梅先生的嫡传徒弟。这些人，这些事，不可不写，不可不传。

京剧，至今被公认为中国戏曲最具备代表性的剧种，海内外的不少人索性将其称之为"国剧"，也被列入人类非物质文化遗产代表作，得到社会大众的认同。京剧表演艺术家，流派纷呈，各称其盛，具备非常广泛的群众基础，也在世界各国都具备较高的知名度。这些角儿，这些流派，不可不述，不可不歌。

因此，昆曲类传记中，首先推出的是近代戏曲学术大师吴梅、昆剧表演艺术大师俞振飞和素负盛名的昆剧"传"字辈老艺人；京剧类传记中，余叔岩、言菊朋与"四大名旦"等名宿传记也规划较早。

昆曲是昔日的雅部，京剧是今日的雅部。豫剧等星罗棋布的地方戏剧种，可以看成是今日的"花部"。地方戏剧种最接地气，最能够构成中国老百姓看戏的基本生态活动，他们之中的代表人物不可不写，不能不写。

细心的读者很快将会发现，在本套丛书中，大多数是众所公认的戏曲界大师，但也还有部分正处在发展过程的中年名家。或许有人要问：既然曰传，树碑立传，盖棺才能论定，中年才俊尚还处于发展过程之中，缘何仓促为之写传？

此问有理，但又不全正确。须知任何一时代较有影响的人物，首先是被同时代的人们所热爱。举例说来，于魁智、李胜素和张火丁等人，豫剧的李树建等人，越剧的钱惠丽等人，都还处在发展前进的艺术路上，可是他们也确实拥有大量的观众群。那些忠实的粉丝们，迫切需要知道他们心中偶像的更多情形。那么，为同时代的人们的戏曲界偶像树碑立传，实属必要。再比方今天我们的诸多梅兰芳传记，实际上更多的是具备历史文献的意义，因为现存的大部分观众再也无缘得睹梅大师演出的现场风采了。

更有甚者，我们与《中国京剧》的朋友们总是在计划某月某日去采访某一位德高望重的艺术家。可是每当我们如期去实地采访时，常常会发现老人家年事已高，对于昔日的风采与精彩的艺术，已经很难清楚地加以表述了。英雄暮年，情何以堪？

至于有时候看到讣告上的名家，原本已经列入我们要拜访的日程表上，但是拜访者尚未成行，受访者却已经远行，远行到另外一个遥远不可及的世界中去也！天壤永隔，沟通万难，那就更属于永远的遗憾了。

有鉴于此，我们提倡两次写传法或曰多次写传法。此次先写名家的壮年时期，未来再补足传主的晚年事迹，这样的传记，也许更加齐备可靠一些。若必要年老而可写，若必等盖棺而论定，却使后人对前辈艺术家知之甚少，叙之渺渺，称之信史，恐也非理想之传记。

评传的生命力在于讲述一个个真实的故事，演出一幕幕人生的大戏。但是如何讲好故事，怎样使得故事讲得精彩动人，令人读后余香满口，味道袭人，实属不易。《史通》说："夫史之称美者，以叙事为先，至若书功过，记善恶，文而不丽，质而非野，使人味其滋旨，怀其德音，三复忘疲，百遍无斁。"

戏曲艺术家们在舞台上创造了富于美感的各色人物形象，但在生活中却还是一位凡人，或者说往往是一位烦恼更多的凡人。如何使得生活中的凡人和舞台上各色才子佳人、贤士高官和其他或正或邪的人物形象有机地对接起来，更是亟需在传记写作过程中不断探索的难关。

评传包括家族身世、教育承传、艺术人生和舞台创造等部分，也酌选精彩而有历史价值的照片，以期图文并茂，赏心悦目。评传强调文献记载、口述历史与适度评述相结合。附录包括大事年表、源流谱系、研究资料索引等。每位传主的评传大约十五万字，俱以单行本方式印行出版。

二百年来，风云变幻，梨园天地，名家辈出。区区一套丛书，尽管编者力图使之相对完整系统一些，但挂一漏万、沧海遗珠的现象，还是不能避免。即便收入本丛书中的名家大师，由于多侧面历史的诸多误会以及材料的相对匮乏，编撰者的经验不足，错讹之处，在所难免。尚求方家不吝指正，遂使学问一道，有所长进；梨园群星，光芒璀璨。这也正好呼应了马克思的人物传记理想，那就是写人物应当从感情气势上具备"强烈色彩""栩栩如生"，力求达到恩格斯关于人物形象应当"光芒夺目"的审美理想。

尽管为梨园界的艺术家们作传，从理论上看厥功甚伟，但是实际工作却常常会举步维艰，甚至梨园界的一些同仁乃至某些传主的家属学生，也都会存在着一些不一致的想法。尽管前路漫漫，云雾遮蔽，甚至常常山重水复，坎坷难行，但是坚定的追求者和行路人还是会历经千辛万苦，抹去一路风尘，汇聚锦绣文章，迎来晨曦微明。

彼时彼刻，仰望戏曲艺术的长空，那一颗颗晶莹的晨星正在深情地闪烁着动人的光华。晨钟响起，无限芳馨远播，那正是全体传记写作人和得以分享传记的读书人，以及关心本套丛书的戏迷和社会各界朋友们的无量福音。

2016 年 5 月 28 日

谢柏梁，文学博士，中国戏曲学院学术委员会副主任、戏文系主任，北京市特聘教授、市教学名师，国务院政府特殊津贴专家，国家社会科学基金艺术学重大项目《戏曲艺术当代发展路径研究》首席专家，中国戏剧文学学会副会长、国际剧评协会中国分会副理事长。

序一

《赵松樵评传》出版感言

甄光俊

赵绪昕先生的鸿篇专著《赵松樵评传》，翔实地记录了前辈京剧艺术家赵松樵先生在将近百年的人生岁月中从艺经历、成长过程、成就和贡献。书稿的结构，有纵有横，有述有评。述的方面，纵向的叙述脉络深入、清晰；横向介绍的时代背景和社会生活等，内容丰富，信息量大，场面广阔，包括赵松樵先生亲历亲见的大量戏曲史材，关系京剧、梆子等剧种的沿革与发展，涉及许多重量级的艺人。一般读者很难得悉的这些旧闻逸事，为京剧的史学研究提供了弥足珍贵的线索。评的方面，作者以广博的戏曲知识和独具的慧眼，对传主在长期艺术实践中所取得的成就，某一处、某一点地进行评析，不虚夸，不溢美，实事求是。并且在理论关照的同时糅入旁征博引，左右比照，加重了"评"的理性色彩。严密的逻辑，精当的说理，显示了作者对京剧艺术的真知灼见和科学、严谨的学风。

尤其难得的是，赵绪昕先生用生花妙笔，写出了传主赵松樵先生在特定的时代、特定的生活环境里，匠心独运、顽强拼搏，终于成为享誉南北剧坛精英的全过程，描写的人物形象有血有肉，历历如在眼前，令人信服，从而给人以启示和联想。《赵松樵评传》2008年由中国戏剧出版社出版后，获得戏曲界如潮好评，许多从事文史研究的读者也爱不释手。作者赵绪昕先生虽然不是戏曲圈里人，却有六十余年看戏和47年撰写文艺评论的经历，见识过南北各路名角在舞台上的表演，而且与全国各地众多京剧名家长期保持交往。特别是他花费16年时间与赵松樵先生过从甚密，经常登堂入室对赵老前辈做深度采访，整理出数十万字的口述笔记。这样一位洞察京剧历史、熟悉京剧舞台、了解京剧奥秘的行家，30 余年专心致志、全方位研究一位成就非凡的京剧艺术大家，内行写行家，写出的评传自然如数家珍，言之有据。

作者在《赵松樵评传》里，穿插了许多赵老前辈口述早年间舞台上的见闻。诸如赵鹏飞演《跑马卖艺》，所表演的"钻席筒""筛米下高""空中套圈"，以及手抱燃着的香烛表演"云里翻"等绝招儿绝技；还有在《宦海潮》剧中开打时的"双飞匕首"绝活表演，在一个演员做完"扑虎"动作的刹那间，赵鹏飞双手一甩，将手握的两把钢制的匕首，分别剁在躺倒于台板上那个演员的人头两侧，惊险绝伦。这些舞台的表演情景，都是赵松樵先生在从艺实践中亲身经历或目之所见。这些信手拈来的舞台往事，闪耀着京剧艺人曾经在舞台上创下的光辉。作者将自己所掌握的这些闪光事例和深厚的专业知识，使用通俗易懂的文字娓娓叙述，转达给业内业外的读者。出发点不仅仅是增强这部专著的趣味性、可读性，让读者阅读起来不感觉枯燥乏味，更深层的含义在于，把戏曲舞台上已然失传多年的这些绝招儿绝技记录在书页上，希冀能够对业内后学者有所启发和教益，或许说不定有志于此道的精英在某一天从《赵松樵评传》里俱形俱象的记述获得灵感，把这些失传的绝招儿绝技恢复出来，也未可知。

三十多年前，我与绪昕先生初识于赵松樵老前辈府上，此后多年一直保持交往，彼此成为志同道合的挚友。1982 年天津剧协主办的戏剧月刊《剧坛》以及天津艺术研究所编辑出版的《艺术研究》创刊后，时有绪昕先生谈戏论艺的大作发表，其中就有多篇是评介老艺术家赵松樵其人其艺的。绪昕先生长期致力于赵氏四代戏曲艺人为京剧所做贡献的研究，从而使赵氏戏曲人家广为人知。此外，绪昕先生对于其他艺术种类、对于其他艺术家也是一往情深，几十年痴心不改，研究成果颇丰，篇篇美文连连散见于各地报刊。

得悉老友的鸿篇力作《赵松樵评传》出版，匆匆草成以上简短赞语，以为祝贺。

序二

剧评类专著的经典之作

刘明原

丙申大暑，焦金流石，酷热难当。欣闻赵绪昕先生专著《赵松樵评传》出版的喜讯，如一缕微风拂去了暑湿，似浮瓜沉李带来了清爽。

绪昕兄年届古稀，老骥伏枥，对大作《赵松樵评传》进行字斟句酌，推敲润饰，搜集大量史料，全书四十九万余字，珍贵图片70幅。该书以史为线，以剧为点，以逸闻趣事穿插其间，洞察和分析材料慧眼独具，史论独辟蹊径，评论鞭辟入里，论点多有创见，文字富于韵味色彩，使该书成为当代戏剧评论类专著中不可多得的经典之作，也是一部传承中华民族传统文化的优秀教材。

绪昕先生学盖文理，识贯东西，尤善国学，情钟京剧。他几十年如一日潜心于戏曲等中华民族文艺研究，着力探究京剧历史，钩沉京剧故事，品评京剧人物，解析京剧艺术奥秘，撰就并积累几百万字的资料，入书多部，发文三百，成绩斐然，笔耕菊圃至今历47载，虽身居业外，确成戏剧研究成就斐然的著名学者。

他曾直抒胸臆："窃以为，研究和总结重要艺术家的实践经验与艺术思想，归纳其艺术特点，找出规律性的东西，是一项凿石索玉、剖蚌求珠的名山事业，钩沉致远，功德之为。"这道出了他探究京剧艺术的一份沉重的历史责任感。他并非是出于兴趣爱好而作消遣之为，而是正经地作为一门学问、一项事业执着研究和写作了47年，痴心不改，我想专职研究家也不过如此了。

他认为，研究和总结老艺术家经验的工作具有深远的意义，他说："整个20世纪的京剧概貌与变迁，必然从他身上折射出来，对他个体艺术做剖析与研究，便可一叶知秋，取管窥一斑以见全豹之效。这对今人乃至后世寻觅20世纪京剧轨迹，搜取与他同时驰骋菊坛的其他许多重量级京剧人物的足迹，无疑都会助莫大焉。"他认为这项工作可以由微见著，由点带面，由浅入深，推而广之，意义深远，这或许是他长年致力于此的动力之源。

毫无疑问，《赵松樵评传》必将成为绪昕先生京剧评论的扛鼎之作，是他戏剧研究成果的一部代表巨制，该书的出版将证明这一点。

10年前当我收到绪昕所赠的书时，立刻彻夜捧读，手不释卷，一气呵成，这种少有的读书状态使本人都感到惊奇！读后再细心咀嚼和深入回味，才悟出缘由：原来此书与本人的阅读取向、阅读趣味、阅读习惯相契合，与本人阅读心理的鲁墨哈特式模式相关联，这本书带给我的是文化的熏陶和艺术美的体验。

我觉得绪昕先生的著作是把史料的翔实性、叙述的条理性、结构的逻辑性、语言的规范性、表达的文学性综合嵌入了国粹之中，把对京剧艺术的深刻情感嵌入了他的字里行间，把他的创作风格嵌入了写作的全部过程中，这才是他的作品被更多读者读得进去、读出趣味、读懂情理的关键所在。

绪昕有少年时代的辉煌，青年时代的坎坷，成年之后的历练。几十年的交往使我深知，他勤奋好学，刻苦用功，涉猎广泛，钻研执着，才铸就他集机械工程、科技翻译、文学创作、京剧史学与戏剧评论于一身的跨学科多领域的成功人生。

我与绪昕少年同窗，居所比邻，家道相类，性情相近，意趣相投。青少年时常登其府第，促膝其所独居的那简朴、整洁而具书香之气之斗室，我们谈天说地，道古论今，每每至此总觉获益匪浅！吾仰绪昕之品格，慕绪昕之教养，赏绪昕之学识，摹绪昕之风范，引为金兰契友。及近年，每得机遇晤面，仍班荆道故，兴味盎然。

祈盼早日捧获新卷，再得拜读绪昕大作之高乐，并祝绪昕学兄之笔健！

前　言

赵绪昕

"有谁知，鬓虽残，心未死。"（陆游《夜游宫·记梦寄师伯浑》）

赵松樵先生是南北皆红、创造极丰的艺术大师，他的艺术生涯90年，95岁寿终。作为一个课题，本人对他及其艺术至今作了37年持续而系统的研究。尤其退休后，更是专注执迷于对京剧的研究。"路漫漫其修远兮，吾将上下而求索"，正是在屈原这种伟大精神的感召下而努力为之。最近十年间，我又搜集到更多关于松樵老的资料，收到一些老艺术家反馈的信息，获益良多。另外，本人对以往关于"赵派"艺术的论述也有进一步的认识和思考，因此，殚思极虑撰出《赵松樵评传》。可庆幸的是本稿得到中国戏曲学院和中国文联出版社的垂青，在出版社编辑部主任李成伟先生的支持下得以出版。这既是本书之幸，也是中国戏曲之幸，京剧之幸，表明当今时代对保护中国民族文化遗产的重视和责任感，是落实"百花齐放，推陈出新"文艺方针、支持戏曲传承发展的具体举措。

在本书中，鄙人尝试对京剧理论和京剧史作出些独创性的工作，例如：

1. 对京剧派别、流派、京派、海派的概念及其与时代、社会、审美价值和审美习惯的关系展开深入研讨，提出一些与传统观点不同的拙见；

2. 对京剧南派、北派（海派、京派）的概念和特点，进行了翔实的探讨，提出一些独特的观点；

3. 提出要在京剧界确立"南北融合"艺术风格之说的观点，并加以论证；

4. 提出并论证京剧武戏要存"津派"一说，进而阐明南派，尤其是武戏的南派是从"津派"脱胎、延续、演变和发展而来的论点；

5. 对京剧不同流派、不同演员的表演方法和艺术风格，尝试引进比较学的研究方法，作对比赏析和评论；

6. 对目前存在于京剧界的"重文轻武"，致使武戏被严重忽视和挤压而渐趋边缘化的现状发出警报，作出论述；

7. 提出以创新派和模仿派来取代海派和京派传统概念的观点，并加以论述；

8. 提出并论证了京剧的"武戏文演"（习惯称武戏文唱）乃始自黄月山而非杨小楼的新判断；

9. 对以往京剧界不确切、不全面的某些记载，以确凿史实加以阐述和纠正。例如对京剧《云罗山》的创演史，本书将该剧的创作和演出时间推前了30年，弥补了对该剧创演历史不完整的记载；对明月英、赵松樵在北京喜连成社的年代；对京剧连本戏《火烧红莲寺》全剧的本数、演出期限、时长以及评价等，对京剧史上的诸多问题以史料或口述资料作出论证和结论；

10. 京剧史书和《京剧剧目词典》《京剧知识词典》《中国戏曲曲艺词典》等工具书对大型连本戏《呼延庆出世》《红须客》《火烧红莲寺》《鹦鹉救真主》《诸葛亮招亲》《观音得道》《荒江女侠》《血滴子》《太平天国》，单本剧《汤怀自刎》《木兰关》《螺蛳山》《洛迦山》《骂杨广·南阳关》《益都泪》《张文祥刺马》《苦中义》《宦海潮》等一批剧目以及相关的一些重要事件、重要演员的漏记或记载不详不确，作了补充或澄清，拾遗补缺，填补了过去无记载的空白。

文中所论为一己之见，不一定成熟和正确，意在抛砖引玉，求得真知灼见。

松樵先生的演出活动足迹遍及北京、天津、上海、南京、杭州、苏州、无锡、济南、烟台、威海、大连、安东、长春、吉林、哈尔滨、齐齐哈尔、海参崴等地，以作者个人一己之力要搜集全面这么多地方有关他的材料，是不可能完成的事情。所以，本书仍然不敢说已经囊括了他艺术人生和艺术成就的全部，疏漏或错误恐难避免，乞望读者见谅或补充。

在本书付梓之际，我想起深谙南北京剧之艺的著名剧评家王永运先生，他在九旬高龄时永远离去了。在此，我要表达对王老先生的敬意与思念，对于支持帮助过我们的人应该永远铭记于心。中国戏剧家协会名誉主席尚长荣先生为本书题词，京剧老艺术家王金璐先生对本书曾给予关注和热情支持，小王桂卿先生在其生命的最后几年向我提供大量信息。这些都是他们出于对赵松樵老前辈的由衷崇敬，也是对本书的支持。遗憾的是王金璐、小王桂卿两位先生今已作古，未来得及表达对他们的感谢，令笔者惴惴不安，悔之晚矣！

该书的出版，得到赵松樵先生之女赵云铭女士的鼎力支持，李铁英先生之女李娟娟老师早期亦曾主动多方联系和推荐本书。在此对以上各位郑重地深表谢忱。

本书的撰写时间紧，工作量大，仅49万余字的打字工作就是一个不小的工程，更何况要逐字推敲，逐句斟酌，慎之又慎，如履薄冰，全稿五次总审，全程工作的大半时间又是在2016年的四个伏天及前后的酷暑中进行的，伏案笔耕，汗流浃背。做大学教师的女儿体谅我的辛苦，替我承担了约三分之一的打印工作，减轻了我的艰辛，为尽快完稿助我一臂之力。特别值得一提的是，我35年的文友天津艺术研究所原副所长、著名戏曲理论家刘琦先生和天津文史馆馆员、天津艺术研究所著名戏曲研究员甄光俊先生，五十余年的同窗挚友、中国文化学者刘明原先生，职业画家赵诗予先生，戏曲脸谱研究与绘画家江洵先生，分别赐本书以热情洋溢的文字或墨宝，对本书予以极大关注和热情支持，在此对以上各位一并表达我的由衷感谢。

本书计49万余字，内容构架8篇50章；图片70幅，其中多数图片是首次发表；收集评论赵派艺术的文章达100篇；记录松樵老对50位京剧前辈表演艺术家的亲历亲见亲闻，其中大多罕见文字记载；对过去发表过的赵松樵"年谱"有大量的补充和修正；另载有赵松樵先生饰演过的一少部分花脸角色的脸谱10幅。您如果仔细品读会发现，本书尽力做到内容上丰富、准确、全面，结构条理上清晰，论证上合理有据，力争全书具有较高的资料性、学术性、论证性和可读性。

本书可供文史学者、文艺理论工作者、演员、艺术院校教师和学生、媒体编辑、戏曲研究家和广大爱好者学习参考与借鉴。衷心欢迎敬爱的读者批评斧正，笔者恭候赐教，洗耳恭听。

本书稿在 2016 年完成，对松樵老来讲是个不寻常的年份，这一年是他老先生诞辰 115 周年，又是他老驾鹤登仙 20 周年，在这一年完成《超等能派泰斗　赵松樵评传》书稿，是对他有纪念意义的。这一年又是笔者步入古稀之秋，放眼环宇，茫茫流年，木有年轮，逐岁增环，"木犹如此，人何以堪？"（《世说新语》）然："凭谁问，廉颇老矣，尚能饭否？"（辛弃疾：《永遇乐·京口北固亭怀古》）吾必喊喊然对曰："老朽惭愧，日受三餐。秃笔陋语，台前献丑，敢不诚惶诚恐？看官若能通过拙作略悟松樵老那博大精美之艺，唯吾所愿也！"

2016 年 6 月 15 日 写于天津陋室艺文斋
2017 年 3 月 19 日 修改补记

王永运先生遗作

　　《赵松樵评传》的作者赵绪昕先生是位具有多方面才能的实干家。他的专业原是从事科研，有三十年之久，发表过科技论文四十余篇，并与人合著两种书，由中国机械工业出版社出版。同时，他又是中国翻译工作者协会会员，熟悉英、日、俄等国语言文字，科技著、译字数达二百余万字。

　　然而，令人惊喜的是，赵绪昕博学多才，兴趣广泛，还是一位对文艺、戏曲颇有见地的研究学者，是天津社会科学界联合会和戏剧文学学会的会员。他发表了戏曲、影视、曲艺、文学的评论文章计二百余篇，撰稿字数达三百余万。很多戏曲名家都曾写在他的笔下，但是，情有独钟者，则是名震大江南北的一位京剧表演艺术家——赵松樵先生。

　　我同赵绪昕相识于20世纪80年代初，在天津《剧坛》杂志的一次邀稿座谈会上，他提起想为赵松樵先生写些艺术评论文章。当时我只以为在他写过的谈周信芳、张君秋、翁偶虹、李少春、唐韵笙、周啸天、厉慧良、小盛春等人的文章之外，再加上赵松樵的一笔。我从中华人民共和国成立前的40年代在上海便曾观赏过赵松樵的演出，很为赞赏赵老的剧艺。听到赵绪昕有此意愿，我很表赞同。此后，我到赵老寓所造访，有几次我发现绪昕也在座，他多同赵老谈论剧艺。他拟写的谈论赵松樵演剧生涯及剧艺的文章，连续不断地在全国各报刊发表，写得生动活泼，光彩夺目，引起人们的重视。

　　无疑，赵松樵在京剧界是位杰出的表演艺术家，他早年吸收了谭鑫培、孙菊仙、汪笑侬、王鸿寿（艺名三麻子）、小孟七、苏廷奎、李吉瑞等南北名家之长，刻苦锻炼，着意琢磨，博采众长，自成一家。他的功底扎实，不仅文武昆乱不挡，而且擅演各种类型的人物，打破了京剧行当的制约。他的文武老生戏、武生戏、红生戏以及武净戏，都有自己独特的艺术风格，这是同他继承前人的艺术传统，在多年的舞台实践中，又结合个人的条件进行创造性的发展分不开的。遗憾的是，对赵松樵老的艺术成就，着眼于认真研究探讨的人为数不多，赵绪昕先生应是突出的一位。

确实，赵绪昕先生对松樵老的剧艺探索，是苦心孤诣的，花费了很大的精力。他决定研究赵松樵时，赵老已是垂暮之年，赵老当年在不少戏里同他人迥然相异的绝技运用，单听赵老个人描述，总难免有些距离，这是许多人对系统总结松樵之艺这块大文章浅尝即止、知难而退的原因。但是，赵绪昕终于克服了这些困难，竟能将松樵老的艺术用文字比较准确地再现出来，显示出他在戏曲专业知识和文字表达能力两个方面的深厚功力。为了尽量保证材料的准确性，他遍寻全国各报刊有关对松樵老的演出年月、剧目及所载的艺术评论，以求翔实。果然，聚沙成塔，集腋成裘，赵绪昕对松樵老的众多代表作非但均有详细的论述，甚至松樵先生很多中华人民共和国成立后不再演的剧目，也都被挖掘出来，探根溯源，能做充分记载。这是一项相当繁难的工作。但又不止于此，正如赵绪昕在本书的"前言"所述，为了对松樵一生艺术成就做出尽量全面准确的评价，他通过"科学考察、缜密分析、严谨而合乎逻辑的思维与判断"，以及对思考、观点"做翻来覆去的推敲提炼"，殚精竭虑，以二十多年的时间六易其稿，撰成《赵松樵评传》。这是当今京剧界值得庆幸的一个重大收获，这是一本极有学术研究价值和历史资料价值的含金量很高的著作。

最后，我感到的是，建设中华民族文化大厦，不求好高骛远，但须一批有心人能一砖一瓦、一点一滴做起，方能取得成果。赵绪昕先生能成功地写出这样一本内容厚重的《赵松樵评传》，应该说对于我们具有深刻的启迪意义。

目　录

contents

CONTENTS

CONTENTS

家世篇 四代从艺 梨园世家

一、赵青山离乡学艺 广福班修炼技奇

黄河，中华民族的母亲河。它横贯中国广袤的大地，滔滔流水，曾发出民族的欢笑，也曾见证民族的悲哀。黄河之水像母亲的乳汁，哺育了中华儿女，有时它那滚滚洪流又像是猛兽，给中华儿女带来灾难。

看上去如粥一样黄稠的黄河之水，流经青海、甘肃、内蒙古、宁夏、陕西、山西、河南数省，奔泻而下，进入下游地段的山东。它从上游裹挟着大量黄土高原的泥沙奔腾而下，像是一匹脱缰的野马，气势汹涌，常因它任性的横冲直撞，造成千万百姓瞬间倾家荡产，妻离子散，家破人亡。世世代代生活在黄河两岸的人们抱怨黄河十年九灾，尤其山东省地处下游，更是重灾区，这片土地上民不聊生，大批农民每遇灾荒，难为生计，往往不得不弃家逃生，背井离乡。

清同治元年（1862），山东省武城县黄岩沟小赵庄一户人家生下一个男娃，取名赵青山（又作庆山）。他就是本书的主人公赵松樵的父亲，"梆、黄"两兼的著名戏曲演员，艺名赵鹏飞先生。

赵青山并不知道，在他十多岁的时候，一个改变他贫穷农民命运的机缘正在向他走来。

清光绪三年（1877）的一天，小赵庄的孩子们成群结伙，吵吵嚷嚷地簇拥着一帮人进了村，原来是一个戏班游村串乡来到这里演出。穷乡僻壤不同于城镇都市那样遍布戏园和戏班，农村有个戏班来演戏可是天大的新闻，特大的喜事。"有戏班来唱戏喽"，这消息不一会儿就传遍了全村，不论穷富，皆大欢喜。

这时的赵青山年纪约在 15 岁，好奇贪玩是这般大孩子的天性，有个看戏的机会可不能错过。农民再苦再穷再累，也要找个穷乐呵。这不，戏台前的人群熙熙攘攘，男女老少平日的愁眉苦脸暂时舒展开来。赵青山夹在人堆里，两只眼直勾勾地盯着台上。啊，戏台上真是一个神奇的世界，那吹拉弹唱敲敲打打的声音让人兴奋不已，那五颜六色的服装让人眼花缭乱，那精彩的武功表演让人神魂出窍，那动人的表情让人如醉如痴。戏竟是这样的神奇，像个万花筒一样，千变万化，真让人入迷着魔。

戏散了，赵青山还愣愣地站在那里，人们都回家了，他却往戏台子跟前凑，直等戏班里的人收拾停当回旧庙的住处，他才魂不守舍地回家。人虽然到了家，可是他的脑子还在戏台上。戏班演过三两天之后就要走了，他再也忍不住，晚上找到戏班的住处，求一个小伙子去问班主收不收徒弟？他只看见演员们在戏台上如何地风光，却不知道唱戏这碗饭是多么不容易吃。就说这跑江湖的小戏班吧，唱一天戏也不一定能混上三顿饱饭，收入微薄，漂泊不定，四海为家，破庙为宿。戏班进个新人，一时半会儿不能顶个整人演戏，却又多一张吃饭的嘴。常言道："十二三，愁死爹娘吃和穿"，"半大小子，吃死老子"。戏班无论如何也不肯收留赵青山。他快快不乐地离去，但他并未死心，已经暗暗盘算着自己的铁主意。

戏班该走了，乡亲们前来送行，依依不舍。赵青山瞅见戏班出村走了好远，村民各自散去，他便轻装上路，悄悄跟上了戏班子，远远地尾随而行，给家里来个"关羽离曹营——不辞而别"。此后，戏班演到哪里，他就跟到哪里。演完戏，他凑上前去，和戏班人一起收拾忙活。晚上演员们住下来，他自己找个地儿睰上一宿。如此一连多少天，班主一看不好办，这回碰上一个死心眼的，心想：这孩子是真心实意要干这行，只要有他这股子恒心，将来一定是块唱戏的好材料。班主反而从心里喜欢上他这股子犟劲儿了。"至诚则金石为开"。①班主终于收留了他，他一直随戏班来到了这个戏班的家乡山西太原，进戏班坐科。

---

① 详见《西京杂记》。

关于赵青山离乡从艺的原因，另有一说。据李殿臣、李大安所著的《京剧在山西》一书记载：赵青山加入的叫"广福"班，是个梆子、皮黄"两下锅"（两个剧种都演）的戏班，以演出为主，兼培养艺徒，而且以演武戏见长，演员们个个基本功扎实，武艺高强。培养的艺徒中最出名者即赵鹏飞（赵青山），因躲避乡绅恶霸欺凌，随班逃至山西太原。又：顾铁铭著的《京剧入晋考述》一书第 21 至 22 页记："广福班，最晚创建于清同治末年（1874），是一个梆子、皮黄兼演的'两下锅'戏班。该班以演出为主，也兼培养艺徒。所演剧目以武戏见长，所以培养出的学员也都功底扎实，武艺超群。常演剧目以列国戏、三国戏、武松戏为主，《伐子都》《三上吊》等即其演出剧目的代表。班中艺人姓名失考，仅知培养了一名出色的演员赵鹏飞。赵鹏飞又名赵青山、赵庆山，山东武城县人。因躲避乡中恶霸欺压，于光绪三年（1877）逃至山西太原，入广福班学艺，时年 16 岁。光绪十一年（1885）出科后，先在太原演出，后至江南闯码头，曾在上海与小连生（潘月樵）、赵荣全、吕月樵、九仙旦等同台献艺。民国元年（1912）受聘北京某科班任武功教师。"关于赵青山离家学艺是为"躲避乡中恶霸欺压"的这种说法，从赵鹏飞先生之子赵松樵的回忆中也略见端倪。赵松樵先生说小时候曾随父回过一次老家，入夜进村，天不亮匆匆离家，似有躲避耳目之意。至于引文中提到的"北京某科班"，实则为北京喜连成社。

赵青山的毅然出走，从根本上改变了他本人和他后代人的命运，他本人由一个贫苦的农家子弟转变为优秀的戏曲演员，从此改换门庭，开创了他以后四代人的艺术人生之路。

赵鹏飞学的行当是"穷生"，又称"贫生"或"苦条子"老生，现在没有这种行当和名称了，统归入小生或老生行。他嗓音"倒仓"后再未恢复好，于是改工武生、武丑。几年里他学会了几十出戏，像《借衣骂窑》《打柴得宝》《云罗山》《佛手橘·盗银壶》《伐子都》《三上吊》《冀州城》等剧目。过去学戏要从几岁学起，身体柔软灵活，赵鹏飞入行时年岁较大，都十五六岁了，要学出好本事可不容易，他却以惊人毅力练就一身好武功。他与师父签的是 6 年的生死合同。过去学戏一般是徒弟学上两三个月就要上台演出，这样做一则学生不白吃饭，可以给戏班顶事，二则让学生上台多演多练。"师父领进门，修行在个人"。赵鹏飞性格倔强好胜，不辞辛苦，每天练三遍功，像是得了魔怔，为了他心爱的艺术，也是为了生活。"功夫不负有心人"，他经过勤学苦练，在科班就已经唱红，成为一名"科里红"的文武不挡的好角。他随师父学艺6年，总算功德圆满。可是还不能马上离开师父自立门户，要在师父门里再为师父多唱两年的戏，名为"谢师"，然后才能出去搭班自立。清光绪十一年（1885），赵鹏飞终于出师，成为太原梨园行中梆子、皮黄"一脚踢"的名家。

清乾隆十五年（1750），扬州徽班"三庆班"在高朗庭的率领下首先进京，为乾隆祝寿演出，随后又有四喜、春台、和春戏班来到京都，合称所谓"四大徽班"。徽班进京后，徽调逐步融合昆、汉、秦、梆及京腔等剧种，在道光年间形成一种颇受时人欢迎的新剧种的雏形，出现程长庚、余三胜、张二奎一批代表性的第一代演员。这个剧种到了同治年间，又经谭鑫培、王瑶卿等为代表的后代演员的努力探索，把这一剧种更加规范而使之趋于成熟，这就是京剧。但是，它在初期不叫京剧，而叫"乱弹""皮黄"。"乱弹"因其吸收的艺术品种广泛而得名；"皮黄"因其唱腔主要是"二黄"和"西皮"两类板式而得名。有一个阶段京城人把秦腔就称作西皮腔，后来湖北汉调艺人把秦腔发展变化，成为京剧的西皮腔。但是，在清末民初，在一些地区，例如天津，早期也有把河北梆子叫作秦腔的。可见旧时剧种名称的叫法比较混乱。

本人认为，从声腔和舞台语言方面讲，京剧皮黄腔的形成过程其实就是徽调和汉调的皮黄腔中的"徽音"[①]和"汉音"逐渐"京化"的过程。尽管它后来叫"京剧"，但是二黄和西皮的根基并不在北京，只是其"京化"的过程在北京罢了。这就是为什么当有人提出"京剧姓京"的说法时，会有另一些人站出来持有异议的原因。寻根溯源，京剧的板腔母体是徽调与汉调，京剧的舞台语言母体是徽、汉语音（湖广音、中州韵），又吸收了昆、秦、梆各剧种和民间曲调的精华，再结合京腔京韵，从而形成京剧。如果借用科技的词汇来描述京剧的产生，那么京剧

---

① 准确地说应该是安徽省安庆地区的语音。可参见：王道庆. 安庆话与京剧语言［J］. 中国京剧，2009（10）.

就是由上述诸多艺术形式中可利用的优质戏曲元素经过"杂交"融合，产生出来的中国戏曲中一个新的优良品种。

"京剧"这个名称最早见于光绪二年即1876年旧历（农历）三月的上海《申报》，该报刊载的《图绘伶伦》一文中有"京剧最重老生，各部必有能唱老生一二人，始能成班"之语。在此之前已有"京调"和"京班"名称的流行，上海人称从北方的京、津两地到沪演出的戏班为"京班"，把他们的唱腔称为"京调"。例如1872年5月18日上海《申报》有"自有京班百不如，昆徽杂剧概删除"的诗句。据徐剑雄著的《京剧与上海都市社会》中披露：同治五年（1866）上海营建一座仿制北京样式的茶园，名"满庭芳"，次年春天"满庭芳"从天津邀请来皮黄艺人演出，这是"京班"破天荒第一次到上海。可见，上海的京剧是天津的"皮黄艺人"带过去的。皮黄戏是在北京生发起来的剧种，故称为"京剧"，后人将"京剧"之称沿用至今。

京剧在异军突起之初，经历过京昆合演、京徽合演、京梆合演等阶段。赵鹏飞老先生就是那个年代京梆同台演出的亲历者，他生逢梆子戏开始衰微而京剧高歌猛进的历史阶段。依据齐如山在其名著《京剧之变迁》中的说法，昆曲在清代乾隆、嘉庆年间于京城最盛，到咸丰、同治年代，皮黄腔后来居上，与昆腔不分伯仲，而到光绪年初"戏院中的昆腔就不见了"。但是，有两种情况齐先生没有提及，就是开始时是徽腔与昆腔一试高低，本来一枝独秀的昆腔先是受到徽腔的挑战，此其一；另一种情况是在昆腔式微、京剧还不能独占鳌头的时期，梆子腔取代了昆腔和徽腔而盛行于世，于是最后出现梆、黄争雄的局面。其结果是梆子腔也不能独善其身，逐渐要与京剧搭班取暖，京、梆同台大行其道。

所谓"京、梆两下锅"就是京、梆两剧种合演，具体地说，就是在同一个舞台上，有的剧目由梆子演员唱梆子腔，有的剧目由京剧演员唱皮黄腔，甚至是京剧演员与梆子演员合演同一个剧目，梆子演员唱梆子腔，京剧演员则唱皮黄腔，各唱各的，或者在同一出戏里，一部分唱段唱梆子腔，另一部分唱段唱皮黄腔。这些情况在当时都是有的。在今天的人们看来，也许这种现象是不可思议的，但这确实是戏曲在发展中经历过的一个过程。这个过程促进京剧成长，给京剧不断地补充营养，京

家世篇　四代从艺　梨园世家

005

剧在剧目方面大量吸收了昆剧和梆子戏，至今依然保留使用着昆曲的曲调、昆曲和梆子戏的许多表演方法，乃至伴奏音乐（锣鼓经）等。例如京剧《二进宫》中的角色李良、《徐良出世》中的角色徐良等，至今还保留有山西梆子的唱腔，甚至一些武丑戏连念白也还在沿用山陕腔。过去京剧演《伐子都》，子都在金殿上几次摔扑及"变脸"，也是梆子戏留下来的传统技巧。昆曲的许多剧目和演法、唱法则直接搬到京剧舞台演出，成为京剧社团久演不衰的代表剧目，例如《林冲夜奔》《挑华车》《双下山》《秋江》等，为数不少的剧目都原原本本地保留在京剧舞台上演出。京剧大师级的演员们均曾向昆剧、徽剧、梆子戏演员们学习。例如谭鑫培向梆子戏名家老元元红（郭宝臣）学过《法门寺》《取成都》的演法，梅兰芳演出的《捡柴》《宇宙锋》就受过梆子名家崔灵芝的指教。京剧《连营寨》《白门楼》《凤鸣关》《伐子都》《截江》《十老安刘》《广泰庄》《翠屏山》《云罗山》等，均移自梆子戏。京剧在当时能积极吸收多方面的营养，使其自身进步和完善得很快，发展势头强盛。为顺应京剧发展的大好形势，大批其他剧种的演员改行学演京剧，搭入京剧班演出以糊口，同时他们又给京剧带进来其他剧种的丰富养分。例如徽班演员就把徽戏的剧目、唱腔中的【吹腔】【高拨子】带进了京剧班，徽剧演员王鸿寿在转变为京剧演员之后，更是为京剧开辟并建立了关羽戏的体系。又如在昆剧凋零花落时，被生活所迫，有不少原是昆剧的艺人也不得不搭入京戏班演出，他们把昆剧的许多剧目，主要是武戏和做功戏这类载歌载舞的表演带进了京剧戏班，为京剧的剧目库以及表演方式、唱腔又予充实丰富。再如梆子演员，转入京剧行业的更是数不胜数。创立京剧武生"黄派"艺术的黄月山、创立京剧武生"南派"艺术的李春来，以及后来的小达子（李桂春）、侯喜瑞、芙蓉草（赵桐珊）、白牡丹（荀慧生）、筱翠花（于连泉）、明月英、毛韵珂、刘喜奎、罗小宝、雪艳琴等知名演员，都是初期学演梆子戏或梆子、皮黄两兼而后专工京剧的。赵鹏飞先生就是这些演员中的一位。

赵鹏飞在太原时期已经崭露头角，在科班时就已小有名气，出师后继续在太原各戏园子演出，武松戏、三国戏、列国戏都演。他在科班里打下扎实的基础，文戏、武戏、梆子戏和皮黄戏都能，老生、小生、武生、武丑兼善，所以他的戏路极宽，尤其《伐子都》《长坂坡》《盗银壶》《战冀州》《云罗山》《大卖艺》《三上吊》《借衣》等戏在太原振兴戏园等处演得极红，影响深远，以致后来山西省戏剧史学界对广福科班和戏班的记载，几乎都是以赵鹏飞在太原时期的演出情况为依据的，换言之，赵鹏飞成了广福班的代表。

赵鹏飞先生

但是，他并未满足当时自己的状况。清光绪二十年（1894）左右，赵鹏飞只身一人，腰间夹个小铺盖卷，里面插把演戏用的单刀，奔向大都市上海，登高远望，踏上更大的舞台。来到上海，他是两眼一抹黑，慕名找到当时闻名的天仙茶园，这里聚集了常在南方演出的诸多京剧名家，如潘月樵（小连生）、吕月樵、夏月润、刘廷玉、九仙旦等。搭上天仙茶园戏班的演员是要有较高艺术水平的。初到"天仙"，进了后台，他先拱手向各位道道辛苦。管事的看他既没带"傍角儿的"（依附主要演员的配角演员），又没有"跟包的"（主要演员自带的乐师和服务人员），说话还一口的外乡口音（他一生从未改变山东乡音，但在舞台上却一改声容），也没有熟人引荐，没把他放在眼里，漫不经心地问：

"你都能演什么呀？"

"武生、武三花脸，什么都行啊，你这里缺啥，俺就来啥呗。"

"行啊，你先演三天试试看吧，那你演什么戏呢？"

"演啥戏……哎，你这有武旦吗？"

"有啊！"

"要不就先唱一出《跑马卖艺》吧,你看行不?"

"那第二天呢?"

"第二天演《回荆州》。"

"你演什么角呀?"

"我演赵云也行,演刘备也行,看缺啥俺就来啥。"

"那么第三天呢?"

"《盗银壶》。"

管事的听完,心里一惊:这位乡巴佬口气可不小,短打武生、长靠大武生、老生、武丑全来着,是真的还是假的?别管怎样,先让他试试吧,不行别怪我,打发走人。于是便说:

"那行,你就先来出《跑马卖艺》看看再说吧!"

赵鹏飞到上海首次登台亮相的就是这出《跑马卖艺》。这出戏现在已经失传了,它的剧情很简单,表现夫妻二人卖艺为生的故事。但是这出戏的表演技巧太难了,不同演员可以根据自己的能力,在演出中发挥出自己的特长。赵鹏飞之所以首选这个戏"打炮"① 自有道理,他练就一身好跟头,翻得高而飘,帅而稳,这出戏里有许多惊险而变化多端的翻跟头表演,并且戏中的"戏核"(音胡)即"卖艺"一场戏,更可以集中展示他多年练就的几样绝活,这戏是他的杀手锏之一。他演出头一天的戏台就是他能否被准入上海的考场,戏班里原有的一些"武行"② 演员要难为一下这个新来乍到者。出场时,随着"手拿竹竿怀抱瓢"的一句唱,只见他出其不意如同一阵风刮来似的,手持一根长竹竿忽地就上了台。演到起打时,其他"下串"③ 翻跟头出场,那天格外卖力,个个奋勇,人人当先,那真是八仙过海,各显神通,使出浑身解数,把跟头翻得花样百出,好像再没的可翻了。赵鹏飞扒台帘一看,心里盘算:

"这哪是演戏呀,纯粹是跟头大赛呀,这不是存心要我的好看吗?今天我不来点绝的,就没法出门帘登台,上海这碗唱戏的饭就吃

---

① 京剧演员每到一个新地方的头三天以拿手戏演出称为打炮,又作打泡。

② 京剧中凡演武生、武旦、武净、武丑行当的演员均可泛称武行,狭义则专指演武戏中英雄、兵丁、打手等配角的演员为武行。

③ 武戏中为主要演员配演对打的普通演员。

不成啦。"

过去老戏班的演员历来竞争激烈，舞台如同擂台，尤其是武戏演员更是如此。以前戏班里有句话："演好了，吃的是'戏饭'；演不好，吃的是'气饭'。"这话一点不假，今天赵鹏飞头一次到上海搭班，这种事就让他碰上了。老艺人们常说"搭班如投胎"，正此之谓也。他急中生智，从上场门开始翻跟头，身体落地时本来应该是脸朝台里，可是当他身在空中时，用手一扳蜷曲着的腿，身子一拧，落地时他的脸却朝了台下，身子在空中扭了一百八十度。这一手特技在一百多年前太新奇了，其他演员看愣神了，他们不知道赵鹏飞这身子是怎么扭过来的，还从来没见过这么翻跟头的！这些人到此时算是明白了："人不可貌相，海水不可斗量"，来者非等闲之辈，小觑不得！第一天《跑马卖艺》旗开得胜，一战成功，赵鹏飞名震天仙茶园。与他合作演出这出戏的是著名男武旦九仙旦，是著名演员刘奎童之父，也是周信芳的前岳父。九仙旦是大名角，表现不俗，在该剧中表演的"顶碗上高台"就是一绝。他身体倒立，双臂支撑，头顶瓷碗，由舞台的台板攀凳而上，再至桌上，作左、右"卧鱼"，然后逐级而下。赵鹏飞和九仙旦两人配合默契，相得益彰，一时轰动上海剧坛。

赵鹏飞除了跟头功赢人以外，他还有几手让人拍案叫绝的技艺，今已绝迹舞台。

"钻席筒"：这套技巧本来是杂技里的特技，他在街头巷尾看过杂耍艺人的表演，他经苦练学来用于《跑马卖艺》这出戏中，正好借以表现剧中卖艺人闯江湖的情节。钻席筒的表演方法是将一张苇席卷成圆筒形状，倒放在桌子上，演员从舞台侧边起跑几步，到席筒前纵身起跳，同时双手捂耳，两臂挟身，两腿并拢先入席筒，待人到席筒内，连人带席筒一起从桌上滑下来，同立台上。

"抱烛香做云里翻"：单作"云里翻"（演员站在摞起的三张桌上，脸朝台前，蜷腿蹬桌面，跃身向前方跳起，两腿蜷起贴胸部，两手抱脚腕子，身体在空中做出向后翻转的动作，全身旋转一周，轻轻落下，双脚着地）已属不易，而赵鹏飞的表演是站在三张摞起的桌上，双手端一托盘，托盘内立着两根点燃的蜡烛，盘中央放一个香炉，炉内插一股点燃的香火，他手托这些东西做"云里翻"下来。落地后，不但手中的托盘和盘中所有东西不能撒落，而且令人称绝的是点燃的蜡烛和香火也不能熄灭。这超常的表演似乎让人不可思议，甚至难以置信，但是过去的前辈艺人的确漂亮地做到了，可以想见他练成这一绝技要下多大的功夫。当然，也许香炉、蜡烛会固定在托盘上，即使这样，翻下来后蜡烛和香火不熄灭，也不容易。

"筛米下高"：赵鹏飞站在摞起的三张桌子上，手中端着一个盛有米粒的竹制簸箕，做几下筛米的动作，以向观众证明簸箕内确有可以流动的米，然后手持簸箕翻下，人落地站稳后，簸箕中的米粒不撒落。

"空中套圈"：将五个藤制的圈互相套连成辘轳钱的形状，赵鹏飞手拿两端的圈，从一张桌子上跃起，做"云里翻"动作，并且当人在空中时，把双腿插入中央的那一个圈内，人落地时，藤圈套在了人的腰间。

"双飞刀"：在演出已经失传的戏《宦海潮》时，他有"双飞刀"的绝技表演。开打时，一反派演员先做个"扑虎"的动作趴到台板上，在人一落地的刹那间，赵鹏飞同时将两把匕首分别迅速地甩到台板上，两把匕首正好扎在那人的头部两侧，惊险绝伦！1912年赵鹏飞先生在北京喜连成社给学员排这出戏时，让一位"喜"字辈学员趴下，那位说什么也不敢趴下一试。演《武松打店》，武松与孙二娘"夜打"时，武松剁孙二娘时用的只是一把匕首，已经让人觉得惊险至极，赞声不绝，可是赵鹏飞先生演《宦海潮》却是"双飞刀"，其难度可想而知，此技至今独步剧坛。

尽管当年上海菊坛人才济济，赵鹏飞先生还是以自己独到的技艺被业内和观众接受了。

或许有人对赵鹏飞在《跑马卖艺》中表演的绝技不以为然，认为这不是演戏，是在耍把式演杂技！如果说这些技巧放在别的戏里来表演，的确有卖弄技巧和脱离剧情之嫌，但是《跑马卖艺》这出戏本来就是表现剧中人"卖艺"的情节，放进这些特技表演非但不为过，而且是十分合情合理，这不正是"技与戏"最巧妙结合的典范吗？这难道不是既有情又有技，既有骨头又有肉的好戏吗？只可叹身怀如此绝技的好演员当年就少之又少，于今已无了。

赵鹏飞凭着一身的功夫在太原、天津、山东、东北和上海很快走红，应邀不断。他在上海曾与潘月樵、夏月润、夏月珊等人搭过班。除上海外，他还长期活跃于天津戏曲舞台，与尚和玉、李吉瑞、薛凤池、张黑、苏廷奎等同台演出。据 1904 年 11 月 5 日天津《大公报》载：位于天津侯家后街的"万福茶园"开张营业，邀请"会元班"庆贺演出，主要演员有金月梅、谭钧培、小双处、十三红、刘玉斌、小荷花、赵紫云、张益芳、马云龙、杨德奎等开台演出，演员都是当时的名角儿，其中有的是赵鹏飞先生的学生，特邀他加盟助兴演出，这时他 42岁，已经不常登台演出了。5 日晚依次出场的是：全班《大献瑞》，姚凤山、沈春生的《摘缨会》，马云龙、小金生的《宫门带》，谭钧培、刘玉斌的《郑州庙》，金月梅、小双处、小荷花、杜德奎的《杀子报》，"大轴"（最末）是赵鹏飞、鱼化龙、穿山甲合演的《三上吊》，这是赵鹏飞久演不衰的拿手戏。6 日晚场排出的戏有全班《大献瑞》，黎九奎的《九龙柱》，十三红、小江州的《柳林池》，赵鹏飞的《借衣》，十里香、马云龙的《大劈棺》，张长奎、小双处的《取三郡》，金月梅的《珍珠衫》，小荷花的《迷人馆》，谭钧培、马吉祥的《画春图》，徐天元的《剑峰山》。8 日日场前边有全班《富贵春》，张全吉、丁德林的《夜战》，十三红、小江州的《柴桑口》，赵紫云的《一捧雪》，马云龙的《斩子》，小双处、张长奎的《断后》，小荷花、杨德奎的《乌龙院》，谭钧培、马吉祥、刘玉斌、徐天元的《洗浮山》，最后赵鹏飞、穿山甲再次演出深受观众欢迎的《三上吊》。"会元班"此次在万福茶园从 11 月5 日到 17 日共演出 13 天，赵鹏飞、王凤卿受邀各演 3 场，赵鹏飞以大轴位置演出两场，王凤卿演 3 场大轴戏，可见当年赵鹏飞与王凤卿在名望和地位上是并驾齐驱的。

赵鹏飞先生为人耿直，古道热肠，大有路见不平即拔刀相助的山东侠义古风。他初到上海时，有一天武行演员在舞台上练翻跟头。本来应该是互教互学，取长补短才对，可是有位长期驻班的演员欺生新来的演员，赵鹏飞正在现场，看着不公，就出面劝说：

"咱们是出来混口饭吃的，都不容易，能到一个戏班唱戏，是有缘分。到一起能帮则帮，不能帮的，也不要欺生、拆台。"

那位不爱听这话，反过来对赵鹏飞较劲，赵先生也是新来不久的，那人没好气地说：

"轮得到你多管闲事，你有什么了不起的，有本事你也露两手让我们瞧瞧！"

赵鹏飞的性格刚强，不甘示弱，既然话已至此，他便回答道：

"这何必呢，我劝你们完全是为了大家好，既然你这么说，今天咱们就只当是开个玩笑，千万别伤了和气。我来一下，请你指点指点。"

说完，他用手提起大褂的下襟，把襟角掖到腰带里，走到台前栏杆跟前，踩上栏杆的立柱，提气拔身，一个"单提"（身体向上纵起，蜷腿并使全身成圆团状，向后翻转一周，身体展开轻轻落下），飘然而落，脚又踩在了立柱上。赵鹏飞走下来，笑着对那人说："献丑了，你看哪不对，给说说？"那人看呆了，傻愣了半天，才回过味儿来，赶忙回应："有眼不识泰山，你多包涵。"那人心服口服，从此再不敢欺人。

旧社会各地都有一些地痞流氓经常找茬欺负艺人，赵鹏飞年轻时就是不信邪，不怕恶势力，敢于抗争，维护演员的人格尊严。有一年在某地演出，当地一些流氓对戏班里扮演旦角的演员占便宜，耍流氓。赵鹏飞看不下去，挺身而出，话不投机便打起来，几个流氓竟不胜赵鹏飞一个人的抵挡，把他们打出戏班后台，轰出戏园子。流氓们临走留下话，要赵鹏飞晚上到郊外的一个叫"雪花桥"的地方见面，再做比试。同戏班的众人劝他赶快出去躲一躲，他们人多势众，惹不起，去了一定吃大亏。赵鹏飞口头答应，免得同行担心，到了晚上，他孤身虎胆去了约定的地方。他站在桥栏杆旁边，大声吆喝："你们出来吧，我到啦，看谁敢上来！"一群人呼啦而出，一哄而上。他身子贴着桥梆，经过一场激烈搏斗，他把这群流氓一个个打进了小河里，这些人屁滚尿流地爬上岸来，灰溜溜地逃窜而去。事后，当地头面人物出来讲和，才算了事，戏班照常在此地演出，流氓再不敢到戏班子来找麻烦。

赵鹏飞为人正派，治艺刻苦，课徒严格。他不只能教生行演员，同时也教旦角戏，他的徒弟中就有乾旦（男性饰旦角）演员。他十分反感同行人中有的对唱旦角的男演员不尊重、寻开心的恶习气。他曾在的一个戏班里有个唱花脸的演员，常挑逗同班唱旦角的男演员，用语言和动手动脚加以侮辱。赵鹏飞好言相劝，那人不听，两人连续打了好几天，最终使这个花脸演员服了软，认了错。有的唱旦角的男演员也有不自重、自轻自贱的。有一位男旦演员与赵鹏飞的一个徒弟关系暧昧，勾勾搭搭。有一天，此男旦演员在后台又招呼赵先生的这个徒弟要一块出去鬼混，赵先生起身抓到一个喝茶的盖碗，不等那个男旦演员在门口露头，他手中的茶碗就飞出屋门，正打在男旦演员身上。这个人本就知道赵先生平时讨厌他们的不当行为，这时吓得缩了回去，从此再不敢与赵先生的徒弟厮混，收敛了邪念和不检点的作风。

赵鹏飞先生不只是戏曲武功高超，武术的真功夫也很了得。他善于使用三节鞭，一般人练三节鞭要在空旷场地，否则耍弄不开。可是他却不然，平时他专门在狭窄的胡同里练三节鞭，这样练可以到该用时不受空间条件的局限，远可打，近可护身自卫。有一年他携全家到海参崴演出，那时此地经常有"红胡子"（武装土匪）出没活动，打家劫舍，骚扰边民，残害无辜百姓。为此，当地成立民间自卫组织，设有专门对付缉拿"红胡子"的侦探，这些人每人都佩带双枪。赵鹏飞在海参崴演出久了，侦探们深知并佩服他的武功高强，愿与他交朋友，常到他家聊天，切磋武功。有一天，两个常来他家的侦探又来了，这二人都姓曲（音），一胖一瘦。侦探缉查土匪的踪迹，同样，土匪也在跟踪侦探的行迹，都试图消灭对方。两个侦探正在赵家聊天，忽听屋外有人叫号：

"喂，二位朋友出来见一见吧！"

这俩侦探听了先是一怔，而后表现出很不在乎的样子，拔枪就要冲出去。赵鹏飞一把拉住他们，迅速吹灭灯火，要他二人不能乱动，仔细听屋外的动静。外边的人不见屋里人出来，以为胆怯，更加嚣张，继续喊道：

"怎么，不敢出来啦，难道还要我们进去请你们吗？"语气寒森，气势咄咄逼人。赵鹏飞听清楚了外边人的位置，胸有成竹，他蹑手蹑脚拿过来两个大瓷碗，交给两个侦探，每人一个，示意他们扔出去。两个侦探领会了赵的意图，右手握紧盒子枪，子弹上膛，左手拿碗，突然打开门，两只大碗从屋里呼啸冲出去。两个黑影飞出来，土匪瞄准大瓷碗开枪，趁这时两个侦探"噌"地蹿出去。这闪电般的行动出乎"红胡子"们所料，猝不及防，两个侦探抬手扣动扳机，只听"啪啪"两声清脆的枪声，那两个土匪应声倒下。干侦探的个个都是神枪手，百发百中，两个侦探射中对方以后，迅疾扑过去，把两个土匪给五花大绑起来。从此，侦探们对赵鹏飞的遇事不慌、处变不惊和足智多谋更加佩服得五体投地。

赵鹏飞带着他的一对子女在吉林唱戏时，得到北京喜连成社东家牛子厚先生（外号牛犊子）的青睐。牛先生是吉林富商，邀请赵鹏飞一家先到吉林演出，赞誉有加，又盛邀赵鹏飞先生到北京喜连成社任教师，同时让他的女儿明月英和儿子九龄童（松樵）到喜连成社搭班学艺，兼搭班唱戏。约定1912年春节前夕到北京，春节期间登台亮相。因为路途艰难而误期，先由康喜寿等学员替演。赵鹏飞举家来到北京，叶春善社长把赵家人安排在魏染胡同住下。赵鹏飞先生在科班里教武戏，兼给排戏，女儿明月英、儿子九龄童带艺入喜连成科班的"喜"字科学习兼演出。鹏飞先生为喜连成社排演过《宦海潮》《云罗山》《佛手橘》等戏。后来我见到叶春善先生之子叶盛长先生，求证此事，叶先生说曾听老人"念叨过"。梅兰芳在《舞台艺术四十年》一书的第2集第3章第3节中谈到时装新戏《宦海潮》时说："这出新戏别的班社如富连成与维德坤社都扮演过，是各班社原有的剧本，我们不过略加修改而已。"这里的记录从侧面印证了喜连成科班确曾排演过此戏的史实，而且"我们不过略加修改而已"，说明梅先生排演此戏晚于"喜连成"。由此大约可以肯定赵鹏飞先生是最先将《宦海潮》《云罗山》《佛手橘》三剧引入京剧界的。

我们还从《卿本戏痴小王桂卿》一书中搜集到有关赵鹏飞的一些信息。书中说："这位京剧艺术前辈的父亲叫赵鹏飞，原籍山东武城，早在清代光绪年间就是一位很有知名度的戏曲艺人，他初从艺梆子，演穷生，后来改演京剧，专工武生兼武丑，曾经和潘月樵、冯子和、夏月润、赵如泉、尚和玉、薛凤池等众多名家同台合演。他功底深厚，演技精湛，在天津、上海、山东以及东北一带名噪一时。"

赵鹏飞先生在三十岁左右时与一位阚姓妇女结婚，组成家庭，生有女儿明月英、儿子赵松樵。赵老夫人在1914年不幸患中风症，病逝于大连市。夫人过世后，紧接着女儿明月英在山东烟台被军阀霸占，被迫离家。赵鹏飞连失两位亲人，悲痛至极。赵松樵在《我的演戏生活片段回忆》中说："那时父亲既悼念他的伴侣，又失去了爱女，深受生离死别的痛苦，心情是十分痛苦的。父亲处在这种困境，不得已带着我再次回到东北。……这时父亲唯一的希望寄托在我的身上，加倍地下功夫培养我，积极提高我的技艺，盼望早日教子成名。"后来赵鹏飞先生在哈尔滨安家续弦，再生一子赵磐声。赵鹏飞老先生年轻时练功演戏太狠太累，积劳成疾，加上他秉性急躁易怒，约在1916年患噎嗝（食道癌）症，虽经医院诊疗，仍医治无效，不幸在哈尔滨市病故，被安葬于哈尔滨三棵树的梨园墓地，约五十四岁便过早离世，令人为他的一身好功夫没有传世而深感惋惜。

赵鹏飞先生除在北京喜连成社任教过之外，还收徒授艺。他会得多，戏路极宽，既可以教文生戏，又可以教武生、武丑戏，还可以教旦角戏。他课徒甚严，赵松樵小时候看到父亲教学花旦的徒弟练踩跷功，让徒弟穿上跷鞋，一只腿站在长条凳上，另一只腿盘在站着的腿后，把这条腿的脚内侧放成水平，上面放上东西，不许掉下来。他亲授的徒弟，现在可知的有男旦青衣金香翠，男花旦任灵芝，武生王凤池、赵庆兰、孙玉楼、孙九龄、鱼化龙等，均是当年戏曲舞台上著名的优秀演员。

二、明月英不让须眉　女中杰戏史留迹

如今京剧演员中女老生有，女武生很罕见。在过去一个历史阶段，充当老生、武生、花脸、丑角的女演员不少，专门有坤戏班，各行当全由女孩扮演。明月英可算是我国京剧生行坤伶的前辈，也是在民国初年打破清王朝不许男女同台演出这一禁锢的先驱。但是，因为她在1922年以后即赴新加坡等南洋地区演出，十余年后回国便息影舞台，所以，今天的戏曲研究者和观众对她已经很陌生了。

明月英是赵鹏飞先生唯一的女儿，生于1894年（另记1893年），比胞弟赵松樵年长七八岁。她自幼随父习艺学戏，父亲教给她的戏有

《连环套》《骆马湖》《翠屏山》《刺八杰》《狮子楼》《叹月·独木关》等。拜明海山先生为师以后，向先生学老生戏，如《四郎探母》《打渔杀家》《朱砂痣》《空城计》《法门寺》《状元谱》《十八扯》《戏迷传》等，她的老生戏唱"乙字调"。她十多岁起便挑班演出，文武兼备，在舞台上很有号召力。有时她在一场戏中演双出（在同一场演出中一人演两出戏，或在同一出戏里扮演两个角色），如在前演一出文戏《桑园寄子》或是《法场换子》《朱砂痣》《法门寺》《四郎探母》《空城计》等，在后边再演一出武戏，或是《连环套》，或是《骆马湖》《独木关》《刺八杰》《狮子楼》《恶虎村》等。清光绪三十四年（1908），她由父亲引领，献艺于烟台天仙茶园，曾与她同台合作演出过的演员，许多后来都成为名扬神州的大家，艺名为小达子的李桂春、艺名为麒麟童的周信芳等，都曾与明月英同台献艺。当时，麒麟童演开场戏《打渔杀家》，明月英在"大轴"演《骆马湖》里的黄天霸，父亲赵鹏飞则陪她扮演朱光祖。旧时一般每演一期是 12 天，她每次演出大多客满，同班艺人羡慕不已，认为明月英有戏缘。她演武戏扮相英武，雄姿伟岸，动作利落，功底扎实。她演的老生文戏，在舞台上也是光彩照人，声腔浑厚达远，毫无雌音，难能可贵。

明月英自幼随父学艺，兼工"梆、黄"的老生、武生。过去要想做名正言顺的演员，只在自己家里学还不成，必须要拜业师，才能得到同行认可。父亲让她拜京剧名家明海山为师，从师姓，取艺名明月英。她性格刚强，苦练不辍，终于成为一代女伶精英。

明月英（后立者）与其父母

明海山（1866—1955）先生可不是无名之辈，是位京剧耆宿。他是满族，北京人。幼入北京全福昆梆子班学艺，习男旦，后入程长庚的三庆班，虽工京剧老生、老旦，可是他对生、旦、净、丑各行当皆通，唱、念、做、打的功夫深厚，会的戏多，戏路极为宽泛，被誉为"戏篓子"。他早年演文戏为主，以唱取胜，嗓音清脆，唱法讲究，气力充沛。清代末期被召为"内廷供奉"。1912年与陈德霖、钱金福等到上海老天仙茶园与王鸿寿、潘月樵等同台演出，享有盛誉。据说所谓"杨瑞亭的腿，白玉昆的嘴"，只不过是杨瑞亭和白玉昆两人各承袭了明海山的一半衣钵而已，可见明海山的文武之功非同一般。他在上海时，麒麟童曾多次登门求教，并恳求他出山辅佐，为其《四进士》扮演毛朋，明先生应允，独领风采，"活毛朋"的绰号享誉上海滩。20世纪20年代初他接受中东铁路局之邀到哈尔滨授艺，1922年曾与程永龙等创建哈尔滨京剧科班义字班，同年组建梨园公会和正乐育化会。上海《申报》载：1924年3月27日上海天蟾舞台晚场，明海山与常春恒、刘筱衡、孟鸿茂、陈月楼等联袂演出连台本戏《汉光武复国走南阳》的头本。据日本的京剧研究者波多野乾一在1925年编著的《京剧二百年之历史》中记载，明海山在哈尔滨的大舞台和华乐舞台时期，担任后台"座钟"（艺术指导和总管）兼教戏。他还曾搭梅兰芳早年的戏班演出。么书仪编著的《程长庚·谭鑫培·梅兰芳》书里刊载的一张戏单，记有大轴戏是梅兰芳、朱素云演《穆柯寨》，"压轴"（倒数第二）戏则是王凤卿、明海山演出的《战樊城》。20世纪30年代初期，明海山在哈尔滨中东铁路局，带着弟子鲁鑫泉传艺，他因材施教，东北的名角王少鲁、王桂林、秦友梅、管韶华、武帼英、张少台、俞赞庭等均受其教益。1946年明海山80寿辰，京剧名家李香匀、褚世芬等以演出《大英杰烈》为贺，明海山登台扮演王大人，在"观阵"一场的三十余句大段韵白"众将们，你们来看哪！城楼下来了两个王富刚，一个是有盔有甲的王富刚，一个是无盔无甲的王富刚……"，念得顿挫有致，刚劲有力，一气呵成，声容不减当年，念完后剧场沸腾，观众和同行无不拍手叫绝。中华人民共和国成立后，明海山受到政府的重视和优待，教戏传艺，安度晚年。《中国戏曲志·黑龙江卷·哈尔滨戏曲志》的讨论稿中"大事记"

中记载：1951 年 12 月 25 日至 1952 年 1 月 12 日，时任中国戏曲研究院院长的梅兰芳率领梅剧团在哈尔滨剧院演出，其间梅兰芳曾登门拜访了京剧前辈明海山先生。周信芳每到哈尔滨，也必过府拜望。由以上资料可见明海山先生当年的从艺背景和他在梨园界的地位，他的确是位在南北剧界都德高望重的京剧巨匠。1955 年 6 月他在哈尔滨去世，享年高寿 89 岁。

坤伶的兴盛是时代使然。19 世纪中期，外国列强大举入侵中国，用军舰大炮轰开闭关自守的中国国门。在武装入侵、经济掠夺的同时，伴随而来的还有西方的思想与文化，加上苏联的"十月革命"、中国的"五四运动"，这些国内外的因素都冲击着统治中国数千年的封建思想与文化，开启了中国知识界的思考与反省，思想活跃起来。中国社会渐渐掀起一股空前的思想文化革命的宣传鼓动与实践运动。男女平等，女权主义，是这种变革的主要目标之一，妇女的社会地位得到提升，妇女的社会作用得到加强，妇女从闺阁金屋中解放出来，参与社会政治、经济、文化各方面活动的意识与日俱增，女人为人权、为生活、为自立公开抛头露面，她们中有的便走上表演艺术的舞台。

明月英戏路宽，能文能武，在北京、天津、上海、山东、汉口及东北各地，她的演出有极大号召力，所到之处无不一路走红。她 15 岁在上海参加过"髦儿戏"的演出，16 岁随父母和弟弟到汉口演出，在天津参加过宁家"髦儿戏"班。"髦儿"戏班是某一段历史时期的产物。京剧舞台上的演员先后经历过只有男演员演出，然后女演员虽然出现却不与男演员同戏班的单独演出，再后来是男女演员同台合演，这样几个不同的发展历史时期。前清顺治十六年（1659），宫廷教坊废止了女乐，因而民间的戏曲班社也就没有了女伶的从业机会。其实，在此以前，我国歌舞、音乐、戏曲等演艺界是有女伶活跃着的，例如元代的关汉卿时代，就有许多优秀的女演员，关汉卿与她们往来密切，为她们写戏，看她们演出并予指导。近代女伶的兴盛是在清代后期的光绪年间开始的。为冲破戏曲演艺界男伶一统天下的局面，民间出现了只有女伶组成的"髦儿戏"班社。"髦儿"指女人头前飘垂的发缕，而据《现代汉语词典》①的解释，"髦"是"古代称幼儿垂在前额的短发"。有人源此把"髦儿"作为戏曲少女演员的代名词。"髦儿戏"也有写错白字作"毛儿戏"或"猫儿戏""帽儿戏"的。有人解释说"教坊演戏，俗称为'猫儿戏'"，因教坊中女徒均皆"韶年稚齿，婴伊可怜，以小字'猫儿'，故得此名"（清人王韬）。清人徐珂在《清稗类钞·戏剧类》中解释说："金奇中曰'俗以妇女所演之剧曰髦儿戏者，盖以毛发至眉'""意谓伶之年龄皆幼'"；又说："王梦生则曰'昔以妇人拖长髻而饰男子冠服，至可一笑，故有此称'。"然而，对于究竟为什么称为"髦儿戏"，还有另一种传说。据《京剧与上海都市社会》引自 1929 年 4 月 23 日《梨园公报》上的一篇署名漱石的文章《海上百名伶传——李毛儿》称：同治年间，一个京戏班的二路丑角演员名为李毛儿，首先在上海成立起一个完全由 10—16 岁的女孩儿组成的坤伶戏班，该戏班在成立之初专门应接富商豪门的堂会戏，"无以为名，即名之曰毛儿班"。按照这个传说，"髦儿戏"班是以首位这样的戏班班主的名字来命名的。关于这个说法，有记载认为事当在同、光年间，李毛儿是徽班演员，她成立的是京昆戏班。其后，各地仿效，陆续成立起"髦儿戏"班，由此女伶队伍逐渐扩大，人才辈出。恩晓峰、小兰英、刘喜奎、金月梅、一阵风、林黛玉、宁小楼、小春来、水上漂、玻璃翠、赵美玉以及明月英等，均为清末民初时期杰出的坤伶。她们大多出身于梆子戏班，有的能梆、黄（京剧）两兼，后来多以演京剧为职业。

名门之内必出高徒，明月英就是一例。她在民国前已经开始挑班唱戏，十几岁便已成名，无论在山东烟台，还是在东北哈尔滨、沙河子、大连、长春、吉林等地，她都挂头牌。在天津演出时，他曾与小兰英合演《连环套》，她饰演黄天霸，小兰英饰演窦尔敦。约在 1909 或是 1910 年，明月英受烟台丹桂茶园的邀请去挑班。当时与明月英的年龄相仿的麒麟童（周信芳）搭班同往，这时麒麟童在前唱开场戏，明月英已经唱"大轴"戏了，可见明月英成名之早。1912 年明月英到北京搭喜连成社，在前门外大栅栏的三庆园演出，不仅唱老生戏，演武生

---

① 中国社会科学院语言研究所词典编辑室编，商务印书馆 2010 年出版。

戏，有时还唱老旦戏。她演文戏学谭（鑫培），武戏学黄（月山），文能唱《四郎探母》《法门寺》《法场换子》《朱砂痣》等，武能演《连环套》《刺八杰》《骆马湖》《翠屏山》《狮子楼》《独木关》，以及《状元谱》《十八扯》《戏迷传》《盗魂铃》等。她在舞台上器宇轩昂，仪态大方，风度非凡，不让须眉。在"喜连成"时期，她演过的老旦戏如《钓金龟》、《目连僧救母》（又名《滑油山》《游六殿》）等。当年"喜连成"排演全本的《目连僧救母》，她饰刘清提，康喜寿饰大鬼，侯喜瑞饰掌管酆都城关的大鬼，九龄童饰老院子。当时老旦宗师龚处（云甫）只唱《游六殿》，"喜连成"这边的全部《目连僧救母》与龚处成为"打对台"的形势，明月英主演的《目连僧救母》前边带"杀狗开荤"。据松樵先生说，这出戏是吕月樵兴起来的全本戏，明月英的父亲赵鹏飞与吕月樵同过班儿，他把这个戏写出本子来，传授给了明月英。

尽管她在 20 世纪 30 年代末期即已息影舞台，年代距今久远，但是她毕竟是当时著名的女演员，所以她还是在一些史料中留下了足迹。继叶春善先生之后，其子叶龙章担任富连成社的社长，他在《喜（富）连成科班的始末》一文中提到中华民国元年（1912）在喜（富）连成开始男女演员合班演出，同时这也是京剧史上开始男女同台的最初期。该文谈到这时期喜（富）连成社从天津、上海等地邀来著名坤伶参加演出，明月英就是其中之一。叶龙章先生说："壬子年（1912）演出于三庆园，同台尚有女伶，但所演者多为梆子，如水上漂、玻璃翠、明月英、赵美玉等皆加入。"又有《五十年来北平戏剧史料》一书第 4 册第 11 页记：民国元年 4 月 6 日富连成班在三庆园演出的剧目中，有明月英、张喜福（即后来的雷喜福）合演的《法场换子》。另据甄光俊先生在《赵松樵及其父其姐》[①]文中披露，曾在烟台与明月英一起演过戏的小达子（李桂春）于 20 世纪 50 年代末接受河北梆子史编写组的采访时，谈到明月英说："她是一位扮相、唱声、表情无不可人的全才演员。"梆、黄两兼的名家李桂春先生所见者多，对明月英的艺术评价相当高，也很中肯，应为信史。

---

① 详见《中国京剧》，2008（4）。

《中国京剧史》中卷第206页记述:"1922年以后,新加坡庆升平新舞台班主雷文光从中国聘去许多演员,其中有武生刘长松、坤伶老生杨君波(又作杨月波,别名明月英)等人。"可见此时明月英已经更名,且与刘长松同一批去的新加坡。同书208页记刘长松等人是在新加坡大舞台戏院演出的第一批京剧伶人。该书第210页记载20世纪40年代末与50年代初的交接之际,刘松鹤从中国学艺回来后,刘长松、刘松鹤父子集合了武行王永福、张俊廷、韩英亭、李春龙等加入小广寒,每逢星期六、日加演武打戏,演出《金刀阵》《金钱豹》《白水滩》《一箭仇》《四杰村》等剧目,相当卖座。可见刘氏父子在新加坡的京剧事业相当成功,颇有成就。明月英与刘长松乃夫妻,刘松鹤是他们的儿子。据赵松樵及其子赵云鹤说:刘松鹤之名,是取其舅赵松樵名字中的一个"松"字、取其表兄赵云鹤名字中的一个"鹤"字而命名的。刘长松、刘松鹤父子在新加坡是十分知名的京剧武生演员,刘长松先生的关羽戏称雄新加坡。1980年,刘长松先生尚健在,时年八十有余,还曾将自己扮关羽的剧照寄赠给松樵先生,另寄来新加坡某杂志署名张生写的文章《活颜良赵松樵白马坡陡起风波夏月珊一语解围》的复印件,剧照和文章本人均曾见过。可惜后来他们双方失去了联系,否则留下的历史资料还会更丰富些。

　　明月英的性格极似其父赵鹏飞,脾气很大。母病逝后,明月英离家自立,嫁给一个姓薛的军团参谋长。明月英离家后曾与松樵弟(当时艺名九龄童)相见过一次,父赵鹏飞对女儿这桩婚事极不满意,狠狠教训了松樵一顿,父亲不让他再与明月英联系,此后姐弟失去联系。明月英和其他旧时代许多有成就的女伶一样,难逃有钱有势人们的追猎。据赵松樵《我的演戏生活片段回忆》一文记载:"我14岁那年,随父母到大连演戏,母亲不幸死在那里。后来随着父亲和姐姐转去山东烟台献艺。就在那个地方,我的姐姐明月英突然被一个反动军官霸占了去。"后来不知多久,明月英逃出虎口,继续演戏生涯。

　　明月英在弟弟小时候的眼里是个大英雄,弟弟从小看舞台上父亲和姐姐演戏,天天目睹姐姐的精彩表演博得台下的喝彩声与掌声,由心底佩服姐姐,立志长大也要像姐姐那样唱好戏。姐姐不但心疼弟弟,而且在艺术上除父亲之外，姐姐就是他的艺术引路人。姐姐带领他起早练功、喊嗓，在舞台上二人又是演出的伙伴，在她们的少年时期经常一起演出《云罗山》《狮子楼》《十八扯》《戏迷传》等，二人在东北演出时被各地观众誉为"皮黄高手"。他们是姐弟，又是艺术道路上的学友，还是舞台上配合默契的表演搭档，感情至深。

明月英与弟弟赵松樵分开 20 年后，原来艺名九龄童的弟弟早已改名为赵松樵，在上海成为大牌京剧演员，他大红大紫的程度远远超过当年他的父辈和姐姐。在 1938 年前后，赵松樵在上海演出和生活时，明月英只身回到中国，找到正在上海天蟾大舞台演出的弟弟赵松樵。姐姐突然出现在眼前，姐弟相见如同在梦中。这时松樵才知道分别后姐姐的一些情况，她刚从新加坡回国，在国外演出并居住了十数年，现已谢绝舞台，落叶归根。明月英在上海住了下来，这时的她已经是一名虔诚的教徒，经常去教堂，捐了很多自己多年辛苦挣来的积蓄钱。1946 至 1948 年，明月英的儿子刘松鹤回国学艺深造，学成要回新加坡时，劝母同行，但母亲眷恋故土，再未出行。

1948 年，赵松樵因演务离开上海，开始经南京北归，明月英暂时孤居上海。松樵先生一家定居天津后，1956 年松樵夫人接明月英来到天津予以照顾。这时明月英已经是身无分文，全由弟弟和弟媳抚养与照顾她的生活。赵松樵的父母早亡，对待姐姐明月英执礼甚恭，甚至有些惧怕姐姐，见到姐姐就如同是"秀才遇到兵，有理说不清"，也不敢说，姐姐晚年的脾气更加暴躁与怪异。松樵夫人蔡淑英女士每月亲自按时送给姐姐生活费 20 元，那时每人每月的基本生活只需要十元左右就能过得很好了。

1965 年，在海内外唱红约三十年的京剧前辈艺术家、著名的一代坤伶明月英，因心脏病突发，医治无效，不幸在天津去世，终年 72 岁。

三、师兄妹青梅竹马　赵磬声夫妻遭袭

除了姐姐明月英之外，赵松樵先生还有个同父异母的弟弟赵磬声。

母亲病逝后，父亲续弦，生弟弟赵磬声。1996 年，戏曲家马祥麟在北京《戏剧电影报》发表连载长文《我与昆剧共一生》，在第 22 期刊载的第 26 节谈到京剧女演员张玉燕被歹徒杀害的冤案。随之，侯正飞在该报的总第 810 期第 11 版"京剧大世界"上跟进发了一篇短文《关于张玉燕之死》。两文中提到的张玉燕是赵磬声的妻子，那么究竟他们为何被人杀害，冤案的原委如何呢？

赵磬声六七岁时在海参崴拜张玉亭为师，赵磬声写（订立师徒合约）给他，专工武生，取艺名小玉亭。张玉亭是京剧武生著名演员，据中国戏校毕业后在中国艺术研究院就职的蒋厚理先生讲，张玉亭在中华人民共和国成立后曾被中国戏曲学校（中国戏曲学院前身）聘来任教。张玉亭夫妻俩收养的一位义女就是张玉燕，从小与小玉亭在一起练功学戏。一位是张家养女，一位是张家徒弟，两小无猜，青梅竹马。及长，两人情投意合。张玉亭夫妇也认为他俩十分般配，一个是徒弟，另一个是义女，如果这两个孩子结为夫妻，自己岂不是到老有靠？于是，张玉亭夫妇就允诺了两人的婚事，只等小玉亭出师后完婚。两个年轻人日日想，月月盼，憧憬着他们美好的未来。谁也没有想到半路杀出个程咬金，这个人可是名副其实的"混世魔王"，祸起萧墙，连伤二命，惹出塌天大祸，冤案一桩。

一个国民党军官，名叫张纪鸣（音），他对出水芙蓉般的张玉燕垂涎三尺，穷追不舍，天天来戏院捧场，看着舞台上那色艺双绝的张玉燕，他整天神魂颠倒。对张氏夫妇花钱遗物加以笼络，恩威兼施，还答应要为张玉燕出资成立戏班，要把张玉燕捧成红角儿。张玉亭夫妇花了军官的不少钱，又慑服于那军官的淫威，竟背弃前约，对赵磬声与张玉燕的婚事打退堂鼓，对那军官笑脸迎送。两位年轻人寄人篱下，年岁都小，没了主意，有着师徒、义父母女的这层关系，两小不好意思与老两口翻脸，暗生闷气，忍气吞声。小玉亭是个血气方刚的小伙子，终于忍耐不下去，一赌气从张家出走了。

小玉亭先到南京，自己改名叫张云龙，搭班演戏，暂为安身。小玉亭走后，那个军官自鸣得意，越发张狂，加紧逼迫。张玉燕心里仍然恋着师哥，对军官和义父母的威逼利诱无动于衷，宁死不从。张玉亭没法向军官交代，总是借口拖延也不是长久之计，总不能把今后还要依靠的义女给逼死，无可奈何，只有"三十六计，走为上策"，于是老两口带着张玉燕逃之夭夭，暂避到杭州，想金蝉脱壳甩掉军官。

小玉亭在南京时，郭昆全（音）到南京正为他的外甥李仲林找"傍角"的武生演员，与赵万和商量，看到小玉亭翻跟头很溜，就要小玉亭助演。小玉亭从师父那儿出走，还有另一个原因，就是他要去找哥哥，回归赵家。为此，他委托一个要去上海的朋友找到哥哥赵松樵，替他讲明心意。1946年，赵松樵在上海黄金大戏院正与周信芳合作演出。松樵闻讯弟弟找到了，而且要来投奔自己，真是喜出望外，想到父母早亡，姐姐离家，自己孤单无援，时常感到亲情的可贵。姐姐已然回到身边，这时又有了弟弟的消息，自然喜不自禁。松樵向周信芳打个招呼，当天连夜由上海赶到南京，先见到赵万和。赵万和请松樵吃过饭，松樵问赵万和知不知道小玉亭在哪里？赵万和说他把小玉亭按下了，没让郭昆全带走，并且替小玉亭还了郭昆全的账。松樵替弟弟还了赵万和的钱，找到了小玉亭。兄弟俩相见，必有一番离合伤情的表露，不在话下。当谈到弟弟的名字时，松樵说：

"你叫张云龙，我叫赵松樵，往后咱们哥俩在一起，别人会老有疑问，我看你还是及早改过姓来，另起个名字吧。"

于是，松樵给弟弟取了个名字叫"赵磬声"。

松樵把弟弟接到上海没有几天，正好镇江市有个戏园子来上海要接松樵，他离不开，就推荐弟弟到镇江替自己演一期，如果在镇江唱得好，那时再把弟弟接回上海演出，就是水到渠成的事了。赵磬声因为有父亲赵鹏飞的家传，又有名武生张玉亭的手把手教授，加上他自己刻苦练功学戏，已经是一名技艺全面的武生优秀青年演员。松樵拨给小玉亭一部分行头，小玉亭在镇江主演了《伐子都》《挑华车》《四杰村》《金钱豹》等几出武生硬功戏，一炮打响，定包银900元，这在当时已经是很高的报酬了。他在上海周边城市既已演红，进上海搭班就一帆风顺了。这时，松樵进上海共舞台，应著名刀马旦和武旦演员白玉艳父亲的邀请，与白玉艳合作演出。白玉艳此时在二十岁出头，刚随父亲从新加坡演出归来，风头正劲，松樵率领弟弟赵磬声、儿子赵云鹤、孙子赵钰

赵松樵与弟赵磬声

伯以及徒弟们，这些赵家子弟一起到共舞台帮忙。赵磬声在此期间得与兄长同台献艺，有机会向松樵哥学习了《长坂坡》《连环套》等几出赵（松樵）派拿手戏。他们共同排演了连本戏《荒江女侠》《三侠剑》《太平天国》等剧目。那时，赵云鹤与赵磬声在一场戏中有一套"对剑把子"，十分精彩，颇受观众赞赏，每演必是掌声如潮。

赵磬声功底深厚，技艺不凡，是一位很有发展前途的演员。过去京剧演员的竞争是十分激烈的，尤其在上海这样一个商业化市场经济很强的地方，更是弱肉强食，每一天都有兴旺发达起来的，同时也有衰亡败落下去的，演员也不例外，令人触目惊心。演员如果没有真本事，在上海就无立足之地。赵磬声不但擅演《花蝴蝶》《铁公鸡》之类的短打戏，而且像《长坂坡》《挑华车》《伐子都》之类的"大靠"戏演来也颇有章法，身上边式，动作干净利落，广博好评。他在《乾元山》（又名《乾坤圈》）一剧中表演的耍乾坤圈"出手"，在《金钱豹》中的耍钢叉都精彩绝伦。他因扮演小白龙的出色表演，被观众送个"小白龙"的绰号。

孙悟空戏他演得也非常到家，在《十八罗汉斗悟空》剧中，他饰演的孙悟空脚踩一个大球满台滚动，同时手抱琵琶弹奏乐曲，堪称一绝，除他以外，只见过盖叫天有这种演法的记载。他在后台被晚辈称为"邋遢老叔"，因为他在演《挑华车》《伐子都》这类需穿厚底靴的戏时，他经常不必系好靴子带就上场演出，对他表演翻跌扑摔等动作毫无阻碍。在演《拿高登》等戏时，他不把"马蹄袖口"卷起，照样大打出手，从不失误。由此可见他的武功基础是何等的深厚扎实，技艺该有多么的娴熟灵便，举重若轻。他还是个有名的"跟斗虫"，跟斗翻得飘而稳，帅而准。他的戏路宽广，技艺全面而娴熟，同行都认可他是武生中一位难得的人才，日后必定前途无量。后来，赵磬声和侄子赵云鹤（小赵松樵）一起在苏州开明戏院演出，除传统老戏外，还排演了大型清代连台本戏《血滴子》等，赵松樵也到苏州助阵，轰动一时。

这时，张玉燕几经周折，打听到赵磬声在苏州演出，便从南京赶奔苏州来找师兄。师兄妹相见，尽述别后苦情，如今总算夙愿得偿。这一对忠贞恋人历尽磨难，终成眷属，小两口去了无锡，结了婚，同台献艺，比翼齐飞。正当他们春意绵绵之时，不知"黄雀在后"，那个纠缠不休的军官恶棍正对他们虎视眈眈，一直在暗中巡查张玉燕的下落。赵磬声与张玉燕夫妻俩以为他们既然木已成舟，离开了是非之地，那个军官对他们再也奈何不得，渐渐放松了警惕。可是，1948 年底大祸临头了。他们在无锡市演出，下榻在中东大戏院附近的中新旅社（另记大东旅社、东兴旅馆），那个军官带上几个亡命之徒直扑无锡而来，罪恶的黑手终于伸了过来。一天夜里，赵磬声夫妇演出回来，已经上床休息，突然，他们被急促的敲门声惊醒。张玉燕赶忙起身披衣，问道：

"谁呀？"

一个粗鲁的声音厉声喝道：

"快起来开门，查店的！"

那年月中国内战正酣，社会治安混乱不堪，国民党军队节节败退，半夜三更串户入店稽查抓人是经常的事。玉燕以为是例行公事，没有特别在意，前去开门。门一打开，就见有荷枪实弹的国民党军人，气势汹汹地问：

"你是张玉燕吗？"

张玉燕不知怎么回事，如实答了一声"是"，话音刚落，就听枪声作响，玉燕顿觉天旋地转，尖叫着倒地不起。匪徒们打死张玉燕，转身便走。躺在床上还迷迷糊糊地昏昏欲睡的赵磬声被枪声惊醒过来，抬头一看，爱妻倒在一片血泊中。他见凶手是一帮军人，立刻恍然大悟，猛然跳下床，夺门而出，三步并作两步，飞身追赶仇人。他一蹿身，在楼梯上抱住那个凶手军人，死死不放。歹徒本想迅速逃逸，不敢耽搁，这时无法脱身，便狗急跳墙，抬手间枪声再起，赵磬声身不由己倒下了。待他清醒过来时，发现自己已经躺在医院的病床上。他伤势很重，医生给他开腹动了大手术。他身上的病能除，心里的病却随着头脑清醒过来反而加重，他迫不及待地要知道妻子的消息。这天，张玉亭来医院看望徒弟，他觉得对不起女儿和徒弟。赵磬声再三逼问玉燕怎样了，张玉亭在再三追问下不得不悲伤地叹息道：

"唉，你就别问了，自己好好调养身体吧，她已经死了。"

赵磬声得知这一噩耗，像被电击雷轰，气血上冲，只觉头"嗡"的一下，身体不能支持，昏了过去。他这一着急，刚缝合的伤口一下崩裂开来，病情急转直下，不久含恨归西了。据松樵先生回忆，这是发生在1948年冬天大约农历十月里的事情。

姓张的军官杀了人，也是心惊肉跳，当夜就带人逃到上海，住进了大沪饭店（另记大中华旅社），惶惶不可终日。这一重大谋杀事件立刻轰动了无锡、苏州、杭州、上海，当时的《新闻报》以"一对鸳鸯运水而去"的醒目标题报道了这起骇人听闻的血案。舆论一片哗然，齐声谴责一害二命的罪犯，要求严惩凶手。在强大的社会舆论压力下，制造冤案的罪魁祸首终于被当局缉拿归案，解回无锡，绳之以法，处以死刑。即便如此，赵磬声和张玉燕这对冤魂在九泉之下，仍然会怨气难消，哪得安宁！

四、赵云鹤子承父业　众名师亲炙授艺

赵氏梨园世家的第三代传人是赵鹏飞老先生的孙子、赵松樵先生的

儿子赵云鹤，第四代从艺者则是赵云鹤先生的子女们。

云鹤先生于 1920 年 9 月 28 日生于海参崴，那时他的父母正在此地演出。云鹤自幼随父练功、上学，父亲的戏班演戏时常需要小孩饰演角色，过去有孩童角色的戏比现在多。云鹤从 8 岁起登台客串，马武成、小雪艳琴演《三娘教子》时，云鹤就演娃娃生。马武成很喜欢云鹤，教他《桑园寄子》里娃娃生的演法，到演这出戏时，马先生又要他演戏里的小孩。在父亲编演的本派剧目《红须客》中，云鹤曾扮演过剧中的姚童角色。松樵先生的本意是不想让儿子从艺，或者至少不想让儿子过早地从艺，恨不能让他多念几年书，可能的话另谋生路，改换门庭。松樵夫妇经常到各地演出，把云鹤寄放在奉天（今沈阳），供他上学读书。有一次松樵接到奉天的邀请去演出，得机会看望一下儿子。演出期满，松樵要上火车了，云鹤这个机灵鬼趁送父亲的机会，上了火车说什么也不下来，非要跟父亲回家学唱戏不可，软磨硬泡地不肯下车，松樵只好把他带回来。从此，云鹤也是步前两代人的后尘，开始了舞台艺术的生涯。

赵云鹤剧照（之一）

云鹤从艺后，取艺名小赵松樵。松樵先生为培养云鹤学好京剧艺术，花费了很大心思。过去戏曲演员很少把自己的孩子留在身边学戏，一是那个时代艺人们都忙于自己的演出，很少有时间和精力去辅导教育孩子；二是怕自己调教孩子难下狠心，不易让孩子成材；三是真正的艺术家都虚怀若谷，汇纳百川，希望自己的孩子能多向别人学习东西，广收博采；四是按旧规演员都要拜师，才好入门上道。杨小楼之父杨月楼虽然是位名家，却送小楼入小荣椿社，师从杨隆寿、姚增禄，后又受业于俞菊笙；谭富英被父亲谭小培送进富连成社坐科学艺，后又拜余叔岩为师深造；李桂春把儿子李少春交给陈秀华、丁永利，后又让少春投入余叔岩的门墙，类似例子数不胜数。当然，这不是绝对的，家传、父教、子学而成器的例子也是有的。

松樵先生为了培养云鹤成材，为他物色了几位顶级的高门名师。

首先是张少甫先生。张先生是京剧老生"谭派""余派"杰出的艺术家，文武全才，久居山东烟台。他自幼随烟台艺人韩瞎子学艺，15岁"倒仓"，改学武生戏，17岁嗓音恢复，又回老生行。他天资聪慧，身材匀称，是当演员的好坯子。他上场走几下台步，潇洒帅气，念几句台词，抑扬顿挫，韵味醇厚，都会博得唱彩声。有人说："张少甫的'好'是在他自己的口袋里装着的，他几时想要，一掏就有。"此话不虚，听松樵先生讲，张先生很有个性，好同观众斗心气儿。有时演戏提不起神来，观众看着没劲，"抽签"要走，已经到了剧场门口，这时张先生来上一两句，马上获得"满堂彩"，那几位只好回到座位再继续看戏。烟台观众还有一个特殊的规矩，坐前排领头的观众手里有把灯笼，当觉得演员不卖力、演不好时，一举灯笼，场内一伙的观众会集体行动，"起堂"（不等戏演完早退）走人。张少甫演出时，举灯人刚要举起，张先生来个"阖堂好"，举灯人又把灯笼放下了。张先生的故事被梨园界传为笑谈。程砚秋到烟台，在丹桂茶园首场演出《窦娥冤》，张少甫在"倒二"给垫一出《剑峰山》。程先生扮好戏在台边看张先生饰演邱成，唱念做打无与伦比，程先生说："真好，在北京也找不到这样的。"马连良到烟台演出，临走约请张少甫搭自己的戏班，说："张先生，请您帮帮忙，我给您月薪一千。"张先生不愿意离开烟台，婉拒之。张少甫在烟台丹桂戏院主事几十年，威望很高，凡是来过烟台演出的南北名角，他都合作过，没有不佩服他剧艺的。他脱离舞台后，专以教戏度日，是一位满腹戏文的京剧教育家。松樵说是他把张少甫接到上海的，张先生扮相较"苦"，赵提醒张到了上海千万不要演《别窑》，怎么也演不过周信芳。一次张少甫贴出《四进士》的广告，周先生不但自己要看，还包了 3 排共百来个座位，招来上海的票友都来观看。演出结束后，周信芳带领百十号人登台祝贺。此后，张少甫留在上海执教多年，上海的老生张信忠、武生梁斌等著名演员及众多票友均得其亲授。他还曾为梅兰芳配演《贩马记》之李奇，代替周信芳演《乌龙院》等。1951年 7 月上海京剧老艺人为抗美援朝义演，"大轴"戏是全部的《龙凤呈祥》，周信芳前饰乔玄后饰鲁肃，梅兰芳饰孙尚香，张少甫饰刘备，盖叫天饰赵云，赵如泉饰张飞，姜妙香饰周瑜，李多奎饰吴国太，苗胜春饰诸葛亮，韩金奎饰乔福，孟鸿茂饰贾化。张少甫是"云遮月"的嗓子，功力深厚，戏路宽，能戏多，以多才多艺著称。

松樵从少年时就常演于烟台，与张少甫在艺术上惺惺相惜，结下深厚友谊。他把云鹤交给张少甫，让云鹤正式拜在张门之下，留在烟台随少甫先生学文武老生。此前另有一位梨园子弟鲍兰波（后随赵松樵弟子以"云"字取名为鲍云鹏）先云鹤一年做张先生徒弟。张先生先以文戏给学生"开坯子"，云鹤学会了《搜孤救孤》《黄金台》《法门寺》《捉放曹》《乌盆记》等戏。3 年后，张少甫到大连演出，弟子随行，张先生让云鹤演《搜孤救孤》中的程婴、《捉放曹》中的陈宫，鲍兰波则分饰屠岸贾和曹操。不久，松樵应邀也到大连演出。张少甫找到松樵，非要把云鹤送回给松樵不可。"这是怎么回事，难道是自己的孩子不听先生的话，不好好学习，惹先生生气而要辞掉云鹤？"弄得松樵莫名其妙。后来一打听才知道，原来张少甫的戏班里有个唱花脸的，他的妻子专好绕舌头拨弄是非，到处传谣言说徒弟们跟张先生受罪，吃不饱饭。张少甫本来就有个性，一听这话，恼火得很，决意打发徒弟们走，他心想："别让人家孩子们在我这受罪，我张少甫在同行人面前可担不起这个虐待徒弟的罪名。"其实恰恰相反，张先生视徒弟如己出，即使在那个师道尊严厉害的年代，他让徒弟们和自己在一个桌子上吃同样的饭，对云鹤更是没的说，倍加照顾。张少甫自己的孩子就是从小被送出去学戏的，所以他把身边的徒弟当成自己的孩子看待。京剧老生著名表演艺术家周啸天青少年时曾随张少甫先生学了几出戏，如《打登州》《战太平》《四进士》等。周夫人后来对我说起张先生的为人和待徒，也是倍加称赞。从小就成为张少甫入室弟子的鲍云鹏先生向我谈起在张先生身边的

6 年时光，对师父看待自己亲如骨肉深有感触。然而张先生此意已决，万难更改，从此云鹤开始跟随父亲学习和演戏。松樵先生对云鹤要求十分严格，一方面督促他练功学戏，另一方面把他推上舞台磨炼。云鹤从9 岁起就在师叔赵庆兰的带领下到各地演出。云鹤记得跟随父亲在大连演出时，父亲带领他和徒弟们去戏院或演出回来时，都要他们一边走路一边练翻跟头，随时指导他们练功，一刻也不放过。

赵松樵给云鹤请来的第二位名师是瑞德宝（1877—1948）。瑞先生是满族，北京人，原名单字全，字锡九。他 9 岁时即在《八蜡庙》剧中演贺仁杰、在《白良关》中饰小黑儿，得到名净李连仲的赏识，收为徒弟。瑞德宝学过老生、武生、花脸三个行当，后来又工红生的关羽戏，所以他戏路极宽。清光绪二十五年（1899），他随李连仲在玉成班演出，崭露头角。他随师父一起傍过谭鑫培演出，对谭派的"靠把戏"深得精髓；变嗓音时期师从杨隆寿、丁连升学武戏多年；在效力玉成班时，长期与武生"黄派"创始人黄月山同台，得到黄先生亲授《独木关》《剑峰山》等黄派戏；后来他演关羽戏学王鸿寿的工架与刀架；随孙菊仙、李连仲在天津、上海、武汉等地演出，声名鹊起。经如此历练，他回京后被召入清宫升平署，享受内廷供奉。宣统元年（1909）他辞掉玉成班，参加春庆班，作为武戏头牌演员。1912 年前后他在天津挑班演出，后到上海，1920 年开始客居上海并演出。1922 年 1 月 1 日起瑞德宝在天津广和楼戏院与赵松樵组班合作，主要演员有凤灵芝、小玉茹、赵庆兰、崔小楼、小鸿升等。3 月 5 日在天津某张府与梅兰芳、余叔岩、赵松樵同台演"堂会戏"（私人家庭演出会）。1924 年 9—12 月在上海期间，瑞德宝演出了《翠屏山》《连环套》《空城计》《庆顶珠》《秦琼卖马》等文、武戏。1941 年上海戏剧学校成立，他应请到校任教。在校期间他参加了由民华影业公司为学生拍摄的戏曲片《古中国之风》。1947 年积极参加上海和鸣社票房的活动，并且发起成立练功房，指导票友练功与学戏。《中国京剧史》记瑞德宝先生于 20 世纪 40 年代逝于上海，周峙峰撰写的《京剧名流与烟台》则明确记载他是 1948 年逝于上海。

云鹤十几岁时在上海拜瑞德宝先生为师，得到瑞先生薪传的首先是关公戏。说来很有意思，当初云鹤想要向瑞先生学的不是关公戏，而要学"靠把"戏（扎靠的老生戏），云鹤知道瑞先生的靠把戏是私淑老谭的，他在上海看过瑞先生演出的《定军山》，十分喜爱，找到父亲说想要向瑞先生学戏。赵松樵和瑞德宝虽然年龄相差24岁，可是他们年轻时就常同台演出，而且脾气相投，在"黄派"戏和关公戏方面互相交流切磋，关系莫逆。云鹤没有说清楚要学《定军山》，松樵认为瑞先生的关公戏好，所以见到瑞先生时，就要瑞先生给云鹤的关公戏"开开坯子"，瑞先生满口答应。云鹤到了瑞先生那里，瑞先生就要教关公戏。云鹤当时认为自己太年轻，演老爷戏（专指关羽戏）最讲气度，自己还不够份儿，提出要学《定军山》的黄忠演法。瑞先生对云鹤说：

"你要跟我学《定军山》也可以，不过你要学一出老爷戏才行，不然我就不教。"

瑞先生心想得先完成云鹤父亲交给的任务，便搞起了"搭配出售"，云鹤只好点头答应。瑞先生教给云鹤一出《白马坡》中关羽的全部演法，又教了云鹤梦寐以求的《定军山》。之后，瑞先生又把《汉津口》《霸陵桥》《战长沙》三出戏中关羽和黄忠两个角色的演法都教给了云鹤，云鹤获益匪浅。瑞先生这样做，满足了松樵父子各自的要求。这是1938至1939年间的事。后来云鹤又向父亲和林树森先生学会多出老爷戏，他的老爷戏渊源之深可见一斑，由此成就了赵氏父子老爷戏蜚声剧坛、两代人皆被赞誉为"红生名家"的梨园佳话。

赵云鹤剧照（之二）

赵松樵先生为云鹤介绍的第三位名师，就是大名鼎鼎的红生名家林树森先生（1897—1947）。他字守宽，上海生人，比松樵年长4岁。1908年他在北京喜连成社搭班学艺，而松樵（九龄童）则在1912年在该社搭班学艺，他们既可称为师兄弟，后来又是磕头的盟兄弟。林先生出身梨园世家，其祖父林连桂是徽班武生演员，其父林宝奎工武生，其长兄林树勋工文武老生兼丑行，次兄林树棠幼习武生，后改行从商。林树森随舅父王益芳学艺，艺名筱益芳。7岁开始登台，先习武生，11岁到喜连成社时改攻老生，14岁回上海，17岁师从王鸿寿学老爷戏。1930年随王益芳演于青岛、天津、大连等东北各地。20世纪40年代初回到上海，长期在沪挑班演出，与南北名角王鸿寿、梅兰芳、李桂春、赵松樵、尚小云、荀慧生、金少山、盖叫天等同台。林树森嗓音高亢，唱腔质朴，戏路宽，能戏多，老生、武生、红生无一不精，文武兼备，昆乱不挡，技艺精湛。老生戏如《空城计》《武昭关》《斩经堂》《徐策跑城》《扫松下书》《孙庞斗智》，武戏如《金钱豹》《截江夺斗》，老爷戏如《华容道》《走麦城》《战长沙》《水淹七军》等，均为杰作。他饰演的关羽威严儒雅，器宇轩昂，扮相讲究，人称"漂亮老爷"，享誉全国。1947年9月应武汉大舞台之约去演出，11月3日在演出《古城会》时突发心脏病，次日下午即病逝于汉口华商饭店，一代英杰过早离世，是为剧坛之大不幸。他的德高艺精，深受同行拥戴，曾4次被选为上海伶界联合会主席。他以才长艺广著称，在自编的《新戏迷传》中分别学演王虎辰的《周瑜归天》、麒麟童的《追韩信》和《打严嵩》、马连良的《打棍出箱》和《打渔杀家》、刘鸿升的《辕门斩子》，还有黑头戏的包公，以及程砚秋的《金锁记》与《贺后骂殿》、小元元红（魏联升）的河北梆子戏《斩子》、白玉霜的评戏片段等，囊括京剧老生、武生、花脸、青衣、梆子戏、评戏，学贯南北艺术，博学多能可见一斑。云鹤的老爷戏除得自家传和瑞德宝的嫡传而外，还得到林树森先生的亲授，受"林派"艺术风格的影响较大。《古城会》中的《训弟》一场，过去的演法是张飞跪着受关羽的教训，林树森则改为关羽、张飞对坐，关羽从容讲述在曹营的经过，张飞听后醒悟，感到十分悔恨，然后主动下跪赔礼，二人言和。云鹤认为这样改得合理，有利于剧情出现高潮，所以后来他演这场戏时，就按林先生的路子演。云鹤的嗓音、身材都与林先生相似，而与其父松樵先生的嗓音、身材条件大有不同，很适合学"林派"的老爷戏，赵云鹤是受林先生亲炙的难得人才。

松樵先生为云鹤引荐的第四位名师是周信芳（麒麟童）。赵松樵与周信芳从小相识于天津和烟台，先后在北京喜连成社搭班学艺，后来更是在上海共事多年，虽未结义为弟兄，但交往甚密。在1940年的一天，松樵带云鹤去浦石路周公馆看信芳。老哥俩说完话，赵氏父子起身要走，信芳挽留他们在自己家中用饭，松樵父子晚上有演出，不便久留，信芳把他们父子送到宅院的后门。在门口，信芳指着云鹤说：

"这孩子挺有出息，是块唱戏的材料，该好好地教一教呀！"

松樵听出信芳的口气对云鹤的印象很好，便接过话题说：

"你别夸他了，他还是个孩子，往后还要指望你多给他说说（戏）啊。别人都学你的麒派，他已经有张少甫、瑞德宝二位了，我就不让他拜你啦，可你还得教他！"

信芳说："好啊，有这二位太好了，跟他们二位学，太没问题了。至于我这儿，想学什么就来，我们之间还有什么不好说的。"

松樵一向尊重周先生的为人与艺术，认为张、瑞两位的戏路与麒派有很大不同，况且云鹤的嗓音很冲，学麒派不对工。但是他希望儿子能领会麒派艺术的奥妙与精髓，吸收艺术营养，以在艺术实践中融会贯通。为此，松樵对信芳说：

"那你这儿怎么个拜法呢？我看，就拜你个干老吧！"

周先生毫不迟疑，马上应允：

"那好，这就拜，我还不挑日子。"

松樵对儿子说：

"云鹤，快给干老磕头，往后管师大爷要叫干爹呀！"

云鹤对麒派艺术仰慕已久，今后能以义父子关系名正言顺地向周大师学戏，自然喜不自胜，忙跪下磕头。后来周先生向云鹤亲授了《四进士》《清风亭》等几出代表剧目。中华人民共和国成立初期，周信芳曾到扬州，此时赵云鹤正在扬州文化宫剧场演出，周先生让云鹤陪他演《战长沙》，周先生饰黄忠，云鹤饰关羽。周先生本欲借此机会多与云鹤合演几出戏，由于云鹤所在的剧团正忙于准备国家文化部交给的出国访问演出任务，排练工作很重，师徒未能如愿。

松樵先生在云鹤和徒弟们学习期间，为他们请来出身于北京（喜）富连成社的几位"连"字和"富"字辈的师弟，带领他们练功、学戏。松樵先生在艺术上对云鹤要求甚严，近于苛刻。有一年他们父子合演《战马超》，老赵饰张飞，小赵饰马超。开打时，马超应该有个右腿做反的"扫堂腿"，演出时云鹤走了个左腿的"扫堂腿"，位置不对了，结果老赵起"抖克"，身体落下时砸在了小赵的腿上，小赵的腿被压断了，拖着一条腿勉强把戏演完。到了后台，老赵还是狠批了一通，埋怨儿子为什么把腿用错。演武戏在台上错一点都不行，否则就可能出事故，武戏演员很不容易。可见他们的敬业精神，在艺术上就是父子也不讲情面。

松樵先生为培养儿子和徒弟们自闯天下的能力，以期他们尽快能自立门户，让云鹤从 19 岁起就开始出去挑班顶大梁，让他和几位师兄弟外出巡回演出，如到青岛、烟台、大连等地，松樵在这些地区是很有影响和号召力的，所以，云鹤他们经常演出父亲的赵派戏，有时当地观众特意点他父亲的戏，他们在青岛排演过松樵先生创编的连台本戏《呼延庆》等。那些年他们虽然受了些苦，可是也得到很大的锻炼，李铁英、赵云鹤、陈云超等人的名声大振，渐已成为很有影响的知名演员了。1948 年前后，云鹤巡回演于扬州、杭州、苏州、无锡、南京等地。北京的《戏剧电影报》总第 641 期的"京剧世界"版面曾载沈照熙的文章，说 1948 年下半年小赵松樵在苏州开明戏院"挑梁"，"打炮"（初到一地的首演）戏有《周瑜归天》，同戏班的主要演员有老生张鸣声、刘泽民、李鑫甫，旦角董明艳、秦丽芳，花脸马圭芳，后有赵晓岚加盟。他们排演《太平天国》，演至中华人民共和国成立前夕。1948 年赵松樵先生到南京挑班演出，他们父子在南京新亚戏院曾合演过《张文祥刺马》，老赵饰张文祥，小赵饰窦一虎，徐维廉饰马新贻。1949 年云鹤进入苏区，8 月参加中国人民解放军苏南军区文工团京剧队。1951 年该团转业划归地方，更名为江苏省京剧团，云鹤任主要演员，是创建该团的元老之一。

赵云鹤家学渊源，艺术基础雄厚，嗓音高亮，文武兼佳，表演传神，老生、武生、红生兼善，技艺全面。他从 8 岁登台，19 岁挂头牌，八十余岁仍能粉墨登台。他在艺术上广收诸家之长，积累起丰富的舞台实践经验，是一位能编能导演且富于创造的京剧艺术家。他的关公戏除得炙自家学，又受到周信芳、林树森、瑞德宝的指教，结合个人条件，日臻完美，在南方享有"活关公"的美誉。父子两代人均有"活关公"之誉的，极为罕见。赵云鹤先生的黄天霸戏亦驰誉江南，久负盛名，唱念做打可圈可点。他在新编古装戏《三打祝家庄》《逼上梁山》《状元媒》《闯王进京》，以及现代戏《红灯记》《沙家浜》中担任主要角色。

云鹤先生继承了其父的优良艺德，不只演主角，根据剧团演出的需要，他还经常扮演配角，以认真负责的态度塑造好每一个角色，同样发出光彩。在 1958 年，赵云鹤随江苏省京剧团到天津演出，他在《七侠五义》中饰演展昭，在《虹桥赠珠》中饰二郎神，在《挑华车》中饰岳飞。1959 年，他被派随江苏省京剧团到北欧五国出访演出，作为中国人民的友好使者进行文化交流，增进国际友谊。在这次国外演出中，他饰演《三岔口》中的任堂惠，《虹桥赠珠》中的二郎神，《雁荡山》中的贺天龙，《挑华车》中的岳飞。他的表演在出国前接受中央审查节目时得到周恩来总理的赞赏，演出中获得国外友人的好评。结束在五国的访问演出，他们得到国内发来的新任务，去维也纳参加第七届世界青年联欢节。赵云鹤在《火判》剧中饰演闵远一角的精彩表演而获得金质奖章，为中华人民共和国争得荣誉。1964 年 6—7 月间，江苏省京剧院演出大型现代戏《耕耘初记》和小型剧目《再接鞭》，6 月 28 日晚在北京工人俱乐部演出，周恩来、陆定一、林枫等领导人观看，对《耕耘初记》提出改进意见，并邀请《耕耘初记》剧到国务院礼堂演出一场。

1982 年，62 岁的赵云鹤先生在新编的古装剧《红菱艳》中扮演挂白满髯口的老生角色房玄龄，获得江苏省新剧目会演的演员奖。1986 年他在新创剧目《荣辱鉴》中饰演石天成，再次荣获新剧目表演奖。1988 年 5 月，他以艺术顾问的身份随团赴香港演出。1989 年他在天津参加父亲从艺 82 周年的纪念演出，与父亲和师兄李铁英三人合演《古城会》，分饰关羽。他已经三十多年没有登上天津的舞台了，这次他在前演"斩蔡阳"一折，出场前的一句【闷帘导板】唱得响遏行云，声震屋瓦，立刻使全场"炸窝"，博得满堂彩，再看他出场后的工架、气势，令人倾倒，让天津观众为之一振，大饱耳福和眼福。1990年12月20日和1991年1月12日，他两度参加在北京举办的纪念徽班进京200周年的观摩演出。1991年他已是71岁的古稀之年，在马少波新编的古装剧《宝烛记》中饰演青年时期的李世民，展现出大嗓小生的舞台风采，在北京汇报演出时得到专家们的盛赞。1997年8月，正值酷夏，赵云鹤先生为其父赵松樵与李万春合演的《白马坡》音配像，饰演颜良，他时年77岁，却显出宝刀不老，锋芒犹存。

赵云铭是赵松樵先生的最小女儿，在她之前有两位姐姐，均因病早亡，所以松樵先生视云铭这位千金如掌上明珠，给予了充分的父爱。天津的梨园同行们都知道，20世纪50年代初期松樵先生回到天津，演出完了，从剧场回家，把已经四五岁的女儿举到自己的肩头上，扛着女儿回住所，其乐融融。1946年赵云铭生于上海，她自幼天资聪慧，艺术家庭对她有潜移默化的影响。父亲并不想让女儿从艺，可她对京剧有浓厚的兴趣，对自己世家从事的京剧艺术事业怀有深厚感情。她在15岁时进入天津市建新京剧团少年训练队，学习文武花旦。她练功刻苦，求知上进，尽管父亲并不支持她干京剧这一行，她还是勤奋刻苦，默默地练功学戏。身为团长的父亲只管安排其他演员的子女上台演出，却从来不安排

赵云铭演《挡马》

自己的女儿唱戏，这种为避嫌而对自己人过于严苛又不公的做法，引起同事的抱不平。一天，剧团里负责演出业务的同事未经松樵先生同意，硬是安排赵云铭演出《挡马》，临开演前才通知他，他这才坐在台下看了一回女儿的头一次正式演出。出乎他的意料，女儿竟然演得声情并茂，规矩大气，武功娴熟，深受观众的欢迎。这时，松樵先生才温情地对女儿说："我看演得还行，也不知道你是什么时候学的这出戏。"后来，赵云铭又演出过《顶灯》《背凳》等花旦戏。如果不是国家出现动乱，也许在明月英之后赵门又会出现一位卓有成就的巾帼英雄。1965年以后，松樵先生认为京剧今后将面临发展艰难的形势，让赵云铭从剧团出来，转业到工厂，后调入街道办事处，当上管理干部，与一位公安干警李永金组成家庭，共同承担起照顾赵松樵夫妇的责任。但是，赵云铭对京剧艺术的兴趣爱好却并未消减，尤其退休后，她经常聆听梅兰芳等梅派唱段的录音带，注意收看电视里的京剧节目，加以品评，有时还与同好一起唱上几段，每天与同好一起练功，自娱自乐，健身益智，时刻关心着京剧的发展和动态。

多年来，赵云铭协助父亲热情接待从四面八方来探望松樵先生的亲朋好友和采访者、求学者，为松樵先生的艺术活动和生活起居做了大量的辅助工作，赢得师兄弟们和各界朋友的赞扬与尊敬。

孺子篇　九岁伶童　初露头角

五、小松樵痴迷学戏　九龄童名出偶机

赵松樵在赵鹏飞京剧世家中是事业上承上启下的关键人物。

他的一生就像一叶扁舟，漂浮在一片茫茫无边的艺海之中，时而浮起，时而沉降，难得遇上风平浪静，更多的是在狂风暴雨中拼命摇橹，有时恶浪袭来将小船推至浪尖，抛向空中，转瞬再掉进浪窝，甚而出现触礁之险，面临船毁人亡之灾。在粉墨孟优的漫长人生路上，荆棘遍地，险象环生。凡涉足旧时代艺海求生的人，无不置身于悚然的苦海。"几度风雨几度春秋"，松樵先生晚年不无感慨地说："我年轻那会儿，净是顶着雷过来的呀！"这句话是幽默式的自嘲，却让人听出几分辛酸的忧伤。

赵松樵于清光绪二十七年（1901）农历三月初十（4月28日）出生在江苏省镇江市，属相牛。生下他以后，父亲赵鹏飞经常想：

"我活到现在三四十岁，受的是啥苦，才挣到这步田地，走进梨园干上唱戏这一行，也是被逼无奈。如今女儿跟俺一样端上这唱戏的饭碗，也就算了，将来找上个好人家，她还有出头之日。儿子要是一旦干上这一行，就只有干一辈子啦，那他该有多难呀！不行，无论如何不能让儿子再受我这样的苦。我要让他上学念书，学出来干个啥都比干这一行强。"

赵鹏飞憧憬着未来的好梦，这个梦是他演出劳累过后最大的安慰。时间一天一天过去，儿子一天一天长大，父亲的美梦在一遍一遍地重复。儿子已经6岁了，天天看父亲和姐姐练功、唱戏，描眉画脸，穿红挂绿，舞枪弄棍，小孩子的心里早就痒痒了。他在旁边有时比比画画地

模仿父亲和姐姐的动作,有时偷偷拾起棍棒胡乱耍上一耍,那个开心劲儿就甭提了。"耳濡目染,不学以能"(韩愈:《清河郡公房公墓碣铭》)。有时父亲去戏园子演出,带上儿子一起去,拿儿子当个小"跟包"(为演员携带行头道具的服务人员)。赵鹏飞演《云罗山》时有"彩头",随剧情需要在舞台上当场隐蔽地给自己脸上涂抹颜色,表现人物心神和外形的变化。等演到需要"彩头"时,儿子就跑上台去递给父亲一些颜色。赵鹏飞万万没有意识到,这些都对孩子幼小的心灵产生了诱惑力和神秘感,在诱发着儿子艺术细胞的生成和发育,父亲的梦在渐渐地破灭。父亲担心的一天终于来临了。儿子壮着胆子凑到父亲跟前,低声地挤出父亲害怕听到的一句话:

"爹,您教教我吧,我也要像您和姐姐一样学唱戏。"

饱尝艺人寒霜之苦的父亲一听,火冒三丈,他怎么忍心让自己的宝贝儿子重蹈自己的覆辙呢?他梦寐以求的让儿子将来另谋生路的打算,岂不要成泡影?父亲毫不含糊,把儿子狠狠地训了一顿。可是,小松樵不死心,又找到姐姐和母亲磨蹭,想不到母亲也和父亲一样的态度。这一来把他急坏了,哭得好伤心。哭也没有用,父母就是不答应。一连几天,小松樵像是得了一场病,无精打采,吃不下,睡不安。姐姐14岁了,在外演出顶个主角,在家里说话也有些分量,私下找母亲说:

"娘,您就答应弟弟吧,他既然这么喜欢唱戏,就准能学成。真学成了,不也是爹和我的帮手吗?我和爹还正缺个帮手呢。看他那小可怜的样,您就不心疼啊!"

姐姐的话在理,母亲的心有些活动了。等到夜晚松樵睡了,父亲、母亲、姐姐坐在一起合计着,母亲对父亲说:

"唉,有什么法子,咱们一个唱戏的,还想什么别的好事,那都是做梦,你就死了那个心吧。干什么都没有比干这个更超近,家里就是干这个的。人不能与命争呀。他既然投生到这个家,就注定是个唱戏的命。谁还不愿意让自己的孩子往高处奔?"

父亲坐在那愁眉不展,一语不发,心想:"难道就真的让几岁的孩子开始受这份儿罪?可别的生路又在哪里?"他的心里翻来覆去,左右为难。母女俩在旁边向他讨主意，他最后把心一横，赌气地说：

"这事我不管了，你们娘俩瞧着办吧。"

这句话似乎没有决定，可实际事情就已经决定了。

第二天，天刚蒙蒙亮，姐姐就推醒还在酣睡的弟弟："快起，跟姐姐一起去喊嗓！"小松樵听到这话，睡意全消，一轱辘从床上爬起来："真的，是吗？"他简直不敢相信自己的耳朵，一连几天阴沉的小脸这时放晴了，绽出笑容，一边忙着穿衣，一边忙着下地，衣裳还没有完全穿好，就急冲冲地奔向房门。

这就是赵松樵开始正式学艺的第一天，从此掀开了他艺术生涯的第一页。

松樵先是学唱娃娃生，后随父亲早期学的戏有《狮子楼》《鸳鸯楼》《打渔杀家》《九更天》等。父亲既然让他干上这一行，就要下苦功夫，舍不得让孩子吃苦，反而耽误了他。父亲教他练功非常严格，让他一天要练三遍功：天不亮出去喊嗓，然后练腰腿功、把子功；白天演完戏后，练第二遍功，拉整出戏；晚上散了戏已经12点钟，接着要练第三遍功，除了毯子功，还要拉整出戏。夜里睡不上几个钟头，凌晨四五点钟又开始了第二天的事。真是苦呀，一个只有6岁的孩子，练得真发怵，尤其过去教戏学戏讲究所谓"打功"，即使是做父亲的，对自己心爱的儿女也是毫不留情。这一行的传统就是这样，练翻跟头时，教戏老师手中的藤条一抡起来，学戏的人要想躲开挨打，就只有拼命往高处翻。刚一开始练翻跟头，在睡觉的炕上踩着棉被翻，接着是站在烧饭的炉灶台上翻到地面，然后是站在椅子上往下翻，最后是站上桌子往下翻。数十年后，一提起当初练攀铁杠子功，还是心有余悸。过去凡演武戏的演员，如武生、武旦、武丑，都要练就一手攀铁杠子的特技。在舞台顶上悬空吊起一根圆的粗铁棍，有的将铁棍两端插入舞台的墙壁里，让铁棍横贯整个舞台，铁棍上缠裹着布带子，演员要在铁棍上做各种花样动作的表演。如走杆、攀杆、挂腿、打秋千、跳下、担腰、脚面钩杆、脚后跟钩杆等。那时演《花蝴蝶》《大卖艺》等许多武戏，都要有类似表演，用以表现剧中人飞檐走壁等情景。有的在横铁棍的一端竖立一根棍，演员在这根立棍上再做各种表演，如"扯风旗"、攀上攀下，甚至头朝下的倒立等惊险动作，用以表现剧中人登高望远、探道、查看地形、窥探屋内动静等情景。小孩在家练，在门框安两个铁钩，在钩子上固定一根铁棍，练各种动作。松樵练功意志坚强，尽管苦，仍然咬牙坚持，从来不偷工减料。父亲看到儿子这样肯吃苦，心里像一块石头落了地，原先怕孩子不能吃苦，不能持之以恒练功而成不了材。他心里琢磨："嗯，行，看这孩子还有些出息，往后他自己找碗饭吃兴许没有多大的问题。"做妈的心疼儿子，常对松樵说：

"一天唱两场戏，不就是练功了吗，我看晚上这一遍功就不用练了，早点儿歇息，明天还要早起呢！"

松樵可不肯，听到母亲说的话，总是摇晃着脑袋，理直气壮地回答：

"那可不行，我要练完功才能去睡觉！"

父亲听到这话，反倒为儿子得意，暗自高兴，有时还劝妻子：

"就让他去练吧，这还不是好事？他一个小孩子能知道用功，这是祖师爷赏给他饭吃，该着他吃这碗饭哪。不出大力流大汗，将来怎么能唱出角儿来？别拦他，叫他去吧！"

有一次松樵在家练攀铁杠的"担腰"动作，人仰面朝上，把后背的腰部躺在铁杠上，用铁杠担着整个身体。人是肉长的，杠子是铁的，松樵的腰可就磨破了，鲜血直流。母亲发现了，心疼得不得了，把火气撒给了丈夫。儿子同样是父亲的心头肉，父亲哪有不疼爱的，为了培养孩子将来成为出色人才，让孩子苦练功夫也是不得已。老两口为此吵了一顿，父亲不是好脾气，一怒之下发誓，再不教儿子练功。这一闹好了，从此父亲真的不再教松樵有危险性的武功，比如翻跟头。父亲的跟头功是有绝活的，可是，却没有传给松樵。没能把父亲的跟头绝技学到手，松樵到了晚年还为此事深感惋惜。尽管赵松樵先生在武戏方面很有成就，他却是一位没有跟头的武生，这并没有成为他在艺术上取得成功的障碍，反而促使他在其他方面找出路，做发挥，创出自己的成功之路。这就是老艺术家所具有的创造精神。

松樵先生7岁开始登台，陪他的父亲赵鹏飞或姐姐明月英演出，扮一些小孩的角色，如在《桑园寄子》《汾河湾》《三娘教子》等戏里应工

童年赵松樵

娃娃生。他记忆中在 8 岁时随父亲和姐姐曾搭天津"宁家班"到汉口演出，当时以"小客串"挂名，演得很红。后来他们到哈尔滨演出，他已经能演《八蜡庙》《恶虎村》《狮子楼》《九更天》这样的正戏了，观众极为赞赏这位伶童，人称"小神童"。有一段时间因为扮演白玉堂这个角色出了名，还曾用过"白玉堂"为艺名。过去的演员就像游牧民，哪里有青草和水就奔向哪里，为了生活，即使是天涯海角，他们也是要去的。松樵 9 岁那年能够演武生和文武老生的正戏了，如武松戏《鸳鸯楼》《狮子楼》《蜈蚣岭》，老生戏如《碰碑》《失空斩》《九更天》《打渔杀家》等。

这一年的秋天，海参崴（俄属符拉迪沃斯托克）来人接他们去演出。那时从内陆经东北去海参崴没有火车，而且陆上闹土匪很厉害，都要乘小火轮（轮船）去。船小浪大，一路颠簸劳乏，刚到吉林，姐姐就闹肚子，无法上台。父亲与戏院定有合同，包银已经预支给他们，一路上用了不少，明月英是主角，不能按期演出就要赔偿戏园的损失，这怎么办？父亲急得团团转，姐姐也急得哭个不停。松樵看到全家如此着急的样子，小脑子思来想去，终于放大胆对父亲说：

"爹，让我去替姐姐灌账（抵账）吧！"

松樵这突如其来的举动把全家人惊呆了，父亲先是一愣，想不到在这种危急的时刻，小小年纪的儿子居然能有如此胆量挺身而出，为大人分忧解难。过了一会儿，父亲好像才回过神来，疑惑地问松樵：

"你，你说啥，你能行吗？"

只见松樵抿着嘴，睁大眼睛，自信而坚定地使劲点一下头。事情被逼到这份儿上，别无他法，只好让他试一试。父亲忧心忡忡地领着松樵找到戏园子的老板，老板最终同意试试。

松樵第一天的"打炮"戏贴出《恶虎村》，他一点也不胆怯，而且比往常演得还要卖力气，火爆异常，观众为台上这位小艺员不断叫好。这是他有生以来第一次顶大梁唱大戏，父亲那七上八下的心终于落下来了。真没有想到，儿子今天竟然把戏唱下来了，而且十分成功，儿子仿佛一下子变成大人了，父亲高兴得流下两行热泪。心里一直犯嘀咕的老板这时转忧为喜，他就像发现了金矿一样，眉开眼笑起来。他暗自高兴，不但请来了名角明月英，又发现一位初出茅庐的小神童，何愁戏园子的业务不兴旺。第二天，戏园老板到处贴出引人注目的大戏报，上有"九龄童"三个醒目的大字。师出有名，这就是戏园老板给松樵冠上的艺名。这年松樵虚龄9岁，偶然替姐姐演出的机会让"九龄童"就这样出世了！

六、谭大师天津鬻歌　娃娃生同台辅弼

天津被称为"九河下梢天津卫"，它九河通衢，是关内关外（关指山海关，关外指东北地区，关内指内地）的交通枢纽，水、旱码头，水、陆交通四通八达。

随着商业的发达，各地移民的涌入，天津卫的民俗文化事业得到蓬勃发展。京剧、昆曲、评戏、梆子腔、鼓曲、相声各种杂艺在这里生存繁衍，成为中国北方重要的演艺大舞台，是一块培养各类艺人的沃土，也是各种表演艺术生存和发展的一个福地。赵燕侠的爷爷曾对她说过这样一句话："天津卫这块地儿养艺人。"京剧界流传这样一句口头禅："北京学戏，天津唱红，上海赚钱。"艺人们承认这样一个事实：一名演员要想在全国享有大名，必须要过天津观众这一关，如果能到天津挂个号，在天津唱红，这位演员才算真正唱红了，得不到天津观众的承认，

就算不得是在全国享有盛誉的大演员。为什么？首先，天津是中国北方重镇，人口众多，商业发达，是全国举足轻重的大商埠，这里聚集着来自全国的大批移民，无论是东西南北哪种表演艺术形式，这里均可觅到知音，有足够数量的观众群来支持，各种风格的艺术在这里都能兼容并存。其次，各类名角接踵来津献艺，观众见多识广，逐渐培养起天津观众较高的欣赏水平。再次，天津民风朴实坦率，天津人心直口快，喜欢外露对演员技艺的好恶感受，对于演技高、不惜力、认真演出的演员最为力捧，相反，对于偷懒耍滑、不认真演出的演员则毫不留情，直言不讳。所以，演员把天津舞台视为畏途，即使是来津初试锋芒的大名角也无不忐忑，不敢敷衍了事、掉以轻心。可是，演员一旦在天津唱红，经过天津舞台的第一次洗礼，今后再来天津，一定会大受追捧，天津就有了他（她）的一席之地，走遍其他地方，不在话下。因此，梨园界又有一种说法："天津的戏难唱。"其实天津的戏最好唱，只要演员认真尽力，天津的观众是最能宽容和谅解演员的，是最爱鼓励演员的，即使有所闪失，也不会为难演员。这样一来，天津对演员产生很大的神秘感和吸引力，很多有志气和远大抱负的演员都会来天津一试身手。

九龄童一家在 20 世纪初期经常在天津卫演出和生活，几进几出，来去频繁。从赵鹏飞这一代人起就在天津唱红，有相当的观众基础。他们一家曾居住在天津"虹桥北"、河北大街与北大关邻近的"关上"一带，演于多家戏园。明月英姐弟在天津曾与张少福（张黑之子）、麒麟童（周信芳）、筱益芳（林树森）、唐韵笙、盖叫天、尚小云、白玉昆、刘汉臣等同台。

天津南北名角云集，各种风格流派色彩斑斓。九龄童酷爱学习，如饥似渴地观摩名家的舞台风采，孙菊仙、谭鑫培、李吉瑞、双阔亭、尚和玉、程永龙、苏廷奎、高福安、小兰英、刘喜奎、张黑（张占福）、小桂元（李桂元）……他在没有演出的时候跑遍各戏园子看他们的演出，学到各名家的一技之长，积少成多，为他后来的剧艺发展积累了丰厚的营养，天津是松樵少年时期艺术成长的一个重要摇篮。天津城北门外的北大关附近当时有一座"协盛茶园"，京剧名家程永龙常演于此，九龄童没少看他的演出。比九龄童年长 4 岁的刘汉臣当时艺名"八岁红"，在三条石普乐大街里的普乐茶园演出，九龄童看过刘汉臣在这里演的《金钱豹》。

有一位叫迟寿平的老先生，见九龄童人小却演戏像模像样，打心眼里喜欢这孩子，有意点拨他。过去老先生想教人一些东西，很少直接告诉，多是憋乎人，问题提出来让你自己去琢磨。这正如宋代《陆九渊语录》所讲的"为学患无疑，疑则有进"。对先生提出的"疑"，有的人兴许三五天想明白了，有的人可能三五个月弄懂，有的人或许三五年才如梦方醒，可有的人一辈子也想不出个所以然来。学东西全凭自己的悟性，要是能遇到肯于向你说明白的先生，那可真是万幸了，那会儿要学到一点真本事就这么难。有一天，九龄童去戏园子，可巧遇到迟先生，迟老迎着九龄童打招呼：

"小子，你这是上哪儿，干什么去？"

九龄童正在路上低头背（默念）戏，听到有人对他说话，抬头一看，认识，忙回答：

"迟大爷，是您哪，我上戏园子，去扮（演）戏。"他说完要继续往前走，却被迟先生叫住，和和气气地问九龄童：

"去扮什么戏，你都会演什么戏？过来，我考考你，你上台撩开门帘一上场，你那是干什么哪？"

九龄童被问得丈二的和尚——摸不着头脑，心想："干什么，不是唱戏吗？"于是他说："是唱戏呀！"

"是吗，是哪个'戏'？"

迟先生这一问，九龄童蒙了，不知从何答起。他转念一想，也许迟大爷看过我演的戏，一定是看出了我哪点儿不对，这才来问我。想到这儿，他胆怯怯地回话：

"迟大爷，您看我哪点儿不对，您教教我吧。"他的态度十分诚恳，表情又有些怯生生的样子。迟先生看着他怪逗的，呵呵地笑了起来，说：

"小子，你别怕，听我告诉你，我这是让你长能耐。台上门帘一挑，你只要一露面，那你就开始唱戏了，是哪个字呀？听着，不是扮戏的'戏'，是仔细的'细'。演戏粗粗拉拉的不行，要讲究细致，演细喽，演像喽，才叫演戏，才算会演戏。同样是唱戏，戏与戏大不一样，要想唱好喽，就得把戏往细处琢磨。听明白了吗，小子？"

《礼记·学记》云："玉不琢不成器。"迟寿平先生这几句话点石成金，价值如赠万顷良田。九龄童茅塞顿开，就像眼前的一层薄纸，顿时被迟老先生捅破，使他心明眼亮起来。这一字千金的点拨像刻刀一样，深深地刻在九龄童的脑子里，让他铭记终生，指明他一生艺术追求的方向，成为他演戏遵循的一条艺术法则。这一条演戏之道令他参悟出表演的诀窍，促进了他更早地跨入艺术大家之列。

清末至民国时期，京剧武生演员李吉瑞负有盛名，风靡全国，艺术上宗黄（月山）派，黄派是京剧武生早期三大派（俞菊笙、黄月山、李春来）之一。现在不少人写文章认为杨小楼的"武戏文唱"如何如何，导致读者以为杨小楼是开"武戏文唱"先河之人。其实黄月山应该是"武戏文唱"的鼻祖，黄派艺术早于杨派，黄派的代表剧目都为武生角色设计有很多唱段，在武技之外，还以声腔形象表现剧中人物，这是黄派武生艺术的特色。李吉瑞是黄派艺术的杰出继承者，这一派在当时极为流行，尤其在天津，大街小巷传唱黄派剧目《独木关》的著名唱段"在月下"。明月英和九龄童姐弟的武生戏有很多是宗黄学李的。九龄童在天津期间，一有空闲时间就泡在戏园里，用心观摩和领会李吉瑞的舞台表演，是李吉瑞艺术的崇拜者。他后来经常演出的《独木关》《请宋灵》《铜网阵》《骆马湖》《剑峰山》《百凉楼》等戏，都以李吉瑞为楷模。九龄童在天津演戏学李吉瑞，颇受观众的青睐，以致李吉瑞先生见到九龄童也会很高兴地说：

"这小子，专门学我，小李吉瑞，别忙，有工夫我好好给你说说。"

观众们喜欢这个"小李吉瑞"，即使他在远离市中心的老龙头火车站附近的一家戏园子演出，也有很多人前去观看，就连李吉瑞先生的乐队还曾经给九龄童捧场伴奏过。

最让九龄童一生引以为荣的，是他少年在天津时曾陪谭鑫培宗师演过戏这件事，每每谈起他总是激动不已，如历历在目。谭鑫培先生是京剧老生典范性流派"谭派"的创始人，其师程长庚先生唱起来响遍行云，有"叫天子"的绰号，而谭鑫培之父谭志道唱老旦也有"叫天子"的美誉，因而谭鑫培被观众称为"小叫天"。在程长庚一代的"老三鼎甲"离世后，谭鑫培是老生行最有影响的演员，当时形成"无腔不学谭""满城争说叫天儿"的局面，大有"谭腔"一统天下之势。后学者在学谭的基础上再予创新，才派生出如高（庆奎）派、余（叔岩）派、言（菊朋）派、马（连良）派、新谭（富英）派、奚（啸伯）派、杨（宝森）派诸多老生新流派来。谭鑫培先生的艺术影响不限于对老生，而且对其他行当也有深远的借鉴和指导意义。如武生杨小楼、青衣梅兰芳等，都从"谭艺"吸收艺术营养以丰富本行当的表演。甚至他的艺术对其他艺术种类也影响深远。有"鼓界大王"之称的京韵大鼓演员刘宝全就吸收了很多谭派的身段，运用于鼓曲的表演。谭鑫培先生被尊奉为"谭大老板"，他登上谭氏连续七代京剧老生世家的巅峰，使谭氏成为"独此一家，别无分号"的一百数十年的京剧"老字号"，是世界艺术世家的奇迹，很了不起。后世为了区别他与他的后人们在称呼上的不同，尊称谭鑫培先生为"老谭"。据松樵先生讲，当年谭鑫培先生还有一个绰号，叫"谭大栓"，这是在其他人或其他资料里从未听到或从未见过的。何以有此诨号？松樵先生说："老谭"每到一个戏院演出都会引起轰动，观众趋之若鹜，演几天剧场就连满几天，座无虚席，一票难求。可是，一旦他的演期结束，定会"人走楼空"，无论谁来这个剧场接他的台演出，都很难招来好多的观众，行话说就是别人接不了他的"坑儿"。剧场索性暂时关门停业，等冷清一段时间后，再请名角来演出，才能够恢复正常上座率。"谭大栓"之名即源于此，可见谭鑫培先生的艺术魅力和号召力是无人匹敌的，说"空前绝后"也不为过。

《京剧艺术在天津》[①] 刊载的赵松樵口述、刘炎臣整理的《我的演戏生活片段》有这样一段记述：

"1912 年，我在北京演唱了一个时期，不久来到了天津，首先在南市升平戏园演唱。""民国元年，谭鑫培先生应邀到天津来演唱时，我同姐姐明月英参加由李继良带领的'三乐班'，

---

① 天津市政协文史资料委员会编 [M].天津：天津人民出版社，1995（11）：4.

随同谭先生的戏班一同而来。谭先生的班叫'大班'，我所参加的'三乐班'叫'小班'，两个班先后在升平演出。""那次随同谭先生的'大班'来天津的助演角色，有花脸李连仲、钱金福、何桂山，老旦龚云甫，老生鲍吉祥，小花脸王长林，武生瑞德宝、田雨农等，全是有名的角色，阵容是相当齐整的。""那次谭先生的'大班'在天津唱完一期，由我们'小班'——'三乐班'接续演出。后来成为'四大名旦'之一的尚小云，当时隶属于我们这个'小班'，我和他在天津同台演唱，从此我们建立了友谊。"

这种由"小班"接续老谭的演出，就是戏园为了不上"大栓"而采取的权宜之计，小孩儿们演出能吸引来大批观众。但是，所记这段时间与其他资料有差别。据李英斌撰《天津"票界之王"王庾生》①一文记："王庾生 20 岁那年，有一次在升平戏园看谭鑫培的《问樵闹府》《打棍出箱》。"查王庾生是 1889 年生人，他 20 岁时当为 1909 年。又有资料记载谭鑫培先生于 1911 年 4 月初曾到天津演出，还有说是演于凤鸣茶园，非升平茶园。这几种不同出处的说法暂并存于此，准确的时间和地点备查，年代久远，加之当年信息技术不够发达，所记所忆出现误差在所难免。

有一天，谭老演《桑园寄子》，没有从北京带来娃娃生演员，缺少扮演邓方的小演员，需要在天津就地物色。戏园老板与赵鹏飞很熟，也见过九龄童的戏，觉得这孩子有灵气，便向谭老板推荐九龄童扮演邓方。明月英极力鼓励弟弟成全此事，对父亲说："让他去陪谭先生，我教给他，给他说戏。"谭老把九龄童叫到跟前，问过姓名、年岁、演过什么戏，经过目测通过了，然后亲自给九龄童说戏，在台上如何站法、什么时候在什么地界儿。谭老特意耐心地告诉九龄童，当他要背小孩时，要求九龄童必须主动往上蹿，蹿时一定要提气，还幽默地说：

"你不提气的话，硬往我背上蹿，我可就趴下了！"这话逗得周围

---

① 详见《天津文史资料选辑》，39 辑 :172。

的人都笑了起来。

赵鹏飞先生在一旁也是一再嘱咐九龄童：

"孩子，上台千万别走神，谭老板说的都要记住。这可不同你平常演戏，要格外仔细才行。只许演好，不许演砸喽！"

九龄童虽然人小，可是已经有几年的台上历练了，再说像《桑园寄子》这样戏里的娃娃生，他演过无数遍了，加上也经常唱《桑园寄子》的姐姐详细给说，应该是轻车熟路，只不过这次是给谭大师配戏，要格外小心的道理他是懂得的。他在台上特别认真，毫不含糊，与谭老板配合得滴水不漏。谭老演完戏下来，一到后台就冲九龄童说：

"行啊，小子，有你的，将来能有出息！往后好好学戏唱戏，准能成角儿，是这里的事儿！"

陪谭大师演出成功后，九龄童更是招来前辈艺术家们的注意和喜爱，尤其龚云甫先生就像慈祥的老爷爷一样喜爱九龄童，龚老找到九龄童说：

"小子，跟我出去遛遛弯儿，成吗？"

九龄童自然高兴，脆声地答了一声"行"，这一老一少就出去了。过去天津南市地区十分热闹，人来人往，熙熙攘攘，卖什么的都有。他们溜溜达达，老爷俩一边走一边聊，三句话不离本行，话题离不开唱戏这一段。

"小家伙，你看过我演的戏吗？"龚老和蔼地问九龄童。

"看过，您一上台就一点儿也不像您了，真像是一位老太太。"九龄童天真地回答。

龚先生听了这话格外高兴，小孩儿不懂得阿谀奉承，说话不骗人，龚老亲耳听到自己的舞台形象在孩子心目中的印象，这不是对他表演艺术最诚恳、最直率的观众反应吗？九龄童所言是句实话，梅兰芳在《舞台生活四十年》书中也曾谈到："跟谢宝云同时的有龚云甫，享名更大"，"他的嗓音、扮相、做功、表情，样样都好。他的脸不用化装，就是一位老太婆的模样。他揣摩剧中人的身份和性格，都能恰到好处"。龚先生高兴，给九龄童买了一个做工精细的大风筝，还有些零食，爷俩有说有笑地回戏园子了。

据松樵先生讲，谭鑫培先生这一期在天津演出还有一段插曲。此次演出名角荟萃，一票难求，有财有势的、穷吃恶打的、军警宪特的，八仙过海，各显神通，千方百计要搞到票，或听"蹭戏"（不花钱看戏）。按照惯例，戏园要留一些门票送给地方上用得着的方方面面的人，不打发他们，怕给戏园带来麻烦。可是，这次的门票实在是供不应求，戏园老板和办事的人应酬的事太多，忙中出错，漏掉了给供电所送票。管电的老爷们以为像往常一样，戏园子方面会有票送上，只静等到时候看戏去了。直等到开演的当天，也没见到戏园的人和票。这帮管电的老爷们大怒，要给戏园一点颜色看看。第一天的演出开锣了，场内座无虚席，人人喜逐颜开，像过节一样，场内气氛热烈异常。台上的戏越演越火爆，观众越看感情越投入。正当场内高潮迭起，气氛达到白炽化程度的时候，眼看大家盼望已久的正戏将要开演，忽然舞台上下电停灯灭，剧场一片漆黑，全场顿时哗然。前后台的人急忙张罗，很快东拼西凑，找来几台汽灯，场内总算有了些光亮，观众平静下来，台上照常演戏，演员更加卖力，观众又是彩声迭起。开戏园子也不容易，哪一方面关照不到，就遭添堵捣乱，"关卡要"成风。

松樵先生的老生艺术在初期阶段是深受老谭派影响的，谭派老生和黄派武生艺术为松樵青少年时期打下扎实的基础。成年后，他的足迹遍及京、津、山东、东北及上海等南方各地，见过更多高手和多种风格的艺术。他善于吸收各派之长，将南北风格融合，超脱南北之分，创新发展，进入更高艺术境界，这是后话了。

松樵先生回忆十多岁时亲见过谭老演出的《桑园寄子》《打棍出箱》《托兆碰碑》《奇冤报》《卖马》《失·空·斩》。他谈到过一些对谭老表演方法的谬传。《问樵闹府·打棍出箱》是谭派的代表剧目，剧中书生范仲禹一家人行至南山，儿子被老虎吃了，妻子被太师葛登云掠走，范仲禹因此精神失常，在去葛登云的官府寻妻的路上，神志恍惚，趿拉着鞋。谭老在这场戏里有多种精彩的身段表演，异常优美，尤其"踢鞋、接鞋"的表演更令人拍手称奇。谭老以花甲身躯，将一条腿向前踢出，鞋离脚飞起，落于头顶之上，然后用手抓鞋，顺势将鞋放置头顶。这一整套动作说时迟、那时快，以迅雷不及掩耳之势连贯完成，只是眨眼的工夫，见鞋似从脚上飞到头顶，动作之敏捷准确，活像魔术师那般的神奇巧妙，掩人耳目，再配以锣鼓点的伴奏，令人神魂颠倒。后来有人传说，甚至有的著书立说，称谭老这个"踢鞋"的动作是直接把鞋踢到头顶，无须演员用手辅助。这样神乎其神的说法是夸大了，或是道听途说。俗话说："外行看热闹，内行看门道。"谭老的此技为松樵先生亲眼所见，应该可信，并且他针对不实之说还特意说了一句话："要果真那样，谭老岂不成了耍杂技的吗？"后来我读到一本吴性裁先生著的《京剧见闻录》，有一章也谈到谭老演这出戏是用手接鞋送到头顶的，此说恰与松樵先生不谋而合，证明松樵所言不谬。

依照松樵的回忆，谭老结束天津的演出后，"三乐小班"接续演出。另有记 1911 年三乐班众童伶到天津，在南市广和楼戏院演出。这三乐科班的班主叫李继良，据说是清宫大太监李莲英的侄子。这个班培养出一批知名的演员，学员多以"三"字命名，如尚小云（三锡）、荀慧生（白牡丹）、赵桐珊（芙蓉草）、王汇川、王三黑、沈三玉、刘凤奎、赵凤鸣等，后来这个班易主，改名为"正乐"科班。学员中的尚、荀、赵桐珊成名后有"正乐旦角三杰"之称。尚小云入科班时初学武生，再学老生，最后改学旦角。他练功刻苦，幼功扎实，后来练就"铁嗓钢喉"，文武兼备，集青衣、刀马旦于一身。李洪春先生评价说尚小云是旦角里边武功最好的，马连良说看尚小云的演出，真想劝他改工武生。尚小云另辟蹊径，独树一帜，创造出旦行一个别具特色的流派"尚派"。为加强三乐班童伶阵容，九龄童应邀加入，与尚三锡、赵桐珊、王汇川、韦三奎、王三多等同台演出。尚三锡比九龄童大一岁，两人互相帮衬，切磋技艺，性格相近，从此结下深厚友谊。二人当时在照相馆合影留念，他们一前一后坐在一条道具小船里，据说这张照片是 1950 年尚小云先生从家里找出来送给松樵的。这种孩童时结下的友谊，一直保持到他们的晚年。尚小云先生的幼子尚长荣先生 2009 年 2 月在天津对赵松樵先生的女儿赵云铭讲，尚小云、赵松樵、李洪春这三位，少年时在天津是"隔山的师兄弟"。"隔山"一词原指同父异母的兄弟姐妹，梨园行把"隔山"一词借用来表示关系仅次于亲师兄弟，有很近的师承关系。

七、喜连成坐科习艺　三庆园大展才技

吉林有位富商，名唤牛子厚，他酷爱戏曲，与来演出的叶春善交好，出资委托叶先生在北京创办戏曲科班，培养京戏与梆子戏的小演员，这就是后来声名赫赫的喜连成（易主后改称富连成）社。牛子厚是科班的东家，叶春善是社长，另聘萧长华（萧二顺）任总管事。这三位是创办中国京剧近现代教育事业的大功臣，从这个科班出来的演员不但专业素质高，而且人数最多，居各科班之首，办学时间最长，培养出来的京剧名家最多，他们成为20世纪京剧舞台上的一支庞大主力队伍。

牛先生从长春接赵鹏飞及明月英、九龄童到吉林演出，亲见过他们的精彩演出，倍加赞赏，并且对赵鹏飞先生是梆子、皮黄两兼、戏路颇宽早存心仪，借此机会力邀鹏飞先生去北京喜连成社教戏、排戏，并且约明月英姐弟去学习和演出，借以推动刚刚兴起的男女同台演出的新潮流。

赵氏两代人进喜连成社究竟是什么年代，过去说法不确，需要澄清。由叶盛长先生口述、陈绍武先生撰写的《梨园一叶》书的第19页记载："又兼有一批带艺入科的学生李荣升、宋继亭、九龄童（赵松樵）、明月英等充实阵容，如同锦上添花，使富连成出师伊始便旗开得胜。"这一段话虽然明确了九龄童（赵松樵）和明月英曾在该社的事实，但年代和科班名不对。该书第214页的附录"富（喜）连成各班学生花名册"中记："附：自1906年始相继带艺入科学戏并参加演出之学员，梅兰芳、周信芳、李树森、赵松樵（九龄童）等多人。"这一段话圈定了包括九龄童在内的多位带艺入科的年代是"自1906年始"的大致期间。同书第216页"附：1915年左右带艺入科学员名单，李荣升、宋春生、明月英（女）、小菊花、赵松樵"。这就把赵氏姐弟入喜连成的年代确定在"1915年左右"。这虽然比"自1906年始"的年代具体了，可是说"1915年左右"，究竟左右多少，依然不得而知。《中国京剧》杂志1999年第5期发表了一篇题为《牛子厚与喜连成逸事》的文章，其中第41页有一段文字写道："1915年又招收了第二批带艺入科的学生：如梁一鸣、宋春生、明月葵（唱文武老生）、小菊花、九龄童（武

生）。"这就把赵氏姐弟等进喜（富）连成社的年代肯定在1915年这一年上。如果说前几种说法还是含混不清，模棱两可的话，那么这最后一条信息虽然是肯定的，但却是错的。首先，文中所记的"明月葵（唱文武老生）"应该是"明月英"之误，这个错误出自何因，不得而知。明月英确有其人，《中国京剧史》中卷第4编第24章第6节对明月英有记述。至于年代，本人参考可见到的史料，结合赵松樵先生的回忆，综合分析如下：

一、根据赵松樵先生在《我的演戏生活片段回忆》中第3节"在北京搭'喜连成'科班"的记述："1912年建立了中华民国……这一年，我父亲接受北京'喜连成社'科班的邀请，从外地来到北京，在'喜连成'科班里担任教师。……我们姐弟到这个科班时，萧长华先生教文戏，我父亲教武戏。"据松老本人的记忆，他们在"喜连成"的年代是民国元年，即1912年，而且确定到达北京是这一年的春节前夕，春节期间开始登台。

二、在所有的回忆中，松老一致的说法是"喜连成"而非"富连成"。史料告诉我们1912年是喜连成社名的最后一年，其后科班易主，改名为富连成社。赵氏父子们接受的是牛子厚东家的邀请，他们在科班时，还是称喜连成社，改称富连成社时，他们便离开了该社。

三、上引松老《回忆》文中又说："当时跟我们姐弟同台演出的，有武生兼靠把老生康喜寿，文武老生王喜秀（艺名金丝红），武生李喜龙、花脸侯喜瑞、钟喜久（武生钟鸣岐的父亲）、赵喜魁，武旦兼花旦元元红（即高喜玉）等，他们全是这个科班的第一批人才。梆子戏和皮黄戏同时演出，俗称'两下锅'。演出的地点在前门外大栅栏三庆戏院。"从这一段回忆里我们可以得出两条信息：

1. 根据史料，只有喜连成的时代才在"三庆戏院"演出，当改称富连成之后，演出的地点是广德楼与广和楼。1914年冬，广和楼与富连成科班签订长年合同，此后富连成在广和楼演出长达20年之久。赵氏父子在北京的演出全在三庆园，从未提到过在广德楼或广和楼，所以他们在喜连成社不会是1915年及以后。

2.《回忆》文中提到的各位"喜"字辈学员在1912年时已经毕业，

正处在留在科班帮忙演出的阶段，此时"连"字科及以下的学员尚未起来，科班正处在青黄不接之际，所以才有这许多"喜"字的学员能有机会和赵氏姐弟同台演出。到1915年以后，这批人已经离开科班。从这一点也可以说，赵氏在喜连成社的时间不可能是在1915年及以后。

四、1997年1月叶盛长先生在天津对我讲，萧长华先生曾给九龄童取科班艺名为"赵喜祥"。当时如果"喜"字科学员不在科班了，科班已经更名为富连成了，肖先生不可能再给人命名"喜"字的科班排名。

五、松老回忆说，他们在喜连成科班的时候，正赶上叶盛章出生。叶盛章先生的出生年恰是1912年。

六、《五十年来北平戏剧史料》第4册第11页记："民国元年（1912）四月六日富连成在三庆园的上演剧目中，有明月英、张喜福合演的《法场换子》。"这里的张喜福即后来的雷喜福，所记演出地点也是在三庆园，这与赵氏回忆及其他记载相吻合。由于出书年代是富连成时期，所以该书把喜连成写为富连成，然而该文明确记明月英在该班社的演出活动为"民国元年（1912）"。

七、富连成社后任的社长叶龙章先生有文章记载："当在壬子年（1912）演出于三庆园时，同台尚有女伶……明月英、赵美玉等皆加入。"这是又一份明确记有明月英在喜连成社"壬子年（1912）演出于三庆园"的可贵资料。

八、大约1914年明月英在母亲病逝后离开了家，与父亲赵鹏飞、弟弟九龄童（赵松樵）已经不在一起了，不可能有三人在1915年及以后去北京富连成社演出的事情发生。

综上所述，可以得出以下几个结论：

1. 赵鹏飞、明月英、九龄童在北京喜连成的年代是1912年；

2. 明月英与九龄童都是喜连成社带艺入科的学员，有明文记载；

3. 他们所在的是喜连成社而非富连成社，演出地点是三庆园；

4. 同台演出的是一批"喜"字科的伙伴；

5. 赵松樵（九龄童）曾得萧长华授科班艺名赵喜祥。

20世纪10年代中国的交通很不便利，他们到达北京的时间比预期的晚了。松樵先生回忆说因为他们晚到，叶春善社长还很不高兴，耽误了演期，暂由康喜寿等代替演出。一到北京，明月英、九龄童由父亲赵鹏飞带领，到位于臭粪场附近的喜连成社，向叶春善、萧长华叩拜认师。他们一家被安排到魏染胡同的一座宅院里居住，松樵记得那是叶春善先生岳父母的居住院落。九龄童被安排与学员们同住在科班。他是带艺入科学艺兼搭班唱戏，所以待遇和正式学员不完全相同。他每天可以得到一点小钱儿，而且在科班学员被"打通堂"（又称打全堂，某学员犯错时所有学员被连累受罚）的时候，九龄童有错则交给家长自行处罚。

那时九龄童后脑勺留有一条小辫子，头一天"喜"字科的师兄们分不清新来的是个男孩还是女孩，在背后纷纷议论。九龄童第一次去厕所，发现李喜龙、康喜寿、赵喜魁等跟在他后边也去厕所。回来后，大家嘻嘻哈哈地告诉他，这几个人是去看他究竟蹲着还是站着小便，逗得他既害羞又好笑。他在喜连成社的日子里并未感到过得有多苦，反而觉得与师兄们在一起很开心，过去他很少有机会和这么多年龄相近的小伙伴们长期在一起，在这里他那天然的童心得到释放。

旧科班教学非常重视舞台实践，学员们边学戏边演戏，在学中演，在演中学，让他们尽量多地去见观众、见台毯。这种教学方法非常必要，表演艺术是实践的艺术，事实证明这是很有成效的教学方法。那时演出很少打广告，就在戏园子门前放置几件要演剧目所用的物件，这就是广告，票价是三毛另加一百个大子儿。有些观众专门爱看童伶们演出，吴小如先生的文章里说，他少年时期就很喜欢看富连成学员的演出。明月英、九龄童他们在的时候，喜连成科班的业务很红火。科班里的纪律非常严明，每天学员们排队去剧场，散戏后排队回科班，管理严密，责罚很重，学戏不成要挨打，一人犯错全体受罚。"严师出高徒"，所以从这个科班能出来那么多出类拔萃的艺术家。三庆园戏院的近邻是广德楼和庆乐园戏院，杨小楼时常演出，九龄童在北京喜连成时期，一有机会就去观摩"杨派"风范，这成为后来他武生艺术的一个重要参照坐标之一。

那时喜连成社演戏既唱梆子戏又唱皮黄戏，九龄童和明月英恰是两个剧种兼能的，姐弟俩到了喜连成社如鱼得水，大有用武之地。赵鹏飞先生传授给九龄童的武戏表演难度都相当大，如《鸳鸯楼》中就有几处高难度的表演："武松"站在三张高桌顶层上，口衔"甩发"，左手举刀，右手搬"朝天蹬"（手搬一个脚后跟，将腿向上逐渐伸直，把脚搬至头侧或头的后脑勺处），站稳后还要三起三落（把脚搬至身前，此腿保持向前伸直，另一条腿弯曲，弯腰，全身下蹲，然后站起至全身直立，同时将脚再次搬回到头顶原位置，如此重复三次），做完后，双腿以"劈叉"姿势跳下，人在落地后，将明晃晃的真刀抛向高空，使刀悬空转个"刀花"，再准确无误地接住钢刀亮相。此外，他在演《翠屏山》时使用的也是真刀，也有抛刀、接刀的动作。所以，当时的观众送他一个"飞刀九龄童"的美号。别看九龄童是个十来岁的孩子，不只武戏超群，文戏也演得有声有色。他在家传戏《宦海潮》剧中饰演小孩的角色于少云，是剧中的主要人物之一，有一场戏是于少云寻找被恶人掠去的母亲，沿街乞讨，述说身世和境遇。这是一场集中表现于少云情感的戏，每次演出，观众都不由自主地被他的表演引入剧情中，如身临其境，感动得流泪呜咽，纷纷向舞台投币置钱，表达同情。足见九龄童在体验人物心理和塑造舞台艺术形象方面已具备深厚的功力，造诣颇精，展现出他表演的艺术天赋与潜质。演出结束后，叶春善先生总要给九龄童奖励，欣赏他的演戏之才，故而收他为义子。

与他们姐弟同台演戏的小伙伴有雷喜福、康喜寿、钟喜久、陆喜才、侯喜瑞、高喜玉、王喜秀、吴喜年、吴喜昆、李喜龙、陈喜兴、赵喜魁等，还有女老生余紫云、小翠喜，旦角金凤仙、杨翠凤等。九龄童和明月英在喜连成社众多同伴的合作下大显身手，叱咤风云。松樵记得在此演过的戏如全本《云罗山》《打渔杀家》《失·空·斩》《洪洋洞》《恶虎村》《连环套》《长坂坡》《战马超》《八大锤》《挑华车》《翠屏山》《鸳鸯楼》《盗魂铃》《独木关》《请宋灵》《宦海潮》等数十出。他说："我当时除了演《挑华车》《武十回》和前边提到的各出老生戏外，还参加演出了由父亲教授的全部《云罗山》。在这出戏里，除我和姐姐以外，有侯喜瑞、元元旦、李喜楼、康喜寿、赵喜魁、金连寿、小翠喜、海棠红、明娃娃、张喜庆……通力合作，在当时可以说是一出极尽一时之盛的合作戏。"九龄童扮白士永,明月英饰赵久成,康喜寿饰云尚吉,侯喜瑞饰任伯玉,钟喜久饰任彦虎,高喜玉或于连泉(筱翠花)饰白玉莲。在《翠屏山》戏里,九龄童扮演石秀,侯喜瑞饰杨雄,高喜玉(元元旦)饰潘巧云,吴喜昆饰潘老丈,陆喜才饰时迁(由赵鹏飞教授)。演《独木关》时,九龄童饰薛礼,侯喜瑞饰张世贵,康喜寿饰周青。九龄童与师兄们互教互学,切磋交流艺术心得,互换所会的剧目,各有收获。《云罗山》《宦海潮》《佛手橘》都是赵氏父子到喜连成社之后给科班带来的剧目。《战冀州》是康喜寿的拿手戏,在科班时常以此剧作为"大轴"戏演出,九龄童向他学会此戏,侯喜瑞帮着给开的本子。《拿谢虎》这出戏父亲教过九龄童,在科班又向康喜寿、侯喜瑞学了这出戏。小弟兄们相处十分融洽,感情深厚,九龄童与侯喜瑞、高喜玉、陆喜才、吴喜年等七人在科班结为金兰之好。侯喜瑞出科后第一次到天津搭班唱戏,到了天津就投奔到九龄童的家里。九龄童的母亲单给侯喜瑞腾出一间屋子,侯喜瑞是回民,特为他准备了一套炊具和餐具,每天早晨还给侯喜瑞早点钱。

如果喜连成社的东家不易手,仍然是牛先生的话,也许赵氏父子还会在喜连成社待更长的时间。东家一换,牌匾一改,他们父子就离开了喜连成社。

赵松樵之艺首先得自父亲、姐姐的家传,他的父亲和姐姐教过他《云罗山》《宦海潮》《佛手橘》《狮子楼》《鸳鸯楼》《翠屏上》《恶虎村》《骆马湖》《夜奔》《蜈蚣岭》《九更天》《打渔杀家》等几十出戏。此外,在喜连成社也向很多前辈名家学戏。著名武生聂德春教过他《挑华车》《铁笼山》,"黄派"戏名家戴克鑫教过他《请宋灵》《独木关》《薛礼叹月》等。他好学习,肯钻研,博采各家之长,迅速蹿红,成为一代名家。

成名篇　南北驰骋　名冠世纪

八、学父辈独闯春申　南北角齐会苏堤

13岁之前，九龄童在父母和姐姐的呵护下，从艺之路还算顺利，在京、津、鲁及东北各地崭露头角，小有名气。不料在其后的三四年间竟厄运频临，祸不单行，他接连蒙受人生中的几大不幸——母丧、姐离、父亡、"倒仓"（嗓音变声）。

约在1914年，九龄童的母亲因患中风症在大连病逝，后来姐姐受军官霸占被迫离开家。1916年前后父亲因为连遭失去妻子和女儿的苦痛而郁郁寡欢，得上食道癌的不治之症，病逝于哈尔滨。松樵说："这更增加了我内心的哀痛。我只得积极努力，走上自力更生的道路，从此我在钻研技艺上，独自学创结合，步入了一个新阶段。见好就学，取长补短，凡是适合个人需要的，都吸收在一起，丰富了个人滋养，创造出新的路子。同时，在生活方面，也开辟了一个独立自主、自我奋斗的新局面。"①

九龄童在十四五岁时，有一次与吴铁庵、盖春来联合组班到山东烟台演出。演员从京津至上海走水路，烟台是必经的口岸，南下或北上的戏曲名角多在烟台驻足献艺，烟台成为京剧演出的一个大码头。《中国京剧史》记：清代同治年间，京剧传入山东省，在济南、烟台得到迅速的发展，仅晚于北京、天津、上海而领先于其他地区。当时三人中，盖春来年岁最大，18岁，吴铁庵最小，只有12岁，九龄童居中。可是吴铁庵的派头最大，带个"跟包"的，天天在后台给他端着个小茶壶伺候

---

① 详见赵松樵著《我的演戏生活片段回忆》。

着。盖春来看不惯，两个人成天斗嘴，经常向九龄童告对方的状。九龄童打小就胆小怕事，对他们二位的互相指责只能以"嗯啊嚒是"来应付。

三个小孩到了台上，可是谁也不比谁弱，轮流唱"大轴"戏。

烟台海关总督王潜刚喜好京剧，爱喝酒，有较高的古文底子，能写诗文，善于书画。九龄童嗓子冲，武功好，文武兼佳，尤为其所喜爱。有一天，他把九龄童叫到自己的私邸，一边品茶一边聊天。他说：

"你都十好几了，今后唱红喽，名扬天下，应该有个正儿八经的名字，总不能到几十岁的时候，还叫九龄童吧？"

九龄童听罢，觉得有道理，便说：

"您说得对，我也久有此意，那就烦劳您给起个名儿吧，您看叫什么名字好呢？"

这位大人胸有成竹地说：

"我倒是给你想了个名字，你看怎么样，就叫赵松樵。"他既能脱口而出，想必已经深思熟虑。之后，又接着说：

"光有木还不行，要有水才好，号就叫润泉吧。松柏长青，再有水滋润着，能不青春永驻吗？唱戏上，我送你四个字，叫'高唱入云'，希望你永远引吭高歌啊！"

此后，九龄童之名便被赵松樵所代替，这大约是在1915年。赵松樵在《我的演戏生活片段回忆》中却说，"自21岁开始使用赵松樵这个名字"，他这里说的年岁有误，有1916年的旧戏单为证，此戏单已经印有"赵松樵"之名了。

因为这个名字还闹过一些笑话：松樵在上海演戏大红了十几年，有一年他花六七百块大洋特意定制了一堂紫红色的"私房守旧"（个人专用的台幔），包括台幕、门帘、桌帏、椅帔，紫色为底色，全部绣金，非常讲究。台后边的大堂幕布上绣有青松翠柏，旁边站着一位身着古装的老樵夫，他的本意是想用"松"和"樵"做标志图案。一整套"守旧"色彩绚丽，气势堂堂。没想到堂幕一挂上，就有人出来反对说："这多不吉利！松柏虽好，可是旁边有个樵夫，自己砍自己，这哪对呀！"他一听这话，二话没说，马上派人摘下来。价格不菲的崭新的一堂"守旧",一天也没有用,就被放一边去了。为此事他曾改名为"嵩樵",可是无论到哪儿,观众不认,以为是有人假冒赵松樵,还需要多费口舌作解释。试过几次都行不通,只好还是用赵松樵这三个字,一直伴随他到95岁高寿。一般人对"樵"字只知道作动词"打柴"来用,其实"樵夫"另有作名词"打柴之人""柴、木"的意思,多用于书面体,松樵之樵即取其后者之意,松樵之名就是松树的意思。如果他的"私房守旧"只绣有松柏就好了,有了樵夫的形象反而画蛇添足。按照中国传统的"阴阳五行""天干地支"学说,松樵先生是"土命",宜乔木,与其名正合,加上有"号润泉",木与水相生,更加完善。当然,这是宿命论的旧观念,过去年代给人取名是讲究这些的。

松樵约在15岁至17岁之间嗓子"倒仓",原本他是能唱能舞,现在只有一半了。幸亏他的幼功扎实,武戏基础雄厚,不能唱文戏,可以演武戏,否则后果不堪设想。"倒仓"对男演员是严酷无情的,嗓音恢复的好坏直接关系到今后的艺术前景。他原来擅演的许多文戏或亦文亦武的戏,现在都不能上演了,这对演员的心理压力极大。他只得山后练鞭,以武戏作为维持自己艺术生命的主要支撑。他以坚忍不拔的毅力开始大练武,不怨天尤人,不畏艰难,不辞劳苦,与命运抗争,表现出可贵的自强不息的精神。宋代苏辙在《新论》中写道:"欲筑室者先治其基。"那段时期松樵练功到了疯狂的程度,其难度之高、活动量之大,是别人难以承受的。上午他练完腰腿功、地毯功、把子功,穿上厚底靴、扎上靠,开始拉整出武戏,就像在台上正式演出那样一丝不苟,不同的是每出戏在剧场演出只演一遍,他在私下却是每出戏练两遍、三遍。这样,他每天相当于要演出好几场戏。长期这样演练,等到台上演出时不但感觉轻车熟路,而且觉得游刃有余。每天从凌晨练完这头遍功后,他回去吃午饭,下午的早场戏演出结束,又接着在台上练一天当中的第二遍功,直练到夜场戏开演之前,吃过晚饭,他参加夜场的演出。散戏后,他还是不走,花上两毛钱给戏园子,作为灯油钱,让台上的灯光不灭,再练第三遍功。"芝兰生于深林,不以无人而不劳;君子修道立德,不为穷困而改节。"(《孔子家语》)他如此日复一日,不论三伏数九,哪管暑夏寒冬,除了演出之外就一件事:练!要练整出戏就要有帮手来招架对打，他请来演武生的盟兄聂德春帮忙，陪他练《挑华车》《铁笼山》《艳阳楼》等戏。聂德春的帮助让他感到人间的温情，友谊的可贵。除了练武功，他还听从老先生的指导，下苦功夫练嗓音、气力和"嘴里"（唇、舌、齿）的功夫。他每天不等天亮起床，直奔河边，一路走一路活动身体。传说在河边喊嗓，可以借助"水音儿"润嗓。"念白"相当于没有胡琴伴奏的"吊嗓"，他的师大爷刘廷顺（艺名四百吊）对他讲：练"念白"练的是嘴里的功夫，在"倒仓"期间，长期坚持练"念白"也能起到"吊嗓"的作用。他按计而行，专门找"白口"（念词）多的戏来练。"功到自然成"，大约两年的时间，他的嗓子开始出亮音了，同时练就了嘴皮子的劲头和气口。直到他95岁时，说话吐字还是那么清楚，字字铿锵，声若洪钟，气饱神足，行内外人士无不由衷佩服，连连称赞："老先生的幼功实在太瓷实了！"一分耕耘一分收获，俗语讲"要想人前显贵，必得背后受罪"，松樵先生后来超凡的艺术状态，都是在青少年时期用"背后受罪"换来的。

自1840年鸦片战争之后，帝国主义列强大举入侵中国，上海沦为政经文化被殖民化最严重的地方。同时，上海工商业迅速发展，船来车往，人流穿梭，很快成为移民大都会，各地来的人口数量急速膨胀。随之，人们对各地方文化的需求也在增加，娱乐行业活跃起来，不但西方文化涌入，各地方艺术也在上海舞台各展风采，争奇斗艳，淘金挖银。

1916年，松樵决心沿着父辈的足迹前行，去上海闯练。

有多份史料的记载证明，上海的京剧是在1867年由天津艺人传来的，是天津艺人把皮黄与梆子戏带进上海，首演于"满庭芳"戏园。此后，大批京津名伶纷纷赴上海献艺，谋生存、求发展，也由此才产生出"京剧"一词。天津演员李春来、黄月山、何月山、李桂元、盖叫天、李桂春（艺名小达子）、王桂卿、曹宝义等，都是在天津打下基础，渐有些名气再去上海，很多人留在上海，落根发展，成为创造南派京剧艺术的一支主要力量。在某种意义上，尤其是在武戏方面，可以说所谓南派京剧艺术风格，其实是在"津派"风格的基础上发展起来而形成的。李春来、盖叫天两代南派武生的代表人物，哪一位不是天津出来的呢？南方当地的武生演员没有一位在艺术上的地位能与他们相提并论的。所以，应该说所谓"南派"武戏其实就是"津派"武戏的延伸与发展。关于我的这一论点，在后边有关章节还要深入讨论。

松樵到了上海，先到坐落在原上海三马路上的大舞台戏院，当时在这里有小达子、朱小义、赵如泉、沈月来、沈月秋等。戏班管事的听说来者赵松樵就是九龄童，有所耳闻，答应让他演三天再说。第一天他以文武兼具的《翠屏山》"打炮"，家传老戏自有奇绝，把石秀这个人物演得声容并茂，台上台下均为满意；第二天演长靠武生重工戏《战冀州》，除家传又有得自"喜连成"的东西，规矩大方，武功惊座，光彩照人；第三天他改演短打勇猛武生戏《狮子楼》，更是他自幼常演的拿手戏之一，无可挑剔。从剧场观众的反应来看，他被戏班留下来是胜券在握的。戏班管事的十分看好松樵，既年轻又有名，武功又好，只是嗓音还没完全恢复，可是顶个武生还是很理想的，有意留下他。于是，管事的礼节性地征求一下各位主要演员的意见，有一位说既然他有这样好的功夫和戏路子，问一问他的家底儿吧。他照实回答父亲是赵鹏飞，没想到这下捅马蜂窝了，此人一听，就在戏班里煽动起来：

"噢，他是赵鹏飞的儿子，这个人可不能留，留下他，咱们戏班准散摊子。他爸爸就爱打架，他能好得了哪去？你要留他，我们就都不干了！"这人的"底围子"（为之配戏的演员们）也跟着吵吵起来。这一来，管事的没了主意，只好很客气地向松樵说些好话，最后为难地说"另请高就"。戏班里有的老人儿看事不公，告诉松樵说赵鹏飞刚到上海时，这个人欺生，就挤对过老赵，两人吵架，谁也不含糊，站上桌子对骂，甚至动了手，老赵把那个家伙修理得灰溜溜的，没挤走老赵。就因为这，那人是要"父债子还"，报复小赵。管事的为了戏班息事宁人，只好打发松樵上路。松樵满怀希望而来，刚一踏进上海的门槛，迎面就泼来一盆冷水浇头，船刚一靠近上海滩，就遭触礁搁浅。这件事让他再一次体会到世态炎凉，他意识到今后独闯天下的艰难。此事给他一个终生的教训：往后与人相处，一定有理也要让三分，千万别任着自己的性子来。这次经历成为他后来一生的人生经验：不争角色、不争名利、与人和气相处。对待同行是这样，可是对于盘剥演员的把头恶霸他却是寸步不让，绝不低头，坚决维护艺人的合理合法权益，这方面还是表现出他父亲那正义斗争的基因。

天不绝有本事之人，此处不留人，自有留人处，有更好的机会留给善良的、有能力的人。京剧名家王福连先生与赵鹏飞先生交好，介绍松樵到风景秀丽的杭州去找刘全瑞先生，王福连稍后也要从上海去杭州，那里正在邀集南北名角要搞大型联袂演出，刘全瑞是这次演出活动的"穴头"。刘先生是武生名家李兰亭的师父，在杭州第一舞台当后台经理，李兰亭这时也在杭州。松樵先生虽然没上过几年学校，可是他爱看书，肯钻研，好学习，加上满腹戏文，很有文墨之功。据他讲，李兰亭原来的艺名叫李春兰，他们二位自小在天津熟稔，松樵给李兰亭出主意，说武生前辈有一位叫李春来，你叫李春兰，你们两人的名字字音极为相近。你唱好了，人家还是以为你是李春来，你不如将"兰"字往前提，后边的字改为"亭"，叫李兰亭多好，听起来既像个武生的名字，兰亭二字又文雅。李果然采纳了松樵的美意。（可是李兰亭的徒弟李慧春对此有异议，认为他们二人年岁相差较大，此事不一定准确）到了杭州，松樵找到刘先生，刘先生为松樵和他带来的两个傍他的师兄接风洗尘，行话这叫"下马饭"。吃饭当中，刘先生对松樵说：

"听说你有自己的本戏，是《金鞭记》吧，对吗？"

"是，又叫《呼延庆打擂》，是我瞎编的，让您老前辈见笑。"松樵有些不好意思。

"嗳，哪里，你别客气嘛。好哇，这么年轻有心胸，后生可畏呀！回头有机会，在这儿露一露。"

这次出门松樵拎个行李箱，带了两个师兄弟，都是他父亲赵鹏飞先生的徒弟。他们与刘全瑞先生正在吃饭，一个师兄说要去厕所，松樵也没在意。吃完饭时也没见这个人回来，等松樵回旅馆，才发现他的行李箱全空了，赵鹏飞老爷子一辈子挣的留给儿子的值钱东西全没了，他立时变成个穷光蛋，一切都要自己从头白手起家。这位师兄从此在人间蒸发，再未露过面。这可是个丧尽天良的畜生，一出"东郭与中山狼"的现实版，欺师灭祖呀。

这次刘全瑞先生组织的演出活动规模之大、档次之高是不多见的。演出时间在 1916 年 11 月末至 12 月上旬，地点在杭州第一舞台。梅兰芳在《舞台生活四十年》第2集第4章第1节"从上海到杭州"回顾了这次演出的情况。杭州第一舞台，位于杭州火车站前。演出广告称："本台不惜重金，特从京、津、长江南北等地邀请各路名角，连日恭演拿手好戏。"松樵这时虽然只有15周岁，但是他成名较早，在北方各地已经颇有名气，堪称后起之秀。他这次江南之行，对于他今后艺术事业的发展来说，是一次开疆扩土之旅，是拓展他在南方演出天地的发端。他首次在江南重镇杭州搭班，就与许多南北名角同台合作，上海的触礁反倒成全了他的杭州之行，真是"祸兮福之所倚，福兮祸之所伏"。这次的确是名家荟萃，梅兰芳这时也是在南方刚刚发迹，这次来杭州是他的名字与王凤卿的名字前后排序刚刚颠倒过来之际，此前第一次到上海时是王凤卿的名字在他前边的，这回是第二次到上海、第一次到杭州。梅、王并挂头牌，自天津而南来的何月山挂特牌，余有南方名旦冯子和、著名老生小孟七，次之为南北名家俞振庭、李桂芳、刘慧霞、姜妙香、姚玉芙、赵松樵、李兰亭、刘莲香、陈嘉璘、侯双成、任长海、筱桂和、王福连、诸云仙、小桂卿、七岁红、海守常等。这次的票价共分六等，月台座每位大洋两元，最优等座大洋一元六角。一百年前这个票价，令人咂舌，可谓"奇货待贾，愿者上钩"，演员阵容实在太强大了，世所罕见。除刊印文字广告而外，剧场门前搭起彩花牌楼，门两侧各戳一根大竹竿，每根竹竿的上端固定一个一米多的圆盘，上写梅兰芳、王凤卿的名字，圆盘周边用彩色灯泡围起，不等天黑，开启电灯，一直亮到散戏后关灯。再往两侧伸展，是其他几位名角的广告牌。

松樵每天演完自己的戏，卸了装就到台下看戏，梅兰芳那时刚二十岁出头，扮相俊秀，嗓音甜美，几十年后松樵谈起当年观看梅兰芳演的《天女散花》《宇宙锋》《黛玉葬花》等戏中那些优美的唱腔和精彩的表演，还是记忆犹新。南北名角齐聚杭州，惊动了保俶塔下西子湖畔的男女老幼，争先恐后一睹为快。这些天来，什么断桥残雪、柳浪闻莺、三潭印月、平湖秋月、花港观鱼等西湖美景都为之逊色，难与争锋。第一天"打炮"戏，以火爆的武戏《铁公鸡》开场，赵松樵、李兰亭分别扮演张嘉祥、向荣，一展"天津派"武戏风采，火炽热烈，技艺精湛，全班武行齐上阵，满台生辉，场内一片沸腾，把这次的演出闹了个"开门红"。然后是花旦戏《闹学》，接着是何月山主演《金钱豹》，同样是"天津派"武生的气派，再掀高潮。"压轴"是王凤卿的戏，最后由梅兰芳、姜妙香等演出《宇宙锋》。另据旧报载，11月29日夜场由《李刚反朝》开场，以下是海守常主演《杀妾赏军》，俞振庭、任长海的《父子进士》，七岁红（杨锦堂）、小桂卿、诸云仙演出《天霸招亲》，刘慧霞演《荣归祭祖》，王福连主演《河东救驾》，筱桂和、朱喜来合作《兄妹盗墓》，小孟七、赵松樵、李兰亭、刘莲香、陈嘉璘联袂主演《宋江吃屎》，冯子和演出《堂楼详梦》，王凤卿、俞振庭、李桂芳、任长海、侯双成演出的《华容道》（《关公挡曹》），梅兰芳、刘慧霞、姜妙香、姚玉芙合演的《黛玉葬花》。看这人头儿、这戏码儿，好不叫人眼馋心痒。松樵在与他人合作演戏之外，他自己还主演了《乾元山》《翠屏山》《恶虎村》《下河东》等剧目。这次的经历为他后来再下江南，立足上海，奠定了基础，成为他在南方发展的良好起点。

九、为成家苦做奴役　蝉脱壳逃避恶痞

一连串的不幸对一个才十几岁的人，是难以承受的，他孤独一人，没了家。有人或许因此痛不欲生，一蹶不振，然而，松樵却以惊人的忍耐力和超凡的坚韧意志，顽强地生存下来，并且能化悲痛为自强上进的动力，在艺术事业上有了突飞猛进的发展，他是个外弱内强的人。

当时哈尔滨有个演刀马旦的男演员马某，河北蓟县人，年轻时在台上风光无限，可是，这一行养小不养老，五十来岁就不好上台了。他夫妻收养一名义女，艺名凤灵芝，唱戏来养活他们老两口。凤灵芝生于1897年，自幼随养父学戏，义父管教甚严，凤灵芝练得一身好本领，青衣、刀马旦、花旦的戏样样拿得起来，唱做俱佳，民国初期即已唱红。她常演的戏如《甘露寺》中饰演孙尚香，前边有大青衣的端庄大气，后边《回荆州》的"跑车"表演则脚下生风，流步如飞，干净洒脱；她演《喜荣归》中的秀英有花旦的机巧伶俐，俏皮幽默，光照四座；她在拿手戏《双锁山》中扮演的刘金定，身披大靠，开打火炽，动

作刚脆，英姿勃发，巾帼英雄的形象活灵活现。她受家庭拖累，芳龄21岁尚未婚配，在那个年代已经是老大不小了。养父母合计着给她找个婆家，让她安下心来，这个家少一个年轻的男人做帮手，如果能招个女婿上门入赘，岂不更好？老两口开始为女儿张罗对象。松樵年已17，孤身一人，师叔师大爷们看他无家安身立命，都想帮他安个家。一来二去，两边就接上线了。马家夫妇一听是九龄童，孑然一身，旁无牵挂，年青出名，前途无量，太对心思了，打着灯笼也难找到呀！可是让他们没有想到的，松樵说什么也不同意"倒插门"进女方家，要把媳妇接出来成家另过生活。这可是"剃头的挑子——一头热"，马家夫妇怎能甘心把一棵摇钱树这么轻易地让松樵给刨走呢？没这么便宜！马家夫妇开出条件，松樵和凤灵芝要想婚后搬出去另过，必须为他们唱3年的戏，给他们挣出足够的养老钱，然后任凭小两口远走高飞。松樵一口答应，为了成立自己的一个家庭，认头白唱3年。说来容易，他哪知道，这3年可不是那么容易熬过来的，小两口简直就成了马家夫妇的牛马。马某是梨园行家，把持了松樵和凤灵芝演出的一切业务渠道和财源，把小两口当成了唱戏的机器和生财的工具，比戏院老板或班主还要心狠意毒。为了让松樵夫妻俩多挣钱，马某绞尽脑汁，千方百计四处联络，见缝插针，把演出的日程安排得满满的。小夫妻像走马灯一样，整天赶场，从早到晚，不得停歇，超强度的演出使这两位年轻人精疲力竭，那时哪有什么营养可言，消耗大，补充少，两人的身体每况愈下，日渐消瘦。他们无可奈何地忍受着，只想拼命干上3年，换取将来一个自主的家。就在凤灵芝身怀有孕时，养父母仍然不让她休息，照样逼她去演出，结果流产了。松樵向岳父岳母求情，无论如何不能再让妻子演出了，不然这个人就完了。马某的答复是可以不让女儿唱戏，可是女婿要再多给他们唱一年才行。多厉害，太绝情，哪有什么情义可言。还是人命要紧，松樵一忍再忍，为了妻子休养生息，为了盼来一个家，他只好含辛茹苦继续过这奴隶般的日子。

20世纪20年代初赵松樵在哈尔滨期间，亲历了著名演员魏联升被害身亡的事件，魏的艺名元元红，创立了"卫派"河北梆子老生艺术。据《中国戏曲志·黑龙江卷·哈尔滨戏曲志》（讨论稿）中"大事记"

载：1921 年 3 月，应哈尔滨新舞台之邀，松樵与直隶（津）派河北梆子创始人魏联升组成"两下锅"的戏班到哈尔滨市演出。3 月 30 日，赵松樵以"压轴"演京戏《路遥知马力》，这是一出唱、念、做功的老生戏，可见这时他过了"倒仓"期，嗓音已经恢复过来。他在台上正演出，就听后台有枪声响了几声，马上乱起来，越来越厉害，还有人喊"杀人了"！台下观众也都乱了起来，演出进行不下去，松樵只好赶到后台看一看究竟。到后边才发现，魏联升被歹徒用枪打死在化妆间里。事后听人传说了这一事件的原委。魏联升来哈尔滨演出，当地一个叫姚锡九（音）的是地方恶霸。他的一个妾爱看戏，迷上了魏联升，姓姚的怀疑魏联升与他的小老婆有染，于是派两个人去干掉魏联升。出事的当天魏联升上好妆，在化妆间吸烟"候场"（等待上场），有两个人以卖大烟土（毒品）为名摸进戏院的后台。他们打听到化妆间，进门问清是魏联升，拔枪就射，魏联升当场毙命。旧时代的艺人看似名气很大，风光无限，其实他们的命很容易被黑势力轻易草菅。魏联升在全国声名显赫，无人不晓，可是比起地痞恶霸，艺人轻如鸿毛，命如薄纸。据说中华人民共和国成立后，姓姚的罪大恶极，终于被人民政府枪毙镇压。魏联升是当时河北梆子老生的第一块金字招牌，可惜他的艺术才华就这样被轻易断送殆尽。

中华民国建立数年以后，中国社会依然是千疮百孔，兵荒马乱，各路军阀东夺西杀，分疆争土，各路兵痞明火执仗，到处横行，滋扰良善，平民百姓则是任人宰割，朝不保夕，苦不堪言。有一天傍晚，天色近黑，灯芯挑亮，松樵两口人正在吃晚饭，就听屋外人声嘈杂，几个南腔北调的兵痞站在外边骂骂咧咧。松樵夫妻纳闷，撂下饭碗出门去看，当兵的一个个横眉竖眼，醉眼迷迷，穿戴歪七扭八，一张嘴，酒气熏天。一个兵痞问松樵：

"你……你是谁？"

松樵看到这群无赖的丑态，早就有气，还是强压怒火答道：

"我是九龄童，唱戏的，你们找谁，有什么事？"当时松樵刚改过名，两个名字同时用。

"什么，你，你就是九龄童？就凭你还娶了凤灵芝？"话音刚落，这个兵痞过来就对松樵拳打脚踢，松樵夫妻俩都会武功，摆平这几个醉醺醺的流氓不在话下，但是，不能。凤灵芝一边拉开大兵，护着丈夫，一边大声喊叫求援。马路上巡逻查街的警察听到"救命"的喊声，立刻赶到，才把这几个兵痞哄弄走。无辜遭到这次凌辱，松樵心里愤愤不平。妻子与他商量，不如趁早离开哈尔滨这座让他们心寒意冷的冰城。于是两人打点行囊，离开了这个是非之地。

1922年松樵夫妇在天津南市广和楼戏院"挑班"演出时，又遭遇一回地痞欺凌的经历。过去戏园子里有卖茶水、香烟、水果、崩豆、萝卜、瓜子、送热毛巾的，这些服务人员统叫"前台"人员，他们被地痞流氓所控制和指使，后台的演员不但受戏班班主的剥削，就连"前台"也要吸吮演员的血汗。松樵领衔主演，从小就在天津是"红"的底子，这次演出业务极好，却拿不到钱，演员们怨声载道，不想在此继续唱下去。合同期满，松樵他们提出不唱了。来时容易去时难，老板勾结"前台"不放他们，妄想让戏班继续为这些人卖命。松樵从几岁起就随父亲和姐姐游走江湖，什么样的人没见过，他早看出了老板和前台把头的心机。可是与他们硬抗不行，"强龙压不过地头蛇"呀，得想个法子脱身，逃离虎口。这天，几个前台的人找到松樵的住处，想恫吓松樵就范。其中一人以威胁的口吻首先开口：

"赵老板，听说你不唱了，要走，我们哥几个过来看看你。你不能走哇，你一甩手走人，让我们大伙儿吃什么，我们一家老小还得指望你生活呢！"这个人一边说，一边把手伸进上衣褂子的口袋里，只见口袋里鼓鼓囊囊的，装着个喝水的大茶碗。松樵明白，他们这是来闹事，示威，只要松樵说声"不"，那人就会掏出茶碗朝自己的头上一砸，头破血流，然后他们就诬告是松樵下手伤人，一打上官司，松樵他们非但走不了，还要被勒索赔偿，那损失可就大啦！这是流氓混混儿们惯用的"拉破头"（现在叫"碰瓷"）的伎俩。松樵心想："好汉不吃眼前亏"，千万不能任性闹饯，得先稳住他们。想到这，松樵露出笑容，说：

"原来是为了这事，哥几个别站着，有话坐下来好商量。不就是唱戏嘛，咱就是干这个的，到哪不是唱呀？可是，唱戏不是光凭我一个人，戏班里的人多啦，我得和他们商量。你们几位来了，光跟我一说不行，还要立个合同，是仨月还是俩月，都要写上，回头我好对戏班的人们有个交代，不是吗？"

来的这几个人一听，有活口，便把绷紧的"弦"松了一松，气氛有些缓和。另一个人嘻嘻哈哈地说："怎么样，我说赵老板开面吧。好吧，你说怎么办，我们听着，只要你赵老板不走，怎么都好说！"

"对，对，既然赵老板这么爽快，给咱面子，有事好说！"另几个人在一旁帮腔。松樵顺水推舟，像煞有介事地说："我看，这么办，明天你们摆上一桌，我邀上几个戏班里的人，咱们边吃边聊，入股的人都在合同上签字画押，让大家心明眼亮。如果合作得好，咱们可以接着再往下唱，混得不好，大家也别伤和气，以合同为限，你们看如何？"

这几个"流氓无产者"一听，有门儿，都附和着说"听赵老板的"，约定第二天在某饭馆见。就这样，他们总算心满意足地走了。松樵倒吸一口凉气，心想，好险啊，要是那茶碗一掏出来，后果不堪设想。他定了定神，松口气，越想越后怕，此地不可久留，到了明天如何打发那帮人？绝不能再与这些不讲道理的人们共事，趁早溜之大吉。他连忙叫凤灵芝收拾东西，自己打点戏箱，盼着天快快黑下来。天一黑，松樵偷偷出去，雇来一辆马车，把东西轻轻装上车，妻子抱好才两岁大的儿子赵云鹤，三口人上了车，车夫摇起马鞭，马车在黑暗中直奔火车站而去。等到火车开动，松樵夫妇的心才渐渐平静下来。

《庄子·知北游》曰："人生天地间，若白驹之过隙，忽然而已。"转眼过了28年，1950年松樵先生应他的弟子李铁英、陈云超之请回到天津。他以为世道变了，各地的恶霸地痞均被政府镇压，以前的事都过去了。有一天他走在南市的马路上，一个人笑着朝他迎了过来：

"赵老板，您回来啦，一向可好哇，您还认识我吗？"

松樵先生仔细端详了一会儿，说：

"哎哟，对不住，不敢认了，您是……"

"您那年走的时候，其实我们知道……"

哎呀！这一句话提醒了松樵，把他吓了一跳，心想：真是冤家路窄，怎么，难道这事还没完，还要找我的旧账吗？结果是一场虚惊，新社会了，恶棍们只好改邪归正，再做为非作歹、压榨演员的勾当已经不允许，他们也不敢了。

十、疲穿梭南北走红　艺惊世申城驰誉

父亲去世后，松樵奋发图强，技艺大进。他在继承传统的基础上，极大提高了技艺水平，同时创演大量新剧目，整理改编一批传统老戏，从梆子戏中又移植一些剧目为京剧演出，创造出许多新的艺术表现形式，演出阅历更为丰富，逐渐打造出一批个人特有的剧目。他从1920年起逐渐形成自己的艺术风格，较早成为驰誉南北的杰出演员。"十年寒窗无人问，一举成名天下知"。能得到南北内外行人们的认可，不是唾手可得的，没有让人信服的艺术成就，谁会服你、用你？他在1916—1918年间虽然变声，但在武生艺术方面则是成就斐然，声名大振。他在16岁以武生"挑班"于哈尔滨，17岁在长春与高百岁合作，15岁和18岁两度在烟台与张少甫（艺名小菊仙）组班，同台合作。

这期间，松樵编演新戏《金鞭记》（后改名《呼延庆打擂》《呼延庆出世》），《诸葛亮招亲》《红须客》《张文祥刺马》等，改编演出《逍遥津》《路遥知马力》等。1919年他18岁时嗓音恢复，更是如虎添翼。1919年（《中国京剧史》记为1920年），他与当时才16岁的唐韵笙以及马秀成、马武成、高三奎、一盏灯等人，在海参崴的永仙茶园上演由松樵编导的《金鞭记》（松樵饰呼延庆，马秀成饰包拯，马武成饰寇准，唐韵笙饰孟强，高三奎饰焦裕）、《鹦鹉救真主》等连台本戏，主演自编戏《益都泪》《螺蛳山》以及《长坂坡》（自饰赵云，马武成饰刘备，马秀成饰曹操，凤灵芝饰糜夫人），每贴必满。他们还合演过《黑松林》（自饰八贤王，唐韵笙饰杨六郎）等戏。

据松樵回忆，1920—1921年他应邀到哈尔滨大舞台演出，同台合作者有杨瑞亭、程永龙、马德成、杜文林、王汇川、大七岁红（李文卿）、刘四立、郑玉华等，均为当时京剧舞台上的风云人物，不但演员阵容相当强大，而且剧目也是非常丰富。他们排演了《卧薪尝胆》《永庆升平》《济公活佛》《封神榜》《开天辟地》《飞龙传》《七国志》以

及松樵给排的《呼延庆打擂》《鹦鹉救真主》等。他本人主演了自编戏《木兰关》《益都泪》《螺蛳山》《红须客》《骂杨广·南阳关》，移植改编的梆子戏《云罗山》《佛手橘》，改编演出《北湖州》《潞安州》《长坂坡》《汉阳院》《铜网阵》等戏。

1921年以后，他应邀到上海共舞台，与5年前他来上海相比，今非昔比，如今他已经是享誉菊坛的名角。据《粉墨春秋·盖叫天舞台艺术经验》一书记载，1921年上海共舞台名家荟萃，排演《楚汉相争》，盖叫天饰楚霸王，露兰春饰刘备，赵松樵饰张良，林树森饰章邯，李桂芳饰范曾，吕美玉饰前虞姬，黄玉麟（绿牡丹）饰后虞姬。《中国京剧史》中卷第592页对此亦有记述，称盖叫天"还与金少山、赵松樵等合演《楚汉相争》"。此外，排演《劈山救母》，盖叫天与赵松樵分饰头二本的沉香，排演《七擒孟获》，盖叫天饰孟获，赵松樵饰赵云，罗小宝和时慧宝分饰前后的诸葛亮，碧云霞饰祝融夫人。这一年，松樵在上海还与王鸿寿、李吉瑞、麒麟童等同台，松樵陪王鸿寿演《走麦城》《大闹花灯·徐策跑城》等，陪李吉瑞演《骆马湖》饰李大成等，得到王、李二位前辈的亲炙薪传。

1922年1月1日松樵夫妇应邀到天津广和楼戏院"挑班"，约请的名角还有瑞德宝、小玉茹、赵庆兰、崔小楼、小鸿升等。同年3月3日松樵与梅兰芳、余叔岩、瑞德宝及天津名票刘叔度、王君直等在天津"张府"同演"堂会戏"，有戏单（只注明张府，疑是前清太监小德张府邸）保存在北京"梅兰芳博物馆"。该年夏季，哈尔滨新舞台约请赵松樵和魏联升组成梆、黄"两下锅"的戏班演出。

年末，正在济南演出的松樵又被上海丹桂第一台的后台经理刘凤祥邀去，定于1923年农历元月初一登台。1923年2月1日《申报》登载受邀的演员有："环球驰名文武唱做全才正宗须生高庆奎""色艺双佳青衣古装著名花旦何雅秋""京津驰名唱做老生长靠短打武生王汇川""长靠短打勇猛武生兼演红生刘奎官""文精武熟优等著名唱做老生赵松樵""南北驰名剧界先进长靠短打武生高福安""著名唱做须生靠把短打神童武生小小宝义""娇艳美丽古装花衫新旧剧旦孙少云""唱做花旦神乎其技出手武旦筱九霄"，以下小号字有赛三胜、胡宝山、董俊峰、金

1923 年 2 月 22 日上海《申报》

少山、小吉瑞、张鸣才、李庆棠、王兰芳、增长胜等，演员阵容之强大为一时之盛。当时松樵的包银为一千二，金少山等为六百、八百。

　　高庆奎先生很器重松樵，每演拿手戏《珠帘寨》和《斩黄袍》，都亲点松樵扮演程敬思和高怀德。能与高庆奎先生的嗓音为配，可见松樵的嗓音是很好的，能收烘云托月和锦上添花之效。当年谭鑫培演《珠帘寨》，曾由汪笑侬扮演程敬思。3 月，众名家通力合作《佟家坞》，高庆奎饰余化龙，赵松樵饰曾天寿，高福安导排兼演马玉龙，王汇川、刘奎官等均有角色分派。高庆奎只演大年初一到初七的日场，初八日场由松樵接台主演，他以本派戏《螺蛳山》一炮而红。2 月 23 日日场松樵在

"大轴"主演赵派独有剧目《木兰关·能智广镇守螺蛳山》，23日夜场他与王永利、李庆堂以自派戏《汤怀自刎》"压轴"，高庆奎、董俊峰、张鸣才以全本《陈宫记》演"大轴"。2月25日日场松樵演双出，前边主演《越虎城》，后边与刘奎官、王汇川合演三本《铁公鸡》。3月11日日场有赵松樵和筱九霄合演的《两狼山》；夜场松樵演双出，在前与王汇川、小小宝义合演《凤凰山》，后边与王汇川、刘奎官、小小宝义合演《新长坂坡》，最后是高庆奎的《戏迷传》。3月以后松樵参加演出或主演的戏有《智破佟家坞》（高福安导排）、全部《铡判官》（高庆奎导排）、连本戏《十粒金丹》（杨韵谱导排，3月23日起演头本）、《丐侠记》（杨韵谱导排）。

《京剧剧目辞典》记《呼延庆出世》1—4本剧情提要载1923年5月至9月上海《新闻报》，仅此记载而已。该连本戏当时在丹桂第一台排演出来，这就是赵松樵先生创作的剧目。松樵自饰寇准，高庆奎饰包拯（演至6月3日起高庆奎转到大舞台演出），启用年仅12岁的小小宝义饰呼延庆，8岁的高盛麟饰孟强，其余主要演员"全梁上坝"（悉数登台出演）。此戏轰动上海滩，只头一本就连演33天，场场客满。有文字记载当时活跃在京津一带的"奎德社"派人赴沪，学习《呼延庆出世》和《佟家坞》，回去后排演。这期间松樵在"丹桂"还多次主演了自派戏《木兰关》《益都泪》以及经他改编的《北湖州》等。他还将父亲留给他的《云罗山》进行改编，剧名改为《云》（该剧以《云忠孝》剧名收入《京剧剧目辞典》），首演于1923年8月10日夜场，松樵前饰白士永，后饰许江，刘奎官饰云忠孝，小小宝义和王汇川分饰前后的云尚吉，王兰芳饰白素莲，金少山饰任彦虎。当日《申报》在刊登的剧情介绍中特加说明："丹桂第一台特烦赵君松樵新排忠孝节义、喜怒哀乐历史好戏《云》。"在剧情介绍的末尾再添说明："选接各界来函，特烦排一出醒世好戏，因特烦赵君松樵把一出《云》排演出来，此戏人物有忠臣孝子，节妇义夫，悲苦遭际，善恶报应，看了有益，世道大快人心的事，宋史里头第一苦情好戏……"该剧连演一个星期后，陆续反复上演。紧接，1923年8月23日《申报》登出广告："丹桂第一台特烦赵君松樵续排著名宋史机关彩景好戏，四本《呼延庆出世》。"《云》（《云罗山》）和《呼延庆出世》两出大戏的编导为赵松樵先生，当时极有影响的报纸 5—9 月大版面反复刊登介绍和说明，《汤怀自刎》《木兰关》《益都泪》等戏从 20 世纪 20—60 年代不断演出。

此外，松樵与林树森、金少山三人合演《长坂坡·汉津口》，赵饰赵云，林饰关羽，金饰张飞，演得珠联璧合，相映生辉，皆为上选，时赞"三绝"。1923 年 10 月 1 日起程砚秋、郭仲衡、荣蝶仙、小杨月楼、刘奎官、高百岁、侯喜瑞等在上海丹桂第一台开始演出。10 月 6 日报纸登出"丹桂第一台礼聘京津超等文武艺员"赵松樵等加盟演出。6 日夜场他主演了《捉拿花德雷》，7 日白天他与刘奎官、侯喜瑞合演"赵派"代表剧目之一《斩颜良》，赵饰颜良，刘饰关羽，侯饰曹操。另与金少山、王永利演《金锁阵》，与高百岁演《乱石山》《感德忘恩》，与刘奎官演《水淹七军》《收关胜》《铁公鸡》，与筱九霄演《狮子楼》《两狼山》，主演《汤怀自刎》《潞安州》《挑华车》《恶虎村》《木兰关》《益都泪》《八蜡庙》《恶虎村》《越虎城》《冀州城》《新长坂坡》《黑松林》《连营寨》《剑峰山》等。从 1923 年 10 月 6 日起到 11 月 6 日止，赵松樵在上海丹桂第一台与程砚秋等同台演出整整一个月。

1923 年 11 月 28 日起，松樵先生应南京下关英商百利公司新新舞台之邀前去"挑班"，接替合同期满的孟小冬。在这里他改良《白马坡》中颜良一角的扮相，极受欢迎，从此再加不断地精雕细刻，遂被誉为"活颜良"的美号。在南京，他演出了自派戏《木兰关》《益都泪》《汤怀自刎》《苦中义》以及《南天门》《潞安州》《凤凰山》《长坂坡》《铜网阵》《别寒窑》《连营寨·哭灵牌》《战长沙》《溪皇庄》《黑松林》《七擒孟获》《百凉楼》《请宋灵》《葭萌关》《骆马湖》《两狼关》《拿高登》《越虎城》《金锁阵》《路遥知马力》，头本《盗马关》、全部《炮打连阵》、《翠屏山》，导排新戏《桂圆汤》《常遇春救驾》《义犬报恩》《洛迦山》等。

1924 年 2 月 8 日（农历一月三十日）起，松樵受邀进上海共舞台，与安舒元、张文艳、刘奎官、曹宝义、刘四立、小孟七、粉菊花、李桂芳、张德禄、吕美玉、金少山、董俊峰、萧湘云等同台。与萧湘云、小孟七合演《翠屏山》；与曹宝义演《木兰关》《益都泪》《长坂坡》《葭萌关》；与安舒元等演《黄鹤楼》《珠帘寨》；与刘四立、张德发、金少山、粉菊花演《八蜡庙》；与小孟七、董俊峰等演《斩颜良》；与金少山多次演《连环套》《凤凰山》《牛头山》；与粉菊花、曹宝义、金少山演《回荆州》；与安舒元、李桂芳、曹宝义、刘四立演《八大锤·王佐断臂》；与刘四立、张德禄、粉菊花、金少山演《八蜡庙》；自己单挑主演《杀四门》《冀州城》《薛礼叹月》等；分别与刘四立、张德禄双演《长坂坡》等；参加演合作戏全部《贩马记》《五鼠闹东京》，四演《收关胜》，排演新戏《龙虎风云》《诸葛亮施展缩地法》及连本戏《朱洪武出世》等。此期间他将创演的一出神话新戏《洛迦山》在上海首演，他一人赶饰二角，前饰罗汉，后饰吕洞宾，一经上演，立刻走红，遂成为他后来常演的剧目之一，当时曾有人将此戏拍成电影。这期他在共舞台约演至 1924 年 4 月。

仅就以上可见，松樵先生在 20 世纪 20 年代初期，就已经是蜚声遐迩能自编自演的为数不多的京剧才子和大家了，他起步早、成果丰、无与伦比。他戏路极宽，能戏甚多。这几年他频频南北穿梭，多方借鉴各家艺术之长，熔为一炉，日臻完美，所到之处，无不走红。同时，他与各路名角加强联系，建立起深厚友谊，高庆奎、程少余、陈少福、刘奎官、林树森、曹宝义、胡宝山、黄成美（鼓师）、陈吉瑞、王汇川、赵松樵（按长幼顺序排次）11 位著名演员义结金兰之好，时有"梨园十一杰"之誉。

1925 年松樵先生演于烟台，1926—1927 年又回哈尔滨大舞台，与杨瑞亭、马德成、程永龙、杜文林、孙玉楼、郑玉华等联袂演出了《群英会》《龙潭鲍骆》等及"赵派"戏。他们还与"评剧皇后"李金顺同台献艺，实现京剧、评剧大联合。这以后，松樵长期盘桓于东北地区，在哈尔滨大舞台、奉天（今沈阳）共益舞台、长春新民戏院、大连宏济舞台、安东（今丹东）松柏大戏院等处巡回演出。《中国京剧史》中卷第 29 章记述：1931 年"九一八"事变后，"其中奉天的共益舞台，哈尔滨的新舞台，大连的宏济舞台与'新京'的新民戏院，为当时东北的四大京剧演出基地"。"这一时期，曾有许多的著名京剧演员，如程砚秋、黄桂秋、吴素秋、白玉昆、徐碧云、赵松樵、杨宝森、唐韵笙、周信芳、马连良、金少山、谭富英……先后在东北进行过演出，使关内外的京剧艺术得到了交流"。"如老生唐韵笙、程永龙（前为花脸）、贾润仙（女）、徐菊华、赵紫云（女，兼武生）、赵松樵……皆在新民戏院舞台留有足迹"。

松樵先生曾任大连宏济舞台后台经理，受戏院老板委托，到北京邀马连良去演出。马先生提出三条要求，一是凡剧场服务人员一律穿白袖口的大褂、佩戴胸牌；二是剧场座位须改换成对号的靠背椅子；三是剧场内墙和剧场门脸要粉刷一新。剧场方面按照他的要求做好了准备。松樵二次带一皮包现大洋定金到北京马家，一见到马连良，马张口说："赵先生，实在对不住了，这次演出去不成了。"说完，取出一封信来让松樵看，原来是铁血团的恐吓信，随信装有一粒子弹，信的内容是警告马连良不许去关外演出，否则后果自负。这可把松樵给撂旱岸上了，回去怎么向投资方交代呀？无可奈何，只好回去自己"喝瘪子"。

别人成立戏班当经理能赚钱，松樵却总是赔钱。自从父亲去世后，他在各处搭班受尽老板们的剥削和欺凌，总想自己成立戏班，让自己和同行们不再受老板的剥削和压迫。这是他出于朴素的阶级感情和理想主义产生的想法。在那样的社会制度下，这种美好的想法能实现吗，自己成立班社就能够拯救得了所有的艺人吗？事实证明不能。他在任何一个地方当戏院的后台经理，都坚持不拿当经理的那份钱，只拿做演员的钱。戏班经理的这份钱是要从演员的份子钱里抽出来的，他认为这种钱不能要。无论什么演员来求他搭班，他都一律收留，没有戏唱时也拿一份钱。这就有点朴素的共产主义了。从外地投奔来的，他管吃管住，临走还要发盘缠（路费）钱。他的想法是好的，可是这样一来，哪有不赔钱的？所以，别人当经理都赚钱，他当经理从来是赔钱，要掏自己的腰包往戏班里补贴。他一辈子不会理财，而且是个穷大手，从来不把钱当回事。他经常对家里人和徒弟们讲："宁可钱吃亏，别让人吃亏"，又说，"要让艺压住钱，不能让钱压住艺"，"钱算什么，没了再挣"，"千万别挡着别人的财路"，这都是他关于"钱"的哲学理念。他散的钱不计其数，他这一辈子见过大钱，钱没少挣，不喝酒、不吸烟，可是一辈子没钱，连一处家产也没有置下，到头来还是一位彻头彻尾的无产者。1935年，林树森、王筱芳等人在奉天（今沈阳）因为业务不好，欠下债，被当地恶势力扣住了。松樵接到信后立刻带着钱去奉天，替他们还了债，再花钱疏通当地关系，才肯放他们走。松樵先把他们接到大连，休整一段时间后，送他们回上海。

在大连西岗，名演员田月樵与松樵在一起搭班演出，他们同属一工，按说有竞争。头天田月樵演"打炮戏"《取洛阳》，发现大锣被压裂，没法用，影响演出，很着急。松樵知道后，立刻取出自己的三面锣，让田月樵随便使用。要知道，如果田月樵唱红了，就有可能把他挤走。然而他没有多想，只想到尽力为同行人解困是应该的。此事得到梨园界人士的齐口称赞，他的艺德受到同行的一致好评。

松樵不但乐于助人，他在上海也得到过别人的帮助。因为家里妻子、两个女儿治病和亡故等原因，加上有段时期受同事带领沉迷于跑马场的赌博，借了老板一笔钱，利息很高，这笔债不仅还不清，反而越滚越大，老板正是乘人之危要把他给拴住，他形同失去自由。当他见到周信芳时，周问他怎么打不起精神？他如实相告，周替他还清这笔债，才使他从那家戏院脱身出来。约在1945年，松樵离开上海到苏州、杭州、无锡、常州、镇江等城市演出。他出走上海是因为他不屈服于老板的欺压和盘剥，这个老板联合其他5家大戏院共同"封杀"松樵，说他是"茅房的砖头——又臭又硬"，联合抵制他进这些戏院唱戏，企图以此胁迫他屈从就范。他誓不低头，被迫跑外码头。这时上海淮剧著名艺术家何叫天得知消息，登门拜访松樵先生，力邀他出山为淮剧戏班助阵。那时江南地区时兴"徽淮"合班或"京淮"合班，这种"两下锅"俗称"徽夹淮"或"京夹淮"。何叫天言辞恳切，松樵答应在沪西（音）大舞台与肖（音，筱？）文艳、何叫天等淮剧名家同台，前边唱淮剧，后边"大轴"由松樵演京剧。松樵是名满申江的京戏大牌，此事引起轰动，戏迷们蜂拥而至，一时间盛况空前，那五家大戏院的老板们暗自憋气，束手无策。

不只是艺人相帮，就是松樵的"粉丝"也对他给予无限同情。有一天他在上海的马路上走着，对面过来一个人向他打招呼：

"这不是赵老板吗，怎么有闲空出来？"

松樵并不认识这位，平时像这样常看他演戏的人对他打招呼的事也是有的，他随和地答应着。此人问起他最近如何，为什么没见他演出，他如实说出近期几家戏院老板联合抵制他演出的情况，流露出愤懑不悦的心情。此人拉松樵一起到附近一家制衣店，叫来师傅，不由分说让师傅给松樵先生量体裁衣，非要赠送给松樵一身衣裤不可。办完事，交了钱，那人打个招呼转身就走，松樵拦都拦不住，此人是真心诚意，弄得他很不好意思。他说：当时也没来得及问一声这位姓甚名谁，到今天也不知道人家的名字，到底是哪一位？转年，麒麟童把松樵接进黄金大戏院，给予他"特牌"（特约的头路演员单独出一块广告牌）的待遇，与麒麟童、梁一鸣、高百岁、田菊林、王富英等同台一个时期。其后，他应邀再进共舞台，与赵如泉合作，二赵排演连本戏《宏碧缘》，又引起不小的轰动。

　　据《江苏戏曲志·南京卷》介绍剧种"京剧"中的记载："从 30 年代开始，南京规模较大的京剧戏院里逐步开始有常驻京剧的戏班……另外张桂轩、王少楼、赵松樵、白玉艳、王玉让、关正明等著名京剧演员，都长期在南京演出过。"

　　1935 年，正在大连的松樵接待了专程从上海来的经纪人，请他去上海荣记共舞台挑班，以接替合同期满要离开的李万春。此时的松樵年方 34 岁，正是他演艺事业的黄金时期，艺术上进入佳境，已达炉火纯青的地步，名闻遐迩，得到行内外的敬慕，成为一流名角。本次应邀再进上海，这给他提供了尽情展示自己艺术成就的一个契机，淋漓尽致发挥艺术才智潜能的广阔平台，在上海一待就是 13 年，开创出他艺术生涯的巅峰。

　　上海共舞台为迎接他的到来，在《申报》提前多日刊登预告，如1935 年 11 月 1 日报载："荣记共舞台重金礼聘蜚声南北文武唱做独树一帜超等能派泰斗赵松樵静养数天即日登台。"当时赵松樵的情况如何呢？1935 年 11 月 3 日《申报》作了介绍，可为参考："士别三日自当刮目相看，一去十载，艺已登峰造极。赵松樵艺员曾于十年前在本台出演，那时共舞台还没有迁到现址，赵艺员年纪还轻，可是玩意儿已经足堪惊人，一上了台生龙活虎似的，能唱能做，淋漓尽致，大家都说孺子可教，将来保证出人头地。后来一离上海，果然红遍大江南北，自己组班成班，在各埠开演，所至有声。此次本台编排火烧红莲寺，剧中都是豪侠之辈，需要一位能文能武而有天才的艺员加入，才能使本剧生色，数度派人去平津接洽，才把这位多才多艺的赵艺员邀到了上海……"又："重金礼聘蜚声南北文武唱做独树一帜超等能派泰斗赵松樵于1935年11月9日领衔主演《火烧红莲寺》。"

据《中国京剧史》中卷第28章第2节"上海的京剧活动"记，"当时上海所有的京剧剧场都演过连台本戏"，"当时在上海的名演员无一不演连台本戏"。那时京剧演出市场竞争十分激烈，1930—1940年上海有八九家戏院和四家游艺场同时上演京剧，专演京剧的戏院就有天蟾、共舞台、大舞台、黄金、皇后（1942年以后）、金城（1943年以后）、更新（后改名中国）、卡尔登（后改演话剧），还有大世界、先施乐园、大新游艺场和永安天韵楼游艺场，同时有13个京戏班竞技上海，从业人员达两千人之多。常在上海的几个大戏班，如周信芳在卡尔登戏院，盖叫天在黄金大戏院，赵如泉、林树森、梁一鸣、高雪樵在天蟾舞台，赵松樵、王少楼、王椿伯等在共舞台，叶盛章、王筱芳等在"黄金"，张翼鹏等在大舞台。

连台本戏不是如一些带偏见的人（实际是对京剧的历史无知）所认为的那样只有"海派"才演，京剧的连本戏早在北京卢胜奎那一代演员们就编演《三国》的戏，即使马连良等这样所谓"京派"的代表人物年轻时在上海也演过不少连本戏，连本戏在各地都有演出。连本戏之所以对观众有号召

1937年赵松樵先生

力，是因为：

1. 它故事性强，每本戏独立成篇，各本又环环相扣，悬疑迭生，情节曲折跌宕；

2. 表演形式往往有文有武，诙谐成趣，情感戏足，悲喜交加；

3. 它的唱念做打舞表演全面，灵活多变，不囿于陈规，创新别致；

4. 连本戏配备的行当齐全，可以让名角荟萃，实现强强联合，演员阵容豪华，多种流派风格纷呈；

5. 尝试应用现代科技手段为戏服务，声光电机配合舞台美术，巧设机关，造出扑朔迷离、五光十色、引人入胜的场景效果；

6. 音乐唱腔也是别开新声，与传统戏的固定程式和腔调不全相同，令人耳目一新。

总之，连台本戏能激活编创人员和演员的创新激情和潜能，爆发出他们的才艺火花。

《火烧红莲寺》是赵松樵排演的连本戏中影响最大的一出戏。他领衔主演的《火烧红莲寺》正是具备以上优势，并且主题健康，扬善惩恶，伸张正义，所以，它一经面世就大受欢迎，头本戏连满几十天。《中国京剧史》记上海共舞台"三十余集连台本戏《火烧红莲寺》，时间长达 3 年之久"。《京剧剧目词典》记"据 1937 年 7 月 14 日上海《新闻报》，共舞台曾演此戏五十四本"。这两处的记载都有不确切之处。金倚萍先生的"《火烧红莲寺》纪实"（《戏剧电影报》1991 年 8 月 4 日第 31 期）确切地指出：由赵松樵主演的《火烧红莲寺》从第一本排演到第三十四本，时间从 1935 年 11 月 9 日直演到 1938 年 7 月 16 日。当年报纸印证了金先生的说法。

由于赵松樵在上海的名头与日俱增，技艺超群，威震剧坛，崇拜他并且要求拜他为师的梨园子弟众多。1925 年他首开山门，收了第一位徒弟李铁英。30 年代陆续又有三十余个孩子拜他为师。为此，他有成立小科班的计划。不久日寇占领上海，他怕孩子们的生命安全无保障，只好作罢，日本的侵略战争毁灭了他成就更大事业的梦想。

上海戏剧学校于 1939 年成立，曾聘请松樵到学校为"正"字科学生执教，花脸名家王正屏等对松樵先生始终执弟子礼。

1940 年松樵先生被上海天蟾大舞台邀请去参加演出，与陈鹤峰、高雪樵等合演连台本戏《五女七贞》，他一进"天蟾"就把戏名改过来，还按传统的叫《黄天霸》。排演到 13 本停住。其中有一本戏是《拿谢虎》，他扮的谢虎有个"下高"的绝技，再次轰动全上海，这出戏连满57 天，盛况不衰。不到一年，他又回到共舞台挑大梁。他夫人凤灵芝长年患病，久治不愈，这年不幸病逝。他演出繁忙，生活和家庭无人照顾，1943 年续弦蔡素英女士，二位白头偕老。

他一边跟着排演戏，一边筹划从外边邀角。原想从天津接陈鸿声来，可巧陈被张家口接走了。被派去接人的给上海打电报，说陈不在天津，有位宋宝罗，介绍了宋的情况，问接这个人行不行？赵松樵说"接"。赵松樵与戏院顾经理商量，顾说："你现在是业务经理，你看着办吧。"于是，赵松樵做主接来宋氏一家到上海。赵对戏班说：《黄天霸》顶多再演 7 天，就让宋宝罗等人'打炮'。"戏班里有人意见不一致，结果《黄天霸》演了半个月，才让宋宝罗等人登台演出。这里可能产生点误会。宋宝罗的回忆录《艺海沉浮》第 46 页说他们到了上海以后"一连三天没有人来理睬我们"，第 47 页说："天蟾舞台方面一连十天没有人来看我们"，以为故意冷淡他们，其实一班人正忙于演出。《黄天霸》就要打住了，又有人提出要排另一出连台本戏，松樵则提出换演老戏，让宋宝罗唱《四郎探母》"打炮"。宋宝罗当时是"背宫嗓"，嗓音"倒仓"刚变过来，她妹妹宋紫萍只会《四郎探母》中的《盗令》，不会《回令》。松樵想办法，找到本班的毛剑秋，说："这次从北方来了新角'打炮'，我们作为驻班儿的演员得捧一捧。这回你与宋紫萍来个双出《探母》，你的铁镜公主《回令》，我保你一上台就有'碰头好'。如果没有，算我这几十年白吃戏饭了。"毛说："人家新角儿'打炮'，我跟着掺和，好吗？"赵说："你来就没错。"毛答应了。赵松樵嘱咐在舞台两侧放着的写有"禁止吸烟"的牌子后面贴上戏报，上写"特烦毛剑秋女士演四郎探母回令铁镜公主"，字的上方安一个 100 瓦的大灯泡。当两个国舅念白："宣铁镜公主上殿哪！"这时，松樵让两个国舅每人翻自己那边的牌子，牌子一翻过来，灯泡亮起来，显出上面的字，这时全场立刻发出"爆彩"。

据松樵先生回忆，第二天演《失空斩》，松樵亲自演魏延，杨宝童的马岱，赵云鹤的王平，高雪樵的姜维。松樵先生对宋宝罗说："这个戏不保底，就是马连良、谭富英，也保不齐到最后有'起堂'的。"宋问"怎么办"？赵说："用几个头牌演员配演，并且改剧名为《武乡侯》，从《失空斩》起演至《七星灯》。"结果3000人的剧场卖个满堂，几位主演谁上场谁有"碰头好"，都是角儿。第三天是《风波亭》宋宝罗赶一场岳飞的戏，唱【二六】。《艺海沉浮》第49页记载："第一天全本《四郎探母》，第二天《取成都》《逍遥津》，第三天星期日白天由紫萍演《春秋配》，我演《辕门斩子》，晚上全部《武乡侯》。"由此宋宝罗唱红上海，由二牌老生一跃成为头牌台柱。

约在1941—1944年，赵松樵先生两任上海更新舞台的后台经理兼领衔主演。这期间，他以演骨子老戏和本派戏为主。武生演员傅德威刚从北京中华戏曲专科学校毕业不久，随北京戏班到上海更新舞台演出。松樵爱才，大力提携傅德威，与傅德威双演《长坂坡》中的赵云，特意将后场戏让傅德威演，另为傅德威助演《嘉兴府》。他向傅德威传授了许多勾脸武生和武花脸"两门抱"（两种行当都可以演）的戏，以及表演的心得，傅德威获益匪浅，尊称松樵先生为"老夫子"。1946年，江南刀马旦著名演员白玉艳从东南亚回国，上海大舞台特请赵氏一家三代人助其一臂之力。松樵是编导连台本戏的高手，他帮白玉艳首次排演《荒江女侠》1—3本、连本《三侠剑》以及《泗州城》《大英杰烈》等戏，后来《荒江女侠》成为白玉艳的代表剧目。在《荒江女侠》中，松樵饰闻天生，赵磬声饰洪远，小赵松樵（赵云鹤）饰岳剑秋，小小赵松樵（赵钰伯）饰小剑秋；在《泗州城》中，松樵只饰演个"武松"，小赵松樵饰演"猴"；在《大英杰烈》中，白玉艳饰陈秀英，松樵饰王大人，小赵松樵饰王富刚。2012年5月30日上午年近九旬的白玉艳在扬州住所接受我访问时说："我从来不认为《荒江女侠》是我白玉艳一个人的成名作，当时有多少像赵松樵先生这样的好角来陪我，捧我，他们都是能自己挑班的好角儿，没有这么多大牌演员，这个戏凭我一个人能唱红吗？"1948年松樵为侄辈的高盛麟演《一箭仇》中的林冲、《艳阳楼》中的青面虎、《大报仇》中的潘璋，并且应高盛麟之请，向高传授了《战马超》中的张飞一角的"赵派"演法。松樵先生极为珍惜人才，可以说爱才如癖，一辈子爱捧人，他自己就说："我捧过的人多了去了！"凡可造就和有良好艺术条件者，他都鼎力相助，甘为人梯，类似实例不胜枚举。

在更新舞台期间，他还邀来过黄桂秋、谭富英、李宗义、李多奎、李玉芝、金少臣（号称三李一金）等多批名角到更新舞台演出。更新舞台在他的操作下，演出最为红火，场场爆满，由此赵松樵与这些演员们结下友情。1960年谭富英到天津演出并收刘志广为徒，松樵先生应邀参加拜师仪式，谭先生见到赵先生时回顾旧交，还是感慨万千。

松樵在上海与李瑞来、刘斌昆等排演过《太平天国》，1942年5月与小杨月楼、郭玉昆、刘文魁等排演连本戏《武则天》等。松樵排演连台本戏，是当时、当地的形势所然。剧场老板聘你来领衔演出，目的是要让你给他赚钱，既然当时上海各大京剧演出剧场都排演连本戏，你来了不排演连本戏的话，必然遭淘汰，吸引不来观众，为老板挣不上钱，人家聘你来干什么呀？所以，他在上海以及其他地区经常要排连本戏，一是出于市场竞争的需要，二是排演连本戏确实能发挥出他的创作兴趣与才干。其实，松樵先生是一位非常重视传统的京剧人，他清醒地认识到优秀的传统老戏不能丢，演员的基本功不能放下。他在上海的演员中倡导晚上演新戏、连本戏，星期日白天演传统的骨子老戏，有时夜场他也见缝插针，安排演老戏。他自己身体力行，也得到同行们的支持和响应。例如1937年1月9日《申报》刊登的广告记录这天夜场他在"大轴"演出"赵派"的《南阳关》，"倒二"的戏是白玉昆演出，另一天松樵演《甘露寺》饰乔玄。星期日日场他还演过自派戏全部《木兰关》和《路遥知马力》《殷家堡·骆马湖·擒李佩》《大铁笼山》《乌龙院》《连环计》，与刘奎官编排古装新戏《隋炀帝看琼花·陆地行舟》，与云艳霞、王椿伯、刘奎官演全部《盗马关》，全部《三气周瑜》（松樵分饰周瑜、乔玄、张飞）等。

抗日战争时期，松樵先生在上海参加演出的义务戏数不胜数，为救助难民和教育贡献力量。他还配合抗日战争与毛剑秋、白玉昆等排演宣传爱国思想的名剧《梁红玉》，他饰演男主角韩世昌。

1947 年，久居东北的唐韵笙被上海大来公司邀去演出。戏院老板对此期望很大，据《翁偶虹编剧生涯》一书记载，戏院特约翁偶虹为唐编一出新戏《十二金钱镖》。该剧是根据同名武侠小说编的。小说原作者是天津作家宫白羽，他和翁偶虹曾是同窗学友，翁编剧成名后，宫曾致函翁，希望翁有机会将《十二金钱镖》编为京剧上演。翁借上海天蟾舞台此邀之机实现学友之愿。为配合唐韵笙来演出，戏院约请本班叶盛长、艾世菊、马世啸、李宝魁、高维廉等，为演新戏还特约在上海能与唐韵笙旗鼓相当的赵松樵，以及于素莲、高雪樵，另从天津约来赵晓岚，从北京约来张云溪、张春华、宋遇春、张世桐、张小杰，还有吴富琴、王福胜、郭金光、张国斌、闫少泉、魏连芳、郭元汾、张美娟、李春元等，总之动作很大，前期投入不小，据说戏院添置了新"行头""砌末"。

唐韵笙是实力派京剧大家，文的、武的、嗓音、扮相，要哪有哪，还是个编剧好手，有自派的戏。然而就是这样的好艺术家，要想在上海唱红，却也颇费了一番周折。唐刚到上海，观众不熟悉他，没有表现出太大的热情。据《梨园一叶》介绍，有三千座位的天蟾大舞台只卖了一千多张票，3 天"打炮"之后更是每况愈下。原因一是唐韵笙虽然在 1913 年、1919 年、1926 年三度到过上海献艺，可是前两次在上海演出时他还年轻，影响不大，这次到上海时距离他 1926 年最后一次来上海已经 21 年了，相隔一代人，许多观众难免对他觉得生疏，老观众对他还是 21 年前的印象，却不知如今的唐韵笙已经今非昔比了；二是他头一天以自编戏《闹朝扑犬》、第二天以自派戏《未央宫·斩韩信》"打炮"，观众对他这些戏不熟悉；三是据松樵讲唐韵笙演戏有个前松后紧的毛病，而上海观众喜欢热闹、火爆，前边抓不住台下观众，后边再显露本事卖力气就晚了。看了几天，老板坐不住了。据赵晓岚回忆："几天下来，老板急了，就在我们的包银上打主意，要我们拿一个月的包银，唱 40 天的戏，为他补偿损失。……原来打炮时，大轴尽是唐韵笙自编自演的冷僻剧目，如《闹朝扑犬》《好鹤失政》等，观众当然不买账。"唐韵笙来之前，戏院和松樵有约定，前期唐韵笙演自己的戏或传统老戏时，不让松樵登台，只等到演新戏《十二金钱镖》时再让唐、赵碰面合作。所以，唐韵笙到了上海以后，还问戏院的人："光听说我来演出有赵松樵师哥，怎么没见他露面呢？"一天晚上老板急忙派管事赵东升（赵如泉之子）找到松樵先生的家里，让他赶紧出来登台。松樵听到赵东升说明情况，事已至此，他对赵东升说：

"韵笙也是有一号的人物，我们打小就在一起，无论如何不能让他在这儿'窝'喽。你明天摆上一桌，叫来戏班里几个主要人来，我带头提出为韵笙配戏，咱们来个众星捧月，我就不信他红不了。我知道他的《艳阳楼》《铁笼山》武戏好，我陪他演，一准让他红！明儿个就先拿我的《斩颜良》捧捧他！"

要不是松樵自小和唐韵笙在一起，别人真不知道唐有好武戏可演，都以为唐韵笙是个唱老生的。松樵自告奋勇为唐韵笙充当配角，戏码变了，唐派戏紧急叫停，贴出前部《汉寿亭侯》，唐韵笙饰关公，《申报》登出广告"特烦赵松樵饰颜良"，剧场形势开始扭转。此后，他们合演了《艳阳楼》《铁笼山》《斩颜良》《捉潘璋》《战马超》《绝龙岭》《十二真人战玄坛》《真假包龙图》等戏，特烦赵松樵饰演青面虎徐世英、颜良、潘璋、张飞、闻太师、假包公。待票房红火起来了，再间断地上演唐韵笙的戏《好鹤失政》《目连救母》《斩韩信》以及《枪挑小梁王》《独木关》《潞安州》等，还有关公戏。演这些戏时，松樵先生都不参加，而他们二人合作的《斩颜良》《铁笼山》《真假包龙图》，集体合演的《艳阳楼》却应观众要求反复多次上演。经过这一系列曲折的过程，唐韵笙在上海大红大紫起来，以致到后来获得"关外唐"的美号。《翁偶虹编剧生涯》一书记：在新戏《十二金钱镖》中唐韵笙"前后部饰俞剑平，中部饰演李云崧"，赵松樵"饰演飞豹子袁振武"，"《十二金钱镖》连满了40天"（经核查当年报纸，该剧实际演出了约23场，非40天）。松樵夫人蔡素英抱着女儿赵云铭到天蟾大舞台看《十二金钱镖》的演出，唐韵笙见到师哥的小千金，给了四元钱的见面礼。松樵不计名利，甘当配角，表现出老艺术家的崇高艺德，对唐韵笙也是情深义重的。唐韵笙结束在上海的演出，要回东北时对松樵说：

"师哥，这回我到上海，要是没有你，就有我的好看了。跟我去东北吧，别的不敢说，我保证只要有兄弟我的，就有哥哥你的。要是咱哥俩绑在一起，那还有挡啊？"

松樵是一位生来从不依附于别人的人，要强，自立，有个性，他的性格是绵里藏针，从十几岁就逐渐培养起自主苦斗的精神。他谢绝了唐韵笙盛情而善意的邀请，继续走自己的路。

1947 年小赵松樵和老叔赵磬声到了苏州开明戏院，排演连本戏《血滴子》。苏宗仁在《戏剧电影报》1993 年第 15 期撰文说"《血滴子》多达几十集"，"颇具娱乐性、可看性"，"故事曲折，情节热闹，悬念迭起，武打火炽"，"一时苏州城乡街头巷尾谈乾隆，满城争说《血滴子》"。1993 年第 18 期《戏剧电影报》紧接又发表沈照熙的回忆文章称"《血滴子》演期中，为加强力量，曾邀来松樵先生助阵"。

1948 年赵松樵和周信芳、盖叫天、高雪樵等老演员应黄金大戏院邀请，共同扶掖青年才俊高盛麟。高盛麟的回忆长文《艺无止境》中记述了这段经历："1948 年，在黄金大戏院……《一箭仇》盖（叫天）的史文恭，我的卢俊义，张翼鹏的武松，高雪樵的燕青（第二次由李仲林饰），赵松樵的林冲……""《莲花湖》和《艳阳楼》这两出戏除盖（叫天）外，张翼鹏、高雪樵、赵松樵、毛世来、李仲林等都有角色。""《艳》剧赵松樵、叶盛章、高雪樵分饰青面虎、秦仁、呼延豹。""演《大报仇》，周（信芳）的刘备，赵松樵的潘璋，小三麻子（李吉来）的关羽，赵如泉的黄忠，我的赵云。"

1948—1949 年，松樵应南京大戏院邀请，去挑班接替要离开那里的程砚秋。他当时没有预料到，此番离开上海后再无机会重登上海的京剧舞台，与上海的观众竟久违至终。在南京，他分别与"三李"（李万春、李慧芳、李慕良）及童芷苓、高盛麟、李宝童、王玉让等合作。与童芷苓合演《武松与潘金莲》饰武松；与李宝童演《斩黄袍》饰赵匡胤；与王玉让演《连环套》饰黄天霸；分别与李万春、高盛麟、李盛斌、李仲林演《战马超》饰张飞。他在南京还上演了自编自演的清代公案戏《张文祥刺马》。他在南京最大的艺术成果是自己编演全部的《关公》连本戏，从关羽出世演到《走麦城》。武生名家双翼翔回忆说：

"1946 年，日本投降之后在南京，我在赵松樵的班子待了很长一段时间，像关平、赵云一类的武生都归我，里子老生是富社的王元喜，周仓是李小虎……当时在南京主要就是我们几个人跟着赵松樵。演出了很多地方，像夫子庙、南京大戏院、环球剧场、中央大舞台，几乎南京的舞台都跑遍了。"南京市被中国人民解放军接管后，松樵先生被推举为南京军管会文艺处的"平艺员"（相当于京剧艺员公会会长），他是全南京市唯一的一名"平艺员"。此外，他还曾任南京市京剧改进委员会的副主任，《江苏省戏曲志·南京卷》"大事年表"第 42—43 页记："1950 年 1 月 23 日，南京市京剧改进委员会筹备委员会成立，苏堃为主任委员，赵松樵、管公衡为副主任委员。"松樵先生提倡取缔茶楼女伶清唱（暗娼），倡导并组织义演，将义演的收入用来购买大米，救济失业的演员。据松樵先生的入室弟子郭云涛讲："师父在南京那会儿搞义演、搞救济的事多啦！"有一次他应召到军管会文艺处开会，一位解放军干部向他打招呼，他仔细一看，这不是以前经常在戏院门口担挑卖菜的吗？哦，这位可能是个地下工作者吧！那人冲他笑了，说："我早就认识你，知道你了。"松樵觉得又亲切又惊奇。

《老子·五章》里说："合抱之木，生于毫末。"赵松樵由一个 6 岁的顽童到 9 岁的著名童伶，再到叱咤风云于南北京剧舞台上的一代大师级的人物，经历了无数的艰辛苦难，也收获了成就感的无限快乐，风风雨雨，日日月月年年。这正是"积土成山，风雨兴焉；积水成渊，蛟龙生焉"。[①]他的成功经历告诉我们一个老生常谈的浅显道理："有志者事竟成。"然而，要成功并不容易，先秦荀子讲出了不容易的原因，那就是："不积跬步无以至千里，不积小流无以成江河。"北宋大文豪苏轼在其《晁错论》中也告诫我们："立大志者，不惟有超世之才，亦必有坚韧不拔之志。"我们后人不但要学前辈成功者的艺术成就，还要学他们的创造精神和"坚韧不拔之志"。

---

① 详见《荀子·劝学篇》。

十一、少小离走南闯北　老大回止足定居

天津市旧称天津卫，赵松樵先生于 1922 年离开天津卫，1950 年回到天津，并在天津定居下来，时隔将近三十年后重返故地，在此生活和工作 46 年，度过了他的后半生。他的前半生南征北战，坎坷颠沛，到了知天命之年，该止足稳定下来了。

松樵先生的大弟子李铁英在 1949 年 3 月成立起天津新艺剧社之后，演出十分活跃，大受观众欢迎。1950 年李铁英、陈云超等要接师父来天津，期盼师徒团聚，大展宏图。

松樵接到信后，开始从南京往天津转移，经蚌埠、济南，一路走，一路演出。他到达济南后，接受旦角名家孟丽君的邀请合作演出，在旅馆见到了程砚秋。演出结束，济南方面挽留他，被他婉言谢绝。陈云超受李铁英等全团的委托，专程去济南迎接师父。1950 年 7 月，松樵先生带着一班人和家眷终于回到了久别 28 年的第二故乡天津，感慨万千，像回到了家。

8 月 1 日他应请与荀慧生、鲜灵霞、刘翠霞、常宝堃、周文如、小彩舞、陈亚楠共同出席燕乐戏院重新开张揭幕剪彩。9 月 13 日被《天津日报》称为"南北驰誉文武老生"的赵松樵在"大舞台"领衔，以全部《隋炀帝》一剧"打炮"，其他主要演员有李铁英、小盛春、陈云超、闻占萍、袁文君、唐啸东、陈钟鸣、彭英杰、鲍云鹏。之后陆续贴演他创编的自派戏《云罗山》《木兰关》《汤怀自刎》，两本《素珠红须客》《骂杨广·南阳关》，以及《逍遥津》《上天台》《路遥知马力》《大名府》《跑城》《北湖州》《白马坡·斩颜良》《扫松》，全部《三国志》（分饰鲁肃、乔玄、关羽、张飞）、《长坂坡·汉津口》（饰关羽）、《北汉王·高平关》（饰高行周）、全部《黄忠》，全部《薛礼》《千里走单骑》《夜走麦城》（前饰关羽、中饰黄忠、后饰赵云）、《水战九江口》、全部《寇准》（《战潼台·探地穴》）、《战马超》《大溪皇庄》、1—3 本《苦中义》、全部《连环套》（前饰窦尔敦、后饰黄天霸）、《张文祥刺马》等。他所演剧目丰富，很多为天津舞台上从未见过或多年不见的戏，演法也与众不同，尽显"赵派"独具的艺术特色，给天津剧坛带

来一股新风。天津著名作家周骧良文《"戏篓子"赵松樵》中 ① 说：他"在大舞台演出相当红火，他演过这样的戏：《龙凤呈祥》接演《走麦城》，他前饰乔玄，中饰张飞，后饰关羽，他饰张飞不以架子花应工，而是以武二花应工，有大开打，这样的演法已不多见。"他与李铁英师徒二人在天津率先排演了翁偶虹新改编的《将相和》，据《大众戏曲丛书·第一种》（上杂出版社）所载的"翁偶虹序"（写于 1950 年 11 月 20 日）中说："《将相和》由北京新中国实验剧团李少春、袁世海、叶盛章首先公演，北京太平剧团谭富英、裘盛戎，天津新艺剧社赵松樵、李铁英，相继演出。"赵、李师徒是天津上演此剧的第一档演员。

松樵在大舞台戏院演到 1950 年 11 月 26 日，12 月 6 日起在天津南市共和戏院领导扶新剧社公演。天津扶新剧社是当时天津的一个重要京剧团，天津戏曲史料至今缺乏关于它的详尽记载。1950 年春，共和戏院前台经理郭树华和一位姓白的先生，还有后台负责人刘少峰，一起来到天津和平路上的南洋旅社，拜访松樵先生。当时张家口市已经来人要接松樵去那里演出，这三位是听到这一消息后赶来"抢人"的。他们死说活说不让松樵去外地，劝他无论如何一定要去共和戏院帮助他们重组并振兴扶新剧社。这个剧社原已存在，但是经营不善，业务惨淡，骨干演员如陈少霖、琴师张鸣禄等见势不妙纷纷"辞班"出走，剧社处于瘫痪，岌岌可危，留下的一班人马生活深陷困境。目前剧社群龙无首，正缺少一位德高望重而又艺术精湛的老前辈带领大家渡过难关，他们经过研究认为当时天津只有松樵先生堪当此任，扶新剧社社长非松翁莫属，救剧社及其家属于水火。他们心急如焚的样子，他们的苦口婆心，力邀至诚，打动了松樵先生，他真受不了这个，念及剧社几十人的生活无着落，他决定临危受命，又一次顶雷而行。当时扶新剧社主要演员有花脸行的刘少峰、费玉策、钳韵宏、张海臣，武生曹艺铸，文武老生郭云涛，老生唐啸东（女），以及高吟秋、杨筱卿、、周蕴华、何昆林、王紫苓、小麟崑，特约郭韵蓉、刘宫阳、闫世善加盟助阵。后来又有杜富龙、小盛春、小王虎臣、孙震霖、李少楼、高桂秋、陈云声、杨麟芳、

---

① 详见《天津日报》，1997-02-01。

刘麟童、邢玉坤、高步云、王德义、董盛岩等陆续参加过扶新剧社的演出。松樵先生领导扶新剧社排演了大型剧目《云罗山》《洞庭英雄》《三国》（松樵分饰鲁肃、孔明、关羽、乔玄、张飞），《夜走麦城》（前饰关羽、后饰刘备"哭灵牌"）、《金大力大骂黄天霸》（饰金大力）、《君妃恨》《铁笼山》、全部《打金砖》、全部《刘·关·张》等。后来又曾有朱玉良、李元春、华慧麟、刘复初、张艳芬等加入扶新剧社的演出。松樵还主演了《双狮图·徐策跑城》《战马超·逍遥津》《火烧百凉楼》《古城会》《铁笼山》《剑峰山》《叹月·独木关》《铜网阵》《渔夫恨》《借东风·华容道》《龙潭鲍骆》《火烧夏侯惇》《雷万春刀劈三关》《华容道》《凤鸣关》《单刀会·白逼宫》等。为支持抗美援朝捐献飞机大炮活动，1951 年 6 月 17 日赵松樵领导扶新剧社举办两场义演，并于 1951 年 6 月 1 日起排演富于爱国精神的 30 本大型连本戏《岳飞》，与传统老戏穿插演出，时间长达半年之久。

松樵先生以自己人格和艺术的魅力，数十年对戏班管理的经验，对剧目和演员做合理调配的业务能力，以及大量风格各异的剧目演出，使扶新剧社蒸蒸日上，红红火火。他采取开放的剧团发展方针，搞五湖四海，对各路演员的开放，对各路剧目的开放，对多种艺术风格的开放，对灵活经营方式的开放，聘请各路演员流动轮换在"扶新"展露才艺，特别是他注意发现年青人才，给他们提供舞台，邀请他们来演出，培养和提拔青年演员，如小盛春、小王虎辰、孙震霖、小崔盛斌、李少楼、白玉艳、唐啸东、王又娟、李瑞亭、杨筱卿、钳韵宏、郭韵蓉、刘宫阳等。1951 年 11 月 26 日起，作为社长的松樵先生把有"标准猴王""活猴"之誉的小盛春邀进"扶新"做头牌主演，传授技艺，加以栽培，使其后来成长为接任领导扶新京剧团的大牌艺术家。1952 年 1 月 1 日他又接来小王虎臣作为主演，小王虎臣擅演关羽戏，有"活关公"美号的松樵不登台，让出舞台派小王虎臣演出《千里走单骑》《单刀会》《古城会》《灞桥挑袍》等关羽戏，并向小王虎臣传授演关羽戏的经验体会。1952 年 6 月 14 日松樵先生接进来与自己同辈、年龄与资历相仿的老刘汉臣进"扶新"演出。刘汉臣、小王虎臣在戏路上都是与松樵相近的演员，而松樵却不避对自己在艺术上的竞争，联袂演出，强力联合，充分表现出他宽阔胸怀和艺术上的自信。不仅如此，他还配合刘汉臣演《三国志》（汉臣饰关羽、松樵饰王允）、《古城会》（汉臣饰关羽、松樵饰张飞）、《夜走麦城》（松樵饰关羽、汉臣饰刘备）、《白马坡·斩颜良》（松樵饰颜良、汉臣饰关羽）、《艳阳楼》（汉臣饰高登、松樵饰青面虎）、《长坂坡·汉津口》、《松樵饰赵云、汉臣饰关羽》等，相互配合。松樵先生有一句话："要让大家看好戏。"这表现出他一贯的全心全意为观众服务的高尚职业观。1953 年 1 月 28 日从北京到天津的东北名武生孙震霖搭"扶新"演出，松樵还是予以大力提携。11 月 30 日松樵邀请来南方红角周云亮、周云霞姐弟登上"扶新"的舞台，演出将近三个月。1954 年 3 月 29 日起，文武老生张铭声、文武花旦董明艳在共和戏院搭班"扶新"演出。1954 年 5 月 7 日起，刘汉臣再次回"扶新"，以顶替赴外地演出的松樵，与小盛春合作。1954 年 11 月 29 日起，文武老生、黑红二净演员赵麟童开始参加"扶新"的演出。1955 年 9 月 24 日王又娟开始参加扶新剧社。江南著名刀马旦白玉艳也被邀来在共和戏院演出，献出成名剧《荒江女侠》。此外，松樵先生还邀来梅兰芳的亲传弟子舒昌玉到扶新剧社献艺。在松樵先生的策划和组织下，天津京剧界实现南北京剧名家及其剧艺的大交流，促进了天津剧坛的蓬勃发展，开拓了天津观众和演员的视野，这些工作唯有熟悉南北剧艺和演员的松樵先生才能够承担和实现，在这方面，扶新剧社在赵松樵先生的领导下，是天津唯一能够担当此任的剧团。

从 1951 年至 1955 年间，松樵先生为了解决剧团演员及其家属的生活困难，不辞劳苦，克服自己家庭的困难，曾多次率扶新剧社的部分演员赴外地巡回演出，以增加剧团收入，扩大剧团影响。他作为社长兼领衔主演，不求私欲，一心为公，不享受特殊待遇，和一般演员一样，外出演出时与普通演职员同吃同住。经济收入上不比别人多拿一分钱，与大家同舟共济，在最艰苦时一天每人只拿 5 毛钱，深得同事们的敬佩与拥戴。

1954 年，天津市举办第一届戏剧观摩演出，是中华人民共和国成立以来对天津戏剧事业发展成果和演员进步情况的大检阅，也是全市的一次艺术大交流。松樵积极培养和提携后生晚辈，分别为李铁英的《古城会》和孙震霖的《战马超》配演张飞，李、孙分获一、二等奖。他还与李桂春（小达子）双演《叹月·独木关》，作为示范、庆贺的演出，另与盖叫天、周啸天、韩长宝、娄廷玉同获会演纪念奖。

1955 年以后松樵先生逐渐离开亲手带出的扶新京剧社，由小盛春、刘汉臣接手为该团主演，自己外出演出。他应正在天津演出的长春京剧团的邀请，与赵麟童搭长春市京剧团赴外地演出，排演新编戏《还我台湾》，在北京中山公园音乐堂上演。北京有关方面接受观众的要求，希望看到他的拿手戏《斩颜良》。他派人去天津取来演这个戏需要的行头和大刀，在离开北京的前一天终于上演，他"一赶二"，前饰关羽，后饰颜良，得到北京观众和同行们的极大关注和兴趣，以致当时亲见这场演出的北京著名戏剧家马铁汉先生在 36 年后还写过回忆短文《难忘"活颜良"》。① 他在北京时，天津扶新剧团发来急电，要求他赶快回去，说剧团里乱了，请他速回处理事务，他只得转天回天津。这次来北京的时间太过仓促，北京有关方面对剧团的人埋怨说："你们有这样的好戏，怎么不早拿出来呢？"他阔别北京四十余年后，传统戏只演一场，人还没有"伸开腰儿"了就匆匆离去，难以让北京重新拾回对当年"九龄童"的印象记忆，也无法让北京同人和观众充分领略到他博大精深而成果丰硕的艺术，"赵派"艺术的影响在北京没能得到充分"发酵"，这不能不说是他从艺 89 年中的一大缺失和遗憾。

他的第二大缺失和遗憾是在 1956 年国营剧团组建时期，他又被建新京剧团竭力请求，领导建新剧团。1956 年 3 月，天津市建新京剧团由杜富龙出面邀请赵松樵领导剧团，任业务团长。此前，在沈阳的唐韵笙、在哈尔滨的梁一鸣都邀请过他去加入当地国营剧团，许以高薪高职，他都因为扶新剧社几十口人的生活拖累而没有去，从而错过了进入国营大剧团的机会。在北京召开的全国第一届文艺界群英会期间，周信芳等与赵松樵相见，周听说赵的情况，很着急地说："你怎么还在这种小剧团？"可是，松樵缺乏对个人得失问题的思考，他总觉得现在的社会比起过去受私人老板的钳制和剥削好多了，他真的有一种已经当家做

—————————

① 详见《戏剧电影报》，1991（2）。

成名篇　南北驰骋　名冠世纪

093

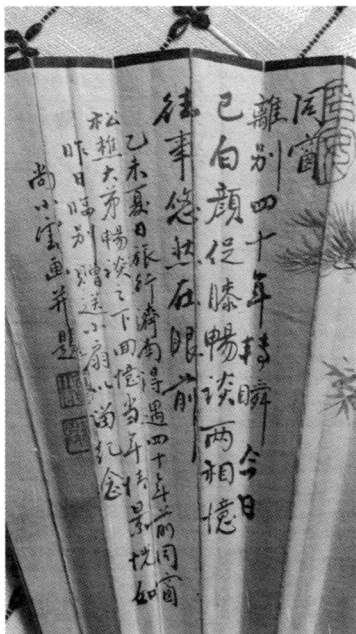

尚小云赠送赵松樵画扇

主的感觉，其他的没有过多的考虑。其实，这是当时天津市文化部门对赵松樵先生身份和艺术价值的不认识，因无知而造成的一种失误，造成的损失不是松樵先生本人的，而是天津市在全国京剧地位的损失。以天津历来在全国戏曲、曲艺界的人才与市场地位，天津市京剧团的生、旦挑班演员，与北京、上海、武汉、沈阳、哈尔滨等地方相比，分量显得轻多了，幸好还争取到杨宝森加入了天津市京剧团，否则该团与天津更不相称了。杨宝森、侯喜瑞在天津市京剧团都没待长，只是给该团初期留下光荣历史记录而已。为了不致剧团一班人的生活无靠，松樵先生仍然留在扶新、建新这样的二级剧团，加上已经占据一级剧团领导地位的某青年演员的阻挠，而没有调入市团。如此就局限了他后来的活动空间，演员的定级别、被宣传的力度、发挥的影响等，一系列方面都受到很大的损失。扶新剧社在1956年经历了改组为扶新京剧社、扶新京剧团、塘沽京剧团的变化过程，由他的徒弟小盛春担任业务团长和领衔主演。

据当时的报纸记载，1956年3月起松樵联合赵蕴秋、刘麟童、王富岩、齐慧秋等组成的建新京剧社，后改为天津市京剧团建新分团，演于天津的群英、共和、长城、民主、天华景等戏院。7月新加入张海臣、张少臣、费世延、包芳华，9月以后又进来短打武生李瑞亭、旦角沈春莺、女老生唐啸东及张春林、陈志华等。他除了主演《珠帘寨》《斩熊虎》《刀劈三关》《红鬃烈马》，全部《武松》《天波杨府》《打金砖》《古城会》《战长沙》《龙潭鲍骆》《包公怒铡陈世美》《灞桥挑袍》，排演连本戏《呼延庆出世》《五鼠闹东京》《怪侠欧阳德》《铁公鸡》《七侠五义》《诸葛亮招亲》，时装新戏《新儿女英雄传》《吕梁英雄传》《红色风暴》及《宋景诗》《天河配》《还我台湾》。1958年4月排演由马少坡、石天、秦志扬编剧的现代神话剧《红色卫星闹天宫》，导演赵松樵、李树屏、杨连仲，武打设计李瑞亭、刘麟童、杨连仲，李瑞亭饰演男卫星，徐荣生饰演女卫星，王文娟饰演嫦娥，刘麟童饰演悟空，赵松樵饰演吴刚，袁金秋饰演织女，唐世杰饰演玉兔（后改由赵钰伯饰演）、王荣林饰演奎木狼。该剧从 4 月 22 日连演至 5 月 19 日，6 月继续演出，红极一时。经过松樵和其他主演们的几年努力工作，建新京剧团成为当时天津实力雄厚、行当配备齐全、文武戏兼演、戏路很宽、剧目不断出新、演出彰显活力的剧团，至今仍有不少老观众怀念建新京剧团那些年的盛况。

20 世纪 50 年代赵松樵与尚小云联系密切。1955 年夏天，他们在济南有过一次重要的会见。尚先生画了一折扇送给松樵，一面画的是村舍茅屋，屋前站立一老翁，手拄拐杖，村舍旁有大树，这一面扇面的下款题的字是："松樵大弟雅嘱尚小云画。"另一面扇面画的是松柏和红竹，并且题了一首诗："同窗离别四十年，转瞬今日已白颜。促膝畅谈两相忆，往事悠然在眼前。"然后写下几句话："乙未夏日旅行济南，得遇四十年前的同窗松樵大弟，畅谈之下，回忆起当年情景，恍如昨日。临别赠送小扇，以留纪念。尚小云画并题。"所题乙未年，当为 1955 年。之后他们在天津又见面，这次尚先生在天津南市口的全聚德饭庄请他吃饭，主菜之一有烧熊掌。

从 20 世纪 50 年代末期开始兴起排演现代戏的高潮。传统戏、新编古装戏与现代戏"三并举"是党中央为发展戏曲制定的一贯政策方针。周恩来、彭真根据发展戏曲的这个大略方针，提出大力扶植排演现代戏。中华人民共和国成立以来百分之九十以上的戏曲演出还是传统老戏，新编戏、现代戏所占比例微乎其微，十分薄弱。加强新编戏，尤其是加强编演现代戏的工作，方向是正确的，从长远看，戏曲要发展和繁荣，即使现在加强这两方面的工作也是十分必要的。赵松樵在艺术发展上始终是与时代同步而行的，尽管他经历过清代光绪、宣统、民国的旧时代，可是他的艺术思想并不僵化守旧，他是一位紧跟时代的发展而前行、不断探索改革艺术表现手段的京剧艺术大家。他对现代戏本来就很喜欢，毫不抵触，他认为现代戏富于现实生活的气息，只要剧本好，演出质量高，观众同样是欢迎的。他是搞新戏的能手，也是老手，又是"演人物派"的强手，有丰富的创作经验。但是搞现代戏，反映现实生活，谁的经验都不足，是要下一番功夫的。20世纪60年代前期，他主演过一出小型现代戏《借牛》，饰演主角老倔头，剧中老人那股子犟到底的劲头，让他演绎得活灵活现，感染了无数观众，得到认可和欢迎。对于演戏半个多世纪的他来说，这是个新型角色，可是他有丰富的生活履历作为舞台塑造角色的基础。他演了一些现代戏中的老人角色，如主演过《追马》（1964年与王晶玉合演，参加现代戏会演），《雪岭苍松》《千万不要忘记》《烽火桥头》，另在《芦荡火种》剧中扮演老头儿的角色，后来改为《沙家浜》时此角色取消了。这些戏里的老人有的是农民，有的是工人，有的是老革命者，身份、职业各有不同，他演来毫不雷同，人各一面。他利用自身就是老人的有利条件，留起的胡须不用剃掉，本色为戏，自然而真实。饰演现代人，穿上短衣窄袖便鞋等现代服装上台表演，演员做惯了"捋髯""投袖"的舞台动作，会觉得手脚无措，不知手往哪里放，走路都不会迈步，这对演惯了古代人物的演员的确是个不小的挑战和考验，需要有艺术的创造力才行。松樵能够胜任有余，是难能可贵的。由于他演什么人像什么人，还闹出足以让人心酸的笑话。有一次，团里派给他扮演《智取威虎山》里座山雕手下"八大金刚"之一，在"威虎厅"一站，观众越看他越像赵松樵，情不自禁地脱口喊出了声："快看，赵松樵！"顿时场内响起掌声。这一来坏事了，观众没想到这给赵老爷子招来了麻烦。演完戏到后台，造反派们找上他问：

"你知不知道你演的是什么人物，啊？那是土匪，是阶级敌人！你为什么要观众给土匪头子鼓掌，这不是成心捣乱，破坏演现代戏吗？"

审得松樵不敢吱声，他哑口无言，有言难辩，一肚子委屈，心想：谁要观众鼓掌来着，观众要鼓掌，我有什么办法？再说了，观众鼓掌是给我赵松樵，那是给土匪鼓掌吗？这可真是强拉硬拽，"欲加之罪何患无辞"，往哪说理去！打这往后，再也不让他上台演出了，改派他去拉大幕，从此他被剥夺演出的权利。还有一次，有位造反派看他留着胡子演戏不顺眼，生气，找到他，气呼呼地说：

"你怎么回事，不服气是吧，到现在你还留着胡子，想在团里还要充（当）老人是吗？"

松樵先生战兢兢地回答：

"不是，我没那个意思，我是想演个老头什么的，不是正好用得上吗！"

训斥了他一顿还不算完，那个人找来剪刀，抓住他的胡子"咔嚓"一剪子下去，把胡子剪掉了一大半，可把老先生吓了一大跳。没法子，他赶紧到附近的理发店，把剩余参差不齐的胡子一律刮掉，一根不留。

他在团里虽然免不了被扣上"反动权威""黑班主""牛鬼蛇神"的政治帽子，万幸的是他没有受到太大的皮肉之苦，被指派去剧团的存车处看车了。这都多亏了他平时在团里脾气好，没有团长的官架子，也没有大艺术家"摆谱"的习气，平易近人，与老少演员打成一片。凡事他都吃亏在前，有利让给别人，如此积怨较少，落个好人缘，加上他是全团里年岁最大的，绝大多数人对他的艺术和为人心服口服，十分尊重。他平时为人处世很低调，很平民化，不特殊，大多数人就不找他麻烦了。然而家里被抄是逃不掉的，他一辈子喜好收藏字画和折扇，收藏几百出戏的剧本，还有他精心设计定制的私房行头和道具，用料考究，样式别致，制作精良，非同一般。这些东西跟随他走南闯北，经历过战乱和自然灾害，迁徙过无数居处，他都用心保护，尽力使之安然无恙。他这一辈子不把钱当回事，却视这些为最心爱的宝贝，都是他几十年的心血。可是，这些难逃一劫，全部被抄走。最让他心痛的是剧本，至今去向不明，片纸无归。可是戏文早已收藏在他的脑子里，是谁也抢夺不走的，可以随时调出来使用。他的住房由一百多平米被压缩成十几平米，工资不给了，每月只发给40元的生活费，全家生活陷于困境。他几十年在经济上都是老子帮儿子，这时只好求援于儿子。松樵夫人性格好强，生气着急之下得了中风症，松樵老人伺候夫人十几年。大半辈子受别人伺候的他，到古稀之年开始伺候别人，是个多么大的转变，他又经受住了人生的一次转变和考验。

松樵先生毕竟是经历过无数风雨、见过大世面的人，他有最宽广的胸怀，乐观豁达，有以柔克刚的"内功"，既享受过大富大贵，顺水行舟，也曾经逆水行舟，遭遇无数次的电闪雷鸣，经受过大苦大难，他都以坚强的意志走过来了。最终他迎来了晴空万里，天朗气爽，枯木逢春，光沐水润，翠柏新发，青山依旧。他的艺术人生再放光彩，他的艺术成就更加被世人所瞩目，他的艺术生涯达到又一个巅峰，他的英名贯穿梨园从 1901—1996 年将近百年的历史中，相信今后也必将永垂青史。

松樵先生到天津后，一心扑在振兴和发展天津京剧事业上，为繁荣天津的文化、戏曲事业、培养文艺人才做出贡献，得到天津政府和人民群众的赞许和尊敬。他在到天津的初期担任过天津市文艺工会主席，1958 年被选为天津市和平区人民代表，1962 年被选为河北区政协委员、常委，连续担任天津市第三、四、五、六届政协委员，80 岁加入中国共产党，1981 年被选为中国剧协天津分会副主席，成立天津市表演艺术咨询委员会以后，他为终身委员，并且是第一批享受国务院特殊津贴的专家。

演艺篇　文武生净　独树一帜

十二、戏路宽文武昆乱　才艺长独树一帜

赵松樵先生一生艺术事业的主要成就，我们认为由五部分组成：

1. 精湛的表演艺术；

2. 创编、导演并演出大量的新戏；

3. 对传统京剧的继承与传播；

4. 对京剧的改革创新；

5. 培养出大批优秀的京剧人才。

可以综合概括为如下的描述：他是一位文武昆乱不挡，唱念做打舞技艺精湛而全面、可以跨多种行当且能戏甚多的京剧表演艺术家；同时，他又是一位创作手法纯熟高明，编、导、演的作品数量等身的京剧编、导大家；此外，他还是一位满腹戏文、见多识广并把所学、所会、所见倾囊以授而桃李天下的戏曲教育家；他在忠实继承戏曲艺术传统技法的基础上，能对传统技法灵活运用，并且根据需要尝试改革创新以丰富京剧表演形式。他就是这样一位杰出的京剧艺术大师。

本章将探讨和综述赵松樵先生在表演艺术方面的特点与成就，演艺篇的其余各章分剧目详做赏析。

一、应工广泛，戏路宽广，会的戏多

1. 在过去的戏曲历史和理论中，行当的分类在不同时期和不同剧种有所不同。元杂剧中把凡是扮演男性角色的统称为"末"行，细分又有正末、副末（又叫冲末）、外末、小末。其中正末相当于今天的京剧中老生主角，外末相当于现在京剧二路（或称硬里子）老生，小末则相当

于今天的小生行当。生行出现较早，宋元南戏已有，之后历代戏曲均有此行当，成为戏曲中最基本的行当，汉剧中至今仍保留"末"的称谓。京剧生行现在分有老生、武生、红生、小生、娃娃生。老生还可以细分为唱工老生（旧称正工老生或安工老生）、做工老生、武老生，还有称为靠把老生、衰派老生的。分得这样细没有必要，反而把演员的戏路给限制得很窄，不利于演员的发展。现在已经分得不那么细了，以上通称就是老生而已。生行里另有一种"文武老生"的称谓现在很流行，可是在早期的戏曲中是没有的，这个称呼是在民国以后出现的。有的老生演员既能演文戏又能演武戏，有的戏文武兼备，于是称为文武老生，被行业内外普遍接受。其实文武老生成材很难，演员既要武功基础扎实，又要有好嗓音，既要能打、翻、摔、耍、舞，还要能唱几段，而且要唱得达到文老生的水准，要能跨老生和武生两行，既要能唱老生的正工戏，也要能演武生应工的戏。所以文武老生应该是老生或武生中难度较大的行当，这样的演员唯其难得而更显优秀和可贵。一专独能，精研细磨，不为不可；一专多能，才长艺广，更为可贵。两者无可厚非，大可不必厚此薄彼。但是，愚见以为还是应该更多地尊重一些才长艺广者，因为他们下的功夫大，付出的努力和所流出的汗水想必更多些，而成功的概率却小，取得成功的难度更大些。

一名演员应工多种行当，一专多能，这种现象是时代的产物，现在很少见。戏曲早期不然，演员应工多种行当，能戏多，是司空见惯的。京剧历史上出现过许多才华横溢、一专多能的艺术家。年代较远者如汪桂芬工老生，兼演红生和老旦；谭鑫培先演武生、武丑，后专演老生；时小福则旦角戏与小生戏双擅；刘赶三是老生、小丑和彩旦无不胜任；谢宝云是花旦、老旦、老生都演；黄月山于武生、武老生、小生无一不能；刘鸿升的老生、花脸著称于时；苏廷奎是老生兼工花脸；吕月樵能武生、老旦、青衣；瑞德宝兼工老生、武生和净角；赵如泉是老生、武生、武丑皆能；高庆奎的老生、花脸、老旦无一不好；杨瑞亭演武生兼老旦；赵桐珊（芙蓉草）更是能演青衣、花旦、彩旦、老生、武生、小生；马富禄演文武丑兼老旦。余如李桂春、周信芳、白玉昆、苗胜春、杜文林、郑玉华、李如春、唐韵笙等一大批人，皆以多兼之能留芳史册。由上可见，京剧演员才长艺广、身兼多工的现象由来已久，且较普遍，可以追溯到戏曲的早期。这种现象无论南北，均皆存在，并非只南方演员如此。

然而有的人对此无端诋毁，抱有偏见，认为这样的演员"不归路"，是"杂拌儿""外江派"。抱有这种成见的人既是对京剧演员的不公允，也是对京剧发展史的无知，或是对自己无能的不自信，对别人超能的酸溜溜。应该如何看待广才多能的演员，著名剧作家翁偶虹先生说得比较客观而公道，他说："这些位艺术家才长心细，思想开阔，见多识广，领悟力强，敢于尝试，敢于发展，敢于创造。所以他们多方面的舞台成绩，观众欢迎，同业折服，既不落为反串，也不视为应工，他们郑重其事地演，观众也郑重其事地看。我认为这也是一条发展京剧艺术的康庄大道。"他还感叹道："可惜，现在的剧坛上，这样才长心细，敢于尝试者太少了。"（翁偶虹：《从一专多能谈到赵松樵的才长艺广》，1983年第6期天津《剧坛》杂志）

此外，还有演员在一个戏里以不同行当演一个或多个角色的例子，例如吴素秋创演的《苏小妹》、梅兰芳的《花木兰》、杜近芳的《谢瑶环》等，都是同一个演员在一出戏里分别以青衣行和小生行扮演同一个人物的两种身份；《铁弓缘》是一个演员分别以花旦扮演陈秀英，又女扮男装，以武小生行当扮演冒名顶替的王富刚；《辛安驿》是一个演员分别应工花旦和花脸。至于一位名角在一出戏里"分包赶角"，扮演两个、三个、四个甚至五个角色，也是有的，既是市场竞争和演员生存的需要，也是演员出于展示自己艺术技能的考虑。过去把这种应工广、戏路宽、会的戏多、能够担当戏班挑梁重任的演员称作"能派"。上海《申报》在1935年就称赵松樵为"超等能派泰斗"，微信公众号"戏曲曲艺两门抱"在2016年纪念赵松樵先生诞辰115周年的时候发表长文介绍先生，称其为"能派专家"。"能派"是指演员的多才多艺，一专多能，是对本事大、功夫深的一种褒誉。

2.应工广泛必然戏路宽，然而只是戏路宽不一定应工广。比如只应工老生或者武生，也可以做到戏路宽，而如果某位演员能够应工广，肯定他的戏路会更宽。从行当方面考查，松樵先生本工文武老生，可是他还应工厂，能应工老生、武生、武老生、红生、黑头、架子花脸、武花脸和丑行。生行之外的其他各行，他不以反串而是当作正工表演。他一生演戏以老生、武生、红生（实际他是生净结合）三种行当为主，净行偶尔为之，却影响极大，获得的艺术成就和盛誉不逊于他的生行方面。他演丑行主要是两出戏，一是他独有的本派剧目《苦中义》（有称《呆中福》《傻子不傻》），他以丑角饰演剧中的"傻子"角色，另一出戏是他与赵如泉合作的连本戏《宏碧缘》，他在剧中以丑行饰演小鲍赐安的角色。严格地讲，赵松樵演戏是不受行当的限制的，他以演人物为中心，并不严格按某一个行当来表演，这是松樵先生的表演艺术原则之一，也是他的赵派表演艺术的特色之一。

松樵先生大量演出的各类老生戏、武生戏和勾脸戏，如以唱为重的老生戏《失·空·斩》《哭灵牌》《举鼎观画》《八阵图》《斩黄袍》《逍遥津》；唱、念、做并重的老生戏《北汉王》《扫松下书》《徐策跑城》《乌龙院》《战潼台·探地穴》《伐东吴》《打金砖》；允文允武或称文武老生戏如《汤怀自刎》《木兰关》《益都泪》《刀劈三关》《骂杨广·南阳关》；武生戏像《独木关》《长坂坡》《挑华车》，《杀四门》（《越虎城》），《连环套》《石十回》《武松》；勾脸戏如《斩颜良》《铁笼山》《拿高登》《真假包龙图》《打銮驾》《包公巧断奇案》《捉潘璋》；关羽戏如《古城会》《华容道》《过五关》《单刀会》《走麦城》，以及大嗓小生戏和小时候演的娃娃生戏等。在这些戏里，有唱的、念的、做的、打的、舞的；有文的、武的、连文带武的；有戴髯口的，不戴髯口的；有戴"黑三"髯口的、有戴"白满"髯口、"海下涛"、"扎"或超长髯口的；有扎大靠的、穿改良靠的；有穿蟒、官衣、"褶（xue）子"、箭衣的……林林总总，类型各异。他是京剧界有名的"戏篓子"之一，本书能够搜集到的他演过的戏将近三百出，实际远不止于此，保守估计四五百出戏总是有的。可以看得出，无论从戏路、角色、技能、扮相等各方面来考察，松樵先生呈现给观众的是琳琅满目、光彩纷呈的，他的应工之广、戏路之宽、能戏之多，都是罕见的。

3. 审视松樵先生的艺术特点，我们发现他在学艺和从艺的全过程中是学无专师，不专宗某一派，却又对各个艺术派别广征博采，转益多师，进而独树一帜，自为一家，形成个性鲜明的艺术风格。从吸收各家之长方面来讲，他是一位"杂家"，用他的话来说就是"无论谁，见好的我就学"，然而他的"杂"都是有来源的"精华"。正因为他的这种开放的艺术发展思想，才使得他达到应工广、戏路宽、能戏多的艺术境界，这也从一个侧面反映出他的好学与刻苦，没有超乎寻常的好学与刻苦，是无论如何也达不到这种境界的。就以老生行当来讲，他初学时期以谭（鑫培）派入手做基础。他6岁开始学戏，时在1907年。到1910年前后，谭派在艺术上早已成熟，在社会上的影响达到"满街争说叫天儿"、街头巷尾到处哼唱"店主东带过了黄骠马"的谭氏唱腔，在京剧界形成老生演员"无腔不谭"的情势。身处这种时尚潮流中，在这种氛围中，学京剧老生的演员不由你不把谭派作为自己艺术取向的首选，松樵正是在这个时期和这种背景下步入梨园的。他的姐姐明月英是女老生，也是宗谭的。当时的潮流如此，不由你不跟进，这个道理很容易理解，古今历来如此。现在凡是唱老旦的都是李（多奎）派，没有学龚（润甫）派的；唱花脸"无腔不裘"，很少有唱金（少山）派或是学黄（润甫）、郝（寿臣）、侯（喜瑞）的；唱老生的学杨（宝森）派多过学马（连良）、高（庆奎）、言（菊朋）、谭（鑫培）、余（叔岩）、奚（啸伯）的；现在学孙（菊仙）、汪（桂芬、笑侬）的几乎没有；现在唱青衣的除学张（君秋）派就是学程（砚秋）派，就连学梅（兰芳）派的都少；学花旦的几乎是荀（慧生）派一枝独秀。能说艺术上谭、高、马等不如杨，黄、金、郝、侯不如裘，梅、尚（小云）不如程、张？当然不能，这就是风气、潮流、时尚，人们的"跟风""从众"习气所起作用的结果。

所谓流派、时尚，是都会随时代而变的。松樵少年学戏接受的是他父亲和姐姐的直接指导和影响，姐姐唱谭派老生，直接传授给松樵，因而青少年时期松樵有一堂的谭派剧目演出。成年后，他与瑞德宝、张少甫等经常合作，与贵俊卿、余叔岩同台，瑞、张、贵、余等均是宗谭之翘楚，他多有借鉴。松樵在11岁时于天津亲见过谭老的几出代表剧目，并且有幸陪谭老演《桑园寄子》中的娃娃生邓方，亲聆过谭老给他说戏。这些经历在松樵的脑子里留下深深的烙印，他对谭老的现场表演有过用心的观摩和切身的领会，以致到晚年他说戏时还经常说："这下是谭老板的，我学他。"松樵在一生的演戏中，一些身段、神态、使髯口上学谭老不少东西，获益颇多。特别是在他编演的自派戏《汤怀自刎》《木兰关》《益都泪》等文武老生戏，以及他对一些传统老戏的改编演出中，都是遵循谭派的艺术创作路子，有文有武，连唱带打（或舞），综合运用多种手段、全方位去塑造人物和表现剧情作为他创编新戏和改造老戏时追求的风格。这就是谭鑫培对京剧表演的创新贡献，也是他创立的谭派艺术的总体精髓。可以说，老谭的艺术指导思想正是松樵一生从事艺术创造的思想指南。尽管他后来并不标榜自己专宗谭派，但是谭派的神韵与精粹他却研究和领会到家了，并且也是身体力行的。除谭派以外，他也学孙菊仙、汪笑侬、余叔岩、王鸿寿、小孟七、苏廷奎、程永龙、高庆奎等各派的戏，也借鉴"麒派""盖派"艺术，融会贯通，百家归一，化为自己，这就是松樵由"杂"归"一"的艺术之路，这个"一"就是他自己。

宋代大文学家欧阳修在《醉翁亭》一文中说得好："临溪而渔，溪深则鱼肥；酿泉而酒，泉香而酒洌。"松樵正是以南北各家精华作为深溪和香泉，去粗取精，将其熔铸到自己的艺术创造过程中，经过艰苦研磨，使自己的艺术风格独树一帜，收获"鱼肥酒洌""南北皆红"的丰硕成果。

4. 除老生以外，松樵在生行中演得最多的是文武老生、武生和红生。他的武生戏是他演艺事业中取得重要成就的另一个方面，同样显示出应工广、戏路宽、能戏多的艺术特长。他除了不演孙悟空的戏以外，长靠、短打、箭衣、勾脸的各种武戏，他无不涉猎，无不精妙，无不有独家的创新，各类武戏均衡发展，平分秋色，表现出全才的本领。如短打武生戏《四杰村》，全部《武松》《石秀探庄》；长靠戏《长坂坡》《挑华车》《战冀州》；长靠加短打的《战马超》；箭衣武生戏《杀四门》《翠屏山》和一些黄天霸的戏，勾脸戏《铁笼山》《拿高登》《金沙滩》等，没有他不演的。

松樵演出关羽戏享誉南北，有"活关公"之美号。演关羽戏有以红生与以红净不同行当应工的区别，松樵利用自己生、净两行皆通的优势和跨行表演的特长，采取生、净相融合的表演方式饰演关羽，愈显关羽的庄重、深沉、威严、雄浑、器宇轩昂，含蓄大气，超凡脱俗，塑造的关羽艺术形象自成一派，他自己编演的全本《关公》，贯穿关羽的戎马一生。

5. 松樵的净行戏虽非他的本工，但是却与他的其他行当的戏相映成辉，成为他所有艺术成就中重要的一部分。他演过的净角戏不过二十几出，在他常演的所有剧目中只是九牛一毛，却演一出落一出，扮演的角色性格鲜活，特点突出，看点醒目，影响颇巨，是他艺术宝库中一份闪亮的珍品。由于他的净角戏演得出神入化，以致有的人误以为他本来就是学净行出身，足见他对净行艺术钻研之深，造诣之高。例如他饰演张飞闻名梨园界，众多名角大合作演《龙凤呈祥》时，"攒底"的《芦花荡》中的张飞经常要请他来担任；他以《战马超》的张飞陪高盛麟、李盛斌、李万春等演过，高盛麟还在与李万春合演《战马超》时向松樵先生专门学过张飞的演法；架子花应工的《刘唐下书》之刘唐、《战长沙》之魏延、《连环套》之窦尔敦；武花脸应工的《白水滩》和《艳阳楼》中的青面虎徐士英；《砸銮驾》《铡美案》中的铜锤花脸活儿包拯等，松樵先生演来都当行出色，独出心裁，声容别具，技艺不凡。

6. 松樵先生的应工广、戏路宽、能戏多，还表现在他偶尔在一出戏中分饰几个不同行当的不同角色，可见其多才多艺之能。京剧著名表演艺术家小王桂卿先生 2009 年 5 月 31 日在写给我的信中说："赵派创始人赵松樵一出《甘露寺》扮乔玄和张飞，也是很红的节目。该组合当时有'二赵一王'之称，王乃鼓师王玉璞，很会梆子点儿，赵如泉的赵云。赵松樵扮刘备时的戏叫《回荆州》。"有一次在大连市演出的最后三天临别纪念，松樵贴演《群英会》，为答谢观众，他连演三天这个戏，每天不一样。头天他一赶三，分饰鲁肃、乔玄、张飞；第二天他一赶四，分饰鲁肃、关羽、乔玄、张飞；最后一天他一赶五，分饰鲁肃、诸葛亮、关羽、乔玄、张飞。这种演法需要演员频繁更换角色，变化行当，改换扮相，调整心态和情绪，而且五个角色分别为老生、红生、花脸，唱念做繁重，技术难度之大可想而知，这种"一赶四""一赶五"的演法极其罕见，如何迅速改扮相就是一大难题，演员的体力也是难以承受的。另外，他还能在一出戏里既能演主角也能演主要配角。例如在《战宛城》中，他既可以饰演张绣，也可以饰演典韦；在《珠帘寨》中他既能演李克用，又能演程敬思；演《斩黄袍》，他既可以演赵匡胤，也能演高怀德；演《下河东》，他既可扮演呼延寿廷，也能演欧阳芳；在《战长沙》中，他更是分别能演黄忠、关羽、魏延，分属靠把老生、红生、架子花脸三个行当。20 世纪 80 年代他以八十余岁高龄在全部《雪弟恨》剧中，前饰刘备唱《哭灵牌》，最后在《火烧连营》中饰赵云的大马童。如此等等，类似的演法在赵松樵这里确是不知凡几。

过去的京剧，同一个剧目有几道"蔓儿"的演法，不同演员来演各有不同，这样的戏才可看、好看。松樵之博学，经纶之满腹，还表现在他对同一出戏了解南北多位演员的不同演法，这既源于他的见多识广，也因他耳聪强记的天资，更得力于他勤奋好学的秉性。只有"弃燕雀之小志，慕鸿鹄以高翔"（南朝丘迟《与陈伯之书》），才会有他的学而不厌，才会有他的博闻强记，才会有他的应工广、戏路宽、能戏多，才会有他宽阔的艺术天地，使他成为当之无愧的"演技实力派"京剧艺术大家。

二、文武兼备，昆乱不挡，技博艺精

梅兰芳的《舞台生活四十年》第 2 集第 5 章中说："从前享大名的角儿，差不离都有文武兼全、昆乱不挡的本事。"这是对过去京剧演员状态和时代风尚的真实写照。"文武兼全，昆乱不挡"是松樵等前辈演员在事业上孜孜以求的目标，要想成为"享大名的角儿"，"文武兼全，昆乱不挡"是必备的条件。松樵通过艰苦卓绝的努力奋斗，终于把自己锻炼成一位名副其实"享大名的角儿"。

1. 说他文武兼备，有四点依据

（1）文的方面，他能演典型的文老生戏，如《法场换子》和《举鼎观画》的徐策，《楚汉相争》中的张良，《连环计》中的王允，《甘露寺》中的乔玄，《群英会》中的鲁肃，《逍遥津》中的汉献帝，《哭灵牌》中的刘备等。

（2）他能演典型的武生戏，如《战马超》《长坂坡》《挑华车》《铁笼山》《拿高登》《铁公鸡》《三江越虎城》等。

（3）在一出戏里他能分饰两个角色，其中一个为文的，另一个为武的，如《汉阳院·长坂坡》中他前饰刘备后饰赵云，前为文老生后为长靠武生；《约三事·斩颜良》中，他前饰关羽后饰颜良，前为红生后为武花脸应工；在连本戏《火烧红莲寺》中，每一集戏他都前饰文官卜文正，后部戏饰演一个侠客，前文后武，文武角色泾渭分明。

（4）他在一出戏里扮演同一个角色，这个角色本身是亦文亦武的人物，表演上文武并重，唱念做打俱全，这就是文武老生应工的戏，文唱武打，例如他的"赵派"独有剧目《汤怀自刎》《木兰关》《益都泪》以及他改编后的《刀劈三关》《北湖州》《伐东吴》等。

说到文武老生，有必要多啰唆几句。什么是文武老生，什么时候有的文武老生，好像有人还不很清楚。《中国戏曲曲艺词典》列有【文武老生】的词条："京剧史上，杰出的演员，如程长庚、谭鑫培等，大都'文武昆乱不挡'……后来就把这种戏路宽的老生演员称为'文武老生'。"既然《舞台生活四十年》一书说"文武兼全，昆乱不挡"的事在"从前"，表明文武老生在梅兰芳那一代演员以前即已有之，《词典》将文武老生的出现上推到程长庚、谭鑫培的时代，足以说明文武老生在很早就有了。可是，有一次中央电视台戏曲频道某著名主持人采访某著名演员时，主持人蹦出一句话让观众大为吃惊，竟然说"李少春先生创造了文武老生，是对京剧的最大贡献"（大意如此）。这一说法是绝对错误的，让人匪夷所思，有必要匡正视听，避免谬种流传。

2. 行文至此，可以看出松樵之艺不可谓不博杂大观。一般情况是博杂而难以精良，然而他却能技博艺精，是很难得的。他的表演正如王充在《论衡·自纪篇》中所言："美色不同面，皆佳于目；悲音不共声，皆快于耳。"

（1）先说他的唱念之功。他属于有嗓的演员，虽然没有如谭富英那样的天赐好嗓音，但总起来讲却是能够运用裕如的。他在年轻时嗓音是很好的，高庆奎先生的高派唱腔是有了名的高亢响亮，松樵那时能与高先生合作，有二人对唱的《珠帘寨》，足见他的嗓音之刚强。他的嗓音音域宽厚，高低自如，底气充沛，即使到了九句高龄仍能高唱入云。

《京剧知识词典》中的赵松樵条目评论凡唱功戏"他都能一气呵成"。他极擅于用脑后音，这是他根据个人的嗓音条件，长期演出歌唱积累的经验，练出的一种应用自如的发声法，每逢高音必用脑后音发声，再高的腔也不在话下。这实际上是他借鉴了唱梆子高腔时用脑后音的发声方法。他把丹田气提到咽喉，再反射到脑腔，唱老生腔调时气流经脑腔后部被送到口腔出声，唱花脸腔调时将气流送到口腔和鼻腔，产生共鸣后出声，加重了装饰音的成分，在音质上区分开老生与花脸声腔的不同。他这样的唱法所发出的音浑厚苍劲，悠远达闻，近不震耳，远可听真，逢高易就，气冲霄汉，听者没有刺耳或声嘶力竭的感受。他的唱念声洪气壮，在他唱戏的年代没有扩音器，演员完全凭"肉嗓子"使声音灌满剧场。到他晚年时虽然有了能扩音的"麦克风"，他也不用。1988 年为庆祝天津市表演艺术咨询委员会成立一周年，他在天津中国大戏院参加演出，他分两天演了《古城会》和《扫松下书》，别人给他戴上小扩音器，他在临上场时还是让摘了下来，声音照样灌满全场，这年他 87 周岁。他唱老生腔调时气流由丹田至胸腔、口腔，不走鼻音，气息通畅，声音豁达。现在有位名气很大的中青年老生演员几乎全用鼻音唱腔，自认为发声科学，还批评别人不会发声。他这是用唱花脸的发声法来唱老生，让人啼笑皆非。各行当有各自的发声规律，不能混为一"腔"，应该有所区别。

松樵是一位擅于运用声腔来表达角色丰富情感世界的"唱情派"艺术家，他的唱腔极富感情色彩，正如我国梁代文艺理论家刘勰在《文心雕龙·物色》一文中所言"情以物迁，辞以情发"。他的念功可谓功力深厚，嘴皮子有劲，咬字狠，吐字清，喷口有力，讲究字的"尖团"和字音的首、腹、尾发音吐字方法，每个字都能单摆浮搁，清清楚楚地送到听众的耳内，说他的"念"字字珠玑，毫不为过。戏谚素有"三分唱，七分念"之说，虽然此说或许有些夸张的成分，可是却也说明念功的重要。在念功上他是专门下过苦功夫的。他的念还是用京剧传统的湖广音、中州韵，不像现在很多演员的京腔京韵十足，近乎普通话了，也就没有了京剧的韵味。他念白时感情饱满，语调的轻重、节奏的缓急，全依人物情感变化和剧情发展的需要而定，有极强的艺术感染力和音律美。

以上论其文，以下道其武。在此前先对武戏做一番议论，是非常必要的。当前京剧界有一种倾向，即"重文轻武"，对文戏和演文戏的演员比较重视，对武戏和演武戏的演员过于轻视。

A. 文戏主要通过语言（台词）表现剧情和人物，武戏则主要通过形体动作来表现剧情和人物，因此，文戏是以声音资料为载体去传承，武戏则不能完全以声音资料为载体而主要是以形象资料为载体才能够传承下去的。正因此，武戏没有留下多少声音资料，即使有，对传承武戏也起不到太大作用，武戏必须通过口传、身授和看、练才能传承下去，这些特点显得尤为突出。

B. 中国的戏曲是综合性的表演艺术，不是纯粹的歌唱艺术，有唱、念、做、打、舞、音（乐）、美（术）的综合表现才是完整的京剧艺术。戏曲是讲究技巧表演的，只是唱，不是戏曲艺术。大学问家王国维先生给戏曲下过准确的定义：戏曲是以歌舞演故事。著名戏剧理论家张庚先生说过："我们有许多演员的表演，就是想要人家觉得他的嗓子好，唱腔好。这样的演员没有艺术。"[1]过分强调戏曲的唱是第一位的，这种观点过于偏颇，不完善，并不真正全面认识戏曲的本质特征。

C. 武戏百年来支撑着京剧的半壁江山，武戏演员才俊辈出，武生演员挑班、挂头牌的不少。武戏的艺术成就与票房价值在过去绝不逊于文戏，尤其对于引导青少年热爱京剧起到不可替代的作用，很多京剧爱好者和观众就是从喜欢上武戏开始入门京剧的。然而现在武戏演员青黄不接，俊才凋零，武戏演员在剧团很少有登台演出的机会，坐"冷板凳"，武功荒废，武戏状况日渐衰落，令人痛心与担忧。做、打、舞是表演，表演要有技巧，高难度的技巧表演常被一些人讥讽为"耍杂技"，这是对表演艺术这个概念很不专业，也是对演员很不公平的态度。再不出台对武戏的扶植政策，再不弥补对武戏演员的关照与培养，恐怕武戏将失去被挽救的最后机会，今后一旦觉醒时会追悔莫及，到失传时再想抢救，就无可抢救了，会演的人没了，剧目也失传了。

---

① 张庚. 从张继青的表演看戏曲表演艺术的基本原理［J］. 戏剧报，1983（7）:19.

所以，在有了录像、摄影技术与设备以后，就应该及早为武戏和武戏演员录像，才是继承和保护京剧武戏的有效措施。然而今天我们痛定思痛，会发现过去在这方面做得很欠缺。提出振兴京剧的口号以后，仍然对武戏缺乏认识和抢救的紧迫感，对保护武戏缺乏有力的倾斜政策和长期有效的具体措施，现在感到对武戏的抢救与传承已经有些晚了。

（2）在武的方面，松樵先生的表演艺术是"既打内又打外"的，外行人看着精彩，内行人看着心服，特别着重在"打内"上，让内行人见了觉得新颖，有创意，难度大，由衷佩服。"打内"就意味着艺术表现必须是同行演员中的高水平，你的"玩意儿"别人没有，来不了，或者很难来。这是演员对艺术的高标准追求，也是一条最艰难的发展道路，这方面他在武戏和文武老生戏上表现得尤为突出。

他瓷实的幼功，超凡脱俗的武技，均如琪花瑶草。他9岁在吉林演《恶虎村》而获"九龄神童"之誉，10岁演《鸳鸯楼》而有"飞刀九龄童"之称，12岁在天津学演"黄派"武生戏而有"小李吉瑞"之赞。据老戏单和史料记载，1916年他15岁与年长他很多的武生大家俞振庭、李兰亭[①]齐名；1921年在上海与比他大13岁的盖叫天相比肩；1922年在天津广和楼"挑班"，年长他24岁的名宿瑞德宝屈居次位；他另与大他十来岁的武生名家杨瑞亭、马德成在哈尔滨并驾齐驱。20世纪20年代以前，松樵就已经在京剧武生界是一位星光灿烂的后起之秀了。到20世纪40年代，他便是"当年与周（信芳）、李（桂春）、赵（如泉）、唐（韵笙）"以及盖叫天、林树森、白玉昆等"同时驰骋"（翁偶虹语）的重量级帅才了。他与唐韵笙在上列这些人里是小老弟，然其艺却与他们旗鼓相当，是他们中的少壮派。松樵编演的自派戏里就有武生戏，如《螺蛳山》《红须客》《洛迦山》等。他对大量的传统武戏进行改编加工，提高表演的难度，大大提升剧目的可观赏性，展现出"赵派"独特的表演风格，这方面在后边谈到他的武戏剧目和绝技时会有详细具体的阐述。

15岁以前他在艺术上是继承传统的阶段，学摹名家，走的是津派

---

① 李之生年其说不一，《中国京剧史》记为1885年，《京剧知识词典》记为1901年，另有述为1879年或1889年。

和北派的路子。15 岁以后开始探索改编、创新演法，开拓自己的发展道路，以他自编自演《金鞭记》（又名《呼延庆出世》）为标志。20 世纪 20 年代前期他已经拥有一批独创的或擅演的剧目，在独树一帜、形成个人艺术风格方面大有成果，"赵派"的形成已见端倪。"赵派"表演体系以他编演的《汤怀自刎》《木兰关》《益都泪》《骂杨广·南阳关》等剧目和南北并融的艺术风格为标志，名扬南北各地。1935 年他再次进入上海时愈加声名赫赫，达到他艺术生涯的巅峰时期，"赵派"之誉在上海观众和演员中间大行其道，内行中的后辈演员已经对其艺顶礼膜拜了。著名京剧艺术家小王桂卿说他"对赵派艺术佩服得五体投地"，主要针对的是松樵先生的武技和表演方法的创新，这种钦佩和崇敬的心态在上海当时大批演员中是普遍存在的。20 世纪 30 年代上海武生演员中有"三条腿"之说，认为赵松樵、王少楼（上海武生而非北京老生）、王椿伯这三位演员是当时上海的演员中腿功最好的。有一次赵松樵领衔，与高雪樵、王椿伯、王富英、黄宝岩、袁小楼、小赵松樵在共舞台联袂演全部《赵云》，从"借赵云"始演至"刀劈五虎"止，人各一场，唯松樵一人顶两场戏才能满足观众对他的渴求，其他各位都是当时在上海当红的一流武生演员，他能在其中享有独尊，可见其艺术地位。20 世纪 40 年代五位上海名武生合演《挑华车》，松樵为"攒底"压台。1941 年他在上海更新舞台演出《拿高登》《大铁笼山》，每贴演时，广告均加"特烦拿手好戏"字样，若无令同行折服之艺和公认的独绝之处，在武生如林的上海谁敢如此"张狂"？名鼓师王玉璞在回忆上海旧事的文章中也说过：赵松樵"能演各种角色而且样样都演得好……《铁笼山》的姜维、《艳阳楼》的高登都大受欢迎"。他演黄天霸戏自有机杼，别具声貌，净行三巨擘金少山、侯喜瑞、裘盛戎都与他合作演出《连环套》，尤其金少山多次与之合演该剧，金还在他主演的《长坂坡》中配演张飞，足证松樵武生戏之誉和在名家眼里的分量。他在上海有"赵云首席"之位，有"标准余千"之赞，有"活颜良""活潘璋"之称，这些戏和角色或是长靠武生，或是短打武生，或是勾脸武花。此外，他还享有"活关公"的美号。这些荣誉不是我们现在追加给他的，是在 20 世纪 20—40 年代的观众和舆论界封给他的。一位演员一生能得一誉已属不易，而松樵一人独得五块金字招牌，是极为罕见的，可以说"空前绝后"，至目前找不出第二位有如此多殊荣的演员。

（3）在武功技巧上，松樵有许多特技的表演，堪称绝活，这个话题将在后文第27章作专题评述。可贵的是他安插在剧中的这些技巧表演不是为表演而表演，不为博取掌声而设计，是为表现角色和剧情的需要，以文带动武，以武丰富文。"赵派"艺术的难度恰在文武之功的深厚积淀上，在表演时文武的紧密结合与自然混搭上，这就是常被人提到的"武戏文唱"和"文戏武演"。一般对文戏演员讲文戏武演，对武戏演员讲武戏文唱，松樵之艺是左右开弓，两者兼具，表演艺术进入"自由王国"的化境。他可以为一个戏把戏曲传统中的各式各样"零件"拿来，根据剧情的需要随心所欲地进行拆装组合，从积累在头脑中对各名家精华的存储宝库中检索出来一些适用的东西，加以变化运用，构成一个全新的戏剧艺术作品。人们评价他是"全才"的艺术家，除了因为他的表演，也包括他的编导之能，是名副其实的。"冰冻三尺非一日之寒"，他独绝技巧的得来不易，他的"文武双修""无不独绝"（王正屏语），是别人很难完全学摹他的，只能学到他的十之一二而已。艺术个性强，难度大，这是他的"赵派"艺术难于普遍推广和流传的根本原因。学他一鳞半爪的演员很多，学演他所创编的剧目的演员过去也不少，但是能原汁原味完整继承他艺术的，老实说没有。

（4）松樵的武戏表演艺术特点，可这样概括："技为人设，武中见情，新、难、快、脆、美。"具体描述就是：以剧情戏理为依据，借助武功和舞蹈语汇为不同角色设计表演技巧，以表现角色的性格、能力和所处情境，引领观众对人物、剧情和时空的想象，达到让观众赏心悦目的艺术效果，这就是所谓的"技为人设、武中见情"的含义与体现。动作设计新颖、技术难度高，完成得敏捷迅疾、爽脆宜人、流畅自然、刚劲优美，肢体处在动态或静态（亮相）中均达美不胜收之效。他的武戏毯子功、腿功、腰功、髯口功、甩发功、把子功等，皆为翘楚，留有口碑。难得的是他所有武功技巧表演都无须提前"起范儿"，而是好像在不经意间发生的，流畅自然，给人以爆发、惊人的艺术效果，与情景相呼应。这是需要深厚而娴熟的功力的，不像很多武戏演员在准备做动作时，要摆出架势"起范儿"，引起观众的注意，似乎在提醒观众"注意看，我要表演了，准备鼓掌吧"，这一来把表演与剧情和角色脱离了，成了为表演而表演，为要掌声而表演，而不是在演戏、演人物，二来说明自己的表演功夫还不到家，做不到流畅自然，运用裕如，随心所欲。

（5）特别值得一提的是他的"赵派"艺术非常重视表演与乐队的密切配合。表演与锣鼓节奏合拍，应该是戏曲演员必备的一种职业素质，但是表演能与锣鼓点儿一一呼应，丝丝入扣，真正达到二者完美结合的，又不是那么容易，不是每一位演员都能够做到的。松樵先生在舞台上的每一个动作，大到起打、身段、摆式、亮相，小到一个眼神、表情、举手抬足，无不讲究与乐队"锣鼓经"的紧密配合，点滴不漏，这就使他的表演节奏感很强，对台下观众特别提神，为演出增添无限光彩。鼓师名家王玉璞说："一开始我们在更新舞台（后改名中国大戏院）演出，因之常有机会给很多其他名角儿打鼓。值得一提的是赵松樵。他来自天津，唱梆子出身，能演各种角色而且样样都演得好，尤其是花脸和老生。《芦花荡》的张飞，《斩颜良》的颜良，《铁笼山》的姜维，《艳阳楼》的高登，都大受欢迎。他不但武功好，而且演戏入戏，刻画人物恰当。后来我与他又多次合作，受益颇多。"[1]小王桂卿讲：为了表演的需要，松樵先生发明了"六击头""八击头"的锣鼓点等。

晋代葛洪在《抱朴子·崇教》文中说过："学之广在于不倦，不倦在于固志。"松樵先生艺术成就的取得盖因于"不倦"和"固志"吧！

三、塑造不同类型人物，刻画细腻入微

著名戏剧家洪深有句名言："会演戏的演'人'，不会演戏的演'戏'。"戏曲谚语也有"装龙像龙，装虎像虎"。赵松樵先生说过："有人常爱问我是哪一派？我说我是没派，您可听好喽，我可不是梅兰芳那一派，而是没有派。我们唱戏那会儿，哪有什么这个派、那个派的，现在可好，一张嘴就是'什么派'。如果非要我说出我究竟是什么派的话，我要说我是'演人物派'。"他在生前从来没有自诩和承认过自己

---

① 王玉璞.打鼓生涯70年（二）[J].中国京剧，2010（1）:80.

的艺术为"赵派"，尽管早在八十余年前不少同行和评论界已经奉他为"赵派"。今天我们称他为"赵派"，还是在他辞世以后的事。现在都讲"派"，我们也只好"附庸风雅"了，况且他的艺术成就与其他很多称派的艺术家相比，无论从他艺术风格所表现出来的突出的个性化，还是拥有自创剧目数量的丰富，或是桃李满门的艺术传承，他都足可以担得起自为一派了。

1. 演戏是否要演人物，这个似乎本不该成为问题的问题至今还时常被拿出来争论。有人强调京剧是"角儿"的艺术，观众来看戏主要是看"角儿"的表演。这种观点不绝对正确，也不完全错。由于用这种观点指导演员的艺术实践，于是有些文戏演员只会卖唱、卖味儿，有些武戏演员着重武技表演，他们均无表情可言，对人物是无动于衷的。戏谚有云："无技不服人，无艺不惊人。"表演技术很必要，演出人物也很重要，缺一不可。

追根溯源，"戏"是什么？由中国社会科学院语言研究所词典编辑室编的《现代汉语词典》中对"戏"字有三种解释，其中两种解释与我们所谈有关，一是表示玩耍、游戏，二是代表戏剧。戏是人们把生活经过艺术加工编出来的故事，演戏是人们以某种表演形式模仿社会生活中的人和事的一种艺术性游戏，是社会人的一种文娱活动。该《词典》的"戏剧"词条说："通过演员表演故事来反映社会生活中的各种冲突的艺术。是以表演艺术为中心的文学、音乐、舞蹈等艺术的综合。分为话剧、戏曲、歌剧、舞蹈等，按作品类型又可以分为悲剧、喜剧、正剧等。"京剧是戏曲中一个重要剧种，戏曲是以歌舞为主要的表演形式来反映古今中外社会中的人和事的。如果有人以为《词典》对戏剧一词的解释是受到外国文艺理论的影响，那么就让我们看一看我们中国戏曲理论家是如何阐释戏曲这个概念的。清末及民国时期的著名戏曲理论家、曾为清华大学教授的王国维先生在其《戏曲考源》中说："戏曲者，谓以歌舞演故事也。"又说："虽合歌舞，而不演故事，亦非戏曲也。"他对中国戏曲的解释可谓言简意赅，一语中的！他是从形式和内容两个方面对戏曲这一概念作出解释的，戏曲的形式是"歌舞"，戏曲的内容是"故事"。王国维先生特意强调：虽然符合有歌舞表演这个条件，但是如果只有歌舞而不是演故事，这也不能叫作戏曲。那么又何为故事呢？故事的核心元素就两个，一个元素是"人"（人物或称角色），另一个元素是"事"（情节），情节往往是由人物的行动所发生和发展的。所以，"戏曲演的是人物和故事"这个基本属性是早已在戏曲理论上被明确定义了的。大戏剧家田汉说："一个戏是一个社会的缩影。"人是组成社会的基本元素，说到底，戏是反映人的社会活动的。戏曲作为人的一种文娱游戏形式，不仅有自娱和娱乐于他人的功能，同时还有"高台教化"的社会功能。美学理论家王朝闻教授说："看到《十五贯》里过于执对于冤案中的犯人那种不负责任的态度，那种主观主义地看问题的方法，使我不能不气。"[1]他的这一亲身经历和感受，生动地说明了戏确确实实有寓教于乐的社会功能。另一位戏剧家陈荒煤说："戏最重要的是表现人与人之间的相互关系和纠葛中的各种复杂的思想情感。""不注意这些'戏'，那么，就不会有好'戏'。"[2]上述我国多位戏剧理论家无一不清楚地指出"戏要演人物"的真谛。苏俄戏剧理论家斯坦尼斯拉夫斯基也说："演员一旦出现在舞台上，就只能以角色身份，而不是演员自己。"综上所述，概言之：京剧演员演戏也要刻画剧中人物，这是戏剧演员的职责所在，应该是毋庸置疑的。那种固执地坚持认为观众看的是"角儿"，演员主要不是要演人物而是技术，这种观点其实是"唯艺术论"的翻版，是不切实际的。表演技艺要依附在剧中人（角色）的身上，要为剧情服务，否则，再好的表演技艺也是无来头的。既然有人主张不必强调演员要演人物而主要是技艺，那你干吗演出时还要化装成角色，穿着便装上台唱一出或耍一套岂不更省事？那样的话，你与路边卖唱和耍把式卖艺的有何区别呢？这种观点表面看是宣示"以我为主"，似乎是抬高演员自己的身份，其实是自轻自贱的论调。演戏是艺术，它和清唱、耍把式卖艺的区别正在于演戏要演人物，是有形式有内容并且使之相结合的综合艺术，清唱和耍把式的只有形式而无内容，只是表演的初级形式和初级阶段而已。

2.作为京剧演员，松樵先生崇尚和自诩为"演人物派"，是完全正

---

① 详见王朝闻著《寓教育于娱乐》。
② 陈荒煤.说"戏"［N］.文艺报，1959（13）.

确的，而且凡是演员都应该如此。他扮演越王勾践、关羽、徐策、卜文正、雷万春、刘秀、汉献帝、伍建章、屏洪、汤怀、白士永、梁彦章、赵云、高宠、姜维、高登、武松、黄天霸、张飞、颜良、潘璋、魏延、余千、典韦、金大力、包拯等，人物的类型众多，形态各异，性格迥然不同，他演来个个形象鲜活，生动感人，既有技，又有艺，人物、故事、情感，全面展现，确是"演人物派"的一位杰出代表，有实例为证。

前文讲过 1912 年松樵在北京喜连成社时由其父给科班排演过《宦海潮》一剧，他在剧中饰演小孩角色于少云，已显露出其表演的天赋。有一场戏是于少云一家被赃官迫害，妻离子散，于少云沦落街头，卖唱乞讨，述说家庭悲惨遭遇，痛斥奸臣郭盛恩的罪恶行径。他的表演情真意切，竟致台下观众深受感动，热泪盈眶，产生强烈共鸣，纷纷向台上投币掷物，表达对于少云的同情怜悯，把当时的九龄童真的当成于少云了。他的演戏天分深得喜连成社叶春善社长的赏识，不但发给他赏钱，还欣然收他为义子。在喜连成社培养出的几百位学员中，罕见有获此殊荣的。又如 1941 年赵松樵在上海更新舞台给宋宝罗排戏《下河东·困龙棚·龙虎斗》，赵饰演欧阳方，宋饰演赵匡胤。宋先生在 2003 年 4 月 16 日写给我的信中说：松樵先生"他把个奸相演活了。到'困龙棚'一场，剧情是逼赵匡胤，气得台下观众把香蕉皮、橘子皮扔到台上。我离开赵老，演此剧换了几个欧阳方，都演不出他的效果"。于少云和欧阳方两个角色，一个是悲剧式的小孩，一个是狠毒如蝎的奸相，两个人物截然不同，虽然观众的反应不同，一个是给予同情和怜悯，一个是给予义愤和憎恶，却殊途同归，观众的反响是同样的强烈。再如《南天门》和《云罗山》中，都有主要角色过雪山的情节，他把剧中人演得寒战抖抖，面色惨白，涕泪俱下，让观众感同身受，顿觉寒气袭人，冷风飕飕。松樵是一位表演的高手，最善于演大喜或大悲的角色和剧目。他编演的《益都泪》又名《父子哭城》，把剧中父子分别在城楼上和城楼外诀别的悲伤情状演得淋漓尽致。他演的《逍遥津》和《夜走麦城》，把汉献帝和关羽的惨烈遭遇演得令人惨不忍睹，潸然泪下，撕肝裂胆一般。而当他演《天河配》中的舅舅以及自派戏《苦中义》中的傻子时，逗得观众笑个前仰后合，连后台的人也要"扒台帘"看个过瘾，台前台后笑声一片。为什么能有这样的演出效果，别无它，唯因他演出了活生生的人物和动人的情节而已。

他是怎样把剧中人演绎得如此栩栩如生的呢？

（1）他在塑造人物形象时牢牢抓住真实性。艺术创作源自生活，艺术表演要符合生活的真实，真实是艺术之本。"必须永远记住，演员在舞台上所做的一切，必须首先以其艺术的真实令人信服。真正伟大的艺术是不能容忍虚假的"。[①]强调艺术的真实，并不是要求作品对生活原样地模仿，不能坠入自然主义的泥潭，而要对生活原型做提炼加工，使艺术创作典型化、形象化、艺术化。松樵在表演"上马"时有一个"认镫"的程式化动作，据他讲是他年轻时在上海跑马场看赛马骑手上马时的动作得到启发而应用到舞台表演上去的。他演关羽戏很少有"气抖"的动作，也是出于对生活真实性的考虑。许多演员在演《汉津口》《华容道》等剧时大量做"气抖"的表演，真个是"戏不够，气抖凑"。"气抖"是戏曲表演的一种程式动作，应该是只有在人物非常生气时才做出的一种表演。在这两出戏里关羽处于强势，没有什么人或事让他气得如此"哆嗦"，演员这样反复地满台哆嗦，无非是向观众邀掌声，与剧情是无关的，有失生活的真实。因此，松樵演这两出戏是不做气抖表演的。但是，他在演《夜走麦城》，关羽一部被杀得大败、赵累战死疆场以后，一是作战失败带来情绪上的强烈波动，二是经过拼杀鏖战体力不支，三是关羽臂膀的旧伤（刮骨疗毒）复发，这时他再出场后就用上了气抖的表演，是与此时的人物和剧情十分贴切的，是真实性的需要。

（2）他用现实主义和浪漫主义相结合的方法进行艺术创作，塑造出的人物既有真实性又有高度的艺术概括性。演员对现实生活的认识是从感性到理性、从现象到本质、从表面到内里的过程，然后对这些认识进行艺术加工，完成典型化和形象化的创作提升，再表现于舞台，成为艺术作品。要达到作品的真实性，就要采取现实主义的创作手法，然而京剧终究是写意性的艺术，作品如果完全像生活中原态一样的真实，就会

---

① 斯坦尼斯莱夫斯基语。

失去京剧的写意性特质，而要使作品达到较高的艺术性，使之更加精彩好看，更具艺术感染力，就要采取浪漫主义的创作手法。如果把现实主义和浪漫主义的表现方法结合运用，就能使作品既真实又精彩。例如他在《打銮驾》一剧中的上轿、下轿的动作，就是生活与写意的结合，是现实主义与浪漫主义创作手法的结合。上轿时他让随包拯出行的公差做掀开轿门帘的动作，他提起蟒袍迈步上轿，转身做出坐式的虚拟动作，然后抱双臂伏在轿内的几案板上，公差做撂下轿门帘的虚拟动作，起轿。这一整套上轿的程式化表演动作，细腻入微，做出的都是写意性的舞台动作，既没有轿，又没有轿的门帘，轿里也没有座位和几案。可是，一系列舞蹈动作却完全依照古代人生活中上轿的实际程序与动作演示出来。然而，他的每一个动作又是戏曲程式化的艺术表演，用的完全是艺术化的戏曲语汇。这难道不是现实主义与浪漫主义融为一体的创作与表演吗？又如他演《单刀会》的上船，别人演都是周仓双手横握青龙偃月刀在身前进入船舱，船舱的门的尺寸有限，横着的大刀进得去舱门吗？这显然是不合理的，不符合实际生活的真实。松樵改为让周仓侧身顺刀而入，这就合理了，这是现实主义的创作思路。下边他增加了让周仓在船头把刀头蘸江水"磨刀"的动作，是根据关老爷磨刀的民间传说安排的这个情节，又是浪漫主义的创作。这是他把写实和艺术二者自然融合进行创作的又一个范例。他无论是塑造人物或是表演剧情，特别注重从细节入手，精心设计，安排点睛之笔，刻画细腻，把写实与写意巧妙结合，把生活与戏曲融为一体，以期建立起演员与观众相互"刺激——反应"的关系，强化和美化表演的艺术效果。

（3）他不自觉地运用上了所谓体验法来成功塑造各类人物的艺术形象。法国文艺启蒙的唯物主义哲学家狄德罗（Denis Diderot）把戏剧演员塑造人物艺术形象的方法分为两种类型，一种是演什么角色就把自己化成什么角色，让那个角色思想情感支配自己的动作姿势和语调。德国美学家古鲁斯称这种方法叫"由角色及演员"。另一种则旁观自己的表演是否符合自己早已想好的那个"理想的范本"。这都叫用"内模仿"法或称"体验法"来塑造舞台艺术形象。松樵先生正是本能地实践着这种戏剧艺术理论。他在扮演某个角色之前，要先弄清楚这个人物所处的时代和社会背景、身份、经历、人际关系、性格特征和事件的来龙去脉，根据这些信息设想出那个人物的"理想的范本"，用心去体验人物在剧本规定的情境中会是如何思维、行动有怎样的处事方式和神情表现，然后设计角色由什么行当应工、怎样的扮相及言语、行动的特点，最后把这个人物再现于舞台之上。在表演这个人物之前，角色的音容笑貌已经在他的大脑中成型并且活跃起来，到了舞台上就"让那个角色思想感情支配自己的动作姿势和语调"了。

如果用另外一种中国文艺理论的表述方法来表达这种塑造人物艺术形象的模式，就是"发于内而形于外"的艺术创作方法。京剧表演，尤其具体到塑造人物艺术形象，刻画剧中的角色，中国戏曲传统技法上就有"内功"与"外功"之说的。有外功而无内功的演员，塑造出的人物形象流于表面，不深刻、不细腻、不感动人，事实是演员自己没有被剧中人所感动，或者说演员没有与剧中人物建立起深厚的感情，对剧中人物认识不深刻，就没办法把自己化为剧中人。相反，只有内功而无外功的演员，虽然是被剧中人所打动，内心体验到人物的情感，可是缺乏表演的手段，没有驾驭这个人物的足够的招术和技能，塑造出的剧中人物不生动、不丰满，还是不能感动人，难以给观众留下深刻的印象。既有内功又有外功的演员不仅能体验到剧中人物的情感，能深入开掘角色方方面面的特点，有创作的饱满冲动和激情，能做到"发于内而形于外"，不是光用形体而是用"心"去塑造人物，去演戏，是自己和角色貌合而神随，在舞台上二者化一，形影不离，即可达到所谓的出神入化，才能做到"化了魂儿的身段，出了壳的做派"。松樵先生恰有此内功与外功且将其水乳交融之能。

（4）他在塑造剧中人物时，综合运用各种艺术表现手段进行细腻刻画。他调动戏曲的一切可以利用的艺术手段，综合运用，全方位地对人物加以塑造，人物的表现既有内心的也有外在的，通过细节对人物做深入细致的展示，使人物形象尽量丰满，艺术表演的含金量高。在他编导和演出的剧目中，总会发现他为塑造人物，充分调动京剧的唱、念、做、打、舞的一切表现形式，从有声到无声，从静到动，无所不用其极，高度同步配合，来充实人物形象。这就要求演员必须具有较全面的艺术素养和易于被激活的艺术创造的智慧，这是他从事艺术创造所一贯强调的艺术整体性思想的体现。一出戏要像一棵菜，一个人物自始至终、由表及里要统一，人物的各个方面要和谐统一，形成灵魂的统一体，人物的性格和情感，不能自相矛盾，不能前后、表里不一，不能留有破绽。他运用京剧唱念做打舞的综合手段进行创作的例子很多，在改编加工传统戏方面，对原本只重工架或起打的武戏，他增编剧情、丰富人物的戏份，添加唱段、台词，使之成为"武戏文演"，原剧中武的成分只增不减。《北湖州》这出戏传统演法是典型的武戏，没有太多文戏的成分，武生名家何月山和后来的盖叫天都是基本只有"武"。松樵把这出戏改编演出，增加了情节和唱段，使该剧连文带武，丰富了视觉，扩展了听觉，人物更为丰满，戏也更加好看好听。对于原本唱功的文戏，他则增头、添尾、衔接中间，使折子戏成为一出有头有尾的整本大戏，或是根据戏的需要增加武打。《刀劈三关》戏名似是武戏，其实却是汪（笑侬）派的文戏，基本是唱、念。我看了标榜汪派老生的何玉蓉演的这个戏，虽然扮的是武将，可演出的纯是文戏。松樵在保留汪派剧本的基本架构、扮相和特色唱段的同时，增加了劈三关的三番开打，"文戏武演"了，使这出戏变成允文允武的更加精彩的剧目，把"文戏""温戏"演"火"了，演法与剧名更贴切。《长坂坡》无论过去还是现在都是一出纯武生戏，松樵在"掩井"一场增加了赵云与糜夫人的唱段，并把《长坂坡》与《汉阳院》连缀演出，他一个人分饰刘备和赵云，有文有武，戏怎么会不更加精彩可观呢？

3. 这样以综合整体艺术观进行创作，就必然进入所谓"文戏武演"和"武戏文演"的状态。准确地说，过去人们习惯说的"文戏武唱"和"武戏文唱"应该称作"文戏武演"和"武戏文演"。现在的评论界和舆论界过于强调某一位演员个人对某剧种发挥的作用，而忽视了演员群体对该剧种的推动作用和艺术创作力量。关于京剧的文章连篇累牍，反复地说来道去，京剧好像就那么十几个人，这是不符合历史事实的。说京剧是国剧，博大精深，不是单单指它的表演，更不是只有这十几个人，还包括它浩如烟海的剧目、丰富多彩的艺术风格和派别，还有散落在全国各角落、在京剧的不同领域有着高深创作和表演能力的大批优秀艺术家，他们在不同的方面、层面和地区都对京剧的繁荣与发展起着不可忽视的作用。把中国戏曲表演理论体系说成"梅兰芳表演体系是世界三大戏剧体系之一"，也是这种偏差之一例。

"武戏文演"也并非是杨小楼的专利，"文戏武演"同样不是周信芳的专利，有一大批在他们之前或与他们同时代的京剧艺术家也在探索和实践这种艺术追求，其中就包括赵松樵先生。何谓"武戏文演"？这里的"文"不是指的文戏，不是光指唱，主要是指书文戏理，"武戏文演"的意思是说武戏演员不要只知道表演武功技巧，也要演出来人物情感、性格和故事情节。何谓"文戏武演"？这里的"武"是指武功、舞蹈、动作、表情，"文戏武演"的意思是说文戏演员不能只知道傻唱，不能"只说不练"，要动起来，该使身段的地方要使，该有表情的地方要有，要充分展露戏曲的表演技巧，要全面塑造人物和表现剧情。从戏曲的本质属性来讲，凡是戏曲就应该是载歌载舞地表演，京剧当然概莫能外。只是歌唱或只是起舞（或武），都不是严格意义上的戏曲，这样的演员也不是合格的称职的戏曲演员。京剧研究家张伯驹先生说过："唱戏唱的是文和理，武戏也一样，光卖武功不行，看练武上天桥，上戏园子为的是听戏。"[1]这里他批评的只是武戏，文戏也是同样的道理。

赵松樵演《卧薪尝胆》饰越王勾践

---

[1] 详见马明捷著《张伯驹与京剧》。

在演戏时着力细节表现，在细节上挖掘人物性格和情态，是松樵先生刻画人物并使之栩栩如生的一大秘籍。他从不放过小节骨眼，表演时手不虚指，目无空视，举手投足、瞠目动眉、喜怒颦笑，都有表现人物的目的性，无不在戏的特定情境中。人的细微动作或表情往往最能反映出人的本质性格和心理活动，抓住这一点就抓住了揭示人物特征的关节。宋代文学家苏洵的《辨奸论》一文说："见微而知著"，《淮南子·说山训》中也说："见一叶落而知岁之将暮，睹瓶中之冰而知天下之寒。"戏剧的细节表演与此哲理类同，由小处着眼，从细微毫末之间洞察人物，捕捉人物的内在东西，是再好不过的方法，松樵先生把握了这一点。

四、博采众长，南北并融，自成一家

现在谈到京剧必谈"派"，当下时风使然。因此，在探讨松樵先生的艺术风格时，如何界定他是属于南派还是北派，是个绕不开的话题。前不久从微信上读到一篇大作，把几十位老艺术家分别列入京派和海派两大阵营，不管你是不是、承认还是不承认，该文作者给艺术家划定了入册的归属。这样做恐怕不合适，太过武断。谁给你的权利把不同的标志牌挂在人家的头上，你划分得正确吗？你真的了解这些人的艺术吗？真的看过这些人的演出吗？作者够做这件事的资格吗？据我所知，这些艺术家中有不少家属和传人对此并不认同，议论纷纷，有的甚至很气愤。早有文字披露，说周信芳、盖叫天是所谓海派的两大代表人物，他们本人都不承认自己是"海派"。当前京剧界的"流派说"蔚然成风，是文艺界中最盛行流派说的领域，就连初涉京剧的几岁小孩都以唱某派为先行，戏校里、社会上都在忙着培养某派的苗子，好像你如果不唱某一派就不是京剧。这种现象很不正常，把京剧引入很大的误区，给京剧的发展和未来前景埋伏下危机。有鉴于此，作为学术研究，先讨论一下有关流派的问题显得十分必要。个人拙见可能不太适应当下的时令，不和"主调"，不过动机是好的，"有好心献上"，忠言或许逆耳吧。

1. 关于京剧艺术派别的一般性讨论

（1）艺术派别与流派的概念

现在京剧界普遍谈的"派"其实所指是"流派"的概念，有专家著文就明确说人们所言的"派"就是指的"流派"，这是对艺术派别的一种狭义的理解与应用，是把"派"与"流派"两个不尽相同的概念混淆了。"派"和"派别"是同一个概念，它们与"流派"则是不完全相同的概念，有共性又有区别。

凡是具有独特艺术风格且拥有相当数量的代表作品、能形成相对独立艺术体系的个人或群体艺术风格的，均可称作"派"或者"派别"。某派艺术被较多人群所崇拜并且学模，在社会上有广泛流行与传承，便称其为"流派"。可以看出，派和派别是个比流派更大的概念，流派是派或派别的一个外延概念，是派或派别里的一部分。也就是说，流派必须要先自成一派，然后流行起来才成为流派。成为一派的艺术却不一定都能够流行起来，因此，自成一派的艺术不一定都能够成为流派。派与流派的内涵共性是都要有独特的艺术风格，都要有相当数量的代表作品，能构成相对独立的艺术体系。它们的区别则在于有否广泛流行起来。至于某派能否流行开来，决定因素很复杂，并非只由某派艺术的优劣所决定，后边将有讨论。

（2）派和流派有着辩证和互为转化的关系

某一派艺术在初创期可能不被看好，未被普遍公认，不能够广泛流行，只能是有特殊风格的一派而已。若干年以后，这一派风格又"起死回生"，逐渐被人们所认同，盛行起来，有可能成为一大流派，彼时的派就成为此时的流派。类此的例子如老生的言（菊朋）派和杨（宝森）派，言派初创时被认为是"怪腔怪调"，遭到不少反对者的批评，后来成为流行于世的老生一大流派。杨派在创始人生前时也没有被普遍公认是一派，可是在杨宝森去世三十多年后，杨派越叫越响，形成大流派，以致现在流行的程度几乎盖过其他老生流派。裘（盛戎）派花脸刚出现时被一些人讥讽为"妹妹花脸"，可是今天如何？不是"十净九裘"嘛！以上言、杨、裘三例都是由派转化为流派的突出例子。另一方面，某一流派在某个历史时期很盛行，但随着时间的推移，也可能转化为一派而不再是流派了。像京剧老生"老三鼎甲"的程长庚、余三胜、张二奎，"新三鼎甲"中的汪桂芬、孙菊仙，还有汪笑侬，青衣祭酒陈德霖，"十面全净"金少山，这些大艺术家当年风靡剧坛，他们在世时都是广为流传的大流派，如今有几人还完全按他们的风格去演去唱？这些当年的流派如今已经不再流行了，但是，他们的艺术风格还在，并没有完全彻底消亡，他们创立的艺术派别永远名标史册，他们的某些艺术特点仍然被后来人以某种方式部分地得到继承。派别与流派之所以出现转化，流派之所以出现更替，根源在于艺术派别和流派是与时代紧密相关的，艺术派别和流派是时代的产物，是时代的时尚，时代变了，时尚也变了，艺术派别或流派就会适者存，不适者亡。

（3）独创性是艺术形成派的决定条件

不同的艺术派别或流派是客观存在的，艺术派别越多，标志着艺术越发达越繁茂。艺术形成派或流派，说明该艺术发展趋于成熟。艺术派别需要不断被创造出来，要不断出新、更替，艺术事业才能保持繁荣的状态。决定某一艺术是否能够成为一派的关键条件，是这一艺术是否有异于其他艺术的独特风格。法国艺术理论认为"风格如其人"，中国著名作家徐迟说："风格即其人，这句话是对的。"文艺理论家周扬也说："西方说风格即人，我国历来也说文如其人，我们要重视风格，也就是重视个人的独创性。"艺术风格是否独特，决定因素是艺术家有无"个人的独创性"。既然"风格即人"，不同人也就决定并且应该具有不同的个人风格，正如清代康、乾时期的文学和医学大家薛雪（自号一瓢）在《一瓢诗话》里所言：风格是"此天之所赋，气之所禀，非学之所至也。"同一出戏由不同的演员表演，演出风格各不相同，每位演员尽力彰显自己的个性风格，这样的戏才有看头，才能让观众百看不厌，剧场才会人流不断，演戏这种行业才能香火永续，艺术才能出现和保持争奇斗艳的兴旺局面。毛泽东主席说得好："艺术的基本原理有其共同性，但表现形式要多样化……一棵树的叶子，看上去是大体相同的，但仔细一看，每片叶子都有不同"，"要有自己的特殊风格，独树一帜"。"有自己的特殊风格，独树一帜"的演员才是自成一派的艺术家，才是艺术之树上盛开的"金枝玉叶"。

（4）艺术水平不是流派形成的唯一因素

　　某一派的创立是由艺术家主观所决定的，只要有悟性，勤奋，坚持，就有可能创出一个派别来。能创立一派，是要有些天分的。可是要成为流派，就不只是艺术家的艺术本身所能够决定，是多方面造成的。某位艺术家的艺术成为一个派别以后，就有进一步推广发展成为流派的机会，成不了一派，就没有这种机会。先形成派别是以后能够形成流派的先决条件。然而能够成为一派的艺术和演员，也不一定都能够成为一个流派。某艺术派别能否形成流派，决定因素是十分复杂的，艺术水平的高低不是唯一的决定条件。

　　A.首先，文化艺术与时代和社会生活状态是紧密相关的，文化艺术是时代的反映和产物，其兴衰与时代有着千丝万缕的联系，什么样的人就有什么样风格的艺术，什么样的社会就有什么样的艺术，什么样的时代也就有什么样的艺术，艺术风格是与艺术家本人、与社会的生态环境、与时代的风尚息息相关的。某派艺术的风格及其人与他当时的社会环境和时代风尚相适应，这一派艺术就有可能成为流派，否则尽管这一派的艺术再好，也不一定能形成流派。老生的言派和杨派早就出现，但却延迟到他们身后才流行开来，就说明时代、社会、时风的因素对流派形成的重要。同时，某派艺术形成以后，还要有个让社会比较、消化的过程。

　　B.其次，还有"人为"的作用，可以说任何一个流派的形成都在不同程度上受到人为因素的作用，都有炒作的成分，只不过有的炒作成分少、有的炒作成分多罢了，人为炒作对某一派艺术形成流派有不可轻视的推动作用。过去和现在都有"捧角"的人和活动，有财有势的或虽然无财无势却有文化资本的人，出于对某艺术家及其艺的喜好，或出于其他目的，为这一派艺术家捧场，有钱的投钱买票、献花、大摆场面，文化人疏通写手或亲自写文章鼓吹，老板投入资金发动报刊做宣传，演员自己也会炒作，如此把某艺术家及其艺"捧红"，其例不胜枚举。

　　C.另一方面，过去艺人有"拜码头"的旧习，演员新到某地演出，下车伊始在上演之前，要携带礼物去当地有影响的大人物府上拜访，包括当地有权有势的官僚、财阀、黑社会老大、同行主管、票界首领等，请他们出面多多捧场；个别演员为了唱红甚至不惜下作，搞出一些现在流行的"潜规则"那样的事，也是有的。相反，如果艺人不善交际，不随世风、时俗，他的艺术必然没有大的影响面。这是演员主动借助外力对其形成流派发挥作用。

D. 有时还有行政资源的介入，对某一派或某一些派别，对某一个演员或某一些演员投入行政资源支持，传播媒体看风使舵，随声附和，参与鼓噪。有官面介入，利用社会资源来支持某派或演员，这种作用更大。

E. 流派的形成与演员性格、策划能力、办事魄力、文化知识程度、交际手段、观念与品位、勤奋还是懒散等因素有关，这些也是决定自己的艺术能否形成流派的重要因素之一。比如成为大流派的演员，多数文化修养比较高，或接受文化人的指教帮助，或喜好读书、听书、钻研知识，修身养性、自善其身，爱惜羽翼，有些流派演员甚至成为当之无愧的书画家。反之，有些曾经在舞台上很耀眼夺目的演员，艺术上很有特色，可谓一派，然而生活上不检点，花天酒地，任意挥霍，吃喝嫖赌，吸食毒品，把身体搞垮，把唱戏的本钱——嗓子败坏，年纪轻轻就早早地颓废，甚至离世，这样的例子在梨园界也是层出不穷的。

除此之外的因素可能还有，总之，形成流派的因素是错综复杂的，要天时、地利、人和，缺一不可，艺术本身的优劣高低并不是也不可能是唯一的决定因素，当然不能低得离谱。

（5）有人认为凡是能够流传到现在的那一派或那几派，其艺术就肯定是最好的，未能广为流传至今的就肯定不是优秀的艺术。这种观念也不正确，是悖理之论，不符合事实。什么艺术是绝对好的，什么是绝对不好的，没有统一的硬性标准来衡量，各艺术派别自有千秋。判定一种艺术的水平好与坏，很大程度上掺杂着欣赏者（受体）个人的主观意识，与接受者的家庭背景、社会身份、文化程度、经济状况、欣赏习惯、艺术价值观取向、对事物的好恶等也是密切相关的。同样的艺术，不同人判断好与坏的结果可能大相径庭。对于艺术不能机械地套用生物进化论中"优存劣汰"的理论，特别不能逆向运用这个理论，认为凡是现在遭淘汰的艺术派别就是劣的，这是绝对错误的。艺术既没有十全十美的，也没有糟糕得绝对无一分可取之处的，除非它不是艺术。汪桂芬、孙菊仙、金少山这些当年很普遍流行的艺术派别今天不流行了，能说这些派的艺术不好吗？不能。这些派的演唱讲究气势壮阔，实大声洪，有他们的特点，没有好嗓音和气力不足的演员还学不来。然而现在不再讲究这些了，追求的是纤细、细腻、花哨、俊俏，都是找省力取巧的办法，那种"时尚黄腔喊似雷"的京剧唱法被后来的时尚所取代。很多有特色的艺术只能说是被时代所淘汰，它们不适合时代潮流了，不能认为它们本身是"劣"而遭淘汰。

某一派艺术是否可以成为一大派别，不能以其知名度的大小或追捧人群的多寡来判断，要从京剧历史长河的全局和高度来考量，进行纵向和横向比较，以艺术难度、品位、美学价值和独创性等标尺来衡量。

（6）"流派说"是把双刃剑

京剧的流派之说始于清代末期，出现伊始并未盛行于戏曲理论界，故曲家评价某演员的艺术时直呼其名，以人名而论，很少见到以某派论之。民国后，流派说仍不普遍，即使出来"四大须生"和"四大名旦"之称后，仍然少见言必称派的现象。至少在 20 世纪二三十年代，京剧界内并未有划分"南北""京海"的明确意识。20 世纪 40 年代，评论界称派的风气开始盛行。到 20 世纪 80 年代，随着传媒技术的发达和浮夸鼓噪风气的日盛，流派之说和艺术家、大师之类的头衔铺天盖地而来，高帽满天飞，一时间各界的称谓如"通货膨胀"一样，水涨船高，商界称经理、董事长，文艺界称艺术家、大师，使称谓贬值加剧。本来自中华人民共和国成立以来已经被淡漠了的京派和海派之说也随之再起，虽变换为南派与北派代之，却有时尚大兴之势。

必须指出，京剧不同流派的形成是件好事，证明京剧艺术的发展达到成熟的阶段，是京剧高度发展的标志。但是，不能让流派成为"留派"，固化不前，永封不变，把艺术僵化起来。如果辩证地看待流派这一现象，也可以说成为流派的艺术已经发展到它的最高峰，即是最末阶段，也就意味着封顶了，下滑的可能性反而增大。另外，某一艺术派别一旦被广泛推广，必然将被固化为一种模式，反过来它又成为京剧发展的一种旧势力，禁锢了艺术家的创造动力和能力，成为京剧创新的一种阻力，让有意冲破流派的新生力量难以破土发新。所以，流派说既有正面意义，也有负面影响。正面的，它是京剧向深入、细化、专项发展的成果，使戏曲研究容易系统化、专项化、深入化、概括化，表述时行文简洁。流派的形成是创始人对京剧的贡献，是他可贵的创造精神的体现和实践的成就。负面的，如果人为有意地过分强调对某流派的继承与保护，尤其是把这种继承与保护的对象限制得很窄，特别是作为行政行为，这对京剧的发展不是促进，而是限制与阻滞。

过去戏曲学校的学生都是从基础学起，给他们砸实各种基本功，从跑"龙套"、当配角演起，学演戏也是学"官中"（大路、普遍）的演法，毕业时学会至少几十出戏，更早的科班教学的戏更多达上百出之多。这样的教学可以使他们今后举一反三，到处可用。当知道自己的条件如何，遇到适当的老师时，再专工某一派，是完全可以的，如此水到渠成。现在则过早地切入流派教学，请的老师是某派的，教的也是某一派的演法，学生也过早地把自己局限在某一派。演出更是出不了那几派的圈子，戏也是翻来覆去只有流派代表作那几出戏，而且都像是一个模子抠出来的，看谁的演出都是一样。另一方面，没有被扶植的艺术派别和演员就被闲置起来，没有机会排戏、演戏、展示，艺术派别的品种越来越少，戏路越来越窄，剧目越来越贫乏，结果无异于作茧自缚。有机会得到关怀和照顾的派别与演员，则是占尽先机。其他大多数演员对此怨声载道，反感很大，感觉受到不公平的待遇，对自己的前途深感渺茫。多年来国家为保护、振兴京剧投入的资金非常巨大，结果振兴的是京剧的局部，收益的也只是一小部分流派和演员，丢掉了大局。这种状况值得总结、反思，要广泛听取意见，调整思路和策略。

（7）正确认识学流派的目的性

流派说是把双刃剑，应用好了，采取百花齐放的方针，可以引导京剧走向兴旺发达，实现各派艺术精彩纷呈的局面。把流派固化、模式化、偏执化、排他化，就是京剧的灾难，会把京剧引向色彩越来越单调最后枯萎的死胡同。著名戏剧理论家张庚先生说："现在许多人提倡学过去的流派，我从来不附和，你光把流派学好了有什么用？你能不能在舞台上把人物演活去感动人呢？不能演活，学流派又有什么用？"①学流派，不是为学而学，不是要克隆出一个个模样相同的某个流派的继承人。学一辈子也克隆不出来另一个创始人。学流派是为自己用，要把流派好的东西化为自己的东西，而不是为了复制。著名京剧表演艺术家童芷苓在总结她学流派的经验体会时说："我们不仅要学习老师的技术技巧，更重要的是学习前辈的创造人物的方法。"②所以说，学流派是要学透流派创始人创造流派的创新精神、创造思想和创作方法，推而广之，目的是要创造出更多的新艺术、新流派来。模仿、复制流派，是学流派的最低级、最初始的阶段。

（8）流派的传承不能统一制造

艺术派别是演员根据自己的条件和对艺术的理解，在长期的艺术实践中自然而然形成的，流派的形成也是在行业内和观众中自然而然地得到认可的，流派的过时被淘汰也是要自然而然地发生。人为地扶持和抢救流派，是违反自然规律的，形同揠苗助长。你扶植得了一时能扶植得了一世，呵护得了几年、十几年，能呵护得了几十年？还是让各种艺术风格、派别在同一个起跑线上自然竞争，让它们在竞争中互相促进，在竞争中成长、提高，或胜出或淘汰。即使学习和继承流派，也不能像现在这样如法炮制，把流派创始人的艺术当作定式，制定出统一标准，像压塑机上固定不变的模具一样，传人就这样一个一个地被挤压出来，成为同一品牌、统一规格的产品。你艺宗某派，有哪一点不像就不成，这个手指要这样，那个眼神要那样，扮相和服饰也不能错一点，不能走样，否则就不是这一派，这就难怪新的派别和流派出不来。这是一种形而上学的学习继承方法，对艺术的学习继承不能像工业制造业那样搞标准化、批量化生产，标准化、批量化生产与培养艺术人才是格格不入的。周恩来说过："艺术是一种创造性的劳动，用跟踪的办法是不能超越别人的。"③在学习继承京剧某一派别艺术时也需要有创造性，不要

<hr />

① 张庚.从张继青的表演看戏曲表演艺术的基本原理［J］.戏剧报，1983（7）:18.

② 童芷苓.我改戏的几点体会［J］//童芷苓是怎样在艺术上取得成功的——关于京剧艺术革新的又一次探讨.人民戏剧，1982（8）:29.

③ 详见郭兰英《牢记周总理教导，誓为工农兵歌唱》。

用"跟踪"别人的方法人云亦云，邯郸学步，死板模仿。演员演出成了舞台上的模仿秀，这种现象在文戏领域尤其严重。传授者要交给学生的不能只是如何演某一出戏，更重要的是要教给学生为什么这样演。学戏的人要知其然还要知其所以然，最好还要了解别的派别或别人是如何演的。重要的是要在京剧基础知识和技能方面下功夫，潜心研究某派创始人的艺术思想和创作方法，才是传艺、学艺的正道。

赵松樵先生从来不要求学生死学自己的演法，他说学习者和他的条件不一样，他鼓励学生跟他学会之后，在演出时可以根据个人的条件加以改变，发挥个人的特长。他教戏时，不光教自己的演法，还教给学生其他名家有怎样的独特演法，供学生参考、选用，绝不为树立自己的权威着想。只有这样才有可能少丢些好东西，使京剧后浪推前浪地前进。

（9）学习继承流派的几个误区

A.学流派的演员盲目追风，不是根据自己的嗓音、形象、个头等条件去选择要学习继承的派别，而是现在时兴哪一派就学那一派。一个派别的形成都是创始人根据自己的条件、特长摸索出来的，为的是在艺术竞争中扬己之长、掩己之短，为此独辟蹊径，闯出一条艺术之路，生存之路。现在有的老生演员明明有又脆又亮的高音嗓，却偏偏要学杨派，有的花脸演员声若黄钟大吕，却不去学"金"而偏要学"裘"，有的旦角演员本没有高而亮、音域宽、底气足的条件，却一定要学"张"，而有的演员可惜一条好嗓音，却拼命地憋着嗓音学"程"。这样不顾自己的条件，盲目跟风跑，随时髦，恰恰是在弃己之长，显己之短，犯了大忌。"麒、程、杨"是受到嗓音条件的限制，没有办法被逼而创出来了他们的艺术特色，是绝路求生。松樵曾对周信芳开玩笑说："你说你害了多少人吧！"意思是说很多有好嗓音的演员因为喜爱麒派而追学周信芳的哑音唱法。

B.死学硬仿，学习中不问为什么，只要"像"就行，没有学到流派创始人的创作精髓，学的只是流派创始人的外形、表象、皮毛。理论上讲，无论怎样下功夫去模仿，都不可能学到与创始人一模一样的程度，因为你终究不是他，双胞胎还有不一样的地方，何况完全是两个人呢？厉慧良曾对我说："派不派、什么派都不重要，学我的一招一式有什么意思？重要的是要学一个演员的艺术思想，研究他为什么要这样演。"

C."重文轻武"，过去京剧武戏和武戏演员深得观众的喜爱，武戏演员也有许多派别和流派。看如今形势，长此以往，再过10年、20年，就会感到武戏濒临灭绝并非骇人耸听。现在不是京剧言必称派吗，武生黄（月山）派、俞（菊笙）派、杨（小楼）派、尚（和玉）派、盖（叫天）派、赵（松樵）派等，怎么不提倡、不弘扬呢？优秀的文武老生戏、武生戏谁来继承？难道将来让京剧成为只有文戏，最后只剩唱的剧种吗？

D.对京剧艺术派别的介绍、宣传和研究的覆盖面过窄，京剧理论、研究、学术、评论各界也存在跟风、赶时髦的现象，像有风帆的帆船一样随风飘荡，缺乏踏实、耐住寂寞的钻研学风，缺乏为别人所不为、甘做拾遗补缺的开创性、独创性的工作。市场经济环境下的利益诱惑、浮躁恶性吹捧风气的时兴，同样侵蚀污染着舞文弄墨者和有话语权者，尽做锦上添花事，热饭被拿来反复去再炒，专找名头大的去炒，冷饭却无人问津。希望我们的专家能搞出一些有研究深度的、填补空白的、学术价值或史料价值比较高的成果来。

E.学艺拜师目的不纯，不为学艺，只为"大树下边好乘凉"。拜师为的是向师傅学真本事，提高自己的艺术水平，学到更多的戏。有人拜师是为攀龙附凤，至于拜师后是否能得到真才实学，能学到多少，就无所谓了，拜了师，有了名分就万事大吉，问不问艺则另说了。有的学生由本地某甲、某乙教出来，最后却拜了几千里之外的北京老师，问他（她）为什么，回答很坦白：这位老师名气大，有来头，认识局长、市长或部长，为的是今后在自己定级、使用、进北京什么班研修、大赛评选甚至能调进北京铺路。拜名师以抬高自己的身价，拜了名师就忘了奶师，甚至后来根本不提奶师，只提"名"师，这种人品艺德和风气令人哀叹。

F.现在这样保护和继承流派的办法形成不了竞争机制，完全是由国家来娇生惯养，包办一切。演员得一次奖，入了培养对象的行列就定终身。没有竞争就没有发展前进的动力，发挥不出人的创造力，艺术事

演艺篇 文武生净 独树一帜

131

业会失去生存的活力。这种状况与现实国情不和谐，上层建筑与经济基础不匹配，互为矛盾。只有建立京剧的竞争机制，才能做到一视同仁，使京剧进入良性的生存空间，培养自我生存的能力，激励团体和演员对未来憧憬的激情，增强他们对本职业的热爱和信心，解放劳动力，开辟更加广阔自由的创造空间和用武之地。

（10）百花齐放春满园

几枝独秀不是春，百花齐放春满园。1956年4月28日，毛泽东主席提出发展科学文化事业的"百花齐放，百家争鸣"方针，指出："艺术问题上的百花齐放，学术问题上的百家争鸣，我看应该成为我们的方针。"毛主席当年还为此题写出这八个大字。其实早在1951年和1953年毛主席就已经提出过"百花齐放""百家争鸣"这两个口号。这是一个英明的决策，可惜因种种原因，这个方针并没有长期持续有效地实行，只是在某一段时期得到贯彻，取得一批可喜的成果。中国的春秋战国时期，思想文化界百家争鸣，出现诸子百家，思想界空前活跃，大开放大发展，各种派别学说展开辩论，由此组成中国丰富的文化遗产，至今受用不尽。文化艺术只有百花盛开，才能充分开发出人的全部智慧，创造出最精彩的作品，形成竞争和交流的机制，促进艺术的大繁荣。2016年4月底，看到中央电视台回放的访问梅葆玖先生的录像，葆玖先生也谈到各流派都要继承发展，他说："光有梅派一枝独秀，也不行，那有什么意思！"这是对京剧全局繁荣发展的真知灼见，对当前戏曲状况是有针对性的表态。

有一个故事很能说明这方面的问题。1991年11月7日《今晚报》第2版刊登一篇署名焕文的文章，题目为"赵松樵几辞《四进士》——荧屏观剧之二"，文中写道："后来见到京剧界九旬元老赵松樵先生，偶然间提到流派，他感慨万分地说，流派是个好东西，有时候又很叫人为难。20世纪50年代，文化部门的一位领导曾请赵老演《四进士》，他几番推辞，原因是北方的老生都按马派路子演，而他的演法是与马派不同的，一旦拿出去不被承认怎么办？甚至有可能被认为演'错了'，那时有嘴也说不清。后来实在推辞不过，还是演了，并且坚持按自己的路子。"接着作者思考起来："这段往事值得玩味的首先是那个'错'字。

不按某派演就会被称之为'错'，突出反映了派别给予艺术创造影响的另一面，每家流派都有自己的代表作，这些戏经创始人的精心创造而独具特色与魅力"，"但如果后人渐渐形成独尊一家的观念就有弊端了。赵老的顾虑不是多余的"。"当一出戏成为某名家的经验之作时，舞台上下的趋同心理都是非常浓厚而强烈的，不用官方规定就形成了气候，似乎不按一家路数就是左道旁门，就'错'，这自然会对演员产生压力。一出戏被某家唱响，是竞争、比较的结果，自有其优势所在，值得学习和借鉴，然而每个人的自身条件不同，都来穿一只鞋子，必有削足适履者。那样对继承者、流派本身以及艺术的多样化显然都是不足取的。"文章最后说："这就引出了第二点，即赵老坚持按自己的路子演，是一种非常可贵的精神。不是说'赵派'的《四进士》就比马派的好，而是赵老的条件学马派肯定不行，不行就走自己的路，这才是艺术家的胆识！在当前京剧界'十净九裘'、青衣'十旦九张'、某戏必学某派不可的气氛中，真想把赵老也请上荧屏，给后生们讲讲他的'打法'！"

2. 关于京剧南派和北派的讨论

在谈论京剧的文章里，经常看到把京剧分为南派和北派，或称海派、外江派和京派、京朝派这样的字眼，这是按区域把京剧划分为两大派。京剧研究家吴小如先生在《看戏一得》一书中的"鸟瞰富连成"之"'连'和'富'字两科演员"部分文章里写道："听李紫贵先生回忆当年旧事，谈到马连良在南方演出的情况，才知道彼时北方的演员心中并未明确以'京派'自居，甚至还长期参加南派戏班演出'海派'剧目。"文中的"彼时"没有明确具体年代，经查史料得知马连良的"此时"当在 1924 年。也就是说，那时至少在京剧界演员中还没有自我意识到什么京派、海派概念的存在，这是符合当年历史事实的。京剧生涯跨越几乎整个 20 世纪的赵松樵先生也说："我们唱戏那会儿，哪讲什么这个派、那个派的。"所谓南派与北派之说实出自京剧行业之外的口舌与笔端，流行开来当在 20 世纪 30 年代以后。

那么，这两大派是怎样划分、如何定义的呢？ 1981 年 9 月由上海辞书出版社出版、上海艺术研究所和中国戏剧家协会上海分会编的《中国戏曲曲艺词典》对"京派"的解释为："主要特点是重视基础功夫的锻炼，严格讲究艺术规则；对继承、保存遗产贡献很大……另一方面是艺术思想比较保守，接受新鲜事物较迟缓……"对"海派"的解释为："主要特点是勇于革新创造，善于吸收新鲜事物，及时反映现实生活；另一方面是华而不实，肤浅庸俗。"1990 年 10 月由天津人民出版社出版，吴同宾、周亚勋主编的《京剧知识词典》对京派和海派词条的解释与上述词典如出一辙。这表明两部词典对京派和海派特点的认知是一致的，解释的内容同源一处。这样定义京剧的京派与海派是否科学、严谨、全面，有可商榷的余地。对一种事物下定义，应该对该事物的本质特征或对一个概念的内涵与外延都要作出确切与简明的说明，抓住事物的"本质特征"，解释要"确切"，是对概念作定义的基本要求。如上述对京派和海派的解释令人质疑点有四。

（1）说京派"艺术思想比较保守，接受新鲜事物较迟缓"，是不完全符合客观事实的，这样的表述未能涵盖北方京剧活动的主流情况。既然不完全符合客观事实，不能涵盖主流情况，就不能当作普遍的定义。1989 年春，有人问袁世海先生："京剧界老先生都比较保守，您的'造魔'一定受到许多责难"，袁先生马上拦住说："听我奉劝一句，以后最好不要再谈京剧界老先生比较保守这样的话，假如老先生保守，京剧怎么能发展到今天……老先生们才是对京剧艺术进行改革的。梅先生、程先生、马先生、周先生、郝老师哪位也不保守。"[1]袁先生在这里列举出的人除周信芳外，都是长年在北京的所谓京派的代表人物。其实又何止这几位，上溯至程长庚之后的谭鑫培、杨小楼、王瑶卿、王凤卿、高庆奎、余叔岩、尚小云、荀慧生等，这些京剧的代表人物中哪一位"艺术思想比较保守，接受新鲜事物较迟钝"呢？据吴大徵的《谭富英艺术浅论》记：谭鑫培曾独创过一些板式，如【二黄快三眼】【反西皮】等，老谭虽然是程长庚的学生，可是唱的风格和程长庚并不相近。据吴先生揣测，谭鑫培的唱却主要师承以花腔著称的余三胜，又兼取各家之长。老谭的《哭灵牌》【反西皮】唱腔来自青衣，《珠帘寨》的唱腔取自花脸，《洪洋洞》中"焦克明私自后跟"一句唱摘自京韵大鼓，《打渔杀

---

① 马明捷.继承基础上的创新［J］.中国京剧.2007（2）:8.

家》中那句"桂英，我的儿啊"的【哭头】是由秦腔变化而来。如果说京派"艺术思想比较保守，接受新事物较迟钝"，何来谭鑫培以上的吸收创新，又何来杨（小楼）派、王（瑶卿）派、高（庆奎）派、余（叔岩）派、尚（小云）派、程（砚秋）派等流派艺术呢？他们成派以后，是别人把他们的流派固化了，好像保守了，可是成派的创始人自己却并不保守，没有停步，仍然在不断地琢磨自己的艺术，改进自己的演法。凡是有成就的京剧大家，没有一位是艺术思想保守的，南北之地皆然。以名气最大的梅兰芳为例，如果他不是到了上海，接受和学习南方演员的装扮技术和创编新戏之风，回到北京以后对自己过去的化装方法进行大胆改革，编演新戏，怎么出来后来的梅派呢？他的这些改革经历在其著述中都有明确记录。梅兰芳的《舞台生活四十年》说："时代是永远前进的，艺术也不会老停留在某一个阶段上，不往前赶的。所以少数人主观的看法，终于抑制不住新腔的发展。"戏剧家马彦祥在1950年9月的《新戏曲》杂志创刊号上评价王瑶卿时说："他不但改做功，而且还大胆地改了旦角的扮相、服装、腔调，以至改了唱词。"再以改靠旗一事为例，不只南方的夏月润、周信芳把传统的三角靠旗改成过方靠旗，北方的王瑶卿、马连良（在《临潼关》）也都改过、试用过方靠旗。他们哪里有艺术思想比较保守、接受新事物迟钝的一斑一痕呢？如果按照词典中对京派和海派解释的那样，王瑶卿、梅兰芳、马连良他们岂不反而应该归为海派了嘛！诚然，保守的演员确实有，但凡是名家，大多数人却并不保守，组成和主导京剧主流的应该是富有创造精神的历代名家。不以京剧主流人物的艺术实践定义京剧流派的概念，没有着眼于事物的"本质特征"，与客观事实并不相符，这样的定义也就无"确切"可言，肯定经不住推敲的。

（2）说京派"重视基础功夫的锻炼，严格讲究艺术规则"，这种表述也是不严密、不确切的。"基础功夫"和"艺术规则"两个概念的内涵与外延都很大，很概括，用这两个词汇表述定义实在太抽象了，让人不知所云。如果说京派比较重视唱、念和功架、身段等基础功夫的锻炼，是符合实际的，但基础功夫也包括武功技巧和做功等，要说京派比海派更注重武功技巧的锻炼，就不符合事实了。京剧界有种"南功北戏"的说法，且不论此说是否合理，起码说明南方演员演戏更注重武功技巧的展示，并且其繁难的程度要比京派演员高出很多，这是不争的事实。举例讲，同一出老生的文戏，京派演员演出只是唱念，海派演员演出可能就要加上"吊毛"，或"磋步"，或"甩发"，或"抖髯口"表演等；同样一出武戏，京派演员演出可能拧 20 个"旋子"，或从 3 张桌上"下高"，或翻 3 个"跟头"，海派演员演出可能会拧 30 个、40 个"旋子"，或从 4 张桌上"下高"，或翻 5 个、10 个"跟头"。南方演员如若不重视基础功夫的锻炼，高难的武功技巧从何而来？反论之，京派演员也不是不讲究技巧表演的，《吴小如戏曲随笔集》中的"台下人语"记录下这样一段："20 世纪 30 年代末，我在天津中国大戏院看马连良先生演《盗宗卷》。当张苍被陈平索取宗卷，逼得走投无路想自寻短见时，马先生在台上身躯斜立，朝着观众的左侧一个纱帽翅大幅度地上下频频摆动，而朝里面右侧的另一个却毫不动摇。"这说明在符合剧情时运用戏曲技巧表演也应该是北方演员的优良传统，只是成派以后，一传十，十传百，越传丢得越多。另外，所谓"艺术规则"是哪方面的什么规则，"艺术规则"多了，所指为何？太笼统，高深莫测，让人莫衷一是。这种解释让接触京剧的人看了不明白，让根本不懂京剧的人看了更是不知所云。

（3）把"及时反映现实生活"作为定义海派的一大特点，让人以为似乎海派京剧就是专门演现代时装戏的剧种。上海京剧界在民国成立后编演了一批反映近现代生活的剧目是事实，例如新戏《家庭恩怨记》《宋教仁》《张勋》《学拳打金刚》《就是我》《血泪碑》《铁血将军》《拿破仑趣史》《黑奴吁天录》等，可是其数量也不至于达到足以代表海派主要特点的程度。新戏在全部演出的剧目里仍然占有极小的比例。查了一下《京剧剧目词典》，上海所谓海派京剧编演的反映现实生活的新戏数量远少于北方，尤其是北京的京剧院团，中华人民共和国成立后编演新戏为数更多。所以，把"及时反映现实生活"作为海派京剧的一大特点写入定义中，是把海派京剧一小部分的现象当成海派京剧全部的特点，是否恰当，无须讨论。

（4）长期在或曾在南方演出的演员成分很复杂，他们的艺术传承来源、派别风格、水平层次、剧目特点、舞台表现大不一样，把这些全归为海派，而且定义为"华而不实，肤浅庸俗"，是更加的不严谨、不科学，太过于片面，甚至过于武断粗暴，难怪一些老艺术家唱戏一辈子，对此成见耿耿于怀，意见很大。无可讳言，长期游走于南方杭嘉湖一带的非正规戏班和演员，以及部分连台本戏，可能有"华而不实，肤浅庸俗"的低品位表现。据赵云鹤先生讲，在杭嘉湖一带唱"打对台"戏的，真有抱住台柱子甩起"水发"没完没了的现象。可是这绝不是南方京剧舞台的全部，更不是主流，不是时时刻刻、每一出戏都如此。大剧院的著名演员尤其不是如此，他们演出传统戏时同样是规规矩矩，可能某些演法不一样，但是绝不像传说或想象的那样糟糕。他们很多人也是从小在北方学戏，甚至是北京喜（富）连成科班、荣春社、中华戏校、鸣春社的高才生。具体事物要具体分析，不能一棍子甩出去横扫一大片。长期曾在南方大剧院演出的有身份演员的表演与小戏班做游艺的不能相提并论、同日而语。一位出身于富连成社的演员支援边疆文化建设，到了福建省，后来听到和看到社会上对在北京和不在北京演员的看法不一样时，他气愤地说："只有在北京的是富连成的，我们就不是富连成的啦？"这很典型地反映出社会上存在一种对外地演员很不公正的偏见，同样是演员的他们对自己受到不公平待遇、遭到歧视是愤愤不平、大有意见的。李春来、王鸿寿、夏氏兄弟、周信芳、盖叫天等，现在被认为是海派京剧风格的代表人物，他们哪一位的表演艺术是"华而不实，肤浅庸俗"的？没有，他们在过去或是现在都被尊奉为大师级的京剧表演艺术家。其实，除王鸿寿、周信芳等是南方当地土生土长的以外，李春来、夏氏兄弟、高庆奎父子、李吉瑞、小达子（李桂春）、盖叫天父子、赵松樵父子、李永利父子、白玉昆、唐韵笙、王桂卿父子、刘汉臣、曹宝义父子、黄桂秋等，很大一批长期在南方的演员都是从北京、天津等北方地区"南漂"过去的，学艺在北方，唱红在北方，他们的艺术基因还是北方的。这些人基功扎实、技艺全面、富于创造开拓精神，都是梨园高人。没有真本领，想在市场经济发达、竞争激烈的上海站住脚跟，谈何容易！当然，他们到了南方要适应当地的水土，吸收一些南方的风格和演法，是必然的，由此形成一大批南北风格兼容的演员。

总之，截至目前对京派和海派的定义，是把京派和海派中少部分负面的、非主流的东西当作它们的本质东西，拿来做定义的主要根据，并且把它们看成是京派和海派的全部和本质，而忽视了他们的主流部分，没有透视到它们的本质区别，以偏概全，这样注解京派和海派的内涵就难免令人产生质疑了。

3. 要确立南北融合的艺术风格之说

愚见以为如果把南方正规大戏班的演出及演员与小戏班游艺演出和演员分离开来看待，把南方某些制造粗糙的连台本戏（很多连台本戏是很优秀的）与更多演出的传统戏分离开来，会发现或许所谓京派与海派就没有那么大的差别了。我们承认京派和海派的某些具体演法是存在差别的，但演传统骨子老戏的差别不是那样大。其实大可不必把京剧南北之艺分成那样截然对立的两大阵营。南派、北派都是京剧一派，天下京剧是一家，同源同根，而且过去南、北的演员流动很大，交流非常频繁，形成你中有我、我中有你的局面是很正常的。京剧的形态更多的是南北并融的艺术风格，而且凡是有重大成就的京剧艺术家很多是"南北并融"这一派。可是近百年里只有南派（海派）和北派（京派）之说，没有确立起南北并融派之说，窃以为这是京剧理论界长期的一个缺失。理由如下：

（1）南北融合的艺术风格是实际存在的

南北两派之说没有概括京剧表演的全部现象，京剧演员和京剧艺术风格并不是南北两派二者必居其一，非甲即乙，而是在这两者之间有一个中间体，这就是把南北艺术风格兼容并蓄的另一类艺术风格，即南北并融派。过去无论在哪个区域的京剧舞台上，不同演员的表演方法是丰富多彩的，在一招一式的细微处理上是千差万别的，这就是让观众百看不厌的艺术魅力所在，并不是简单地只用一南一北两大派风格就可以概括的。南北并融的艺术风格只有那种长年走南闯北、见多识广、勤学好问、勇于尝试、大胆创新的演员才能具备，他们的艺术观无门户之见，善于把南北名家之长融于一身，有更远大的艺术抱负，追求更加精彩可观的艺术表现。举例讲，京剧武生名家高盛麟是北京富连成社的高才生，祖居北京，艺宗杨（小楼）派武生，应该算是京派了吧，可是他在回忆录《艺无止境》中说："我还将盖派的许多表演身段糅到杨（小楼）派剧目中。"又说："麒派艺术对我的影响是很大的。"他在《郑成功》《文天祥》和《闯潼关》几出戏里，都把周信芳的麒派和杨（小楼）派的表演风格与方法糅合在一起。吴小如在《看戏一得》文中谈到高盛麟时说："至60年代初，盛麟重来北京，以《英雄义》打炮……兼有麒、盖诸家念法"，"融入不少盖派弹须、剔须等耍髯口技巧"，"水擒时竟用了'鲤鱼打挺'特技。""被不少人认为承杨小楼衣钵者只有盛麟足以当之无愧。"就是这样一位艺术大家却大胆实践把南北艺术风格并融，走自己的创新之路，很有代表性地证明了京剧界确实存在南北并融艺术风格这一论点的不谬。再比如袁世海，也是富连成社的高才生，一生以北京为根据地，可是他经常演于上海，在那里从艺过程中所学不少，受益匪浅，不是有人就称他是"麒派花脸"吗？他自己在许多场合也承认自己的表演是学习和运用了许多麒派等南方演员的东西。如果没有南北并融，可以说就没有后来的袁（世海）派艺术风格。再看李少春演的"野猪林"那一场戏，一边唱【高拨子】一边做各种表演，这种表演模式不就是《徐策跑城》的翻版吗？他的孙悟空戏《水帘洞》《闹地府》也吸收了南方演员使用的许多"化学把子"，这不是南北并融是什么？李万春排新戏时的演法与扮相等，采取南边的方法和风格也很多。李少春、李万春、张云溪都是在上海成长起来的武生演员，他们的父辈都长年在上海等南方地区演出，很难说他们是南派还是北派，说他们是南北并融的一派演员更恰当些，只不过他们把南边的东西巧妙地融化在自己的表演中，这样才形成了他们个人的特色。

（2）南方和北方的京剧无法割裂开来

不管南还是北，京剧本是同根生，过去南北演员的流动频繁，艺术上你中有我、我中有你是很正常的事。以上列举的是生行，旦角也是一样。梅兰芳排新戏、创扮相、改化装，无一不是在上海看到南方演员的演出之后受到启发，才开始自己的作为的。尚小云的《摩登伽女》红极一时，扮相新潮，表演配有西洋舞蹈，音乐有小提琴伴奏，很难说这是南派还是北派，应该还是南北并融、中西结合的产物，在与程砚秋、梅兰芳、徐碧云、荀慧生的新剧目评选中拔得头筹。类似尚先生的例子还有天津稽古社排演的《侠盗鲁宾汉》，张春华主演，西洋人的装束打扮，用的是洋刀，跳西洋舞。这些事实告诉我们一个道理：越是成功的艺术家，艺术思想越不保守，对所谓的南派、北派之说看得越淡漠。换言之，凡是把南北和中西各家之长成功地融于一身的演员，都成了京剧的大艺术家。把京剧断然分成一南、一北，实际是把京剧的历史和现实割裂了开来，把京剧演员分成了不同的人群，是不利于京剧发展，不利于演员融合的。

（3）对艺术的研究不能脱离其历史背景

京派与海派之说只是京剧某一时段的产物，据闻，京派与海派之说始见于1898年前后，时在清代光绪朝的后期，但是当时这种说法并没有流行开来，只是到20世纪30年代以后才见流行。1950年以后京派与海派之说开始被淡化，南北地域的京剧艺术风格更加互融，差别已经很小了。区域性的差别缩小并不意味着个人独特风格的减弱或消失，相反，20世纪50年代初期是京剧艺术派别的兴盛时期，原有的流派继续发展巩固，特色更明显，艺术更完善，新兴的流派破土而出，进入确立时期。因此，把京剧风格南北分家只存在大约30年的光景，而且这种分家主要不是京剧演员的本意，而是来自行业之外的舆论，特别是有闲阶层的鼓唇弄舌和挥笔舞墨。据陈洁编的《民国戏曲史年谱（1912—1949）》记：1924年"2月5日起，白牡丹（荀慧生）、马连良二度在上海合作……并创排了具有京剧南派特点的头、二本《宝莲灯》和头、二本《韩湘子九度文公》"。另有上海《申报》1924年3月28日载：申江亦舞台，夜场戏中轴由马连良、盖叫天、张国斌、张德禄、郑法祥等演出二本《宝莲灯》；4月1日夜场除28日夜场原人以外，白牡丹加入演出同剧；4月15日报记亦舞台有马连良、白牡丹、盖叫天等演出全本的《韩湘子九度文公》。据此如何判断马连良、白牡丹（荀慧生）、盖叫天、张国斌、张德禄、郑法祥等人究竟是京派还是海派，抑或是南派还是北派？讲不清楚，此一时彼一时，时代造化使然也。把京剧分为南、北两大派并不科学，也不符合京剧的全部历史事实。海派与京派差别到现在几乎是不存在了，它们差不多已经融在一起了。现在的演员都是从新型的戏曲学校培养出来的，京剧的南、北观念越来越成为历史的记忆。

（4）南北派或京海派的另一种说法

有研究认为，所谓南派其实不完全等同于海派，主要从时间上来区分，当然也是在艺术表现上有所区别。这种研究认为先有南派再有海派，南派出现较早，从清代末年京剧由天津传入上海始，如李春来这一代人前后的时期，这段时期是南派艺术风格的时期，其后南派逐渐演变成海派。这与我的研究不谋而合，我进一步认为所谓"南派"或"海派"，特别是在它们的武戏方面，其实就是"天津派"艺术风格迁移到上海后的延续。更明确地说，南派或海派的武戏风格是从"天津派"脱胎演化而来的，海派文戏则受到北方京剧和梆子戏、南方昆剧和徽剧等地方戏的更多影响。另外，本人认为京派其实称为京朝派比称为京派更为贴切，京派的形成决定因素除了京剧的名称更加北京区域化而外，更主要的因素在于北京的京剧与清代皇室关系的日益加强。京剧为适应皇家的喜好，一切都要讲究，京剧由民间戏曲的"俗"变为追求"雅"，追求皇家气派，把京剧由民间化、民俗化、通俗化逐渐趋向宫廷化、贵族化、典雅化，从而形成京朝派。但是，戏曲一旦"雅"到无以复加，就埋下脱离民众、走向灭亡的危险，重蹈昆曲的覆辙。趋雅化使京剧不接地气，成为京剧不景气的原因之一。

（5）京、海两派之说对京剧的弊大于利

综观京派与海派之说在京剧发展过程中的作用，产生不良的影响较大。京海两派之说是艺术偏见的产物，人为地造成京剧两大营垒对立的局面，伤害了无数京剧演员的心和感情，出现两方面的演员互不服气、相互瞧不起的情况，给京剧界带来不和谐的因素，极不利于京剧演员队伍和外围京剧爱好者的团结与交流。它的出现与存在，使京剧艺术风格和演员的身份出现高低贵贱、正统与非正统、褒贬不一的纷争不断，遗弊至今未消。

（6）南北融合派是京剧最优秀的艺术

京派不是京剧最优秀的艺术，海派也不是京剧最优秀的艺术，只有南北融合的艺术风格才是京剧最优秀的艺术形态。只有南北艺术成果的融合，才能把京剧全部好的艺术集中在一起，形成一体，成为京剧精华的化身。不必对京派和海派厚此薄彼，它们各有所长，也各有所短，不是都好，也不是都不好，要全面、公平、辩证、客观地看待之。京剧鼓师名家王玉璞先生在南方和在北方都长期从艺过，所见广博，他说得好："很多人不太看得起所谓'海派'艺术，这是错误的。很多有创造性的'京朝派'演员及音乐家并不歧视'海派'艺术，反而在他们创作中接受了'海派'的影响。'海派'艺术在京剧的发展上占有相当重要的地位。'海派'的创新精神，把京剧带进了新的领域。这包括整个近代京剧的演变，包括唱腔、音乐、锣鼓、化装、服装、舞台等。"他说的既鞭辟入里又符合历史事实。只有京派和海派在艺术上二者合一，实现"南北合"，才能把两方面的艺术优长发挥到最大化，利用得最充分，才可以铸就出更加精彩的京剧艺术极品。

（7）创新派与模仿派可以取代京海派之说

京派和海派本就没有标准可循，你说某演员是京派，他认为这个演员是海派，这种纷争究竟有多大意义呢？莫如认真地讨论一些具体演法，总结一些实际经验，把精力集中在如何促进京剧健康发展和繁荣的共同目标上去。2009年第3期《中国京剧》杂志发表了《京剧名宿关正明访谈录》一文，关先生曾明白地说过："我会的戏大约有六十来出，表演风格不分南北派，只要好的艺术我都吸纳……戏曲艺术是写意的，没有南北之分。"

我认为京派和海派之说可以放弃，代之以创新派（或称革新派，即南北融合的一派风格）和模仿派之说。如果我们跳出京派与海派之说的围城，放开来思考，拙见以为京剧可以分为两大派，但绝不是京派和海派，而是"模仿派"和"创新派"。凡是从老师、家传、流派那里学来的演法保持一成不变地模拟再现的演员，就属于模仿派；凡是对师传、家传、流派传下来的演法有成功的个人改进并被同行和观众认可的演员，即属于创新派的演员。创新派也可以叫作"革新派"，南北融合派就是创新派，或说是改革派。无论在南方还是北方，也无论是所谓的京派和海派，都有模仿派和创新派，因而模仿派和创新派可以概括过去的所谓京派和海派。模仿派和创新派之说完全可以替代早已经过时、应该被淘汰的京派和海派之说。创新派和模仿派之说南北皆有，不以区域划分，而以艺术表现为准，比京派与海派之说更科学、更合理、更全面，因而更具科学性。

最后，以两位名人的圣言结束以上讨论。

京剧研究家张伯驹先生以诗的形式阐发过他的远见卓识，摘录两句诗曰："京沪菊坛各一帮，何分北调与南腔？"① 现代大诗人臧克家说："茫茫九派流中国……各个时代，各个流派，如花开春日，星灿碧空，每个流派都曾影响一时，及于后代。每个流派，都有佳作，也都有其不足之处和缺点，对于后人发生积极或消极的影响。""万万不可以把'争鸣'误为'争名'，把'流派'认作'宗派'。'争名'则流入偏私，'宗派'，如鲁迅所说，是没有共同的奋斗目标所致。"②

4. 赵松樵的南北融合艺术

以下我们再转回话题，具体探讨赵松樵先生的南北融合艺术风格。

（1）坚持走广采博纳、南北融合的艺术之路

学无专师，人人为师，无论南北，不抱成见，是好就学，是赵松樵自成一派的成功箴言。

在被南北两派之说氛围笼罩的年代里，甚至到今天，还有一些并不完全了解他的全部艺术表现和经历的人，长期以来对他的艺术风格存在许多误解，有的是人云亦云，以讹传讹，有的演员甚至出于竞争目的，行话讲叫"玩儿阴的"，散布流言，给他罩上"海派""外江派"这个紧箍咒，让你有本事施展出来也是白搭。因此，松樵的艺术出现了一个怪现象，使他长期处于一个尴尬的境地，这就是：一方面他在上海时一些同行与观众不认可他是"海派"，据小王桂卿先生讲上海的很多人说"赵松樵哪里是海派"；可是另一方面他回到北方以后，又被一些人认为他是"海派""外江派"。

松樵先生在其口述的《我的演戏生活片段回忆》中说："要学、变、创结合起来，不能只停留在一个'学'字上，学到的东西，适合自己的就要，不适合自己的不要，要有所取舍，由学而变化，创出个人路子，取得

---

① 详见张伯驹《红毹纪梦诗注》。
② 详见臧克家《论流派》。

新的成就。""老戏不见得全好，要敢于增删改编。我敢改，因此我被一些人看成是'外江''海派'。我不考虑这些，我认为戏剧是教育人的，应该随着时代的前进而有所改进，把戏中情节改好了，起到教育人的作用，这就是我们文艺工作者应该负起的责任。"这说明他自己很清楚外界对他的议论，可是他义无反顾，坚持自己的艺术追求，坚持走艺术创新之路，坚持戏剧要教育人的社会作用和认知功能。他既是"敢于革新创造，善于吸收新鲜事物"的京剧改革家、创新家，又"重视基础功夫的锻炼，讲究艺术规则"，他的艺术亦非"华而不实，肤浅庸俗"之类。所以，他是京、海两派"不靠"，却又将"南北"相融合的创造型的大艺术家。

他的赵派艺术是典型的南北融合派的艺术风格。他演剧始终致力于把东西南北各地京剧舞台上的优秀艺术融汇到一起，对京剧各派艺术的精华广采博取，化入己身，改革创新，成为南北风格兼容艺术派别的一个典型代表。松樵的艺术思想和实践正像《三国志·蜀志·秦宓传》中所写的那样："海以合流为大，君子以博识为弘。"

诚如戏谚："名家无专师""名家无常师"，松樵艺出家传，从 15 岁开始自闯天下，艺术的进步和演出全靠自己奋发图强。他尽管从来没有拜过师，可是他虚怀若谷，勤奋好学，视人人为师。他少年时得到谭派的艺术熏陶，谭鑫培大师的艺术思想精髓他领悟透彻，贯穿于他一生的艺术创作中，这就是："表演艺术从人物出发，改变过去普遍存在的善唱功的只注意唱，演武生的只重武把子的现象。""从塑造人物形象、表现人物思想感情出发，把唱、念、做、打和手、眼、身、法、步都作为表现人物的手段。他的表演艺术是为'演人'运用程式，而不是技与戏分离的'表演程式'。"[1] 这些正是松樵一生从事演出和创作的指导思想。

在打下谭派艺术思想基础上，他对凡认为好的艺术都有浓厚的兴趣，潜心苦学。如孙菊仙的声洪浑朴、不尚花哨、气势雄劲的风格，他通过观摩和学习双处的演出得到孙派的艺术感染，他演的《逍遥津》就是以孙派为演唱的主基调，同时参考了刘鸿升、高庆奎的特点；他喜欢王鸿寿的老生和红生艺术，关羽戏尊崇王派，广泛吸收各派，《跑

---

① 详见宋学琦《谭鑫培的艺术生平》。

城》《扫松》《路遥知马力》等也步王派后尘；他崇尚小孟七的表演，宋江、鲁肃等角色的戏他多有借鉴；他也喜欢汪笑侬一派老生的艺术，大段唱腔演起来酣畅淋漓，一气呵成，他学演汪派的《刀劈三关》《哭祖庙》《张松献地图》《受禅台》等；他长期与高庆奎先生同台合作，高派的激昂高亢、大气口的演唱特点令人听后感到振奋，过瘾，他演的《逍遥津》和《举鼎观画》的【导板】唱句就借鉴了高派的腔调；他还欣赏老生言派、奚派的委婉细腻的演唱风格和字韵之功，他很重视唱、念的吐字行腔，崇尚"情韵派"的唱腔风格；他对程永龙、牛春化、苏廷奎等先生的花脸艺术十分钟爱，在他后来的花脸戏表演方面受到他们的极大影响。他到南方之后，视野打开，那种艺术创作自由开放的环境对他具有强烈的吸引力，他对周信芳、盖叫天等人的优长都加以吸收，并开始研究自己的表演艺术如何与当地演员相融合，如何适应南方观众的欣赏趣味，为自己开创更广阔的艺术发展空间。武戏方面，松樵学艺初期打下俞（菊笙）派、黄（月山）派的根基，又掌握杨小楼、尚和玉、杨瑞亭、何月山、盖叫天、高福安等人的特长。集北京、天津、上海、山东、东北五地武生表演之风，借鉴为辅，自创为主，形成自己赵派的武戏风格。他的关羽戏更是遍览南北十几位演关羽戏名家的风采，独辟蹊径，既不走完全红生应工之路，也不全按红净的表演方法，而是运用自己生、净兼能之功，充分发挥个人特长，走出一条红生与红净跨行融合的表演方法之路，创出自己的新天地，形成别具一格的赵派关羽戏特色。

可以看出，松樵的赵派艺术营养来自家传，来自喜连成社，来自南北各家之长，来自勤学苦练，来自对京剧艺术的艰苦探索与实践，来自对艺术创新的聪明悟性。他由北而南，频繁穿梭，所见所闻的艺术家无不位高名重，对他们无门户之见，凡是好的、适合自己吸收运用的，他一律学习，照收不误，并且不因循守旧，立志革新，勇于尝试。他的艺术参照坐标系不是直线的，也不是平面的，而是三维立体的，艺术信息和参照标来自四面八方。正因为他演戏集南北京剧之精华，所以挣来了"南北皆红"的硕果。梅兰芳曾经说过一句话："天下万物为我所用。"梅兰芳、赵松樵他们这一代艺术家在艺术创作中正是有这样宽阔的胸怀，才能够创出一派新风采，成为京剧百花园中的一枝奇葩。

（2）创新始终以戏曲传统为基础

京剧老生艺术研究家丛鸿逵在 1994 年第 16 期《天津文史资料专辑》发表《回忆张伯驹先生》一文，说："他认为外江派主要是让观众了解故事和技巧表演，而京朝派是注重表现人物的内心世界……"这句话说得有些绝对了，南北演员都有注重演故事和技巧，也有注重表现人物内心世界的。松樵演剧是把这两者结合，他既注重表现剧中人物的内心活动和情感世界，又注重运用戏曲表演语汇和技巧来让观众了解故事。从现象上看，他在艺术创作中似乎并无有意识地去追求什么所谓的南派或北派风格，完全是根据人物特征和剧情需要本能地认为应该怎么演更好就去怎么创作，是在积淀了足够的表演基础技能和信息之后油然而生的结果。松樵是一位非常敬畏戏曲传统、恪守京剧表演艺术规则的艺术家，他虽然走的是创、改的艺术之路，却不是凭空造魔，他的每一项改动都有来源，都有依据。说他演戏对戏曲传统的规则循规蹈矩是有据可查的：

例 1. 他在上海演《拿谢虎》，他饰演谢虎完全是传统的老扮相，演出人物的改恶从善，演法却新颖别致，绝技空前绝后；盖叫天也演《拿谢虎》，饰演谢虎则是完全的改良扮相，把人物演绎为江湖中人。《拿谢虎》有一场夜景戏，谢虎要从房顶下来的动作，依麒派名家陈鹤峰的主意，要松樵借钢索滑轮下来，以表现谢虎的飞檐走壁情景，这是当时上海京剧舞台上演侠客戏很盛行的"空中飞人"。松樵对此大不以为然，他认为这样演"哪里像京剧"，说"谢虎是人不是神仙"。他坚持采用戏曲的传统表演程式和技艺，以高难度的"抢背下高"完成动作，成就一段特技表演的佳话。

例 2. 他最富盛誉的颜良，虽然塑形装扮看似奇特，可是从脸谱、盔头、髯口、耳毛子、软靠、靴子等，哪一处不是用的戏曲传统的化装手法呢？完全没有超出戏曲装扮的规范，却又别出心裁，与众不同，这个形象过去舞台上是见所未见的。

例 3. 他与唐韵笙合演《真假包龙图》，他饰演的假包公是蛇精的化身。对于神仙鬼怪一类的角色，戏曲表演完全可以采取超常的艺术处理来表现。他在前部戏里以包公的人形出现，故而以传统的包拯扮相规规矩矩地连演带唱。到了后半部戏，蛇精原形毕露，他便跳出规矩方圆，用象形之法塑造蛇精的外形，创造适合角色的特殊亮相身段和武打套路。他的创作原则是当改则改，不当改则不能胡改。

例4.他演关公戏的脸谱不使用红油彩勾脸，而是揉脸（又称搓脸）。这是关羽戏典型的京剧传统化装方法，这方面的详情将在后文谈到关羽戏时再作介绍。

例5.有人演《嘉兴府》之鲍赐安、《铁公鸡》之张嘉祥、《战马超》之张飞等，在起打的高潮时裸露臂膀，术语称为斜（习惯读音如学）膀子。但是他却不主张这样演，而是应该穿戴的衣饰他都穿戴，繁重的开打也不破坏服饰的整齐。

例6.他的新编戏完全是传统戏曲的演法，没有西洋舞、西洋乐和话剧的东西，仍按中国戏曲的传统规则进行艺术创作。

例7.他演了一辈子戏，从来没有搞过什么真动物上台之类的花样，坚持戏曲写意性和虚拟性的艺术原则，是以表演艺术而不是以猎奇来哗众取宠。

仅上述几例足以说明他的创新是在继承戏曲传统基础上的创新，是在传统的程式和技法里找出奇特，在创作思路的主线上显得是多么地坚守京剧规矩。这和梅兰芳的"移步不换形"理论有何区别呢？没有，他们的理念和实践是一致的。松樵真正领会了戏曲艺术创造的真谛，学贯古今，艺通南北，严格遵守京剧程式化表演规则，灵活运用戏曲传统技术，必要时还创造出新的路子，不以什么派为准，不以哪一家束缚自己创作的手脚，因戏利导，因角色而异。他的艺术价值取向与所谓的海派是南辕北辙的，却又极力发扬创新精神，不受流派条条框框所束缚，他这样全新的艺术境界就是"南北融合"艺术风格的突出体现和典型代表。1944年武生名家傅德威在上海更新舞台看过赵松樵先生演的《长坂坡》之后，兴奋地说："真好，您演的既不是京派，更不是海派，我从来没见过，你这是赵派。真好，您得给我说说。"这是京剧专家对赵派艺术风格的一个具有代表性的见解和评价，如此创新而不逾矩的例子还有很多，留待后文结合剧目讨论。

综上所述，可以得出结论，即赵（松樵）派艺术既非海派、外江派，也不是严格意义上的京派，而确确实实是南北融合派。

五、发展的观点和创新的意识

在松樵先生的艺术思想中，京剧艺术要随时代不断发展的观点和艺术表现要不断创新的意识表现得非常突出，这是推动他艺术永远前进的动力，显出他艺术创造无限的生命力。

1. 谋发展、求创新，立大志

人要创业，首先要有大志，目光才能放远。西汉时期桓宽的《盐铁论·复古》讲："燕雀不知天地之高，坎井之蛙不知江海之大。"不在人后步其后尘，拾人牙慧，走出别人没有走过的路，这就是松樵的鸿鹄之志和理想。要创新还要知己知彼，只有了解别人有什么而自己没有什么，创新发展才有的放矢。而要做到知己知彼，就要广见博识，只有见得多，才能辨别出什么是已经有的，什么是尚无的。学习别人，还要善于辨别真假、美丑，只有分清优劣，才能去粗取精，舍伪存真。苏轼在《杂说》里讲过"博观而约取，厚积而薄发"的至理名言。松樵以宽大的艺术胸怀，容纳天南地北的京剧各派之华萃，不嫉贤妒能，广收并蓄，博观约取，厚积薄发。他对别人的艺术不是"以目而视，得其形之粗"，而是"以智而视，得形之微者也"（唐代刘禹锡《天论·中》）。只是好学博学还不行，还要善学，只有对别人的舞台艺术"以智而视，得形之微者"，才能得其妙而化之。唯其有此志向、胸襟、勤奋、博学、积累、思辨，才造就他终能打破京派与海派痼疾之壁垒，把自己的京剧艺术南北归一，在继承中求革新、使完善。只有精益求精，永不满足，才会出精品，才能有惊人骇世之作。《坐楼·杀惜》中"刘唐下书"之刘唐，《白马坡》中之颜良，《战长沙》之魏延等，过去都是二、三路的架子花脸应工的小活儿，经他改造，这些角色在戏中的位置大为提升，人物升格，表演升华，成为与第一主角旗鼓相当的头路活儿。《徐策跑城》《扫松下书》《路遥知马力》是周信芳的麒派名剧，可是松樵演来均经自己改编，不落麒派的窠臼，独辟蹊径，风格迥异。据小王桂卿先生介绍，赵如泉与赵松樵"二赵"合演《走麦城》，赵如泉饰关羽，"赵松樵饰关平，大靠（软）、大厚底（靴）的关平，首创就是他（赵松樵）。

后来仿效者高盛麟。一般演关平都是穿布的箭衣、薄底靴"。他这样提高表演难度的例子很多，如演《高平关》中之高行周，他是扎大靠、翎子、穿蟒袍、厚底靴、左手持锤、右手执马鞭，穿蟒袍带"水袖"、持双家伙开打，表演难度之大非同一般。所以，上文说过松樵的赵派艺术是立足于"打内（行）"的。

2. 做常演常新的艺术家

他的一出戏演了几十年，还在不断地改。在他九十岁左右同他谈戏论艺时，他还在思考并经常提到要改什么戏，要怎样改才更好。他把"武戏文演"和"文戏武演"作为改革老戏、创作新戏、提高艺术品位的主要思路和手段。王瑶卿说过："唱着改，改着唱，改旧的，编新的。"① 京剧研究家刘曾复在《京剧新序》中说："创作不仅限于排新戏，对老戏进行加工改造也许是更重要的。"斯坦尼斯拉夫斯基在导排《伪君子》一剧时指出："活的艺术是处在不断的运动和发展中的，昨天曾经是好的东西，今天已经不中用了。同样的一出戏，明天就会和今天不同。"松樵先生的艺术思想和艺术实践与中外戏剧明哲的高见卓识是如出一辙的。"发展的观点和创新的意识"与他的表演、编剧、导演的艺术成就一起，共同成为赵派艺术体系的组成部分。

3. 博大精深的赵派艺术体系

（1）赵松樵先生的艺术人生差不多贯穿了整个 20 世纪，见证了京剧的大半部历史。他 6 岁学艺，7 岁登台，享年 96 岁，艺龄 90 年，实属罕见。

（2）他能戏几百出，保守估计他的演出在三万场次左右，扮演过数百个角色，塑造的剧中人物类型千差万别。

（3）他自编创演了十多出本派剧目，改编的传统老戏无法计数，独立或与人合作排演的连本戏有几百集，收集整理的剧本数百本，从梆子戏、昆曲剧目中移植多部改为京剧，在剧目创作和演出的数量上难有出其右者。

（4）他的戏路宽、应工广，文武兼备，昆乱不挡，艺贯南北，六场

---

① 详见《王瑶卿访问记》，《北京文艺》1950 年 9 月创刊号。

通透，人誉"戏库""活词典"。

（5）他桃李满门，弟子中够上艺术家的演员、编导或教师不下二十位，非正式弟子而受其教益者不计其数。

（6）他在老生、武生、文武老生、红生、架子花、武花、丑角几个行当中的任何一个行当均可称为一派。这个评价绝非夸张溢美，我们将在后文谈到他演的剧目时发现这一论断是名实相副的。一名演员终其一生能演好一个行当，演活一个角色，已属不易，当可名标剧坛，艺冠梨园了，他却在多个行当中有那么多的表演成就，兼及剧目建设成就，均可自成一家。老生和文武老生自不待言，在红生行享有"红生名家""活关公"的美名驰誉南北。

（7）十几年在上海人才如林的武生行取得"赵云首席"的地位，被誉为"武生三条腿""标准余千"的荣衔。

（8）在武净行有威震剧坛的"活颜良""活潘璋"和"谢虎"之绝技，被唐韵笙高度评价为演"反座子"（与头号演员演对手戏的头号反派花脸角色）戏在全国首屈一指，无与伦比。

凡此种种如后文所述，都是有大量的艺术创造实例在支撑的。梨园中能有如此博大精深艺术成就者有几人？言其精深，大莫语详，难予尽书。

4. 德高望重，德艺双馨

松樵的艺品如此，艺德同样高尚，可谓德高望重，德艺双馨，深得观众与同行们的赞誉。很多人以"戏改"之名，把戏越改越简单，表演难度越改越小。他则不然，他是把戏往难处改，提高技艺表演的可观赏性，不怕吃苦，不畏艰难。他这样做反映出他人品的两个方面，一是在艺术上他要尽量做到"艺不惊人誓不休"的"求精"态度，另一方面是他对观众的负责和为人忠厚的表现。他经常说："人家来看戏是花了钱的，奔你来的，你就要让人家看好戏，给人家一些真东西。"所以，他演戏一生，其艺德和台风素有良好口碑，观众说他"不偷油耍滑，肯卖力气"。当年上海观众流传有"累不死的赵松樵"的说法，他是以拼命的态度为观众服务。他的精湛艺术造诣得到同行们的普遍钦佩和敬重。20世纪40年代在上海曾与松樵先生在一起同台的袁世海先生对学生何永泉说："赵先生是老夫子"，对另一位学生王德刚说："赵老是硕果仅存，无论演什么，都得心应手，没有人家拿不起来的。"20世纪40年代后期在南京与松樵先生同事、后来成为天津市京剧团编导和演员的张文轩对赵先生的学生魏伟说："赵老的本事不得了，无论什么戏到了人家的手里，由他演来就不一样，要让你看出好来。"著名京剧表演艺术家小王桂卿先生说："先父与赵老是童龄好友，赵老成了赵派。""赵老的艺术，我佩服得五体投地。"上海剧评家龚义江在《赵松樵的八十岁"跑城"》一文中说："赵派演法的最大特点是比较真实和生活化。"中国艺术研究院研究员、著名文艺评论家李希凡称松樵先生"文武上乘，技压群英，盛名南北，堪称京剧界一代宗师"。中国艺术研究院阚维辰、蒋厚理、张大伟称"赵老仙逝，痛失大师，剧坛文武昆乱佳通，南北盛名，技绝艺精"。

松樵先生在表演、装扮、道具、剧目创作各方面的发明创造琳琅满目，成就斐然，赵派艺术的博大精深名不虚传，本书所及仅为其艺术殿堂之一隅。他是南金东箭的京剧大师，当之无愧。其艺高深为人景崇，其人大德受众赞慕，诚如《新唐书》所言："南山可移，判不可摇。"

从下一章开始，将按老生、红生、武生、勾脸武生和花脸行当的顺序，各选择松樵先生常演的几个剧目为例，具体研讨赵派的艺术特色和成就，这也只能是走马观花，以一斑窥全豹了。

十三、老徐策另有声容　雷万春文武并举

一、《举鼎观画·徐策跑城》

1980年中国文化部委托中国艺术研究院为赵松樵先生演剧录像，《举鼎观画·徐策跑城》一剧的演出实况被录制下来。赵派的该剧在全国不胫而走，极获盛誉，影响颇巨。

1.《举鼎观画》和《徐策跑城》演出小史

根据查到的资料，松樵先生在1951年5月5日就已经在领衔天津扶新剧社时期上演过《双狮图·徐策跑城》，《双狮图》即《举鼎观画》。再早他在外地是否也演过此剧，不得而知。但他曾讲过，他在南

方时是不演这类戏的，查史料也确实未找到他在上海演出这个戏的记录。按通常惯例，北方演员只演《举鼎观画》，南方演员只演《徐策跑城》。周信芳、林树森、赵松樵、高百岁既单演过《跑城》，也把《观画》与《跑城》两折戏连演。据上海早年旧报载，高百岁于 1927 年 11 月 3 日在天蟾舞台演过《跑城》带《观画》。林树森于 1941 年上演《观画·跑城》，前后两折戏都唱【高拨子】。周信芳在 1942 年 11 月也演过《观画·跑城》，剧评家苏少卿在 1942 年 11 月 11 日的上海《申报》还发表过文章《观麒麟童"观画·跑城"》。在天津，也曾有过其他人将《观画》与《跑城》连演，例如 1950 年 3 月 3 日天津中国大戏院日、夜两场都上演过《举鼎观画·徐策跑城》，是北京的戏班，可惜当时的《天津日报》广告没有刊登演员名单，不知演者何人。1962 年 12 月 25 日旅大市（现大连市）京剧团曹艺斌在天津天华景戏院亦将两折戏连演。

松樵先生在恢复传统戏以后上演该剧的意义在于：一是实施他的"南戏北演，北戏南演"的演戏经验；二是北方很少有这样两折戏连演的，并且无论在南方还是北方地区，自 1963 年以后这种两折戏连演已经息影舞台大约二三十年，如果再不演，他唯恐该剧有失传之危，留下来有资料价值；另一个想法是《举鼎观画》是北方常见的剧目，而《徐策跑城》则是南方常演的剧目，两剧连演就形成"南北混搭"的形式，前边唱【二黄】，后边唱【高拨子】，不同区域的京剧艺术风格在同一剧目中展现，既少见又有新鲜感，这又是"南北融合"之一例。

《举鼎观画》有几道"蔓儿"的演法。有史料记载，早年程长庚与徐小香、卢台子、王楞仙、刘赶三常演《举鼎观画》，后来谭鑫培与王桂官、罗寿山等也常演这个戏，自此以徐策角色演出为主，王桂官扮徐忠，丑角刘赶三、罗寿山扮书童。杨小楼曾与许德义、钱金福在北京明星戏院把《九焰山》《法场换子》《举鼎观画》三折戏连演，剧中以薛刚、纪鸾英为主角。其他如在艺术上宗孙菊仙一派的名角双处（双阔亭）也常演出《举鼎观画》，唱【二黄】腔到底。以上这些人演《举鼎观画》均不带《跑城》一折。据说《徐策跑城》是王鸿寿先生（艺名三麻子）最早从徽剧移植到京剧舞台上演出的，唱腔仍保留全唱【高拨

子 }，如同《扈家庄》《雅观楼》《挑华车》等戏从昆剧移植过来而保留唱昆曲，《打瓜园》《盗银壶》《徐良出世》从梆子戏移植过来仍唱山西梆子腔，这种移植无疑丰富了京剧舞台上的剧目和表演形式。正因为京剧早期能够海纳百川，对其他艺术种类有很多吸纳，化无为有，有很大的包容性，所以，京剧很快后来居上，迅速成长为戏曲的最大剧种。这是京剧的一个优良传统，应该发扬光大。

后来《徐策跑城》被周信芳唱红，影响最大。据松樵先生讲，其实

赵松樵演《徐策跑城》饰徐策

周信芳的《跑城》是从王鸿寿那里学过来的。1916 年 21 岁的周信芳在上海丹桂第一台开始当后台经理，王鸿寿在此搭班，周为学到王的《跑城》，就接连安排王先生演《薛刚大闹花灯》，《跑城》是其中的一折戏，王饰徐策，周饰薛刚，多次上演，直演到周完全学会为止。为此王先生在后台发牢骚，对别人说："短命鬼呀，要学《跑城》，就明说向我学好了，难道他说要学，我还不教他怎么的？干什么要老是派出这个戏来让我演，直到他学会为止。说是排新戏吧，还把戏名给改了，叫《薛刚大闹花灯》，他演薛刚，合着还是我们大家陪着他演！"周学会后，以民间草台子式的海派演法（俗称"洒狗血"）予以发挥，丰富表演，载歌载舞，文戏武演，极尽夸张之能事，表演极为火爆，遂成特色鲜明的麒派名剧。周唱红该剧后，南风北渐，学麒者无不效尤，无论南北，凡宗麒派的演员都要有这个戏，由此麒派的《徐策跑城》风靡全国，大有一统天下之势。

但是，即使在这样的情况下，也有非麒派艺术家不按麒派路子演《跑城》的，如林树森、赵松樵、唐韵笙等，他们仍以王鸿寿戏路为依据，坚持各按自己的条件加以发挥，演出自己的风格。令今人难以置信的是竟有女伶小兰英、孟小冬等也演过《跑城》，且灌有唱片行世。从

这个事例我们要明白一个道理，就是演员是会变化的，甚至是会发生质的艺术风格的蜕变，不要把某演员固定为某一类、某一派，历史环境对演员的影响和规制是很大的，演员的艺术风格与他（她）们所处的时代和环境以及后来改变艺术追求方向有很大关系。

2.《举鼎观画·徐策跑城》剧情

这是根据民间文学小说《薛家将》《薛刚反唐演义》编演的系列剧中的两折。它描写的是隋唐时期奸相张天佑父子残害忠臣良将薛仁贵后代的故事。元帅薛猛之弟薛刚酒醉，大闹灯会，误踢皇太子致死，张天佑之子张泰谗言，使薛家三百余口人遭灭门抄斩。当朝重臣徐策不忍薛家绝后，借到法场为薛猛祭奠之机，偷梁换柱，用自己亲生子金斗调换下薛猛之子薛蛟，并抚养成人。当年逃脱幸免于难的薛刚在18年后东山再起，在韩山兴兵竖旗，伺机复仇。薛蛟长大成人，武艺高强，力举千斤，在玩耍中能将府门外的一对石狮举起。徐策见薛蛟膂力过人，甚喜，引薛蛟入祠堂，出示图画，讲述薛家三代人的被害冤仇，薛蛟方悟，立誓报仇。徐策遂指派薛蛟赴韩山给薛刚送信，薛刚得信后率部兵临城下。徐策闻讯大喜，登城观望。为免生灵涂炭，徐策决意先礼后兵，由他上朝面奏当朝皇上，上若明辨忠奸，惩奸除恶，为薛家昭雪，便免动干戈，上若不准徐策奏章，是非不辨，再发兵造反。徐策不顾年迈，徒步上朝。

《举鼎观画·徐策跑城》从薛蛟举石狮开始，到"上朝"为止。松樵先生晚年在录制该剧之后，曾谈起今后再演时想改为从《法场换子》开始，又称《换金斗》，接演《举鼎观画》《薛蛟搬兵》，再下来演《徐策跑城》，最后加一场"金殿奏本"的戏，有徐策在金殿奏本陈情，忠奸相斗，终将薛家冤情大白于天下，以冤仇得报的大团圆做结局。如此增头续尾，使全剧结构完整，剧情有头有尾，表演上更加丰富全面，《法场换子》和《举鼎观画》两折戏以徐策唱情为主，《跑城》有载歌载舞的表演，最后《金殿保本》有唱、有念、有做戏，当然更加精彩。但是我想，如此只怕是戏幅太大，扮徐策的演员戏份过重，并且现在演出的时长也不允许，可是这种编剧的设想方案还是很有价值的。

在《徐策跑城》为麒派称雄剧坛的情势下，松樵艺高胆大，表现出艺术创作的魄力与胆识，以迥异于麒派的声容风貌大演于北方舞台，将北戏与南戏嫁接，圆了他一个"南北合"的艺术梦想，留下一个值得京剧界研究的课题。他曾说过，为尊重周信芳的麒派艺术，他在南方不动周唱红的戏，如《徐策跑城》《扫松》之类，因为松樵先生的演出风格跳出了麒派的圈子，怕与周形成对峙，伤了和气。1950年回到天津以后，他在天津等北方之地不断演出在南方时兴的剧目，大获成功之余，也给他带来一顶他本人并不喜欢戴的"海派演员"的帽子。然而，他使《跑城》在北方地区常见于舞台，并且开花结果，竖起别具声容的一派风范，使该剧成为他的老生代表剧目之一。

3. 松樵先生的《举鼎观画》取法天津的谭派老生专家夏山楼主。此位原名韩德寿，号慎先，别号夏山楼主，1897年生人，出身北京打磨厂韩家，祖辈为清朝吏部官员。韩慎先本人久居天津，以开古玩店为业，是古玩字画的鉴赏家和京剧名票，对京剧谭派老生艺术情有独钟，从学于谭派专家陈彦衡，造诣精深，灌有多种唱片留世，许多老生名演员也要向他求教。松樵的这出戏并非直接得自韩慎先，而是"谭、余"名家张少甫说给他的。当年赵松樵在烟台演出，与张少甫交情深厚，张对赵说："往后如果有机会露一下《举鼎观画》，你就照夏山楼主的路子演，他这出戏太好了，我给你说说。"后来松樵在演《举鼎观画》时对唱腔和唱词略有改动。剧中的大段【二黄】唱腔，从【导板】再【回笼】转【原板】，一气呵成。松樵唱的头一句【导板】吸收了高（庆奎）派《逍遥津》中"父子们"的前半句拖长腔的唱法，到后半句时他开始把唱腔转为谭、余之韵，转承自然流畅。

唱词上，徐策给薛刚写信时的一段【二黄原板】的唱词，他有改动。《京剧大观》所记这段唱词是："未曾提笔泪先淋，拜上韩山的三将军。都只为小薛蛟不曾丧命，那时我将亲生调换他生。到如今他长大成人有本领，他能力举千斤无匹敌。望将军发动人和马，拿住了奸贼好把冤伸。一封书信忙写完，我儿早去早回程。"这10句内容与前边"观画"时的唱词多有重复，似觉冗笔，再有，"拜上韩山的三将军"一句也不符合旧礼仪规矩，徐策是薛刚的长辈，叔辈对侄辈说话或行文不应该用"拜上"一词，而且言必称"将军"，徐策似有些"谦虚过度"。他把 10 句唱词压缩为 6 句："薛刚侄儿见我信，修书人徐策是我名。下书人薛蛟是你薛门后，愿你早早发大兵。写罢了书信我忙盖印，（对薛蛟）愿你此去早回程。"对比这两种唱词可以发现，赵派唱词简洁明了，符合礼数，有写信情景的现场感，与徐策写信、盖印、封信皮、把信交给薛蛟、叮嘱薛蛟早回来的一系列场景和表演动作相呼应，使唱、做密切配合。后边的《徐策跑城》是松樵在继承王鸿寿、小孟七等人表演艺术的基础上，结合个人对剧中人、剧情的理解和自己的技术条件加以改造创制，使戏的表演风貌焕然一新。

4. 谙熟南北之艺的著名剧评家王永运先生对松樵表演的《跑城》曾著文给予高度评价，分析得细致而透彻[1]，1979 年 9 月某日《天津日报》，摘录如下：

"赵松樵从生活从人物从剧情需要出发，很好地掌握了徐策这个人物思想性格，很善状摹人物内心活动，并通过连贯的形体动作，完整而又自然地表现出来，做到内外和谐，真切感人。全剧分为三个段落，一步紧似一步地进入高潮。

"第一个阶段，徐策一直惦记薛蛟的搬兵情况，当得知韩山发来人马时，便急忙带马到城楼观望。这段戏中，他以老迈龙钟的台步上场走到台口念出：'蛟儿去搬兵，未见转回程'，这十个字，字字苍劲有力，铿锵悦耳，显出徐策对薛蛟搬兵的满怀焦急和渴待。当听到韩山人马到来后，徐策急忙下马登城观看。赵松樵为显示徐策上城时兴奋、激动的神态，在戏中有一段相当精彩的表演：他整了整衣冠，右手抓住水袖，左脚踢袍，左手抓住袍角，然后踩着锣鼓点子，由缓而急地跑上城楼，正当快到城楼时，突然身子一仰一晃，似要摔倒，家院赶忙上前搀扶，便又顺势站住，微微一笑，像说：'不要紧。'通过这一连串精彩细致的舞蹈动作，表现出徐策为亲人搬兵回来而压抑不住的满腔喜悦和无限激奋。徐策登楼后唱了一段'高

---

[1]　详见王永运《老树红花喜迎春——谈赵松樵的〈徐策跑城〉及其他》。

拨子倒板'和'踩板'：'老徐策，站城楼，我的耳又聋，我的眼又花……'这是一段著名的唱段，节奏明快，声调激越，赵松樵演唱时流利顿挫，刻意描摹出人物由于欣喜而变得激动的心情，并在激动中带有几分慎重，生怕误认人而开错城门。赵松樵这一系列扣人心弦的表演，有力地刻画了徐策这个人物正直和善良的本质。

"第二个段落，徐策见到搬兵前来的薛蛟、薛刚。薛蛟是徐策在法场上用亲生儿子的生命换来的，因而对他充满期待和爱护。而对薛刚，徐策既明白薛家遭受灭门之祸，是由于皇帝纵容奸党所造成，但认为薛刚毕竟是引起忠奸斗争的导火线，因此对薛刚既同情又含有恼怒。但当薛刚要发兵去长安为薛家报仇时，他却又温存地解劝薛刚。这里有一大段道白，表现了作为唐朝宰相的徐策，虽痛恨奸臣陷害忠良，但又不想落个叛逆罪名的矛盾心境。这段戏占全局的比重不大，但对于剧情的转折，和后面的'跑城'，做好了铺垫。

"第三个段落'跑城'，是全剧最精彩动人的部分。'跑城'是一场载歌载舞的戏，用以表现徐策上殿奏本的喜悦、期待的心情。舞台上出现了徐策'跑城'的画面。面对着韩山发来人马，和是否能准他的本章，徐策内心情感如海水急涌，奔腾澎湃，以致'手之舞之足之蹈之'而不能自己。整个一场戏便是用这种夸张、放大的舞蹈动作，渲染出徐策的那种洋溢全身、不可遏止的急切心情。在'跑城'中，如果说当代杰出的表演艺术家周信芳是以身段、动作的多重繁复变化取胜，那么，赵松樵则根据自己本身条件，以简练、明快见长。'跑城'时所运用的大段'高拨子'唱段，是他自己编写的，由老本的四道辙改成了两道辙。赵松樵表演的'跑城'一起始，到舞台起'垛头'，先是一走一趔趄，然后全身一鼓劲，右手猛抓袖，微一转身，左腿踢袍，左手抓住袍角，开始唱：'为人莫把良心亏，未曾做事问自己。'一路上，他越想越激动，步子由缓逐渐转快、转急，白须飘拂，水袖翻飞，襟袍也随着舞动起来。

等唱到'三步当作两步走，两步当作一步移'时，步子越发极快。这里赵松樵使用了连续不断的磋步动作，表现老年人虽心急如火，但毕竟年事太高，步履艰难了。正跑之间，不料脚下绊了一下，赵松樵这时用了一个栽步，腿想支撑着站住，但又站不住，于是，往后一连串退步，两手大翻袖往后外一张，跌一个硬'屁股座子'。但他起身把水袖一甩，表示掸去灰尘，然后手指一下金殿方向，抓起双袖忙向金殿奔去，以急走如飞的优美舞姿，急急入场。直到这时，锣鼓也完全切住了。一个演员如无深厚的武功底子和腰腿功夫，是很难演好《徐策跑城》这出戏的。以'精湛圆熟，犀利锋快'几个字，来评价赵松樵的表演艺术，我想是并不过分的。"

王永运先生对赵松樵老人78岁时演的《徐策跑城》的剧评分析得细致、具体，鞭辟入里。只是对剧终时徐策的跑"下场"记录与后来录像演出的表演稍有出入，后来在演出现场实况录像时，松樵的表演改成站在台口舞"水袖"，最后将两支水袖甩到背后，水袖盖住后背和后颈部，袖口顶端搭在"相貂"上，上身向前躬屈，保持这个身姿随着乐队奏响的"尾声"，以坚实的台步走下舞台，表现徐策老人跑累了，弯腰搭背地走向金殿，坚实有力的台步表示徐策为薛家伸冤报仇的坚定意志和决心。

5. 尽管麒派的《徐策跑城》社会影响很大，赵松樵又与周信芳同台多年，但在对该剧的整体把握和具体表演处理上丝毫不受麒派的制约，而是走自己的路，这种追求艺术个性的精神令人敬佩。当初他在天津露演此戏时，内外行中不少人误以为他一定循规于"麒"，待观后才使他们有别见洞天之感，觉得原来赵派此剧另具其妙。这种感受最典型的例子莫过于上海剧评家龚义江表达出的看法：

"京剧《徐策跑城》公认是麒派代表剧目，林树森、小三麻子、赵如泉、唐韵笙等也都演出过，他们的演法各有不同。最近我有幸看到上海京昆之友社放映的京剧前辈赵松樵老先生的《徐策跑城》录像，不同于麒派，独具风格，让人大开眼界。""赵派演出的最大特点是比较真实和生活化，戏中他处处不忘表现人物的老态，唱词中不是明明说他'耳聋眼花'吗？人物出场念完"对儿"归座后，家院报说'韩山发来人马'时，他耳聋听不清，家院走近再大声禀报一次他方才听清了。他叫家院带马上城，上马动作就没有平常人那样轻便利索，颤巍巍地在家院帮助下才跨上马。下马时也是如此，不是家院扶得快，还差点儿摔跤。在城楼上极力张目四望，但老眼昏花看不清，在唱完'老徐策在城楼'那段【高拨子垛板】后，城下薛蛟向他回话，他听不见，是家院在耳旁向他说'大少爷回来了'，他方才听清。这些细节都紧扣'耳聋眼花'这个特点。""在步行过程中同样可以载歌载舞，只是动作没有麒派那么夸大而是有所制约，他的步子较小，但也有各种变化，舞台调度的尺寸与节奏的起伏也较小，让人感到这是一个老人在特殊情况下的一种连自己也意料不到的油然而生的兴奋状态。但尽管如此，毕竟是年迈了，这场舞蹈与前面的耳聋眼花和上下马的表演是协调一致的。同时他更佐之以特有的技巧，当决定步行上朝时，他兴奋了，左右手先后将两边的髯口向后向上掸起，都落在相貂的帽翅上，然后向上一耸身，髯口又从帽翅上落下来，动作很漂亮，少见人如此用过。接着两只水袖向身后拂去，动作洒得很开，水袖直从身后盖住相貂。他跑城时唱的大段【高拨子原板】唱词内容与麒派完全不同。""赵录像时年已八十，但身手仍见功夫，踢袍腿踢得高而有力，最后的'屁股座子'仰天坠地，一点儿也不偷工减料。总之，他表演的是戏中人物的老迈，而不是演员的老迈。"

　　龚文说得何其准确精到，提纲挈领地指出"赵派演出的最大特点是比较真实和生活化"，抓住了赵派《徐策跑城》表演艺术的特征要点。

　　一位是身居北方天津的王永运先生，从"情"入手，一位是身居南方上海的龚义江先生，从"技"着眼，南北两位资深的剧评家从不同的视角异口同声地对赵松樵表演的《徐策跑城》给予高度的赞誉，不是偶然的。

6. 赵派与麒派的风格比较

《谭富英艺术浅谈》一书第 84 页有这样一段论述："周信芳的表演也不是没有可推敲之处，例如《徐策跑城》一剧，他的一套舞蹈化的奔跑动作，虽说剧中人处于非常兴奋的状态之下，但动作幅度失之过大，与徐策这个已近耄耋之年老臣的年龄身份不太吻合，而且持续时间较长，使人感到演员已脱离了剧中人。"这段论述不无道理。两大家的区别在于：

（1）从全剧宏观把握来看，赵派与麒派最突出的差别，在于赵派"处处不忘表现人物的老态"，更注重表现"徐策这个已近耄耋之年老臣的年龄身份"，追求塑造人物时的真实感、生活化、细腻化，并且增添了几分幽默风趣。赵氏扮演的徐策一言一行都和其耄耋之年、丞相之位、正义品格、机敏睿智一脉相承。他也表现出徐策的兴奋状态，但是他能比较准确地把握住表演的尺寸和火候，既有精彩到位的戏曲程式和技巧的表演，表演又不超出徐策这个人物身份和年龄所允许的范围和尺度，不超出戴"白满髯口"老生行当的表演规范。他演的是老生而不是武生，台风稳健老成，塑造出的徐策不但富于个性而且合理。他严格遵守塑造人物第一、技巧表演第二的艺术创作原则，一切表演要为演对了人物服务。

（2）赵派和麒派的《徐策跑城》表演风格的宏观比较：

A. 麒派是以表现派来塑造徐策这个角色；赵派则以体验派来表现徐策。

B. 麒派更多的是应用浪漫主义的表现手法，极尽夸张、渲染之能事；赵派偏重应用现实主义的创作思路，追求真实感和生活化。

C. 麒派注重表象化、形外化的表现，人物的感性色彩比较浓重；赵派注重揭示人物的内心活动，表现出的人物更含蓄、富于理性。

D. 麒派表演动作幅度大、力度强、疾风暴雨似的，如飓风扫落叶一般，追求激情的全力释放和火爆炽烈的剧场效果；赵派重视表演动作和风度与实际人物的紧密贴合，不逾矩，稳健深沉，表演显出和风细雨，有"润物细无声"的韵致，耐人回味。

E.麒派表演刚劲迅猛，动作有棱有角，充溢阳刚之美；赵派表演潇洒飘逸，从容不迫，缓急有致，圆润柔美，刚柔相济，松弛有度，风趣幽默。

F.麒派表演风格粗犷、泼辣、奔放、繁复；赵派表演细腻、深沉、含蓄、干练、简洁。

G.麒派以张扬的艺术理念指导表演实践；赵派则以深沉、内敛的艺术理念指导表演实践。

（3）微观上，注重细节，表演细腻，着力对角色内心活动的挖掘，是赵派的一大特征。

A.徐策听到家院报信说有人叫城后，他要登城楼一观。从相府出来上马，他先是站在马的旁边，左甩"髯口"，右手提起袍下襟往"玉带"里掖，然后抬头端详了一下马，再伸双手扶一扶马鞍子，这才用右手去抓马鞭，左手抓住家院的臂膀，让人清楚地感觉到年迈人上马动作的缓慢笨拙，内心的胆战心惊，动作迟缓而小心翼翼。

B.上马时他有个明显的"认镫"动作，这是赵派做"上马"动作时的一个指标性特色。坐上马背以后，又有个上身前后略微晃了两下。这一套上马的表演，描画得非常精细，每一个动作程序交代得一清二楚，让人看得明明白白，一招一式没有多余，极富生活底蕴和真实感，观众仿佛看到一位老人真的上马的全过程。

C.登城楼梯时，我们看到他左腿向前迈一大步，右腿跟进迈小步，而且两腿和两脚略显颤颤巍巍。一位老人登台阶时那步履艰难蹒跚、腿脚无力，拼力拾阶而上的生活画面，一下子呈现在观众面前。登上城楼的最后一个台阶后，他身子一晃，家院上前搀扶，他的双手抓住家院的双臂，转头顺城楼梯向下看去，两眼睁大，口微唏嘘，双肩微耸，脸上表现出吃惊的神情。这些表演的潜台词是："嗬，原来城楼梯这么高、这么陡，我居然登上来了，我是怎么上来的？好险啊！"这样的表演一方面衬托出徐策急于登城楼要看是否薛蛟回来的迫切和兴奋的情绪，另一方面他要表现徐策年已老迈的状态，目的还是要衬托徐策为报薛家冤仇不辞年迈辛劳的人品，是点睛之笔，带有几分风趣，富于戏剧性。

D. 当徐策见到薛刚，劝说薛刚不要贸然发兵起事，等待自己上殿保本，如果皇上不准本章，再发兵不迟。这时薛刚对徐策说："您要言而有信！"徐策表现出不高兴的表情，长长地低声叹了一声："嗯……"然后严厉地说："老夫偌大年纪，难道还骗你不成？"他表现出的言外之意是"我为了你们全家，把亲生儿子都舍出去了，难道还换不来你对我的信任吗"？显出徐策有些伤心和不屑与薛刚争辩的复杂情绪。

E. 在"跑城"中，他唱到"我算算他薛家有多少人和马"时，掰着手指一个人一个人地数，想了几番之后说什么也想不起薛葵的名字，急得他来回踱着脚步直拍脑门儿，把老人健忘的特征刻画得惟妙惟肖，极为契合生活的真实状态，且富生活情趣，很戏剧化。

（4）松樵这些表演不是对生活原态的简单白描和再现，而是用京剧程式创造性地进行艺术加工，运用的无一不是戏曲传统的表演语汇。他这样塑造角色的最终目标是不脱离人物，力行他的表演艺术信条："我宁可不要'好'，也要把人物演对喽。"

正如龚文所说，赵松樵"表演的是剧中人的老迈，而不是演员的老迈"。他的武功基础超等瓷实，比周信芳的武功实力要雄厚得多，若如麒派那样做这个戏的各种技巧表演是绰绰有余的，但是，他不走麒派的路子，而是在挖掘和表现徐策的内心活动上下足功夫，在表演的细节上、真实性上、生活化上和表现人物的老迈上动足心思，使我们看到了除麒派之外的另一个徐策的舞台形象，这就是艺术家可贵的创造精神。其技巧性主要表现在：

A. 松樵的表演有踢袍、抓袍角、水袖功、髯口功、跑圆场、磋步、踉跄步、屁股座子等一系列舞蹈表演，每一种表演使用的场合都紧扣具体情境，让观众在欣赏到演员运用各种戏曲技巧细致入微地刻画人物的同时，获得心情的愉悦和艺术享受的极大满足感。

B. 他的这些表演与麒派一样有极强的观赏性，有的堪称绝技。例如他将髯口的两绺胡须分别用手指掸到头上所戴"相貂"的"帽翅"上，然后稍一耸肩，两绺白胡须飘然落下，动作自然洒脱，似在不经意间，毫无预先"起范儿"要做表演相，"动作很漂亮"，"少见人用过"。

C. 又如在"跑城"的末尾，徐策在慌忙赶路中脚下不稳，身向前倾，走了几个跟跄步。他的这几个跟跄步非同一般，是用两脚靴子底的前端（脚后跟抬起离地）左右脚轮番向内侧拧转，一只脚拧，另一只脚向前迅速迈步，脚拧一下另只脚往前挪一步，迅疾而利落，美不胜收。这是一种难度极高的技巧，如果动作稍不利索，两脚配合不好，下身有"蟒袍"挡脚，人极容易被绊倒。这种表演对于当时已经80岁的松樵来说确属超常发挥，没有腰腿和脚底下扎实过硬的功底，这种特技表演是不可能完成的。

7.《徐策跑城》唱词各家有不同

（1）上城楼前，在相府有几句【高拨子摇板】的唱。

A.麒派的唱词：

"忽听家院报一信，言到韩山发来兵。叫家院带过了爷的马能行，看是何人到来临"，完全是唱。

B.赵派把"叫家院"的"叫"字去掉，"家院"二字不唱，而是念出来，并且让家院配合回答"是"，然后他接唱"带过了……"的后两句。这一小节写成赵派的演出本便是：

徐策：（唱【高拨子摇板】）忽听家院报一信，言到韩山发来兵。

徐策：（念）家院。

家院：（念）是。

徐策：（接唱）带过了爷的马能行，看是何人到来临。

这样处理一则使演戏富于生活气息，二则不只主角表演，还调动起舞台上的配角演员也"动起来"，主角与配角呼应互动，使戏的气氛更加活跃。这是赵派艺术创作上的另一个特点：讲究台上角色之间的充分交流与密切配合，追求的是舞台上更多角色参与共同表演，形成整体表演的艺术效果，尽量避免配角在台上"傻站着"，这就是常说的"一棵菜"。这一点与当前不少人强调京剧是"角儿的艺术"、把主角的作用与地位抬到极点而忽略配角作用的观念截然不同。只有主角与配角在舞台上充分交流与密切配合，达到剧中人物在需要时尽量都"活"起来，台上演员充分参与表演，戏才有"戏"，才更加精彩好看，也更增强了戏的真实感和生活化。有人可能对此会质疑，认为这不是把主角的戏给"搅"了嘛，是配角"抢戏"。不要误解，要台上的演员尽量"动起来"，不是无序地乱动，而是有序地配合，尽量让配角参与表演，而且还要全身心投入地参与表演，而不是可有可无地应付差事。在舞台上，各角色应该是都有事可做的。

C. 唐韵笙的唱词：

"听得家院报一信，城外发来一支兵。叫家院带过了爷的马能行，看看拿来的是何人。"

D. 刘汉臣的唱词：

"忽听韩山发来兵，笑在眉头喜在心。家院带过爷的马能行，看是何人到来临。"

（2）在城楼上唱的一段【高拨子垛板】，是这出戏第一段重要唱段，几家唱词也有不同。

A. 麒派：

"老徐策我站城楼，我的耳又聋，我的眼又花，我的耳聋眼花看不见城楼下儿郎哪一个跪在城边。我问你，家住哪府哪州并哪县？哪一个村庄有你家门？你的爹姓甚？你的娘姓甚？你们弟兄排行第几名？你说得清道得明，放下吊桥开城门，放你进城。你若是说不清来道不明，要想开城万不能，你报上花名。"

B. 赵派：

"老徐策站城楼，我的眼又花，我的耳又聋，耳聋眼花望不见城下是哪一个跪在城边。我问你，哪府哪州哪县哪村哪庄有你家门？进内城，进外城？你的爹姓甚，你的娘姓甚，你弟兄排行第几名？你说得清道得明，老夫我开城，放下吊桥，你进城。你说不清来道不明，要想进城万万不能，你报上花名！"

C. 唐派：

"老徐策站城楼，我的耳又聋，我的眼又花，耳聋眼花我观不见城下的儿郎是哪一个。你跪定城边。我问你，家住哪府哪州哪县并哪郡，哪一个村庄有你家门？尔的爹姓甚，尔的娘姓甚，所生你弟兄几个人，尔的排行第几名？你若是说得清道得明，我开城门，放下了吊桥，我接你的人马来进城，你若是说不清来道不明，若要我开城万万的不能，就报上了详情！"

D. 刘汉臣：

"老徐策我站城楼，我的耳又聋、我的眼又花，耳聋眼花、眼花耳聋就观不见城下儿郎哪一个，尔就跪在城边。尔是家居哪府哪州并哪郡，哪一个村庄有家门？是住内城还是住外城，你们家中还有几个人？尔的爹姓甚，尔的娘姓甚，尔是排行第几名？尔要说得清道得明，开了城，放下吊桥来进城。说不清道不明，要想进城万不能，就快把尔的花册名，就报上了花册名。"

可以看出，这一段唱词各家大同小异，内容基本一致，断句和字数还是有变化的。

（3）《徐策跑城》中一段【高拨子原板】的唱，是徐策在"跑城"时载歌载舞的，几个版本的唱词有明显的不同。

A. 麒派：

"湛湛青天不可欺，是非善恶人尽知。血海冤仇终须报，且看来早与来迟。薛刚在洋河把酒戒，他爹娘生辰把酒开。三杯入肚出府外，惹下塌天大祸来。天佐天佑俱打坏，张泰门牙打下来。太庙的神像俱打坏，太子的金盔落尘埃。一家绑在西郊外，三百余口把刀开。韩山发来人和马，（白）韩山发来三千七百人和马，薛蛟、薛葵、薛刚……（唱）青龙会还有八百兵。看看不觉天色晚，急急忙忙走进城。老夫上殿奏一本，一本一本往上升。万岁准了我的本，君是君来臣是臣。万岁不准我的本，紫禁城杀一个乱纷纷。往日行走走不动，今日行走快如风。三步当作两步走，两步当作一步行。急急忙忙往前奔，（跑圆场，唱）老夫上殿把本升。"

B. 小兰英：

"湛湛青天不可欺，未曾起意神先知。善恶到头有报应，不知来早和来迟。薛刚酒醉他闯下祸，闯下了塌天大祸来。举家绑在西郊外，三百余口他把刀开。算来冤仇有数载，今日才得来解开。韩山发来人和马，（白）薛刚，薛葵，薛蛟，啊！（接唱）还有那韩山三夫人。看看红日初升发，甩开了大步上金阶。三步当作两步走，两步当作一步行。老夫上殿奏一本，一本一本我往上升。圣上准了我的本，君是君来臣是臣。圣上不准我的本，（白）带领人马我就赶。（唱）赶上了金殿问当今。（白）若其不然我就杀！（唱）一代奸臣俱杀尽，好欲薛家报怨恨。"

C. 唐韵笙:

"隋炀无道社稷衰，大唐的天下国号开。君正臣贤升平四海，文忠武勇各显才。跨海征东薛仁贵，平定干戈奏凯还。五凤楼前悬灯结彩，普天同庆打御街。薛刚私自出府门，三杯水酒惹祸灾。天佑天佐皆打坏，张泰的门牙打下来。花园神像伸足踹，幼主新君丧阳台。惊坏了老王龙归海，父子下朝灭门灾。三百余口皆斩坏，小小的顽童被刀裁。薛刚逃出皇城外，隐姓埋名将身挨。如今他做了这大元帅。"

D. 赵派:

"为人莫把良心亏，未曾做事问自己。前朝有个薛仁贵，他保唐室方天戟。还有个奸党张世贵，他的后人张泰贼。先唐的冤仇沉海底，三百余口命归西。我在法场曾换他的亲生子，为保薛家后代裔。我算算他薛家有多少人和马，（白）薛蛟、薛刚、薛……（接唱）这黑面的顽童叫薛葵。此番上殿动一本，但愿发落张泰贼。万岁不准我的本，这长安市上血染衣。三步并作两步走，两步当作一步移。急急忙忙寻路去，（跑圆场，接唱）两足无力摔埃尘。"

通过对比可以看出，周信芳与小兰英的这一段唱词比较接近，而赵派这一段的"唱词内容与麒派完全不同"，也与小兰英的版本不相同，而唐派的唱词与他们又都不同，显然赵、唐的唱词是自编的。周信芳的麒派这段唱词32句，235个字，前部分内容讲述薛刚闯祸的前因后果，后部分表达徐策对奏本可能产生的后果的估计与急切心情。赵派把这段唱句压缩为21句，159个字，但无"水词"。唱词内容分三层：前部分简述薛、张两家结仇之源，中间部分讲薛刚闯祸、法场换子的情形，最后部分表达徐策奏本的心理准备和紧迫心情。唐派的这段唱词是21句，共155个字。周、赵这两个版本的唱词只有"万岁不准我的本"这一句唱词是一字不差地完全一样的，另两句唱词"三步当（并）作两步走"和"两步当作一步行（移）"各改一字，其余 17 句唱词完全不同。但是，周、赵两派这段唱词的句式和所述内容大体是接近的，只是词句不同。唐派基本采用七言句式，6 句是 8 言的，一句为 9 言，其余 14 句都是 7 个字一句，句式整齐，规整。

E. 从辙韵上看，麒派这段唱词变换使用了"一七""摇条""怀来""发花""也斜""中东""人臣"这七道辙韵，以"怀来""中东""人臣"三辙为主。赵派的这段唱词变换使用了"一七""发花""人臣""灰堆""由求"五个辙韵，以"灰堆"辙为主。而唐派这段唱词除了个别句子外，基本用的是"怀来"一种辙韵。【拨子】唱腔的唱词允许句子长短不一、辙韵不一，可以灵活多变，旧规如此，但从戏曲文学角度讲，一段唱词过于频繁地变换辙韵，在遣词造句上总是不大讲究。

8. 除上述两大主要唱段的唱词不同而外，麒派和赵派在唱腔上也有区别。松樵嗓音条件好，他就把麒派唱平调的地方改唱高调门。唱时的节奏、断句、气口也各有不同，因而各家唱出来各有韵味。

9. 两家的徐策扮相也有区别。周穿改良蟒，头戴改良相貂，全身古铜色，显得高贵豪华。松樵则是老扮相，穿绿蟒，戴绿素相貂，显得素雅大方。

同是一出《徐策跑城》戏，我们多听多看，就能发现各派艺术迥然不同的风格，这才是京剧发展的正常态，也是观众期盼乐见的繁荣局面。还是那句老生常谈的话题，要"百花齐放，百家争鸣"。对于影响较大的艺术流派，是一代一代地复步后尘，还是在继承的基础上走创新之路，值得我们深思。当然，戏改不是随随便便盲目从事，不能异想天开任由所为，大量地继承传统是基础，只有会得多、见得多、肚里宽，才有资本去改。戏改也好，创造也罢，不但需要大智大勇，更要有实力和智慧。

二、《刀劈三关》

1. 剧情

京剧《刀劈三关》别名《雷万春》或《雷万春大刀劈三关》，是著名京剧老生艺术家汪笑侬先生创演的剧目。该剧讲述的是晚唐时期唐僖宗年间的故事。卖国贼郭章暗通西辽王花归叛乱反唐，郭章为扫清自己窃国道路上的隐患和障碍，伺机加害忠臣良将雷万春父子，故意保举雷万春挂帅出征，镇守边关，并令雷万春的三个儿子雷一振、雷一胜、雷一鸣为先锋。在雷氏父子出师之际，郭章假意为之践行，在酒中投毒，雷万春中毒不能行，命三个儿子先行，代为分别镇守三关。雷氏两子阵亡，第三子一鸣被擒。原来是辽王花归早得郭章书信，里应外合攻下三关。番邦浣花公主劝降一鸣，招为驸马。花归命一鸣叫关，杀死守关参谋，致信郭章，属意郭章以雷氏兄弟叛变投降的罪名陷害雷万春。郭章欺上矫旨，假冒皇上赐雷万春鸩酒欲置雷于死地。雷万春见疑，料定是郭章所设毒计，未饮。另使人暗探郭府，截获辽王信使，搜得辽王暗通郭章的书信。雷万春亲至郭府对质，出示人证物证，拘捕郭章。雷万春病痊愈，率军亲征，大刀劈三关，夺回边关，生擒辽王花归。花归供认郭章为内应的实情，求降归唐。浣花公主为救父王，愿以雷一鸣走马换将赎回父王。雷万春以杀花归相要挟，浣花被迫归降。这是汪笑侬原剧本的剧情。

赵松樵演《刀劈三关》饰雷万春

《刀劈三关》多个剧种皆有，如汉、徽、湘、川、豫、秦腔、河北丝弦戏等剧种，但剧名不一，如川剧叫《夺三关》，秦腔和豫剧叫《雷振海征西》。据苏雪安著《京剧前辈艺人回忆录》记，雷万春本由净角扮演，汪笑侬改为老生戏。苏文认为京剧的《刀劈三关》是从汉剧移植改编过来的，根据这个说法，京剧《刀劈三关》并非汪笑侬的原创，应该是他移植的剧目，当然，他在移植时必然做了改编和创造。

2. 创作京剧《刀劈三关》的汪笑侬

汪笑侬（1858—1918）是满族人，生于官宦之家，原名德克金，曾名王德，自谓汪舜，字孝农、润田，号仰天。久居北京和天津，京剧票友出身。16岁入八旗官学，22岁中举，自幼酷爱戏曲，无意进取功名，父为其捐官河南太康知县。《燕都名伶传》记他"性嗜酒好色"，去职，每隐于伶界为乐。据传他曾求教于汪桂芬，桂芬讥嘲"谈何容易"，遂自名汪笑侬，取"孝农"字音，改为艺名"笑侬"以自励。后"下海"从艺，果成大名。他除老生外，亦能演红净戏和老旦戏，自有独到之处。他精通文墨，"饱学多才，胸怀理想，愤世嫉俗"，学贯中西，实乃梨园界一大才子。他以"戏改"为己任，尊奉戏剧"高台教化"之功能，编有新剧二十余出。梁启超在《饮冰室诗话》中赞他曰："上海伶隐汪笑侬，以戏剧改良自任。"1912年被推举为天津正乐育化会副会长，辅佐李吉瑞。1913年任天津戏剧改良社社长。周信芳评价汪笑侬说："所写剧本富于革新精神，从不墨守成规"，"在艺术上，创作等身，独树一帜，卓然流传于后世"。汪笑侬与谭鑫培、孙菊仙、汪桂芬生活在同一时代，得到孙菊仙的亲炙，吸收谭、汪（桂芬）及刘鸿升的演唱艺术，结合个人嗓音条件，别开新声，创造出汪（笑侬）派的声韵。苏雪安说，他的"嗓子虽不算宽亮，但高矮音俱全，无论拔高走低，从无竭蹶之态，嗓音微带苦涩，而苍劲足以过之，吐字沉着有力，而脆利与之相称。他的唱法以字为主，辅之以韵味。至于强调乃其余事，这样才见出他的真功实力"。又说："他的唱法源于汪桂芬，参酌孙菊仙，所以高处峭拔，近似汪派，低处沉着，近似孙派。其实与孙、汪又完全不同。所谓善学人者，求其神似而已。"（按：这里文中"汪"指汪桂芬）汪先生是旧知识分子，表演颇有书卷气，正如苏雪安所言："汪本儒生，虽粉墨登场，不脱书生气息，所以演读书人最好。"（按：此处"汪"又指汪笑侬）汪（笑侬）派在清末民初时期影响很大，"凡于家弦户诵，无人不哼"，宗其法者众，多女伶，如小兰英、小爱如、恩晓峰（先宗谭，1910年以后改宗汪）等，均为宗汪之女优伶。

3. 赵松樵对《刀劈三关》的继承与发展

松樵演汪笑侬的戏由来已久。早在他十四五岁时，与吴铁庵、盖春来这三位少年名角在烟台瀛洲戏院演出，正赶上汪笑侬也在烟台献艺，演于丹桂茶园，与瀛洲戏院相邻近。松樵从那时就目睹了汪先生的戏，如《哭祖庙》《张松献地图》《马前泼水》和《失·空·斩》，但是他喜欢的汪派名剧《刀劈三关》那次却无缘得识。1919年8月，早已经挑班的18岁的赵松樵，与一盏灯、唐韵笙、高三奎等一起组班到海参崴的南园子"永仙茶园"演出，这时候小孟七先生也正在海参崴演出，他们青年演员与前辈小孟七打起了"对台"。同辈演员马武成有《刀劈三关》这出戏，可是不愿意教，他说："兄弟，不是我不教，这出戏有骨子，不是武戏，得有做有唱。"他以为赵松樵、唐韵笙只是武戏演员，认为他们不够"份儿"，怕拿不起来这个戏。其实，马武成也只会半出戏，会得并不全，不完全实受。同在一个戏班的花脸演员郭金奎曾长期傍汪笑侬演戏，汪先生演《完璧归赵》时，郭金奎饰演廉颇，汪先生演《刀劈三关》时，郭饰演郭章，所以郭先生对汪派戏十分熟悉。松樵与唐韵笙一起向郭先生学习了这出久已慕名的《刀劈三关》。松樵学会之后还没来得及演这个戏，就被海参崴的北园子"松竹茶园"接去演出。20天的演期结束后，他再回南园子的"永仙茶园"，便首次贴演《刀劈三关》，演出效果很好，从此该剧成为松樵常演的保留剧目之一。

截至目前，我们能见到的《刀劈三关》有三个版本。第一种版本是松樵先生及其弟子魏伟分别演出该剧的录像，这是"赵派"的版本；第二种版本是唐韵笙先生演这出戏的"音配像"，唐的录音，由其女婿赵乃义配像，后来也看过学唐派的张宏伟演这个戏，这是"唐派"的版本；第三个版本是江西省女老生何玉蓉于1988年左右在天津中国大戏院演出时我在现场观看的。三个版本各有不同，先谈"赵派"的《刀劈三关》：

（1）雷万春的扮相

据松樵本人讲，他演这个戏大路儿基本尊汪先生的演法，尤其汪派唱腔特色很明显的几个唱段，一概保留不动，同时他继承了汪笑侬先生饰演雷万春的扮相：头戴有三插的"台顶"、黄绸子、白三髯口，身穿古铜色或缃色"蟒"，与"蟒"同色的"三尖儿"（疑应写为"衫肩"），内衬"褶子"，脚穿厚底靴。前边"长亭"一场戏为文扮相，再下来从"病房"一场起改穿缃色软靠，一直到"劈三关"剧终。据见过汪先生这出戏的著名老艺人张海峰对赵老弟子魏伟讲，松樵先生饰演雷万春的扮相是最符合汪派扮相原貌的。

（2）剧情和场次的安排

A.压缩场次：松樵演出本《刀劈三关》共有14场，第一场是郭府，奸相郭章等人上场，郭已探听到雷万春之两子阵亡、一子被擒的消息，欲以雷之被擒儿子叛国投敌罪加害老帅雷万春，郭章为此矫旨，准备给雷万春送去鸩酒，欲置雷万春于死地。第二场"探子"上，急马快鞭，从边关赶来雷府，速报军情。第三场雷府，雷万春在家将搀扶下，以患病之躯出场，忽接来报，闻三子危情，惊骇悲痛万分，昏厥过去。醒来后，郭章携圣旨到来，令雷万春饮鸩酒自裁。雷万春精神再遭打击。郭走后，雷前思后想，猛然醒悟郭章定有通敌卖国之奸情，派家将监视郭府动静。第四场在郭府门前，家将捉住从郭府出来的辽邦信使，押回审问，搜出郭章写给辽王的信，郭章暗通辽邦的卖国罪行昭然若揭。第五场雷万春亲自押解辽邦信使到郭府问罪，在人证物证面前，郭章通敌罪行被揭穿，雷将郭扣押。第六场雷万春发点兵马，亲自率兵出征，一雪国耻家仇。第七场为雷万春大刀战头一关。第八场刀劈第二关。第9场刀劈第三关，生擒辽王羌洪。第十场是雷万春收兵回城，得胜而归。第十一场是万花公主上，接报发兵，与雷鸣开战。第十二场番兵押雷鸣上，万花劝降妁媒未果，忽报父王被擒，万花发兵救父。第十三场雷万春与辽王羌洪见面，羌洪以儿女亲家与雷万春相论，雷万春为羌洪松绑，同去城楼见万花公主。第十四场在城楼前，万花要以雷鸣换回父，雷万春不允，在父王劝说下，万花降唐，雷万春开城，各方相见，全剧以大团圆结束。赵本把汪本的18场戏改为14场戏，取消了原本中的"金殿"和"长亭"及另两场，以探子上场作为开场，然后剧情马上转入雷万春上场。

B.剧中人：汪本中雷万春三个儿子的名字分别是雷一振、雷一胜、雷一鸣，西辽王的名字是花归，公主名为浣花。赵本中雷万春三个儿子的名字分别是雷振、雷胜、雷鸣，西辽王名为羌洪，公主名为万花，这些与唐（韵笙）本一致。雷氏三兄弟的名字少掉"一"字，可以解释通，因为"一"字在念时很容易被"吃"掉，反而不如省掉更好。至于汪本原有的花归、浣花为什么在赵本和唐本中变成了羌洪和万花，就不得而知了，暂且存疑待考。赵本在剧中增加了两员家将，这倒无关大局。

C.另一处重要的改动是汪本中安排雷一鸣降番合婚，赵本改为雷鸣宁死不降，在番邦时亦未答应成婚，而是作为俘虏被押解到城下的。这一点改编非常重要，使该剧的中心思想有了本质的改变。最后的煞尾处改得也好，把原剧本中雷万春佯装杀西辽王，逼迫公主投降，改为两老将先讲和，辽王先归顺，然后由辽王劝降公主，这在处理民族矛盾上是个能让各方都可以接受的有智慧的主意。

（3）文武兼具的特点

松樵在对《刀劈三关》剧本的结构和情节有所改编之外，还对戏中雷万春这个人物的塑造和增加"武演"的分量做出重要创造。汪笑侬先生是票友出身，汪（笑侬）派老生以唱为主，最擅长用成套大段唱的声腔音乐形象刻画人物，唱词占有戏文的最大篇幅，几十句乃至上百句的唱词在汪派戏里屡见不鲜，唱腔慷慨激昂，酣畅淋漓。因此，若让他扮演武将，以唱念做打舞全面表演角色，就力不从心了。汪派之所以追随的女伶居多，皆因汪派戏的此一特点。但是，雷万春终归是一员要用大刀的武将，有"大刀雷万春"之称，如果全按汪派的演法，虽然雷万春战袍加身，剧名曰《刀劈三关》，应该有的夺城鏖战的场面只是比画几下，摆摆样子，演法就与剧情和人物脱节了。戏文里有郭章的台词说："雷万春这个老儿武艺高强，西辽王岂是他的对手。"所以，在塑造雷万春这个人物的艺术形象时，必须充分考虑到他的武将身份，本来是武戏的素材却当成文戏来演，是这出戏的美中不足。

松樵先生正好弥补了这个不足，他塑造雷万春不是以唱功老生应工，而是以老生的唱、念、做、打全面表现的，削弱雷万春的文气，增强其英武的气度，添加收复三关时的三场开打，使全剧文武兼具，合理配置，好听好看，让这个戏更加蔚然可观，臻于完美。劈三关时，他每劈一关分列一场戏，每场开打套路各异，第一关时开打是象鼻子大刀对双刀，第二关是大刀对长枪，第三关是大刀对剑。他每番开打所耍的大刀花均有奇特，开打迅疾洗练，干净漂亮，帅美脆溜。尤其战第二关时的大刀花更称奇绝，其势迅雷不及掩耳，让人目不暇接，充分表现出久经沙场的雷万春这员老将战无不胜攻无不克的勇猛气势，衬托出为报国耻家仇而英勇杀敌的内心情感。从刀劈三关的表演使我们领略到松樵先生的"把子功"之精湛，开打和耍大刀套路编排之精巧奇妙，让人叹为观止，难以名状。当时他已是 80 岁高龄。

杨浦生曾在《中国京剧》杂志 2010 年第 8 期上发表文章《浅谈京剧"刀劈三关"》，评论赵松樵、唐韵笙、何玉蓉三个人分别演的《刀劈三关》，说赵松樵演的《刀劈三关》几乎是武戏，实在是言过其实了。赵先生的这三场戏开打总共不到 10 分钟，演全剧要 1 小时 20 分钟，何以称其为武戏呢？赵派《刀劈三关》是仍以老生应工的。"赵派"与"唐派"根据本派具有武功的优势，都增加了武戏的分量。2016 年我看"十大老生流派"专场的演出，开场就是沈阳京剧院的张宏伟主演的这个戏，在"夺三关"时，雷万春的开打甚至比赵派还要多，不知当年唐韵笙先生是否也是这样的演法。该文对这三人中最差表现的却大加赞赏，有失水准和公允。其实，赵派的《刀劈三关》开打恰是其看点和优长。微信公众号"青衣童儿京剧道场"2015 年 3 月 26 日曾发表一位网名"五谷不是无谷"的评论文章——《浅说京剧"刀劈三关"》，写道："津门名宿赵松樵于 1980 年耄耋高龄时还演出过。他的雷万春身旁配有两员由武生扮演的贴身马童，专司'驯马''护纛''探事'等职，并随帅出战。赵的三番攻城，与番将开打，因对方使用的兵刃不同（双刀、长枪、双股剑），档子各异，斩将后的亮相有'大刀背花亮相''身后戳刀''肩上横担'等造型，都极富雕塑美。'刀劈三关威名大'一段流水，听起来也别有风韵，最后公婆会面的尴尬场面也演绎得饶有风趣，很有看头。"这与杨文着眼点迥异。

松樵先生在一些唱段上也有别于汪腔，做了些微调。例如"站城楼扶垛口看一看女将娇娃"这句著名唱段，汪派把"站城楼"三个字唱得音较低，腔较平、直，松樵改唱成较圆润委婉；"扶垛口"三个字汪派唱得硬而低沉，松樵改为用高腔唱出"扶"字，到了"口"字升至"嘎调"唱出；最后四字"女将娇娃"，他则以耍腔唱出。由于时代的局限，汪派原唱中的某些老腔直调，他也略作调整，以不失汪派韵味特色为原则。赵派的《刀劈三关》可贵之处恰恰在于不只是唱，而是在保留汪派基本神韵和风格的前提下，适应时代需要，发挥自己特长，把该剧演绎得更加完美可观。赵派版的《刀劈三关》以"文武兼具"之法加工打造，成为松樵先生继承并发展优秀流派剧目的一个成功范例，是他几十年中久演不衰的剧目之一。

4. 其他版本的《刀劈三关》

唐韵笙先生的《刀劈三关》既不同于汪派，也不同于赵派，而是脱离了汪派的窠臼。尽管赵、唐得此剧于同源，可是二人对此剧的处理却走的是完全不同的路子。赵走的是基本继承汪派传统，尽量保持汪派风格，唐更加大胆，迈的步子很大，是对该剧另起炉灶，全剧与汪派风格已经是南辕北辙了。唐于1949年改编此剧，把剧中角色郭章改名为郭震，把汪本的18场戏压缩成只有7场戏，删掉原本中开头的"金殿降旨""长亭饯行"和"探子下书"，让万花公主提前在头一场上，然后是雷万春大帐派将。唐把原本中由郭章下毒给雷万春改为雷万春自己身染重病不能去镇守边关，最后一场戏，唐本对雷鸣与万花公主的婚事做模糊处理，不予明确交代。在唱词与唱腔上，唐本的改动更大，唱腔极少保留汪派的韵味。所以，唐本《刀劈三关》已经与汪派原样面目全非了，有较大的切割。由于赵、唐二位都有文武俱佳的本事，有允文允武的技术优势，所以，他们在增加这个戏的开打场面上形成共识，当然其套路是不一样的。从"音配像"看，为其配像的演员在开打时借用了一些关羽戏的身段架势，不知唐先生当年是否也这样演。

至于何玉蓉的《刀劈三关》，本人在天津中国大戏院看过她的演出，劈三关的情节是在一场戏里完成的，与敌方见面只是抬起大刀再一落下，就算完成攻下一关，然后唱两句，转身走几下台步就算到了第二关，再重复前边的举刀、落刀，又完成第二关，如是者三。她虽穿"大靠"，纯是"唱"戏，而非"演"戏。赵、唐都不穿"大靠"的。有内行人评价何玉蓉的这出戏"不是这里的事"，称其按汪派演《刀劈三关》是不可靠的。何的此剧应该是"唱"三关，不是"劈"三关，并且唱的雌音太重，嗓音尖、细，听来刺耳。

从《刀劈三关》这个例子，可以看到赵松樵、唐韵笙两位大艺术家是如何学习和发扬流派、怎样继承传统的。他们结合自己的条件搞创作，有各自不同的思考与艺术处理方法，对今天的演员有启示意义。王瑶卿先生说过："死戏活人唱，怎么好，怎么改。为什么不能改？"[①]改可以，但不能胡改，改传统戏会牵一发而动全身，最需注意的是要保持全剧的统一协调。

十四、南天门唱做并重　逍遥津匠心独运

一、《南天门》

《南天门》是一出老生和青衣演员的"对儿戏"（一出戏里两位演员饰演的角色戏份不相上下），过去凡是老生和青衣演员大多都演这个戏。像这样占用的人少、唱念做又很需要功力的好戏，现在却绝迹京剧舞台。这个戏在川、汉、湘、徽、桂、晋、秦腔、河北梆子等剧中均有。该剧别名还有《走雪山》《广华山》《官庄堡》《天启传》《反大同》《曹福登仙》等。它们表现的剧情大体一致，其中《反大同》的剧情比较全。

该剧的故事源于弹词《后倭袍》，剧情是：明朝天启年间，宦官魏忠贤集结阉党专权为虐，谋害忠良。吏部尚书曹正邦不与魏党同流合污，遭贬官回乡，途中被魏党杀害，曹妻投井自尽。遗孤女曹玉莲，先期已许配大同节度使之子李云亮，家仆曹福保护玉莲逃离官庄堡，跋山

---

① 详见《王瑶卿访问记》。

涉水，投奔大同。行至广华山，隆冬之际，大雪弥山，曹福不顾自己受冻，脱下外衣给玉莲御寒，曹福终于冻死在野岭荒山。玉莲恰遇大同总镇派人迎接，获救，前往大同投亲。

常演的《南天门》实际只演曹福与曹玉莲过雪山一折。如果是贴演《反大同》，除包括以上剧情外，还接演后边的情节：魏忠贤知道大同节度使李德政一定要为曹正邦报仇，便勾结交趾国攻打大同，并假传圣旨召李德政进京。李识破假诏，大破交趾国，领兵进京，向皇帝揭露魏党奸谋，将魏处死。据《明史》记，魏忠贤最终非被天启帝处死，而是在崇祯帝即位时，他自缢而亡。戏曲编剧在最后杜撰出一个大快人心的结局。

赵松樵教授李开屏演《南天门》

《南天门》一折的戏幅不大，短小精干，却是老生和青衣演员在唱、念、做、舞诸方面很吃功夫的一出戏。京剧历史上有相当多的老生和青衣名角儿都有演出，如张二奎、时小福、谭鑫培、陈德霖、王瑶卿、余叔岩、周信芳、马连良、谭富英、言菊朋、尚小云、荀慧生、小兰英等，均工此戏，南北各地普遍演之，所留唱片不少。这虽然是一出老生与青衣的"对儿戏"，可是老生在戏中的表演分量还是稍微偏重些，曹福在该折戏中应该占主导位置。

松樵在青少年时就演这个戏，受谭（鑫培）派的影响较大，唱、念上均为"官中"的。在做戏的表演方面，在刻画曹福这个人物上，有他自己的独到之处。

1. 选定对曹福的人物定位

他注意表现曹福年龄上的特点和奴仆的身份。曹福这一角色戴"白满髯口"，在过去可以算是衰派老生应工，这是松樵先生善于表演的行当，他在言语、动作、台步、神态各方面都能准确把握这一角色的老年姿态。把握准年龄老迈和奴仆身份是演绎曹福成功的关键。

2. 把握住曹福的奴仆身份

他恰如其分地把握作为仆人的曹福与作为小姐的曹玉莲之间一主一仆的身份界限，把握好这一关系对此戏的表演很重要。正是这一仆一主不同的身份差别，决定着两个人物怎样表演和表演的分寸、不同的心理活动以及表演时如何配合。这是主导人物在剧中应该怎样定位的关键。中国戏曲中有一类人物叫"义仆"，如《九更天》（又名《滚钉板》）中的马义、《义责王魁》中的王忠、《一捧雪》中的莫成等，曹福就是这一类人物中的一个。他们有的自小即在某府当差，在主家听差干活一辈子，是主人家的奴仆。他们对主人家感恩戴德，忠诚无比。正是这种身份的关系，才为这种人物的一些举动提供了符合逻辑的依据。另外，只有演员很好地表现出曹福的仆人身份，才能让观众深刻体会到曹福这个人物义举的可贵，从而达到编剧要把曹福忠贞仁义的精神意境提到最高尚境界的创作目的。这样表现主和仆之间的情感纠结，还有第三方面的目的，就是表现出曹福和玉莲两个人物对国家命运的关切、对正义与邪恶的爱憎分明，从而表现出人物的正义感和善良的人性，进一步强化和突出人物的朴实忠厚性格。

3. 塑造曹福老迈的艺术形象

在《南天门》这个戏里，只有演员很好地表现出曹福的老迈，才能让观众明白他在曹家服务年限之长，才能使观众理解曹福这位老人为什么对小姐曹玉莲亲如一家的感情。曹福是看着小姐长起来的，义仆普遍不建立自己的家庭，没有儿女。在受冻之时，作为老人的曹福甘愿自己冻死，舍出性命也要保护好小姐的安全，这使曹福的行动更具合理性和可信性。同时，唯其老，才能使观众对曹福的死产生悲怜之情，达到强烈的艺术感染效果。

4. 表现曹福正义与忠厚的品德

面对魏忠贤阉党残害忠良、祸国殃民的倒行逆施，曹福无比愤恨；面对曹大人和曹夫人受迫害致死，曹福无限悲痛；面对孤苦无援的弱女子玉莲的悲惨遭遇，曹福由衷地同情与怜悯。善良正直的天性和朴实传统的报恩思想，促使他有带领小姐逃出险境的坚定决心，促使他做出奋不顾身救助小姐的举动，以自己的行动惩恶扶善，最后成就了曹福壮美的献身。

5. 声、情、技并茂的表演

看松樵先生演《南天门》，一老一小、一男一女艰难前行，经历重重险阻，路经坎坷，跋山涉水，穿险溪、过独桥，举步维艰，他通过各种艺术表演，神形兼备地把曹福的性格、人性和流动的思维展现出来。这些表演包括他对细节的捕捉与表现，台步基本功和灵活多变的脚下功夫。精湛的技巧表演，触景生情的面部表情，对心灵之窗眼神的灵巧运用，他那手语指画的高超技能，都得到充分的发挥与展现，为向观众传达剧中人物的精神世界起到极佳的衬托作用。有几处表演尤应特别提起关注。

（1）在过独木桥时，舞台上本没有桥，演员要假戏真做，小心翼翼、颤颤巍巍，做戏逼真可信，演得形象生动，两位演员配合默契。

（2）在表演二人走雪地滑倒时，曹福把小姐甩出去，饰小姐的演员走一个小的"鹞子翻身"，接"屁股座子"。松樵参考《问樵闹府》中的表演加以改变创新，一只脚将鞋踢起，身体迅速跃起，伸手去抓空中的鞋，同时走"吊毛"。这套动作设计与剧情结合得十分紧密贴切，把踢鞋、身体跃起蹿身抓鞋、接"吊毛"这"三下归一"的连贯动作，一气呵成，动作难度很高。这是情境与技巧合理而紧密结合的范例，也是"文戏武演"的一个典范。

（3）他演《南天门》，在前头有【快板】，耍着唱，后头有【二六】转【流水板】，在过雪山时，有唱有做，唱做配合。小姐唱："难道说我冷你不冷？"以前曹福接唱的唱词是"男人头上三把火"，他改为"男的头上有三把火"，唱时他把"三"字拖长腔，"火"字用甩腔，"火"

字后边加语气衬托字"呃呀呃"，在唱"有""把"两字时，用音要重并且稍有一顿。受冻而神志不清时，有曹福的"数八仙"等，连唱带做。

（4）他在表现曹福过雪山时，对寒冷感知的表演极其逼真，在脱下外衣给小姐之后，曹福那种挨冷受冻的感觉，竟能令观众随之觉得身冷心颤，周身发凉。他的这一段表演渐次深入，是层层递进的，引领和感染观众逐渐进入感同身受的境界。当曹福冻得知觉迟钝，精神恍惚时，产生了幻觉，似乎看到天上的神仙，这时他有唱有表情和动作，把曹福此时的精神状态演得活灵活现。小姐搀扶曹福，二人同时做蹲起的三起三落动作，比一人单做要难。

《南天门》戏虽小，松樵先生演来却精彩纷呈，获得内外行的一致称赞，曾与诸多旦角名家合演，他自己也引为得意之作。他晚年将该剧传授给李开屏、马少良、魏伟等后起之秀。

二、《逍遥津》

1.《逍遥津》演出小史

这是一出老生重唱功的名剧，为高（庆奎）派代表剧目之一，高派老生无不经常上演。在最近的几十年里，以高派风格一花独放，影响最巨，仿学最多。高先生之后，老生名家李宗义、李和曾均以此戏闻名剧坛。

在高派风靡之前，孙菊仙、刘鸿升唱此戏最红，孙派传人双处（阔亭）、时慧宝尤擅此戏，分享盛誉。双处名阔亭，又作克亭，满族，北京人，票友出身，以"双处"称之。民国初年前后，他唱红京、津、沪及东北等地，成当年好老。他以实大声洪、气势磅礴见长，嗓音宽厚洪亮，腔调高而用气饱满，所演《逍遥津》悲凉苍劲，以情动人，感人肺腑，一时难有匹敌者。时人有称他"梨园怪杰"者，皆因其晚年双目失明，仍能粉墨登台，且唱做俱佳，光彩不逊盛年故耳。该剧先以孙、刘两大流派传承为主，后来居上的高派是刘（鸿升）派体系衍生出来的支流余脉。松樵虽与高庆奎为同时代人，并且关系莫逆，交好甚厚，多期同台，但是他这出戏与高先生非出自同门。双处晚年演出此剧时，十多岁的松樵为其配演太子之一，多次用心观摩双处先生这出戏的演法。所以，松樵的这出戏私淑双处，是孙派一脉艺术的传承。高先生的嗓音得天独厚，在刘鸿升的这个戏基础上吸收了老旦的发声法和花腔，唱法新颖，唱腔激越高亢，渐成时尚。后来松樵在演出此剧时，在承袭孙、双衣钵的基础上，又参考了高、刘的唱法，再加改良，形成刚柔相济且富于变化的自派风格。他虽然大路宗法双处，但是唱腔并不全学"孙派"，学孙派唱腔的老苍劲儿，不学他"砸夯"似的唱法。松樵认为双处在唱"欺寡人"这一大段时，虽然卖力，但不太注重剧情，松樵在唱上加以变化，注重唱情，使唱腔更加凄美动听。

2.《逍遥津》剧情

京剧《逍遥津》的故事见于《三国演义》第66回，但某些情节并不见于该书，有编剧敷衍的成分，尤其对曹操这个人物的描写比《三国演义》有过之，更加重彩浓墨地勾勒出曹操那副奸佞、凶残的嘴脸。《逍遥津》又名《白逼宫》《曹操逼宫》《搜诏·逼宫》，名为《白逼宫》是因曹操勾白脸而得剧名。后边这三个剧名都扣剧情故事，唯《逍遥津》剧名反而不切剧情。逍遥津是当时一地名，原作有张辽大战逍遥津的情节，后来演出此剧时偏偏将与该剧名有关的这一情节删去，但仍沿用原剧名，如此造成文不对题的现象。

该剧的故事发生在汉朝末期的汉献帝时代，曹操以复兴汉室的功臣自居，功高盖主，朝廷群僚趋炎附势，曹操个人势力空前膨胀，恃强无恐，挟天子以令诸侯。官吏中以张辽为代表的"拥曹派"要废帝立曹，曹假意不允。在曹操奏请灭吴、蜀的决策时，献帝因惧怕曹操而不敢做主，令曹自决自断。曹借题发挥，诬蔑献帝故意在群臣面前暗示曹专权，在朝廷上竟拔剑恫吓献帝。献帝威风扫地，忍无可忍，回宫后与伏氏皇后密议，以血诏命伏后之父伏完联合刘备、孙权发兵，铲除朝廷曹党。机密泄露，曹操得夏侯渊密报，率众臣兵将赶赴宫门，封路盘查出入人等。在宫门截捕皇宫内侍穆顺，搜出密诏，穆顺被杀并遭满门抄斩。曹操佩剑闯入内宫，令华歆乱棍打死伏后，再逼伏后所生两太子服毒。献帝与曹氏娘娘求情，曹操欲免太子死，奸臣华歆唆使曹操下决心斩草除根，以绝后患，两太子终遭残杀。曹操再逼献帝册封身为曹操之女的曹氏娘娘为新皇后。

3. 各家唱词比较

赵松樵所演《逍遥津》中"逼宫"一场的核心唱段的唱词，与高派有些不同。这是一大段整套的【二黄】唱腔，包括【导板】【回笼】【原板】【慢板】【散板】，是颇具艺术魅力的精彩唱段。这段唱词采用了大量的比喻修辞方法和排比句式，有较浓重的文学色彩。

据《京剧大观》刊发的高派唱词是：

> "父子们在宫院伤心落泪，想起了朝中事好不伤悲。曹孟德与伏后冤家作对，害得他魂灵儿不能够相随。二皇儿年岁小孩童之辈，他不能在灵前祭酒三杯。我恨奸贼把孤的牙根咬碎，上欺君下压臣做事全非。欺寡人在金殿不敢回对，欺寡人好一似猫鼠相随，欺寡人好一似那家人奴婢，欺寡人好一似那墙倒众推，欺寡人好一似那犯人受罪，欺寡人好一似那木雕泥堆，欺寡人好一似那孤魂怨鬼，欺寡人好一似那猛虎失威，欺寡人好一似那犯人发配，欺寡人好一似那扬子江驾小舟，风飘浪打，浪大风飘就不能回归，欺寡人好一似那残兵败队。又听得宫门外喧哗如雷。"

如果细究起来，这整套唱词还有可斟酌处，例如"犯人受罪"和"犯人发配"，给人复赘堆砌之感，又如"二皇儿年岁小孩童之辈，他不能在灵前祭酒三杯"，前句主语是复数"二皇儿"，后句主语"他"变成了单数代词，上下句指的又是同一主语，有语病。

刘鸿升的这段唱词用的是"人辰辙"，唱词25句，共224字，用了7句"欺寡人"的排比句式，叙述性较强，逻辑和条理也较清楚，通俗易懂，显然出自伶人之手。刘唱的头一句【导板】唱词是"建安王父子们……"，"建安"是汉献帝在公元186年至219年在位时期的年号，他可否这样自称"建安王"，存有不同的意见。高派唱词用的是"灰堆辙"，一辙到底，在吐字发音上比"人辰辙"更有利，唱22句，用225个字，有11个"欺寡人"。高的唱词比刘的较富文采，可见华丽雕琢之工，显然是在刘的唱词的基础上经过文人的加工修饰。

松樵先生的这段唱虽然用的也是"灰堆辙",然而内容有所不同。他的唱词是:

"今汉王父子们伤心落泪,思想起叫孤王好不伤悲。那曹孟德与伏后结下仇对,害得她魂灵儿不能相随。二皇儿年纪小孩童之辈,不能够在灵前祭酒三杯。恨奸贼把孤的牙根咬碎,恨不得把奸贼挫骨扬灰。可惜他受皇恩官居相位,绝不该上欺君下压臣兵权在手任他胡为。欺寡人在金殿不敢回对,欺寡人掌宝剑把孤的命追,欺寡人文武官忠良避退,欺寡人午门外他把穆顺的命毁,欺寡人好一似家人奴婢,欺寡人好一似孤灯风吹,欺寡人好一似风倒芦苇,欺寡人好一似墙倒众推,欺寡人好一似犯人受罪,欺寡人好一似扬子江一小舟,船至在江心,风狂浪大、波浪滔天,刮断蓬桅,我难以回归,欺寡人好一似残兵败队。又听得宫门外喧哗如雷。"

需要说明的是,松樵先生的开头第一句唱词本来是承刘派的"建安王",有人提出不合理,于是临时改为"今汉王"。据松樵先生讲,他这段唱词主要来源于双处,根在孙菊仙,松樵再予加工修改。他的这段唱词共用字 255 个,比刘、高多三十余个字,组成 27 句,用 11 个"欺寡人"句式。这段唱词有几个好句子可圈可点,如"恨不得把奸贼挫骨扬灰"生动形象地表达出汉献帝的内心对曹操痛恨至极,那种与曹操势不两立、水火不容、必欲你死我活的刻骨仇情溢于言表。又如"可惜他受皇恩官居相位,绝不该上欺君下压臣兵权在手任他胡为",把曹操的罪恶具体阐明,紧贴剧情内容。总之,赵派唱词似乎更显描写细腻,内容具体,形象生动,紧扣剧情,言之有物,不那么"水"(空洞无物),与先贤各家之唱词参差交错,堪为集孙、刘、双、高之大成者。

4. 赵派的唱、做特色

孙菊仙、双处一派的唱古朴、苍劲、悲凉,有一种"哏"劲儿的特点。听起来让人觉得解渴过瘾。可是又显得有些生硬,觉得不那么委婉圆润,这种仍属于高调门、直调大嗓的唱法,是京剧早期在声乐方面的特点，带有明显的时代特征。高庆奎的唱法可以看作是向现代的一个过渡，仍保留过去大气口、高嗓门、拖长腔的传统唱法，但比过去的唱在旋律上要迂回曲折得多，唱腔也委婉、细腻了许多。高派之所以能够后来居上，就是因为高先生改进了传统的唱法，发出新时代的音律。松樵先生如果对孙、双的唱腔照单全收，肯定不合时宜，若按照高派演唱又流于时俗，且孙、双一脉不得继承和保留，于是他借鉴孙、双、刘、高的特点，以我为主，唱出自己的腔韵，听来似是而非。

他在丰富《逍遥津》中的汉献帝角色的表演方面，做了较大的改进与加强。以上谈及的孙、双、刘、高四派均以唱为主，饰演汉献帝时在形体表演方面非常拘谨，除了表情、台步和水袖的动作之外，再没有其他的表演。松樵矫正了这个戏历来只重唱而轻表演的缺陷，使该剧成为唱、念、做并重的戏，提高了它的观赏性，这是赵派演《逍遥津》的重要特点，这是他对传统文戏改进时"文戏武演"的一贯思路。多方调动戏曲凡允许使用并且可以使用的一切艺术手段，综合地塑造人物、表演剧情，是松樵始终不渝的艺术创作原则。"独特风格是主要的，学人家的是为了丰富自己"。①

（1）他饰汉献帝的扮相，头顶前面不戴"面牌"，固然戴"面牌"美观，可是这时的汉献帝是什么处境？曹操带领兵将闯宫来杀人，汉献帝、皇后、太子命系一线，危在旦夕，头上的皇冠都去掉了，戴着"甩发"，还顾得上好看不好看吗？这时候汉献帝应该是衣帽不整的狼狈相，扮得越凄惨才越接近此时的人物。演戏化装就是要贴近人物和具体情境。

（2）在"逼宫"一场，汉献帝的出场与众不同。汉献帝唱完"父子们"那句【闷帘导板】之后，该上场了，流行的演法是两个太子先出场，战"斜门"，然后汉献帝再独自登场，这是为突出主角演员的身份而设计的，也是常态下的出场惯例。可是，这场戏不同，不是正常情况下的皇帝出场，而是皇家危难之际，皇帝、太子的生命不保，慌张四处躲藏、逃避。这种情况下还四平八稳地按正常礼仪行事，就与剧情不相

---

① 详见《周恩来论文艺》。

配合了，要有特殊的出场设计。松樵的演法是唱完这句之后，一手拉着一个皇儿，三人一起出场。这是从剧情需要考虑的，面临曹操剑拔弩张来闯后宫，慌乱中汉献帝一心要保住两个皇儿，唱词中不是有"二皇儿年纪小孩童之辈"嘛，唯恐他们跑丢了，走散了，死死抓住不敢放手，这是人之常情。在这种情境中还按演戏的惯例讲究出场时主角要摆"份儿"，就不符合书文戏理了。

（3）接下来曹操佩剑率众风风火火地进宫，汉献帝与曹操见面时，一般唱"一见曹贼进宫门"，用的是"人辰辙"，松樵唱的是"灰堆辙"的"一见曹贼进宫闱"，他这整出戏的唱词都用"灰堆辙"到底。特别要介绍的是他在唱这四句的头一句时是连唱带做戏的，其他演员演到这儿没有这些表演，他的演法很有特色。当唱到"一见曹贼"的"贼"字刚唱出字头音"Z"时，突然见曹操气势汹汹地进来，他马上转而改口，把"贼"字改成"相"字唱出，唱成"一见曹相"，这个技术处理很特殊，也很讲究，瞬间改动称呼由"贼"变为"相"的一字之差，加上配合眼神和面部表情的变化，把汉献帝当时对曹操又恨又惧怕的心态表露无遗，可以说他把"戏"研究到家了，把戏抠"细"到精准的程度。

（4）在这场戏里，他还增加了"甩发""水袖功"和"抓帔"的技巧表演，也是其他演员所没有的，用戏曲技巧表演强化人物和剧情的扩张力度，从而极大增强艺术感染力。当曹操进宫见到汉献帝之后，曹操一只手抓住献帝的手腕，另一只手举出血诏作为物证给献帝看，献帝立刻惊恐悚然，魂飞胆破，不敢直面应对血诏，转身要躲，这时起"锣经"，曹操伸手从献帝身后"抓帔"，献帝顺势脱帔，紧接转身走一番"甩发"，同时双臂舞动"水袖花儿"，再接一个"挺发"（甩发直立头顶呈现"一炷香"的态势），立即再把甩发打到胸前，斜身侧目看曹操，同时左袖向前"投袖"下垂，右袖向后翻盖头，以惊恐状亮相。这一套做派的表演在锣鼓点儿的密切配合下连贯流畅，完成得漂亮洒脱，把汉献帝和曹操两个人物的矛盾冲突推到高潮。这场连唱带表演的戏有静有动，大起大落，演员由内心而外相，是情与技水乳交融的妙笔，顿时满台生辉，每演至此必有满堂彩声。

赵松樵演《逍遥津》饰汉献帝

（5）接下来松樵还有一大段念白亦甚精彩：（叫头）"曹丞相，曹外公！孤在金殿之上一言错出，冒犯丞相……你饶恕他们吧！"共18句、130个字，字字珠玑，语气苍凉悲惨，情感恳切哀泣，声情并茂，催人泪涌，心弦颤抖，把这出戏的悲情演到绝妙至极。

《逍遥津》可以说是松樵先生对传统戏进行创新的一个代表作，赵派特色突出。该剧在1980年5月计划由国家文化部和中国艺术研究院录像，敲定曹操由李荣威配演，由于种种原因把事情拖了下来，松樵先生这出《逍遥津》没有被抢救记录下来，铸成遗憾。李荣威见到我们，很为这次未能与松樵先生合作此剧而深感惋惜。先生逝后，尚可庆幸的是其弟子郭云涛（福建省戏校教师）、魏伟（天津市京剧团主要演员）继承了这出戏的赵派演法，如今郭云涛先生也已仙逝，就只有魏先生能传演了。2015年，松樵先生的再传弟子裴咏杰在天津学到赵派的该剧演法，也许赵派的该剧有再现舞台的机会，我们期盼着。

十五、打金砖革故鼎新　李陵碑卸甲挺盔

一、《打金砖》

京剧《打金砖》是《上天台》连本戏的第四本，摘出《打金砖》这一折戏单演，渐成惯例，流行颇广。若从汉语语法角度来细究，这一类

剧名是不合语法规则的。剧情内容是说"用金砖打某人",或说是某人被金砖打的意思,"金砖"二字不应放在动词"打"的宾语位置。类似这样的戏名还有很多,是戏曲界为简化剧名起见的一种约定俗成的特别惯例,带有戏曲专业特色的语言现象。这不同于《打面缸》《打城隍》《打焦赞》之类的剧名,是正规的动宾词组作剧名。如《打瓜园》与以上两种情况又有不同,它的意思是说"在瓜园里发生的打斗事件",瓜园是打斗事件发生的地点,并非是打的对象,像这种也不符合语法规范,但是人们习以为常了。当然,这都是题外絮语。

1.《打金砖》是一桩冤案

据考,清代道光四年(1824)出版的《庆升平班戏目》已经记有《上天台》剧。除京剧外,许多地方剧种,如晋、汉、湘、滇、川、粤剧及秦腔、河北梆子均有之。京剧《打金砖》多从"金殿"演起,名之为《上天台》。故事讲述的是汉光武帝刘秀诛灭王莽之后,扶刘玄继帝位,受封肖王、大元帅。朱鲔杀刘玄,刘秀定计杀朱鲔,自继帝位,大封功臣,并收郭荣之女为西宫娘娘。数年后,刘秀思念那些与他东征西剿、战功赫赫、亲如手足的铫期、马武等人,下旨将他们从边关各地召回京城。铫期之子铫刚力大性烈,误杀郭妃之弟,刘秀免铫刚死罪。郭荣贿赂解差,于发配途中欲害死铫刚。铫刚幸得友人救助,返京城与郭荣辩理,一怒又把郭荣打死。郭妃为报郭氏父子丧命之仇,设计将刘秀灌醉,趁机假传圣旨,诛杀铫氏满门。重臣岑彭、邓禹等力保铫家,反遭连诛。猛将马武带金鞭闯宫,逼醉梦中的刘秀签发赦免诏书,至法场时行刑已毕,为时晚矣。马武盛怒,义愤填膺,拾起宫中金砖自碰而亡。刘秀酒醒后悔之莫及,自责愧疚,神志恍惚,行至太庙摔跌而亡。

该剧呈现舞台逾百年之久,但是剧情却查无史证。史书上并无关于刘秀诛杀功臣的记载,无论是《东汉》《后汉书》还是《东汉演义》,均无此说,纯属子虚乌有。根据史书记载,刘秀是一位文韬武略、治国有方的贤德君王,是"善处宫闱者","夫光武善待功臣,所谓推赤心置人腹中,与高祖大异。二十八将,从未加罪一人"。成语"推心置腹"即典出刘秀爱臣之故。可见,《打金砖》剧情乃戏说杜撰之作,是剧人强加于刘秀头上的一桩不折不扣的天字号冤案。"戏说"与事实谬之千里,害人之深重，由此可见一斑。好在刘秀离世年代久远，不能破棺还魂、挺身而出，不必顾虑刘秀因遭毁誉而索赔，绝无诉讼之虞了，否则，刘秀定要与该剧始作俑者对簿公堂，有一场热闹的官司好看。平心而论，刘秀背负这么多年的黑锅，《打金砖》又演无止期，看来这滥杀无辜的罪名还要继续领受下去，于他这位"有道的明君"确实太不公正啦。

2. 赵派《打金砖》的改革

京剧《打金砖》的演出者颇多，可数的知名演员有张二奎、王九龄、孙菊仙、谭鑫培、刘鸿升、时慧宝、言菊朋、杨月楼、高庆奎、李桂春、赵松樵、王又宸、罗小宝、谭富英、奚啸伯、李少春等均工此戏。前辈演员多以《上天台》剧名贴演。之后有谭元寿一代，再后有李光、马少良、魏伟、曹铁生、张建国、于魁智等。这些演员在不同历史时期各领风骚。约三十年前本人曾在天津第一工人文化宫看过李光演出的《汉宫惊魂》，中国京剧院的这个版本对传统剧本有所改编，多有新意。2015 年以后，天津京剧院出了一位女老生李特，演出《打金砖》连唱带摔，一样不少，处处到位，也很精彩，有人评价认为李特开创了女老生演《打金砖》的先河。2016 年 10 月国庆假期中，中央电视台戏曲频道直播天津京剧院在北京长安大戏院演出的折子戏专场，大轴即为李特演出《打金砖》最末"太庙"一场，让全国观众认识了她。其实在她之前，北京戏校毕业的一位女老生已演出过此剧，且通过中央电视台戏曲频道向全国播出，本人也是从电视里观赏过。

松樵先生的《打金砖》独树一帜，有赵派特殊风格。他从 1951 年开始对这出戏进行改革创新。他主要做了三项工作，一是率先在舞台上取消"魂子"的出现，带头净化了舞台；二是与之相配套地修改场次的安排与舞台调度；三是修改唱、念的台词，自唱新腔。经他改版，剧终时场上由刘秀、大太监、马武三人收场。

首先，在头一场《上天台》中最著名的一段唱是【二黄慢三眼】，流行的普通唱词是：

"金钟响，御香引，王登龙庭，寡人喜的是五谷丰登。文凭着邓先生阴阳有准，武仗着姚皇兄保定乾坤。内侍臣摆御驾九龙口进，又听得殿角下大放悲声。"

赵派不但唱腔独特，另有一番韵味，而且唱词也与众不同。2016年10月10日，微信公众号"京剧三鼎甲"编发出介绍赵松樵先生的专辑节目《老戏骨赵松樵先生谈演戏生活的体验》，配发了赵老当年演唱这段的音频，让我们领教了赵派这段优美别致的唱腔。他的这段唱词是：

> "金钟响玉磬鸣王登龙庭，君有道民安乐太平如春。文凭着邓禹先生妙用有准，武仗着姚期马武岑彭众卿。内侍摆御驾九龙口进，又听得后宫院大放悲声。"

最末一句的"后宫院"一词应予纠正，愚意还是"殿角下"准确些。

《打金砖》最末的"太庙"一场，传统演法是让几位被诛杀的老臣逐个以"阴魂"（行业术语叫魂子）的形象出场，向刘秀索命，每出来一个"魂子"就引出饰演刘秀的演员一番的唱和做。中华人民共和国成立初，政府提倡舞台的净化，号召剧团和演员对传统老戏中不健康的演法予以修改和摒弃，移风易俗，破除封建迷信，是其中的任务之一。如果新社会的戏曲舞台上仍旧是"阴魂不散"，封建迷信的内容依然充斥舞台，就很不合时宜了。1951年，松樵先生在天津开始上演《打金砖》，首次取消"魂子"出现在舞台的演法。1952—1953年他到东北地区巡回演出时，进一步修改剧情、台词和表演方法，反映出他在戏曲艺术的道路上永不停步、永不守旧、紧跟时代、锐意求新的精神。中华人民共和国成立初期，思想意识变革剧烈，面对大量的传统戏这份巨大遗产，是丢掉不演，还是经过修改后继续演出，如何剔除糟粕，保留精华，是摆在当时广大戏曲工作者面前的一个庞大而艰巨的命题，需要艺术家们审时度势，富有远见卓识，努力参与实践。他顺应新时代的发展，迎头而上，自觉探索"戏改"这一新的重大课题，代表了"戏要跟着时代走"的进步力量。

这个戏结尾部分是刘秀醒酒后发现误杀了许多的忠臣良将，为之倚

演艺篇 文武生净 独树一帜

重的左膀右臂尽皆被他处死，痛悔不及，竟致神志恍惚，形如疯癫，去祖上太庙忏悔。按照传统演法，这时被诛的老臣冤魂一个个出场，来向刘秀索命。松樵为了避免"鬼魂"的形象上场，对剧情和唱词作了改动。他让刘秀在御花园杀死郭妃之后，正当自叹自伤时，马武手握金砖上场，拍打宫门，刘秀跑，马武追，追上刘秀，马武打死刘秀，然后自碰金砖而亡，剧终。如果这样演，终场"太庙"最精彩的"戏核"就没了，这不是赵派艺术创作的风格。为弥补这一不足，他在马武追打刘秀的这场戏里编出许多精彩的程式、技巧表演与唱念，把原来在后边的唱、做精彩表演移到这一场来表现，唱、念台词和做戏的演法也随之有一系列的改变与创新。他的具体演法是：

（1）刘秀在御花园杀死郭妃后，马武在后台"搭架子"："昏王，你往哪里走！"刘秀唱"灰堆辙"的【导板】："汉光武在宫中伤心落泪"，转【回笼】接唱，"可叹我为帝君只落得万里江山一旦化灰"。再转【原板】："收郭妃第一错，怨孤自己好酒色，失山河骂名留千古，前也思后也想，我无有抉择。"然后锣鼓起【急急风】，马武上场，用金砖拍打宫门，马武（白）："昏王，你往哪里走！"刘秀（白）："哎呀！"接唱【散板】："又听得马子章他把孤的命追"。再【急急风】，刘秀在前边跑，马武在后边追，两人跑"大圆场"，马武追上，伸手提刘秀的衣领往台前方一扔，刘秀顺势一个"抢背"摔出去。刘秀起身，马武疾步过去朝刘秀脑门一砖砸下去，刘秀做昏晕状，最后走一个单腿起的"抖克"，坠地而亡。马武见刘秀已亡，举起金砖朝自己的脑门砸三下，身体僵立不动。这时，太监上，发现马武立而不动，上前叫声"马王爷"，马武手中的金砖掉下，正砸在太监的头上，太监倒地而亡，马武以"僵身"倒下，剧终。可见，"赵派"的《打金砖》在形体动作的表演上"摔"的并不多，但是他增加了甩发的表演，左转甩，右反转甩，"8"字形甩，另有一个"抢背"，最后单腿的"抖克"，看点不同，精彩异呈。

（2）以这样的处理表演《打金砖》的结局，取消了原来要"魂子"上舞台的旧演法，是捷足先登的创作，难能可贵。但是，让马武以"僵身"为全剧煞尾，似乎不如让刘秀在太庙摔死来得更加火炽，主角突出。显然，赵派这种演法以精练简洁见长。从观赏角度分析，一般观众要看的是前边"金殿"一场刘秀的三段经典唱段，即【二黄慢三眼】的"金钟响，御香引，王登龙位"、【二黄三眼】的"姚皇兄休得要告职归林"和一大段"孤离了龙书案皇兄待定"的唱段，以及最后一场"太庙"中刘秀的连唱带摔、跌、翻、扑技巧表演，以动作的繁难见长。可是这样演又有故意卖弄技巧之嫌，动作重叠烦琐，有为表演而表演的倾向，于剧情而言显得拖沓，于表演显得过度。后来的演员把《打金砖》越演难度越大，层层加码，经常作为参加比赛的剧目，摔的花样层出不穷，如此愈演愈烈。所以，袁世海先生在一次京剧全国电视大赛中说"京剧在武的方面已经超过了过去前人的水平"。现在的京剧演员比过去更难，观众对演员的要求和期望比过去高得多。

为了避免上"魂子"，我们还见过《打金砖》的另外一种改法，就是仍然保留原来"太庙"一场的演法，只是把"魂子"上场改为在后台轮流"搭架子"："昏王，拿命来呀！"这样既没有"魂子"上明场，也不减少刘秀的技巧表演。这个方案比较折中，其实还是有"魂子"，只不过在暗场表现罢了，没有像赵派那样从根本上取消"魂子"的影子。

（3）松樵所扮的汉光武帝刘秀，虽然戴"黑三"的髯口，以老生应工，但是他在塑造刘秀的舞台形象时，加入了小生行当的某些表演方法，以表现刘秀是风流倜傥、春风得意和文韬武略的年青帝王的形象风度。他认为刘秀是一员曾经东拼西杀、驰骋疆场的武将出身，全按老生行当的表演规范，表现不出来刘秀的经历和气质。刘秀一旦称帝，必定心悦志酬，应该表现得潇洒飘逸、悠然自得，光彩照人。因此，他有"亮靴底"、手弄折扇和灵活的眼神表演等动作。

（4）前边"上天台"一折刘秀在金殿的唱已成经典，保留不动。在唱词与唱腔方面，赵松樵也有不同其他人的独到之处。例如刘秀在金殿召见姚期时的唱，谭鑫培的唱词用"人辰辙"，宗法王九龄，刘鸿升、时慧宝则唱"江阳辙"。松樵的唱词沿用谭派的"人辰辙"，可是词句有改动，如原词有"文凭着邓禹先生阴阳有准，武仗着姚皇兄保定乾坤"句，他改为"文凭着邓禹先生妙用有准，武仗着姚期、马武、岑彭众卿"。这两句改得好，原词里的"阴阳"是指邓禹的占卜术高超，有准，可是刘秀坐稳江山，军政大事的妙方良策，绝不会只凭邓禹的算卦而定，是依靠邓禹的渊博知识和聪明智慧，把"阴阳"改成"妙用"，去掉了迷信色彩。"武仗着铫皇兄保定乾坤"，这种说法夸大了铫期一个人的功绩，与事实不符，抹杀或是降低一大批文臣武将的作用，于群臣不公，也不符合事实，改成"武仗着铫期、马武、岑彭众卿"就比较全面，关照各方。这样的唱词也为后边刘秀杀戮多位忠臣良将而不是只杀铫期一个人提前做了背书。老艺术家们最可贵的是创新精神，在书文戏理上下足功夫。

二、《李陵碑》

1.《李陵碑》剧的概况

京剧《李陵碑》又名《碰碑》或《托兆·碰碑》《两狼山》。是全本戏《杨家将》中的折子。京剧《杨家将》不止一种版本，据《立言画刊》第 9 期介绍，王鸿寿先生自编自演的《杨家将》有 124 本之多。老舍先生根据传统戏《打潘豹》《双龙会》《李陵碑》也改编成《杨家将》剧本，从潘豹摆设擂台，杨延嗣打潘豹演起，至杨继业碰死李陵碑止，北京京剧团在 1958 年按照老舍本排演，由谭富英主演。

《李陵碑》的故事见于民间通俗小说《杨家将》第十八至十九回，史料记载无名氏的杂剧本《八大王开诏救忠臣》以及翻改自昆剧的 38 本《昭代箫韶》传奇第二本第十五出均有此事。《李陵碑》这段故事讲宋辽交兵，杨继业率子保驾宋王参加"双龙会"，中辽军埋伏，杨氏父子被困两狼山，杨继业令杨七郎突围搬兵。七郎曾杀死元帅潘仁美之子，潘仁美不但不发援兵，反而诬陷七郎叛国，令乱箭射死。七郎托梦给父，杨继业醒来派杨六郎突出重围去打探消息并求援。杨继业在两狼山内外交困，天寒冷，无衣遮体，粮草断，援兵不到，濒临危境。某日杨遇苏武庙，庙内有李陵碑，杨对李陵叛汉降辽的可耻行为甚为气愤，复感于眼下兵败的惨状，决计碰碑，以身殉国。

据清代道光二十五年出版的《都门纪略》记载，当时已有该剧的演出，余三胜、梅东工饰演杨令公（继业）。之后的百余年中，历代老生名家孙菊仙、谭鑫培、刘鸿升、高庆奎、王君直、瑞德宝、余叔岩、贯大元、夏山楼主、王又宸、谭富英、奚啸伯、杨宝森、李宗义、李和曾等均善此戏，谭鑫培对《李陵碑》一剧精心加工，【反二黄】的唱段已成老生经典之作，久唱不衰，流传甚广。

2. 卸甲挺盔的表演

谭鑫培对京剧的革新创造颇多，既重视唱功又不忽视表演，唱做并重，是谭派艺术对京剧的最大贡献，《李陵碑》即其一例。谭鑫培老先生在这出戏里有"卸甲丢盔"的表演，今已失传。现在演员在演这个戏的时候，当演到"碰碑"一场，一般是出场提前改装，铠甲不是穿着，而是披在身上，念道"令公若到此，解甲又丢盔"时，将铠甲往台上一甩，用手摘掉"盔头"，或扔到台上，或扔给后台人员，然后去碰碑。碰碑之后，好的演员以"僵尸"倒地，有的只是弯腰蹲身倒地。据松樵先生介绍，当年他看到的谭老先生不是这样的演法，老谭是有一套让人拍手叫绝的表演，可惜今已绝迹舞台了。京剧前辈创造了许多精彩的表演，因为难度大，后来人不肯下大力气去学去练去继承，精华的东西随时间的流逝便也越丢越多。

松樵先生对《打金砖》的改革创新，是他对京剧传统中不合理或不适应时代要求的内容进行摒弃，另一方面，对前人留下的宝贵遗产，则是珍爱并予继承和弘扬。对老谭先生的《李陵碑》表演，他就采取学习继承的态度。1937年2月3日日场在上海大舞台举办十大京戏班主要演员联袂义演，剧目是全本的《夜审潘洪》，即全部《杨家将》。参加演出的名角多，剧中只杨继业一个角色就由好几位名家分场轮换扮演，八仙过海，各展才艺。舞台就是擂台，观众大饱耳福眼福。在这次名家大会串中，麒麟童（周信芳）饰寇准，赵如泉、赵松樵等几位分饰杨继业，白玉昆饰八贤王赵德芳。松樵参加名家会演从来不挑角色，都是先让别的演员选，最后没人挑走的角色他来承接。这次他被推荐扮演"碰碑"一折的杨继业，这既是同行对他应工老生戏的期待，也是大家对他的器重。"碰碑"一场戏是杨继业在全剧中的"戏核"，全本的《杨家将》主要看杨七郎的"金沙滩"、杨继业的"碰碑"、寇准的"宿店"和"审潘"这几折。让松樵演"碰碑"这样的安排，使他产生很大的思想压力，他想：全上海十大京戏班里专唱老生的演员好多，比他嗓子好的也有，偏偏让他来演"碰碑"，对他来讲如同是一场考试。怎么能演好呢？"碰碑"一场的唱由【二黄导板】"金乌坠玉兔升黄昏时候"起，接唱【回笼】和 6 句【原板】，光接下来的【反二黄慢板】转【快三眼】【原板】【散板】那一大段唱总共就有五十余句之多，要一气呵成，唱词多，板式变化繁，曲调优美，抒情性强，是这场戏的演唱特点。在这众星荟萃的会演中，群芳争艳，他想只凭唱来完成这场戏，是不会出多大"彩"的，辜负了大家对他的期待。"艺不惊人誓不休"才是赵松樵的性格。于是，他想要在"做"的方面别开新面，灵机一动，想起了自己十一二岁时看过的老谭先生在这场戏的独绝表演，在他之后还未见别人用过，他决定把谭老的这一表演稍加修改后重新呈现舞台，使之发扬光大。经他这一露演，立刻引起关注，剧场反响强烈，博得满堂"炸窝"般的喝彩声。这就是"解甲丢盔"的表演，他的演法是这样的：

杨继业在饥寒交迫中来到苏武庙前，走进庙门，看石碑上有小字，走近前仔细看，念道："庙是苏武庙，碑是李陵碑，令公若到此，解甲又丢盔。"当念完第一句时，他表现出诧异的神态，念到第二句时知道了这座碑是为投敌的汉将李陵所立，开始变得气愤不平，念第三句时突显惊讶的神态，潜台词是"怎么预知我会到来，我怎么啦？"接着看到第四句，开始提高调门，大声念出"解甲"二字，同时迅速脱掉铠甲，这时检场人与他背对背站着，他褪袖子，检场人把手伸进袖口，穿入袖子，他再念"又丢盔"三字，与此同时他转身面对台下，脖子一梗，将"盔头"挺向空中，抛往身后，检场人接住"盔头"下场。

当然，他表演的这套动作是在有检场人的条件下可以用的，现在照样搬用就不适合了，可以再想办法改。他这一套动作做得迅速而利落，毫无拖泥带水之感，娴熟而紧凑，出人不意，舞台罕见，动作与念词、锣经、检场人协调同步，配合得天衣无缝，更显动作精密惬当。他的这"一招鲜"不要说引起观众的惊叹，就连后台的演员们也惊讶不已，对他这神来的一笔跷指称奇。他演戏中类似的惊人之举颇多，故在上海期间，他被称为"一怪"。这个"怪"没有贬义，是说松樵先生的技艺独绝，常有出其不意的表现，与众不同，实乃出人所料而又所用恰如其分之谓也。

在他这次演出之后二十年左右，20 世纪 50 年代徐荣奎率团到天津演出，他久仰松樵先生的才艺与声望，而赵老又是个爱才惜将之人，两辈人在这一次结为师生之缘。赵老将自己得意之作《战潼台·探地穴》《刀劈三关》授予荣奎，认为这两出戏与徐荣奎对工，适合荣奎上演，另将老谭先生的这套"解甲丢盔"的表演说给荣奎。徐荣奎在天津期间按照赵老传授的路子演出了《战潼台·探地穴》和《李陵碑》，收到很好的效果。之后，徐荣奎率团到北京演出，仍以此法上演《碰碑》，非同凡响，引起行业内外的极大关注。当时《戏剧电影报》总第811期第11版刊登京剧名家陈茂春文《徐荣奎的绝活》，介绍了荣奎在北京演《碰碑》的情况。

演《战宛城》，在"攻城"一场戏，张绣在战败进城前，应该也有"挺盔"的表演，现在罕见有人表演这一下，演员改为用手去脱掉"盔头"，厉慧良晚年也是用手脱盔，就不如不脱盔，反而露拙。

3. 其他老生戏二例

（1）松樵先生常演的老生戏还有《路遥知马力》，从20世纪20年代初期演到60年代，至晚年更是在多种受邀参加的场合清唱该剧的著名唱段，颇具影响。《卿本戏痴小王桂卿》一书第129页记："赵松樵曾加工和改编了《路遥知马力》《白逼宫》等老戏，独特的个人演出风格得到了发挥。"据松樵先生讲，这出戏是苏廷奎先生所编演。某次谈戏时，他把这一段中心唱段的他的唱词完整地给说了出来，记录如下，以为资料。

路遥（白）："不提马力还则罢了，"

差人（白）："要提起那马力呢？"

路遥（白）："要提起那马力来"（转唱），"是令人可恨！尊一声小哥哥细听分明，想当初在扬子江救过他的性命。我二人在草堂同把香焚，他言说进京城把叔父投奔。那时节我卖田地、赠瞎驴，还赠他二百两纹银。有谁知那马力身居王位，我只说他与朋友交言而有信。谁又想他忘却了我的大恩，也是我这一怒出离他的府门。一路上无盘费倒卧在埃尘，多亏了小哥哥你救我的性命。我路遥回西京，早烧香、晚点灯，一日三餐供奉你，那时节我死不能忘恩，小哥哥呀！"

他的这段唱在天津电台、天津电视台都保存有录音和录像。

（2）松樵先生所演的剧目在内容安排上常与众不同，独出匠心，这是根据他自己的艺术条件，发挥个人的特长而设计的，以《打渔杀家》为例：

A. 赵松樵演《打渔杀家》时，经常贴出的剧名为《渔夫恨》，是从花逢春献马起，演到劫法场、上梁山止。前部分带《拿高登》，他前饰高登，后饰肖恩。花逢春杀死高登后，投奔太湖找岳父肖恩和妻肖桂英，青面虎奔通天犀。《打渔杀家》前带《拿高登》的演法，恐怕唯有他是这样演，前边演武生或五花脸，后边演老生，文武结合，一人担当，很有看点。

B. "公堂"一场戏按照传统的演法是用"暗场"表现，他改为"明场"表演，加入狱卒的角色，由武丑应工，这又增加了表演的机会和精彩点。

C. 他对唱词也有改动：

原词："父女们打鱼在河下，家贫哪怕人笑咱。桂英儿掌稳舵，父把网撒，怎奈我年纪迈气力不佳。"他改唱为："父女们打鱼在湖下，家贫不怕人笑咱。桂英女掌稳舵，父把网撒，年迈气力不佳。"他把"河"改为"湖"、"儿"改成"女"，意思更准确了。

又如另一段唱的原词："他本是江湖一豪家，梁山之上也有他。蟒袍玉带不愿挂，流落江湖访豪家。"他改为："他本是梁山一豪家，倪荣、李俊就是他。"以下唱词保留原词，所指更明确，不"水"。

再如原词："昨夜晚吃酒醉合衣而卧，稼场鸡惊醒了梦里南轲。二贤弟在河下相劝于我，他叫我把打鱼的事一旦丢却。我本当不打鱼在家闲坐，怎奈我家贫穷无计奈何。清晨起开柴扉乌鸦叫过，飞过来叫过去却是为何？将身儿来至在草堂闷坐，桂英儿打茶来为父解渴。"前两句不动，后边他改唱为："二贤弟倪荣、李俊相劝于我，他叫我把打鱼的事一旦丢却。我焉能不打鱼家中闲坐，怎奈我家贫穷难度生活。清晨起开柴扉四下观过，见伙人他那里指手画脚。"师爷（白）："找找，在哪儿哪？"肖恩（接唱）："不管他闲杂事草堂来坐，桂英女捧茶来为父解渴。"他改后的这段唱词与剧情都密切相关，言而有物，合情合理，最后一句恰好与下边师爷一伙人出场的剧情相衔接，有呼应，确比原来的"官中"唱词贴切很多。

十六、宦海潮动情悲泪　于少云名噪京畿

松樵少年时期演得很红的娃娃生戏是《宦海潮》，这出戏绝迹舞台数十年，今人知者甚少，这是又一出失传了的好戏。该剧是根据清代末期的一桩实事改编而成，本事见于王闿运所著《诰授光禄大夫太子少保兵部尚书义勇巴图鲁世袭一等轻车督尉钦差巡视长江水师赠太子太保衡阳彭公七十有五行状》，《清史稿》本传也有记载。剧中人物的名字已经改写，编剧者不详。故事梗概如下：

清末湖北总兵郭盛恩（实指清末湖北忠义前营营官谭祖纶）与王如海、于天球（实是中原人名为张清胜）义结为兄弟。三人久无往来，一日，郭盛恩在阅兵练操时，偶见于天球之妻霍氏颇有姿色，郭慕其美艳，思欲占之。为此，郭借故往访于家，重叙旧谊，来去往复，心生计谋。郭盛恩怂恿于天球赴京求职，于告郭囊中羞涩，苦无盘费，难以成行。郭慷慨资助，促于早行。于不识郭之用意，反觉郭情重义厚，由衷感激，并将儿妻托予郭照料，遂登程赴京。于天球走后，郭诓骗于妻至总兵府衙，至晚阻于妻归家。于天球之子于少云寻母至郭府，郭欲加害之，于少云幸被自家老仆人于福救出。于天球入京后得机入仕，衣锦荣归，始知妻霍氏被郭霸占，至郭府索妻，郭支吾搪塞，于扭郭去帅府控告。赃官以于天球官卑职小相欺，反诬于冒犯上官以偏袒郭。于无奈，怒而进京上告。郭暗遣师爷尾随于氏父子，在途中乘船时将于天球推入水中溺死。于少云逃脱得救，郭之爪牙四处追杀。于少云终日东躲西

藏，流落街头，被王如海遇见，王问清原由，决意为于家报仇。王让少云扮作乞丐，潜至郭府后院，趁机招出霍氏，悲歌感动霍氏，母子相见，逃出虎口，投奔王如海处。朝中高官彭打铁巡守湖北境内，王为霍氏母子写状，三人同赴江干，欲投诉状于彭。地方官与郭有勾连，阻止三人接近彭大人所乘之船，诉状终不得投。霍氏愤激，投江自尽。王如海带于少云喊冤，被舟中彭大人听见，传二人进前问话，准状，即将地方官革职，并传令调郭。郭知事发，拒令不来，彭发兵围总兵衙门，终将郭盛恩及其师爷擒获正法。

剧中官吏彭打铁确有其人，名彭玉麟，字雪琴，曾协助曾国藩办团练，同样以镇压太平天国起义运动起家，逐渐升迁为清末重臣。

《宦海潮》初为山西梆子戏，据松樵述，该剧由其父赵鹏飞移植改编为京剧，喜连成社、汪笑侬、梅兰芳、维德坤班均曾演出。该剧故事曲折，情节动人，人物性格鲜明，戏剧性强，反映正义与邪恶的斗争，具有人性道德的教育意义。该剧生、旦、净、丑行当齐全，有较高的艺术观赏价值。如果稍加改编，剔除糟粕，保留精华，于今仍不失为一出好戏。

赵鹏飞老先生很早就演《宦海潮》。约在1909年，赵鹏飞带领女儿明月英、儿子赵松樵（当时艺名九龄童）在哈尔滨的辅和茶园即已上演《宦海潮》《云罗山》等剧目，那时以梆子、皮黄"两下锅"的形式演出，贾玉峰饰彭大人，马庆平饰王如海，明月英饰于天球，九龄童饰于少云，海力子饰师爷，赵鹏飞、杜云卿、孙玉楼等也扮演重要角色。1912年赵鹏飞接受牛子厚先生之邀到北京喜连成社任教师，为该科班导排了《宦海潮》，这可能是该剧由梆子戏转向京剧演出的开始。这期间老赵先生给喜连成科班排的戏还有《云罗山》和《佛手橘》，使这三出戏进入了从梆子戏向京剧过渡转化的时代。老赵先生是梆、黄兼工，当时的喜连成社也是梆、黄都有，两厢契合。

1989年4月，福建省艺术学校教师兼导演郭云涛先生到天津，聊戏时松樵先生说："《宦海潮》这个戏是我们老爷子在喜连成时给留下的。"郭先生说:"是,我在北京听别人也说过。"郭先生是富连成"韵"字科的学生,与李盛藻、高盛麟等均是表亲,北京是他的故乡。1990年9月12日我在北京和平里拜访叶盛长先生,聊天中谈起赵松樵先生,叶先生说:"那时喜连成青黄不接,喜字科学生将要出科,连字科学生还没有顶上来,科班陷入困难,先后聘进一些在社会上已成名的青少年演员,以搭班学艺的形式来科班演出。我师哥(指赵松樵)当时用艺名九龄童,就是这时来的。凡来演出的演员,都自带一些剧目。"我问:"据说《宦海潮》《云罗山》和《佛手橘》就是赵老的父亲带进科班来的。"叶先生说:"那时候我没赶上,后来听老人说过。"《中国京剧史》中卷第48页在谈到富连成科班时写道:"富连成不仅演出了大量传统剧目,而且改编、新排了相当数量的新剧目,如《吴三桂请清兵》《宦海潮》……"《中国戏曲志·天津卷·大事年表》中的"中华民国二年(1913)"条目记:"杨(润谱)并邀尚和玉、李吉瑞等京剧演员上演《宦海潮》等戏。"另有史料记载,梅兰芳首演《宦海潮》是1915年4月10日,地点在北京吉祥园(何时希:《梨园旧闻》)。梅兰芳之《舞台生活四十年》第二集在谈到他排演《宦海潮》的过程时说:"这出新戏别的班社如富连成与维德坤社都扮演过,是各班社原有的剧本,我们不过略加修改而已。"看这一段记述,可见梅兰芳排演该剧是在富连成社、维德坤社和杨润谱、尚和玉、李吉瑞之后,而这些排演活动又都晚于1912年赵氏在喜连成社排此戏的时间。所以,从这几处史料的记载来看,基本可以断定赵鹏飞父子是最早把《宦海潮》一剧引进京剧界的。

当年喜连成排演《宦海潮》时是喜字科硬角儿全梁上坝,与明月英、九龄童姐弟通力合作,异常红火,轰动京城。据松樵回忆角色的分派是:明月英饰于天球,九龄童(松樵)饰少云,侯喜瑞饰郭盛恩,元元旦(高喜玉)饰于妻,周喜增饰王如海,陈喜兴饰彭大人,吴喜昆饰师爷,雷喜福饰老家院于福,筱翠花(于连泉)饰老妈儿,康喜寿饰军门(头路武生)。剧中在开打时有"双飞刀"的绝技表演,有一反派兵将被打翻在地,俯卧姿势,正派主角分别甩出两把钢制的闪亮匕首,扎在倒卧人的头部两侧。此外,还有摔跤的场面,清朝剧安有摔跤的场面,表示参战人近距离肉搏,是很合适的,符合历史事实。由此可以略微领会到赵鹏飞老先生的导排艺术。

九龄童当时才 11 岁,以娃娃生应工扮演小孩儿的角色于少云,已显露出他演戏时塑造人物的演技方面的天赋过人。有两场戏是于少云的重点场子,一是于妻被幽困在郭府后,于少云来到郭府后院寻母,悲歌动人。在母子相会时,九龄童与元元旦两人配合十分默契,情深意切,一场悲欢离合的场面,让观众对这一对"母子"的被害境遇给予无限同情。另一场是当于天球在船上被师爷推入江心而身亡之后,于福救少云脱险逃命,少云沦落街头乞讨,九龄童手持一个小筐箩,在【扭丝】的锣鼓声中"哭上",以唱曲乞怜,为老人家于福招捐棺敛之资。这场戏他演得悲悲切切,伤情感天动地,使台下观众如身临其境,无不动容,有的和台上演员一起恸哭哀伤,挥泪凄恻,泣不成声,许多观众纷纷解囊,向舞台上抛钱掷物,以表善助,把演戏当真事了。少年赵松樵对刻画人物内心情感的感悟力和表现力若此,当令人钦佩松樵先生的老生戏很多,每出戏都浇注了他的创造智慧,仅举几例略作浏览。以下探讨他对关羽戏的编、改和别具一格的表演艺术。

十七、扮云长广收博采　演关羽自成一体

以三国时代重要的历史人物关羽(字云长)为主要角色的戏,称为关羽戏,尊称关公戏或老爷戏,简称关戏。中国人对关公戏有所偏爱,这是源于中国文化中有源远流长的崇拜关羽现象。中国人崇拜关羽是中华民族汉文化传统的一部分,历史悠久。历代封建统治者为稳固自己的统治地位,利用民间对关羽的崇拜情结,不断加封对关羽的封号,最后把关羽送上"关圣大帝"的神位,因而关羽成了人们心灵中最理想的圣人、神人。从最高统治者到平民百姓,如此狂热尊崇关羽,反映出儒家思想在中国封建社会作为主导思想的牢固地位是不可撼动的。人们把关羽逐渐美化成完美人性的化身,其实是把自己的理想寄托在关羽的身上。儒家思想体系主张的仁、义、礼、智、信、忠、勇、孝、悌等一切道德标准,都被人们汇集附加到关羽一个人的身上,各色人等共同把他

尊奉为品格完美的大英雄，顶天立地的伟丈夫，对他顶礼膜拜，视为做人的楷模，又做保佑人们发财、为人解难的神灵。在这一点上，中华民族的各时代、各阶层、各路不同人们的信仰归于一致，因此，对关羽的崇拜应该是凝聚全民族的一种法器。无论在世界的各个角落，凡有华人的地方，就有关帝庙，关老爷像前和牌位前的香火总是旺盛的，燃燃不断。"志在春秋忠在汉，心同日月义同天"，这是一些关帝庙里赞颂关羽的对联。中国人从对关羽的人格的敬佩，发展到崇拜，再扩大到理想化，最后达到神话，这就是关羽崇拜文化现象的发展轨迹。人们由对关羽的敬仰和崇拜进而爱屋及乌，热衷于对表现关羽事迹的关公戏也大加追捧。

一、京剧关公戏小史

京剧关公戏出现的时间晚于地方戏，主要源自昆、徽、汉剧。关公戏的历史悠久，早在元代著名剧作家关汉卿就撰有《关大王独赴单刀会》剧目。京剧形成之初，擅演关公戏的是程长庚程大老板，而程长庚的关公戏是向一位名为米喜子的徽汉合流的演员学来的。这是京剧关公戏的根源。米喜子是他进京以后的艺名，原名米应先，湖北崇阳人，当地人称"米戏倌"。他生于1780年（清乾隆四十五年），逝于1832年（清道光十二年），幼学汉剧正生，乾隆末年搭徽剧春台班，随班进京，其所演关公戏誉满京师。据清代李登齐的《常谈丛录》记载，米喜子"每登台，声曲臻妙，而神情逼真，辄倾倒其座。远近无不只有米喜子者。"这时当在清嘉庆年间。程长庚拜米为师，从学关公戏，两人常同台，演《战长沙》时米喜子饰关羽，演得活灵活现，观众视他为关公显圣，把演戏误以为真，以致纷纷跪地祈拜。人们把他传得神乎其神，引起清政府大为恐慌，生怕社会的动乱，下令禁演关公戏。米喜子被迫在1819年离开北京，回南方各地演出去了。戏演得逼真而招致获罪，让人啼笑皆非。

米、程之后的王鸿寿（艺名三麻子）被京剧界尊奉为关公戏的鼻祖，并不是因为王鸿寿是最早演关公戏的演员，而是因为他在京剧关公戏的剧目、扮相、表演方法多方面有诸多发明创造，为京剧的关公戏体系奠定了基础，形成关公戏的表演规范。王鸿寿原是徽班出身，他的关公戏脱胎于徽剧，后来转而唱京剧。他的《古城会》《水淹七军》即从徽剧移植到京剧的。《中国京剧史》记载，王鸿寿唱红关公戏起步于天津。1870年王鸿寿从南方到天津演出，当时天津风行武戏和高腔唱功戏，他不适应，上座率低，业务不理想。同在一个戏班的花脸演员刘吉庆建议他拿出关公戏来演，于是他以《古城会》和《水淹七军》两个戏来试探，邀请天津武丑名家张黑饰演马童。不料在张黑的鼎力协助下，他的关公戏一炮而红，从此坚定了他把关公戏演下去的信心。他的关公戏声誉不胫而走，影响由津沽波及北京，1900年以后王鸿寿两次到北京演出，均获成功。据陈墨香的《梨园外史》记，王于1905年到北京搭玉成班，大唱关公戏，红极一时，引起其他艺员的竞相跟进，如谭鑫培、汪桂芬、王凤卿、李鑫甫等，使北京舞台呈现大演关公戏的热潮。

王鸿寿对京剧关公戏的主要贡献，概括有以下几方面：

1. 丰富剧目：据李洪春的《京剧长谈》一书的统计数字，王鸿寿常演的关公戏有31出，其中他自编的是25出。京剧关公戏从无到有，由少到多，渐成系列，王鸿寿先生功不可没，当为首功。

2. 破除清规戒律：由王鸿寿开始破除了演关公戏的旧俗陋习，如演员在要演关公戏之前须沐浴、吃斋，向关公像焚香磕头，扮戏时要顶"码子"（写关老爷保佑之类话的字条，放在头顶的盔头里）。演员进到后台以后不许说话，不许乱走动，在舞台上要闭目，不许有要"大刀花"的表演等。

3. 创、改扮相：据澳门穆凡中的《关戏前辈——也谈米喜子和王鸿寿》一文记，王鸿寿改"揉脸"为用银朱勾脸，创造出威严庄重的关羽定型的脸谱；服装上设计出夫子巾、掩心甲和绣云头的绿色厚底靴；髯口由马尾"黑满"改用头发制的"黑三绺"。

4. 创新唱腔：王鸿寿将昆、徽、汉、秦腔各剧种融会贯通，研究出一种关羽特殊的念白，并根据表现剧情和人物的需要，设计出【唢呐二黄】【梅花板】【徽调四平】等多种新腔。

5. 表演的创新：他把武生、武老生、架子花脸的身段灵活组织起来，以适合表现关羽的刚、猛、勇、儒；他为表现赤兔马的烈性，在

"趟马"时增加了马童的角色，烘托戏的气氛；为关羽设计出一系列身段表演和塑形，例如随马童在前边牵马，关羽配合挥动马鞭做颤动的身段，舞蹈出不同的台步，使关羽戏异常火炽；为关羽设计出个人的端坐、观书、骑马、持刀以及与关平、周仓组合的造型；为关羽设计出耍髯口、持刀亮相等千姿百态；他还将京剧通常用于上场的"趟马"程式改为下场时表演；令人牵马时取消惯用的"马来"台词，上马时取消了"三鞭子"的动作。

王鸿寿先生继承前人经验，创出一整套关公戏的演法，使关公戏在京剧中形成独具特色的一个表演体系。在他以后无论南北的京剧演员，凡演关公戏无不受其影响，尤其在南方几乎都是承袭王派衣钵下来的。王鸿寿扮演关羽注重对人物内心的刻画，感情充沛，表演细腻，情态万千，说辞有根有据，剧情安排合理，出神入化，不可方物，不愧为关公戏之宗师。

二、擅演关公戏的诸名家

历代京剧文武老生、武生演员都爱演关公戏，但是能把关公戏演好的却不是很多。松樵先生一生研究关公戏，从自己未演关公戏时就关注各地擅演关公戏名家的表演特色。他观摩过十几位名家演的关公戏，计有王鸿寿（老三麻子）、吕月樵、夏月润、邋遢红、小孟七、杨德奎、贾玉峰、程永龙、王凤卿、高庆奎、赵如泉、王福连、董俊锋、周信芳、刘文魁、林树森、唐韵笙、李万春、李吉来（小三麻子）等，大多是与他同台过的。他两次到过海参崴，在那里他看过杨德奎演的关公戏，杨德奎扮相雍容儒雅，富贵堂皇。他在大连看过王鸿寿演的关公戏。王鸿寿的关公戏按人物的个性来演，注重内心表现，感情丰富，表情变化多，带有更多的徽剧路子。他还看过王鸿寿演的《过五关》《斩经堂》《扫松》等，表演细腻，在《过五关》中关羽见到老和尚，不是一见面就立刻"唔呀呀"，而是回忆片刻，愣了一下，才发出惊叹。当和尚给关羽送茶来时，他先是凝视一下和尚，然后用胡须蘸一下茶水，试着没问题，再喝尽，然后将空水杯让老和尚看，表示都喝下了。这些细微处的表演现在都没了。小孟七音宽韵厚，喷口有力，念白轻重

题松樵饰

赵松樵饰关羽

有致，别有声容，他看过小孟七演的《水淹七军》。程永龙被人称为"泥胎老爷"，是依照关帝庙里关羽的塑像而装扮，形象肃穆庄重，"髯口"露嘴巴，下边有一绺，他与程先生合演过《斩蔡阳》《虎牢关》等。夏月润首创关公戏《走麦城》，流传至今，久演不衰，曾创过扎八面靠旗，演过一两次，没有时兴起来。吕月樵演关公戏扮相俊俏秀逸、干净，勾脸细致，行头、"盔头"讲究，用虎皮椅子。王凤卿独步汪桂芬后尘，声洪气壮，声韵别具。林树森身材高，嗓子好，所扮的关羽大气磅礴，威风凛然，声震屋瓦，唱得干脆。松樵与林树森一起演过《走麦城》《斩颜良》，林饰关羽，赵饰关平、颜良。他还看过林演的《虎牢关》《斩华雄》等，林演关羽用的刀小。他还看过杨德奎和苏廷奎合演的《斩颜良》。周信芳的关公戏路子仿照王鸿寿，他看过周演的《霸陵桥》《封金挂印》等。贾玉峰演关公戏是红净的路子，贾也唱花脸戏，他看过贾演的《华容道》《古城会》等。刘文魁的关公戏基本是学王鸿寿。

各家虽多上承自王鸿寿一派，演来却同工异曲，各有千秋。《京剧长谈》中谈及的关公戏优秀演员多达三十人左右，赵松樵、李铁英师徒位列其中。

三、赵派关公戏

松樵先生很早就钟爱关公戏，然而受到戏界传统观念的束缚，认为年青演员生活阅历浅，气质不够，不过40岁演不好关公戏。因此他演关公戏较晚，年青时只演关羽刚出世时期的戏《斩熊虎》，其他的关公戏不敢轻易去碰。这反映出他十分珍惜关公戏和自己的羽翼。可是，他在不常演关公戏的时期，却一直在认真观摩、潜心研究擅演关公戏的各位名家的表演特点，并且通过反复阅读"三国"，悉心揣摩关羽其人其事，对南北各路演员的关公戏"博观而约取，厚积而薄发"，对关公戏蓄势以待。直到 40 岁以后，他善用尺之长，力避寸之短，聚多年广征博采之丰厚积累，集诸家精粹声韵之大成，对关公戏才小试牛刀。此后一发而不可收，竟致他又成了演关公戏的一代名家。

有资料记载，他于 1940 年为江苏六县水灾和为麻风病医院募捐义演，演出了《单刀会》。另据他的入室弟子周云起（正邦）先生回忆，1946 年赵师根据王鸿寿本开始加工演出《华容道》。从此他拓辟出常演关公戏的一片疆土，且"不飞则已，一飞冲天；不鸣则已，一鸣惊人"。另据松樵之子赵云鹤先生忆，其父在共舞台的时期已经演过全部的《关羽》，从"桃园结义"演起，到"古城会"止，由赵氏父子与赵如泉、王椿伯、袁小楼、黄宝岩、郭玉昆、刘泽民分饰关羽，这个时期约在 1945 年。1948 年松樵在南京"新舞台"自编自演连本戏全部《关公》，从关羽出世《斩熊虎》直演到《夜走麦城》，系列巨制，惊世鸿篇，俨如一派新风，这为他被公认为关公戏大家的地位奠定了坚实的基础。此后，他的关公戏蔚然大观，常演不衰，随着时间的推移，陈酿历久，味道越发醇厚，至晚年时，他在全国已是擅演关公戏硕果仅存的一位老帅了。他的关公戏几十年在天津是首屈一指的，盛誉可嘉。1952—1953年，他两次去东北各地巡演，被誉为"红生名家"。他最后一次粉墨登台演关公戏，是 1991 年盛暑季节为天津电视台录制专辑《才长艺广赵松樵》，其中录有《夜走麦城》的"大帐拒婚"一场，老先生全身披挂，仍然是神饱气足，声震屋宇，字清韵厚，威严尤甚，威风不减，时年已是 90 周岁高龄，余勇可佳。天津艺术研究所编辑出版的"艺术研究丛书"中的《天津戏曲五十年》第 106 页评价说："赵松樵对红生戏中从关羽出世到走麦城，都能将其各个阶段的身形演得准确而流畅，赢得'活关公'之誉。"

1. 艺术风格

生、净行当融合、南北风格兼容和演人物演情，是赵松樵表演关公戏的总体特征。

关公戏在昆曲班是由净行演员应工的，称为红净，在徽班归生行演员应工，京剧班大多数也是由生行应工关公戏，一般称为红生，由此也可见京剧的关公戏主要是受徽剧影响。

事实上京剧演关公戏有红净、老生、文武老生、武生四种行当应工的情况。窃以为最适合演关羽这个人物而演出效果最好的，应该说是文武老生。

有人认为松樵先生的关公戏属于红净的演法，本人以为不然，他是以红生、红净相融合的手法来演关公戏的。他过去演关公戏的脸谱都是揉脸（或称搓脸），而不是用红油彩勾脸，揉脸是红生的传统路子，油彩勾脸应该是红净的传统。他的嗓音比较宽厚，为表现关羽的特点，有时运用装饰音，所以有人会误判他是红净应工。他说：关羽的唱一定要用老生的唱法，腔儿要落在花脸上，只有这样才像关老爷，做到生与红净的结合。很清楚，这说明赵松樵先生演关公戏，是在有意识地走一条生、净相结合的艺术创作道路。

京剧演员凡能与关公戏沾上边的，无不想演关公戏，但要演好是非常不容易的。

（1）关羽身份和性格的尺度把握不准，就不容易把关羽准确地表现出来。关羽是既有勇又有谋的武将，他勇猛善战，攻无不克，有神勇的气概，又精通兵书战策，是一员儒将。勇有余而儒雅之气不足，是出不来关羽的气质特点的。

（2）关羽被人形容为肃穆端庄，不苟言谈，忠厚侠义，信誉为先，要演出来他的这些基本性格，又谈何容易。

（3）塑造关羽要求演员要身段边式，文武兼备，唱念做打兼能，动作矫健洒脱，举止稳重凝练，工架阔达伟岸，唱工气韵浑厚，苍劲澹远，念白声洪气壮，铿锵有力，吐字掷地有声，气度落落大方，严肃大雅，器宇轩昂。要能胜任之，能演出这些特点来，非文武老生的行当与其技艺所不能。

（4）扮演关羽最讲求的是气势，是派头儿，是在舞台上释放出的强大气场，是演员的分量。《刘奎官舞台艺术》一书中说演好关公戏要有"武生的底子，花脸的架子，老生的风采"，总结得非常精到，三者缺一不可，能全面达到这些条件的演员当然是凤毛麟角。

松樵先生是一位文武俱佳、生净兼能的表演艺术家，"武生的底子，花脸的架子，老生的风采"这三条恰恰他是一应俱全，他有扎实深厚的武功基础，有非同一般的花脸功架，有深沉稳练的老生风采，三种工妙融于一身，他演关公戏的技术条件是得天独厚的。虽然他的技术条件非常适合演关公戏，却也不是十全十美，唯一不足是身材较矮。然而他在舞台上的气场之强大是无与伦比的，那种端庄、肃穆、威严，显出身份的尊贵如千钧之重。他是如何做到的呢？是他通过对关公戏的一系列创造来实现的。著名作家冯牧说："戏曲艺术，永远像其他艺术部门一样，贵在创新。"松樵先生演关公戏，不拘一格地广泛吸收他人之长，在继承中有发展，在博采中出独创。他曾自己总结说：他演关公戏，在唱上基本按徽调，主要学王鸿寿先生；他扮演关羽是采取红生、红净"两门抱"的方法。他的关公戏神锋豁露，闯出一条把生、净两种行当水乳交融为一体、南北风格并蓄的表演方法，形成他个人独特的艺术风格，令四座耳目一新，呼为上乘。

2. 关羽的扮相

凡演关公戏的演员，扮相大同小异，但是，仍然各有特色。赵松樵先生的扮相特点是：

（1）增高：他为弥补身材瘦小的不足，首先抓住"传神"这一要旨，悉心体会关羽的内在心理、气质和性格特征，使人物意到神随。其次，戏曲人物的形象是由演员在舞台上再现出来的，舞台艺术形象能给人以强烈的直观感。所以，他从人物的外形扮相上想方设法：脚蹬三寸五的厚底靴，靴上绣龙；头戴高的绿"夫子盔"，"盔头"顶再向上直立四个绒球，后披后兜，两耳垂白飘带、黄丝穗，上下增高，就使人的整体高出来许多，在舞台上显出来威武高大的形象。

（2）壮威：在演戏的装扮上，梨园界素有"穷老包，富老爷"的说法，意思是说扮演关羽不避豪华。为了突出关羽的威武，他扮关羽专用的绿"夫子盔"除了加高，上头有 4 个直立的绒球而外，还在"夫子盔"的上方正中位置装饰一个大红"泡子"，向前探出，"夫子盔"两边各加一条"龙形"，配有珠子，显出关羽更加威武。

（3）蟒靠：他身穿的蟒袍为"私房行头"，前身自上而下通身绣一条龙，龙头盘于胸前，两只衣袖不用素袖，而是各绣一龙。他在穿蟒袍时，主张不要"斜蟒"，即使在"大帐"的场面也不要，他认为"斜蟒"使得关羽的形象"小气"。另外，在演《过五关》时，为了表示关羽赶路程，风尘仆仆的样子，以备随时发生战斗，穿"箭衣"或者"改良靠"都可以，宁长勿短。我见过一位天津文武老生名家演这个戏，身穿的"改良靠"下襟刚过膝盖，活像一位山大王，又似《甘露寺》的贾化，如此丑化了关羽形象。演关羽戏是非常讲究的，处处要讲究，不能随便胡来、乱来。见过多位武生名家演其他武戏可以，演关公戏就不灵了，演关公戏不是任何想演的人能轻易演好的。

（4）大刀：松樵使用的青龙偃月刀是特制的，尺寸特大，为"三平式"（有写作"三停式"）大刀，刀头、刀柄、刀钻三部分尺寸相同。一套大刀共有三把，一把大刀的刀头是全绿色，两把刀头是全黑色，每个刀头的两面均有一个乒乓球大小的红球，用宽条金边围住。这是以物（武器）衬托人的艺术表现方法。

（5）脸谱：他扮演关羽的脸谱不用勾画法，而是揉脸，用胭脂在脸上干搓，然后勾画几根很简单的黑线，点几个黑点。现在有时可能见到他的勾红油彩的关羽脸谱剧照，那是他晚年接近九十岁时由别人代替他勾画的。据史料记载，"搓脸"是京剧红生扮演关羽的所谓京派的传统方法，取法自京剧鼻祖程长庚，而京剧关羽勾脸则始自王鸿寿。用大红油彩勾画关羽的脸谱，是沿袭了昆曲、徽剧中红净扮演关羽的传统。松樵搓脸的颜色根据关羽的年龄不同、地位的变化也有变化，如关羽出世《斩熊虎》时，他用正红色搓脸，以表示年轻，血气方刚，面色红润，以后年龄大了，他用枣红色，以显示深沉老到。他解释说他之所以采用搓脸，一是他认为搓脸比较生活化，接近生活的真实，二是搓脸在扮戏时要比用油彩勾脸快，有时演三国戏他可能除扮演关羽外，还要扮演其他两三个角色，扮戏的速度需要快。他除了在脸谱上画几条黑线条图案外，根据流传的关羽的耳上有三个黑痣的说法，他把黑痣的位置移到明显可见的地方，在面颊和右侧额头上分别点出 7 个黑色斑点。他还在眉心处打一个大红点，皱眉时这个大红点凸起来，表现出关羽的勤于思虑和个性。也有人对点黑痣提出不同看法，认为点黑痣的脸谱看起来不是很干净。

（6）髯口：他扮演关羽带的髯口是用人的头发特制的加长"私房髯口"，一方面突出关羽是"美髯公"的人物特点，另一方面髯口尺寸长、用人的头发为材料，有挺劲儿，便于舞弄表演的发挥和造型的优美。戴什么样的髯口也是有变化的，在《华容道》之前的各剧中，松樵戴的是五绺长髯，《华容道》之后的各剧，他戴三绺长髯，以表示关羽的年事渐高和官阶升迁，人物显得更加苍老、持重、大气。戴黑"髯口"时，头的两边配戴干纱。当演《单刀会》《水淹七军》《走麦城》时，他戴"黪三髯口"，不搭黑纱。

从神到形，从内到外，经他这样设计装扮，一个威风凛然、凝重老练的关羽形象气魄自殊，呼之欲出，豁然于舞台之上。

3. 表演概述

无论唱、念、做、打、舞，还是身段、亮相，赵派的关公戏都是独树一帜的，艺术风格具有独特而鲜明的个性。

（1）上马认镫：赵派上马的动作有一个"认镫"的程式化细节表演，能让人清楚地看到剧中人抬左腿、伸脚往马镫子里插入、向外侧扣脚，再骗右腿上马。无论什么戏，只要表演上马时都用，这是赵派标志性的一个程式化动作，在演出关公戏时这套动作表现得尤为突出和放大。他这套细腻、真实而生活化的赵派程式动作，为许多演员所学摹采用。

（2）戳刀亮相：戳刀亮相是演关公戏塑形造像的特色，是关公戏的欣赏点也是演员的主要卖点之一，十分重要。松樵饰演关羽时的戳刀亮相与众不同，他和王鸿寿先生传下来的姿态恰成反式，左而右，右而左，独具一格。具体讲，一般别人亮相时用右手在背后戳刀，左手"捋髯"，他是用左手在背后戳刀，右手在胸前"捋髯"。另外，他有一种左腿弯曲向身体左侧抬起、左脚上勾的亮相姿势，是赵派的创制，很多演员学他。窃认为"美"和"威"是关公戏塑形造像的准则。

（3）契合锣经：赵派演戏最讲究每一下动作、表情都要与乐队锣鼓点紧密配合，这表示演员在演出时心里始终要装着表演的节奏，而这个表演节奏要与锣鼓响声相契合。要达到这种契合，单靠演员或者单靠演奏员一方不行，而要两方面的默契配合。关公戏的武场伴奏尤为重要，一般都是响器音量大而力度强，烘托气氛和人物。双方配合得好，表演就会显得节奏感强而明快，雄劲刚健而帅气，容易形成视觉与听觉的和谐美和阳刚美。

（4）气抖勿滥：他的表演不把博得掌声作为唯一的目的，把演对人物和符合剧情戏理看得更为重要。"气抖"是演关公戏时被演员最常用来做表演的程式，《过五关》《华容道》《汉津口》等凡是有一点开战、行路情节的戏，只要一"趟马"，都要哆嗦起来表演"气抖"，掌声不起不罢休。戏曲程式是表演语汇，每一个戏曲程式都是一种语言符号，具有表意性，有特指的内涵，明确的意思。"气抖"顾名思义，是只有人物在极度生气或是情绪发生强烈波动时，才应该表演的程式动作。松樵只在《走麦城》中关羽战败以后才使用"气抖"的表演，其他剧中基本不用。京剧研究家朱家溍先生曾撰文专门谈到关公戏中滥用"气抖"的现象，提到杨小楼演关公戏是不用"气抖"的。赵松樵不是绝对不用"气抖"，而是根据情节的需要，当用则用，不当用则不用，是有表演艺术原则的。当演其他的关公戏时他不用"气抖"，人物反而显出大将风度，威风八面，肃穆庄重。可是到《走麦城》时就完全不同了，关羽战到最后，赵累、关平都战死疆场，兵将悉数死伤，英明一世的关羽成了孤家寡人，他能不"气抖"吗？如果这时还不"气抖"，反倒是不合情理了。

（5）声腔独韵：他根据关羽的人物特征，结合个人条件，在用嗓、音色、语调及气韵上把老生、武生、花脸的唱、念自然巧妙地糅为一体，匠心独运地创造出生、净结合的方法，是很符合关羽个性的。这种标新立异别有韵味，是只有像他具备这样的嗓音条件，并且艺通生、净两行的艺术家才能够做到的。他的声音宽厚苍劲，稍一往净行方面靠，就会有生、净两兼的音质和音色，因而既能有生的儒雅风采又具净的厚重气魄。

（6）念白深沉：他演关公戏的念白，吐字清楚，喷口有力，气出丹田，字字铿锵，句句韵厚，轻重缓急错落有致，语调古朴苍劲，峭拔郁勃，有强烈的震撼力和穿透力，不施威而自威，足令剧场内千人静聆，鸦雀无声。他用心在吐露真情，观众在用心屏气倾听。他的念白就是一种音律，是一种富于韵味的诵说，听他的念白也是一种艺术享受。

（7）注重演情：关公戏的唱有很多是【吹腔】，他中青年时演《千里送京娘》《挑华车》，中老年常演的《单刀会》等，也都是昆腔，所以人们评论松樵是"昆乱不挡"。他的唱行腔跌宕舒朗，气势不可方物，高似声裂金石，低若溪流潺潺，让人荡气回肠，余韵隽永，皆以唱情为宗旨。除唱以外，如身段表演、面目表情、手指气使，无不从情出发。

（8）松樵先生的关公戏表演试用八个字概括：即"沉、稳、威、严，刚柔相济"。沉指深沉、凝重、含蓄；稳指稳健、大气，泰然自若，志不可夺；威指德武自威、威风八面，气势逼人；严指端庄、严整、肃穆，正气浩然。他表演的关羽既不是凡夫俗子，也不是超世神灵，而是生动形象地刻画出一个有柔有刚、有血有肉、表面刚毅而内里却感情丰富的人，因而他的关羽舞台形象栩栩如生，鲜活感人。

4. 以下通过具体剧目进一步探讨他表演关公戏的艺术特点

（1）《古城会》

《古城会》是松樵先生演得最频繁的一出关公戏，是他的关公戏的代表剧目之一。过去他演《古城会》是从前边的"过五关"演起，有时贴演《威震华夏》或者《千里走单骑》时，也包括有《过五关·古城会》的。在他晚年经常只演"训弟"一折戏，名曰《古城训弟》。他的《古城会》有几处与其他演员的演法是不同的：

A. 他把剧中关羽分别见沂水守将卞喜和镇国寺普净禅师的戏有所扩充和加强。卞喜假意对关羽一行人逢迎，好生款待，送他们至镇国寺休息过夜，暗中布置趁夜焚烧寺庙，加害关羽。普净和尚把卞喜此计密报关羽，使关羽先下手杀死卞喜，才得逃脱陷阱。他演戏一向重视调动配角演员与主要演员共同配合表演。过去关羽见卞喜的一段唱词比较"水"（无实际内容或内容比较粗俗），为使唱词紧扣剧情，他改唱词为："承蒙将军设酒宴，这样的款待（暗做砍头的手势）我不敢当。今日一见无日再见，你送我过关，我送你'回还'。"唱这一段时，他安排有关羽和卞喜两人配合的身段表演，唱到最末一句"我送你'回还'"这一语双关的唱词时，关羽顺势将宝剑的剑柄送到身背后，右手从剑鞘中抽出剑来"削头"，砍卞喜的纱帽，卞喜扬脖，关羽一剑抹杀。演到这里时，一般的演法是卞喜俯身"暗下"，松樵则让饰卞喜的演员走个"僵身"倒地。在符合剧情的情况下，尽量给配角更多表演的机会，而不是尽量减少配角的表演以突出主要演员自己，他这样能让观众看到更精彩的演出，使戏更有戏，这就是赵派艺术创作的原则与风格。

B."斩蔡阳"一场戏，传统演法有两种，一种是关羽设圈套，以能够一刀砍断大树作为与蔡阳赌输赢，蔡阳不知是计，一刀砍下去，刀刃深入树中拔不出来，关羽趁机举刀斩蔡阳。另一种演法是关羽和蔡阳对阵，关羽使拖刀之计被蔡阳识破，关羽再施一计，诈称蔡阳身后来人，趁蔡阳回头，关羽举刀斩之。松樵先生认为这两种演法都是表现关羽用诡骗的伎俩取胜，不符合关羽的人品性格，有损关羽在人们心目中久已存在的正直坦荡、忠厚义气的美好形象。《三国演义》中对关羽斩蔡阳的情节描述得非常简单："只见一通鼓未尽，关公刀起处蔡阳头已落地"，书中没有具体交代关羽是如何斩的蔡阳，这样看来以上两种斩蔡的演法并非出自原著。他根据剧本中原有的两句台词（蔡阳白）："你拖刀之计，休来瞒我！"得到启发，加进一些原来没有的情节。关羽对蔡阳（白）："撒马过来！"之后，关羽催马佯败，环顾四周，见有树林，急中生智，打马绕树，蔡阳追上，挥刀砍羽，大刀劈入树中拔不出，关羽急回马斩蔡，然后【四击头】亮相。这种斩蔡演法避免了关羽的欺诈行为，表现出了关羽的战术运作智慧，是光明磊落地取得的胜利。

C."训弟"之前，关羽在灯下观看《春秋》，一般都是用蜡烛做照明的道具，他则是用油灯，不用蜡烛，他认为"三国"时期尚无蜡烛这种照明灯具。他演戏认真，勤于动脑思考，对戏的每一处都用心细磨深究，良苦用心，是很值得学习的。

D.在"训弟"一场戏中，老的演法是让张飞一直跪地听关羽的教训。也有一种演法是"训弟"时，张飞与关羽对坐。赵派的演法是张飞跪下后，关羽让他站起来，增加关羽的台词（白）："起来，站在一旁，听愚兄把你我分别之事略表一番！"他之所以这样改，从戏理方面讲，可能是因为考虑到关、张终究只是结义的同辈弟兄关系，不是长辈与晚辈在对话，礼节上应有分寸和差别，何况关羽是最讲礼义之人。另外，从人情方面讲，他的"训弟"台词较多，他说长时间让配角演员跪在那里，他心里过意不去，剧情能够安排避免的，他就尽量不让配角演员遭罪。

E."训弟"时，为表现关羽虽然与刘备、张飞分别12年，可是时刻不忘桃园结义之情，故此松樵专门设计在大折扇的扇面绘有桃园结义的图像。当关羽"训弟"说到张飞不顾手足之情，无端猜疑自己降曹时，关羽深感委屈，这时他加了几句台词："你说我忘了桃园结义，你来看！"他突然打开折扇，画面朝外，以颤抖的语调哭诉道："我在曹营画了扇儿一把，乃是你我弟兄桃园结义之情景。我在曹营无有一时不思念大哥（锣鼓：仓），无有一刻不想念三（仓）弟（仓）呀，啊……"（哭）锣鼓响【乱锤】。这一大段如泣如诉的独白，沁人心脾，感人肺腑，加上他的做戏表情，再配合锣鼓音响的烘托，特别是扇面的展开，更使情景交融，视听感染结合，观众心弦为之颤动，热泪盈眶，每演到这一情节，剧场内寂静无声，关羽哭声未停，掌声与喝彩声骤起，如雷贯耳。观众们深深为之感动了。他的这场戏设计得太成功太精彩了，尤其他那把特制的折扇再配合动之以情的台词，成为打开人们情感闸门的钥匙，是推动全剧达到高潮的飓风，这一艺术创新使《训弟》登峰造极，成为精品佳作。由此我们领略到赵松樵的编导功力和他之所以名扬梨园的道理。在"训弟"完了，他有几句台词："今日说明此事，皇嫂有了安身之处，兄无挂念，我要回到蒲州解良去了！"以此进一步表达关羽因为张飞的反目而受到委屈和伤感的程度之深，加重戏的情感色彩。同时，也为之后张飞带二位皇嫂出来相劝和挽留提供了理由和机会，使剧情发展自然合情，顺理成章。

F. 在《古城会》开演不久以及"训弟释疑"后的末尾，很多演员都采取让刘备出场的演法。根据《三国演义》原著中的描写，这时刘备在袁绍处，并不在古城，因此，松樵先生演《古城会》是不让刘备出场的。他的演法是先让张飞央求二位皇嫂出面向关羽求情，二位皇嫂假意不允，迫使张飞只好自己去向关羽赔礼道歉。训弟之后，关羽要走，二位皇嫂才再次出场讲情，关羽仍为入城前张飞的绝情大为伤心，要回故乡解良，这时张飞再次下跪赔情，二皇嫂也要跪下，关羽（白）："起来，思议良谋，迎请大哥！"这里有几句【吹腔】的唱，形成团圆的结局，【尾声】响起，闭幕。"古城训弟"中不上刘备是有道理的，下边再接演"河北寻兄""收关平"等情节就很顺情合理了。林树森、刘奎童、赵松樵、唐韵笙等演出的《古城会》都采取不上刘备的这道"蔓儿"。只有演过三国连本戏的演员了解上下剧情的衔接关系，才会明白《古城会》这一折戏里不出现刘备的道理。

G. 剧中张飞在古城之外第一次见到关羽时（白）："红脸的，你在曹营，那曹操待你不薄，三日一小宴，五日一大宴，上马献金，下马赠银……"查《三国演义》第二十五回写到曹操优待关羽甚恭时，并无"上马金，下马银"的描写，只是一句传言而已。一些京剧前辈演员对此有异议。说"三日一小宴，五日一大宴"的款待，是有可能的，如果说"上马献金，下马赠银"就有些离谱，过于夸大其词了。在《单刀会》这出戏里也有"上马金，下马银"这样的台词。江南名丑刘斌昆认为应该是"上马锦，下马迎"，意思是说曹操对关羽百般的笼络，每当关羽上马时，曹操就赠送锦的丝织品，关羽下马时，曹操立刻迎上前去，表示欢迎。唐山大地震时波及天津，赵松樵先生携家人到上海投亲靠友，躲避震灾。这期间他遇到上海演员张文魁，二人讨论关公戏，张先生提出应该是"上马敬，下马迎"。松樵认为这个更为合理，既然张先生提出这个意见，想必得到过明白人的指点。他说"上马金，下马银"，关羽在曹营12年，那得多少金银呀，与生活实际不符，是不可能的事情。关羽上马时，曹操会恭恭敬敬地亲自相送，此为"上马敬"，关羽下马时，曹操又殷勤地上前迎接，此为"下马迎"，都是恭敬的表示，是最合理的说辞。金、锦、敬三个字音相近，银、迎两字的音近似，疑似在漫长的口传心授中把字讹传了。松樵先生从善如流，他演关公戏就把这句台词改过来，说成"上马敬，下马迎"了。

H. 关羽在"进城"时，一般唱【吹腔】前没有（白）："马童带路！"唱词一般是"叫马童你与爷忙把路带，大摇大摆走进了古城"。他把"古城"改为"城来"，使唱词合辙押韵。

忆起《古城会》全剧中关羽从曹营一路归来，过五关斩六将，归心似箭，逢阻必斩，志不可夺，是何等的刚毅果敢。到了古城相会，面对张飞的绝情寡义，提起长矛就刺，关羽一再念及桃园结义的手足之情，又是怎样的优柔寡断，手下留情，真是柔情似水。赵松樵的《古城会》为我们在舞台上演绎出一个情感丰富、刚柔并存、形象生动、感人至深的关羽。

赵松樵（中）82岁演《华容道》

（2）《华容道》

《华容道》本事见于《三国演义》第五十回，写曹操败走华容道，孔明在此设伏，关羽请令，孔明知关羽在曹营受优惠，恐其私情贻误军国大事，欲派他人。关羽执意讨令，孔明要关羽立军令状。关羽和曹操在华容道相遇，曹操苦苦哀告，提醒关羽曾对曹许下"三不死"的诺言。关羽心软，放曹活路，回营请罪。刘备、张飞再三求情，孔明应允关羽立功赎罪，受命攻袭襄阳。

这是松樵先生常演的另一个单出的关公戏之一，他演这个戏是从大帐关羽向军师诸葛亮"讨令"、立军令状起，到"回令"止，能保留这

演艺篇　文武生净　独树一帜

种传统老演法的全部《华容道》早已不多见了。原剧为卢胜奎编的《三国志》连本戏第八本《赤壁鏖战》中的一折。"挡曹"一段故事最早见于《三国志平话》，《草庐记》传奇的"释曹"情节则出自《三国演义》。后来的《鼎峙春秋》亦有此"华容挡曹"，应为京剧所本。清道光四年的《庆升平班戏目》已有此剧，清末北京三庆班编演的全部《三国志》中的《华容道》是带"讨令""回令"的，程长庚、汪桂芬、郭仲衡、何桂山等曾演。后来又如1925年11月30日，北京华乐园戏院日场戏由王凤卿、郝寿臣、马连良等演《三国志》，从《群英会》演起，到关羽"回令"止。南方王鸿寿等演此剧也是按老演法，前带"讨令"后带"回令"。从这些史实看，无论南北的京剧演员过去都是演全的，这个传统源远流长。自从有人从《三国志》连本戏中截取《群英会·借东风·华容道》连演，于是把全的《华容道》斩除首尾，只演"挡曹"一个片段。长期以来演《华容道》大都掐头去尾，只演当间儿一段"华容挡曹"，这已经不是有头有尾的完整故事了，只是让观众看个热闹。此后，演《华容道》的"挡曹"片段渐成惯例，全部的《华容道》罕见于舞台。

1982年天津市文化局要给松樵先生演的关公戏录像，他选定《华容道》。他解释说，他之所以要录制这个戏，就是为了要把这出前带"讨令"、后带"回令"的全部《华容道》的演法留下来做资料，以便供后人参考。这份资料今天就显得尤为珍贵了。可惜录制后便束之高阁，至今未见公开播放过，辜负了老艺术家的一片苦心。可喜的是松老晚年录制的《华容道》已被中国戏曲学院选定做为教学资料。录制工作在位于劝业场后边的延安影剧院（旧称小剧场）进行，松樵老电话通知了我，我亲临现场观看了录制全过程。赵松樵饰关羽，费世延饰孔明，何振文饰刘备，宋文会饰曹操，这几位都是过去曾与他合作过的老演员。张幼麟饰赵云，因此张世麟也到现场。录像是由著名摄影师夏放先生担任。这时的松樵先生已经是81岁高龄了。

在关羽从华容道回来时，王鸿寿先生演时穿的是箭衣，但松樵不穿箭衣，他认为穿箭衣显得关羽的身份小了，所以，他穿铠甲到底。

第一场戏是以升帐开场，松樵的关羽出场有讲究。大多演员饰关羽，为了突出主要演员的"角儿"的地位，先让赵云、张飞出场，关羽最后出场，无非是要观众给主角鼓掌，要"碰头彩"。他却不然，化繁为简，在锣鼓响起【回头】"哐采采采"中让三人连贯登场，这是为剧中人的身份而设计的，不是从演员的地位考虑的。然后孔明升帐，派将。在大帐一场，关羽踌躇满志，跃跃欲试。派完张飞、赵云之后，关羽不见军师委派自己，孔明（白）："军务已毕，撤去将台！"一般演法这时关羽出来"阻令"，松樵认为孔明是主帅，在军营大帐一语既出就是命令，哪能朝令夕改，军令如山嘛。所以，这时候关羽才出来拦阻是不合理的。他演到这里时，不等孔明说出"撤去将台"的"台"字，他饰演的关羽就马上出来阻拦，高声（白）："且慢！"同样道理，他在《挑华车》的"大帐阻令"也是这样演法。

关羽上前问道："登台点将，满营众将俱有差遣，单单关某无差，是何意也？"开场不多时，人物之间的戏剧冲突一下子就揭开了，单刀直入，瞬息切题，笔法精练。紧接孔明应道："那曹操兵败，必从华容败走，曹操必提当年曹营旧交……倘若放走曹操，岂不耽误军国大事？"开门见山，直言不讳。关羽不服，怎肯罢休，充满自信地说："两国交兵，哪有以公济私之理？"孔明寸步不让，步步紧逼："你若放走曹操，便当如何？"唇枪舌剑，互不相让，都是质问语气，毫不客气，没有一句多余的废话。被逼到墙角的关羽只好以命相许："某若擒不住曹操，愿输项上红头！"孔明执法严明，道："口说无凭！"关羽毫不示弱，敢说敢当："某愿立军状！"关羽的倔强性格一目了然，终于讨下去华容道截击曹操的军令。这场"讨令"虽然不见刀光剑影，可是紧张的气氛丝毫不弱于剑拔弩张，你有来言我有去语，一环紧扣一环，步步为营，层层深入，话语不多，句句千金，让人们的心弦为之紧绷，引人入胜。关羽勇担重任的堂堂男儿本质和倔强好胜的性格，在这场唇枪舌剑的争辩中，在人物性格的激烈碰撞中，在戏剧矛盾的冲突中，鲜明突出地展现出来。然而，让关羽始料未及的是当他看到曹操那惨败的可怜相时，他慈悲的心肠主导了自己的行为原则，想到在曹营时曹操对自己的恩重义厚，感情排斥了理智，怜悯战胜了强悍，心慈手软起来，决定宁可回营承担违令的罪责，也不做忘恩负义之人，表现出关羽性格上软弱的一面。

在关羽登高（表示在山上）"挡曹"时的唱，一些演员的唱词是"锁残眉，拧双眼仔细观瞧"，松樵改为"睁开了丹凤眼仔细观瞧"。他认为"丹凤眼"是《三国演义》原著中对关羽的描写，而"锁残眉，拧双眼"对关羽的形象描绘不是很好，而且唱词显得有些"水"。他唱"丹凤眼"时运用的是"背工音"，又称"脑后音"，产生"嘎调"的效果，听起来苍劲有力，直冲云霄，却又不刺耳，是很有技巧的一种唱法。另外，他在两处的唱中，加入念白"关平"二字，是向关平打招呼，造成对话的语境，很生活化，活跃气氛。

关羽回营后，和先前讨令时的气宏胆壮形成强烈对比，判若两人。那一夫当关万夫莫开的英雄气概不见了，那信誓旦旦保证擒曹到手的豪言神气化为烟消云散了，现在他是理不直、气不壮，在军师面前就像一个犯了错的孩子，好不羞愧，无地自容。虽然如此，关羽毕竟是关羽，仍以信字为重，既不失义于曹，也不失信于军师，愿领受军法处治。这时的关羽摆脱了在华容道时感性胜于理性的状态，又回归到他性格的本位。其实，关羽争讨去华容道的军令，与他舍命放曹归山的行为，以及回令后勇担罪责，这些看似逆向的行动却反映出他性格上的统一，那就是诚守义信的理念，这就是关羽的性格。

要演好这个戏中的关羽，难度较大。前边讨令时要演出关羽的刚强，一往无前，永不言败，对完成活捉曹操的任务充满必胜的自信。到了华容道挡曹时，情况变了，又要演出关羽的慈悲为怀、不失仁义，要表现出关羽心里的强烈矛盾，翻江倒海般的思前想后，心浪如潮般的激越起伏。到最后回营交令时，表演更难，既要演出来关羽的理亏自愧，又要演出来关羽的知错却无悔，还要演出来关羽恪守对曹操和军师双方的承诺，以及关羽为守住自己的为人信念而把生死置之度外的勇气。情况复杂，让一个人物同时应付多重矛盾，性格上表现得既有矛盾又要统一，既有阳刚又有阴柔，这种分寸感很重要，又很不容易把握。

这是一出极富戏剧性的戏，也是极具人性化的戏，围绕是捉曹还是放曹这个中心议题展开人物之间的矛盾冲突，同时也展开存在于关羽本身心理的纠葛，在感性和理性两方面苦斗和挣扎，人生哲理的内涵十分丰富，耐人寻味。有人对此却大不以为然，认为这个戏不讲原则，第一关羽不该放走曹操，第二关羽放走曹操回营后，孔明不该赦免关羽，认为这两者都失去做事的原则。这是用现代人的思维和观念去衡量古代人的道德标准，是想用现代的道德观、价值观去衡量和代替古代人的道德观与价值观，是行不通的，未免滑稽可笑。如果按这样来要求传统戏剧，恐怕没有几出戏可以在今天上演了。

清代戏剧理论家李渔说："全本收场，名为'大收煞'。此折之难，在无包括之痕，而有团圆之趣。"京剧发展到今天，有得也有失，出新的东西不少，丢掉的东西更多。挖掘继承优秀剧目遗产，也是继承优秀民族文化传统的重要方面。不少人认为京剧重要的在表演技术的展示，轻视对剧情和人物的表现，甚至认为有没有故事情节无所谓，这就游离出"戏"之外了。全本的《华容道》除了"挡曹"一场戏之外，几乎没有要"好"的地方，而且主角不是只有关羽一个人，孔明的戏份也很重，但是，这是一出很有"戏"和人物的剧目。如果只为了火爆，把原来有头有尾、有完整故事情节的戏都改成折子戏或片段来演，京剧的未来，中国戏曲文化的未来，都很难预料，结果必定是中国戏曲的碎片化，中国戏曲文学的枯萎和丧失，在世界戏剧文化中没有了中国戏曲的地位。折子戏是需要的，是精彩的，不可无，完整的剧目也不可丢。通过对全本《华容道》演出的透视，使我们对赵松樵的"演戏不但要演技巧，更要演人物、演剧情"的艺术思想有了更加深刻的认识。

（3）《单刀会》

松樵先生常演的关公戏还有《单刀会》。他的《单刀会》也有独到之处。

A. 周仓手持青龙偃月刀进船舱与众不同，一般演法是周仓横握大刀进船舱，他改为让周仓顺握大刀进船舱，这是符合生活真实的，船舱的门没有多宽，大刀横着是进不去的。

B. 关羽在船上与鲁肃喝酒一场，鲁肃让人递给关羽折扇以纳凉，他则让周仓递过来自己的折扇，并不为纳凉，而是打开折扇，在鲁肃面前显示刘、关、张结义之情的牢不可破，因为他的这把折扇是特制的，扇面绘有桃园结义的情景。

C. 老演法关羽自己提刀进船舱，他改为鲁肃、关羽先进船舱，然后由周仓送刀进来，增加关、周的对话：周（白）"参见父帅！"关（白）"站立一旁！"周把青龙偃月刀横放而非竖立。

D.关（白）"打座船头！"，周带刀出船舱，关羽和鲁肃随后出船舱，周在船头耍刀。过去的演法是周在船舱内耍刀，显然是不合理的，船舱内空间窄小，是要不开大刀的。

E.他根据民间有关公磨刀的传说，在周仓耍刀之前，增加一段让周仓持大刀在船头把大刀的刀头伸入江水中，蘸江水磨刀的舞蹈表演，借以恐吓鲁肃。

F.末尾一场戏，老演法是【急急风】上关羽等，仓促下场，收尾。他改为上场后，后边有追兵放箭，关羽一方用盾牌挡箭，关羽从容下场。

这些戏改体现出松樵演戏注重细节、丰富表演、追求真实性的艺术指导思想。他的这出戏享有盛名。1984年中国北方昆曲剧院著名演员侯少奎等三人到天津，向松樵先生学习这出戏三天，回到北京恢复演出，北京电视台录像，后在中央电视台戏曲频道向全国播出，字幕有艺术指导为赵松樵。当我把这个消息告诉松樵先生时，他夸赞侯少奎说："他家里不愧是开戏铺的。"言外之意是说"懂得传艺和得艺的规矩"。

（4）《赞貂蝉》与《斩貂蝉》

他不常演而演过的关公戏有《赞貂蝉》。他于1946年在上海，后于1948年在南京挑班演出期间，都曾编演过连本关公戏，剧名为全部《关公》，从关羽出世直演到夜走麦城。他的全部《关公》在他回到天津后以及后来去东北地区时也露演过，产生巨大影响。《赞貂蝉》和《斩貂蝉》是冷僻的关公戏，会的人不多。明杂剧就有《斩貂蝉》，川、汉、徽剧也有此剧，但《三国演义》和史书并无此记载。京剧这出戏可能来自汉剧或徽剧，源于徽剧的可能性更大些。京剧名家林树森、张文艳、李洪春曾演。另一出《赞貂蝉》的情节同样不见于史和《三国演义》。其实《斩》与《赞》两剧的结构大体相同，只是结果分别为一个是"赞"，一个是"斩"。《赞》剧中的貂蝉受曹操指派，要送与关羽，关羽不受，并且对貂蝉称赞一番舍身为国，然后被派去侍奉二位皇嫂去了。《斩》剧就惨了，貂蝉被曹操派到关羽的住处，被关羽痛骂一顿，斥责羞辱一番，最后拔剑杀死貂蝉。据 1942 年 4 月 12 日的上海《新闻报》记载，当日更新舞台有小杨月楼、赵松樵、刘文魁合演全部《貂蝉》，但不清楚其中有无《赞》或《斩》，赵本的全部《关公》中是否包含《赞》或《斩》，也不得知。但松樵 1949 年在济南确曾演过《赞貂蝉》，饰演貂蝉的是孟丽君的妹妹孟丽荣。

（5）《走麦城》

《走麦城》在松樵演出时常以《夜走麦城》四字冠名，经常单演，有时也与其他关公戏连演。这是一出久演不衰的关公戏，也是赵派名剧之一，比较多地体现出赵派关公戏的特点，众口一碑，载誉各地。

《走麦城》剧情源于《三国演义》第七十六回，《三国志·吴书·吴主孙权传》和《三国志·吴书·吕蒙传》所记情节相同。主要剧情是：关羽中计失守荆州，退居麦城。孙、曹两家联合夹攻，关羽箭伤复发，不能出战。军内哗然，内外受敌，救兵不到。诸葛瑾劝降，关羽坚辞回绝。见北门小路无敌兵，关羽不听众将劝说，决意出城突围。率关平、赵累等趁夜出城，欲奔汉中，路遇埋伏，赵累战死，关羽、关平坠陷马坑，被擒。

据说《走麦城》为夏月润先生创编，首演时剧场失火，谣言四起，说关老爷显圣，众劝夏先生以后不要再演该剧。夏不信邪，筹集资金重建剧场，恢复上演《走麦城》，一炮而红，遂成关公戏的保留剧目。此后凡演关公戏的演员几乎都演。《关羽戏集》收有此剧，是李洪春的演出本，署名为王鸿寿编剧。李洪春常为王鸿寿"抱本子"（持剧本帮先生排戏），故而王老的关公戏剧本皆为李洪春共有。

A. 松樵演此剧充分展现出自己唱念做打舞各方面的高超技艺和他擅演悲剧的表演优势，充分表现出关羽戎马一生的最后这段日薄西山的悲情，演出来关羽之死的悲惨与壮烈，造出一派"壮士一去兮不复还"的磅礴惨烈的气势。

B. 他的这个戏从"封五虎"演起，关羽享有五虎首位之尊后的位高爵显，这时的关羽很像张弘范的元曲《喜春来》中所描绘的那样："金妆宝剑藏龙口，玉带红绒挂虎头，绿杨影里骤骅骝。得志秋，名满凤凰楼。"这时关羽的人生到达巅峰，却又是他人生急剧下滑的起点。他渐渐滋长了傲气，目空一切，独断专行，听不进逆耳良言，这是他由盛而衰的重要根源。先失人和，天时、地利又与他无缘，也是他失败的重要因素。松樵把开场的"大帐"一场戏的场面搞得极其宏大，这样安排既可显出当时关羽军中的排场和气势，也可与后边关羽败落的情景形成强烈的对比，增强艺术感染力。

C.他扮的关羽一出场就显出非常沉雄威严，权显人贵，不可一世的样子。打【引子】连念带唱，气吞山河，声震屋瓦。在乐队起【吹打】和众兵将齐呼"威武"声中，关羽归座后念完【定场诗】，自报【家门】的"汉室关"三个字，音调由平而高，"关"字上扬，直冲云霄。

D.诸葛瑾来访，说到"孙、曹合兵，意欲攻取荆州"之事，关羽不放心里，声言："关某何惧！"诸葛瑾提起联姻事，关羽道："某虎女岂配犬子！"口气很冷，摆出至高无上、藐视对方的架势。当诸葛瑾以刘备尚可招东吴孙尚香为夫人之事来反驳时，关羽盛怒，把诸葛瑾轰出营帐。这就处处显出关羽的傲慢自大，不讲策略，轻敌、树敌，必酿大患。

E.在"刮骨疗毒"一场戏中，他既演出了关羽对医圣华佗的尊重，对治疗的配合，又刻画出关羽的大勇。这场戏虽然不大，却把关羽的人格魅力表达出来，让人由衷敬佩。"刮骨"时痛彻心脾，关羽以无比坚强的意志强忍疼痛，他表演得逼真而生动。

F.关羽出城前，以低沉颤抖而又缓慢的语调对众将的千叮万嘱，表现出关羽对吉凶未卜前途的忐忑不安心情，与众将依依不舍惜别的样子，泣不成声的对白，充分展现关羽"自送别，心难舍"的柔柔情怀，人情味浓烈，叫人肝胆欲碎，悲泪纵横，他的表演情至以极。

G.在要出城前的上马扬鞭而去时，他在此处设计了一个细节表演，出现这样动人的舞台画面：被委派守城的周仓拽住马的尾巴不放行，关羽欲前不能，周仓欲后不得，关羽随势身往后仰，然后回身用马鞭抽打周仓的手，周仓一松手，关羽催马加鞭。他们生死别离之情浓浓地包蕴在这一段不绝如缕的双人舞蹈之中。

H. 关羽出城后走的是夜路，天又下着鹅毛大雪，路面湿滑崎岖，人心急，马蹄慢，在表现险些跌倒时，他用"气抖"与"滑步"的程式表演，把关羽身处"千霜万雪，受尽寒磨折"的恶劣境况，以高难度技巧把艺术美感饱满地表现出来。

I. 当赵累将军战死而又与关平失散后，关羽出场前与出场后时的表现给人以强烈的艺术震撼。出场前，先是锣鼓起【急急风】，然后切住锣鼓，【静场】片刻，场内寂静无声，静得令人胆寒。突然，人们听到台帘内发出一声让人感到无比震撼的喊叫声："关平！"（锣鼓：仓）、"赵累！"这声嘶力竭的呐喊让人听了觉得撕肝裂胆，毛骨悚然。接着再起【急急风】，随着震天动地的锣鼓声，一个衣履不整、浑身颤抖、面容憔悴、头冠不知去向、漏出一缕长长"甩发"的关羽出来了。观众看了立时诧异和心寒，这还是昔日的五虎上将关羽吗，与平时威武庄重的那个关羽判若两人。松樵先生在这里采取静与动、有声与无声强烈反差的艺术手法，以声情并茂的表演，把人物情感以惊涛骇浪之势倾泻出来，把凄楚、悲壮的气氛渲染得浓浓烈烈。看到此，不由让人感叹：这可真是"天数盈虚，造物乘除"，昔日的大英雄关羽的大势难道真的去了吗？无不为他的厄运痛惜哀伤，欲哭不能，切肤之痛如加己身。至此，松樵先生的表演已达出神入化的艺术境界，令人无不深受情绪的感染而心灵震颤，叹为观止。情感悲剧竟能演到这种地步嘛！

5. 对其他关公戏的修改

（1）《战长沙》中关羽在用拖刀之计使黄忠掉下马来之前，关羽的老戏词是："待我用拖刀计伤他！"这里一个"伤"字就损害了关羽本来的善意。关羽并不想伤害黄忠老将，佩服他的老当益壮和不服输的精神，只是想把黄忠降服而已。所以，松樵把这句台词改为："看黄忠刀法纯熟，久战不宜，待我拖他下马！"这样就使台词与人物性格和剧情吻合了。另外，原剧中关羽和黄忠"会阵"时的【导板】唱腔过多，他改唱【西皮二六】。

（2）《斩华雄》一般都是让关羽和华雄大战几个回合，经过力战而斩，他改为关羽从这次战斗以后开始用拖刀计。论武艺，关羽不一定能敌过华雄，可是华雄在和关羽开战之前，已经和多位名将战斗多时了，体力消耗过大，另外听到关羽报名说只是个马弓手，并未在意，轻视了关羽。关羽在与华雄开战时又将拖刀计作为杀手锏，更促使此战有利于关羽，终至华雄被斩。所以，他在与华雄开打时，是一边打一边想，要表现出来关羽在想计谋，终于急中生智，想出了拖刀计，反映出关羽斩华雄是智取为上的。

（3）《长坂坡·汉津口》连演，是演员为了显示化装技术的娴熟与快捷，展现演员能前以武生应工演赵云、后以红生应工演关羽这样一人分演两个不同类型角色的技能。到了《汉津口》时，情节十分简单，表演上也很"水"，除了卖相儿，就是哆嗦了。因此，松樵加演"坐帐"，立大帅旗，以【导板】起唱四句，然后关羽随飞虎旗下场。赵云、张飞上场，走"过场"下。接下来，曹操手持令旗督军上，见关字帅旗大乱，溃散而逃。这些之后，再接关羽出场，做"趟马"表演，以表现关羽威风八面，不战而胜，曹军闻风丧胆的样子。

（4）松樵先生演关公戏不仅担任主角关羽，还在关羽戏中饰演过其他角色。他在青年时陪前辈名家王鸿寿饰演过吕蒙，陪程永龙演过颜良，后陪同辈演员周信芳演过车胄，陪林树森、赵如泉演过关平。他扮演关平与众不同，独有新意。据小王桂卿先生讲，赵如泉演《走麦城》，"赵松樵配关平，大靠（软靠）大厚底儿的关平，首创就是他，后来效仿他的有高盛麟等。一般关平穿布的箭衣，薄底靴"。关平在剧中有繁复的大开打和跌扑动作，穿大靠与穿布箭衣、穿厚底靴与穿薄底靴，表演的难度有天地之别，可见其功力的卓尔不群，追求艺术的高难度高品位精神。表演艺术就要见真功夫，赵派艺术表演的高难度既是为观众的欣赏需求，也是"打内"的，得到业内同行人的钦佩和赞扬。

十八、鸳鸯楼武松扬名　长坂坡赵云首席

从这一章开始探讨赵松樵先生的武生表演艺术。

武生表演艺术是赵松樵先生全部艺术成就中的重要部分，他的武生表演艺术即使在专攻武生的一流演员中，也堪称是"出乎其类，拔乎其

萃"的。仅就武生戏而言，他是一位全才的武生，无论是长靠戏、短打戏、箭衣戏、勾脸戏，他演来不同凡响，自成一家。如果一定要指出他武生戏有哪些不足，只能说他是个没有跟头的武生。武生演员中没有跟头的，不但有，而且不少，且不乏大家。有一种观点认为大武生不能以跟头取胜，或者不能用跟头过多，怕有损角色的身份。

松樵武戏的戏路宽绰，剧目丰富，每一出戏都可以拿来谈古论今，洋洋洒洒独自成文。下边举几出戏为例，做管中窥豹之观。

一、武松戏

以《水浒传》中人物武松为中心角色的戏，被称为武松戏。常见的武松戏多是折子戏，例如《武松打虎》(《景阳冈》)、《狮子楼》《十字坡》(《武松打店》)、《快活林》(《醉打蒋门神》)、《飞云浦》、《鸳鸯楼》《蜈蚣岭》(《拿王飞天》)等。把几折戏连起来演，称为全部《武松》，另有《武十回》的戏。武松戏的版本和剧名重叠的情况比较多，例如折子戏剧名还有《别兄》《戏叔》《挑帘裁衣》《杀嫂》，其实它们是同一段故事。全部《武松》有1—3本，《武十回》包括的折子小戏多，还有《潘金莲》《武松与潘金莲》，角色的侧重点不同。以全部《武松》和《武十回》冠名的戏是以武松为中心人物展开剧情的，武松为第一主角，若以《挑帘裁衣》《潘金莲》等冠名的戏，则以潘金莲为中心人物展开剧情，潘金莲为第一主角，而《武松与潘金莲》则是两个角色旗鼓相当，以武松与潘金莲的感情纠葛为主线，是在传统武松戏的基础上改编而成的，据说初为著名戏剧家欧阳予倩先生编剧并演出。这出戏里的武松虽然由武生演员扮演，但是文戏成分比较重，重在念、做的表演。

1. 全部《武松》

松樵在青年时就开始排演全本的《武松》，与他合作演过武松戏的花旦名角有李香匀、王芸芳、吴绛秋、童芷苓等。记得在20世纪五六十年代我分别在天津新华戏院、共和戏院看过他主演的全部《武松》，当时留给我的印象是他在台上很高大魁梧，后来见到他才知道，原来他是个身材不算高的小老头。也许那时我自己年龄小，看什么都觉得大。现在明白了，那是他通过装扮技术造成那样魁梧的舞台形象。确实他的扮戏技术是非凡的，其实他的自身条件不算太优越，身材不高，体量也小，可是扮出戏来的人物就与本人大不一样了，让你不会相信这就是他。根据剧中人物的需要，不管多么威武雄壮的人物形象，他都有办法让自己改变成剧中人那样的气魄独殊。他扮演的武松英姿勃发，一身正气。他演的全部《武松》从"打虎会兄"开始，后接"戏叔""挑帘裁衣""武大之死""狮子楼""杀嫂"等连演。所以，他演的全部"武松"不以过多的武功表演取胜，而是要演出武松的个性，不是小武生，表演格调和演员品位都比较高，通过唱念做和身段、表情完成对人物的塑造。这就是"武戏文演"的风范。当然，演到武松该动武的地方时，还是要有些真砸实砍的武功让人看的。

当他胸前佩戴大红绸花游街偶遇兄长武大郎时，他把那亲切激动、亦喜亦悲的复杂心情表演得真切感人。当武松有公干需要外出时，因有潘金莲"戏叔"的前情，武松对兄长的安全放心不下，辞别时心里忐忑不安，对兄长千叮万嘱，往而复回，武松的不安心情和兄弟间的手足柔情，他表演得细腻入微，催人泪下。当公干回来，一进门见到兄长灵牌，武松悲恸欲绝，另一方面他疑窦顿生，对潘金莲察言观色，用语言试探，通过表情和眼神把这些心理活动传达给观众。去公堂告状，反被赃官打板子，这时武松的愤怒达到极点，情绪要爆炸了，这不是没有公理可言吗？有冤无处诉的不公正逼迫他起了杀人之心。这时我们看到的武松是满腔怒火，一脸的愤懑与杀气，让人心惊胆寒，同时唤起人们对武松的同情与支持。等到武松提刀杀死西门庆，然后血刃潘金莲时，既令人感到有些恐怖，又有大快人心的感觉。这就是演员通过表演传达给观众的心理感应和感官上的感觉。一位曾经与松樵合作过这出戏的旦角名家说："和赵老一起演'杀嫂'时，我都不敢看他的眼神和脸色，真让人害怕。"

2.《鸳鸯楼》

《鸳鸯楼》故事见于《水浒传》第二十九至三十回，写武松在飞云浦逃过了恶霸蒋忠勾结赃官张都监合谋对自己的暗杀，返回鸳鸯楼杀死蒋忠和张都监之事。这出戏是松樵青少年时期常演的剧目，《狮子楼》和《鸳鸯楼》是他父亲传授给他最早的武生戏。《鸳鸯楼》旧时又称

《武松杀楼》，1909 年父亲带他和姐姐明月英在海参崴的北园子松竹茶园演出，他首次上演此剧。之后，他把此剧演遍北京、天津、山东、东北各地，常以此剧"打炮"。1912 年他在北京喜连成社搭班学艺时，在三庆园戏园多次演出该剧。由于能以声容并俱的表演塑造出武松正义、忠厚和嫉恶如仇的英雄形象，并且凭借高难度的戏曲武功表现出武松的本领和勇猛，被时人誉为"飞刀九龄童"。他站在三张桌顶上，他父亲赵鹏飞站在桌子侧边的下场门处，倒背着手，抬头看着站在桌子顶上的儿子，老赵先生背在身后的右手大拇指、食指、中指、无名指之间各捏着一个棉垫子。到他要翻下时，老赵先生抬手，一次甩出一个垫子，三个垫子分三次甩出，三块长方形的垫子恰好并排码放整齐，然后高喊一声"走！"以此为儿子壮胆，也为引领观众的注意力。为了表示武松从鸳鸯楼纵身而下的情景，松樵在摞起的三张桌上挺立而站，右手高举钢刀（真刀），左手抓头上的"甩发"送至口中衔住，然后左手搬起左脚做"朝天蹬"，紧接右腿蹦起，提气，身向前上方腾飞至空中，这时的高度就不止"三张"了，以"大叉"的身姿"下高"，如雏燕凌空，似雄鹰展翅。身体从天而降，轻如鸿毛。身体落地后，收腿、起身，紧接钢刀"缠头""撇桃"（高抛至空中），迅速转身、起飞脚、塌腰，随着钢刀自然落下的动态，顺势伸出右手抓刀把，亮相。这一套技巧表演连贯洒脱，难度极高，动作迅疾，干脆利落，帅美至极，独门绝艺，令人叹为观止。武松的英勇刚猛，对仇人的满腔怒火，被松樵艺术地表现得淋漓尽致。

　　他的这出戏还有另一个看点，那就是他在"下高"时父亲的默契配合，成为演戏之外的另一种表演。早年的舞台没有多道幕布，要依靠检场人到台上为演员和演出服务。过去舞台设备落后，也没有如今高质量的厚厚地毯铺在舞台上。所以，一旦有需要，要给演员准备棉垫子，例如武戏中有演员从高空下来（下高），就要检场人给送上棉垫子，预防演员受伤。演文戏有时也需要，如唱《玉堂春·三堂会审》，扮演苏三的演员要跪在台上几十分钟。当苏三要跪下时，就有一位检场人送上来一块棉垫子，红绸面，很精致的，在苏三唱一会儿之后，检场人上台来给"苏三"送上小水壶，这叫"饮场"。舞台上有检场人的这些做法，我们赶上看到过。单凭松樵父亲这利落、漂亮、准确的"三扔垫子"，就足以饱人眼福，是戏外的锦上添花。这也是很值得观赏的一幕场景。

3.《狮子楼》是他在青少年时期最常演的武松戏之一，演得非常红。他还小时经常与姐姐明月英一起演，姐姐是主角，姐姐饰演武松，他给配演西门庆。后来他和别人一起演，他就开始演武松。等到儿子赵云鹤能登台演出了，他仍饰演武松，云鹤演西门庆。

除武松戏之外，赵松樵擅演的武生戏很多，翁偶虹曾在文中谈到赵松樵在上海演《四杰村》有"标准余千"的美誉。《三江越虎城》（《杀四门》）是他中年以前常演的剧目，他在耍枪花和开打时，穿箭衣、厚底靴，前边的绸子带、大带和后边的飘带都不掖起来，丝毫不乱。他的每一出武戏都有看点，都有绝妙之处。他在武戏方面的全才之能，均衡发展，是早在少年时期就已然形成的。叶龙章先生在《喜（富）连成科班的始末》一文中谈到带艺入科的演员时说："九灵童（按：应为九龄童），武生，长靠短打均擅长。"

下边，让我们看一下他的长靠戏。

二、《长坂坡》

《长坂坡》是清末北京三庆班卢胜奎所编连本戏《三国志》中的一折，本事见于《三国演义》第四十一至四十二回、《三国志·蜀志·赵云传》。这一折戏以赵云为第一主角，一向被奉为长靠武生戏的经典剧目。剧中人物性格鲜明，该剧开打激烈，表演精彩，观赏性强，久演不衰，百看不厌。松樵在北京喜连成社带艺入科时，曾多次观摩杨小楼的演出，其中就有《长坂坡》。那时杨小楼饰赵云，陈德霖饰糜夫人，黄润甫饰曹操，李连仲饰张飞，范宝亭饰张郃。松樵对杨小楼演《长坂坡》等戏的舞台风采耳熟能详，到八九十岁时还能学摹杨小楼的念白，无论是吐字、发音、气口、神韵，都能以假乱真。但他后来无论演什么戏，并没有亦步亦趋地学仿包括杨小楼在内的任何人。他看过南北无数武生名家所演的《长坂坡》，却不专以某一家为模本，而是取各家之所长，融会贯通，以我为主，走自己的路，演出个人特色来。正如齐白石诗云："胸中山水奇天下，删去临摹手一双。"这就是赵松樵的从艺性格。

赵云是一员英勇贯战的武将，如果片面强调武戏"文唱"，就容易把赵云演"温"了。把握准赵云这个人物的大将风度，是演好《长坂坡》的关键，要既不失其大将气魄，又能演出赵云忠厚尽职的品格，还要有精彩可观的武技表演，以表现出赵云英勇善战的精神风貌。这要有大武生的艺术素养才能当行胜任，对大部分武生演员来说，武技不是最难的，难在对人物尺度的拿捏，这是评判《长坂坡》这出戏演得好与坏的分水岭，而不在于演员翻几个"鹞子翻身"，能耍出怎样的枪花，以及是否有扔枪和背后接枪。这便是所谓"武戏文演"的实质内涵。

　　松樵最早演《长坂坡》是十岁左右，在天津等地。1912 年在北京喜连成社时期，多次演于三庆园。1917 年以后开始演于烟台、哈尔滨。1919 年演于海参崴，马武成饰刘备，凤灵芝饰糜夫人，马秀成饰曹操。1921 年盖叫天在上海共舞台排《七擒孟获》，加盟的有碧云霞、时慧宝、林树森等，赵松樵饰赵云。1922 年 3 月 5 日，他与梅兰芳、余叔岩、瑞德宝一起在天津应堂会戏，他被主家点戏《长坂坡》和《骆马湖》两出，说明当年他这两出戏是很有影响的。之后他在长春、安东、大连、南京、上海各地频繁演出这个戏。由以上可见他的《长坂坡》在各地是很受欢迎的。他在 60 岁以前，《长坂坡》是他武生戏中有代表性的一个剧目。

　　从 1920 年开始，他演《长坂坡》多带《汉阳院》。《汉阳院》和《长坂坡》是连本戏《三国志》中的折子戏，卢胜奎编剧。《汉阳院》本事见于《三国志·蜀志·先主备传》，《长坂坡》事见于该史书的《赵云传》，又载于《三国演义》第四十一至四十二回中。《汉阳院》一剧以刘备为主角，今已不见于舞台。该剧写徐庶奉曹操令劝降刘备，备不从，孔明令关羽去刘琦处借兵，令赵云保护家眷，孔明安排停当后自去江夏。备率众弃樊城而逃，行至江边，人多船少，百姓不能尽渡，备心不忍，欲投江自尽，幸被赵云救起。曹操率军追赶，襄阳守将魏延欲接纳刘备，被阻，自出城欲投刘备。张飞攻城，备恐襄阳百姓生灵涂炭，越城而过。行至刘表墓地，设祭痛哭致哀，故而该剧又名《哭刘表》。

　　《长坂坡》一剧以赵云为主角，写刘备一部与曹军遭遇大战之事，赵云力战曹部八将，救回幼主阿斗，与刘备、张飞会合。《汉阳院》在汉剧、徽剧、秦腔、河北梆子剧中均有演出。《长坂坡》又名《当阳桥》《子龙救主》等，演出比《汉阳院》更为普遍，除以上剧种外，川剧、豫剧、湘剧、滇剧等亦有演出。赵云以武生应工为多，也可由武小生应工，如京剧《借赵云》，小生叶派创始人叶盛兰曾演出。早期北方有俞菊笙、杨小楼演《长坂坡》最著，南方有李春来、李顺来、何月山等演此称雄。《江苏省戏曲志·南京卷》记载，前辈名家张桂轩曾将《汉阳院·长坂坡·汉津口》连演，一人赶三角，前饰刘备，中饰赵云，后赶关羽。自张先生之后，在南方也有其他演员学他这样演。马连良在28岁搭"春福社"时，在北京庆乐园也演过《汉阳院·长坂坡》，饰刘备，有唱片留世，当然马是不演赵云的。不知与马连良合演此戏的赵云扮演者为谁，但有记"与马连良同演时，前接《汉阳院》后接《汉津口》《摔子惊曹》，这是最长的《长坂坡》了"（槛外人：《京剧见闻录》"记杨小楼"），这所谓"最长"其实还是张桂轩的路子。

赵松樵连演《汉阳院·长坂坡》是一人双出，前饰刘备，后饰赵云，前文后武。他也曾将《汉阳院·长坂坡·芦花荡》连缀演出过，也是一人赶三角，前饰刘备，中饰赵云，后赶张飞。可见演员的演法根据自己的条件各有不同，原则还是展一己之长。如松樵这样一人分饰刘备、赵云、张飞的演法并不多见，由老生到武生再到武花脸，跨行比较远。赵松樵的《长坂坡》是亦文亦武的表演，与众不同，尤见精彩，这再一次体现了他编演剧目以文武兼备为目标的艺术思路。

约于1924年，松樵在上海共舞台戏院曾参与排演由众多名家参加演出的连本戏《大汉刘关张》，该剧以刘备、关羽、张飞、赵云四人为主角，把《三国演义》中有关他们的剧目串起来演出。他作为导演（当时叫排戏的），认为在当时上海的演员中，扮演刘备的最佳人选应当首推小孟七，人称"活刘备"。可是小孟七不在共舞台，共舞台的班底演员中有一位叫陆树田（音）的，原是顶三路角色的，此位虽然不见经传，却"肚里宽"，会的戏多，形象上若扮起戏来极近刘备的形神。松樵善于发现有实学的人才，大胆提拔起用新人，他决定给陆树田施展才艺的机会，让陆饰演刘备。张飞由"十全大净"金少山扮演，关羽则由关公戏名家林树森扮演，赵云的角色责无旁贷由他自己担纲。这四位主角的扮演者一演到底，个个演得当行出色，大受观众欢迎，红极一时。

1935—1940 年期间，上海共舞台曾上演全部《赵云》。据松樵先生回忆，赵云分别由赵松樵、高雪樵、王椿伯、黄宝岩、王富英、袁小楼、赵云鹤扮演，从《战盘河》赵云出世起，演到赵云晚期戴白"髯口"的戏为止。据小王桂卿先生记忆，该剧从《借赵云》起，《刀劈五虎》止，赵云分别

赵松樵演《长坂坡》饰赵云

由赵松樵、王桂卿、王椿伯、田子文、王富英、王少楼、小赵松樵（云鹤）扮演。记忆不同，待考，或两人所忆并非同一场的演出。松樵一人演《长坂坡》中之"掩井"和最后"斩五虎"两折戏，非此不足以满足观众对他的期望，再者是其艺术地位所决定，其余 6 人各演一折。松樵先生演赵云戏除了尊承俞（菊笙）派而外，还有许多私房的东西，自成一家，在武生如林的大上海独占鳌头，成为上海菊坛扮演赵云的首席。

小王桂卿先生称："从赵老开始，有了武生大会串，其中全部《赵云》便是开始。"据此说，武生演员大会串专场演出，应始自赵松樵先生组织演全部《赵云》，这是他的一个创举。

《卿本戏痴小王桂卿》书中"声隆誉盛的赵松樵"一章里说："在传统剧种中，赵松樵的《长坂坡》很有特色。"有哪些特色，该书未提，这里我们试概括之，大致有以下几点。

1. 赵云的扮相

赵派的赵云扮相和杨（小楼）派以及现在流行的扮相不尽相同。《三国志·蜀志》中说"云身高八尺，姿颜雄伟"，杨小楼身高体阔，声音高亮，扮出赵云来自然有气魄。现在演员扮赵云基本都取法杨派，称

演艺篇 文武生净 独树一帜

为俊扮：脸稍打底色，略扑粉，描画眼圈与眉毛，抹胭脂，印堂红加宽，加抹朱砂，头戴"大额子"，穿白"靠"、白"毡肩"，扎白"靠旗"，披红彩绸，下穿红彩裤，脚穿厚底靴。松樵的扮相是沿用俞菊笙的老扮相为基础，头戴"夫子盔"而非"大额子"，穿白"靠"、扎白"靠旗"是一样的，但带"插边"，戴靠绸子，不戴护心巾，后身戴绸子。他脚穿的与众不同，是"花盆底"的青厚底靴，这是赵派极有特色的地方，就连演关公戏也穿这种"花盆底"靴子，这种靴子穿上显得脚小，不仅美观，而且因为靴子底面积小，所以表演很吃功夫。其子赵云鹤先生继承赵派艺术，也穿"花盆底"靴子。

2. 特制大枪

扮演赵云所用的兵器是枪，赵松樵扮演赵云使用的大枪是"私房"的，枪头加宽，枪头形状为半尖头，非圆头，他是根据古代真实兵器仿制而成的。

3. 剧目的灵活组合

松樵先生会的戏多，戏路宽，他可以根据演出的地区不同、合作的演员不同，灵活改变与《长坂坡》一起演出的剧目，并非一成不变。有时他没有合适的合作者，就只演《长坂坡》一折；有时他把《汉阳院·长坂坡》连演，自己扮演刘备、赵云两个角色；有时他把《汉阳院·长坂坡》与《汉津口》连演，分饰刘备、赵云、关羽；有时他在《长坂坡》后边接演《黄鹤楼》和《芦花荡》，分饰赵云、刘备、张飞。只有老生、武生、红生、架子花都能应工，同时唱、念、做、打、舞五功俱全而且会的戏多的演员，才胜任这样灵活搭配的剧目。

4. 起霸

赵云出场的起霸，一般均演"全霸"，以显示演员的演技和"角儿"的身份，也有为获得观众掌声的因素。他认为《长坂坡》剧情当时战事紧迫，客观形势不容许赵云慢条斯理地在台上表演"全霸"，如果表演"全霸"是不合戏理的，表演程式的如何运用应当取决于人物和剧情的需要。所以，他不起"全霸"，而是简化"起霸"的表演，不为要"彩"。

5. "露宿"的表演

刘备带领众百姓逃奔的途中有一场"露宿"，刘备唱"叹五更"，这时台上为刘备和二位皇嫂各准备了一把倒着放置的椅子，又为赵云在上场门一侧也准备了一把，表示是路中的石头或是高土坡，当作他们的座位。赵云卸马后把大枪插在椅子上，表示把大枪扎在了地上，然后坐在自己的位置上做打瞌睡样，这是普通演法。

赵派的演法是：不为赵云备置椅子，赵云下马后，将马拴好，然后加一个细节动作，给马松开两个肚带扣，让战马也松宽一下，接着做出将大枪戳进地上的虚拟动作，做困倦状，双腿分开站立，做侧身偎依在马侧状，右臂抬起，肘关节弯曲，做支撑在马身状，头枕拳、双目微闭而息。在刘备和皇嫂唱的过程中，他有两次身体徐徐向后倾斜的动作，上身向后"弓腰"，表示赵云过于劳累疲倦，昏昏欲睡的样子。赵派这一套表演程式完全是写意性的表演，既有生活的真实性又合情合理，是把京剧传统表演程式和剧情戏理美妙结合的典型。

他为赵云设计出这样的表演，可能的理由有四。

（1）处于败退的兵荒马乱环境中，人们慌不择路，哪里还有现成的什么土堆、石台子供刘备、皇嫂、赵云等使用。即使有，赵云也要让与刘备及皇嫂使用。

（2）即便真有这些土堆、石台，在封建君主专制制度下，等级森严，不容打破，在"主公"和皇嫂面前，哪里有赵云的座位，更何况还要在舞台最显眼的位置，这分明是戏外的"角儿"高于戏内的"主公"。赵云对刘备忠心耿耿，即使有他的座位，他也不会坐。

（3）赵云为人谨慎，恪尽职守，肩负护驾的重任，不敢掉以轻心，在曹操大军紧追不舍的情况下，他要时刻做着打仗的准备，他不会自己找个舒服的地方安安稳稳地去打盹。

（4）从舞台调度角度考虑，舞台上没有赵云的这把椅子，就可以腾出地儿来给演员，便于下边演员有更宽敞的表演空间来表演。

（5）有一点应该特别引起注意，就是赵云以上表演的位置是在刘备的侧边，也就是上场门处，而不是台口的位置。这就分出角色的身份高低，剧中人在舞台这样的位置安排是符合他们各自身份的。而一般的演法是把赵云安排在台口，离观众最近，以突出主要演员。

6. 身带宝剑

赵云从曹操的背剑将那里得到宝剑后，用宝剑斩断对方的大刀、长枪，下场后再上来，一般的演法是不再带宝剑上来，宝剑去哪了，不知道，没有交代，这是为了方便演员的表演，至于剧情戏理如何，就不管了。赵派不然，他在得到宝剑，斩断曹将的大刀、长枪以后，把宝剑插到身后的"靠旗"间，赵云再上场还是这样带着宝剑。赵派《长坂坡》这样带宝剑的演法，有三人讲过，一是赵老之子赵云鹤，二是赵老入室弟子陈云超，三是赵派艺术的崇拜者小王桂卿。王先生说："我见到的赵派《长坂坡》之赵云，得到宝剑，下场后，再上场时靠旗上插宝剑。"众所周知，《长坂坡》赵云的开打、耍枪、身段非常繁难复杂，宝剑在松樵的"靠旗"间不加捆绑固定，不但不会掉落，而且不妨碍任何开打和武功的表演，这需要怎样的功力，也许外行看个热闹，内行人却心知肚明，所以演员对赵派艺术是由衷佩服的。

7. 马鞭不离手

一般演《长坂坡》在赵云迎战开打时，演员用力一甩手，将马鞭扔到后台口，动作很"溜"。赵派不是这样，在赵云与曹操兵将开战时，赵云的马鞭不离手。到"耍下场"时，他有耍马鞭与耍长枪同时并举的表演，彰显了武功技巧的表演难度，自然出彩。

8. "掩井"有大段唱念

"掩井"一场戏写糜夫人受箭伤以后，为了让赵云保护幼子阿斗冲出曹军的重重包围，自己跳井，赵云搭救不及，掩埋井口，怀揣幼主与曹军继续战斗。这是武戏《长坂坡》全剧的一场重点文戏，是演员集中刻画人物性格与情感的一场戏。在赵云与糜夫人相会时，松樵给糜夫人这个角色增添了二十余句的念白、3句【扑灯蛾】、17句唱词，给赵云增加了二十余句念白、4句【扑灯蛾】、16句唱词。增加这么多唱和念的语言类表演，对人物性格和思想境界的刻画更加细腻深入，对人物在此情境时的内心活动揭示得更为充分。从戏剧性来讲，加强了人物之间的思想碰撞和情感交流，也丰富了表演形式，为演员的表演提供更多的空间。这是赵（松樵）派艺术"武戏文演"、允文允武风格的又一体现。

9.“抓帔”的表演

这场戏在糜夫人跳井时，赵云发现后急忙冲向前去抓糜夫人，这个情节以“抓帔”（俗读如 pi 音平，正音应读 pèi）一词代称。据高盛麟讲，“抓帔”过去有两种演法：“一种是走反蹦子，俞菊笙、杨小楼等先生都是这么演的；一种是走倒扎虎，何月山先生是这么演的。对后一种演法历来有争议……可以把阿斗先放在一边，再‘抓帔’，走倒扎虎，那就合理一些，我曾给一位青年演员出过这个主意，被那位青年采纳了……而俞菊笙和杨小楼两位前辈……主要还是考虑到人物形象问题。让赵云走倒扎虎往台上一趴，这对赵云的大将风度恐怕就有损害了。”[①]松樵先生则是这两种方法全不用，另起炉灶。他的演法是：赵云接过阿斗后，当糜夫人跳井时，他左手抱阿斗，伸出右手去抓帔，帔从糜夫人身上扯下后，赵云后撤、转身、“劈叉”变“跪搓步”扑向井台，手扶井台痛哭。厉慧良向来以《长坂坡》为招牌，以走“倒扎虎”“扔、接枪”闻名，晚年走不了“倒扎虎”，在天津中国大戏院的一次演《长坂坡》“掩井”一场的“抓帔”时，就改为学赵派的演法，唯一与赵老不同的是没有“劈叉”动作，其他都一样，我在现场亲见。这是厉慧良最后一次演《长坂坡》，只这样用过一次，过去他是一直走“倒扎虎”的。后来我与天津一位花旦名家聊戏时谈到厉的这场演出，她说：“厉慧良不走倒扎虎了，结果怎么样，改得更好了！”她殊不知这是赵松樵先生的东西，误以为是厉的创造，与她同样不了解实情的恐怕大有人在。

10.用宝剑埋井

我们见到的演出都是赵云用长枪掘土掩埋井口，可是赵松樵演到此处却用截获的曹操宝剑砍土掩埋井口。他为什么要用宝剑而不是如“大路儿”的演法用长枪，当时访问他时没有进一步追问清楚。我们想肯定有他的道理，因为他的演法都是有根据有来源的。是否因为长枪戳在地上当作了拴马桩而未拔出，或者是因为需要一只手护着幼主，只能用一只手掘土才用的宝剑，不便于用双手使枪？其中奥妙不得而知，可惜。

---

① 详见《高盛麟表演艺术》。

11. "掩井"念【扑灯蛾】

他在表演"掩井"的过程中,保留了武生宗师俞菊笙先生念【扑灯蛾】的演法。据著名剧作家景孤血先生有文章讲,俞菊笙、俞振庭父子演《长坂坡》的"掩井"一场都是念【扑灯蛾】的,是杨小楼改为不念了,而赵松樵却保留了俞派的传统演法。类似的例子很多,由此可以理解当有人说他是"外江派""海派"时,为什么他不能心悦诚服的理由所在。

12. 穿短"腰包"

一般在赵云救出阿斗后,赵云进下场台口,把娃娃道具送回后台,再出来后象征性地撩一下"靠肚子",表示已将阿斗藏入怀里,然后(白):"咿,他倒睡着了!"据小王桂卿先生介绍:赵派演的赵云在"掩井后,再上场,赵老身上加短腰包,用以表明把小孩捆包在身上。这样处理只有赵派独树一帜"。由微见著,可见松樵先生对戏抠得很细,艺术处理非常讲究。

13. 加强武技表演

(1)他一方面加强《长坂坡》这出武戏中表达情感的文戏分量,另一方面也加强了赵云起打的力度,加重武戏的表演分量。在《三国演义》中,《长坂坡》之战是一场鏖战甚酣的战役,也是赵云一生最为辉煌耀眼的战绩,只有战斗异常激烈艰难,才能充分表现出赵云的英勇善战和忠贞尽职,人物的英雄形象才更加突出。按照俞(菊笙)、杨(小楼)的路子,该剧最大的开打场面是赵云"战八将"。苏雪安在《京剧前辈艺人回忆录》中记,杨小楼的演法为"第一挡是赵云与文聘,第二挡是赵云与曹仁、李典,第三挡是张郃,打大快枪,也是最主要的一挡,第四挡是赵云和许褚,第五挡是赵云与张辽,第六挡是赵云与乐进,最后是曹将齐上的大推磨、蛇蜕皮等下场"。然后是曹洪单上,下来是赵云跌落陷马坑。在有些演员以戏改之名大量缩减这些开打的情况下,松樵先生不仅继承了俞、杨的路子,而且发扬光大,场面紧张、激烈、火炽,充分显示出赵云以少胜多、孤胆深入虎穴的神威。

(2)除了加强开打分量、创新开打套路之外,在独舞、造型等方面也有独特的创造。如赵云见到简雍,唱完两句【散板】后,他一手提枪一手持马鞭，耍完一套"鞭枪花"之后，提枪、耍枪花、背枪、倒手、"鹞子翻身"、提马鞭亮相。

（3）又如在一场开打中，他有个单腿拧身亮相的动作，可参见本书第27章第17条。这些赵派独有的动作、身段、亮式，或干净，或快脆，或帅美，或兼而有之。

综上所述，应该说《长坂坡》是赵派长靠武生艺术的一个代表作，具有突出的艺术个性，不是在某一点上有所特色，而是有一整套成体系的自派演法。他的戏在继承的基础上有很丰富的创新，对演员的技术水平有了更高的要求。

内行人都说赵派的东西是既"打内"又"打外"的，看着是真好，让人打心眼里佩服。据松樵老的女儿赵云铭讲，他父亲扎"靠旗"一般都是自己扎。别人扎"靠旗"都把绳子捆绑得很紧，越紧越好，唯恐在台上表演时不稳或脱落。松樵老则不然，捆绑得很松，来回可以晃动，绳带与身体之间可以伸进手去，可是一上台，他身上使劲，把"靠旗"绷得紧紧的，在台上的时间有多长，他就要绷多长时间的劲头。

据内行人讲，赵派的戏表演难度大，别人很难全部学他，这是赵派艺术不容易推广开来的重要原因。赵派的艺术成果证明一个道理，不一定凡是流行很广的就是最好的，也不一定凡是很难流行的就是不好的。

赵派除了艺术难度大以外，还与其艺术境界有关系，别人恨不得学生学自己要不走板，要原汁原味地继承。他则不然，他教戏时一定告诉学习者这一下是哪一位老先生的，那一下是哪位名家的，他从来不贪天之功，说一切都是自己的创造，当然多数还是他自己的创新。另一点是任何艺术派别都是创始者根据自己的条件创出来的，一般别人不具备他那样的条件，就怎么也学不来。松樵先生处世十分低调，对他的宣传很缺乏，外人很难全面了解他的全部艺术成就与贡献。虽然他的门徒和同行演员不能全面继承下来他的艺术，可是一招两式的学他的演员是很多的。以《长坂坡》中松马肚带扣为例，学他这一手的就大有人在，这个表演在京剧界流传很广。又如"露宿"中赵云不坐，立在马旁歇息的表演的方法，厉慧良晚年在天津第一工人文化宫演《长坂坡》时就学的赵派演法，也是我在现场亲见；还有上马的"认镫"动作，厉慧良等人也是取法自赵派；又如武生大家高盛麟不但学赵派饰演关平等一些武戏演法，而且学赵派整出《战马超》的张飞演法；高宝贤学《刀劈三关》、学三国戏中鲁肃的演法等。应该说赵松樵先生给京剧留下了一大批优秀艺术成果，有心人深入学习，一定大有收获。

十九、挑华车细究求精　艳阳楼立马释疑

一、《挑华车》

《挑华车》是长靠武生戏中表演强度最大、最炽烈的剧目之一，载歌载舞，非常吃功夫。剧名按《京剧剧目初探》和《戏考》均写作《挑华车》，又名《牛头山》，有作全部《高宠》的，包括《牛皋下书·挑华车》。20世纪五六十年代中国京剧院李少春、袁世海在天津第二工人文化宫上演过《牛皋下书·挑华车》。

《挑华车》事见于《说岳全传》第三十九回，《宋史·岳飞列传》无挑车情节。金兀术与岳飞在牛头山会战，陀氏兄弟携铁花车助阵，埋伏在山口阻挡岳军。岳飞调兵遣将，令高宠守护大纛（音 dào，如到）旗（古代军队和仪仗队的大旗），不许参战。岳飞设计佯装败退，高宠不知是计，违命出战。金兀术部不敌高宠，佯败，诱高宠深入。至山口，车滚下，高宠奋力枪挑，战马力竭，力不敌，终阵亡。清代同治三年《都门纪略》、道光四年《庆升平班戏目》均载有此剧，另如汉剧、川剧、徽剧、豫剧、河北梆子、山西梆子等均有之。历代武生演员多有演出。京剧《挑华车》源于昆剧，剧中高宠所唱皆昆曲。剧中高宠最初由武净应工，脸谱勾红三块瓦。自俞菊笙始改由武生应工饰演高宠，丰富表演，此后武净反而退出该剧。

松樵先生的《挑华车》，有四点可谈。

1. 对高宠这个人物的把握

为更清晰地分析高宠这个人物，可以把他与赵云在人物身份、性格等方面作比较来看。《挑华车》中的高宠和《长坂坡》中的赵云，演员

都穿大靠，角色都是大将军，又都是英勇惯战的猛将，可是，他们的出身、身份、地位、性格却完全不同。

赵云出身平民，深受主公刘备和军师诸葛亮的器重与信任，常被委以重任。虽然刘备待赵云视如四弟，可是赵云终究不是与刘备、关羽、张飞在桃园共同结拜的兄弟，对此赵云头脑清楚，仍以君与臣的主仆身份处理与刘备的关系。赵云时刻奉刘备为君主，严格执君臣礼仪，唯命是从，不敢懈怠，深念刘备对自己的知遇之恩。对军师之命坚决执行，对职责殚精竭虑，谨慎从事，对军师毕恭毕敬。赵云性格平和，待人谦恭礼让，不争名争功，不恃强好胜，作战一往无前，有勇有谋，被誉为常胜将军。赵云稳重内敛、不事张扬、朴实无华，有温文尔雅的儒将之风。

高宠出身贵族，是王爷，位高爵显，就连身为元帅的岳飞也要叫他一声"高王爷"，在他身上难免有些优越感和娇、骄二气。高宠的出身与身份促使他养成争强好胜、凡事以我为先的傲慢习气，对别人颐指气使惯了，受不得半点不顺自己心意的事。另外，高宠是一个勇猛有余、智谋不足的武将，肆无忌惮，鲁莽固执，不听人劝，任意妄为。这些性格上的缺陷最终导致他牺牲的悲剧命运。他如果听从岳飞的命令，严格遵守军纪，不是争功心切，不擅自出击参战，就不会打乱岳飞的全局军事部署。本来全军胜券在握，可是，他单枪匹马的个人英雄主义害了自己，导致这场战争的失败。然而高宠有正义感和为国立功的荣誉感，他的擅自参战，是看到岳飞兵败才奋勇出击，并不知道这是岳元帅的计谋。

松樵先生饰演高宠正是本着对高宠这样的分析和认识，去表

小盛春演《挑华车》饰高宠

演这个人物的。他通过派将时"闹帐"一场的表演，在与番兵番将的开打或独角戏的载歌载舞的表演，调动面部表情、眼神、身段的变化，以及唱曲、念白、舞蹈等多种艺术手段，综合立体地展现出高宠的性格和艰难奋战，让人们在领受到演员美轮美奂的艺术表演的同时，也感受到剧中人的灵魂外化的各种形态，看到高宠的勇猛杀敌、战斗顽强和悲壮牺牲的英雄形象。

2. 对"阻令"表演火候的把握

大帐"派将"一场可以说是《挑华车》这出戏的"戏眼"，它不但是全剧情节的起因，而且是最集中表现高宠人物性格的唯一文场戏。如何把握好高宠在这场戏中表现的火候，十分重要。很多演员在岳飞念完"军务已毕，退帐"，高宠使足力气高喊："且慢——哪！"（这一段情节名为"阻令"）岳飞最后派高宠守护大纛旗，高宠领令后退出帐外，还要放声大笑，然后下场。有人觉得这样表演不妥，笑后用手挡嘴，以补过火之举。

松樵先生的演法是在岳飞刚要念"退帐"的"帐"字尚未出来时，他便上前阻令，念出"且慢"。他认为在军营中，元帅发号施令不能朝令夕改，军令如山。如果在岳飞念出"退帐"之后，就是军令已经发布完毕，兵将必退，阵列必散，哪还容得高宠有机会申辩呢？所以，高宠必须抢先阻止退帐，这是演"阻令"时对时刻的严格把控。另一个需要注意掌握的火候是高宠念"且慢"的音调高低和语气的轻重。这是反映高宠应该如何对待军队权威的态度问题。虽然高宠是王爷的身份，但他并非是个不分上下的浑人。他毕竟是岳飞帐下的一员大将，岳飞治军有方，元帅大帐是个有规矩有威严的地方，高宠也要遵守上下等级的规矩，也要遵守严肃的军纪，否则军法不容。高宠后来不顾军令擅自出战，不是意气从事，不是不守军纪，而是不知道岳飞元帅的败下阵来是佯败，是计谋，所以当他看到元帅打了败仗，他一定要赴汤蹈火去助阵，这作为一个军人也是应该的。所以，高宠的"阻令"既要表现出他未接到重大任务产生的焦急情绪，也要正面体现高宠不是无理取闹，而是要为反侵略战争建功立业的积极面，情绪表达得要适当适度。高宠不是鲁莽的牛皋、张飞，在元帅面前不能用尽嗓音和气力高呼尖叫的。在派将时，高宠有些跃跃欲试的表现是可以的。可是，我们往往看到有的演员在岳飞念完"退帐"之后，还要乐队武场起"嗒嗒——仓"，然后高宠掂了几下身子，一边拉长音高喊"且——慢"，一边急得不够而又稳得有余地出列，向台口走去，绕一圈之后回过身再向岳飞拱手，高呼"岳元帅！"接着一段道白。这样处理显然是不顾剧情戏理和角色的身份，反倒明显的是演员在"卖份儿"。还有高宠出帐后的"哈哈……"大笑，更是不顾具体情境，他就是高王爷，在军事重地这样放肆也是不可以的。

3. 高宠落陷马坑后的表演

高宠单人独骑闯入敌人阵地，与潮水般的敌军作战，必然人疲马乏。敌军为他设下陷马坑，他连人带马跌落下去，这时扮演高宠的演员都有"劈叉"的动作。古代战将无马不行，高宠对战马产生爱怜之情，用手去抚摸马的头与颈。演员应该向什么方向伸手去做抚慰马的动作？这时高宠是仍然骑在马背上的，并未下马，高宠的两条腿应该分别在马的左右两侧的位置，也就是说马的头应该在演员两腿之间的正前方就对了。可是，一般演员的表演是劈的"竖叉"（一条腿在前另条腿在后），演员的脸是朝着台下的正前方，与前腿的方向是一顺边的。然而绝大多数演员这时的表演是左手持大枪，右手伸向前腿的方向，去做抚摸马头的动作。细想起来这是违反生活真实的，演员没有搞清楚人和马的相对位置应该怎样。马跌落到陷马坑之后，人若还骑在马背上，人的两条腿一定是分开在马肚子两侧的。既然演员两腿以"竖叉"劈开，那么马的头应该是在与人的两腿直线成九十度的方向上，而绝不会在演员左脚的方向上。所以演员反复伸手到自己前腿方向去摸马头，肯定是找错了方向和位置，是违背生活常理的。松樵演到这里时，也是劈"竖叉"，但是，他是把手伸向与自己的两腿垂直的方向，做抚慰马头的表演动作，这才是符合生活真实的。《挑华车》里这个摸马头的动作好像无关大局，但是，演戏要讲究，要细致，要讲戏理，不能稀里糊涂。演员要明白地演戏，还要把戏给演明白，"大角儿"演员更应如此。

4. "下叉"和"走叉"

高宠和战马跌入陷马坑时的表演，"劈叉"动作是必须的，无论谁演到这里都要"下叉"。可是，在"下叉"时，不同演员有不同的表演方法。例如有的加走"磋步"后"下叉"，有的做勒马姿式转几下身子再"下叉"；有的走"软叉"（两腿分开滑下），有的走"硬叉"（一腿伸直抬高再落地）或"摔叉"（全身挑起，两腿劈开落地）。总之，基本都是直接"下叉"。

　　赵派在这里的表演与众不同，又有了私房的"绝活"。吉林省戏校武生教师陈金柏小时候在上海拜赵松樵先生为义父，随赵师学习和演出，学了不少赵派的艺术。陈先生说：当年赵师在上海天蟾舞台，平日每晚演出新编戏，安排每个星期天白天加演传统老戏，为了不使传统剧目和演员的基本功荒废，由赵师倡导。有一天白天贴演"五五"（由五个演员分演同一个角色）的《挑华车》，前边由赵云鹏、王富英、高雪樵、袁小楼分饰高宠，最末"挑车"一场由松樵先生饰高宠。这场陷马坑的戏中"劈叉"的表演，赵师独出心裁。他在"下叉"前是先踢起左腿，腿不落地成金鸡独立式，然后左"贴脖"，"靠旗"飘带垂至台板，再左腿抬、蹬，转体180度后，改为右"贴脖"，左腿接骗"月亮门"，紧跟"下叉"。接着"走叉"，至少走5个。一般"走叉"的演法均是双腿收紧，臀离地面，双腿与台板成三角形，做"走叉"动作。赵师的"走叉"则不然。他是两条腿始终保持"劈叉"的水平姿势，双腿前后伸直，全凭腰的力量带胯向上直提全身，姿态保持这样不变地全身向前蹿跳。这个动作的难度超乎想象，陈金柏说自己演了几十年的戏，见过不少好武生，从来没有见过、也没有听说过别人这样演"走叉"的，只有赵师如此的表演，并且把这种演法传授给了陈金柏。后来陈金柏在吉林省戏校教学生《挑华车》，都是按赵派这个演法教学的。他认为赵派艺术的自创东西很多，好看，难学，表演难度大，没有花架子，全是真功夫，没有过硬的功底，是学不了赵派艺术的。即使基本功扎实，但是如果演员惜力气、怕苦，想偷工取巧者，绝对学不了赵派艺术，他也不会去学，既是学了也学不到家。从陈金柏先生的话语间流露出他作为一名武生艺术家对赵派艺术的无限向往和崇敬。

二、《艳阳楼》

《艳阳楼》又名《拿高登》，前者以故事发生的地点命名，后者以发生的事件内容命名。《艳阳楼》故事中虽然有《水浒传》里的人物，可是《水浒传》和《水浒后传》均无对此事的记载，可见它是编剧者杜撰出来的故事。故事发生在北宋末年，高俅之子高登武艺高强，抢夺民女，称霸南阳。高登率众游庙会、寻美色，看上徐世英（有作士英）之妹貌美，掠回高府，藏娇艳阳楼上。徐世英追赶途中偶遇花逢春、秦仁和呼延豹，三人助徐趁夜杀进高府，经激烈搏击，高登被斩，徐妹获救。晋剧、河北梆子等剧种均有此剧。

剧中主要人物高登原为武花脸应工，俞菊笙创始改由武生演出，仍然勾脸，成为一出勾脸的武生戏，历代武生名家多有演出。武花脸演员也时有演出，如范宝亭、刘奎官等。《钟馗嫁妹》之钟馗原先也是花脸应工，天津戏校出身的花脸演员何永泉在毕业前后曾以花脸应工经常上演《钟馗嫁妹》，后来普遍由武生演出，武花脸反而不演了。武生演员早期以俞菊笙、杨小楼、尚和玉演《艳阳楼》最享盛誉，其后擅演此剧的演员就多了，赵松樵先生是其中的一位。还有一位北方昆剧名家侯永奎先生也擅演此剧，他是尚和玉老先生的弟子，以尚派演之，其子侯少奎承袭尚派及其父的艺术，1980年我在北京吉祥戏院看过少奎先生的表演，留有深刻的印象。

赵松樵先生在50岁之前经常上演《拿高登》，据1942年5月10日上海《新闻报》第7版演出广告，他于更新舞台上演《拿高登》和《大铁笼山》，广告注明"特烦拿手好戏"字样，想必赵氏该两剧有其非同凡响之处，必有令人折服之艺。如何表演暂且不论，单说剧中一个细节处常为演员所忽视，一带而过却不知底细。他认为这个演戏的关节失传了，没有被继承下来，而过去的老先生和他自己表演时是对台下观众有所交代的。不仅演员在表演时要有所体现，而且还要有相应的台词说出来，其实很简单，可是不表达清楚，演员演到此处没有任何交代，观众就不明戏理。这一关节在赶庙会的过场戏，高登的鹰犬贾斯文向主子献媚报信，说发现徐氏女貌美，一向欺男霸女的高登听信儿后立刻带众爪牙赶奔庙会。高登抢掠到徐女后，在返回高府的路上碰到常遇春等三人，在舞台上有这四个人扬鞭催马"小圆场"的表演。高登临下场见到三个人时，他收鞭立马，高登与三人照面，端详片刻，然后高登走到下场门，回转身，再次窥测三人，三位英雄侧身，躲开高登的视线，高登策马下场。这是现在的演法。问题是：这四个人打照面，高登与三人互相观瞧，他们这样是什么意思，究竟是干什么？观众只凭看台上的表演，看不明白。可以产生几种不同的理解：可以理解为他们觉得似曾相识，但一时难以想起对方为谁，故而端详思忖，努力回忆；也可以理解为他们并不认识，但看对方绝非等闲之辈，各自思量对方到底是干什么的；还可以理解为高登久居南阳本地，人地两熟，却从未见过这样一身英气的三人，故而有所警觉，端详再三；又可以理解为高登称霸一方，当地老百姓见到他带一伙强人蜂拥而过，均皆退避三舍，躲犹不及，而这三人却仍稳坐马上，并不闻风丧胆，躲闪一旁，还怒目相视，高登为此心中不快，本欲发作滋事，又恐耽误了自己的美事，故而瞠目怒视之后有些犹豫地离开了。也许对这一处表演还可以有其他的理解，为什么会出现这么多歧义呢？就是因为这样表演没有表达出明确的意思，没交代清楚这些动作的含义究竟为何。其实是原来应该有的台词和表演给传丢了。

据松樵老介绍，过去演《艳阳楼》的这场戏，高登临下场时本来有这样两个字的台词："好马！"高声念完这句台词后才下场。这意思就明白了，原来这里要传达一个特定的情境，就是高登是当地权显位贵的高俅之子，是个"官二代"和"富二代"，他所拥有的一切在当地都一定是一流的，古时候人们以马代步，马的好坏也是马的拥有者贫富贵贱的身份象征，高登自然爱马，他乘骑的马必然是当地最彪形、最名贵的，没有哪一家可以与他的马相媲美，可是，今天他忽然发现这三人乘骑的马高大之势毫不逊色于他的马，出乎他的意料。人喜欢什么就会注意什么，而且习惯拿自己的与别人的去比较。因此，高登是在欣赏对方的马，同时也在想这三人平时怎么没见过，是哪里来的，他们来此地要干什么，竟然有这样好的马？在这方圆地界之内，除了我高家，不会再有这样的马了。于是，他在离开时不由自主地赞叹一声："好马！"这只有两个字的台词却传达出高登两方面的信息，一是表现出他对自己身份和家世的优越感，态度高傲，唯我独尊；另一方面表现出高登是纨绔子弟，生活奢侈，喜好宝马良驹。这对于表现剧中人物是起到衬托作用的，不是可有可无。这就是高登看那三个人的原因。那三位看高登又包含什么意思呢？他们在此之前是不认识高登的，在见到高登之前他们遇到过以前的同窗贾斯文，知道贾斯文如今是高府的鹰犬，后来碰到高登一帮人，看到贾斯文也在其内，就猜到那个骑高头大马的人一定是高登了，想看一看高登是什么货色。在这里，三人之看高登含有视恶如仇的情绪在里边。所以，虽然这三位和高登都是在看对方，可是目的不同，眼神不同，心理状态不同，表情不同，表演也就不能一样。如现在的演法，没有了这个台词，自然只好任凭大家各自瞎猜。

戏剧家焦菊隐先生说过："而舞台演出却要观众一看就懂，不能有片刻迟缓，更不能叫他们兜着圈子去推测。"[①]演员在学戏时，老师没有传给他这句台词，演戏时就会只知道有这些表演程式，但是要表达什么意思，不清楚，知其然而不知其所以然。《京剧生行艺术家浅论》[②]中有这样一句梨园俗语：说"'唱戏不解意，等于放狗屁！'是谭鑫培常说的口头禅"。戏谚也有句话说："学不等于会，会不等于对。"只会演戏，不明戏理，不懂人物，不清楚人物与人物之间的关系，即使会演了，演出来未必对。

除《艳阳楼》外，还有一出勾脸武生戏《铁笼山》，也是松樵先生久负盛名的好戏，他所扮演的姜维器宇不凡，有大将之风，工架别致讲究，起打套路新颖，自有佳境，凡亲见过他这出戏的无不跷指称赞。

二十、承黄派武戏文演　塑天霸性格特异

以上研究了几出赵松樵先生的短打、长靠和勾脸武生戏的艺术特点。他值得我们去研究和赏析的武生戏很多，如《铁笼山》《翠屏山》

---

① 详见焦菊隐，《导演·作家·作品》。
② 王庚生口述，吴同宾、李相心整理。

《越虎城》《铁公鸡》等及自编戏《螺蛳山》《洛迦山》等，都值得探究和点评。但是，他另有一类风格独特的武生戏不能遗漏，就是他继承武生中一个重要的流派黄（月山）派戏的艺术遗产，和具有特殊风格的以黄天霸为主角的"天霸戏"。这些戏在他常演的武生戏里占有很大比重，应该单列出来研讨和总结。

一、京剧武生中的"黄派"

1. "黄派"是北方流派

剧界对"黄派"存在不同的看法，这又牵涉到对京剧演员南、北派属性的纷争。不同人对同一个艺术派别、同一名演员、同一个剧目、同一种演法会有属于南派还是北派的不同判别。本人之所以坚持认为把京剧分为南派和北派是不科学的这一观点，就是因为它没有统一客观的标准，判断在很大程度上取决于不同人的主观意识，对"黄派"出现截然不同的认识就是一个明显的例子。

《唐韵笙舞台艺术集》收有东北著名演员周仲博的一篇文章，题为《刻苦磨砺求其尽美》，将黄月山和李吉瑞为代表的"黄派"艺术体系归入"包括海派在内的外江派"。与此相反，著名戏曲评论家、剧作家景孤血先生在其《读"京剧前辈艺人回忆录"札记》一文中明确指出"北方武生中主要分为俞、黄两派"，把"黄派"归到北方武生的一个重要流派。另一位著名剧评家潘侠风先生在其《"国剧宗师"杨小楼》一文中说："清朝光绪、同治年间，京剧界的武生有四大流派：杨（月楼）、俞（菊笙）、黄（月山）、李（春来）。"文中还把李吉瑞、马德成等列为"清末民初北京城内出现的第二代著名京剧武生"，而他们是"黄派"的正宗传人。该文也是把"黄派"（包括特意指出李吉瑞等）归入北方（北京城里）的流派。潘侠风在《京剧表演见闻录》中的《李春来的双绝艺》一文说得更加明确："李春来……与北京的杨（月楼）、俞（菊笙）、黄（月山）派，并称京剧界第一代武生四大流派。"显然，潘先生是把"黄派"艺术归到北京的京剧武生流派中。对同一个"黄派"就存在这样两种针锋相对的论点。景孤血和潘侠风是干了一辈子的京剧研究和评论的专家，窃以为他们的说法是较为贴切也是符合事实的，可以采信。

2. 黄月山是"武戏文演"的开拓者

现代人了解京剧武生杨（小楼）派的人多，了解"黄派"的人少，学术界和传媒界宣传"黄派"艺术和传人的也很少，这就是京剧理论研究界和传媒界的偏差，把自己研究和宣传的对象选的点和面很窄。所以，很有必要简单介绍一下黄月山和他的"黄派"艺术。

黄月山生于 1850 年（清道光三十年），但不同文献对其卒年却记载有别，如《中国戏曲曲艺词典》记为 1905 年，《京剧知识词典》记为1900 年，《中国京剧史》亦为 1900 年。《中国京剧史》记黄月山为天津人，与《中国戏曲曲艺词典》所记同，《京剧知识词典》记他是"天津西胜芳（今属霸县）人"。对于他的学艺出身说法也不一致，上列两部词典都说黄月山曾幼习梆子，而《中国京剧史》并未明确说他是学梆子出身，只是说他在演唱上吸收了老生唱法，并掺以梆子腔。景孤血先生则说："黄月山本人也非梆子出身，但后来搭入田际云的玉成班，该班是京腔梆子'两下锅'的演法。……黄在玉成班时的创造中有梆子的成分。"① 以上情况说明京剧界对黄月山先生的基本情况还有很多不清楚的地方，缺乏对他的研究与发现，关于黄月山尚有许多未知有待考证。

京剧早期并无专职的武生，武生角色由老生或小生代替。俞菊笙（1838—1914）、杨月楼（1844—1890）、谭鑫培（1847—1917）、黄月山（1850—1900？）、李春来（1855—1924）几乎是同一个时代的演员，他们从原老生、小生、武花或梆子戏中挑选出一些剧目，加重武功和起打的表演分量，很受观众欢迎。久而久之，逐渐形成武生的专门一行，一批武生戏保留下来，一批武生演员也固定下来。当然，促成武生专业化、职业化的演员并不是只有这几位，而是有一大批像他们一样探索武生表演之路的演员，他们这几位只是其中出名的代表人物而已。但是，这些演员在舞台实践中选择了侧重面不同的发展方向，谭鑫培由武戏改演文戏，朝老生方面发展，但又与原来的老生演法不同，开辟有文有武、连唱带舞的表演剧目和演法，最终成为谭派老生宗师。谭鑫培

---

① 详见景孤血《读"京剧前辈艺人回忆录"札记》。

演艺篇　文武生净　独树一帜

虽然归为老生行，但他亦文亦武，能演《长坂坡》的赵云、《连环套》的朱光祖，他的"靠把戏"有唱有打，文中有武。杨月楼是老生、武生兼演，有的剧目把老生与武生相结合，成为文武老生的先驱。只有俞菊笙、黄月山、李春来专向武生方面深入发展，各自形成不同风格的武生流派。俞菊笙嗓音不好，身材高大，脾气火暴，但他聪明地把原来属于老生、小生、武花脸演员应工的戏拿过来为我所用，改为由武生演员应工，加强角色的勇猛气派，如此开发出一批武生戏，有的还保留勾脸的传统，使武生在京剧各行当中脱颖而出，俞菊笙起到示范、推动并促使武生行当成熟的作用。黄月山则另辟蹊径，他的嗓音苍凉遒劲，于是他把武生与老生紧密结合，大力开发武戏中的唱功，成功塑造出一批失意的英雄人物形象，感叹人生，抒发情怀，发泄对不公正现象的愤懑情绪，引吭高歌报国之志，并且创造出一批戴白髯口人物的武戏，为京剧又细化出一个新型行当武老生，成为京剧武老生的鼻祖，同时也是"武戏文演"的开创者之一。李春来虽然后来成为南派武生开山立派的始祖，他却是地道的在天津红起来之后去南方发展的演员。他到上海后，结合南方地域特点而开创出京剧武生的一派新风，以短打武生为佳，进而成为南派武生的始祖。

黄月山虽然归为武生行，却是武中有文，以大量的文唱演武戏，注重唱、念、做、武的综合表演来刻画人物，抒发情感。"黄派"武生艺术是一个艺术特色十分鲜明的派别。武生历来以动作表演为主，唱、念不多，尤其唱更少，而黄派恰恰给武生扮演的角色安排很多的唱段，对于抒发武戏中主要角色的情感、揭示角色的内心世界有独到的创造，使塑造的人物形象更加丰满、全面，表现形式也更加多样化，极大丰富了京剧武生这个行当的表现力。黄月山生于 1850 年，杨小楼生于 1878 年，黄比杨早了 28 年，足足相差一代人的时间。杨的武戏文演主要是通过表演来塑造人物。京剧界流传说杨小楼是唱不好【二黄】腔的。而黄月山的"武戏文演"则不只是有表演，还有成套的、大段的唱来完成，是真正的"武戏文唱"。例如"黄派"的《请宋灵》《独木关》《潞安州》《大名府》《百凉楼》等都是这方面的突出例证。就他那《独木关》中的"在月下"唱段，当年风靡民间，传唱十分普遍，一点也不逊于谭鑫培的《秦琼卖马》中的"店主东"那段唱的普及率。所以，如果我们谈论京剧的所谓"武戏文演"，并不像人们通常认为的那样始自杨小楼，而是黄月山开启先河，"文戏武演"则是谭鑫培、杨月楼一辈人为开拓先驱。这样解读京剧的"武戏文演"和"文戏武演"的历史，可能更接近历史事实。

3. 黄派艺术及其传承

"黄派"擅演的剧目接近30出，计有《凤凰山·薛礼叹月·独木关》《精忠传》（《枪挑小梁王》），《反五关》《潞安州》《请宋灵》《大名府》《风尘三侠》《卧虎沟》《塔子沟》《贺兰山》（《木羊阵》），《铜网阵》《剑峰山》《莲花湖》《刀劈柳遇春》《百凉楼》《洗浮山》《嘉兴府》《八蜡庙》，全部《宏碧缘》（《龙潭鲍骆》），《翠屏山》《恶虎村》《骆马湖》《连环套》《溪皇庄》等。据文字和口述的资料介绍，黄月山的武功扎实，唱、念称绝一时，善唱【二黄摇板】和【反二黄】腔，嗓子音域宽，腔调或苍凉，或悲壮，或激越，或高亢，醋畅淋漓，念白激昂、脆亮，情满意长，表演中擅用髯口功，利落帅美。他在世时与俞菊笙并称伯仲，成为北方京剧武生两大主流派。黄月山在老艺人中更胜人一筹之处是他自己能编剧，上列剧目中的《反五关》《精忠传》《请宋灵》《贺兰山》，全部《宏碧缘》，《刀劈柳遇春》《剑峰山》《风尘三侠》以及《巧拿大莲花》等，均出自他本人之手。黄月山艺术传人有李吉瑞、马德成等，私淑"黄派"剧目的有夏月润、瑞德宝、小达子（李桂春）、周信芳、张少甫、白玉昆、赵松樵、李万春等。京剧界应加强重视与研究黄月山及其艺术。

4. 赵松樵是黄派重要传承人

赵松樵从小在天津学艺、登台，他经常看"黄派"传人李吉瑞的演出，李吉瑞是他心目中的一个偶像。在他之前，他姐姐明月英的武生戏已经常演"黄派"戏，如《独木关》《请宋灵》《恶虎村》《骆马湖》《连环套》等。李吉瑞对童年和少年时期的松樵也十分喜爱，有一次见到他说："小子，真有你的，专门学我，往后我收你得了，不收你做徒弟（两人年龄相差23岁），收你做干儿子，当个小李吉瑞。"九龄童一贴出黄派戏，有些李吉瑞的老观众就赶来观看。专为李吉瑞打鼓的鼓师在没有演出时，也赶来说："小子，好好演，今天我是特意赶来为你这个小李吉瑞打鼓来啦！"后来松樵在天津、上海得到了李吉瑞的亲自指点，并且同台演出过，曾为李吉瑞演的《骆马湖》配饰李大成这个角色。松樵与马德成、瑞德宝、小达子这些经常演"黄派"戏的名家多年同台，关系甚密，他们互相交流切磋，互有补益。因此，赵松樵也成为"黄派"艺术的一位重要继承者。他经常上演的"黄派"戏有《凤凰山·薛礼叹月·独木关》《剑峰山》《请宋灵》《枪挑小梁王》《百凉楼》《反五关》《潞安州》《大名府》《卧虎沟》《塔子沟》《恶虎村》《铜网阵》《洗浮山》，全部《宏碧缘》(《龙潭鲍骆》)、《翠屏山》《八蜡庙》《嘉兴府》《溪皇庄》《骆马湖》《连环套》，"黄派"剧目他几乎都演。

他为什么热衷于"黄派"武生艺术呢？我们分析认为：

（1）时代和地区因素：他在青少年学艺、从艺的，成长期主要是在北京、天津和东北等北方地区，这时期是"黄派"艺术的兴盛时期，这些地区也是"黄派"艺术影响最大的地区，他有较多的机会能接触到"黄派"艺术，尤其受到"黄派"艺术最有代表性的人物李吉瑞的直接影响。李吉瑞是当时最为走红的武生演员之一。

（2）个人条件的因素：松樵个人的艺术条件适合演"黄派"戏，他文武兼备，嗓子好，又是演悲情剧的圣手，"黄派"的戏路与他具备的艺术条件可以很容易、很融洽地对接。

（3）艺术追求相一致："黄派"是武生中不唯追求武功动作表演的一派，是"武戏文演"的开拓者，通过唱、念、做、打、舞等综合表演塑造人物，演绎剧情，揭示角色心理活动，抒发情怀，这正契合松樵的艺术理念与追求。

（4）周边人脉的因素：首先是他姐姐明月英的影响，其次，他接触的同行好友很多和他一样是"黄派"艺术的发烧友，是热衷于"黄派"的艺术家，他有直接观摩、学习或间接学习、传承的机会与条件。

从艺术传承方面考查，杨小楼的武生艺术是集杨月楼、俞菊笙、谭鑫培、黄月山的艺术之大成。稍晚的赵松樵之艺的基础大部分同样来源于俞菊笙、谭鑫培、黄月山的艺术影响，从根本上来说他们的根是同源的。所不同的是赵松樵的艺术营养来源更加广泛。打个比方讲，他如同一位不挑食的餐饮者，用他自己的话讲就是："不论是谁，我见好的就学"，没有门户之短见，而且学到人家的之后，不藏"奸"，不避"谈"，目的是丰富自己，化为己用，不埋没人家的创造成果。所以，他学演"黄派"戏也和对待其他各种派别艺术一样，不是生搬硬套，一成不变，而是结合自己的条件，根据自己的认识和追求，不断改进，更适合自己的表演，采取的是在继承的基础上有发展、在发展中见继承的艺术之路。比如他在《刺八杰·巴骆和》剧中饰演骆宏勋，发挥自己"甩发"功的优势，他的"甩发"是私房特制，长可及膝，在剧中增加多种"甩发"的表演。他还在开打时使用剑，创造出一套与对手的"剑枪把子"开打套路，别具特色。在表演这套开打过程中，他始终不收起"剑袍子"（剑柄长穗），随剑的舞动上下翻飞，增大了表演技巧的难度，提高了表演的美感和观赏性。这些都是"黄派"传统演法所没有的。又如《铜网阵》，剧中在前边有【导板】转【散板】的唱，后边是"托兆"，有大段唱："叫鬼族驾阴风把店房来进，尊一声众兄长细听分明，都只为……"这段唱当年李吉瑞唱乙字调（京剧中唱的最高调门），虽然调门很高，但是因为时代的原因，唱腔是老腔直调，松樵后来自己演时就改了唱腔，使唱腔更具现实的时代感。

二、《独木关》

现以《独木关》剧目为例，试析赵松樵对"黄派"戏的继承与发展，探讨他的艺术思想和改革的具体方法。

松樵12岁在北京喜连成社科班时就演过《独木关》，他饰演薛礼，侯喜瑞饰演张世贵，康喜寿饰演周青，李喜龙扮安殿宝。其后在天津演过一次，仍是侯喜瑞的张世贵，周青改由周喜增扮演。松樵从小就以李吉瑞为偶像，20世纪50年代初期，有一天他带着入室弟子郭云涛（高庆奎之外甥）一起在天津南市逛街。位于进南市的街口有一座叫"新时代"的照相馆，他们进到照相馆，发现照相馆屋门的背面用玻璃镶嵌着一张与屋门高矮尺寸差不多的巨幅照片，那是李吉瑞扮演的《独木关》中薛礼的剧照，大小与真人相仿佛（这个照相馆的这幅剧照在我小时候也看到过）。李吉瑞的这张剧照是《独木关》中薛礼带病在战场见到安

演艺篇　文武生净　独树一帜

251

殿宝时的身影，照片中的薛礼双手用力撑着兵器戟，面部的神态和眼神表情丰富而饱满，相片高约一米五，黑白照片上略着颜色。松樵眼前一亮，越看越爱看，不愿挪动脚步，一边看还一边与郭云涛议论着。他反复端详，不停地赞叹，看得流连忘返。看来看去，他实在憋不住了，生发出要购买这幅剧照的强烈念头，鼓了鼓勇气与店方商量。店家说什么也不卖，说那是李吉瑞生前特意到本店照的，那可是这家照相馆的镇店之宝，是本店的荣誉和骄傲，为本店永久珍藏，绝不转让，但欢迎他常来参观，他天天来看都欢迎。没办法，此后他只好有空就来，与这家照相馆成了很熟的朋友，也在这家照了几张剧照。松樵每次看完都非常兴奋，见人就讲当年看到的李吉瑞先生演薛礼时的神态表情。他这时的神情哪像一个年过半百的人，就像一个孩子，他对李吉瑞前辈的那份尊敬和喜爱溢于言表。这一段故事让我们悟出两条道理：无论要学习什么，必须首先对那个学习的对象有喜爱和尊重，甚至是崇拜，才有可能学有所成；要学好它（或他），必须对它（或他）入迷，达到如醉如痴的地步，才有可能学习成功。

松樵先生所演全部《独木关》是从《凤凰山》李世民"狩猎"开始，接下来是薛礼"救驾"，山神庙《薛礼叹月》，至《独木关》薛礼枪挑安殿宝止，也就是《凤凰山·薛礼叹月·独木关》，是全的。20世纪90年代末，赵松樵的弟子、天津市京剧院文武老生主要演员魏伟在北京湖广会馆演出了全部的《独木关》，他在剧末还加了一场金殿"受封"的情节，薛礼最后终于有了出头之日，使剧情更加圆满。全剧情节是：李世民在侍卫陪同下到凤凰山行猎，遭到盖苏文的袭击，幸得薛救驾脱险。李欲奖赏薛，薛受奸臣张世贵编造的谎言所蛊惑，不敢报出真名实姓，且速避走。李派元帅尉迟恭暗访，找寻薛。月夜下薛在山神庙叹惜自己屡建战功却被张世贵窃据，致自己受屈，出头无望。此番言行被恭看到和听到，恭从身后追上，拦腰抱住薛，薛挣脱再逃。受此惊吓，薛回到住处卧病不起。独木关敌将安殿宝生擒张之子，张求薛解救，薛部下出战不利，薛得信后情急，抱病出战，力挑安殿宝。恭访查实情，揭穿张里通外国及害薛之罪，奏报李世民，李颁诏嘉奖薛并封官。

京剧里有两出戏的剧名都叫《凤凰山》，但是它们故事发生的时代不同。一出《凤凰山》的故事发生在唐初，事见于《说唐征东全传》第二十二至二十四回，该剧以薛礼为主角，说薛礼（仁贵）在凤凰山救李世民之后发生在他身上的故事。另一出《凤凰山》又名《百花点将》，是说元代的故事，百花公主以巴赖未完成造箭为理由，将巴赖处死。该剧原为昆曲，载于《百花记》，陈德霖、王楞仙曾在皮黄班演出《百花点将》，后来马祥麟演此剧时贴剧名为《凤凰山》，故而出现两个同名的剧目，其实它们是风马牛不相及的。

魏伟演《独木关》饰薛礼

下边试就赵松樵演《独木关》的几方面特点概括如下。

1. 薛礼的扮相

依据赵派艺术传人魏伟先生所扮的薛礼，在全剧中共出现 5 种扮相：

（1）《凤凰山》"救驾"一场，薛礼首次出场，头戴"扎巾""慈姑叶""嵌巾"（有作错白字千金）；身穿白"箭衣"，身子左右两边分挎弓袋、箭囊，均由白缎子制成，弓袋上有大黑字"弓"，箭囊上有一大黑字"箭"，弓袋和箭囊均是特制私房道具；下身穿白"彩裤"，黑色"鸾带"；脚下穿青素厚底靴；右手持白马鞭，左手持一支白杆红缨银头方天戟。这个是武的扮相，黑白两色反差明显，干净、漂亮，飒爽英姿，极显精神。

（2）"叹月"一场，薛礼是便装的扮相，头戴"夫子盔""飘带""后兜"；身穿白色"团寿字褶子"，脚下穿厚底靴。

（3）"病房"一场，薛礼的状况大不一样了，他身染重病，这场的扮相改为头戴"扎巾""嵌巾"、长蓝色"绸巾子"；身穿白色"褶子"，外裹"腰包"（白长裙）。

（4）"出战"时，头上装饰未变，身上改披"软靠"、戴"靠领"（俗称三尖，有人认为三尖之称是"苦肩"的讹音，或应写为衫肩）。

（5）最后"金殿"一场，薛礼的气派大有改观，出场时头戴"倒缨盔""披风""嵌巾"；内穿"软靠"，外罩白"龙蟒"，"斜膀子"；戴"靠领""玉带"。这时的薛礼显得神气多了，有大将风度。

以上五种扮相是艺术家的一种艺术创造，为了让薛礼这个人物与不同时期、不同境遇、不同场合相匹配的扮相，是塑造人物的一种艺术手段，它要与剧情、与人物精神和身体状态、与表演相配合、相和谐。扮相是演戏中的一个系统工程，不能顾此失彼、互不协调。头场出现的薛礼年轻有为，充满理想和抱负，武功非凡，潇洒英武，因而采用"俊扮"的武生样式。到了"叹月"时，薛礼在张世贵的一再打压下，蒙受屈辱，希望渺茫，情绪悲观，孤身独影在月光下自叹命运多舛，是表现薛礼在工余时间的活动与情感流露，自然是便装式的打扮。在"病房"一场戏，薛礼重疾缠身，卧榻沉疴，面色憔悴，一身的病态装束，面部改装为"清水脸"。至"出战"时，重病缠身的薛礼虽着甲胄，却衣冠不整，仓促上阵，这时的薛礼正该如此。最后，艺术家还给薛礼一个体面的结局，救驾有功，战绩卓著，金殿受封，福禄降身。

从以上可以看出，赵派这出戏的扮相要频繁改变，十分讲究，扮戏是难点之一。

2. 唱、念、做的特点

（1）李吉瑞先生一生乡音未改，舞台演出依然，因而他的唱、念多少带有"侉音"，缺乏纯正的京剧韵味。松樵先生在私淑李吉瑞的表演艺术时，消除李先生的缺陷，改用湖广音、中州韵，在吐字、气口上也有改进。

（2）唱上，有一句【导板】是"一句话气坏了英雄胆"，其中"话"是"发花"辙的开口音，李老先生唱时往往把"话"字给唱散了，有时会出现"刺花"（字音发声爆散、发劈）。类似情况，松樵予杜绝。他学老前辈的艺术向来采取"择其善者而从之，其不善者而改之"的态度。李老在把握薛礼的性格、塑造人物外形、神态、表演方面极见功力，颇富艺术魅力，松樵必领受之。

（3）松樵把薛礼在凤凰山"救唐王"作为重点场子来表现，在"神箭破飞刀"时，他抬起左腿，用腰、腿的膝关节和脚面把长戟别住，表示戟被放在了马背上，然后取箭搭弓射敌将盖苏文。这里的表演需要有些腰、腿的功夫和身体的稳定性。

（4）《叹月》一折戏若单演也有贴《访白袍》剧名的，剧中的尉迟恭穿一身黑色，薛礼穿一身白色，故而又有剧名《黑袍访白袍》。这一折戏表现"黄派"在唱、念的特点最为集中和突出。所以，松樵先生在唱的方面保留了"黄派"唱腔的主要特点，也是典型特点，如果改动较大，就失去了"黄派"的艺术特色，也就不能称其为"黄派"戏了。他在吐字、归音方面做些调整，语气和神态大多仍循李老规范。薛礼出场唱一句【导板】之后，自报家门："姓薛名礼，字表仁贵……"备述他三次从军，屡建奇功，却遭张世贵父子的百般欺凌和压制。这一段长达四十余句的台词念得悲怆激愤，哀怨忧伤。然后唱【二黄导板】"薛仁贵在庙前珠泪滚滚"，唱得高亢激越，大有气冲霄汉之势，宣泄薛礼的愤懑之情。紧接转唱【散板】"对苍天在月下叙述表情"，共 12 句的唱哀伤之情感人肺腑，令人同情。这段【散板】别人只唱 6 句，"赵派"的唱是 12 句。

（5）下边"病房"一场，薛礼出场的一句唱"在月下惊退了英雄虎胆"，他唱得天动地撼。他把这句唱词的"在月下""惊退了"和"英雄虎胆"分为 3 节唱出，音调节节升高，"在月下"三字以平腔唱出，唱到"惊退了"的"退"字时腔调拔高，且有个小耍腔，唱"英雄虎胆"四字时则是一鼓作气，神足气饱地唱出，震慑全场。这场虽然是表现薛礼在病榻上的沉疴之情，但是薛礼的英雄气概犹存，虎威尚在，尤其他的怨恨和心有不服的情绪更是高涨不减，正是以饱满的情绪形成强大的艺术感染力，让人们感受到薛礼的内心世界是那样的愤懑不平，怨气难消。薛礼在病榻隐约听到外边战鼓轰鸣，直到他不顾老兵劝阻，强撑病体奔赴战场。这一段艺术夸张的表演，是全剧情节的高潮，戏剧矛盾达到顶点，人物情绪波动剧烈，也是人物性格的总爆发和最强烈的展示，层次分明，步步递进深入。薛礼初次听到外边战场的声音传来时，他先以平静的口气无力地问左右二老军："何人在此开兵交战？"两个侍从老军谎言瞒过薛礼。当第二次战争锣鼓响起时，他突然高声呐喊一声"啊！"这声音如撕布裂帛一样，令人一惊。紧接薛礼（白）："何人在此开兵交战，你二人与我讲！"这里有个很好的身段，当念"与"字时，他一边念一边抓右袖口，念"我"字时，一边念一边抓左袖口，念到"讲"时，双手向桌面同时"投袖"，身体站起、挺直，二目圆睁，表现出薛礼焦急的情绪和大英雄的赳赳气魄。两位侍从老军再也瞒他不过，决定据实相告，报告安殿宝挑战，兵临城下，本营将士大败。这时他双手按桌，两番做"气抖"动作，充分表现了薛礼听到这个消息后的焦躁和气愤，以及因为身体虚弱而经不起这种刺激的状态。薛礼以不服输的大无畏精神要带病出战，让侍从给他带马。侍从说他即使不病也未必能战胜安殿宝，薛礼被气晕过去。这里有一句唱，唱完起锣经【急急风】，他再次做气抖，全身哆嗦，站起未稳，坐下，又站起，双手按桌，开始一边做"气抖"一边沿着桌子做转身的"转桌子"动作。当身体转至桌子的下场门一段时，锣经"涨调"，他双手放在背后按桌子，身体往下溜，继续绕着桌子转身。身体移到桌前侧，他面向台下，仍然是背身按桌，身体再往下沉，一边往下沉一边仍在全身哆嗦。两条腿的哆嗦源自双脚，他用脚尖点地哆嗦带动两腿颤动。然后身子往前扑，左右双臂分别配合左右两腿交叉地向前迈大步，仍用脚尖拧转，前扑四五步后，神志恍惚状地转身，向下场门摇摇晃晃地快速下场。这一整场表演的难度和复杂程度，要比任何一位演这场戏的其他演员的演法都高，而且合情合理，符合剧情的特定情境。

松樵先生讲，他这套"转桌子"的表演是从梅兰芳《贵妃醉酒》的表演动作得到启发。杨贵妃酒醉以后，有一个情节是从桌子后边醉态蒙眈地移身到桌子外边来，松樵就结合《独木关》的剧情和人物，把这一表演加以变化、发展来的。这一场戏不同演员的演法不一样，有的扮演薛礼是把桌子推倒，有的甚至用双手抡起桌子再扔出去，目的都为了表现出薛礼的情绪激动、暴躁。这两种表演方式都是把桌子真的当成了桌子来看待的。其实这里的桌子是不能看作桌子的，而要当成床榻，薛礼这时是病卧在床上的，虽然是坐在桌子后边，或是趴在桌子上，其实按照戏曲写意性的原则，这时的桌子是代表床。大家很熟悉的剧目《洪洋洞》，最末的"病房"一场，杨延昭趴伏在桌上；还有《白帝城》最末一场"托孤"，刘备趴伏在桌上，这些不是表示剧中人真的趴在桌子上，都是表示剧中人病情很重，躺在床上，这种情况下舞台上的桌子代表的是床而不是桌子。这就是京剧或者说是中国戏曲写意性和虚拟性的绝妙之处。所以，薛礼推倒桌子，或是搬桌子抡起来再扔出去，都是不应该的。"赵派"这里的"转桌子"，是通过戏曲程式的灵活组合运用，很贴切地表现身染重病的薛礼从床上下来时那种力不从心、身不由己的挣扎情景，既形象生动，又展现特技表演。

（6）出战时，侍从带马上来，扛来戟，薛礼过来先抓马鞭，后接戟，这时他走了三番横向的小碎步，以表现薛礼眼看着战马和兵器就在眼前，却因身体虚弱和神志恍惚，四肢不听使唤，欲进则退，欲左反而右的状态。

（7）在与安殿宝相见和开打的一场戏，安殿宝因为打了胜仗正扬扬得意地"三笑"时，薛礼从背后踉踉跄跄地猛然出来，拼尽全身力气举戟向安猛刺，没有刺中，戟却扎进了地里。这时薛礼在锣鼓"崩登仓"的声中，双手靠身右侧紧握戟柄怒容而立地亮相，非常威武阳刚，充满大英雄的勇猛之气。紧接一个细节表演，就是他双手用力往外拔戟，这时的薛礼心是英雄心，力却是手无缚鸡之力，可还是显出他决心战斗的坚强意志。这场戏不好表演，演员身前有"嵌巾"，长度过膝，不收起来，随时飘荡，轻柔不好控制，胸前有扎靠绸子，还有长蓝绸巾，身上共有6条长巾带子飘垂，手中使的是方天戟的长兵器道具，在不脱离人物病态的情况下，还要保证开打时道具和身上各种服饰不缠不乱，摘理得一清二楚。

三、黄天霸戏

在京剧武生常演的剧目中，有一批是以黄天霸为主角的戏，以"天霸戏"代称之。京剧武生演员普遍都演天霸戏，但是表演的方法和戏路不尽相同，行话讲有不同的"蔓"。松樵先生演天霸戏以尊"黄派"艺术体系为主，可是同样也是有他自己的创造。天霸戏在京剧中已经形成系列剧，成为京剧武生戏中一个较为独立的系统，这取决于三条因素，一是黄天霸这个人物性格、身份以及围绕他所发生事件的特殊性，人物的独特而典型化较强；二是天霸戏的表演方法有独特的风格，与其他剧目不同；三是天霸戏的剧目数量可观，大小剧目有二十余出，是除了关公戏之外又一可自成体系的京剧武生戏列。过去天霸戏在京剧舞台上的演出是非常普遍的，各层级的武生、规模大小的剧团都演。

中华人民共和国成立后，对黄天霸这个人物的阶级性和道德品行做了批判，因而天霸戏淡出于舞台。恢复传统戏以后，天霸戏又重新回归舞台。应该如何评价和表现黄天霸，以及如何判断围绕他发生的事件以及他与各人物之间的关系，是个非常复杂的意识形态方面的问题，本文不予讨论，想单就表演的方法和观赏性方面做些讨论。如果以今天的主流观点来看待传统的天霸戏剧本，肯定通不过的，因为按照传统演法，黄天霸在舞台上基本还是被塑造成正面英雄式的人物形象来演的。要演出天霸戏就必须对黄天霸的舞台形象重新定位和塑造，那样改动的动静就大了，形同重新编剧本，演员也要摒弃传统演法，重新"落挂"（回炉重来）。所以，观众看戏的时候，不但是天霸戏，其他的戏亦然，只能把戏当作是那个时代的事、那个时代的人来看，千万不能"穿越时空"，用今天人的头脑去衡量、判断那个时代的人和事件的性质是对还是错，今天和过去所用的衡量标尺是不一样的，否则传统戏的绝大部分都是错的，是都要不得的。如果那样就造成民族文化的虚无主义，其结果是可悲的，会使我们的民族文化艺术产生历史的断裂，这实际上就从根本上否定了我们几千年的历史和文化。在中华人民共和国成立以前的几千年，我国都处在封建社会，文化产品当然也会都印有封建思想意识的印记。

要根本改变戏曲传统剧目与时代极不相称的状况，有一个办法可以试行。愚见以为传统戏今天面临的一个很重要的任务不是原样不变地继承，而是要对传统戏进行"过箩"，挨个地在剧本上做修改、微调、加工，重新排演。如果能坚持这样做10年、20年、几十年，会有很大一部分的传统戏成为"无公害的精神食粮"，并且反而成为全营养食品，让人们但吃无妨。这些传统戏的这种修改工作足够几代京剧人去做。当然，这是巨大的、艰巨的系统工程，需要长远的统筹规划，制造成本肯定比新编戏要节省不知多少倍。应该承认传统戏中的糟粕不少，有足够数量的剧目要修改。这样，传统戏在修改中取其精华、去其糟粕，健康地继承下来，既出新了，又让观众有新鲜感，传播的又都是正能量。在这样工程的进行中，编剧人才有事可干，受到锻炼；演员天天有戏可演，被培养锻炼出来，剧目极大地丰富；文化市场活跃起来；传统戏也保住了。这对京剧岂不是个很好的继承传统和振兴发展之路，何乐而不为？这也许是个痴人说梦的设想。

天霸戏早期由两位武生前辈演员演红，一位是"黄派"创始人黄月山，另一位是"李派"创始人李春来。他们之后，南北的武生演员都热衷于上演天霸戏，剧目也渐渐地多了起来。后来杨小楼演的天霸戏也载誉剧坛，天霸戏的"白口"（道白）比较多，杨的嗓音高亮，"堂音儿"甜脆，身高体阔，扮出戏来英姿勃发，塑造人物性格也能鲜明突出，所以有人评论说杨小楼的长靠武生戏把赵云演活了，而短打类的武戏则是把黄天霸演活了。

松樵先生差不多把黄天霸的二十余折戏都演了，其中《骆马湖》《连环套》《恶虎村》等是他的代表作。很多演员饰黄天霸，把黄演成了英雄式的正面人物。其实错了，应该把黄天霸演成反面人物才对，这是赵松樵父子的认识和实践。把人物演成反派，不意味着把人物脸谱化，让人一看就是坏人，而要从剧情和人物内心来表现。下边我们仅以《骆马湖》和《连环套》为例，看松樵先生是如何对天霸戏进行艺术创作的。

1.《骆马湖》

他演《骆马湖》是从《殷家堡》演起，包括在骆马湖的"水擒""访问"等情节,到"水战"擒李佩为止。他从十多岁就演这个戏,先得父亲赵鹏飞的真传,后来自己又学李吉瑞。他曾陪李先生演这个戏中的李大成,以他这样的年龄在当时能陪李先生演个李大成就很不简单了。他演这个戏的黄天霸不全照李先生的样子模仿,李的吐字字音、念白腔调带有乡音,所以,赵的念白字音、音调、气口向杨小楼的方面靠近。松樵有嗓,唱腔则还是循"黄派",只是他将老腔老调予以改进。他认为黄天霸有两点突出的性格,一是"狠",二是"硌"。"狠"表现在黄天霸的心狠手辣,原来黄也是绿林英雄,后背叛朋友,投靠官府,做了政府的爪牙,反过来疯狂抓捕绿林中人,心黑、手毒、无情无义。"硌"是说黄天霸个性极强,用现在时兴的词来形容就是"愣",好歹不分,软硬不吃,愣头愣脑,八面不靠,狂妄自大。他塑造黄天霸的艺术形象就依照这样的认识来创造。松樵演的《骆马湖》在京、津、沪皆享盛誉,三地大户办"堂会"往往点他的这个戏。他饰演黄天霸,许多花脸名家与他合作过,饰演李佩,如苏廷奎、刘永奎、侯喜瑞等。他在表演上有自己的特点:

(1)他扮黄天霸不是俊扮,不往脸上扑粉,是用本脸本色。

(2)《骆马湖》是做派戏,以做功、念功为主要表演手段。在"拜庄"一场,褚彪向黄天霸询问施大人的情况,黄天霸长叹一声,(叫板):"唉,老丈啊!"然后起唱,杨小楼在这里唱的是【流水板】,而赵松樵依照"黄派"唱【西皮原版】。

(3)"酒楼"一场,黄天霸一抬头,看到"望江居"三字的酒"幌子"(一种广告),这时他用眼神扫了一下江面,心想"这酒店正好面对江面,可以很方便地观察江面上的动静和过往的行人",于是决定进店且坐。坐稳后,他小心翼翼地向酒保打听情况,酒保说确实看见有人被一伙强人掠进水寨。天霸估计被掠者定是施大人,暗下决心要进寨侦察。这些心理活动都是演员通过眼神、面部表情、语言对话等表演出来的,这就是艺术家的好做派。

(4)李大成进酒店,天霸从酒保对来人的殷勤态度,判断来人是店中的常客,再一细看,又觉面熟,但一时记不起此人是谁,只觉得似曾相识。与此同时,李大成也觉得在上座之人面熟,忽然想起他难道是黄天霸？不妨试探一下，于是李大成故意叹息："唉，罢了啊，罢了！"目的是要引起对方对自己的注意。这时，天霸将视线转移到李的身上，李也离座仔细打量天霸，天霸随之同样离位，二人双目相对，互相打量，天霸（念）："你这人上下打量与俺，是何道理？"做生气状，语气强硬，这时眼要尽量睁大，盯紧李，并且用右手摸着酒杯，等话说完，举手将酒杯中的酒泼向李。这点地方要表现出天霸的蛮横，表现出"狠"与"硌"的性格特点。李提出要天霸到前边的柳林中相见说话，然后天霸紧随李的后边走出酒店，这时要看一看身旁所佩带的宝剑，脸上露出暗藏的杀机。这个细节表演恰好暴露出天霸阴险狠毒的秉性。这一点，王金璐先生演得意到神随。

（5）李在前边走"小圆场"，天霸在后边跟，越走越急，李突然转身跪下，口称"恩公！"天霸大为惊愕，迅速拔剑，这时他张嘴要说什么，但又不知所云，情急中身不由己地退后一步，接着起【凤点头】锣鼓点，天霸一边将身子向舞台的右侧移动，一边认真地端详李大成，露出莫名其妙的神情，而剑出鞘到一半，在手中紧握。他右手指点李，以高亢的音调唱出一句："你是何人跪道旁？"动作、神情加上高音的唱，表现出天霸的高度警惕，天霸的性格中就有容易狐疑的毛病。这一场的表演，他通过唱、念、做多种形式的配合表演，声容并茂地把黄天霸的性格与内心活动表露无遗，松樵先生每演至此，观众都会爆发热烈的掌声。

（6）在唱上，如在前场的"大回船"中，杨小楼唱【西皮】，松樵唱【二黄】；天霸见褚彪时有4句唱："我与殷洪来交战，大人乔装奔官船。小舟渡湖未拢岸，凭白湖中起祸端。"这4句杨小楼唱【西皮散板】，松樵唱【西皮原版】，不一样。

2.《连环套》

《连环套》是天霸戏中演得最普遍、在舞台上出现频率最高的一出戏，也是展现黄天霸人物性格比较突出、做事诡诈强势的一出戏。武生演员多演之，自杨小楼之后，多宗杨派为"大路儿"。有人认为批评天霸戏是错的，觉得天霸戏恰恰是揭露黄天霸的罪行和负面性格，只有从戏的反面去理解分析才能得到这种结论。可是从戏的表面看，展现在舞

演艺篇　文武生净　独树一帜

台上的艺术形象，黄天霸却是件件事都能最后达到目的获胜的"英雄范儿"，是把他当英雄来歌颂的，这是个不能熟视无睹的大问题。就天霸戏任何一个剧目而论，有哪一出戏能让人看出舞台上的黄天霸是反面人物的形象呢？就这一点而论，天霸戏是黑白混淆、是非不明的戏。《连环套》是反映黄天霸为当时政府镇压民间反抗力量而为虎作伥的典型事例。关于黄天霸与窦尔敦的是非功过，本人有一篇题为"另谈《连环套》及窦尔敦"的专论文章，发表在《中国京剧》杂志 2009 年第 5 期上，可为参考，在此不作赘述，这里还是仅就表演艺术而作探讨。

赵松樵先生少年在北京喜连成社搭班学艺时，曾在大栅栏的三庆园多次演过此戏，他饰黄天霸，侯喜瑞饰窦尔敦，陆喜才饰朱光祖。他少年时还曾与父亲和苏廷奎合演过，他饰黄天霸，他父亲赵鹏飞饰朱光祖，苏廷奎先生饰窦尔敦。他成名后，又曾与程永龙、金少山、侯喜瑞、裘盛戎等花脸名家合演《连环套》。打开 1924 年 4 月 18 日的上海《申报》广告版面，就可以看到共舞台当天夜场有赵松樵、金少山、董俊峰、苗胜春、王荣森等演出《连环套》，而且他在上海多次与金少山合作此剧。他能与这些京剧花脸行的顶级艺术家合演此剧，说明他演这个戏是有相当成就并且颇有影响的。他对这出戏也确实付出很大的精力予以打磨，在唱、念、做各方面均有他自己独特的艺术风格，形成赵派特有的演法。

（1）头戴"夫子盔"：若宗杨派的扮相，是头戴"大额子后扇儿"，穿白"蟒""靠领"。松樵的扮相是头戴"夫子盔"，内穿"箭衣"，外穿白"蟒""靠领"。

（2）当场"更衣"：朱光祖（白）："您再等就来不及啦！"黄天霸（白）："看衣更换！"一般演到这里时黄天霸进后台改装，再出来时改为穿"箭衣马褂"。松樵的演法是刚念完"看衣更换"，即在当场解下"玉带"、脱掉"蟒袍"，再进后台改装。这样处理有生活的现场感，能突出情况的紧急，缩短更衣换装和舞台上空场子的时间，使戏的节奏不致显得缓慢拖沓。

（3）在大人跟前不上马：换装后出来，唱一人一句的，然后天霸唱："辞别大人把马上。"一般演法是天霸向施世纶打一揖，转身出来上马。松樵是接过马鞭后，先往后撤几步，招呼其他人上马先行，然后他举马鞭往下场门走，停下来，在【凤点头】的锣鼓声中把马鞭交给左手，推马、转身，眼望着施世纶接唱下一句。这句的杨派唱词是"成功后回来再问安康"，赵派的唱词是"但愿得成功回，早返乡，在大人台前再问安康"。这种带跺句的唱法是"黄派"有特色的唱法，松樵对这种特色加以运用和发挥。

（4）"打躬"后下场：当唱到"在大人面前"时，松樵让鼓师加上两"健子"（打鼓的工具），在"嗒——嗒"两声中他甩下"箭衣"的"马蹄袖"，后撤半步，正面对着施大人，一边接唱"再问安康"，一边在行腔和拖腔过程中向前一步，做单腿半跪的清代式的请安"打躬"的动作，起身再做，共做两番，边唱边做。唱完后，黄天霸带马、抬左腿认镫、"转灯"、左手扶剑、右手抱马鞭、两手抱在胸前、推马鞭、加鞭、小"跺泥"停住、勒马急下。这一整套动作的表演为赵派所独有，是松樵先生独具匠心的创新表演，把黄天霸在上司面前卑躬屈膝、小心侍奉的一派奴颜婢膝表现得十分逼真形象，而且有那时代的生活感。

（5）走"马趟子"下场：有一个五人"过场"的戏，杨派的演法是走"五梅花"一起下场。松樵则是让其他四个人走"圆场"后先下场，然后让黄天霸一个人走"马趟子"后下场，这是李吉瑞的路子。

（6）与贺天龙的对打：黄天霸见到贺天龙时念"俺手中刀，他二人却不肯以刀架住"，念得节奏平稳，语气沉着，可是动作却由缓而急，后来竟势如破竹，让人防不胜防，逼得贺天龙只有招架之功，没有还手之力，表现出黄天霸的机敏和双方力量的悬殊，为他后来由硬变软、改变策略收买贺天龙作为进山的策应埋下伏笔，这反映出黄天霸的诡计多端、精于算计。黄天霸与贺天龙打"九刀半"时，开打节奏由慢变快，最后"鼻子削头"，贺被打下。这时松樵右手持刀要一个"剁萝卜花"，再掂刀、掷刀"钓鱼儿"、左腿踢"大带"、右手接刀、亮相。身段飒爽，动作干净利落，尤其他那掷刀、接刀的动作，他的眼睛不看刀，却能准确无误地接刀到手，如此纯熟到家的技艺表演已达化境，从自然王国进入了必然王国。

（7）"拜山"前的不同装扮：黄天霸在到连环套"拜山"前，是以

"押镖"的镖客身份为掩护，外出寻访御马和盗马人的踪迹，行迹匆匆，乔装改扮。基于这一考虑，松樵这时不穿"箭衣"，而是穿"抱衣抱裤"，这是短打扮的行路装和战斗服，要随时准备应付紧急情况的发生，所以他用这样的短打扮，是有道理可讲的。

（8）"拜山"时的道白：大段道白的台词略有不同。天霸（白）："彭朋在朝是忠是奸？"窦尔敦（白）："大大的忠臣"，天霸（白）："却又来！当年我父指镖借银并非为己，只为搭救清官，祸除乡党。想你我身为绿林，背单刀，闯荡天下，喜的是忠臣孝子，恨的是贪官污吏，恶霸土豪。寨主你不借银还则罢了，怎么，反与我父结仇。姓窦的，你妄称侠义二字！"这段台词他念得干脆清朗，字字珠玑，铿锵有力，把针锋相对的气氛提到白热化，大有一触即发之势，当场空气骤然膨胀，剧情陡至高潮，反映出黄天霸不仅心狠手辣、诡计多端，而且能言善辩，无怪乎最后窦尔敦陷入黄天霸和朱光祖设下的圈套。

（9）眼神的运用：赵派演《连环套》的成功，除了对人物和剧情的透彻理解，塑造人物的形象生动，娴熟高超的武功技艺，符合人物与剧情的唱腔与台词，深见功力的嘴皮子基本功，丰富多变的面部表情之外，充分发挥眼神的作用也是一个重要方面。他的眼神变化万千，有传情达意之功妙，成为演员内心独白的无声话筒。例如"议事"后他的眼神，使人感觉到天霸的忐忑不安，既忧愁又无奈；"上山"时天霸左顾右盼，偷窥窃觑的眼神，使人看出他深入虎穴时的警觉谨慎；"拜山"中当天霸的真实身份暴露后，他双目圆睁，雄赳赳的样子，显出故为壮胆、装出泰然自若的神情，反映出天霸真真假假、善用心机；到临下山时，从他的眼神中透露出天霸的机灵警惕、灵活应对的本事，虽然他这时心虚，并无安全的十分把握，可还显出若无其事的样子，善于应对。凡此种种，都是通过那灵活善变的眼神，把天霸每一细微心理活动都准确鲜明地表现出来。

值得一提的是松樵先生演《连环套》除了以武生饰演黄天霸以外，还曾以花脸应工扮演过窦尔敦一角，并且是一人双出，例如1950年10月13日白天他在天津南市大舞台戏院以大轴演全部《连环套》，前饰窦尔敦，后饰黄天霸。这也是一种演戏的路子，如久占东北的王汇川先生就经常以这种一人双出的形式上演《连环套》。

赵云鹤（右二）演《连环套》饰黄天霸

3. 其他剧目

赵松樵先生演的"黄派"戏很多，并且在继承中有发展和提高，有他个人的创造。

《八蜡庙》，他既经常扮演褚彪，也常扮演黄天霸。在黄天霸头次与费德功照面"比粗"时，一般都是扮黄的演员敞开"褶子"，以为这样方可显出黄的英武气势。松樵则是系着"褶子"，不敞开。这是因为黄等是乔装私访，唯恐暴露自己的官家身份，在完成任务之前尽量不惹事，哪能撸胳臂卷袖子地如此不在乎呢？他扮的褚彪在"闯庄"一场戏中的"耍下场"，又有与众不同的独绝处，他是在左甩"髯口"、右甩"髯口"之后，起【丝边】锣鼓，褚彪脱"褶子"，右手拧"褶子"，在"八达仓"锣鼓的第一声中把"褶子"交给左手，第二声中撩"髯口"，踢"大带"，第三声时推回"髯口"亮相，既帅脆又干净，美不胜收。这套表演是"赵派"自创的东西。在此情节之前，褚彪等人是化装而行，隐瞒真实身份，到此时应该是临战状态，故而露出本色，要大打一场了，所以褚彪需要抖擞精神，为即将投入战斗而振奋不已。这套表

演艺篇　文武生净　独树一帜

演是根据剧情的需要和人物的特点而设计的，动作难度不高，却简练明快，透出人物老当益壮的精气神。

演《溪皇庄》，褚彪救出施大人，采花贼尹亮后跟，尹亮从后边举刀砍去，褚彪转身踹刀，尹亮走"抢背"，褚彪双手在胸前"搂髯""抓髯"、再把"髯口"送到口中衔住，这是杨小楼饰褚彪和盖叫天饰尹亮的演法。松樵虽然保留了口衔"髯口"的动作，但他既不学杨，也不宗黄，而是把髯口往右一甩，趁髯口在空中飘起之势，他的右手以反手（"虎口"朝下）姿势从里往外抓"髯口"，再把"髯口"拧卷一下送到口中衔住。这个动作说时迟，那时快，不但动作迅疾连贯，做得顺畅利落，而且动作的难度提高了很大，加上锣鼓音响的紧密配合，严丝合缝，点点呼应，漂亮帅气，令人陶醉。

在继承前人的艺术成果中不但要出新，并且要比老的演法提高技巧难度，这是赵松樵先生在进行继承和创新上所遵循的基本原则，也是赵派艺术的特点。

二十一、战长沙分饰三角　九江口形神别具

以上几章我们简略探讨了松樵先生的生行（老生、红生、武生、娃娃生）表演艺术，从本章起我们来研究他的净行表演艺术风格与成就。

作为生行好角的赵松樵何以去演净角戏，而且演得是那样的执着、认真、专业，成就斐然呢？似乎有些令人费解。这的确是一个值得研究的题目。了解他的人给出的答案很简单，最关键的理由就是一个字"爱"。他喜爱净行应工的许多角色的性格，许多由花脸扮演的人物都是直率爽快，侠肝义胆，直言不讳，幽默稚气，十分可爱，而这些性格在某种程度上与他本人的性格相契合；他喜爱净行这个行当和表演方法，并且他本身具备的艺术条件有很多适合净角的表演，如他的工架舒展美观，武功基础扎实，跌扑摔打功底深厚，尤其适合演架子花脸和武花脸的角色；他喜爱花脸的脸谱艺术，爱琢磨什么角色应当勾出怎样的图纹谱式、用何种颜色搭配更为合适；他爱花脸的唱

腔，粗犷豪放，雄浑宏阔，唱起来痛快淋漓。花脸中，特别是架子花和武花角色的表演有较大的自由度，允许夸张一些，生活化一些，发挥个人才能的空间较大，而他的嗓音音域较宽，可塑性强，唱老生很好，可是稍加装饰，就能出来花脸腔。他珍惜与其他各名家友好相处，有时为了与同行当的名家合作，他就把生行应工的角色礼让别人去演，自己充当净角儿，有时为了提携青年演员，他甘愿饰演净角为其辅弼。此外是受到外部的影响，他从童年到青少年成名，从天津、北京、山东、东北到上海，他喜欢接触的演员净是花脸好角，程永龙、苏廷奎都是生、净两门抱的好角，高庆奎是他结盟的老大哥，是老生、花脸、老旦三门抱的多面手，净行名家王永祥、王永寿、刘永奎，后来就是金少山、侯喜瑞、刘奎官、裘盛戎，唐韵笙也是生、净、彩旦一人跨三行。这些艺术家都与他交往密切，这也反映出他喜欢与擅演净角的演员打交道。松樵又是个在表演艺术上乐于和敢于尝试的艺术家。这种种因素都使他与净行结下不解之缘。

松樵演花脸戏不是玩票，也不是反串，而是作为他应工的正戏去演出，而且要演得与众不同。他对人讲，他演花脸戏多是在梨园界的义务戏中，同行们爱看他演花脸的活儿。他每接到花脸的活都非常走脑子，不是应付差事，而是对演花脸角色的机会很重视。赵松樵先生对花脸戏的最大艺术成就，在于通过他的艺术创造和表演，把原来属于二、三路甚至是三、四路的花脸角色，如颜良、魏延、潘璋、谢虎、刘唐等人物，提升到头路演员应工的位置，使花脸行当的地位得到升迁，使这些角色在剧中的作用得到加强，使这些角色在剧中的艺术表演大为改观，达到与其他头路演员并驾齐驱的艺术地位。

据不完全统计，松樵先生扮演过的勾脸角色约有二三十个，例如关公系列剧中的关羽，《斩颜良》之颜良，《连环套》之窦尔敦，《拿高登》之高登，《铁龙山》之姜维，《拿谢虎》之谢虎，《斩车胄》之车胄，《捉潘璋》之潘璋，《战长沙》之魏延，《战马超》《黄鹤楼》《芦花荡》《古城会》之张飞，《九江口》之张定边，《艳阳楼》之青面虎徐世英，《三岔口》之焦赞，《下河东》之欧阳芳，《火烧夏侯惇》之夏侯惇，《双包案》之假包公，《砸銮驾》之包公，《将相和》之廉颇，《宏碧缘》之鲍自安、小鲍自安，《还我台湾》之阚泽，《十二金钱镖》之袁振武，《火烧连营寨》之大马童，《苦中义》之傻子等。这其中的行当包括有黑头花脸、架子花脸、武花脸、还有小花脸。以下举几例来领略他的花脸角色表演艺术。

一、《战长沙》

《战长沙》是一出三国戏，本事见于《三国演义》第五十三回，《三国志》史书中的先主刘备传、黄忠传、魏延传中所记的有关情节与京剧内容多有不同，可见京剧《战长沙》不是历史，而是改编的文艺作品。它是从清代乾隆年间内廷藏本《鼎峙春秋》中的一出《老将甘为明主用》的戏里摘出加以改编而成的，清道光四年的《庆升平班戏目》中已经列有此剧。汉、徽、川、豫、粤、滇剧和秦腔等剧种亦有此剧，可见此剧流传既久且广。

该剧写长沙太守韩玄闻报关羽来战，急招黄忠、魏延两将军商议，二人皆争相出战。韩令黄迎战，令魏催运粮草，魏不悦。黄战时马失前蹄，关不斩杀，黄心存感激。黄忠是神箭手，次日再战时，黄以折掉箭头之箭射关，以报前日不杀之恩，关亦为之感动。韩疑黄有反叛之心，欲斩之。魏延解粮回，向韩求情赦免黄，韩不允，魏杀韩，黄、魏同投关羽，献韩玄人头与长沙官印。黄、魏见刘备、孔明，孔明视魏有反骨，欲杀之。刘、关请赦，孔明释放魏延，委任之。该剧主要人物有黄忠、魏延、关羽，分别以老生、架子花脸、红生三个行当应工，三位演员要旗鼓相当才能演出精彩。京剧从程长庚时代即有演出，程之后，享受宫廷供奉的京剧名家进宫演出，谭鑫培饰关羽，瑞德宝饰黄忠，李连仲饰魏延。

在《战长沙》中，松樵的本角应该是扮演黄忠，他演黄忠时学的是小孟七的"法儿"（又作"范儿"）。后来在某地演出时，有演黄忠的演员，他才开始演的净角魏延。他说自己会演三个角色，就可以团结别的演员一起合作，角色任由别人挑选，别人不演的他可以演。他能扮演黄忠、关羽、魏延三个角色。不过，他虽然是位生行演员，却把花脸应工的魏延给演红了。20世纪20年代他在哈尔滨与马德成、马武成合演过此剧。1940年前后，上海经常有京剧界的义务戏，他曾多次与周信芳、林树森或与周信芳、高百岁合演《战长沙》。1940年5月底，上海更新舞台有场为抗日战争难民赈灾的义务戏，这时松樵正在更新舞台挑班。从北京来上海做营业演出的谭富英听说有义务戏演出，主动请缨，也要求参加，于是在上海的演员礼让谭富英和黄桂秋演大轴戏《汾河湾》，他和周信芳、高百岁以压轴戏演出此剧，倒三是张翼鹏的《八大锤》。周、赵、高三位的演出很获好评，大受欢迎，同年8月22日晚，他们三人再次在更新舞台义演此剧。

周信芳、林树森、赵松樵三人演此剧配合默契，在剧情和人物的表演上咬得很紧，堪称珠联璧合，被当时上海的观众赞为"三鼎甲"。为此，小王桂卿先生介绍说："那次林树森演关羽，周信芳演黄忠，赵松樵演魏延，这三位大名家合作之好，一个字便可涵盖，那就是'绝'！""赵松樵饰演的魏延则显得更加火爆，用（上海）京剧界内的行话来形容叫'赵老狠得出'。杀韩玄，救黄忠，这两场戏简直给赵老一个人唱了。"[①]少年时即享"小老爷"之誉的刘泽民先生也介绍说："赵松樵先生演《战长沙》的魏延，真是南北第一。每逢会戏，林树森红生大王演关羽，周信芳艺术大师演黄忠，师父（指赵松樵）演魏延，演了多少次，我们青年去看，学唱，真是京剧经典剧目的演出。"专职花脸的演员多了，却只是赵松樵能演到这份儿上。

松樵先生的《战长沙》在南北皆红，久演不衰，无人超越，到天津后直演到20世纪五六十年代，他还与刘汉臣、费世延、刘麟童等合作演出过，很受欢迎，无不称颂。

他演出《战长沙》的特色有以下几点。

1.他扮演黄忠时，有个"三下归一"的表演，即"刀缠腕、盔齐头、腿窝子"这三个动作同时并举，在一个锣鼓点里完成，独到而奇特，得到内外行人的一致赞赏，他说其实这不是他的创造，而是他学自于小孟七先生。松樵的艺德高尚就在于从来不埋没前人。

2.他扮演关羽，不只是"卖样儿"（工架、亮相）和刀法，更重视

① 剧坛名家丛书·卿本戏痴小王桂卿［M］.上海：上海人民出版社，2010（1）：175.

演艺篇　文武生净　独树一帜

刻画特定情境中的关羽的心理活动，尤其是着重表现关羽如何对待黄忠的态度上。在唱法上，他吸收了"汪派"传人王凤卿和"孙派"传人双处的唱法，兼有汪桂芬、孙菊仙两大家的韵味，但是落腔要落在花脸腔上。在做派上，他又取法工架更佳的小孟七。他在该剧饰演关羽的演法，是对前人艺术成果经过筛选和优化整合，再加他个人的创造发挥，融为一体，形成特有的舞台风貌，是集精华于一身，那能不好嘛！这又是他对待艺术无门户之见，见好就学，拿来主义，化为己用，南北风格兼容并蓄的赵派艺术的典型一例。

3. 原来剧中有关羽（白）："用拖刀计伤他！"他觉得不合理，其实关羽并不真的想伤害黄忠，是要把黄忠拖下马来而不斩。他的台词是："看黄忠刀法娴熟，久战无益，待我拖他下马！"

4. 这出戏里在"升帐""会阵"时，关羽唱的是【导板】，"法场"时黄忠唱的也是【导板】，他觉得一出戏里唱【导板】的地方太多，过于重复，所以，他把"会阵"时关羽的唱改为【西皮二六】的板式。

5. 他扮演的魏延更加别具光彩。他看过小孟七和程永龙演的魏延，他演时走的是程永龙的路子，就是抓住魏延个性中的"狠"，在表现这方面下足功夫。

（1）为了表现魏延有反骨，能从形象上表示出来，他在魏延的脸谱上想了办法，在脑门的正中位置画出一条红褐色的条纹，两边画白色，在白色上用粉色画两个点，用戏曲写意的象征性手法来表示魏延的反骨。

（2）他对魏延的扮相有改革创新。魏延的老扮相是穿红"靠"，勾紫脸，不佩带"腰刀"，前边是文扮，头戴"相纱"，挂"黔满"，穿黑"蟒"，内穿紫"箭衣"。他改穿紫"硬靠"，戴"靠领"，头戴"金大镫""耳毛子"，下穿紫"彩裤""靠牌""斜蟒"，厚底靴，令旗，佩带加宽的"腰刀"，不穿马褂。

（3）"派将"一场，他表演的魏延认为韩玄藐视自己的作战本领，只被派去做押运粮的后勤工作，为此对韩玄心怀不满，为后来他杀韩玄做了铺垫，是一大伏笔。这段表演他把魏延心胸狭小、狠毒报复的人性表露无遗。

（4）"讲情"一场，魏延的思想和行为是十分错综复杂的，准确表现出来很不容易，他对魏延的心态都有深刻的挖掘与表现，真的把魏延给演活了。花脸演员勾上脸以后，如果没有面部表情，不充分利用眼神的作用，就如同是演员戴上了一副面具。我们发现许多很知名的花脸演员脸上没戏，毫无表情，是十分令人遗憾的。松樵先生的勾脸戏一个很值得花脸专业演员学习的，就是面部表情丰富，眼神运用得灵活，以此把人物的心理世界展示给观众。

（5）魏延虽然在全剧中属于第三号人物，可是从运粮开始，全剧主要就看魏延的戏了，他是推动剧情发展的关键，是引领剧情达到高潮的导火索。所以，如果演好了，其实魏延这个角色在全剧中还是很讨俏的，全在于演员对角色的挖掘。松樵先生实现了这一点，所以有小王桂卿先生那样的评价："这两场戏简直给赵老一个人唱了。"

（6）"押粮"是个"过场"戏，别人演这场没有任何出奇可观之处。赵松樵的这场戏可不白来，在【水底鱼】的锣鼓伴奏下，他那优美的身段，矫捷的台步，丰富的面部表情，灵活传情的眼神，仅这一个在别人认为无戏可演的"过场"，他就获得三次"磕堂好"。

（7）据山西省京剧院花脸演员、方荣翔弟子李雨森介绍，松樵先生曾对他讲在演《战长沙》中的魏延时，松樵先生有一个将"鞭"抛起来，让"鞭"落在背后"靠旗"中间的特技表演。

二、《九江口》

《九江口》故事源自小说《英烈传》第三十六至三十九回，又参考了《平汉录》《七修类稿》《明史·陈友谅传》及评书的内容，不全依原小说。讲的是北汉王陈友谅与吴王张士诚结盟，相约共同夹击金陵朱元璋，并将女儿许配给吴王之子张仁。陈派胡蓝往姑苏城，约请张仁前去迎亲。朱元璋之军师刘伯温设伏拦截，擒获张仁，劝降胡蓝。刘另派大将华云龙假冒张仁去诈亲诱敌。陈部元帅张定边识破华之诡计，苦口婆心劝陈勿中敌计。陈受华之蒙蔽至深，认假为真，不听张劝，仍照华之意图发兵。陈率军到黎山，果中埋伏，全军覆没。张乔装渔翁，率兵驾舟赶赴九江口，救陈脱险。原剧共23场，1959年中国京剧院剧作家范

演艺篇 文武生净 独树一帜

钧宏先生整理改编了这个戏，删繁就简，改为 15 场，比原剧增加"渡口""闯宫"两场戏，由著名花脸表演艺术家袁世海饰张定边，叶盛兰先生饰华云龙，称著剧坛，成为"袁派"保留剧目。

松樵先生从 20 世纪 30 年代初开始演出这个戏，20 年代中后期至 30 年代中前期，他在东北地区待了许多年，为丰富上演的剧目，调剂一下观众的观赏口味，他以跨行当形式试演此剧，不想一炮而红，从此该剧成了他在各地经常上演的剧目之一，在天津直演到 20 世纪 50 年代后期，颇受欢迎，老观众认为这是他的拿手戏之一。他的演出本与传统老本和中国京剧院改编的新本均有不同，他是参考前辈艺人曹毛包（伯泉）的演出本加工改编而成的，他所有的戏均有所本。他的演出本主要场次有：第一场华云龙等上，过场，表白交代诈亲之事，下场。开门见山，戏一开始就让观众了解清楚了剧情的来龙去脉。第二场陈友谅等上，与华见面，张定边上，摆宴，张盘问华，华露出破绽。第三场胡蓝等上，张定边上，有【散板】唱段。第四场陈、华、张上，见面，张阻婚，完婚。第五场张定边与朝官们上，张要大闹花堂，朝官劝阻。第六场公主、华及朝官上，张大闹花堂，当众揭穿华之诡计，陈阻张。第七场众将上，徐达起兵，开赴黎山。第八场众将、华、陈、公主等上，张身穿孝服上，阻道。第九场张定边乔装渔翁率兵驾舟飞奔九江口。第十场徐达率众将上，见华与公主，与陈会阵，陈败，扑火，公主死，张救驾。这个戏的故事基础好，剧情发展环环相扣，矛盾逐步升级，充满戏剧性，最终以开打、火烧形成全剧的高潮，达到矛盾的顶峰，以张定边救驾收场，终结矛盾，是很有看头的一出戏。松樵以演张定边这个人物的忠心耿耿和机智英勇为表演的中心目标，形成该剧的赵派风格。

这个戏里的张定边有两种扮演方法，花脸和武生两门抱，既可以由武生应工，也可以由花脸应工。如果从人物性格方面考虑，要刻画好张定边这个人物，还是以花脸路子扮演张定边更为合适，松樵即以花脸行当来演。传统上是以花脸扮演张定边，南方杭嘉湖地区多以武生扮演。可是他演人物而不是演行当，只要是人物和剧情需要，他可以打破行当的局限，跨行表演。

他扮演张定边抓住人物的几个突出点来表现，使张定边不同于其他花脸角色，突显这个人物的特质。

（1）张定边虑事心细，足智多谋，老谋深算，但是如果按照花脸的惯常演法来演张定边，就会把这个人物演成粗粗啦啦、大大咧咧，那就不是张定边了，所以不能只演行当。

（2）张定边对主公陈友谅、对国家社稷忠心耿耿，绝无私心，尽职尽责，有担当，有勇气，而且百折不挠，为国家利益不畏惧撤职丢官，不怕承担个人政治风险。

（3）作为领兵的元帅，张定边爱惜士兵的生命，不愿让士兵们去无辜送死，体现出他的大爱精神。

他抓住人物性格的这几个特点和重点，一切表演就会有的放矢，人物自然呼之欲出，跃如眼前。

3. 一般演张定边勾老脸，接近鲍赐安的脸谱，中间有"月光"，勾出来有笑意。他的脸谱是：白底子，膛子图案类似焦赞，但颜色不同，脑门中间勾画白色葫芦，用黑色圈，点大红点，眼眉勾蝴蝶形，鼻窝为黪（灰）的，套黑边。这种脸谱比一般的要复杂得多，勾出来的效果是哭丧脸，很符合剧情和人物。

4. 他的扮相是头戴"霸王盔"，戴"后兜"，挂"白满髯口"，白"发髻"，白"耳鬓"，白绒球，白"蟒"，"云肩"，厚底靴。"挡道"一场穿孝服，拿哭丧棒。"驾舟"时头戴白"高方巾"、孝帽子，手持船桨。

5. 他演《九江口》以大堂盘查华云龙的"辨奸""大闹花堂""挡道阻陈""跑船救驾"几场戏为表演重点，把张定边的性格和为人鲜明突出地展现出来。

6. 唱上别有新意，如大堂盘查一场，他有一段唱【散板】："胡蓝做事不思量，你瞒哄着老夫为哪桩？好言相劝你不讲"，（白）："牢子们！"（接唱）："八十军棍打强梁！"另一段唱是"心中可恼贼妖道"，（转唱）【流水板】："不由得老夫怒上眉梢。华云龙生来多嘴巧，他竟敢一人私自把亲来招。安排下打虎牢笼套，准备着金钩钓海鳌。牢子军与爷你就急忙退堂道，灭却了刘伯温方称心稍。"唱完，【滚头子】下场。这段的唱声情并茂，流利干脆。

演艺篇 文武生净 独树一帜

7. "挡道"一场，在张定边见陈友谅之前，他有一段昆曲的唱加白，很有特色。（唱）："改换新装中途往，恨主公不纳忠良。"（白）："唉，可恨主公不听我的言语，将我官职去掉。听说他径自带领人马兵发黎山，恐其中了他人之计，故此，我头戴麻冠，身穿重孝，手拿哭丧棒，拦住他的人马，哀告于他不发人马，也免生灵涂炭，就此前往。"（接唱）："俺这里急速前往，耳听得人马喧嚷。"

8. 最后的"跑船救驾"是松樵先生大有用武之地的一场戏，他身手敏捷，动作干净利落，舞蹈编排精致，或疾或慢，或动或静，忽高忽低，忽前忽后，场面壮观，把江中行舟之景和老帅急切心情水乳交融，使情、景、技、声（音乐伴奏）四位一体，构成一个激动人心的舞台画面，形成一个美轮美奂的整体，让观众视听同享，赏心悦目。

他在天津首次上演《九江口》是 1950 年 9 月 20 日，在南市大舞台戏院，登出的广告剧名为《水战九江口》，1952 年 9 月 11 日在共和戏院再次上演。《九江口》这出戏在 1920—1940 年间程永龙先生的表演最负盛名。郭云涛先生讲过一段往事：有一天，他师父松樵先生上演《九江口》，当时闲居天津的李桂春先生见到报纸刊登的广告，在演出的当天来到共和戏院的后台，手指间夹着雪茄烟，说话大嗓门，一进化妆间就高声打招呼："松樵弟！"松樵正在勾脸，扭头见李先生进来，忙起身道："达子哥，您今天怎么有空来了？"说完，吩咐郭云涛给李先生搬椅子，李先生问："这是谁呀？"松樵说："不是外人，这是高庆奎大哥的外甥。"李说："啊，是高老庆的外甥，那倒不是外人。"松樵让云涛过来叫"大爷"，云涛见过礼之后，自己继续去化装扮华云龙。李桂春那些年已经息影舞台了，却经常到松樵所在的共和戏院去看松樵演的戏，这次是专门来看松樵演《九江口》的。李先生对松樵说："我看到报上登出了今儿个你演《九江口》，是特意来看你这出戏的。老弟，这个戏也只有你能和（程）永龙有一摽（音 biào，指有实力比着劲地演）啦！"历尽南北名角的李桂春先生是剧坛名宿，眼力颇高，由此可见他对赵松樵演的《九江口》所许甚高。

二十二、战马超挑灯夜搏　扮张飞久享盛誉

京剧《战马超》又名《夜战马超》《两将军》《挑灯夜战》《挑灯大战》《夜战》《葭萌关》，是一出三国戏，取材自《三国演义》第六十四至六十五回，《三国志·蜀志·马超传》亦有记载，清代《鼎峙春秋》中有《锦马超失水暗投》《莽张飞烧火夜战》和《马氏一心归汉室》等剧目。剧写张飞杀败马岱后，叫阵马超出战。马、张厮杀至日落，不分胜负，各不服输，约入夜再战。至夜，燃火夜战，杀兴不减。张飞战袍被马超撕裂，张用无箭头之箭射马超，命中而不伤，马超感恩，双方息兵罢战，后刘备收马超。现在有的演此剧是马超叫阵张飞出战，剧终时免去张飞射箭情节，是刘备出城把张飞与马超劝开，叫张飞回城，替张飞赔礼，并劝马超回营为止。汉、川、滇、豫、河北梆子、同州梆子、秦腔等剧种均有此剧。

这是一出武生与武花脸演员的"对儿戏"，行当一生一净，服装一白一黑，面部一俊扮一彩扮，一不戴"髯口"一戴"髯口"，兵器一使白长枪一使黑长蛇矛，前边开打时一扎白"靠"一扎黑"靠"，后边夜战时一穿白素"箭衣"、白"彩裤"，一穿黑素"箭衣"、黑"彩裤"，头上都由前边带"盔头"改为夜战时束"甩发"，脚上都由前边穿厚底靴改为夜战时穿薄底靴。无论从哪一方面都是对称成双，对比鲜明，是该剧的一大特色，显示出中国戏曲独有的美学追求。此剧中开打场面火热炽烈，紧锣密鼓，双方棋逢对手，气氛紧张，煞是好看。《战马超》算得是京剧武戏中的一部精品。这出戏的武功表演非常吃重，两位演员的艺术水准要势均力敌，配合默契，才能演出精彩来。

一、行当和角色的调整

赵松樵演《战马超》，初以武生饰演马超，年青时有一次在山东烟台市演出，遇到一位造诣颇深的演花脸的老先生王永祥，赵演马超，王演张飞。他见王先生经常扮演张飞陪徒弟小麒麟演《战马超》，演法与众不同，艺术效果极佳，他既佩服王先生甘为小演员配戏的优良品德，也钦佩王先生扮演张飞的高超技艺。后来有一年他在长春遇见一位给他

当配角的小武生，他心生爱才之意，想捧这小伙子一下，于是主动提出要与这个青年演员合演《战马超》，自己给配演张飞。青年演员听说头牌演员要与他合作，还以为让他配演张飞，便对松樵先生说："老板，我不会勾张飞的脸儿。"他想不到先生却说："这回你演马超，我陪你演张飞。"这位青年演员喜出望外，别提心里有多么激动了。松樵把整个戏从头到尾给青年说了一遍，演出大获成功，观众反响热烈，尤其对松樵饰演的张飞更是格外地喜爱，他这才发现自己原来演张飞也如此大受欢迎。从此，他开始经常扮演张飞，且以饰张飞载誉菊坛。他在王老先生的基础上再作深加工，因此更具自己特色，一发而不可收，每有好的青年武生演员，他都会与之合作此戏，观众欢迎，同行赞赏，遂成他的一个保留剧目。他不但在艺术上获得成功，而且在心理上也得到满足，收获愉悦，为自己能遵循前辈榜样，提携年轻人才，与青年演员取得共赢而由衷高兴。他曾以饰演张飞一角陪过其子赵云鹤、徒弟李铁英、陈云超、小盛春、孙震霖、王元锡等。《战马超》这个戏他越演影响越大，成了他继《斩颜良》之后又一出花脸戏的杰作，以致和《斩颜良》一样，许多武生名家如刘汉臣、高雪樵、唐韵笙、高盛麟、李万春、李仲林、李盛斌、王富英、王富岩等，都曾与他合作演出《战马超》，以此为荣，以此为乐。

二、高盛麟、李万春等学演赵派《战马超》

1948 年高盛麟和李万春在上海天蟾舞台搞轮换制演出，两天演出同样剧目，角色互换。有一天戏院派出戏码为《战马超》，按轮换制的规定，应该是前一天李演马超、高演张飞，第二天是高演马超、李演张飞。高盛麟过去"只演马超，张飞这个角色从未动过"，心里犯嘀咕，抽不冷来这出戏，会不会砸锅？他说："经过再三考虑，我觉得赵松樵先生演的张飞很有特色，也适合我演，于是就登门求教。赵先生非常热情，给我说了几遍，并告诉我哪些是关键的地方，让我在演出中加以注意。经过赵先生这么指教，我心里有底了。"1949 年赵松樵先生在南京新街口的戏院与高盛麟合演一回。他另与李万春在南京大戏院合演此剧，是应李万春之父李永利先生之邀合作的，当时与李万春搭档的蓝月春告假，李氏父子在上海时对松樵先生的张飞早有耳闻。松樵应请到李氏寓所，李永利先生早已摆好茶点等候。李永利先生是武花脸的名宿，对演张飞当然很在行，等到松樵与万春说完戏之后，永利先生对万春说："赵先生这出《战马超》好，名不虚传，往后就按赵先生说的路子演。"

1948—1949 年在南京，武生名家李仲林、李盛斌与赵松樵先生合演《战马超》。

1950 年赵松樵到天津以后，剧坛名宿刘汉臣非要跟松樵演一回《战马超》不可，当时二位都已经是 50 岁的人了，演这样吃工的武戏，应该是比较吃力的，可是，他们的演出还是火爆津门。时值酷暑季节，二人汗流浃背，个个"铆上"，旗鼓相当，平分秋色，观众大呼"过瘾"，难得看到这样的好戏。演到"夜战"时，刘汉臣从剧场里扔手巾把的人那里要过一条热毛巾，过去给松樵擦后背，服装都被汗水湿透了。他一边擦一边对松樵说："好兄弟，你真捧我呀！"逗得全场观众哄堂大笑，热烈鼓掌。这是马超和张飞在厮杀作战吗？简直是友军慰问呢！那时演戏就是这样，演员与观众、台上与台下互为呼应，不分彼此，其乐融融。1954 年，孙震霖从北京李少春的"启社"来到天津，在松樵先生为社长的扶新剧社演出，该年天津举办第一届戏曲观摩会演，松樵不顾年已 53 岁，扮演张飞陪孙震霖参演《战马超》，师徒的默契配合与精湛表演博得内外行的一致称赞，协助孙震霖荣获表演二等奖。

三、赵派《战马超》的主要特色有以下几点：

1. 剧目：大多数演《战马超》都是一折戏，有的最多从大帐马超发点起兵开始演。赵派演得全，前边带马超升帐，有时从诸葛亮派将、张飞"讨战"演起，在"夜战"之后带劝马超归降，后边再接演《取成都》。他在整理改编老戏时常常是采取这种"增头添尾"之术，使折子戏连接起来，归于完整，撰为成本大戏。这是要饱学戏文、满腹经纶才能做到的事。他的演出本取材于《三国演义》《三国志·蜀志》中的马超传、李恢传、刘璋传等。清道光四年的《庆升平班戏目》已经有这些戏。赵松樵要把这些剧目继承下来，并且通过演出传下去，这是他对数不胜数的传统优秀剧目的希望。

2. 人物：马超是三国时代名垂青史的一员猛将，可是他勇有余而智谋不足，马超在戏里不但要表现出英勇善战的一面，还要表现出他的不善于动脑、不精于计算的一面。张飞的心里是佩服马超的武艺的，视马超为一代英雄，但却表面强横，不肯认输，志在必胜。这样，张飞的性格就有了双重性，他对马超是心服口不服，这就使张飞这个角色富有了戏剧性和喜剧性。所以，要准确塑造出张飞的形象不是轻而易举的。《战马超》尽管是一出开打激烈的武戏，可是不能只见武功表演而不见人物的塑造。张飞奉命探听西川军情，回到大营，聚在营门前的众将向张飞道辛苦，张问："军师可曾升帐？"众答："升帐又退。"张又问："可有军情？"众答："有，马超讨战。"张在此之前曾与马交战，知马武艺厉害，心有惧怕，胆怯不前。孔明对张了若指掌，深知张不服人的秉性，故用激将法促张出战。这场戏里，松樵把张飞的心理细致而含蓄地表现出来，是入木三分的。张看众人中不见关羽、赵云在场，而孔明又在众人面前旁敲侧击地说张战不过马超，声言即使关、赵都回来，与张一起迎战马超，也未必能稳操胜券。在大庭广众之下，说得张飞无地自容，那不服输和争强好胜的脾气果然被孔明激发起来，张一定要去与马超作战。这场戏对刻画张飞的性格是非常关键的，可以说是戏的"关子"，有了这个前期的情节做充分铺垫，才能使此后夜战中张飞不取胜决不罢休的那股子劲头从逻辑上有了合理性的根据，才能让观众理解为什么二人打得那样如火如荼，难分难解却不罢休。可惜这些有"戏"的部分都被删掉，只剩"战"的技巧展示了。

3. 细腻表演代替打"哇呀"：一般演"大营"这场戏，扮演张飞大多是简单化、表面化，打个"哇呀"就表示张的不服气和急躁脾气。松樵的这场戏有很多复杂而深邃的表演，用表情、动作、身段、神态、眼神等表演的综合运用，把张飞复杂的心理活动层层剥开，高人一等。如当孔明说："那二将军、四将军不在营中，就在营中，也不是他的对手，何况汝啊！"之后，只见张飞面呈怒容，眼睛睁大，眼珠乱转，倒吸凉气，身体颤动，发出一声"嗯——"的长叹，代替普遍使用的打"哇呀"表演。从表演程式讲,打"哇呀"是京剧架子花脸和武花脸表示"怒"时惯用的表演形式,虽然常能赢得掌声,但表演形式流于俗套,毫无新意。从表演深度上讲,打"哇呀"固然有表现张飞冲动、震怒或焦躁情绪的作用,但过于表面化和肤浅化。松樵先生的表演却似有这样的潜台词:"好你个孔明军师,不把我二哥和四弟放在眼里,更小瞧我张飞,这不是在众人面前灭我威风、长他人志气嘛!今天,我就豁出去,非要大战马超给你们看看不可。"松樵用表演展现人物的内心世界和情感境界,在艺术品位上是比用言语直白更高的,能达到更好的艺术效果。

4. 扮相:"夜战"一场,他饰张飞的扮相不完全同于老扮,有所改良。他自行设计特制了一身黑绒平金的改良"软甲",头戴"甩发",腰系"大带",下身穿平金飞虎黑"彩裤",脚上穿镶金边的黑薄底靴。这样装扮不仅漂亮帅气,而且突显张飞的大将身份。有人在演张飞夜战时光膀子,他不以为然,他在晚年时说不主张在舞台上光膀露背,觉得野气,不甚雅观,那是"撒狗血"的做法,还是该穿什么就穿什么为好。但我却曾见过一张他裸露上身举令旗的张飞剧照,想是他早年的留影吧。

5. 技巧:在夜战中,一般演张飞有"跑马锞子"的技巧表演,他认为走这个是脱离剧情的,只为邀"好"而为之。他走的是"平地锞子",因为这时马超走的是"扫堂腿"绊张飞的腿,张飞必然被绊倒,要表现这种情境,顺势走个"平地锞子"最为合适。他的具体演法是:马超走反"扫堂腿",张飞起"平地锞子",马超接走一个"叉",张飞去抓马超的"甩发",马超又来个"乌龙绞柱",用脚踹张飞,张飞顺势走"抢背",然后两人起身,在锣鼓经【三响头】的尾声中亮相。这是赵派极有特色并且深为同行认可的成功创造,无论谁与他合演《战马超》,到了这个地方都要按他设计的演法表演。

6. 大将之风:在"骂城"时,他的张飞出场也与众不同。一般演张飞这时是在【乱锤】的锣鼓点中出场的,他则改用【四击头】出场亮相。走到台口停住,起"堂鼓",张飞一愣,急出营观看,这样显得大气,张飞终究是一员大将的身份。他这样处理,是有意扭转过去演员对张飞艺术形象的错误理解和塑造。过去普遍认为张飞只是个勇猛粗野的汉子，相声有一块活叫《八扇屏》，就把张飞作为"莽撞人"的代表加以讲评的。早期京剧演员只注意强调表现张飞的粗俗、蛮横，好像什么人情世故都不懂，甚至有时不讲道理，糊涂蛮干，台词也是很随意，允许"乱说七八句"。这样认识和表现张飞这个历史人物是不准确的，京剧一些老先生，如程永龙、苏廷奎、牛春化等人，已经开始研究和探索如何更好塑造张飞的艺术形象了。程永龙扮的张飞威风凛然，颇有大将风度；苏廷奎扮的张飞摒弃粗野俗气，呈现妩媚之美，惹人喜爱；牛春化扮的张飞形象漂亮，身段边式，身手不凡。他们扮演的张飞对松樵都有启发和影响。赵松樵扮演的张飞既有粗鲁、不拘小节之处，又有勇猛、剽悍的一面，还有直爽、坦荡、幽默的本性，也有粗中有细、时露文气的时候。这就把张飞演全面了，使张飞的形象品位得到提升，人物身份提高，显出大气的张飞。

7. 与以上相配合，在张飞的台词上也更加讲究和慎重，不是像过去张飞在台上如碎嘴子一样，不知深浅，胡乱说一通，而是当说则说，不当说则不说，言语也要和剧情相配合，这样张飞的身份就高了，而不是只为了热闹，哗众取宠。

四、其他张飞的戏

松樵先生的张飞戏不唯《战马超》一出，他在《黄鹤楼》《芦花荡》《古城会》等戏中都扮演过张飞这个角色，均有上佳表现，无不被誉为他的得意之作。《芦花荡》中他的张飞表演有口皆碑，他以 80 岁高龄还最后一次粉墨登场演过这个戏。1981 年为庆祝天津市戏曲学校成立 25 周年举办纪念演出，松樵老应邀出山，与尚长春（赵云）、杨荣环（孙尚香）、李荣威（孙权）等联袂演出《龙凤呈祥》，松樵先生攒底在《芦花荡》一折戏中扮演张飞，动作敏捷，身手不凡，神形兼佳，风采依旧，不减当年。走"边挂"、踢"大带"，样样不少，动作到位，极见功力深厚，全场为之"炸窝"。那天他扮的张飞头戴"甩发""草帽圈"，身穿黑色"打衣打裤"，不穿"坎肩"，扎"腰裙"，"甩发"不是散的，是叠起掖在"草帽圈"内，脚穿"草鞋"。有一次他的弟子魏伟求教：

"现在演《芦花荡》的张飞,'甩发'都是散的,应该怎么样才对呢?"老先生稍沉片刻,然后以反问的方式启发学生,作出答复:"你想吧,《芦花荡》中的张飞是打的胜仗呢,还是打的败仗?"这一提醒,让人茅塞顿开。"甩发"散的,表示人在落魄、困境时的模样,《芦花荡》一折戏是说孔明早有计谋和安排,张飞受命接刘备回来,是照计而行的胜利者,把"甩发"散着,无非演员能甩一两下,为了表演而表演,与剧情相悖。戏曲人物的装扮是极有讲究、有戏理可循的。

总之,赵松樵所演的张飞洒脱大方,人物鲜活,不膻不侉,漂亮帅气,可爱可亲,提高了张飞的人物身份,在他塑造出的众多舞台艺术形象的长廊中又增添一个光彩熠熠的人物,足令观者感叹:"美哉轮焉,美哉奂焉。"

二十三、拿谢虎独绝无二　盖叫天盛赞真艺

1940 年,赵松樵在上海天蟾大舞台上演了《拿谢虎》,连演 57 天,场场爆满,轰动浦江两岸,在京剧演出史册落下浓重一笔,至今为人赞不绝口。这是他尊重京剧传统表演规则,把创新建立在继承传统的牢固基石上的又一实例,突出体现了他在审美取向上的正确方向。

约 80 年前他排演这个戏的前后还有一段故事。

他从 1935 年起在上海荣记共舞台挑班,效力 5 年之后,被天蟾舞台戏院挖去,赵如泉替补他进了共舞台。当时天蟾舞台陈鹤峰等正在上演连本戏《黄天霸》,为了猎奇吸引观众,不是按传统本子排演,而是以天津某报连载的新编小说《五女七贞》为蓝本,总把黄天霸和一帮女人搞在一起,对传统的黄天霸戏大有"戏说"的意味,以此招徕观众。梨园人瑞宋宝罗先生的回忆录《艺海沉浮》说:"陈鹤峰饰黄天霸,满口苏州口音","剧情乱七八糟"。天蟾舞台投入资金很大,机关布景,聘"角儿"不少,剧情迎合时髦,老本的剧情遭到严重篡改不说,剧中的重要人物如朱光祖、何路通、关泰等都不见了踪影,相应的这些角色的一些精彩表演也就没了。所以,观众并不认可,营业不佳,越到后来

这个戏成了强弩之末,骑虎难下,三千座位的天蟾舞台戏院竟只卖八百张票。戏班和戏院老板都坐不住了,处在十字路口,进退维谷,不知向何方去为好。正在这困难之际,头牌演员陈鹤峰与戏院老板又在"包银"(演员的薪酬)上闹起纠纷,陈要求提高报酬,老板自然不同意,想请他走路。在这种背景下,老板想出一个歹毒的主意,就是接进来能演又能编导新戏的赵松樵,既可以摆脱这个戏目前的困境,起死回生,又可以利用赵松樵挤走陈鹤峰,一箭双雕。这只是老板的如意算盘和一厢情愿,赵松樵并不买他的账,表现出可贵的艺德人品。他不顾个人的利益得失,与同事团结互助,共同维护演员的权益,与演员们采取一致协调的立场,抵制老板的阴谋。他向老板提出进天蟾舞台的三个条件:第一不当后台经理;第二进来后不演黄天霸,这个角色仍由陈鹤峰继续演;第三进来后不能顶走其他任何"角儿"。这三条是为保护陈鹤峰的地位和利益不受伤害。老板为了救燃眉之急,让他赶快进来,被迫答应他的约法三章。他一进戏班就和演员们商量,他说:"如果仍按眼下的路子演下去,就是我来了也是白搭。我的意见是重新来,还是要回到老本子上来。咱们先排一出《拿谢虎》,我与鹤峰一反一正,他还饰演黄天霸,我来演谢虎,后边我再赶扮一个院子,接下来再改扮接演谢虎。"本来他演黄天霸是轻车熟路,为了能团结合作,他宁可放弃自己的本工不干,去为陈配演反派人物。

赵派《拿谢虎》之所以当年威震上海剧界,有他与别人迥然相异的独特之处。

1. 新旧剧本的不同:《拿谢虎》剧名又作《郑州庙》《一枝桃》(以谢虎绰号命名),事见于清末章回小说《施公案》第4集第五至九回。谢虎原为绿林英雄,与官府为敌,黄天霸受命缉拿谢虎,谢发毒镖伤黄。黄等人杀害谢之子,迫使已经金盆洗手的谢虎再生反意,变卖家产,疏散用人,亲手放火焚烧私宅,寻黄报仇。黄大开杀戒,死伤无数,谢虎力战,镖伤贺仁杰后逃遁。过去原剧情节有谢虎抢亲未成,打死赵氏寡妇,又夜入李玉祥家强奸李女后杀之,如此就把谢虎定性为十恶不赦的歹人了。剧本修改后,把谢虎由危害一方的蟊贼改成一个向封建官府及其鹰犬寻仇报复的受迫害者,人物的阶级成分和是非曲直发生了本质的改变，《拿谢虎》的新本与旧本有了根本性的差别。

2. 以花脸应工饰谢虎：这出戏松樵从小就开始接触，谢虎角色可以花脸与武生"两门抱"扮演，十几岁时他就已经以武生应工演过此剧。他父亲赵鹏飞看他已能演好武生扮的《拿谢虎》，就教给他王永寿先生以花脸扮谢虎的演法，他掌握了武生和花脸的两种演法。这次他在上海天蟾舞台演《拿谢虎》以花脸应工，原因有二：一是陈鹤峰以武生俊扮饰黄天霸，如果他也按武生扮谢虎，台上两人演对手戏，在行当上就有冲突，如果两人一个武生另一个为花脸，一个净面另一个彩面，舞台画面和表演形式更为丰富多彩，戏会更加好看；二是当时盖叫天在更新舞台也要演《拿谢虎》，两个戏院的戏撞车了，可是盖叫天是以武生改良扮演谢虎，为了躲开盖叫天的武生演谢虎，他决定以花脸应工演谢虎，两家不冲突，也免伤同行的和气。据龚义江先生所撰《活武松盖叫天》记，盖叫天的扮相是头戴青"椒巾"，酱紫色揉脸，戴"海下涛"，身上外罩长马甲，内套改良帔，脚穿白布袜筒、谢公履，开打用电镀的钢片刀。可见，盖叫天先生完全是改良的扮相。松樵则按传统的花脸老扮相，只是把过去勾紫脸改为勾灰彩，在谢虎脸谱的脑门处画一个粉色桃，粉和紫两色太相近，使桃形不明显，故而改灰色，在双眉处画两叶子，与桃相配，眉窝画老脸，"髯口"戴"黪三"。他在前半部戏中让谢虎文扮，是员外的扮相，表示谢虎已经金盆洗手，不涉江湖，在家养尊处优，过着世外桃源的生活。后半部改武扮，穿蓝"箭衣""彩裤"、系"大带"，头戴青"硬罗帽"，厚底靴，身后背"朴刀"。他的行头完全是自行设计特制，服装上都特意绣满桃形图案。这身打扮一登台亮相，全场立刻响起"碰头好"，热议沸腾。

3. "走边"的精彩表演：50年后宋宝罗向我介绍松樵先生演的《拿谢虎》说："那时赵老也有四十多岁了，夜行一场的走边很精彩，飞脚、虎跳、飞天十三响，样样干净利落，给我深刻的印象。"松樵先生的这些动作是穿厚底、戴"硬罗帽""大带"、背"朴刀"，挂"黪满"来完成的，难度可想而知。

4. 空前绝后的"下高"：有一场要表现谢虎从房上蹿下来，排戏时陈鹤峰问他："这房檐儿的布景是斜坡的，高有两张半（桌子摞起来），谢虎站在斜坡上怎么下来？"陈提议他用绳索安装滑轮吊着人下来。松樵开玩笑地说："那还是谢虎吗？那不成了笨侠了！再说，这么下来也不是戏里的事儿，不成了耍杂技的吗？我再想想，回头再说。"他为此真费心思了。最后，他只提一个要求："到时候我站在上边，你们只要给我打出一个聚光灯就行了，我怎么下来，大家就甭管了。"临演出这天，他头戴"硬罗帽"，挂长"黪满"，腰系"大带"，身背朴刀，穿厚底靴，站在两张半高的斜坡上，一个"抢背"下来，而且身体在空中时他从背后拔出朴刀，落地后起来，举刀亮相，"硬罗帽"不掉，"髯口""大带"不缠不乱。这个"下高"的动作又绝了！行内外的人们齐呼"空前创举，精妙得当""真是艺高人胆大"！空中拔刀下高这一特技，据他讲在他之前只有前辈武生李春来用过，比他的表演还要简单一些。我们在潘侠风的《"绝技"一知录》中也发现了有关的记述：李春来演《花蝴蝶》中的姜永志，夜入民宅时的"抽刀翻台漫"就是一绝。剧中姜永志夜入民宅一场，依常例是身背单刀翻越栏杆后，在三张桌（代表墙头）上左面一望，右面一望，看看可有人察觉，确信无人，此贼色胆包天，一下由三张桌上翻个"台漫"直落下来，而后持刀进屋。平常的演法，有先抽出单刀而后"台漫"翻下的，有先"台漫"翻下再抽出单刀的。唯独李春来不同，他是在三张桌上往下翻的过程当中，同时抽出单刀，待到人在台上站住，单刀同时亮出。松樵在保留空中抽刀动作的同时，把李先生的"台漫"改为"抢背"，把演员的立脚点在桌子平面上改为站在斜坡上，戴"硬罗帽"，而且李先生是不戴"髯口"、不勾脸的，至于穿厚底靴还是穿薄底靴，头上戴的什么，不得而知。可以判定赵松樵的这个翻"抢背"、空中拔刀的"下高"是比李老前辈的难度要大。这个特技至今将近八十年，除松樵先生外尚无他人展现，说空前绝后，至今不差。

这样演过三天以后，上海轰动了，松樵盖世超群的绝技表演消息不胫而走，每晚10点钟他准时登台演这一场戏。凡是结束了演出或没有演出的其他戏班的人蜂拥而至，台前台后，场内墙边，满坑满谷，专门来看他这一下。大名鼎鼎的盖叫天也被传得神乎其神的消息所疑惑，要看个究竟。一天，他买了第三排的票，戴着大墨镜携夫人一起来看松樵的《拿谢虎》。天津艺术研究所陈笑暇先生曾撰文写道："一日，演至此，池座中知音呼出：'好！这就叫功夫深，人物新，真艺超群，棒！'这是哪位？原来是武生宗师盖叫天先生。"[1]松樵先生的这个戏留给人们的印象太深刻了，难以磨灭。时隔44年后的1984年某天，天津市京剧团花脸演员、后来长期在中央电视台戏曲频道担任编导的何永泉到松樵老的家里拜访，本人恰好在座。老先生问永泉最近去没去北京他师父袁世海先生家，永泉说不久前去过，袁先生还问起赵老可好，并提起当年赵老在"天蟾"演谢虎时的空前盛况和下高绝技，袁先生感佩至极，称赵老是"硕果仅存"。1990年夏，我在北京访问了中国京剧院老生名家叶盛长先生，在谈到赵老的艺术时，叶先生赞不绝口，由衷佩服，说："那时候，我师哥（松樵）红得不得了，山崩地裂呀！"

松樵先生照此连演了57天，虽然群情沸腾，场场爆满，他则亦喜亦忧。常言道："久在河边走，哪有不湿鞋"，一旦不慎，必出危险。那天盖叫天先生到后台向松樵道辛苦，并问道："你以'抢背'下来，用的是什么'法儿'？"（京剧业内经常说的术语"范儿"，或许应该是"法儿"字的讹音误传）松樵半开玩笑地回答："什么'法儿'，什么也不是，我这是生摔活人！"一语道出了他这无奈之举的苦涩心境，连他自己也没有想到会演这么长的时间，演这么多场次，还是收不住。他不肯用当时非常时兴而有噱头的"空中飞人"（即钢索滑轮）下来，坚持要用戏曲传统的程式完成"下高"动作，以为演个三场五场就收了，没想到会欲罢不能。既然开头这么演了，往后就不能偷懒改变演法，他注重的是演员职业道德，要有信誉，要对观众负责。他说："人家观众来就是奔我这一下来的，我不演行吗？不能对不住人家。"每天这么摔，给戏院老板挣得钞票是盆满钵满，最后连老板也看不下去了，不知是真情还是假意，出面劝说："赵老板，您的脸露足了，就别再这样摔了，改走别的吧，这样演长了会出事的。"一出《拿谢虎》连演57天后，才改上新的第八本戏。

---

① 详见《今晚报》2006-09-03。

演到第十本戏时，陈鹤峰还是与老板闹到不可收拾的地步，陈辞班而去。老板执意要赵松樵当经理、演天霸，给涨包银。可是他仍然坚持信守当初进来时的约法三章。最后被老板逼得没办法，他推出高雪樵接替陈鹤峰演黄天霸，让杨宝童当后台经理，这才交差了事。

他以实际行动兑现承诺，自不食言，传为梨园美谈。

他在天蟾舞台从第七本开始参加排演《黄天霸》，后来又陆续排了6本，这6本戏的每一本剧情都是由他构思，尤金贵执笔写剧本，演到第十三本《拿罗四虎》为止。这时他就不想继续演下去了，他意识到不能这样演下去而长期荒芜了从小下功夫掌握的传统戏，他想接新角儿进来一起恢复演传统老戏。经过大家商量，戏班和戏院都同意他的意见，派人去天津接陈鸿声来"天蟾"。接人的晚到天津一步，陈鸿声已经被张家口接走了。接角儿的赶紧给上海发电报，问怎么办，有一位青年老生宋宝罗能不能接？当时宋宝罗在天津傍青衣郑冰如演出，两人刚要分手。松樵与老板和杨宝童商量，决定接宋来上海。在《黄天霸》最末一本戏演到第八九天的时候，宋氏兄妹几人抵达上海。《黄天霸》的演出又延宕了几天，便安排宋宝罗登台。他很器重宋宝罗这位青年演员的才艺，亲自给宋配戏，为宋编排了几出大戏，鼎力相助首次到上海的宋宝罗一炮而红，在上海争得一席之地。

那么，《拿谢虎》中那个"下高"的绝技果真如他所说，是毫无把握地冒着风险而"生摔活人"吗？当然不是，那只不过是他的谦辞罢了。《汉书·武帝纪》中说："善有非常之功，必待非常之人。"苏轼也说过："画竹必先得成竹于胸中。"俗语也有这样一句话："没有金刚钻，不敢揽瓷器活。"这些论述都说明一个道理：做成一件事都是要有基础的，"万丈高楼平地起"，要有牢固的地基，要一层一层地盖起来。松樵幼功基础打得异常坚实，舞台表演经验极为丰富，有过硬的武功本领，这是他能在舞台上展现特技表演的根本。特技表演需要的是硬碰硬的真本事，容不得半点侥幸和碰运气。他的艺术创作坚持运用戏曲传统技术，而不搞类似"空中飞人"的花架子和偷工之举，对京剧传统艺术心存敬畏，恪守京剧艺术创作和表演原则，爱护和保留京剧艺术的本质特征，继承京剧传统表演程式而又加以灵活变通地运用，他的这些艺术思想和实践都是值得今天戏曲人深刻领会、研究和学习的。他说过："演员演武戏出错（发生事故），那是自己的功夫不到家，功夫到家了，没个出错。"

《淮南子·俶真训》有言："槁竹有火，弗钻不燃；土中有水，弗掘无泉。"松樵先生就是一位终其一生对京剧艺术都执着地"钻"和"掘"的艺术大家。

二十四、衬红花甘当绿叶　金钱镖唐赵双璧

据赵松樵、叶盛长分别所忆，以及"唐韵笙年表"记载，1947年6月（张云溪记为1945年，翁偶虹记为1946年）天蟾舞台戏院经理周剑星邀请唐韵笙到上海排演新戏《十二金钱镖》，并演出传统戏。唐韵笙先生是京剧文武老生"唐派"的创始人，生于1903年，比松樵小两岁。唐韵笙离世的时间，《中国京剧史·中卷》第560页记和"唐韵笙年表"（载于《唐韵笙评传》）记为1970年3月13日，享年68岁，《京剧知识词典》则记为1971年。他本姓石，福建人，幼年被河北梆子琴师唐景云收养，遂从唐姓。在天津入"小四喜"科班学艺，艺名唐韵笙。1930年崛起于东北地区，他的嗓音高亮，武功深厚，文武兼备，戏路宽广，可以演老生、红生、武生、花脸、老旦、彩旦，才长艺广，并且能自己编剧，有一批自排戏。1955年加入沈阳市京剧院。唐玉薇、宁殿弼、马明捷、汪庆元、李麟童等都曾发表过介绍他的文章。

我个人认为对京剧名家的头衔不必过于认真，那是舞笔弄墨者的闲情之作，或是一种炒作而已。就以"南麒北马关外唐"为例来说，有人认为这种头衔对演员就不是褒义，而是贬义。细想有些道理，这不是把本来在全国享名的麒麟童（周信芳）、马连良、唐韵笙给局限在某一区域范围之内了吗？有这种名头的固然好，但是没有这种名头的也不一定就不好，名头的出世多是炒作之举。

《十二金钱镖》这个戏是根据同名武侠小说改编的，特约著名剧作家翁偶虹操刀。小说作者是天津的武侠小说家宫白羽，原名宫竹心，原

籍山东省东阿县，生于京津交界的马厂，久居天津。其父宫文彩在袁世凯当政时期曾任卫队营长，祖父宫得平为秀才出身，曾任县吏。宫竹心以白羽名从事武侠小说的创作而出名，但写武侠小说并非他所愿。他从青年时起专好文学，崇拜鲁迅先生，与之有书信往来，本志于文学创作，写武侠小说纯系生活所累。通俗文学评论界把他与《蜀山剑侠传》的作者还珠楼主李寿民、《鹰爪王》作者郑证因和王度庐并称为"北派武侠小说四大家"。宫白羽的作品还有《偷拳》《血深寒光剑》《联镖记》等二十余部。中华人民共和国成立初，他在天津通俗出版社供职，后在天津文史馆专事甲骨文的研究，1966年病逝于天津。能以他的大作《十二金钱镖》排演成京剧剧目，是有机缘的。编剧圣手翁偶虹与宫白羽有同窗之谊，宫知学友翁君涉足剧坛，先致信予翁，希望有机会能以《十二金钱镖》中关于"柳叶青婚变"的剧情编成剧本演出。恰好翁得到上海天蟾舞台戏院之聘为唐编新戏的机会，如此便以《十二金钱镖》为题材作嫁新衣。该剧共编写两本，头本内容从"镖师丁朝威封剑闭门、传宗继长起，展开他的两个弟子——俞剑平和袁振武之间的矛盾，贯穿全剧"。《翁偶虹编剧生涯》一书记有此事，头本连演二十余天。第二本已经写成，但因唐韵笙的包银被扣三分之一而无心续演，使第二本夭折于摇篮中。在唐韵笙离开上海时，翁偶虹把第二本戏的剧本赠予了唐，作为二人此期合作的纪念。

　　赵松樵与唐韵笙的友情由来已久，有文字记载的可以追溯到1919年。唐玉薇之《我的父亲唐韵笙和唐派艺术》一文记："这年冬天，父亲到了东北最北边的城市海参崴，在这里他认识了比他大两岁的赵松樵。父亲与赵松樵都正值青春年少，一起练功、演戏，亲如兄弟。"[1]另据《中国戏曲志·黑龙江卷》记载，当年在此地献艺的名角很多，如小孟七、苏廷奎、张少甫、一盏灯、曹毛包、凤灵芝（松樵妻）、高三奎、马武成等人。这些人中，唐的年龄最小，才16岁，与松樵同台一年有余，曾一起演出《金鞭记》《鹦鹉救真主》《长坂坡》《黑松林》等戏。赵松樵先生对来访的唐玉薇回忆说："那时唱戏的日子苦呀！天很

---

① 京剧谈往录·四编［M］.北京：北京出版社，1997（10）:247.

冷，一天唱两场戏，还得早晚练功，我和韵笙摽着干，谁也不服谁，可演戏没得说，我们哥俩互相配戏，我演呼延庆，韵笙演孟强，演《黑松林》，韵笙来杨六郎，我演八贤王。"二人在寒风刺骨、冷气逼人的北国一起刻苦练功，砥砺切磋，互帮互学，在共同的艰苦拼打中结下了终生的深厚友谊，可谓是曾经风雨同舟的患难之交。

唐韵笙是戏院方面邀请来的外地名角儿，松樵被天蟾舞台特约来合作新戏，以应演员的旗鼓相当。他们二人是发小的弟兄，各自成名后反倒没有太多机会相聚，难得这次在上海合作，给他们后半生留下了一段美好的记忆。可是，这一段美好的记忆，却是由不太美好开始的。叶盛长先生口述的回忆录《梨园一叶》中说："大来公司是上海一个专门约角儿组织戏班儿安排演出的机构，它的董事长是一个大染料商人，叫吴性裁，其他成员有他的内弟、卡尔登戏院经理周翼华，共舞台经理周剑星，黄金大戏院经理孙兰亭，还有一个叫汪其俊的等多人。""日本投降以后，大来公司从东北约来著名演员唐韵笙先生在天蟾舞台演出，同时还约了武生张云溪、武丑张春华、老生胡少安、青衣李世芳和花旦毛世来等人与他合作。"史料显示唐韵笙在此前的 1913 年、1919 年和 1926 年三次到过上海，时隔 21 年这次再到上海，上海的大多观众对他已经陌生了，毕竟相隔了一代人的时间。加上他刚到此地，上演的"打炮戏"是他自编的新戏，观众不熟悉，因而卖座不好。《梨园一叶》说："唐韵笙先生的戏路子与周信芳先生有些接近，但由于上海观众对这位在东北红得发紫的演员不熟悉，所以上座率远不如周先生所在的黄金大戏院高。天蟾舞台是上海最大的剧场，能容纳三千多人，但头几天每场只能卖一千多张票"，"如此一连好多天不怎么上座儿"。

松樵先生说，这次他虽然受邀加盟，戏院与他有个约定，即演新戏之前，他与唐韵笙不在台上碰面，只有上演新戏时才让松樵出来参加演出，唐韵笙初演时他只好在家里歇等。唐韵笙光听说这次演出有赵松樵，却不见他人，还向戏班的人打听"怎么没见我松樵师哥"。一天晚上，都该快睡觉了，戏班管事的赵东升来找赵松樵先生，把这两天不上座的情况如实托出，说是老板派来找他商量怎么办，老板说"一定要请赵先生提早出来救场"。松樵以自己的王牌戏《斩颜良》为唐韵笙助阵，然后是大合作《艳阳楼》《铁笼山》等。《梨园一叶》记下了这几场的演出：在《艳》剧中，唐先生主演高登，张云溪演花逢春，赵松樵先生演徐士英，张春华演秦仁，高雪樵演呼延豹。这几位配合得真算是珠联璧合，深受观众的欢迎。

在《铁》剧中，唐先生演姜维，在后面开打时，赵晓岚、张美娟、董芝兰、于素莲四位女演员扮演了四名女兵，张云溪、闫少泉、高雪樵和叶盛长也扮演了四个番女，松樵为之配饰司马师。本来赵松樵演《艳阳楼》之高登和《铁笼山》之姜维是闻名于世的，在唐来上海之前，他经常上演这两个戏，为了唐，他甘当绿叶，一陪到底，不计名利。如此，唐韵笙在上海渐入佳境，越演越红。赵、唐还合演了《绝龙岭》，唐饰闻太师，赵扮赵公明；演《战马超》，唐饰马超，赵扮张飞；演《真假包龙图》，唐饰真包公，赵扮假包公等。《真假包龙图》由他们二位主演，这本身就很出奇，二人都是文武老生名家，却双双都演净角戏，就连能笔下生花的翁偶虹先生也感到新奇和意外。他啧啧称赞，写道："我应上海天蟾舞台之聘，为唐韵笙编排剧目，从而得与松樵同班共事。当时，赵松樵曾以出色表演协助唐韵笙，演出了一些戏。使我印象很深的，是他与唐韵笙合演的《双包案》。唐饰真包公，赵饰假包公。赵的假包公全按'官中'的扮相，只是在面部的左太阳穴处点一红色大点，以与真包公有所区别。真假会面一场，全遵何桂山、金秀山的传统唱法，一对一句地唱【西皮导板】【原板】，难得的是松樵就用唐韵笙的调门，游刃有余地唱下来，每唱一句，唐韵笙得个阎堂好，松樵也得个阎堂好，尤其是那句'老夫威名谁人不晓'的独特行腔，松樵唱得有棱有角，挂韵带味，赢得上海观众的热烈欢迎。最后开打，松樵特制了一副新的服装，头戴蛇盔，蛇身下缠于肩背。用双刀开打，以骨腾肉飞之奇，极鹊起兔落之致，几番亮相，无不新颖，用他自己的话来说：'演精灵角色，不妨左胳膊右腿地摆出别致的样儿。'实则他的见解，正和郑板桥的题画之句'掀天揭地之文，震电惊雷之字，呵神骂鬼之谈，无古无今之画，固不在寻常蹊径中也'是一脉相承的。"[①]开打不"出手"，

---

① 翁偶虹.从一专多能谈到赵松樵的才长艺广［J］.剧坛，1983（6）.

全用硬"把子"。翁文的妙语精言让我们对赵松樵先生的惊人之艺和艺术卓见洞若观火，读后大有冯梦龙的"举目方知宇宙宽"之感。松樵在唱上采取京角儿的唱法，而在开打时又尽展南方风范，这再一次反映出他学贯南北之艺和"京、海"风格融于一体的艺术追求。

演出传统戏过后，新戏《十二金钱镖》该登场了。这个戏虽然以俞剑平和袁振武为正反双方的主要人物，其他角色也很多，而且戏份不少，剧本是按"群戏"的模式结构编排的，需要的各行当硬靠的演员比较多。戏院下了大赌注，除在上海当地请来赵松樵、于素莲以及天蟾舞台的硬班底叶盛长、李宝魁、高维廉、艾世菊、马世啸、李盛佐、萧德寅等，又从京津约来张云溪、张春华、李世芳、毛世来、赵晓岚、宋遇春、郭元汾等。唐韵笙从东北带来李春元、李刚毅等，阵容强大。唐韵笙一人赶饰两个角色，在前后部扮演俞剑平，中部扮演李云崧，这样他的文武之能可以大显身手。最需一位与唐韵笙旗鼓相当的重量级演员来扮演袁振武，以与唐韵笙演对手戏。斟酌再三，认为只有赵松樵是上佳人选，最为合适。其他角色分派是：张云溪饰杨华，张春华饰乔茂，宋遇春饰黄强汉，郭元汾饰谷万钟，赵晓岚饰李映霞，于素莲饰柳叶青，李宝魁在前部反串饰黄婆，后部饰柳兆鸿，李春元饰高老人，李盛佐饰矮老人，李刚毅饰胖老人，王少伯前饰野鸡毛，后饰瘦老人。

唐韵笙以武生应工，赵松樵的袁振武则以花脸应工，粉红色揉脸，戴白"扎"，佩带朴刀，穿淡黄色改良的"抱衣抱裤"，厚底靴。赵松樵与唐韵笙一起研究设计的俞剑平和袁振武新颖别致的武打套路，突破了京剧表演的传统程式，类似于武术，一边唱一边打，很像"联弹"的表演形式，还把摔跤杂糅在其中，这是一种表演上的创新。另有一套"对刀"的开打"把子"，还有扔镖、接镖的表演，镖柄有绸子，很受观众的欢迎，两人私下练了不少时间。另外，松樵还有一个反式的下场，也很新颖。这些都成为这个戏的精彩看点。天蟾舞台戏院大门外的两侧各悬挂一个大小一样的由霓虹灯组成的广告牌，上面分别有"唐韵笙""赵松樵"两个人的名字，二人并驾齐驱，一同驰骋于上海菊坛。这正是：为人作嫁当绿叶，只为他人花更红。

20 世纪 80 年代宫白羽之子宫以仁对其父大作《十二金钱镖》作了

评书本的改编版，1987 年 9 月由北岳文艺出版社出版，天津大学教授王学仲所画宫白羽像刊于书中扉页，文艺家吴云心先生作序，共 3 册。书出版后，宫以仁专程到科艺里松樵老寓所拜访，当时本人在座。宫先生特赠一套书给老先生，书的扉页题写："现以先父遗作送松樵先生留念，并请雅正。愚晚宫以仁一九九〇年四月五日。"

二十五、义务戏救灾济困　活潘璋无人可抵

赵松樵先生继承梨园界的优良传统，一生热心公益事业，以自己的京剧表演艺术为社会和老百姓做贡献，参加的义务演出不计其数，本章所记仅为他在中青年时期参加演出义务戏的几个片段，老年时期的情况留待在"晚霞篇"再予记述。

所谓义务戏，是说演员不取报酬的演出，大多为赈灾济贫而举办。每当举办这种演出，都邀集各戏班知名演员联合组成最强阵容，派出他们各自擅演的剧目和角色，或者不常见的剧目，进行合作演出。所以，常称义务戏的演出为会演或大会串，是观众难得一见好戏的机会。演员不单把它看作是乐善的义举，还是一种荣耀，不够格的演员是无缘受邀的。义务戏的演出是名角荟萃，各路精英齐聚一堂，故此又是演员们艺术上的一次大展示、大交流、大比拼的盛会。过去演义务戏很频繁，南北各地都举办。北京每年年底都办义务戏的演出，俗称"窝头会"，将演出收入捐出来救济本行业贫困的下层演员们过年。

就本人目前能查到的松樵先生早期演义务戏的几次活动，如 1923年 12 月 23—24 日他参加的"为浦镇平民学校"募捐而举办的义务戏，"在永宁街百利新戏院开演"；1928 年 3 月在哈尔滨与京剧名家程永龙、杨瑞亭、马德成、杜文林、筱九霄、盖春来，联合评剧皇后李金顺等人，为著名演员王少鲁丧葬募捐演义务戏；1937 年 2 月 3 日在上海大舞台参加 10 个京剧戏班主要演员联合义演《杨家将》；1937 年 10 月 24—26 日在上海共舞台参加难民救济会筹募捐款的义演；1938 年冬，为上海伶界联合会成立筹集资金，参加南北名伶大会串演出《战宛城》《铁

公鸡》《大名府》；随着日本侵略者向上海方向大举军事进攻，大批难民涌向上海，1939 年 12 月 7 日起，上海难民救济会邀请上海京剧界演员举办义务戏的演出，以"文武老生总动员"命名演出活动，为难民募捐棉衣，此次活动在周信芳的赞助下，邀请赵如泉、赵松樵、高百岁、陈鹤峰、王椿柏、陈筱穆、杨宝童、李如春、刘文魁、钱麟童、王富英等人，在天蟾舞台演出两场义务戏，剧目为《鸿门宴》和《追韩信》；1940 年 5 月底，他参加为江苏省 6 个县的水灾和麻风病医院募捐义演，在更新舞台与周信芳、高百岁合演《战长沙》；1940 年 8 月 20—22 日，为上海梨园坊还贷义演 4 场；1942 年 4 月 9 日，他参加义演《吞吴恨·刘关张三义归天》；1943 年他参加为兴办榛伶学校、施舍冬衣、开办粥场等伶界福利事业而举办的系列义演，参加演出《大名府一箭仇》；20 世纪 40 年代后期他与唐韵笙应无锡市的邀请，从上海特意前去义演《斩颜良》。这里记录的仅限于他在上海及周边地区参加的义务戏演出，他参加在天津、南京、山东和东北各地的义务演出就无法统计完全。他自己讲，过去演的义务戏太多了！

他参加最有意思的一次义务演出是 1928 年 3 月在哈尔滨，京剧与评剧不同的两个剧种同台演出，成为京、评"两下锅"。比较常见的是京剧与梆子的同台演出，南方也有京剧与淮剧的同台演出，京剧与评剧同台演出比较罕见。东北著名演员王少鲁英年早逝，家中贫困，正在哈尔滨演出的京剧演员程永龙、杨瑞亭、赵松樵等人联合评剧著名演员李金顺举办义演，共同为王少鲁丧葬及其家属募捐，实现戏曲界的大联合。李金顺（1902—1955）是第一代评剧女演员，天津人，是开创评剧"奉天落子"风格的代表人物，享有"评剧大王"之誉，在天津和东北的沈阳、哈尔滨等地红极一时，当时京戏班这么多名角儿在哈尔滨都竞争不过她。义演使双方互相支持，愉快合作，达到共赢。

1940 年 8 月在上海有一次规模较大的义务戏演出，演员阵容空前强大，是一次罕见的京剧盛会，吸引不少外地演员和观众赶来看戏，在京剧演出史上留下闪亮的一页。上海的八月正值暑期，酷热难耐，一些大牌名角每逢此时就停锣歇暑了。上海有一座"梨园坊"，是演员组织"梨园公会"的办公所在地。当初是梨园界向银行借贷购置的，可是到了还贷期限却无力偿还，银行要把梨园坊收缴抵债。梨园界人士经过商量，决定自救，13 个京剧戏班的主要演员发起联合义演，筹集资金，保护住梨园坊。演出共 4 场戏，赵松樵助益至诚，场场参加。4 场戏他分扮 4 个角色，有 3 个角色是跨行扮演，其中又以他扮演的潘璋角色最引人注目，以致他这次演过潘璋之后，这个角色在后来的义务戏中非他莫属，就再没有人能接这个活了，剧评界和观众送他"活潘璋"的美号。

这次义演的第一场戏在 8 月 20 日日场，演出地点在上海大舞台，正戏是全部《龙凤呈祥》和《大战宛城》。开锣由周信芳演《跳加官》，赵如泉接着《跳财神》，没等正戏登场，剧场内已然是热火朝天了。接下来是《龙凤呈祥》，黄桂秋扮演孙尚香，他唱"祭江"无与伦比，几十分钟的独唱一时无两，自创一派，素有"黄腔"之称。他初学戏时在北京拜在老夫子陈德霖门下，深得用嗓运气之妙，嗓音久唱不衰，唱腔委婉动听，曾与孙菊仙、余叔岩、高庆奎、马连良、言菊朋、周信芳等老生名家合作，深受赞誉。1928 年 4 月他首次到上海演出，这次是第二次，1939 年 2 月开始在天蟾舞台登场。这次义务戏派出《龙凤呈祥》，也是特意为了让他露演拿手好戏"祭江"，红得不得了，后来索性留在上海。这个戏还有林树森的乔玄，高百岁的刘备，赵松樵的张飞，王富英的赵云，杨宝童的鲁肃，李如春的孙权。上海花脸行的专业演员众多，只要是有大会串的演出，《芦花荡》《战马超》等戏中的张飞就非要松樵扮演不可，可见他的张飞确是不同凡响，即使本工花脸的演员也难与匹敌。这次同行和观众还是寄希望于他能出演攒底的《芦花荡》。最末《战宛城》一剧由周信芳扮演张绣，芙蓉草（赵桐珊）的邹氏，赵如泉的曹操，张翼鹏的前典韦，林树森的后典韦，梁一鸣的贾诩，李仲林的胡车。

第二场戏在次日的白天，剧目依次为《泗州城》、三本《铁公鸡》、《宋十回》、《雅观楼》和全本的《雪弟恨》，这场戏可太大了。《泗州城》由著名坤旦粉菊花主演，她生于 1900，原姓孙，花旦、武旦、刀马旦兼能，曾与赵松樵在上海合演过《千里送京娘》《阴阳河》等，能唱善舞。1949 年到香港创办春秋戏剧学校，传播京剧艺术，培养出一大批京剧人才，也参加拍过电影。1990 年由其在广州京剧团当武生演员的儿子孙震明接回广州养老，1994 年寿终于广州，享 94 岁高龄。第二出戏是六六的《铁公鸡》，六个向荣，六个张嘉祥，轮番出场，跌扑滚打，各个英武，满台生花，剧场内人声鼎沸，掌声如潮。六个向荣分别由李如春、杨宝童、王少楼、陈筱穆、张质彬、张德禄扮演，六个张嘉祥则分别由王富英、郑立恒、李毓麟、张竹轩、宦富荣、小小毛豹扮演。接下来的《宋十回》从"闹院"演起，包括"刘唐下书""坐楼杀惜""活捉三郎"等折戏。前边是高百岁的宋江与雪又琴的阎婆惜，路凌云的刘唐，中间"坐楼杀惜"是周信芳的宋江和王熙春的阎婆惜，最后"活捉三郎"是刘斌昆的张文远与王兰芳的阎婆惜"魂子"。倒二的《雅观楼》是张翼鹏的拿手戏，他饰演的李存孝既有少年的稚气，又有大将的威武。最后全部的《雪弟恨》是三国戏，从"桃园结义"起演至"火烧连营"。这个戏里的重要角色都被其他演员提前挑走了，像周信芳的刘备，赵如泉的黄忠，林树森的关羽，张翼鹏的赵云，李仲林的关兴等。老生、武生、红生角色均已配齐。松樵想这出戏里没有他可以演的角色，他兴许不会参加。别人不饶：

"十三班合演，别人都上了，没有你行吗？"

"这里没有我能演的角儿了，我演什么呢？"松樵申辩说。

周信芳一听，接着说：

"怎么没有，有一个给你留着呢。你呀，就来潘璋，你一来还准对！"

"得了吧"，松樵说，"我哪来得了潘璋呀？"

周信芳说："你来，这个戏就好看了，准能出东西，不信，大家等着瞧！"

大家一听更是七嘴八舌地附和着，都非要他演潘璋让大伙儿看看不可，知道他准能搞出新东西。他一个人哪能拧过大伙儿呀，没法子，来就来吧。所以，他演这个潘璋是大家给逼出来的。按赵老的演法，潘璋这个活在这出戏里并不重，如果真按老演法，他与林树森扮演的关羽魂这场"捉潘璋"可就没有什么好看的了。俩人都是名角儿，要是那样就把戏给搅了，对不住大家的厚望啦，还真得想点法子，出点儿彩才行。演出这天,他扮的潘璋扎"大靠",头戴"大额子后扇"、翎尾,挂黑"满",厚底靴。"捉潘璋"这一场在台中央摆张桌子,桌子后边立个帐子,帐子上挂有关羽的画像。桌子上正中摆放有香炉,炉内立着点燃的烛香,香炉两旁各摆放一支蜡烛扦台,每个蜡台上有两尺来高的蜡扦子,扦子上又插上点燃的大蜡烛,这样摆起来就有三尺多高了。他扮的潘璋走进庙里之后,看见供桌上供有关羽像,想把像扯下来,(白):"我将它抓将下来!"便登上供桌要摘掉关羽像。这时,有"搭架子":"潘璋,你大胆!"潘璋伸手要摘,挂像忽然自动向上卷起,露出林树森扮演的关羽"魂子"形象。潘璋立刻受到惊吓,一望、两望,惊呼一声"啊!"锣鼓随后切住,"静场"。这时他脸朝里站在桌子上,只见他猛然挺"头盔"(由检场人接住),再挺"甩发",起"法儿",仰头、拧身、身体跃起,跨过身后的香火和蜡烛扦台,以"抢背"从桌子上摔下来,悄无声息地落于台板。这个"抢背"难度太大了,又是一个绝活,扎"大靠"、挂"长髯"、穿厚底靴,从桌上背着身子往后翻下来,还要越过三尺多高点燃着的香火和蜡烛,身上的一切穿戴都不能碰上香火和蜡烛。翻下来之后,他又紧接来一个"兜锞"。这时武场乐队起【撕边】锣鼓,潘璋接着在【凤点头】中作前后"甩发",然后仰头、瞪眼、咧嘴,双手摊开做为难状,看关羽。这时关羽"魂子"已经从桌上下来,一边手指潘璋,一边逼近潘璋。潘璋哆嗦后退,胆怯怯盯着关羽。关羽耍"刀花",追下。如此连追三番,最后关羽一刀劈去,潘璋来个"僵身"倒下。更绝的是倒下时他"搽盔头"、上扬"髯口","髯口"盖脸,表示潘璋被关羽斩首,身首两分的样子。松樵的这场表演连贯紧凑,一个亮点紧接一个亮点,一气呵成,把潘璋惊恐的心态和垂死的情形表现得极其形象生动。以技演人,以表演揭示内心,以深厚功力驾驭人物,活用的京剧表演程式为剧情和人物服务,释放出他的巨大创新潜能。他与林树森二人配合得间不容发,咬得很紧,一逼一恐,一进一退,那种紧张的气氛扣人心弦,二位的表演可谓精妙绝伦。演完,引起前台观众和后台演员们的热议,兴奋地交口称赞。在后台周信芳对众人说:

"你们看怎么样,我说叫他演潘璋吧,他说他不会,他不会谁会?

今天你们都看到了，他是这么个不会。我看，他这么一演，往后谁还能接这个活。兄弟，你太厉害了！"

周信芳这话的意思是说松樵这次把潘璋这个角色已经演得妙到极致，今后无论谁再演也难超过他了。果然，此后又演了好几次"捉潘璋"，潘璋一角非他莫属，如1942年4月9日的又一次大义务戏，他与周信芳、赵如泉、黄桂秋、俞振飞、高雪樵、李仲林、袁世海等联合演出《吞吴恨》时，他被再次邀请扮演潘璋，与小三麻子（李吉来）合作。赵松樵的"活潘璋"的美誉传响申城。

第三场义务戏在22日的日场，演全部《大名府·一箭仇》。《一箭仇》又名《英雄义》，盖叫天擅演，选定这个戏也是梨园界友人为了帮助盖叫天能有机会出来演出而特意安排的。当时上海各大戏院老板串通一气，联合抵制盖叫天，他没有机会登台，已经有很长时间不出来演出了。这次大家要借义演的契机把他抬出来，正好让他扮演《一箭仇》的史文恭。他提出一个要求，要让周信芳扮演卢俊义，一人演到底，最后要陪他演这出《一箭仇》。卢俊义在前边《大名府》已经是连文带武地表演，十分吃重，后边再演与史文恭的开打，确是太费体力。为了成全此事，周信芳还是把这个活应了下来。其他角色分派如赵松樵的林冲、林树森的梁中书，赵如泉的时迁，芙蓉草的贾氏，郑玉华的宋江，梁一鸣的吴用，张翼鹏的武松，高百岁的索超，刘斌昆的皂隶，王少楼的徐宁，张德禄的石秀，李仲林的张顺，王筱芳的燕青，王富英的白胜，韩金奎的李固，刘坤荣的李逵，张铭声的戴宗，张国斌的杨雄等，演员阵容为一时之盛。后头的《一箭仇》中，史文恭主要与四个人对战，即与卢俊义的枪对枪，与林冲的剑对枪，与燕青的棍对枪，与武松的单刀对枪。盖叫天的起打特点是迅疾如风，一般人难于跟得上他。为了使演出更加精彩，盖叫天约松樵到家里，两人一起研究出一套"剑枪把子"。到了台上，二人演得自然天成，天衣无缝，剑和枪你来我往，剑枪相碰时如胶似漆，好像黏在一起似的，风雨不透。这套"把子"不仅在当时的演出中广获好评，而且至今也被奉为武打"把子功"中的经典之作。到后边周信芳感到身体不适，对松樵说："兄弟，我不行了，看来要闹场大病啦。"松樵说："别急，你对付着，我来帮你扛着。"这次的全部义务戏演完之后，周信芳中暑沾累，果然大病一场，调养百天，才渐渐恢复健康。

第四场义务戏是 22 日当晚在更新舞台的演出，开场戏是闫少泉主演的《泗州城》，接下来是李桂武主演的《凤凰山》、孟鸿茂和马秀蓉合演的《戏迷传》、张翼鹏与张二翼昆仲合演的《两将军》，压轴戏是周信芳、赵松樵、高百岁合演的《战长沙》，最后是谭富英与黄桂秋的《汾河湾》。谭富英到上海乃一客位，他的戏被尊列"大轴"，也是南北演员互相尊重和团结的表现。

演义务戏是过去演艺界的优良传统，体现演员担负起社会责任，他们不图名，不求利，讲公德，热心助人。前辈演员们的这种高尚品德应该得到发扬光大。

二十六、斩颜良老戏新演　贵创新剧史永记

赵松樵在表演艺术上跨行应工花脸，尤其是架子花和武花的演出，与一般应时应景的反串演出不同。他对这一类演出并非视为游戏之作，而是严织密缕地网罗，精雕细琢地镌刻。所以，他跨行每演一出戏就红一出，每演一个人物鲜活一个，无不获得盛赞。他本工文武老生，所演的武花脸颜良也能驰誉神州，名满梨园，至今仍享"活颜良"的美誉，确乎令人惊慕不已。其实他的秘诀很简单，就是调动一切艺术手段，紧紧围绕着一个宗旨，那就是"演人物"。

一、独享"活颜良"盛誉

松樵先生塑造的颜良舞台艺术形象，被评论界一致评价为京剧艺术宝库中的一件珍奇瑰宝，其影响波及海内外。20 世纪 80 年代新加坡某中文刊物发表一篇署名张生的忆旧文章，题目是《活颜良赵松樵——白马坡陡起风波·夏月珊一语解围》，文中写道："此剧演出后，梨园界的同人都认为赵松樵真的把戏中的颜良演活了。"1983 年第 6 期天津《剧坛》刊登翁偶虹文章说："在一场岁暮义务戏中，我看到赵松樵与林

树森合演的《白马坡》，"我看过多少次'斩颜良'，从未见过如此绝技"。1984年第6期《剧坛》刊载刘荣昌的文章《赵松樵的绝技浅谈》，把他演颜良的绝技收入其中。1988年12月6日《天津日报》刊发曹嘉文的短文《赵松樵三改脸谱》，介绍赵公对颜良角色锲而不舍的钻研，对其脸谱不断改进完善，表现出他对待艺术精益求精的可贵精神。同年天津文联主办的《艺术家》杂志某期登载老剧人邓小秋的文章《"活颜良"印象记》。1991年北京《戏剧电影报》发表著名戏剧研究家马铁汉的题为《难忘"活颜良"》的精练之作。1996年第1期《中国京剧》期刊发表赵绪昕的长篇论文《赵松樵演"斩颜良"》，总结了赵松樵演《斩颜良》的创作经验和艺术特色。1997年台湾《申报》某期刊发署名星翁的文章《活颜良赵松樵逝世》。2011年5月26日《今晚报》刊登邓元昌的文与图《白马坡》，介绍有"活戏考"之誉的赵松樵，并附有作者为松樵先生演颜良的绘图作品。从20世纪20年代他演红这出戏至今，谈他此剧成就的文字依然不断，仅以上所列文目已经足可说明风格独具的赵派《斩颜良》的艺术价值之高了。

《斩颜良》常以《白马坡》的剧名出现，这是南北名家都演的戏。据京剧研究家朱家溍先生文《杨小楼先生的关公戏》介绍："民国初年，杨小楼和王鸿寿在上海合作演出，王饰关羽，演《斩华雄》《斩车胄》《白马坡》时，杨分饰华雄、车胄、颜良。"朱先生"亲看过杨与王凤卿合演《白马坡》，王饰关羽，杨饰颜良。"朱文又说："武生行

赵松樵演《斩颜良》饰颜良

还不止杨先生演过颜良。在梅兰芳先生的承华社时期，我看过一种王凤卿《白马坡》，尚和玉演颜良。在斌庆社时期，王斌芳演《白马坡》，孙

毓堃（当时名小振庭）演颜良。颜良这个角色是武花脸应工，如名武花脸许德义、范宝亭二位先生都演得非常出色。我看过高庆奎的《白马坡》，就是范宝亭的颜良。《白马坡》的关公，场上的事不多，而曹操的唱、念、做不少，颜良打得比较多，扮相也好看，表现一员所向无敌的勇将，在台上显得非常火炽，这种安排本是为衬托关公不费力一刀就斩了颜良。可是在台上曹操、颜良这一文一武表演机会多，如果扮演关公的份儿稍差一点儿，就会给比下去了。当马连良每天在华乐戏院演白天的戏时期，有一次马春樵演《白马坡》，马连昆的曹操，钱宝森的颜良，他们二人多次要下好来，最末颜良的'僵尸'又要下一个炸窝的好。""这出戏的颜良为武生行所偏爱，大概也因为容易讨俏的缘故。"此文说明三点：一是《斩颜良》久演，常演于北京舞台；二是北方各名家屡有联袂演这个戏的传统；三是颜良这个角色有武花和武生"两门抱"的演法。其实，松樵先生扮演的颜良，如同他扮演的其他许多角色如张飞、潘璋、谢虎、高登、姜维等一样，既可以视为他以武花应工，也可以视为勾脸武生应工，他在演这样的角色时，已经把武生与武花融为一体，难以分辨了。

松樵先生的颜良演法与杨小楼、尚和玉、许德义、范宝亭、钱宝森等人大有不同。最初他是受到苏廷奎的很大影响。据苏雪安先生著的《京剧前辈艺人回忆录》记："苏廷奎唱架子花脸，辈分很高，年龄也较大，久在东北演出，极受当地观众欢迎。他擅演浔阳楼（闹江州）、取洛阳、下河东等架子戏，但有时亦演老生戏，如开山府就是他的打炮戏。"松樵先生讲，苏廷奎是其前岳父马永山的徒辈，过去苏与赵不知这层关系，按年龄而论，二人相差较多，赵称苏先生。有一年在天津，某天马带赵去苏家，一经介绍，苏从此坚持让赵称自己为师哥，说既然知道这层关系了，就不能再称先生了。苏廷奎不只在东北走红，他久居天津，在天津、北京、上海都很红，是一身跨生、净两行的优秀艺术家，会的戏多。据松樵讲，周信芳曾向苏先生学老生戏，而松樵则向苏先生学花脸戏。所以后来在上海，周信芳经常邀松樵出演净行活，就是因为他们彼此知道对方的底细。周信芳后来把《打严嵩》《四进士》等戏演得那样好，与他得益于苏先生不无关系。《京剧前辈艺人回忆录》

中说苏廷奎有两个绝技，一个是《四进士》的"吹蜡"，一个是演《斩华雄》的"僵身"，当关云长的大刀横过来时，华雄平地起一个"锞子"，在身体落地时，他把"盔头"带水纱网子一起抻，同时一仰脖子，把"髯口"整个盖在脸上，活像是一个无头僵尸躺在那。这个绝技被松樵继承下来，化用在了"捉潘璋"的表演中。

赵麟童有篇文章《漫谈我见过的好角儿好戏》在微信上流传，文中说："赵老最好的戏那得说《斩颜良》，到今天为止我没有看到第二个人超过赵老的《斩颜良》。"

二、赵派《斩颜良》的创新与特色

《荀子·劝学篇》说："木受绳则直，金就砺则利。"任何发明创造都是在继承前人成果的基础上加以自己的努力取得的，赵松樵能创造出一个"活颜良"也是如此。前人成功的好经验就是"绳"，自己加深研究不断改进就是"砺"，"绳"和"砺"是都需要的。苏廷奎演颜良是披"大靠"，戴长"髯口"，这是老扮相。松樵在这个戏的演出中逐渐加深了对颜良这个人物性格的认识，在扮相、演法上进行探索改进，实践创新，终于形成赵派独特的艺术风格。他改良演颜良开始于1923年，他从上海丹桂第一台转到南京演出，头一次演出他便将穿"大靠"改为穿"改良靠"，这是他对颜良角色改造迈出的第一步。1925年他在山东烟台丹桂茶园、后在南京再演此剧时，一改过去颜良在这个戏里是配角地位的传统格局，一下子把颜良提升到了主角的地位。颜良在剧中地位的升迁，靠的是演员对表演艺术的升华。这次创新是他改造《斩颜良》演法重要的一步。据他的高足陈云超先生介绍，有一年他师父在大连演这个戏，正在大连的盖叫天到剧场观看。以前盖叫天也演这个戏的颜良，这次看到松樵先生演这个戏之后，盖叫天从此就不再动这个戏了。

《三国演义》对白马坡战斗的描述是："绍遣大将颜良做先锋，进攻白马。沮授谏曰：'颜良性狭，虽骁勇，不可独任。'绍曰：'吾之上将，非汝等可料。'""颜良横刀立马于门旗下，见宋宪马至，良大喝一声，纵马来迎。战不三合，手起刀落，斩宋宪于阵前。曹操大惊曰：'真勇将也！'""良更不搭话，交马一合，照头一刀，劈魏续于马下。曹曰：

'今谁敢当之？'徐晃应声而出，与颜良战二十合，败归本阵。诸将悚然。""河北军如波开浪裂，关公径奔颜良。颜良正在麾盖下，见关公冲来，方欲问时，关公赤兔马快，早已跑到面前，颜良措手不及，被云长手起一刀，刺于马下。"要丰富颜良的戏，需要演员发挥艺术创作。

这段描述重点有两个，一是写颜良性狭、骁勇，不可独用，连斩曹营二将，必滋骄气；二是关公斩颜良纯属偶然，颜良正被麾旗遮盖，措手不及，被关公手起一刀，斩于马下，非战不敌关。基于这两条，松樵塑造颜良侧重两方面，一要表现颜良的鲁莽、骁勇、性狭、傲气十足，另一方面在颜良见到关羽时，要表现出颜良被斩事件的突发性。他塑造颜良采取的艺术手段是多方面、全方位的，做出成龙配套的周密安排，以一项艺术创造的系统工程来完成对颜良这个人物的形象塑造。

1. 脸谱：颜良传统脸谱是勾紫三块瓦为基本谱式，加勾褐色蓝"眉子"，或有勾黄"额沟"的，戴黑"髯口"。他不是勾脸，而是揉深紫色脸，前额加黑横桃纹，鼻眼窝勾白色，粘紫长眉，戴紫"扎"，紫红色"耳毛子"，嘴边略勾白色。后来他进一步改造脸谱，把揉脸改为揉加勾相结合的方法，既有搓色也有勾彩，前额勾出白色形似葫芦的图案，鼻梁上勾一条稍宽的白色条纹，眼窝揉黑色。这样，他的颜良脸谱看上去如凶神恶煞的一般，其性狭、骁勇、剽悍的神态，骄横桀骜之气魄，充斥面目之表。

2. 服饰：他扮颜良的服饰设计独出心裁，开一代新风。头戴"大额子"，"盔头"上带铃铛，"翎子""狐尾"垂至厚底靴的靴面，把长髯口改戴紫红色"颏下涛"（俗称海下涛，一种改制的异形髯口，唇上八字胡须，颏下短须约半尺，口齿不被胡须掩盖，暴露于外）。身穿紫色"改良靠"，内穿紫"箭衣"，里衬"胖袄"，屁股垫起来，大裙"腰围子"。足蹬"虎头靴"，身佩铜宝剑，手持紫色马鞭。这样一扮出来，颜良显得高大魁梧，身壮体健，再配合他的表演，扩展的身段架势和阔大的亮相，配上那一套颜良大刀，一个威风杀气的上将跃然舞台之上。

3. 大刀：首先要明确说明，过去曹将许褚与颜良开打用双刀，是双刀对大刀，从松樵先生开始改为许褚也用大刀，许褚与颜良用大刀对大刀开打的表演方式，是松樵先生的首创。另外，他为颜良配备一套共四把的颜良大刀，也是他的发明。每把大刀俱为"三平式"，刀头、刀柄、刀钻三部分的长度尺寸各占大刀全长的三分之一。这样的大刀全长比普通大刀的尺寸大，分量重，形状虎式，这四把大刀对于提升颜良的分量和气势起了很大的衬托作用。四把大刀分别为通用"官中"大刀、五孔五环五缨大刀、七孔七环七缨大刀、九孔九环九缨大刀（参见颜良剧照）。这几把大刀在不同场次使用，九孔九环九缨的大刀只用于"卖样"，开打时不使用，开打时多用普通大刀。这套大刀是他对京剧道具的一项创造。

4. 用嗓：在饰演颜良时，他的嗓音与平常演戏时不一样，是经过装饰出来的声音，向花脸方面靠，这不但因为颜良是花脸应工的行当需要，更为了突出表现颜良这个人物性格的需要。他气出丹田，粗声瓮气，大有气吞山河之势。刘备宴请颜良，拜托他给关羽捎信，颜良一声"使（啊）——君"的拖长【叫板】，"使"字略微拉长，自然滑到垫字"啊"上，"啊"的字音拉得尽量的长，然后"君"字用口腔、鼻腔和脑腔的共鸣音拖长发出，沉雄而有力，三个字一气贯之，声若黄钟大吕，势如排山倒海，席卷残云，屋瓦震颤，满堂爆彩。他演花脸角色这类戏一定要装饰成花脸的嗓音。有的武生演员演《霸王别姬》的项羽、《艳阳楼》的高登、《铁笼山》的姜维等，不会装饰嗓音，仍用本嗓，尖声细嗓，与花面角色的外表形象很不协调，让人视觉与听觉的感觉不和谐，很不舒服，结果使京剧整体的艺术美感大打了折扣，达不到完美的艺术呈现。

5. 眼神：戏谚有云："神不到，戏不妙"，又有"眼为心之窗"之说。"神"来自于演员的一举一动和言语，举手投足间，眉动色舞间，唱念语气间，身段亮相间，都可以通过神态表现出人物的心态。"神"是人的精神状态的表现，而眼神则是最擅于表达人物精神状态的，是表情达意的利器，因此，人的神在很大程度上是由眼神表现出来的。他饰演的颜良一出场的亮相，二目圆睁，斜眼向台下一瞥，不由人为之一惊，凶相毕露，人物的神一下子就出来了。在后来的每一次出场时，他饰演的颜良或者灼灼逼人，或者不屑一顾，或者目空一切的狂妄，或者杀了曹营大将以后的扬扬得意，都从他各种不同的眼神中看到表现。

6.唱腔：在刘备宴请颜良的一场戏中，他【叫板】之后紧接起唱4句【流水板】，不仅声洪气壮，而且字字铿锵，那真是应了一句歇后语："红萝卜就酒——嘎嘣脆！"在与曹将激战屡屡得手之后，颜良还有【散板】的唱，头一句"曹操被某吓破胆"，他打破正常的唱所要求的韵味、板眼等常规，根据这时颜良的情绪和性格，他采用几乎不是唱而是吼出这7个字的方式，让人听后胆战心惊，恰如其分地表现出颜良此时是多么的张狂，怎样的傲慢，简直不把曹营的兵将放在眼里，表现得生动形象，似乎找不出比这更好的方法来表现了。这个例子告诉我们，不是所有的唱都要"卖味儿"，唱、念或表演不要被常规限制住，一切表演方法都要为剧情和人物服务，都要灵活运用，都要创造性地劳动。

7.表演：他扮颜良的表演是极尽夸张的，但以不违反生活真实为原则。另外在表演上，他一向注重通过细节表现达到以小见大的效果。例如：

A.颜良的第一次出场，本来是个【过场】戏，他却通过对颜良的细腻表演，从出场亮相到下场，把颜良的身份、性格演足，分量很重，沉稳中显威风，无言中显凶悍，从上场露面之前的"碰头好"到下场，就获得观众三次热情的掌声，最后以掌声把他送进后台，为什么？因为观众看着带劲、优美，人物性格出来了，他把颜良这个人物活灵活现地带到舞台上，呈现给了观众。

B.在起打时他手持大刀的亮相与头一次出场时的亮相又不同，两腿斜向劈开，上身微向前探，身体斜向对着台下，手提大刀，两眼睁大，显出骄横凶悍的神态。

C.当颜良斩了曹营二员大将后再次出场时，他设计了用"狐尾"擦拭大刀片两面的血迹的动作，并以欣赏的目光瞥着大刀，喜形于色，显出扬扬自得的神情。

D.当颜良见到许褚时，他眯起眼睛，从眼缝里斜视许褚，对许轻蔑，不屑正视，然后用拳头的背面捋"颏下涛"，一派全不在乎的样子。

E.当与许褚交锋，互报姓名之后，颜良突然反刀并睁大眼睛，"压刀"动作生硬而缓慢，把颜良的凶猛骄横活脱脱刻画出来。这些细节处的细腻表演，设计得当，表演精准。开打时他以大幅度和猛烈的动作要大刀花并完成对打。

F. 最后被关羽斩下马时，他把苏廷奎先生的"长髯盖脸"特技改成扔刀、挺盔、平地单腿起"锞子"（身体腾空时呈元宝形，名为元宝锞子）同时并举的三个动作，身体落下着地时单摆浮搁，坠地无声。这又是个"三下归一"的连贯动作，完成后全身的披挂不缠不乱，动作准、帅、漂，举重若轻。

赵麟童在 1950 年代前期曾与赵松樵先生合作过，演于长春、锦州、沈阳、北京等地。"有一次在天蟾舞台，他跟唐韵笙唐老将合作唱这个《斩颜良》"，"当然他这个颜良给我的感觉确实新鲜，个不高，但是三寸厚底，胖袄一直垫到耳朵这儿，大额子上面两个老虎头，翎子狐狸尾，大扎巾，他个矮没有戴老虎盔，所以扎巾特高，整个脸黑紫黑紫的，就是当中拿起粉笔来戳了一个大钩，从台底下看上去，这个脸好像还带着个脸似的，特有相"。"最后下场抹完脖子，单腿磕子，而且他九个鼻子的大刀特别大，这个颜良给观众留下了很深的印象。赵松樵的这出戏提醒了我，一个演员不仅仅要学戏要演戏，还要创造戏，要创造角色。"

三、演出与传承

松樵先生的《斩颜良》巧心独运，重彩浓墨地刻画出一个性格突出的颜良，他的创作突出彰显出自己的艺术个性，名播华夏。凡是擅演关公戏的京剧名家无不盛邀他合作此剧，引以为幸事和快事。1923 年 10 月 7 日日场他在上海丹桂第一台与刘奎官（饰关羽），后又与侯喜瑞（饰曹操）合演过；1924 年 3 月 12 日日场他在上海共舞台与小孟七（饰关羽）合演；1947 年赵松樵与唐韵笙间断合作六七次《斩颜良》，后来二人又在无锡义演此剧。其他如夏月润、程永龙、高庆奎、周信芳、林树森、赵如泉、刘汉臣、王虎辰、唐韵笙、李洪春、李万春、高盛麟、李铁英、小盛春、赵云鹤、小王虎臣、赵麟童等均与他合演过此剧，有些演员不止一次与他合演此剧，给京剧舞台增添无限光彩。

《斩颜良》是赵松樵门里具有奇光异彩的特色剧目，成为赵派艺术宝库中的传家宝典之一。赵松樵先生之子赵云鹤先生（小赵松樵）为其父此剧音配像；山西省京剧院李铁英、陈云超两位老艺术家在 20 世纪

80年代为太原市电视台留下演出这个戏的录像资料；天津武生名家小盛春，江西省京剧院的著名武生王超群，福建省戏校教师（原在福建省京剧团）的郭云涛，东北武生名家小王虎臣、孙震霖，还有鲍月春等，从20世纪40年代就演赵派的《斩颜良》。他的门徒中对《斩颜良》钟爱一生并且下功夫最大的是陈云超先生，76岁还在演师父的这出赵派名剧，他将该剧传授给了中国戏曲学院的教授贺春泰、吕锁森和教师王洪涛，以及山西省京剧院、省晋剧院的有关演员们。原在天津市京剧二团的青年花脸演员、松樵老的再传弟子李志勇1980年10月27日在天津天华景戏院曾演过；2016年天津市青年京剧团的董玉杰（饰关羽）、韩云江（饰颜良）也演过《斩颜良》；据说浙江省京剧团近年演过此剧，不知所本是否赵派；2016年又听说松樵先生的再传弟子裴咏杰也计划要继承这一赵派名剧。近闻湖北省京剧院已将赵派《斩颜良》列为2019年重点继承剧目。赵派的《斩颜良》流传至今已经近百年了。

松樵老本人最后一次登台演出《斩颜良》，是1989年4月在天津中国大戏院，他与早期入室弟子陈云超师徒双演颜良，老先生时年88岁，陈先生当时也已经68岁了。

2015年10月21日"戏曲曲艺两门抱"公众微信号发表王雪晗的文章《独家专访武生名家双翼翔老先生》，披露抗日战争胜利后的20世纪40年代后期双翼翔在南京随赵松樵先生演出，双冀翔说："赵松樵的颜良有威得很……我在赵松樵的班子待过很长一段时间，像关平、赵云一类的武生都归我……当时在南京主要就是我们几个人跟着赵松樵。……那时我搭赵松樵的班子演出的剧目主要是以老爷戏为主，其中首屈一指的就是斩颜良。他的颜良内穿四层箭衣，披仨胖袄，然后外边改良靠，这一下连脖子都看不出，但是一出场，有威得很。"

赵晓岚的回忆说："有一次上演《白马坡》（又名《斩颜良》），他（指唐韵笙）饰关公，赵松樵饰颜良，两人真是演得珠联璧合，天衣无缝。""赵松樵个儿也不高，但他出场时，高抬双臂，左右晃着脑袋，那副趾高气昂的样子，却把颜良那种傲慢的神态，活灵活现地表达出来了。""两人放马交战，开打了一阵后，一个'四击头'，关羽举刀朝颜良的脖子一抹，只见颜良仰后倒下，身上腾空而起，来个兜底锞，直挺挺地倒卧在地上，髯口正盖着脸……"①

由以上可见，赵松樵先生演的《斩颜良》得到业内异口同声的称赞，无不由衷佩服，他的"活颜良"之誉是实至名归的。

二十七、展绝技意在演人　技为戏皆中情理

赵松樵先生精湛的表演艺术中包括许多令人叹为观止的绝技，它们像一颗颗耀眼的宝珠，星星点点地镶嵌在他的不同剧目里。从观赏角度讲，绝技表演是戏中引人欢呼雀跃的闪亮点；从戏理上分析，它们应该是演员以高难技巧最典型最集中表现剧中情境或剧中人性格、能力的高超精妙的艺术手段，是戏、情、技结合的黄金点。

绝技又称绝活，是指戏曲中那些难度极大的技巧性表演，它往往是某一位或某一流派演员所独擅而其他演员所无或不及的，故谓之"绝"。也有人宽泛地把无论是唱、念、做、打、舞，凡是难度很大，或是奇特的技巧统称绝技。不强调其专有性的这种技巧表演，应该称为"特技"而不能称为"绝技"，绝技一定是某演员或某艺术派别所专有而其他所无的。绝技既包括不同凡响的武功技巧表演，也包括某些武功之外超常的奇特表演、歌唱、念白、做戏等技巧，还包括一些隐秘不宣的特殊表演、扮戏等方法，不能狭义地只局限在武技方面，这样定义绝技才比较全面。总之，特技指高难、奇特技艺，绝技则不但要高难、奇特，而且要富于独有的创造。有的演员特技表演不讲场合是否合适，不管人物和剧情是否需要，虽然技巧难度也很大，但只是为了博得观众的掌声而表演，这不是高层次的艺术追求。高尚的表演艺术应该是所设计的技巧和表现的时间、场合要与剧情相结合，要与剧中人物的身份、性格相适合，要为表达人物的性格、情感、能力和人物所处的特定情境服务，使表演与戏水乳交融，让表演与剧情、人物成为一个有机的整体。所以，具有绝技的艺术家在艺术修养和技艺方面必然达到了炉火纯青的程度，

---

① 详见赵晓岚《跟唐韵笙合作演戏》。

并且运用裕如。绝技是艺术家艺术创造的成果，是长期进行艰苦的舞台实践所积累的结果。能创造出并表现出绝技的演员必须具备最起码的四个条件：一是戏曲表演的基本功必须深厚扎实；二是所见和掌握的技艺必须全面；三是有创新的意识、创新情绪的冲动和创新的智慧与能力；四是刻苦耐劳，有勤奋好学的进取心、事业心，有千锤百炼的毅力，否则是熔炼不出绝技的。

京剧是高度综合性的表演艺术，它之所以能后来居上，蔚成国剧，就是因为它善于吸收多方面艺术的精华，表演形式非常丰富，昆剧、徽剧、汉剧、秦腔、梆子戏以及民间歌舞等都是它学习的老师。京剧不能只是歌唱，如果只重视歌唱而不重视表演，京剧的路就会越走越窄，优秀的遗产会失传得越来越多。然而确实有人轻蔑甚而鄙视戏曲的技巧表演，认为绝技表演只是"南派"京剧演员才有的，是不登大雅之堂的。这显然是一种误解或是偏见，所谓"南功北戏"的说法是不完善的。把"功"和"戏"截然分割开，各归属于"南"和"北"，正反映出京剧在不同地域发展的不平衡，出现了偏差。京剧无论南北，都应该是综合性的表演艺术，既要有"功"，也应有"戏"，戏曲应该是综合的、全方位的表演展示。对于演员来讲，"四功"和"五法"是都应该具备的，能歌善武和舞，才算是优秀的好演员，这是戏曲演员应有的艺术素养。"南功北戏"不是京剧演员应该追求的目标，反而是要纠正的偏差。谭鑫培何以至今被奉为京剧宗师？因为他的文武兼备，才高艺广，他把京剧表现得既有功也有戏，促进京剧表演手段更加丰富精彩。梅兰芳为什么被尊为中国戏曲美的代表？因为他的唱、念、做、舞有全面的高水平的展现。杨小楼为什么被称为京剧武生的宗师？因为他的武戏不但有功而且有戏，在展现武功技巧中也有人物和剧情。只要是符合剧情和人物的绝技表现，都是高尚的艺术创造活动，都是对丰富京剧艺术做出的贡献，应该得到提倡和褒扬，要大兴创新之风。

《淮南子·原道训》上说："井鱼不可与语大，拘于隘也；夏虫不可与语寒，笃于时也。"京剧中的技巧表演是中国戏曲艺术的精华，是各剧种技巧表演精华的荟萃，是中国戏曲在世界上独有的文化瑰宝。但是，不能不看到京剧有很多技巧表演是远不如一些地方戏的。例如"水袖功"，不如川剧、晋剧、秦腔等剧种里旦角的水袖那样长，地方戏的《打神告庙》《活捉三郎》等剧中的"长袖飞舞"精彩异常；"翎子功"远不如晋剧小生的《小宴》表演要单的、双的翎子，单翎子挺立等繁复的表演；"帽翅功"除了老演员有些展示外，现在京剧中就再没有"帽翅功"的表演了，而河北梆子《徐策跑城》《探地穴》(《金玲记》)中的"帽翅功"仍在梆子戏中得到继承并坚持表演着；"甩发功"在现在的京剧中还有不少表演的机会，可是"甩发"的样式太少，"甩发功"在京剧里丢得太多了；"喷火"在京剧里只有"判儿"（钟馗、判官、火判）出现时才有小如星星之火的"喷火"表演，和川剧《白蛇传》、晋剧《李慧娘》里的"喷火"表演相比，真是"小巫见大巫"，京剧的"喷火"就算不得货真价实的"喷火"了；再看桂剧的《打棍出箱》中"出箱"的表演，京剧就无颜面对了。京剧演员中，凡认真在继承传统表演技艺方面苦下功夫的，都成了京剧界的翘楚，尚小云、程砚秋的"水袖功"，赵松樵的"甩发功"和其他武功绝技，荀慧生、于连泉的"跷功"，周信芳的"帽翅功"，杨瑞亭等人的"腿"功，小王桂卿的"四鞭同耍"等，都是绝活。

　　"演戏要演人"是赵松樵进行艺术创作的一条原则，这个原则无时无刻不贯穿于他对技巧的构思和表演中。他认为演戏要有技巧性，要给观众一些真东西，这是对观众负责的态度。其次，他认为哪个戏、什么时候安排怎样的技巧，为什么要用这个而不用那个，都要经过深思熟虑，讲不通道理的技巧表演宁可不用，这是对戏和艺术负责的态度。再者，技巧既然是为表现剧情和人物服务的，每一出戏的人物、情节、场合都不一样，因而技巧就要每出戏有每出戏的东西，才能做到合情合理，不能千篇一律，每一个动作都有的放矢，都有明确的目的性，都表达特定的内涵，所谓"手无虚指，目不空发"是也。这样的技巧表演是一种非语言类的戏曲形体语汇，是观众审美活动中的兴奋点，是演员表演中的一个艺术美的峰值。如此，松樵的绝技引起众多研究者和爱好赵派艺术者的极大兴趣与关注。仅在 20 世纪 80 年代专题介绍和揄扬赵松樵绝技表演的文章就有三篇，如刘荣昌的《赵松樵的绝技浅谈》，曹嘉文的《赵松樵的"三绝"——耍牙、僵尸、变脸》，王永运的《赵松樵的绝技》。多人多篇集中谈同一位艺术家的绝技，实不多见，而且所谈内容不同，说明松樵创造的绝技之丰富和给人留有印象之深刻。其实，他的绝技绝不限于上述三篇所记，以下试就其绝技创作与表演做一汇总，集中赏析，想必更容易领会赵派艺术的博大精深与高精尖水平，正如冯梦龙在《古今小说·张道陵七试赵升》中说的："剖开顽石方知玉，淘尽泥沙始见金。"

1. 当场变脸变装

当场变脸、变装指演员饰演的角色在当场由一种面部、外装饰样突然变成另外一种面部、外装的饰样，由一个角色的形象当场变成另一个角色的形象。这是中国戏曲一种特殊的表演技术，这种技法在中国戏曲中源远流长，在许多剧种的传统剧目里都有施展。这里谈的变脸与川剧的"变脸"不同，这里指的变脸是指演员对本脸的变化，而不是如川剧那样，对装饰在脸上的布制的脸谱道具进行调换。这里所说的变脸技术也是从历史更为悠久一些的地方剧种传承过来的，但使用没有地方戏那么普遍，或者说这种技术只有极少数京剧演员继承了下来，传到京剧已经差不多失传了，如今不要说京剧，就是地方戏里也确实没有了。

赵松樵的变脸、变装术，是同时进行的，因而更难。这种技术一方面他是得自于家传，另一方面则是他在长期的舞台实践中开动脑筋，潜心钻研，充分调动起富有智慧的创造力，锐意创造和革新才取得的成果。他的变脸变装术在自创剧目《红须客》和自导自演的连本戏《观音得道》等剧中有奇妙的表现。他根据剧情的需要，把演员的一套外形装束瞬间变为另外一种外形装束，人物身份也随即转变。

《红须客》是一出赵派独有的传奇侠客戏，又名《素珠大侠红须客》，他在剧中扮演红须侠客梁彦章。当梁彦章得知结义弟兄姚彦被官府缉拿要处斩刑时，梁决定乔装为贫穷书生，下山救姚。在"劫法场"一场戏中，梁先是无彩色的净脸，头戴青色"高方巾"，身穿青"褶子"。当梁动手劫法场，与四兵卒和刽子手交战开打时，五个人一起按住梁，这时乐队起【四击头】锣鼓，到最后一声响时，台上的梁彦章露出红须客的本来面目。这是在五个人围住他的一瞬间，他变成了紫眉毛、紫胡须、戴侠客帽、穿一身侉衣侉裤的红须客，像变魔术一样的神奇，变换快速敏捷，不漏破绽，真是"巧匠施工，不露斤斧"（《景德传灯录·卷十九》）。

再如《观音得道》，是他早年排演的连本神话剧，据称该剧最早由上海新舞台的夏氏兄弟排演，松樵于20世纪20年代在烟台开始整理改编并上演此剧，随后又演于哈尔滨的华乐戏院、大连宏济舞台等处。他在剧中扮演达摩佛，最先的扮相是戴罗汉"假脸子"（面具）、"罗汉盔"，身穿僧衣。在不同本集的戏里，根据不同剧情的需要，又是在几秒钟内的【四击头】锣经中，在灯光一灭和一亮之间，当场变成书生俊扮，或老头扮相，或乞丐扮相，或和尚扮相等，不一而足，变化多端，原来的达摩佛祖的面具、罗汉盔、僧衣均不翼而飞，令人瞠目结舌。

他的这种种变脸变装术是在约百年前出现的，不由令人惊叹他超乎寻常的想象力和创造智慧该有多么的丰富和超前。这种变脸变装术运用于传奇或神话类剧目中，是非常适宜的，与传奇或神话类题材十分切合，使戏更富于变幻莫测的神奇浪漫色彩，极大丰富了艺术表现力，提高了戏的观赏性和趣味性，显示出中国戏曲高超的技术与特色。

2. 变脸不变装

（1）本色变脸

这里所谈的变脸与上述变脸变装术中的变脸又有所不同，所谓本色变脸指的是一种非化装的变脸，就是说与改不改变化装没有关系，而且这种表演都是面部不带彩的，必须是本脸。举例比较容易理解这是一种什么样的变脸方法，在松樵自派剧目《云罗山》中，他饰演的白士永就有多次这种变脸。"逛庙"一场戏里他的脸部不化装，白士永家境贫困，所以不俊扮，素扮。白士永为搭救被恶霸任彦虎抢走的妹妹，遭到任彦虎一伙人的毒打，这时松樵有在脸部挂红彩的化装方式的变脸。但是下边的变脸就不用化装了。白士永为逃避任彦虎的迫害，要翻过山去投亲。过山时，白饥寒交加，苦痛难挨，他的脸部这时由本色变为灰色。当演至白爬到山的高处时，白已冻得身体僵直，生命垂危，看这时白的脸色由发灰变成铁青，同时眼泪、鼻涕流下，观众看得感同身受，随之浑身也寒噤起来。这种脸部变颜变色的特技表演，艺术地表现出白士永随气候恶劣程度的加剧，由冻饿而至昏厥的状态变化。他在这里的脸色变化和流泪流涕，不是依靠化装涂彩或其他修饰方法达到的效果，而是演员完全依靠修炼内功，使自己完全进入角色以及角色此时所处的情境中，从内心感受切身地体验，达到演员身临其境的体验。演员此时此刻与角色合而为一，臻于"忘我"的艺术境界，这就是"发于内而形于外"的最高表演也是最难攀及的艺术境界。这种本色变脸非有丰富的生活积累和舞台经验是不能达到的，非有长期艰苦的基本功训练基础，也是不可能这样入化的。除他以外，我们只发现另一位前辈艺术家雷喜福先生在演《一捧雪》的临刑时也有流涕技艺表演的文字记录。

（2）着彩变脸

这是一种通过改变脸部色彩的变化实现变脸效果的技法。如他演的《斩熊虎》，是关公连本戏中关羽出世时期的戏。明代人祁彪佳所著《远山堂剧品》中已载有《诛熊虎》的杂剧。

熊虎父子称霸乡里，民愤极大，百姓怒不敢言，关羽出于义愤，挺身而出，先杀欺诈民女的熊虎之子熊祥和县令苗信，后遭追杀，逃至圣母庙中，因奔波劳乏口渴而喝供桌上的供水（传说是观音菩萨所赐之水，另一说是用泉水洗脸）而脸色变得红如重枣，遂将追来的熊虎杀死，逃奔涿州，得遇张飞。松樵在这出戏里扮演关羽，开始为净脸（无色彩），逃至庙中，喝完供水后钻入桌下躲藏，熊虎等人追来，到庙中各处搜寻关羽，并扬言："好汉做事好汉当，你杀了我儿子，若不敢出，即为匹夫之辈！"关羽被激，在桌下（白）："呔，休得猖狂，关羽（锣经："仓"）来也！"然后钻出桌子，脸已变成红色。熊虎府内家院指着关羽（白）："哎，他怎么变了？"这个当场由净脸变成红脸的奥妙，是在桌帘内"抹"了脸而成的，绝的就是个快，总共不过几秒钟的时间便完成所需的化装，需要化装技术娴熟。

还有《伐子都》，也有着彩变脸。该剧由梆子戏移植为京剧演出，故事见于《东周列国志》公孙阏（音è，子都名）与颍（音yǐng）考叔争夺帅印而反目，子都在战场害死主帅颍考叔，谎报战死，窃据主帅。回朝后，圣上厚待子都，加官晋爵。子都心怀鬼胎，愧疚难排，疑神疑鬼，精神恍惚，最终于幻觉中摔死。松樵先生青年时期常演这个戏，饰演子都就有变脸之术，不同于上述的《云罗山》和《斩熊虎》。《伐子都》是"三变脸",把子都内心的恐惧状态外象化,有层次地展示出子都一步步心惊魄散的变化过程。第一次变脸是在金殿庆功宴的开始,子都似乎看到了颖考叔,因害怕而低下了头,脸朝桌面,再一抬头,人们发现他原来是俊扮的脸一刹那变成了黑脸。等到他爬上三张桌后,观众又发现这时的他脸色由刚才的黑色变成了灰色,表示子都的惊恐加剧,气运大衰。当他从三张桌上翻下来,再看他的脸则由灰色又挂上了"彩",满脸见红,表示子都从高处摔下来之后已经是七窍出血,血污垢面的样子。松樵这出戏的"三变脸"是分步用炭黑、白粉、银朱、臌丹等不同色料,通过吹、抹等手法,在观众的众目睽睽之下很隐蔽地巧妙地完成的。过去时代这样演,能给人以真实感,而且演员不漏破绽的化装技巧也是看点。后来为舞台的净化,不再有"三变脸"。

3. 甩发

"甩发功"是戏曲演员的基本功之一,无论文戏还是武戏都有应用。可是不同演员的甩发技术水平是相差悬殊的。甩发用于男性角色,均在落魄危难或情绪激动时,露出头顶上所戴的发缒,演员借助头颈和腰部发力,带动头顶正中位置的发缒,使"甩发"做前、后、左、右的摆动或绕圈运动,或配合身段、台步完成各种舞蹈动作,来表现角色各种各样的危难处境和强烈的情绪冲动。"甩发"的发缒有长短之分,一般生、净角色所用的"甩发"长度至腰,丑行和穷生演员用的较短。旦角的更短,在"大头"(青衣的头饰)的右侧分出一缕长发,而且一般旦角没有甩发表演。甩发动作是比较难以掌握的戏曲表演技术,"甩发"的发丝是蓬散的,质地又柔软,操纵起来难以随心所欲,练成此功无捷径可循,只有下苦功夫,循序渐进,日积月累,才能练就真功夫。甩发在舞台演出中是重要的表演形式,也是有高难技巧性的,比较常见,观赏价值高,深得观众的欢迎。对于演员来说,甩发表演容易调动观众的情绪高涨起来,实现演员与观众的互动与情感交流,同时实现角色与观众的交流,引起共鸣效果,并且是展示演员个人技艺的一种形式和契机。

赵松樵幼功极为扎实,自小在"甩发功"上打下非常坚实的基础。他使用加长的"甩发",长度要过腰近膝盖。"甩发"越长,要弄起来难度越大,需要颈部的爆发力就越大,越吃功夫,头、颈、腰及全身需要发更大的力，动作的幅度和力度都要加大。表演甩发是松樵先生一项无往不胜的杀手锏，他得心应手，运用自如，堪为戏曲界"甩发功"之翘楚。无论在《云罗山》《逍遥津》《汤怀自刎》《木兰关》，还是在《打棍出箱》《铁笼山》《反西凉》《卧薪尝胆》等戏里，只要剧情允许，他都安排有甩发的技巧表演，花样层出不穷，甩的方法不落俗套，美不胜收，对表现剧情和人物极见功效，增强了戏的艺术魅力。他的甩发技法有甩、带、闪、旋、扬、冲、扫、挺等。

（1）甩：将发束在空中摆动，每次动作单方向摆动一次，可以单甩一次，也可以连续多次。他常用的动作有左甩、右甩、前甩、后甩、左前甩、右前甩、左后甩、右后甩，还有编辫式的8字形甩法等。

（2）扫：将发束在空中像扫帚扫地一样，做圆或弧线的平面运动。他常用的扫法有横扫（在水平面上运动）、斜扫（在非水平面上运动）、圆周扫（发束扫动一周）等。

（3）旋：以头顶的发根为圆心，让发束在空中做圆周旋转运动，常常是连续多个圆周地旋转。旋的技法分左旋（正）、右旋、左侧旋、右侧旋等，速度上有快慢变化。

（4）挺：用颈部爆发力，快速向前或向后做个角度不大的摆动，带动头部猛地向前或者向后一点，使发束在头顶上方的空中直立一瞬间，这种特技的甩发叫"挺发"。他有时在发束直立头上的刹那间，让发束在空中飞快地做几个小幅度但却明显的小旋转运动，呈现螺旋形，使发梢颤绕几下，似有生命灵性的活物在空中旋扭起舞一般。这可算是又一绝了，古往今来世所罕见。

（5）凤点头："凤点头"式的甩发有些类似挺发，但还有区别，也是一种特殊的技法。颈部猛然用力，让头部突然向前或向后一点，看上去动作幅度很小，不注意看几乎看不出来颈部和头在动，似在不经意间完成，自然流畅，看发束就像一条硬鞭，立即有力地向前或向后甩过去。"凤点头"式的甩发与挺发的不同处，在于挺发要求发束在空中有短暂的静止直立状态，而"凤点头"式甩发则要求发束直接有力地迅速甩过去。名曰"凤点头"，一是因为动作很像凤凰点头的样子，二是在做这种甩发时经常是以【凤点头】的锣鼓经来配合。他的"凤点头甩发"常常是要连续做几番前甩后甩的成组动作表演。

在演出中，他根据剧情和人物情绪的需要，有时不是单纯表演一种甩的方法，而是把几种甩发技巧编排串联起来使用，满台翻飞，令人目不暇接，妙不可言。

松樵先生的前亡妻之养父是一位干了一辈子梨园行的著名演员，他对松樵的"甩发功"佩服得五体投地，赞不绝口，引为骄傲，逢人便夸："我们女婿的甩发绝了！"赵松樵的弟子、著名演员刘泽民先生曾对我说："师父的文武戏全好，如《阴阳河》中角色张茂深的甩发，左右转，上下动，真可称一绝。"此外还有翁偶虹也曾撰文盛赞他的甩发表演堪称一绝，可详见本书第34章所引的翁文中谈赵松樵《云罗山》的表演。

4. 辫子功

配饰长发辫和耍舞长辫，是演清代人物和剧目时才使用的，清装辫子比"甩发"的发绺长度又长了许多，并且安于头部的脑后部位，垂于脑后或盘绕在脖子上，舞动起来更需技巧和功力。1935年至1937年间，松樵在上海共舞台戏院排演大型连本戏《火烧红莲寺》的第五本时，他设计出一位长辫侠客角色何乐山，以长辫为武器，有"辫扫群寇"的情节和表演，精彩异常。他发明了以长辫为器械的一些成套武打套路，丰富了以长辫为武打器具的表演形式，大展神辫之威，堪为奇绝。此外，他在其他清装戏里，也时有耍长辫的出色表演，如《铁公鸡》《张文祥刺马》《血滴子》等。我在20世纪80年代访问过松樵先生早期的入室弟子、上海市歌舞剧院的老编导周正邦（周云起）先生，他介绍说1959年上海实验歌舞剧院创作并演出的舞剧《小刀会》，就借鉴了赵师早年的长辫功技巧表演，运用在舞剧中的效果非常好。舞剧《小刀会》是中国舞剧民族化的成功典范之一，之后拍成电影，轰动全国。1959年天津市京剧团根据清末天津教案史实创作排演《火烧望海楼》，在剧中京剧名家厉慧良扮演码头工人马洪亮，有把长辫旋起盘绕于脖子的动作表演，也是借鉴了松樵先生的早年长辫功的经验。慧良很聪明，表演有偷手，他在辫稍上固定一个金属大螺母，大为减轻了舞辫的难度。1984年南京军区前线文工团歌舞团要排演一出舞剧，该团的一位青年舞蹈演员慕名专程到天津，向松樵先生学习耍长辫技巧，83 岁的松樵老精神矍铄，一丝不苟地辅导了几次表演技巧，并且千叮万嘱辫子要多长为好、用什么样辫子梢的穗子、怎样把辫子发束固定在头上更牢固等，尽心竭力，倾囊以授，这些场景也是我所亲见的。他的耍长辫的艺术创作成果已经超越京剧界限，影响到中国民族歌舞界。据传盖叫天在演《年羹尧》时也曾有辫子功。

5. 髯口功

"髯口功"是中国戏曲特有的表演形式，是戏曲演员的基本功之一。耍髯口的技巧动作很多，如搂、捋、推、捻、托、撕、挑、摊、抄、甩、饶、吹、掸、抓、撩等。松樵的耍髯口技法全面，应用挥洒自如，可算一绝，有他个人在运用上的创造与表现。例如在《徐策跑城》中，他饰演的徐策在将要步行上朝奏本之前，他左手将"三白髯口"的左边一缕看似自然而随意地往上挑起一掸，一绺白胡须飘落在素相貂的左帽翅上，之后如法炮制，右手将右边的一绺白胡须掸起，落到素相貂右边的帽翅上，脸上露出和蔼的笑容，以耍弄髯口来表现徐策此时兴奋的心情。然后他的上身突然向上稍微一耸，左右两边的两绺髯口从帽翅上自然飘落下来，整套动作流畅准确，潇洒漂亮，对髯口这样自然又自如的表演，是其他任何演员所没有的。又如他在《刀劈三关》中饰演的雷万春，也有许多各式各样的髯口功表演，有时配合唱和音乐伴奏来表演，很帅很美。再如《八蜡庙》中他饰演的褚彪，在"闯庄"一场的"耍下场"表演中，他先是做左右甩髯口，之后配合脱褶子、倒手、踢大带又有撩髯口，推回髯口亮相的动作，每一个动作都是在锣鼓点上，动作干净又干脆，把褚彪即将投入战斗的振作兴奋描画了出来。在《溪皇庄》一剧中，他饰演的褚彪有一个向右上方甩髯口、右手反式抓髯口、将抓住的髯口送入口中衔住的"髯口功"表演，这个动作有不少演员学用。还比如《火烧红莲寺》中他扮演卜文正，穿官衣官帽，老生的扮相，但是他所戴的髯口是特制的一口加长的"黑三"，垂至肚脐以下，也有优美的耍髯口表演。至于他演关公戏，利用关羽特有的美髯于表演中，塑形千姿百态，更让人赏心悦目，饱览目下。

6. 单手掏双翎

单手掏双翎不应该算绝技，是特技，许多男女演员都可以表演这个技巧，区别在于运用得是否好与巧。单手掏双翎不能算是"翎子功"的范畴，是一种手掏翎子的技巧，与耍翎子的功夫无关。掏翎子有用单手、双手之分，还有是掏一支还是掏两支翎子的区别。掏翎子普遍是由武生、武小生、武花、架子花、武旦、刀马旦等行演员表演的动作。单手掏双翎比掏单翎难度要大很多：首先，两支翎子各向左右一边分开来立于头上，越向上劈开的角度就越大，两支翎子分开得就越远；其次，头上无眼，全凭手中感觉和平时训练得到的经验，久练才能久熟；再有，翎子本身柔软且弹性很大，控制它比较困难。这三条使单手掏双翎的动作难于掌握，极容易漏掉一支。掏双翎子时，翎子变形很大，演员还需注意手的用力要适中，不要折断翎子。在《斩颜良》中，他右手持颜良大刀，左手掏双翎，一抓就准，毫不含糊，极为快速，身子向左侧倾的亮相，使颜良这员虎将那所向披靡、威武强悍的形象跃然舞台。在《火烧夏侯惇》剧中开打时，他扮的夏侯惇耍大刀花，大刀从右手倒至左手，左手持刀涮翎子，由左臂搂翎子至前方，紧接右手抓双翎至右侧，左手大刀伸平，与右手中双翎成一平直线，身体偏右，亮相扩展大气，展现出勇夫骁将的盖世气魄。

7. 耍牙

松樵先生勤奋好学，肯于苦练，凡他能接触到的表演技艺，只可不用，不可不会。戏曲中的耍牙技术很少有机会使用，掌握这门技术的演员寥寥可数，他以鸿鹄之志将这一门特技也收入自己的囊中。耍牙一般用于表现妖魔鬼怪类的角色，有时也用来表现勇猛武夫的一种特殊身份、奇特性格或怪异情绪的状态，以增强艺术感染力，烘托气氛。戏曲表演特技中有"十耍"之说，耍牙即居其一。表演者在口腔左右两边的牙床外侧各衔一根特制的长约两寸的獠牙状牙形，借助两腮肌肉、上下颚、唇、舌的配合活动来支配牙形做进、出、伸、缩等各种运动，以象征生活中的龇牙咧嘴的神态。据曹嘉文先生著文介绍："赵先生曾在《雪弟恨》中扮演大马童（穿卒坎、搓红脸、白嘴岔）在'走马锣鼓'中，表情风趣地'耍牙'，将一对牙吞吐自如，左右盘转。"[①]他将此绝技传授给入室弟子陈云超，云超先生经过艰苦训练，掌握了这手特技，应用于自己的拿手戏《金钱豹》中，成为他演《金钱豹》的一绝，让他的这出戏锦上添花，富有特色，享有盛誉。他们师徒说，练出这手功夫很不容易，要几百遍上千遍地练习，牙形与牙床、腮的内部、舌、唇等部位相摩擦，常常是磨得满口鲜血。一名优秀的演员要练出超人的本领，出众的技艺，实在要克服旁人难以想象和难以忍受的苦痛。《老子·五十五章》有言："九层之台，起于累土。"《荀子·劝学篇》上说："弃而不舍，金石可镂。"艺术家们为艺术而付出汗水、泪水、血水甚至牺牲，那种精神值得人们钦敬和尊重。

8. 悖功（反式）

戏曲舞台上的动作、亮相、程式表演，都有一定的常规，演员从小都要接受常规的训练。比如甩发，又如大刀花，常规的旋转方向即为"正"的，或称正式的。有些动作是分为左、右两式的，例如"起霸"，但有些则只有一式。演员一般从小训练只练并掌握正式的动作，上台表演也只用正式的。如果逆常规而行，就叫反式，名其为"悖功"。这里所谓的逆常规、反式或悖功，是指动作运动的方向或姿势位置的方位与常规相反而言，并无其他意义。做反式动作比较困难，因为反式是逆习惯而行，一旦要做反式，非要经过特殊训练不可。松樵先生的许多动作和"把子功"是正、反皆能的，可以左右开弓，这不多见，也不容易，功夫是练出来的，也是不负人的。例如在他创演的《云罗山》中，有一场"打子"的戏，他饰演的白士永就有反式的甩发表演，与他的正甩法同样灵活多变，精彩宜人。又如他在《阴阳河》中饰演张茂深，在"找妻"一场，当与妻子见面时，他有正甩发和反甩发的表演，然后接着摔出一个反"抢背"，令人称奇。在《捉潘璋》中他从供桌上也是翻一个反"抢背"下来。另：按赵派演《战马超》，夜战时马超要走反的"扫堂腿"。在《刀劈三关》中，他扮演雷万春在收复第二关的开打中，他有个迅猛飞旋于头上的反旋大刀花，有棍扫千钧之势，耍得极溜而别

---

① 赵松樵的"三绝"［N］.《戏剧电影报》，1991（42）.

致，衬托出雷万春老将武功的出手不凡。再有，他演关公戏在亮相时使用与众不同的反式造型，同样优美可观，而且显得别有新意。他的这种高含金量的悖功，往往为别人所不能，出奇制胜，艺压群芳，成就了他表演艺术上的独门私绝。

兵书《孙子》上说："兵无常势，水无常形"，"善出奇者，无穷如天地，不竭如江河"。诚如是也，但是要"无常"，要"出奇"，则需要大智慧，大辛苦。

9. 椅上探海

"探海"也是戏曲演员的基本功之一，表演者一条腿直立，绷紧站稳，另一条腿向后伸平，上身向前，下探，与后一条腿平直，挺胸扬头，收臀吸腹，双臂分向左右伸平直，双目前看，这种姿势保持片刻，即为"探海"。此动作一般在台板上做，如果身穿蟒袍、脚蹬厚底靴在台板上做，难度就加大些，而如果这样的装束，改在椅子上完成"探海"，无疑其难度会又大了，这是显而易见的。松樵先生在《黄鹤楼》中就有这样的表演。刘备从东吴给诸葛亮捎来一信，亮展信观之。立在亮身后的张飞急欲得知刘备的情况如何，亮自顾看信，张从左边偷看，亮将信转向右，张从右边偷觑，亮又把信转向左。张飞左右看不见，想出在亮身后登上椅子偷瞧。张把椅子与亮坐的椅子背对背地放置，张飞穿蟒、厚底靴，上椅子做"探海"，表示张飞从诸葛亮的身后看信。张飞搬椅子也不是简单的搬搬椅子而已，他在锣鼓的伴奏下有节奏地表演一套舞蹈动作。然后在锣鼓声中上椅子、做"探海"，并且在"探海"中还要运用袍襟、水袖表演出一系列的身段和造型，险中见美，美中见功，利用京剧传统表演程式，艺术夸张地刻画出了张飞的急躁情绪以及对刘备关心的手足之情，也展现出张飞其实是粗中有细、不失聪明智慧的人物特点。整个表演与锣鼓伴奏配合严实，节奏感强，妥帖自然而富有技巧性。

10. 僵身后髯口盖脸

"僵身"（旧称僵尸）是戏曲演员的又一项基本功，用来表现角色的昏倒或死亡，身体直立，缓缓后仰，要倒下时，头尽量向前倾，梗脖子，两臂伸直在体前，用背部着地。"僵身"要经过严格的训练方可实施，它有硬僵身、软僵身之分，又有单腿僵身、双腿僵身、单腿拧身僵身、双腿拧身僵身等多种表演方式。松樵在上海参加义演《雪弟恨》时，他演潘璋，林树森饰演关羽魂，两人有一场"对儿戏"的表演。潘璋从桌上摔下来。松樵走的是"反抢背"，然后又是一个"锞子"，最后关羽挥刀斩潘璋。被斩时，他走的是"硬僵身"，全身直挺倒地，"髯口"上翻盖脸，"盔头"脱离头顶，落在"靠旗"上，产生一种无头僵尸的艺术效果，顿时惊爆全场。他是把翻"髯口"盖脸、脱"盔头"、摔"硬僵身"三个动作结合在一起，连贯使用，并且完成在一个锣鼓点上。饰演潘璋虽然不是他的本工，却表演出了奇光异彩，得到内外行的一致赞赏，因而得到"活潘璋"的美誉，不是偶然的。

11. 独到的锞子

摔"锞子"（又作壳子）属于基本功中的"毯子功"之一，用这种程式化的舞蹈动作来表现角色翻仰跌摔时的状况。做法是表演者或助跑或就地纵身跃起，身体腾空时后仰，四肢向上伸，让脊背着地。如果单就这一动作，不算绝技，这是基本功，相关行当的演员应该都会。在《斩颜良》一剧中，他饰演的颜良被关羽斩杀时表演的"锞子"就大不同了。按传统演法，此时颜良摔"抢背"。他的表演不然，改为扔大刀接摔"元宝锞子"，具体演法是：颜良见到关羽，并无与战的思想准备，要上前和关羽说话，传递刘备的信件，不想关羽高举青龙偃月刀劈来，起【四击头】锣鼓，颜良"啊"的一声，扔大刀，紧接起"锞子"。他的这个"锞子"独到之处在于难度大，他身上有"大额子后扇"翎子"，两根"狐尾"散的，垂在胸前，几乎触地，身上穿的是"改良靠"，脚穿三寸厚底靴，原地单腿腾空，跃得高，身体在空中呈直角形的元宝状，落下时全身平直，四肢伸直展开，坠地无声，又稳又轻。他用这样的一套动作准确地表现出了颜良被斩的突发性和意外性，也从反面衬托出关羽的英武夺人，在攻关斩将时有如探囊取物一般的神奇之功。就连广见博识的翁偶虹先生也大发赞叹："我看过多少次'斩颜良'，从未见过如此绝技！"松樵的"锞子"摔法多变，不拘一格。在《斩颜良》中是扔大刀摔"元宝锞子"；在《捉潘璋》中是转身摔"锞子"，后接"僵身"；在《黄河渡》中他饰演秦琪，使的是"抢背"下高，落地后接摔"锞子"。他把普通的"锞子"与其他技巧灵活组合，形式多样，各戏不同，奇特出新。

12. 独特大刀花

在他演的《刀劈三关》中，他为攻打第二关设计了一套独特的大刀花：先是双手擎刀做"倒垂柳"，然后将大刀倒在右手，说时迟那时快，大刀在头顶上如风驰电掣般地反向旋转一周，做抱刀式，再缠腕、回刀、往下坠刀头，再变成怀中抱月式，再左手接刀，大刀"掏窝"，右手搂髯，刀朝外亮，回身亮相。每个动作做得干净潇洒，快而不乱，脆美无比，每个动作环节紧扣相连，无容发之隙，恰似流水自然酣畅，又如流星一闪而过，满台生辉。这是他在 80 岁时的演出状态，想必年青时的精彩会更为可观。

13. 跪地起抢背

京剧《下河东》久已息影舞台，不见有人演，恐怕这出优秀剧目将成绝响，进入失传的名册。松樵此剧得益于前辈名家程永龙，后予加工丰富之。他在该剧中饰演过两个主要角色，一个是老生应工的呼延寿廷，另一个是花脸应工的欧阳方。有一场戏是呼延寿廷与欧阳方见面，呼延跪地请罪，元帅欧阳方念完"恕你无罪"之后，呼延寿廷接答"谢元帅"，话音刚落，只见他扮演的呼延寿廷忽然走出一个"单腿跪地起抢背"的绝活。他扎"大靠"，穿厚底靴，全身披挂，却如燕凌空，飞掠而过，落地时轻若鸿毛。这个动作不单为卖高难的动作技巧，更在于用这种戏曲技巧表演来艺术地表现呼延寿廷当时所处的危机和惊悚状态。翻"抢背"不难，难在身背后有"靠旗"，戴"髯口"，穿厚底靴，全身披挂，还要跪地起"法儿"，而动作轻飘宛如飞燕疾掠，敏捷似蜻蜓点水后的振翅而翔，令人惊叹。

14. 下高绝技

所谓"下高"是戏曲的行话，意思是说角色从高处下来。下高的起点高度不等，最低而且最普遍的是从一张桌上翻下来，依次的高度有摞起的两张桌、三张桌、四张桌甚至五张桌的高度，本人见到过最高的就是五张桌了。还有半张桌之称，即在桌子上加一把椅子，称为一张半、两张半、三张半、四张半。下高的动作很多，例如"台漫""云里翻""跳门槛""台前扑""扑虎""倒扑虎""台提""劈叉"

等十数种的技巧下法。在《拿谢虎》一剧中，松樵扮演谢虎，有一个下高动作是空前的，前人不曾用过，至今已有80年，还是没见有其他人这样表演过，称为绝技并非溢美。他的具体演法已有前文述及，不再赘述。这就是他的戴罗帽、挂黔满、系大带、背朴刀、穿厚底靴下高、空中拔刀的绝技。武戏行家盖叫天先生看过他的演出后说："太不容易啦，这样翻下来而又不掭头，人还不出错（指演员不出危险），没有真功夫是不成的！"

15. 罗汉拳和罗汉铲把子

松樵先生是一位京剧创新家，对京剧表演和剧目推陈出新，极大丰富了京剧艺术，他自己创编的一套罗汉铲"把子"和罗汉拳就是他的创新成果之一。饰演《水浒传》里的鲁智深这个人物需要有些特殊的方法，因为鲁智深的身份是和尚，性格上个性突出，所使用的兵器不是普通的十八般兵器，而是双头铲，一端是月牙形，另一端是斧头形。每一种兵器在京剧舞台上的挥舞动作应该是不一样的，各种兵器有各种兵器的招式和套路。但是，《野猪林》中饰演鲁智深的演员几乎都采用耍大刀的方法耍双头铲，用的基本都是大刀花。兵器不同，招式却仍用大刀的，没有特色。有鉴于此，他创编出一套为鲁智深专用的罗汉铲"把子"和罗汉拳，别开生面，新意盎然。他是在陪儿子赵云鹤演出《野猪林》时创作的。他把佛堂里供奉的十八罗汉塑像的千姿百态，加以变化运用到他的这套罗汉铲的"把子"里去，故名罗汉铲，与使用者鲁智深这个出家的花和尚身份非常相称。罗汉铲"把子"招数多变，动静结合，刚柔相济，塑形亮相姿态无一重复，或粗犷，或妩媚，或威武，或柔美，酣畅自然，美不胜收。耍这套铲十分费力，没有扎实的腰腿功夫，没有对身体动与静很好的平衡能力，没有训练有素的花脸工架基础，没有民间武术的基本修炼，是难以掌握好的。1987年他教授再传弟子李志勇这套罗汉铲，我有幸得瞻杰作，当时没有条件录下来，可惜老先生的独特创作怕是要失传了。在演《醉打山门》时，他还有自创的罗汉拳表演，风格别具，迥异于"官中"的，富于独创性。

16. 转灯——踢鞋——接鞋——单腿吊毛

这是一套连续动作，他在老生戏《南天门》里有这种表演。京剧《南天门》是一出老生与青衣的对儿戏，是过去常演的剧目，凡是老生和青衣演员几乎都演。这个戏占用的人不多，唱、念、做兼有，可惜这个戏绝迹舞台几十年了。松樵先生演此剧有个人的特色，表演生活化，唱、念、做俱佳，并且借助技巧强化对剧情和人物的艺术表现。演到剧中人曹福和玉莲过独木桥时，为表现剧中人是在寒冬时节跋山涉水，在雪地路滑的恶劣天气环境中备受冻饿、举步维艰，玉莲走了个"屁股座子"，他扮演的曹福则做"转灯"、踢鞋、用手去接鞋、紧接单腿起"吊毛"这连串的舞蹈动作，一气呵成，自然流畅，很形象地表现出曹福行路蹒跚跌撞的状态，不失为一绝。这实际是对《问樵闹府·打棍出箱》（《琼林宴》）剧中表演的化用和进一步地丰富发展。

17. 单腿拧身亮相

京剧内行人评论赵松樵先生的腿功和脚底下的功夫深厚。在《长坂坡》中他饰演赵云，在赵云杀退曹洪后，他有一系列繁难的武功表演和身段，最后有一个特色表演，他先是来个"大蹦子"掏枪，单腿着地，迅速将右手中的枪倒给左手，然后紧接着走单腿"探海"，仍然保持一条腿站立，再接"转灯"，身子冲台口伸平另一条腿，突然迅速拧腰转身，脸朝下场门亮相。这套动作做得稳健有力，娴熟流畅，动作组合精巧高难，造型独特，帅而脆，溜而美，加上动作表演与锣鼓经的密切配合，充分展现出韵律美感。在充分展示出他的腰、腿、脚下的深厚功底和控制全身平衡的非凡能力的同时，更表现出赵云孤胆英雄的气魄。

18. 唱——转身——走"圆场"——"甩发"四并举

这是在他原创的自派戏《木兰关》中的一个表演，他在剧中饰演屏洪。屏洪战败后，见到与自己朝夕相处的马童暴尸疆场时，随着他"哎呀"一声惊叹，先"挺发"，再"甩发"至身前，接着一边转着身体走"圆场"一边"甩发"，"甩发"时全身不晃，只见头的摇摆，甩发在空中快速旋转。这一套动作有三个难点，一个是一边走"圆场"一边"甩发"，一般表演"甩发"是在固定位置、表演者不动的情况下才好做"甩发"的动作，走"圆场"是另一种动作，两种动作很难配合协调；另一个难点是走"圆场"时是身体不停在转动中进行的；三是在做这套动作时还要一边唱一边做，其难度可想而知，称为他的一绝，其言可当得。

19．"吊毛"接"叉"落地

还是在《木兰关》这出戏中，表演完走"圆场"同时"甩发"之后，转而走个"吊毛"，身体在空中变"叉"落地。一般翻"吊毛"后要脊背着地，而"吊毛接叉"则需要翻出的"吊毛"必须足够高，才有可能变成"叉"落地。这个动作没有资料记录其他人露过，应该是松樵先生的一大绝技。

20．转身——甩发——耍枪三并举

吉林省戏校老教师陈金柏先生在20世纪80年代讲，他在上海看过松樵先生演《木兰关》，赵师露过一手绝的，即左手持枪，在做"甩发"的同时耍枪花，枪的旋转方向与甩发旋转方向一致，与此同时，身体也转动，耍枪和甩发的运动都改反方向的，最后亮相。这套动作的难度就在于动作的方向是拧着的，属于前边说的"悖功"的一种表演形式。一个人同时做甩发、耍枪、转身体三种运动，还要拧着方向地动，是一般演员不敢想象的，也是现学不来的。

21．三下归一

松樵先生在技巧表演方面用"三下归一"的表演套路和机会是很多的。所谓三下归一是指三种动作紧密相连地做出，并且通常是在一个【四击头】的锣鼓经中完成。《战长沙》中他饰演黄忠时，就有"刀缠腕""盔齐眉""腿窝子"三个动作的三下归一表演，收在一个锣鼓点上。《南天门》中，他在表演曹福走路滑倒时，有踢鞋、蹲身接鞋、"吊毛"三个动作连贯完成，三下归一的表演。

在他自编自演的赵派戏《木兰关》中，有转身、耍枪、"甩发"同时进行的表演，还有走"圆场"、转身、"甩发"的同时表演，都是赵派"三下归一"的特技表演方式。

22．穿袍带使两种兵器开打

《高平关》是赵派的拿手戏之一，是大型连本戏《飞龙传》中的一

本。20世纪20年代在哈尔滨排演这出连本戏中的《高平关》时，杨瑞亭饰演赵匡胤，赵松樵饰演高行周，杜文林饰演郑子明，孙玉楼饰演高怀德，这出戏是根据他的戏路子排演的。在起打时，他扮的高行周内穿"软靠"，外穿"蟒袍"，腰围"玉带"，右臂"斜蟒"，左臂穿着袍袖，带水袖，脚穿厚底靴，左手拿大刀，右手拿锤，他就是以这样的一身装束开打。这对于开打动作的障碍太多了，很少见到有穿蟒袍开打的。不止于此，水袖、玉带、大刀和锤两种兵器同时用，左右开弓，其难度前所未见，应是独绝。

《荀子·劝学篇》有云："不登高山，不知天之高也；不临深溪，不知地之厚也。"如果我们不深入了解和研究赵派艺术，就不知道它的精深美妙和难以企及。

23. 卸甲——挺盔

据称这手绝活本是谭鑫培老先生当年在演《李陵碑》时所用的，自他之后，学谭者无数，罕见有人使这一手，倒是松樵先生把它继承下来并呈现舞台。具体演法可参见前文"演艺篇"的第15章文中所记。

24. 三张桌上朝天蹬接叉下高

他在青少年时代常演武生短打戏，特别是以武松、石秀为主角的戏经常演出，如《狮子楼》《鸳鸯楼》《打店》《翠屏山》《探庄》等。在《鸳鸯楼》中，武松在飞云浦躲过暗害，杀回张都监府，奔上鸳鸯楼，再从楼上追杀下来。这时他饰演的武松有一套表演，表现的就是这一段情节。他在摆起的三张桌的顶端搬"朝天蹬"，搬起后做三蹲三起，然后腾空起"大叉"，落地后举刀亮相。详细演法请见前文第7章。

25. 耍彩绸舞

尽人皆知梅兰芳的《天女散花》中有耍彩绸的表演，成为京剧旦角表演艺术中的一个典范。可是，有多少人知道京剧武生也有过耍彩绸舞的呢？赵松樵创造了武生耍彩绸的历史纪录。1924年，他在自编自演的神话剧《洛迦山》中一人赶饰二角，前饰罗汉，后饰吕洞宾。其中有一场戏表现罗汉驾祥云而行，他从梅派的《天女散花》得到启发，认为同是仙界角色，又同是表现驾云而行，完全可以借用耍彩绸的表演形式来表现《洛迦山》中的罗汉。他特制了一条宽二尺余、长约两丈的五彩绸带，比梅所用的绸带尺寸要大。到人稀夜静时，他从住处的楼上出来，在弄巷里练习耍起来，发出"呼呼"的声音。转天，邻里的老太太们见面瞎议论，说夜间屋外闹鬼了，没有起风却呼呼作响。演出时，五彩绸带满台飞舞，让人看得眼花缭乱，心花怒放，《洛迦山》一炮而红，此后常被拿来做他的"打炮戏"。据松樵讲，当年在上海演出《洛迦山》时，曾被人拍成电影。

26. 耍扁担"走边"

20世纪20年代后期，松樵在哈尔滨与程永龙、杨瑞亭、马德成等名家同台，排演过由他导演的连本戏《鹦鹉救真主》。他为武生名家孙玉楼扮演的角色邢赞创编出一套持扁担的"走边"，借鉴了传统剧目《石秀探庄》的模式，可是比《探庄》的"走边"表演要精彩、复杂得多，演出后广获赞誉。

27. "钻被窝"进席筒

他演《卧薪尝胆》剧中的勾践，越国被吴国灭亡，越王勾践成为吴王的阶下囚，住在马棚。当表现越王勾践在马棚睡眠时，台板上倒放着一张卷成圆筒状的草席，他蹲身双手撑地，两腿从双手之间深入席筒，随之全身一下子钻入席筒，席筒外只露出头部。以前他父亲赵鹏飞先生在演《跑马卖艺》时有"钻被窝"进席筒的技巧表演，他加以变化，应用到演《卧薪尝胆》剧中。他这个进席筒的表演是绝无仅有的，干净利索，迅速敏捷，用来表现勾践铺席盖草的艰苦生活环境，是再恰当不过了，堪称一绝。

28. 坐轿程式

他在演《火烧红莲寺》中的卜文正、《打銮驾》中的包拯时，都有上轿、下轿的程式表演。一般演上轿、下轿很简单，一说"顺轿"，下人一举手表示掀开轿帘子，角色稍转身、略低头，然后再转回身子，就表示人已经上轿了。下轿时，下人抬手，表示掀开轿帘，角色稍一低头，就算下轿了。他的上轿和下轿既有传统的表演又有创新，增强了表演的细腻化和生活化，是别人所没有的。掀帘、低头、抬腿、迈步、转身、身下蹲（表示坐在轿内）、双臂抱起搭在前胸的位置（表示胳臂搭在轿内的案板上），走起来时双臂再垂下。

29. 上马认镫

这也是赵派的东西，具体演法已在前文有所描述。学演的人很多，2016 年看到湖北省京剧院副院长裴咏杰在中央电视台戏曲频道的"2016 武汉行"中演出《古城会》，他饰演的关羽上马时就很明显学的赵派上马认镫的动作，很漂亮，也很到位，继承了下来。

30. 立定"吊毛"

一般在翻"吊毛"时，都要起"法儿"助跑，有的至少也要向前疾走几步，起到一个发动助力的作用。他在演京剧《风波亭》一剧中有个"立定吊毛"的技巧表演，是他独门的特技，未见有人演过原地不动、立定翻"吊毛"的记载。

31. 飞脚"下高"

他在青少年时经常演的短打武生戏中有一出是《花蝴蝶》，旧时代演这个戏一般都有"攀轴辊"的表演，20 世纪 50 年代以后这种特技已经绝迹舞台了。一根钢棍高悬于舞台上方，演员在轴辊上边做各种惊险的动作，摆出各种姿态，以表示剧中人武功的高强。松樵演《花蝴蝶》不仅有轴辊功的表演，而且还有一个从三张桌上起"飞脚下高"的绝技，惊险异常。

32. 高台蹿"僵身"

在演《伐子都》时，最后子都精神失常，多数演员的表演是从三张桌上"下高"到台板。松樵先生不然，他是上一张桌，人在桌上，背朝台下观众，做"下腰"动作，当头上的甩发发梢接触到台板时，他的双脚用力一蹬，身体平直蹿出去，摔"僵身"，见所未见。

33. 一张半桌"扑虎"下

他在演《反西凉》的马超时，在桌子上加一把椅子，人站在椅子上。当听到报信："启禀兄弟，今有曹操将父帅斩首！"马超："你待怎讲？"报信人："斩首！"马超："哎呀！"锣鼓：【绷、噔、仓】，演员做"挺盔""甩发""前扑虎"下来的连续动作。

34. 帽翅功

帽翅功是中国戏曲特有的一种技巧，可以说是戏曲表演中的一种绝技。常见于地方戏中，如河北梆子戏《金玲记》，又称《探地穴》或《寇准背靴》，其中在天波杨府，夜间寇准跟随在杨延昭夫人柴郡主的身后，打探杨延昭藏身的地穴这一场戏，就有饰演寇准的演员在舞台上耍帽翅的表演。还有《徐策跑城》，河北梆子戏也有徐策耍帽翅的精彩繁复的表演。赵松樵自幼练得此功，在演《战潼台·探地穴》中饰寇准，在《秦香莲》中饰王延龄，当秦香莲唱"琵琶词"一场戏中，都有帽翅功的表演。

35. 靠旗接扔鞭

在演《战长沙》剧中，他有将鞭扔至高空，由背后的靠旗接住的特技表演。

赵松樵的绝技表演远非这些，如他演的《三江越虎城》等，据说也有绝的，可惜收集不全，也就只能失传了。

二十八、创道具巧思妙想　奇异物衬人托戏

赵松樵先生对京剧艺术的革新创造表现在剧目、表演、唱、念、服饰、扮相、脸谱、道具等方方面面。他的剧目创作在《编导篇》里将集中择要介绍和论述，在表演、唱、念、扮相、服装、脸谱方面的革新创造，在《演艺篇》中结合部分剧目做了介绍和赏析，本章专门对他在道具和兵器方面的一部分创造发明试做归纳总结。本书所谈，都只能是松樵老将近90年舞台生涯中的部分创造，也是收集不全的。他一生演的戏有几百出，演出至少有三万场，扮演的角色也有数百个，一本书能涉及到的内容实在太有限了，相对于他浩瀚的艺术创作与实践，本书容纳和承载的能力就显得微乎其微了。

"道具"一词是外国戏剧传入中国的舶来名词，在中国传统戏曲术语中则称之为"砌末"，它是经过装饰美化和艺术夸张了的东西。道具的种类繁多，用途广泛，有的具有特定的象征性，是专为某人或某种场合使用的，但有的则是一物多用，或为舞台上众多人物所普遍使用。戏

曲道具是一种神奇的而具丰富想象力的美工艺术创造，它们可被视为工艺美术品，是中华民族戏曲艺术遗产中重要的一部分。

凡有特殊成就的戏曲演员都非常重视道具在表演中的作用和应用，他们在道具方面也有各自特色的创造。松樵先生是其中一位突出的代表，在演剧中创造了许多新颖别致的道具和兵器，增强了艺术感染力，对人物性格有明显的烘托作用。列举数例如下。

1. 三平式青龙偃月刀

为了更好衬托关羽威风八面的盖世英奇，多方面表现关羽从身体到精神的高大形象，他专为演关公戏设计特制了一套三把的"三平式"青龙偃月刀。一般的大刀是两头尺寸短、中间刀柄尺寸长。所谓"三平式"，是指刀头、刀柄、刀钻三部分的长度近乎均等，他这三把青龙偃月刀中，有两把通长约 1.9 米，一把通长约 2 米以上。刀头最宽处约 20 余厘米，刀片厚度约 3 厘米多。三把大刀样式相同，最长的一把刀头装饰更加豪华一些。三把大刀使用的场合不同，大号的刀头是全绿色，作为"样刀"，专为"卖样儿"（摆功架做样子，不用于开战）时使用，如演《华容道》《单刀会》等剧目。小一些的两把大刀的刀头是全黑色，用于有开打的戏，如《过五关》《走麦城》等。刀头每一面有一条金色凸起形龙，龙的头部有一颗红色大珠子，珠子两端有钢丝支撑，大刀一晃动时，红珠随之转动。刀杆为金色，刀钻为金、蓝、黄三色相配，上半部分为圆形，从中间往下变成三棱锥状。

2. 成套颜良刀

他之所以能以"活颜良"闻名于世，是他全方位、多侧面塑造颜良的综合效果，他的一组特为颜良设计制造的大刀就为突出颜良的艺术形象发挥了不小的作用。这组大刀共四把，全是"三平式"，尺寸不一，尤其刀头大有区别。最宽的刀头约 20 厘米，刀头通体为银白色，刀钻也是银白色，刀杆为金色。各大刀的刀背儿上有孔，孔内有铁环，铁环系有红缨子。四把大刀有四种不同的设置，分别为三孔三环三缨刀、五孔五环五缨刀、七孔七环七缨刀、九孔九环九缨刀（另一说三环刀应是"官中"的普通大刀，用于开打）。这一组刀依次分场出现，颜良的上场一次比一次气派大，大刀一次比一次虎式，以衬托颜良的越战越勇和凶猛强悍。就是这样一位大将猛士却被关羽刀起头落，又反衬出关羽的锐不可当。

3. 走线铜锤

他在《高平关》剧中饰演高行周，传统演法是高行周使用春秋刀，也是通俗小说《飞龙传》上对高行周的描写。他在开战时仍按传统使用春秋刀，但在后边表示在马上开战时，他改用铜锤，这种铜锤带线系着，这是其他人没有的，用长线锤开打为赵派所独有。

4. 围腰弹簧剑

他在上海共舞台排演 34 本的《火烧红莲寺》，是他演艺事业最辉煌鼎盛的一个时期，这期间他人当盛年，创造精力旺盛。在第 7 本戏中，他为剧中独臂侠设计一种特殊的宝剑——剑身可以折弯并且能围在腰上。独臂侠只有一条胳臂，如果佩带普通的宝剑，使用时无法从剑鞘里拔出宝剑。如何使这位侠客有称手的兵器，使用时能灵便地取出，让他颇费脑筋。他苦思冥想，终于构思出一种新式宝剑，亲自画好图，请一位戏迷铁匠帮忙锻制而成。这把剑刃长二尺余，剑身宽有寸余，材质为电镀的薄钢板，剑的一端是薄型剑柄，装有弹簧扣，另一端的剑尖处有弯钩。剑围在腰上时，弯钩与剑柄搭扣上，似腰带围绕腰间。使用时，一按剑柄的弹簧扣，手握住剑柄，剑钩脱出，剑身自然弹直，即成一件得心应手的兵器。

5. 瘸侠拐

他在《火烧红莲寺》中构思出各式各样的怪侠人物，其中第九本戏中就有一位瘸腿怪侠，他拄着的拐杖比八仙里的瘸拐李的拐的尺寸还小，木制，瘸侠以此为武器，有新颖奇巧而又不乏风趣的开打表演。

6. 月牙双刀

还是在《火烧红莲寺》剧中，他曾饰演一位侠客，使用的兵器是一种特制的月牙形双刀，拴有红缨子，也是他独创的一种道具，随之还要创出一套适合耍舞这种兵器的新套路。

7. 长矛大刀

他在《火烧红莲寺》中创造的另一种异形兵刃是长矛大刀，这种兵器长似大刀，一端是大刀头，而另一端却是长矛，是大刀与长矛的组合。

8. 特制大枪

用于《长坂坡》中的赵云使用，详见前文《长坂坡》。

9. 特制双戟

在上海演义务戏《战宛城》，周信芳特意点赵松樵饰演典韦。典韦应该由花脸行的演员应工，可是同行都知道他演武花必有独到之处，憋着想看他的花脸活。他想，凭自己的身量演典韦哪会像呀，没有威，他要想办法衬托一下。于是他定制了一副加大尺寸的特大号双戟，并且创造出抱戟的特殊姿势，双戟柄的尾部成直角状，握在手中，而不是双戟合拢在一起抱着。他这一出场亮相，全场就"炸窝"了，看那个气势，不可一世的样子令人生畏。

10. 特制大折扇

《古城会》的情节是张飞误以为关羽真心归降了曹操，在古城见到关羽时，张飞拒绝关羽进城，要待关羽杀退追来的曹军，方可允许关羽进城。夜晚，关、张见面，关羽哭诉桃园弟兄失散后的别离之情，表白自己对结义之忠，痛斥张飞无情，二人释疑，言归于好。松樵先生为了更加形象生动地表现这一段情节，他特制了一把大折扇，扇面上绘有桃园结义的情景。具体使用场合和方法，参见前文《古城会》。

松樵先生在扮戏方面也有他自己绝的地方，例如凡是戴"扎巾"的戏，他都不用现成扎好的"扎巾"，而是在演出现场亲自打"扎巾"。他演出时用的"大带"，有十几种不同的扎法。更为少见的是他能自己给自己扎"靠旗"，一般演员让专业师傅给扎还恐怕不牢靠，而他却自己扎还从来不出错。在后台看起来他扎的"靠旗"好像是松松垮垮，晃里晃荡的，可是一旦到了舞台上，"靠旗"就紧绷起来。这里有他的诀窍，恐怕也带走了，没传下来。

编导篇　编导改创　自制新戏

赵松樵在表演艺术取得超凡成就的同时，在编、导、创剧目方面也成就斐然，硕果累累，这是我们所以称他为全才"京剧艺术家"而不称他仅是全才"表演艺术家"的主要理由。他的艺术成就绝不仅仅局限于表演方面，他一生改编、创作和导演的剧目数量难以统计完全。他创作的许多剧目突出显示了赵派艺术的独特个性和魅力，曾在京剧界产生过重大影响，倾倒过不知多少演员和观众，是京剧艺术宝库中一笔十分优秀而颇有分量的遗产。

一、剧作的分类

松樵先生很早就显示出编演新戏的超凡才能，较早有了他自己的戏。早在 15 岁时他就编演了新戏《金鞭记》，后来易名《呼延庆打擂》《呼延庆出世》，各地各戏班都演，影响广泛。此后，他更是新作迭出，层出不穷。

他创作的剧目大致可分为以下几类。

1. 在他之前京剧传统剧目中没有，他自编、自导、自演的首创剧目。这里边既有折子戏，也有单本戏，还有大型连台本戏。这些戏大都根据史书、历史小说、通俗演义类文学读物以及评书话本编成的，例如《汤怀自刎》(又名《汤怀尽忠》)是他根据《岳飞传》里关于"汤怀送钦差"的一段感人故事独自编演的，其他如《木兰关》《益都泪》，连本戏《呼延庆出世》《诸葛亮招亲》《鹦鹉救真主》等，均属于这一类剧目。

2. 京剧传统剧目中原本没有，但在其他剧种里早有，由他从其他剧种移植、改编为京剧的，例如《红须客》是他根据昆曲一场小戏《素珠记》加以敷衍增编，使其成为一出京剧的整本大戏;《云罗山》《螺蛳山》是由他父亲传授的梆子戏，经他整理、改造、加工成京剧；《宦海潮》是他父亲把原梆子戏引进到喜连成社执行导排，由他和其姐明月英与"喜"字科学员于1912年在喜连成社时演于北京三庆园（梅兰芳此剧首演期为1915年）的。其他如《汉阳院》《北汉王》《佛手橘》《苦中义》《血手印》等均是他根据梆子戏编演成京剧的。

3. 他与别人合作共同创编而由他主演的剧目。例如《火烧红莲寺》是根据通俗读物《江湖奇侠传》和他自己收藏的《包公巧断七十二案》剧本，改编嫁接并由他领衔首演的。又如《观音得道》《永庆升平》《飞龙传》《三搜卧龙岗》《张文祥刺马》《卧薪尝胆》等均属这类合作编演的戏。这类剧目中有的是同一题材却存在不同演出版本，像《张文祥刺马》《卧薪尝胆》等存世有多种版本。

4. 他自己对一些京剧传统剧目的剧情重新整编、组合，对人物、场次、台词、唱法、演法诸方面进行较大改动。这部分虽然属于改编，但已与传统老戏有很大区别，旧貌变新颜，形成他独特风格的剧目，例如《汉阳院·长坂坡》是他把梆子戏《汉阳院》改造为京剧，又把传统京戏《长坂坡》改编加工，再将两戏衔接后连缀演出。又如《骂杨广·南阳关》过去京剧一直作为两出戏分开单演，他加以整理新编后连缀成一出大戏，丰富了唱、念、做的艺术表现，极大提高了全剧的观赏性，使剧情更加完整，人物更加丰满。再如《举鼎观画·徐策跑城》过去普遍是两折戏分别单演，而且《举鼎观画》常演于北方，南边少见，《徐策跑城》则多演于南方，北方演员几乎不演。虽然前有周信芳、林树森、高百岁也曾连演过，但他重新整理、改编成整本戏，串起来演出这两个戏，唱腔有【二黄】有【高拨子】，融合北南风格于一炉。他把过去两个折子戏合并在一起演出的，如把《单刀会·逍遥津》连演，恐怕除了他这样演之外再没有别人，他前饰关羽后饰汉献帝，一人双出。其他如全部《关公》《甘露寺》《智取北湖州》《斩颜良》《武乡侯》《路遥知马力》等，这类剧目属老戏新编。

5. 还有其他一些剧目，是他对传统戏进行局部的改动加工，结合个人条件丰富表现手段，在全局上仍保留传统样式和艺术特色，演来给人以耳熟能详但又有别开生面之感。无论是有派别还是无派别的戏，只要他演，无不是经过他自己的修改加工后才上演的，区别仅在于改动加工内容的多少和程度的大小罢了，这类剧目的数量很大。

二、作品个性与影响

他演的戏大多有与众不同之处，富于个人艺术特色，但因数量太大，本书无法全部收入。例如他编、导过的戏还有《杨家将十小战辽王》《蒋伯芳棍扫萧金台》《义犬报恩》《常遇春救驾》《包公案》《包龙图与呼家将》《包公巧断奇案》《金大力怒骂黄天霸》《新天河配》《捉拿康小八》，全本《炮打连锁》，《绿牡丹》《天波杨府》，《通天荡》(《后部水浒》)，《施公下江南》《桂圆汤》《越王与西施》等，均未列入。

虽然他从童年起即学艺而没受过很高的文化教育，但在长期演出实践中，他由戏文台词学到了丰富的文化历史知识和戏文词汇，加上他勤奋好学，平素爱读书和下书场听说书，《三国演义》《水浒传》《杨家将》《岳飞传》《薛家将》《呼家将》《东周列国》等历史小说和通俗文学书常放案头随时翻阅，全靠自学而成才。他具有惊人的起腹稿能力和超常的记忆力，除有的戏请人带笔记录外，他自己也能动笔，创作出大量雅俗共赏的新剧目，编出生动感人、悲情豪怀或亦庄亦谐的故事情节，塑造出无数极富文学性的人物，并能结合自己具备的艺术条件，合理安插唱、念、做、打、舞的"玩意儿"，能顺应广大观众正当欣赏心理需要，设计出抓人魂魄的场景和"关子"，他是一位相当成功的编剧家和导演。由于他编导的戏闪现出惊人的聪明智慧，有较强的可演性和可观赏性，并注意在剧中安排主要演员都有发挥个人技艺的机会，因而他编导的新戏赢得许多同业名家的赞赏，且乐与其合作。例如他早期编、导的《金鞭记》曾与唐韵笙、高三奎、马武成合作演出，该剧改名为《呼延庆出世》后又有高庆奎、刘奎官，王汇川、高福安、金少山、高盛麟、曹艺斌等多批人次与之合作演出；他创编的《红须客》曾分别有张少甫、杨瑞亭、马德成、杜文林、郑玉华等参加演出；他编的《鹦鹉救真主》曾分别有程永龙、王兰芳、杨瑞亭、马德成、唐韵笙、孟丽君等加盟演出；他编导的《张文祥刺马》曾有张少甫、高景轩、张艳芬等合作演出；他主持编排的《诸葛亮招亲》在山东曾有张少甫、赵化南，在上海有宋宝罗等与之联合主演；四本《三搜卧龙岗》在上海有林树森、金少山等参演；他移植的京剧的《云罗山》以及他编演的《鹦鹉救真主》连本戏，曾有唐韵笙搬演；《云罗山》还经翁偶虹改编后，由李少春演出；他编演的《汤怀自刎》在解放区频频演出，李万春等也曾搬演。山东省烟台市有位老先生叫夏长山，专门学演并且能导排赵派的戏，如《红须客》《呼延庆出世》《鹦鹉救真主》《苦中义》等（据说夏长山1990年前仍健在）。由此不难看出，赵松樵编导的新戏是有广泛良好影响的。

赵松樵创编的戏只从数量来说，虽然连本戏占大多数，但是这些戏的编演是为养活戏班，是为戏院老板的商业需要而不得不为的，他的连本戏对后人新剧创作有很大的借鉴作用。老生（或文武老生）和武生的传统正剧才是他创编或改编剧目中的主导产品，才是他的艺术追求，是经得起时间考验的精品之作。这种作品以《木兰关》《益都泪》《汤怀自刎》《骂杨广·南阳关》《红须客》《洛迦山》等为代表。

三、他编演新剧目的共同特点

1. 立意好，主题思想健康。他的剧目作品大多宣扬爱国的民族主义精神，反侵略战争的民生诉求思想，忠君爱民的为官原则，以及反映忠奸的尖锐斗争，表现父严、子孝、母慈、夫妻恩爱、兄弟情义和与人交而诚信等中华民族传统美德与正统思想意识，总之都是教育人正直向善的意题。

2. 剧情的编织以突出人物性格和情感世界为中心。他是注重演人物一派的京剧艺术家，他把刻画人物和生动形象地表现人物情感作为演戏的宗旨。

3. 他为实现这个宗旨，擅于调动戏曲表演的一切传统程式和方法，灵活并适时地运用，充分发挥个人文武兼能的艺术特长，因而他创作的戏具有唱、念、做或加打、舞的综合性很强的表演。

4. 他在应用京剧传统程式和方法的同时，还注意艺术上的新探索，每个戏总有新的追求与创造，始终摸索南北艺术风格的自然融合，创出与众不同的戏和演法。

5. 如果说他编演的正剧是以主角为中心的艺术创作，那么他编演的连本戏就是特别突出群戏的特点，在人物角色和行当的搭配上，在每个角色的戏份分配和演员发挥个人表演的机会上，都能兼顾，绝不追求突出个人，这可能也是他的连本戏好看且长久不衰的一个重要原因。

6. 他善于钩织大喜大悲的感人情节，悲者大悲，不由你不为人物境遇的悲惨而哭泣落泪，喜则大喜，也不由你不为情节的幽默滑稽而开怀大笑。他还能于悲剧中见喜剧成分，于喜剧中夹悲剧情怀，表现出驾驭剧情发展变化和调剂剧场气氛的高超技巧。

二十九、伍建章金殿骂杨　伍云召南阳别妻

《骂杨广》是一出传统戏，《京剧剧目词典》和《京剧汇编》第27集都有收录。该剧还有别名《忠烈图》《忠孝传》《忠臣不怕死》和《第一忠臣》。有人把以张定边为主角的《九江口》剧也别称《第一忠臣》，依《京剧剧目辞典》记《第一忠臣》仅指《骂杨广》剧。以上剧名中，《骂杨广》应该是与本剧内容最贴切的，具体指明事件，其他剧名的意思都过于宽泛。除京剧外，其他剧种如豫剧有《杨广篡位》，河北梆子、秦腔等也有此剧。昆曲有一出与此剧情节相类者，叫《问病进宫》，主要情节表现杨广假借探视杨坚病情而逼宫索玺。川剧有《杨广逼宫》的戏，杨广的脸谱凶险可憎，表演十分精彩感人。京剧《骂杨广》则是表现《问病进宫》和《杨广逼宫》之后的情节。1989年9月底，俞振飞率领上海昆剧院到天津演出，带来一出折子戏《草诏》。有意思的是昆剧《草诏》与京剧《骂杨广》的"金殿骂杨"一场的情节极为相似，但两剧表现的年代和人物不同，《草诏》中的被骂者是明代永乐帝朱棣，骂人者是方孝儒。昆曲《草诏》是昆剧《千忠戮》整本戏中之一折，曾是昆剧名宿郝振基的优秀代表戏之一。而京剧《骂杨广》则是隋朝初年的事，是伍建章骂杨广。

一、剧情和人物

1. 剧情

京剧《骂杨广》的剧情源于《说唐全传》第十四回，历史上确有其

事，事见于《资治通鉴·隋纪·四》中。主要情节是：隋文帝杨坚病危，拟传位立太子杨勇。弟杨广闻父驾崩，索玺篡位，逼死刘后，杀兄杨勇。杨广又见父皇之陈妃貌美，欲霸占乱伦，陈妃不从被杀。杨广登位，群臣怒不敢言。唯太宰伍建章敢于伸张正义，身穿丧服上殿，历数杨广种种罪恶，严斥责骂。杨广命伍草拟诏书，安告天下。伍援笔直书杨广残暴无道，遍揭其罪，终被暴君敲牙割舌而亡。杨广复命宇文化及抄斩伍氏满门，令韩擒虎率兵去南阳关欲将伍建章之子伍云召解往京城加害。伍门家将伍保逃出京城，飞报镇守南阳关的伍云召。

《南阳关》故事见于《说唐全传》第十五至十九回，剧情为：伍建章之子伍云召统领兵马镇守南阳关，忽闻伍保来报杨广篡位，伍氏满门遭害，派遣韩擒虎为帅，宇文成都为后援，发兵来南阳关缉拿云召。云召悲愤万分，被迫高揭反旗。韩直抵关下，因与伍建章有旧交，不忍相逼于云召，故有放走云召之意。宇文成都赶到且穷追不舍，云召寡不敌众，南阳关危在旦夕。云召妻自刎而亡，云召携新生幼子弃城逃遁。宇文成都紧追，云召途遇朱灿，朱急中生智，借庙中周仓铠甲头盔吓走追兵。云召脱险，并将子托朱收养，自投雄阔海处而去。

过去《骂杨广》和《南阳关》在京剧里是分别演出的折子戏，赵松樵将它们改编加工，连起来演出，剧情连续，成为整本大戏。

2. 杨广其人

戏曲里的杨广被描绘成一个十恶不赦的人物。对杨广其人另有一说，认为杨广并非如戏曲和小说里刻画的那样恶劣。隋炀帝杨广确是隋朝的最后皇帝，是亡国之君，可是他在政务和治理国家上并不是无所作为，一无是处。他当政时期偃鼓息武，开凿运河，沟通南北的经济和人文交流；修文藏书，开创公开的科举制度，建立比较公平的选拔人才制度，任用人才上压制了豪门世家的世代承袭，使贫寒之家的平头百姓也有出头之日；他还辟疆扩土，开拓西域，扩大内外交流。他是个有所作为的一代君王。当然，他的雄心勃勃、急功好利，必然导致施政上的失误，触犯既得利益者，加之生活享乐、大讲排场，招致恶名，也是可能的。他的恶名源自李密的《讨隋炀帝檄文》，瓦岗寨起义军推翻隋朝统治的成果被李密窃取，李密成为获益者，建立李氏唐王朝。因此，李密在《檄文》里罗列杨广的十大罪状，为了政治目的，把杨广树为"十恶不赦"的人物。类似《骂杨广》这样的戏曲作品很多，不是历史，只是文艺作品而已。

二、《骂杨广》与《南阳关》的演出

演出《骂杨广》著名的京剧演员有孙菊仙、双处（双阔亭）、谭鑫培、刘鸿声、言菊朋等。孙菊仙此剧蜚声南北，常以《忠臣不怕死》剧名贴演。有资料记载林树森也曾演过《骂杨广》，据说刘汉臣也演过该剧，只是演"金殿"一折而已。传统剧目《南阳关》比《骂杨广》流传广泛，凡京剧老生多演此剧，如谭鑫培、贾洪林、王凤卿、余叔岩、王又宸、马连良、谭富英等众多著名演员均常演之。

从上述剧情介绍可以看出，《骂杨广》和《南阳关》两剧的故事情节是连贯的。然而京剧过去却无人把它们衔接起来演，从清末一直作为两个单折戏分别来演。两折戏同演只有在连台本戏《隋炀帝》中出现过，但仍不是两折戏紧接的演法。另外，旧剧《骂杨广》与《南阳关》在情节编排、人物塑造和艺术欣赏性上都存在不足。《骂杨广》传统演法是以唱为主，艺术表现形式比较单调。赵松樵青年时期见过双处演的这出戏，双处宗孙（菊仙）派，大嗓门，唱腔是老腔老调，什么"凭我文章扶天下……写上几句老实话，笔走龙蛇非自夸"这段孙派伍建章的唱，松樵先生晚年时还能原原本本地学唱出来，听来确是曲调朴拙平直，旋律简单，缺乏音律的委婉曲折之美，而且词句水白，缺乏文学性。显然，如果还按老的演唱是绝对不能适应民国以后观众欣赏要求的。这个戏后来继承的人很少，日渐息影了。

除松樵先生之外，还有言菊朋也曾将两折戏连缀演出，剧名为《忠孝全》，时间却在 20 世纪 30 年代中期，比赵氏晚了十几年[1]。从时间的先后上推测，很可能言的《忠孝全》是参考了赵的《骂杨广·南阳关》。前中国戏曲研究院收藏有《平剧剧目提要》，内中收有《忠孝传》一剧，是否是言菊朋的演出本，未见其本，不敢断言。2016 年我从电视里看

---

① 张伟品. 言菊朋编演剧目管窥［J］. 戏剧电影报·梨园周刊，1999（37）.

到谭元寿先生演过的《南阳关》录像，感觉还是很精彩，有文有武，可是不带《骂杨广》。不知这个戏是谭家哪一代人对这出戏做了很好的加工，增强了艺术性，与"音配像"的《南阳关》迥异。由此我想，赵松樵先生的《骂杨广·南阳关》之后部的《南阳关》是否与谭派的这个戏有关联，就不知细底了。

三、赵派《骂杨广·南阳关》

1. 创作的时代背景

《骂杨广·南阳关》的创作正处在京剧编演新戏高潮的大时代背景之下。1910—1920年，中国京剧进入一个繁荣时期，主要表现在剧目创作掀起了高潮、大批优秀演员的涌现以及京剧演出市场的繁荣。由于外来文化和"五四"运动的影响，给中国思想界吹进新风，促使戏剧创作活跃起来。京剧编演新戏，以上海为发端。受此启发，梅兰芳在1913年排出新戏《孽海波澜》、1915年排出《邓霞姑》《黛玉葬花》《嫦娥奔月》；1916年欧阳予倩编演新戏《晴雯补裘》《鸳鸯剪发》《宝蟾送酒》《黛玉焚稿》《馒头庵》《大闹宁国府》；1917年王瑶卿编、杨小楼演的《闹花灯》；1918年杨小楼和尚小云编演《楚汉争》；1922年高庆奎排出《乐毅伐齐》等。在南方，上海潘月樵、夏氏兄弟、冯子和等编演新戏更早，到1920年左右上海新戏大战已经如火如荼。据李紫贵先生忆，"20世纪20年代上海就有三份《狸猫换太子》：一份是常春恒、刘筱衡、芙蓉草、刘玉琴等演出的"，"再一份是小达子、赵如泉、毛韵珂、贾璧云等演出的"，"另一份则是麒麟童等演出的"。在

郭云涛演《骂杨广》饰伍建章

编演新戏同时，京剧界也大量整理改编传统剧目。如 1908 年杨小楼整理演出《战冀州》；1917 年齐如山为梅兰芳改编《木兰从军》；1921 年齐如山和吴震修改编由杨小楼和梅兰芳演的《霸王别姬》；1923 年杨小楼整理演出《林冲夜奔》；1921 年郝寿臣改编演出《打曹豹》等。

身处京剧这种发展态势中的赵松樵，也顺应形势，很快成为编演新戏的一员干将。他早于 1916 年就编演了新戏《金鞭记》，1919 年编演出《木兰关》《红须客》《益都泪》等，改编演出汪派戏《刀劈三关》，1920 年编演《洛迦山》《螺丝山》《骂杨广·南阳关》，改编《汉阳院·长坂坡》《潞安州》《智取北湖州》等，移植梆子戏《云罗山》《佛手橘》为京剧上演。1922 年又编演《汤怀自刎》等。由以上可见，20 世纪 20 年代前期，赵松樵的戏剧创作活动已经十分活跃，可以说进入了一个创作的旺盛期，硕果累累。《骂杨广·南阳关》在这样的时代背景下应运而生。常言道："时势造英雄。"时代的前进号角催促着艺术家的步伐，艺术家之间的竞争互相刺激着创作的冲动与热情。那些由赵松樵编演的新戏和改编戏，在当时驰誉南北，备受观众喜爱，从此热演了几十年。

2. 赵松樵对该剧的创造

松樵先生在继承孙（菊仙）派的《骂杨广》基础上，对《骂杨广》和《南阳关》这两折戏进行了整理加工，增补修改，使之成为剧情衔接连贯的完整剧目，是非常有意义的。他于 1920 年在京剧界首先把《骂杨广·南阳关》连缀演出，并且极大地提高了两戏的文学性、戏剧性和表演的艺术性，成为一出更加精彩感人的整本大戏，这是他的一个创造，该剧也成了赵派的一个重要代表性剧目，久演不衰。

赵松樵先生的《骂杨广·南阳关》以两折传统老戏为基础，但又增益敷衍，去粗取精，突出人物性格，强化戏剧冲突，增强艺术表现手段。这个戏取得的成就主要有以下几点：

（1）他率先把《骂杨广》和《南阳关》两出情节关联的折子戏串接起来，全剧结构更加紧凑，为京剧剧目宝库增添了一出故事完整的大戏。传统老戏的《骂杨广》一般只演"金殿骂杨"一段，赵本在前头是从"杨广逼宫""杀兄霸嫂"演起，丰富表现杨广的罪恶行径。他安排有三场高潮戏，前边是伍建章在金殿"拟诏、骂杨"一场，后半部是伍云召在南阳关城楼上见韩擒虎，最后"夫妻痛别"一场，比传统原剧在情节上有了跌宕起伏的变化，增强了该剧的情感戏和悲剧气氛，更加扣人心弦，使矛盾冲突形成了高潮。

（2）把伍建章和伍云召父子两人的性格塑造得更加鲜明突出。《骂杨广》突出表现了伍建章对杨广以淫威残暴压迫的不屈不挠、以富贵利诱的不为所动，特别增强了伍建章的反抗精神，使伍建章的伸张正义而刚直不阿的高贵品质，以及视死如归的勇敢性格更加突出。他不但在杨广对伍建章进行肉体残害时，仍然让伍建章不断地揭露杨广之暴虐罪行，而且改编伍建章的罹难方式，把原剧中伍建章因受断臂断趾、敲牙割舌酷刑的痛苦而被动地死亡，改为伍建章主动撞柱而亡，表现出伍建章这位正直、忠诚的老臣在不能以口诛杨之后便以死抗争，宁可殉国也不苟延偷生的坚强刚毅。他把伍建章塑造成一位于专横、暴戾的政治环境下敢言、敢为、敢恨、敢死的英雄，那大无畏的精神感天动地，可歌可泣。如果只停留在表现伍建章刚正，人物性格还显单薄。他利用"金殿骂杨"一场，不仅表现了伍建章刚强、正直的一面，而且以潇洒飘逸的表演风格展现出伍建章机敏、智慧的一面。伍建章与大太监之间鼓唇弄舌的斗嘴演得幽默诙谐，收到"嬉笑怒骂皆成文章"的艺术效果，对杨广及其走卒既有直言怒骂，也有奚落挖苦、冷嘲热讽。不但人物展示多侧面，使人物更丰满多彩，而且使戏更具戏剧性和艺术魅力。他对伍氏父子二人的塑造都比传统原剧有重大突破，使人物品格表现有很大艺术升华。他在演伍云召时，强调主人公悲惨的人生命运，营造伍门遭害的悲剧气氛，同时有层次地表现出云召由憎恨演变到决心反抗，由家破人亡的悲痛转化到对国家危亡的殚精竭虑，由与妻儿的难舍难离发展到化悲痛为力拼的复杂心理变化过程。为了表现正义必胜的信念，他把剧终由朱灿假扮周仓，借助神灵的力量吓退追兵，改为云召奋勇突围，并让云召登"高台"作为全剧尾声，大有兵战虽败而正道仍荣的意境，突出了云召一方所代表的人间正义的高大形象，预示出云召必有胜机，让观众对云召今后报国耻雪家仇充满希望。

（3）他充分发挥自己文武兼备的艺术优长，一人赶饰二角，极大提高了该剧的艺术表现难度和观赏性。他把两折连起来演，将文武集于一身，提高了表演的艺术难度。他前边扮演伍建章，戴"白满"，以老生应工，有唱念做的表演，后边他又赶饰伍云召，戴"黑三"，扎"硬靠"，唱念做打，增加了许多看点，使两折戏在艺术水平上都大为升格。赵派的《南阳关》之伍云召必须以文武老生应工，因为他在进一步增强伍云召人物的唱、念、做艺术表现之外，更加重表现他武的分量。尽管过去演《南阳关》也有开打的作战场面，但那都是比比画画的老生"法儿"表演，形同过场而已，与赵派的演法不能相提并论。

（4）他对剧中主要人物在唱、念、做、武（舞）表演艺术做了精心的加工，有很大的提高。首先是对前半部戏《骂杨广》的创造：

A.《骂杨广》中的伍建章传统演法在"金殿"一场出场时是唱【西皮导板】上场，松樵则唱【二黄导板】上，唱词为"发花辙"（言菊朋是唱"江阳辙"的【西皮导板】）。

B. 上场前有大太监（白）："万岁有旨，老相国伍建章上殿哪！"（静场，鼓"嗒嗒"）不见有人上来，太监又（白）："万岁有旨，老相国伍建章上殿哪！"（又静场，鼓"嗒嗒"）还是不见有人上来，太监再（白）："没听见，哎哟，老相国，您快请出来吧，我的爹！"伍建章（内白）："哦！"太监（白）："嘿，等这句哪！"这个设计太高明了，引主人公出场的形式是多么的新颖而风趣，为伍建章即将出场做了极好的铺垫。风趣幽默是这个戏里的一种调味剂，全剧主题按说是非常严肃沉重的，情节是十分悲壮凄惨的，但就在这一刻添点儿笑料，使戏有张有弛，于严肃主题和悲剧情节中带些喜剧元素，这就是中国戏曲艺术的手法高妙处，也是赵松樵编剧的高妙处。这种手法在下边写草诏与杨广的对白交锋中也有运用。

C. 一般常规是【导板】唱完角色即出场，他则不，他安排伍建章在最后一个字唱出之前的"行弦"中加锣鼓点上，在拖腔的同时边唱边走向台前，给观众一种感觉，似乎看到伍建章是在大道上边控诉边走来，而且由于唱腔设计得好，加上演员唱得情绪饱满，感情激荡，声容并茂，所以伍建章一上来，通过视觉和听觉的感受，就使人在情感上受到极大的冲击和震动。

D.【导板】唱完，他就呆站在台上低头不动，动静之间出现一个极大幅度的反差。当太监看到伍建章一身丧服来上殿时，太监说出一大堆责备话，最后说道"……万岁可要治罪呀！"之后又一次静场，停顿片刻，伍建章默默无语地举手招呼太监近前，等太监凑到跟前，伍猛然抡起手臂给一耳光。太监惊呼："哎哟！怎么打上啦？"这时起锣鼓（哐次依哐哐），紧接唱【回龙】："你道我犯王法、着麻冠……将你的头杀！"这一段唱长短句参差不齐，却是一气呵成地喷薄而出，节奏错落有致，吐字铿锵有力，唱腔优美动听，不是缠绵曲折的那种美，而是节奏明快而又有跳跃感，有力而富有弹性，同时充满愤慨情绪，十分感染人，唱得也干脆俏皮。最后"杀"字拖长腔，耍着唱，极有气势。全句如滔滔洪水奔腾而下，汹涌不可挡，一下子把观众的情绪调动起来了，有大快人心之感，每唱至此必有一个满堂好。这个彩不只因为演员唱得痛快淋漓，也因为音乐形象与人物的形、神和当时的情境高度地完美结合，形成强烈的艺术效果，对观众产生强大的冲击波，从而引起无法抑制的共鸣。

E. 他这一个出场，巧妙地使用了几次"静场"，不仅给戏增添了神秘和紧张的气氛，而且前两个静场衬托出伍建章不屑与杨广及其附庸者同流合污，所以朝贺时姗姗来迟，而最后一个静场则表现了伍的气愤和思索。这几个静场同时也起到了收拢剧场观众注意力、引导观众跟随演员入戏的作用，艺术手法老辣而纯熟，令人钦佩。

F. 为了让伍建章充分抒发出对杨广倒行逆施的憎恶愤慨之情，他给伍建章安了一大段几十句的念白，就是宣读诏书。据他讲，他这里设计大段的念白，是从老谭派名家贵俊卿先生在《七擒孟获》中的演法得到了启发。旧时在上海演《七擒孟获》时，贵先生饰演孔明，一般在最后一场唱【二黄】腔，众人唱【联弹】。贵先生不然，在这里不唱，改为念，背诵三国书里的祭文原文，为其拿手杰作。松樵给伍建章准备的念词是："呜啊乎！皇天不幸，降祸孤王。隋世无福，国运不昌。……奸贼连党，祸起萧墙。逆贼杨广，败坏纲常。弑父夺权……杀兄霸嫂，冲坏家帮。……我本大隋丞相，赤心敢对上苍……臣，大隋丞相伍建章念诏已毕！"念至此戛然而止，紧接无伴奏起唱："我情愿一死，（起胡琴伴奏，唱哭腔）先王爷啊！"这段念得气势磅礴，神饱气足，韵味醇厚，字字如珠落玉盘，脆爽悦耳，把伍建章历数杨广多端罪恶时切齿义愤的情感抒发得痛快淋漓，一泻千里。尤其最后紧接一句唱，让念与唱之间刻不容缓，愈显一气贯之的雄浑气势，手法奇特，形式新颖，实在是精彩得无以言表！

（5）其次是他对后半部《南阳关》的改造加工，对表达人物思想感情、丰满人物性格是很有必要的弥补，是艺术表现力的极大丰富与提高。在将军府，伍云召夫妻二人的唱过去是【西皮】到底，云召出场后先念"对儿"，然后唱四句【西皮散板】。他改为先让夫人上，唱四句【原板】后，云召上，唱【二黄】："战败了韩擒虎威风飘荡，可叹我父母亡甚觉悲伤。叫伍保到城楼用心观望"，伍妻（唱）："问老爷与何人排开战场？"后边的传统演法是伍妻抱婴儿出来，共唱四句【散板】，一句【哭腔】，交出孩子，转身自尽而亡。赵派《南阳关》给夫人加了不少戏的分量，使云召更多了做戏表情的机会。此外又增加了伍云召武打的戏，云召见韩擒虎时老的演法是耍几下枪花，见宇文成都更简单，比画几下就败下。松樵大大丰富了开打程式的表演和舞蹈表演形式。当伍保报信夫人已死时，他为表现云召听后的惊恐，突然走个"抢背"。伍云召是武将，不是文职，他面对父母、妻子及全家的遇害，面对来兵缉拿他解京治罪，他奋力以拼鏖战几场是理所当然的，浴血奋战才合情合理。

（6）在人物扮相上，他匠心独运地对伍建章外形装扮的设计取得惊人心魄的艺术效果。开场伍建章为丞相官扮：相纱、白满、白蟒、古铜色绸子、厚底靴。之后"金殿"一场时，满朝文武齐装盛服前来朝贺，唯伍建章却出人意料地一身白布素孝袍，头顶白布素孝帽，帽顶左右各一红色绒球，麻冠，腰系麻绳，脚穿洒鞋，白布长筒袜，青彩裤，手持哭丧棒，出现在舞台上。伍建章与其他朝官的装束形成强烈对比，色彩的、神态的、气氛的悬殊反差，使观众一惊又一笑。这一身丧服如同给杨广肆虐残忍的暴戾统治敲响丧钟，恰似忠臣伍建章来给杨广送终祭别一般，是对杨广登基事件的莫大讽刺和无言的抗议。这从头到脚的一身素服与杨广的一身红蟒在色彩上形成的鲜明对照，喻意着忠与奸、善与恶、正与邪的对抗尖锐到水火不容，不可调和，存在于双方的即将爆发的冲突是如何地无可避免。赵派伍建章的这个扮相在京剧里堪为独创，这种设计对观众视觉极富冲击力。他采用虚实结合的艺术处理，既有写实的表象，又有暗喻的潜象，造成让人无限遐想的空间，虚幻出剧情千变万化的意境。至于《南阳关》的伍云召，北京演员传统扮相为头场文扮，戴"纱帽"穿"蟒袍"，下来改穿"箭衣""甩发"到底。赵派演头场文扮不变，下来改"扎靠""甩发"，再上场改穿"箭衣"。

　　由以上不难看出赵松樵对《骂杨广·南阳关》改造的成功之处，就在于他塑造的人物艺术形象更加鲜明突出，唱出了、念出了、表演出了人物的"情"，使该戏更加光彩流溢，集中体现了赵派老生艺术的极高成就。1984年和1985年，原天津市京剧团两度上演该剧，颇获好评。魏伟前饰伍建章、后饰伍云召，王德刚饰杨广，温玉荣饰韩擒虎，宗志扬饰伍老夫人，郭秉新饰宇文成都，王长君饰伍云召夫人，董玉杰饰伍保，孙鸣凯饰大太监。以上名家通力合作，松樵先生担任艺术指导，演出反响热烈。1989年4月，松樵先生早年入室弟子郭云涛先生以花甲之年在天津再次露演赵派的这一得意之作，因为参加演出的演员和剧目太多，时间不够用，他只演了前半部《骂杨广》的"金殿"一折，按赵派路子演出，使观众大饱了耳福和眼福。赵派传人郭云涛和魏伟结合京剧的现状，曾先后对戏做过修改，使该剧更符合现代人的欣赏品位。戏是应该随着时代走的，松樵老极表赞同。例如他演时仍依京派传统，在城楼一场饰伍云召穿"箭衣"而不"扎靠"，第一场坐帐穿"蟒"戴"纱帽"，次场"扎靠"戴"甩发"，再上场时穿"箭衣"。魏伟扮演伍云召时则改成"扎靠"到底。《骂杨广》金殿一场的扮相也稍有美化，把原来布制的孝服改为丝绸的，美观华丽一些。在唱腔上，郭云涛和魏伟都做过修改的尝试，比较成功。赵门师徒两代艺术家已把这出戏锤炼成一个与时俱进的精品。2007年应中央电视台戏曲频道《名段欣赏》节目之邀，魏伟先生演录了赵派《南阳关》的选场，可惜没有录制赵派艺术特色更加鲜明的代表作《骂杨广》。希望赵派杰作《骂杨广·南阳关》能被更广泛传承演出，不断展现于舞台，这确是一出堪称精品的好戏。

三十、木兰关屏洪丢城　螺蛳山再续前剧

京剧《木兰关》又名《屏洪尽忠》，是赵松樵先生的独创剧目之一，查《京剧剧目词典》《京剧剧目初探》和《中国戏曲曲艺词典》的剧目部分，均漏收录，但《京剧知识词典》在赵松樵词条中却收有此剧。这出戏经常上演于津、沪、山东和东北各地，且常做每到一地的打炮戏，是他唱得很红的代表作之一。《木兰关》从 1919 年面世一直演到 1960 年，演出有五十余年，期间如上海、天津、哈尔滨、大连、烟台等这样的大中型城市不断有报纸广告刊登，且其他演员也演此剧，京剧剧目的专业词典是不应该漏记的。有记《木兰关》创作并首演大约在 1927 年，不准确。

一、《木兰关》

1. 编演《木兰关》的时代背景

1910 年至 1930 年的这段时期内，京剧界出现了艺海竞舟的局面，除了已经出名的诸多演员仍活跃在大江南北的各地舞台之外，一大批后起之秀陆续涌现，如后来被誉为"四大须生""四大名旦"的成员，都是在这时期开始崭露头角的。这个时期凡挑班的名角都竞相排演新戏，尤以唱旦角的为甚。北方如 1922 年尚小云排演出他第一个新戏《风筝误》，1923 年程砚秋排演《龙马姻缘》，1924 年余琴心排出新戏《陈圆圆》，1926 年徐碧云排新戏《薛琼花》，1927 年荀慧生新排全本《玉堂春》，小翠花新排《貂蝉》等。南方如盖叫天在 1918 年前排出《劈山救母》，1919 年排《乾元山》，1920 年排《七擒孟获》，1921 年排《楚汉相争》，之后又排出《就是你》。麒麟童于 1926 年排新戏《鸿门宴》等。当时在全国掀起了编演新戏的高潮，这一方面是演员竞争的需要，戏班和戏院老板逐利的驱动，还因为苏联十月革命、国内辛亥革命和"五四"运动的影响，使中国思想界的思潮空前活跃，激发了戏曲从业者的创作欲望，戏曲观众有对反映新事件新观念的新戏的渴求。无数实例告诉我们，新的优秀表演人才总是和新的优秀剧目相伴而生和成长壮大的，谁若及时顺应这股潮流排出优秀新戏，谁就不但能适者生，而且

能迅速崛起。松樵艺术就是在这一时期脱颖而出的梨园奇葩。他清楚地意识到优秀新剧对演员的重要，敏锐地抚到观众对新戏需要的时代脉搏，先知先觉地以编演新戏带动自己的演艺事业蒸蒸日上，迈向辉煌。

2.《木兰关》出世逸事

首先要说明的是，赵松樵老先生回忆《木兰关》《螺蛳山》的首演年代和地点，有过两种说法，一是1919年海参崴，另一说是约1920年在哈尔滨。本书对这两种说法并存待考。

新戏《木兰关》的面世还有一段饶有趣味的故事可谈。1916年以前，刚满15岁的松樵已然是很有名气的挑梁演员了，编演过很多新戏，包括从梆子戏移植为京剧演出的戏，被业内人士刮目相看，认为是有点儿"仙气儿"的俊才。1919年他在山东省烟台市丹桂戏院与张少甫合作，已经演了3个月，那个时代的烟台是京剧兴旺发达的大码头。他在这里编出来一出新戏，就是《木兰关》，但未及上演。大约在1920年，哈尔滨大舞台经理杨焕章写信给何玉秋，让他出面约请常在天津的松樵急去哈尔滨演出。杨焕章也是戏班出身，是搞场面打大锣的。大约在10月份，何玉秋在天津接到杨的来信，立马出发专程赴烟台接松樵。松樵带人到了哈尔滨大舞台一看，心一下子就凉了半截。大舞台是哈尔滨当时最大的戏院，能容3000人，蜚声南北的杨瑞亭、马德成、七岁红等名角都先期已在这里登台。可不知怎么就是不卖钱，每天最多只上三成座。当初戏院给演员定的包银很高，杨瑞亭每月3300，马德成每月1200，但是业务不好，杨瑞亭的包银只得降为1300，就这样戏院还是干赔，实在撑不住劲了。杨焕章想到了能排新戏的松樵，他多年前是哈尔滨的红角，决计接他，包银同于马德成，期盼松樵能马到成功，挽狂澜于既倒。松樵心里暗想："这些位都是好角儿，都不卖钱，我有何能？"他不想去蹚浑水，有心打退堂鼓，扬鞭回马，可人马粮草已到。演吧，这明摆着是拉自己下水。真是骑虎难下，进退维谷，心想这回来此，又顶上雷了。

老板在瀛春楼设宴请他吃"下马饭"，在酒席上苦诉衷肠："请赵老板无论如何要帮这个忙。"松樵颇费自忖："这碗饭是不好端呀！唱什么戏好呢？如果贴武戏《长坂坡》之类，这里有杨瑞亭扛梁，杨瑞亭在天津被人称'杨小楼';要是贴文戏如《白逼宫》之类,恐怕唱不过以此戏闻名的马德成。怎么也不能和他们撞车。可老戏又不易躲开,只能是用新戏打炮了。"于是他想到刚刚在烟台编出的新戏《木兰关》,只有这戏准保那几位没有。最后他确定头天"打炮戏"是《木兰关》,第二天贴演《洛迦山》,也是他编出不久的新戏,前后一人分饰两角,第三天贴演《云罗山》,一赶三角。三天的戏都是他独家戏,别人没有。他就用赵氏这三出别人没有的戏"打炮",加上一赶二、一赶三的天天层层加码的演法,或许奏效。

海报贴出,一下子惊动了哈尔滨。他登台的头一天晚上7点钟响锣,开场是七岁红、孙玉楼主演《嘉兴府》,接着是马德成唱《受禅台》,第三出是杨瑞亭反串演老旦戏《徐母骂曹》,压轴由小雪艳琴演梅派新戏《天女散花》。到十点半,他以《木兰关》大轴戏登场,直演到十二点半剧终,竟无人"抽签"(演出中个别人离座退席)、"起堂"(未到演出终场大量观众离座早退),观众彩声不断。这是一个重要信息:新编的《木兰关》首演成功,立住了,观众认可了,头天的"打炮"红了! 这头一"关"过了,紧接他要攀登《洛迦山》和《云罗山》。结果是演到第三天《云罗山》时,三千人的剧场就客满了。他闯过这一"关"两"山",确立了他在哈尔滨大舞台的主导地位,他与众多名角通力合作,眼看观众与日俱增,此后场内座无虚席,三千人的大剧场由只能卖出几百人的座变

赵松樵演《木兰关》
(1950年10月10日《天津日报》)

成能卖到满堂，战果辉煌，来之不易！

3.《木兰关》剧情

《木兰关》的故事取材于《呼家将》，小说中有一段"屏洪城外自刎尽忠"，赵松樵自编而成。剧情是说北宋时，广源壮族首领侬智高率兵侵扰内地，狼烟四起，虎视宋朝天下。边界木兰关总镇岳提不敌蛮兵，飞报朝廷。寇准荐举大将屏洪挂帅，领兵援救木兰关。屏洪马到成功，将侬智高杀得大败。蛮军军师献毒计，自扮算命先生混入木兰关，造谣惑众，乘隙烧了宋营粮草。屏洪率兵出城作战，命岳提守城。蛮军打"屏"字旗号，诈称屏洪元帅得胜回城，岳提轻信，开城门迎进，致城失陷。屏洪始觉中计，遭败返城，见妻儿被绑城楼，蛮将逼屏洪降，屏洪誓死不降，夫妻互勉，悲痛号啕，屏洪劝妻保住儿子性命，抚养成人。蛮军潮涌而来，屏洪力竭，寡不敌众，英勇就义。

《木兰关》这出戏弘扬爱国主义精神，宣传反对侵略战争的思想，歌颂反抗侵略、宁死不屈、忠于国家的英雄崇高品德，是一出思想性与艺术性完美结合的好戏。全剧演出需要两小时，主要人物有屏洪、侬智高、屏洪夫人。首演时，赵松樵饰屏洪，刘英玉（音）饰侬智高，于紫仙饰屏洪夫人。松樵先生带去四位傍角的，有刘凤武、韩连奎、陈庆吉（音）、王某奎。该剧大致分十一场。第一场是番营升帐点将、发兵攻打木兰关；第二场是木兰关总镇岳提升帐、发兵迎战；第三场是双方交战、开打，岳提败退进城；第四场是岳提官邸，派人飞报朝廷；第五场是金殿寇准荐将，屏洪领旨受命；第六场是屏洪等赶路，飞奔木兰关；第七场是岳提再败走，屏洪等急赴；第八场是岳提退守城关，蛮将侬智高兵临城下，屏洪赶至，激战败敌，屏洪大胜，岳提开城迎屏；第九场是蛮营军师和侬智高定计；第十场是蛮军师混入城，烧宋营粮草，屏出战，蛮军诈城；第十一场是屏洪中计败回，城已陷落，妻儿被缚城楼，夫妻互勉痛别，屏洪战死。

4.《木兰关》表演特色

《木兰关》属于"靠把戏"，是单边子戏，只有屏洪一人为主角，其他角色均是二三路配角。但是，松樵先生在讲这个戏时强调两点：一是主要演员的一切技巧表演的安排都要符合剧情和人物；二是他不让配角演员白来这个活，要给人家安东西，让演员都有露各自本事的机会，齐心协力才能把整个戏托起来，这就是"一棵菜"的原则精神。

剧中人屏洪以文武老生应工，唱念做打，表演连文带武，有"甩发""僵身"和"叉"等表演，特别是设计有那个时代时兴的边唱边打、载歌载舞的表演方式，煞费功力。

（1）扮相：赵松樵在《木兰关》剧中饰演的屏洪，第一次出场上金殿，头戴"帅盔"，"五绺黑髯"，身穿红"蟒"，厚底靴。之后，从第六场起改穿"改良靠"和"虎头靴"。

（2）表演：该剧汇集唱、念、做、打于一戏，以第六场、第八场、第十一场为重点场次，尤以最末一场把戏推至最高潮，集中表现了侵略战争给屏洪这样参战的家庭带来的悲剧，颂扬了屏洪夫妻既互相恩爱又以大义为重、互勉互励的高尚情操，把屏洪宁死不屈、决战到底的伟大精神表现得神到形随。

（3）唱腔：他为屏洪安排设计了【二黄原板】【散板】【西皮导板】以及【流水】【碰板】等多种唱腔板式。在第六场"赶路"中唱出了屏洪对敌方发动侵略的痛恨，和他疾驰飞奔急切救援的责任感与大无畏精神，唱、做配合皆为"情"设。最末一场他更是把人物的"情"演得淋漓尽致，催人泪下。为达此目的，他设计人物有单人独唱，有与妻子的对唱，有唱有白。

A.【流水板】：安排在屏洪回府时唱，唱词："金殿之上领圣命，命我镇守木兰城。侬智高心术不正，发来了全国的兵马，要夺宋氏乾坤。来在府外下金镫，见了夫人说详情。"虽然唱词不多，只有几句，可是唱出来的味道不同，很有特色。

B.【西皮导板】：安排在"过场"唱，设计成连翻带唱的二人配合表演，屏洪唱，耍"枪花"，马童翻"跟斗"，是这出戏的看点之一，非常精彩。后边的唱词是："奉命镇守木兰关，一片忠心辅江山。实可恨侬智高起意造反，只害得众百姓日夜不安。催动三军速前趱，要把番奴扫平川。"唱完亮相，在锣鼓【四击头】中下场。

C.【二黄】唱段：是一段连打带唱的表演，为该剧中重点观赏点。屏洪唱词是："催马来观定，又见贼番兵。一个一个耀武扬威、抖擞精神。我这里提银枪，催行缰，杀得他众儿郎一个个抱头鼠窜，踏起灰尘。叫马童，你那里把家眷保定，你要多多谨慎。"番将上，（"扎脖"）白："看枪！"（【走马锣鼓】，屏洪返回来扎番将，"对枪"，【垛头】"扎扎仓"）番将唱："敌将快快留姓名！"屏洪唱："你问我名，叫屏洪。"番将白："看枪！"屏洪唱："奉命镇守木兰关，儿即知，快快收大兵，方显得知实务之人。"（开打）

D.【摇板】唱段：（【扭丝】）屏洪上，唱："适才与贼打对阵，寡不敌众败回城。我这里勒转马回城奔，渺茫似是马童命归阴。可怜你对本帅义气耿耿，忽然一事犯思忖。"（验尸，回城，叫城，夫人被绑城楼）夫人白："老爷！"（【扭丝】）屏洪接唱："听妻子绑城楼我心神不定，大英雄虽有泪眼边来存。骂番奴做此事不思不论，看起来此番贼人面兽心。"（以下略）

E.【二黄碰板】：屏洪唱："我本当使全力，怎奈我身披铠甲，手提银枪不能下得马鞍桥。我还要提防贼兵，（惨唱）贤德妻，我那苦命的儿。"（接唱原板，开打，自刎，剧终）

（4）技巧表演

A.有开打，并且是连打带唱的表演。

B.有带唱的"甩发"表演，一边唱一边做"甩发"动作，利用京剧丰富多样的表演形式，灵活多变地加以组合应用。当屏洪战败，见到马童阵亡且尸暴疆场时，随着"哎呀！"一声惊呼，来个"挺发"，然后把"甩发"甩至身前，边走"圆场"边"甩发"，而且走"圆场"时是身体不断转着走，走整个一个"圆场"，同时做唱、旋转身走"圆场""甩发"。

C."吊毛"接"叉"和"僵身"。"圆场"过后走个"吊毛"接"叉"落地，这可是个绝活。

D.最后屏洪以"硬僵身"倒地。

另据他弟子陈金柏先生讲，赵师在上海演《木兰关》时还露过一手绝的：在"甩发"时左手持枪边耍枪边甩发，枪与甩发旋转方向相同，但身体却反方向转，然后亮相，这是他的又一绝，详见本书第27章第20条。

《木兰关》的创作充分显示了赵派生行表演艺术亦文亦武浑然一体

的特点，既注重塑造人物性格，演唱出人物的情感，又注重运用适合规定情境的一切唱、念、做、打、舞的技术手段来充分表现，展示了他驾驭京剧程式的编、导、演的能力，以及他深厚的基本功底与技术的全面，给京剧的编和演都留下了一页光辉的篇章。凡是早期接触到赵派艺术的艺术家都演，例如其子赵云鹤、弟子李铁英、陈云超、小盛春、郭云涛等，就是并非正式弟子的山东烟台夏长山、天津革新京剧团的刘承童等，也经常上演此剧。小盛春与刘承童将此剧演到 20 世纪 60 年代，如 1962 年 3 月 30 日日场小盛春在天津天华景戏院上演《木兰关》，刘承童于 1960 年 2 月 2 日晚场在天津广开剧场、1961 年 1 月 11 日晚场在天津兴北戏院、1962 年 4 月 8 日晚场在天津城厢礼堂，均曾上演《木兰关》。这出戏如果失传，是很可惜的。

二、《螺蛳山》

《木兰关》编演后大获成功，他又续编第二本，写屏洪两子平原兆、平原化在十数年后成人，二人武艺高强，均使大锤。母亲见两子成器，备述实情，嘱儿要为国为父报仇，自碰而亡。后在呼延庆等人援助配合下，平原兄弟夺回木兰关，在螺蛳山锤砸侬智高、侬智广，国仇家恨得报。《螺蛳山》是《木兰关》的续集，《螺蛳山》与头本既可连演，也可单演。

《螺蛳山》与《木兰关》可称是姊妹篇，也是一出有文有武的戏。侬智高、侬智广兄弟为剧中主要人物，赵松樵扮演侬智广，表演的分量重些。约在 1919 年演过《木兰关》之后首演于海参崴，一炮而红，从此随他演遍各地，如上海、哈尔滨等东北各地及山东地区。这个戏回到北方以后就收起来了，不再演出，但是前部《木兰关》却一直演到 20 世纪 60 年代。《螺蛳山》剧对演员的条件要求较高，一要有两名使锤好的武生演员扮演平原兄弟，二要两剧连演时，需要扮演屏洪妻的演员既能有小嗓在第一本唱青衣，又能有大嗓在第二本唱老旦，这就难凑齐了。为此，头本《木兰关》与二本《螺蛳山》只好经常单独分演。

1923 年，松樵先生应邀到上海丹桂第一台演出，与高庆奎等人同台合作，他曾演过《螺蛳山》，1924 年 2 月 9 日夜场他与京剧名家曹宝义（曹艺斌之父）在上海共舞台曾义演过《木兰关》。20 世纪 50 年代他回到天津后，京剧名家小盛春、刘承童等经常演出该剧。

三十一、自创编汤怀自刎　抗战中鼓我士气

《汤怀自刎》（又名《汤怀自尽》《汤怀尽忠》）作为京剧剧目，在《京剧剧目词典》《京剧剧目初探》及《京剧知识词典》里均专立条目予以介绍，《京剧汇编》第二十八集收录该剧，宝文堂亦有刊本。尽管该剧影响之大若此，其创编者和首演者究竟何人，却至今未予刊明，甚觉遗憾。其实，京剧《汤怀自刎》的原创者就是才华横溢、剧作等身的赵松樵先生。

一、创编之始

他这出《汤怀自刎》创编于军阀"直奉战争"时期。直奉战争有两次，分别在 1922 年和 1924 年，这个戏的创编是在前一次的直奉战争时期还是后一次的直奉战争时期，松樵先生未讲明白。经过考证他的演出经历和查证史料，可以确定应该是在 1922 年创作，因为 1923 年他在上海丹桂第一台时就已经多次上演了《汤怀自刎》，1924 年 2 月 17 日夜场他在上海与曹宝义演出该剧，这些史实有当时的上海《申报》为证。

直、奉两系军阀为争割地盘，扩大各自势力范围，两次展开激烈混战，战火殃及齐鲁大地，这就是中国历史上的直奉战。其时松樵正带领一班人演出于山东省济南府，战事殃及池鱼，民不聊生，市面萧条，各大戏园门可罗雀。他想远走高飞，避开战乱，可又交通阻断，铁路不通，犹如蛟龙困浅滩。这一班人每天要吃饭、住店，戏又不能唱，战争不是三五天就能停止，戏班坐吃山空，他肩上担子的压力之大可想而知。这时他又得了场病，养病期间无所事事，可他又是个闲不住的人，便找来书聊以排闲。一天，他忽然想起老先生苏廷奎曾嘱托过他："有时间你看一看《岳飞传》，里头有一段汤怀送钦差的故事很感人，你又会编戏，把它编出来演，准保对你的工。"现在闲来无事，不趁此机会

把它编出来以备今后不时之需，更待何时？于是他找来《说岳全传》，编出了《汤怀自刎》这个戏。后来其他演员也都学演这出戏，贴演时有的写作《汤怀尽忠》《送钦差》等剧名。剧名不同，却都本于此，在赵松樵编演这出戏以前，京剧是没有这个戏的。

二、广泛普及

戏虽然写出来了，可是在当时当地没有条件演出。战事稍息，他转赴烟台演出，在烟台丹桂茶园首次上演了这出戏，一唱即红，从此该剧常作为他的"打炮戏"，也便成为他较具代表性的剧目之一，伴随他演遍南北各地，引起强烈反响。

除他本人经常上演该剧外，学演者众多，其子赵云鹤，弟子李铁英、陈云超、小盛春、郭云涛等都曾经常上演。就连唐韵笙、张德禄、李万春、小高雪樵、丁震春等名角也演《汤怀自刎》。微信公众号"方舟有戏"在 2017 年 8 月 1 日发表慕英闲客的文章，记李万春少年学艺的情况时说："他先后向杨瑞亭学《战马超》《战冀州》；从张德禄学《潞安州》《汤怀自刎》《驱车战将》；从何月山学《三江越虎城》《长坂坡》《金钱豹》。"另据丁晨元回忆其父丁震春的文章《怀念我的父亲丁震春》记述："1950 年胶东文协胜利剧团到济南后，改编为'山东省立实验剧团'（山东省京剧团前身），在此期间，他（指丁震春）学习和演出了《辕门斩子》《南阳关》《汤怀自刎》《怀都关》等剧。"[1] 其中的《汤怀自刎》和改良的《南阳关》都是松樵先生的原创，在山东各地久负盛名，影响巨大。另据《天津日报》1951 年 9 月 19 日刊登的当天晚场演出广告，中国戏曲研究院京剧实验工作团第一团在天津中国大戏院演出《汤怀自刎》《空城计》《玉堂春》，未登演员名单，不知演《汤怀自刎》的演员是哪位。上海著名京剧演员高雪樵在 20 世纪 50 年代还在不断上演《汤怀自刎》[2]。松樵先生的弟子小盛春先生在 1962 年 3 月 9 日日场也以大轴戏演出《汤怀自刎》，地点在天华景戏院[3]。众多名家搬

---

① 中国京剧，2012（8）:47.
② 中国京剧，2011（5）:47.
③ 详见当日《天津日报》。

演赵松樵的《汤怀自刎》,这出戏的艺术质量与价值就不言而喻了。

又据《天津日报》报道,1963年12月3日晚场,松樵先生在天津新中央戏院上演《汤怀自刎》,这是他最后一次公演此剧。直至现在这出戏仍在社会上流行。松樵先生的弟子魏伟老师曾应邀在温州地区长期演出,他说《汤怀自刎》在那些地区仍然经常在演,只不过现在他们演时把戏名改为《送钦差》或《保状元》,演法也不是赵派规范,是大为地方化了的演法。如此看来,如果计算到2017年,《汤怀自刎》这出戏传承也有95年了。

三、社会效益

特别值得提出的是《汤怀自刎》以高度思想性和艺术性,在抗日战争时期的各抗战根据地产生巨大影响,经常由各地抗战剧团上演,发挥出振奋中国人民抗战精神的积极作用。《中国京剧史·中卷》第27章"抗日根据地的京剧"里有相关记载。本章第3节"山东根据地的京剧"中记:"抗战剧团成立于1938年12月,团长高洁,政委郝艺军。这个剧团除演话剧外,也演京剧传统戏,如《杀四门》《汤怀尽忠》《打渔杀家》等。"1943年7月"以所属平剧队(龙口天宫舞台的京剧班)为基础,吸收周凤兰戏班等部分演员,成立平剧团","剧团经常在部队和根据地农村演出……《风波亭》《汤怀尽忠》《王佐断臂》等传统剧目"。又如在本章第4节"苏皖根据地的京剧"中记:"淮海实验(京)剧团属新四军第四师第十旅,它主要活跃在以淮阴为中心的苏皖边区抗日根据地","1944年春,淮海实验剧团开始演出","此后不仅演过《打渔杀家》……《汤怀自刎》等传统剧目,还演出过一些新编京剧"。《汤怀自刎》一剧在山东和苏皖抗日根据地这样环境艰苦、文化生活相对贫乏的农村地区都能广泛而经常地上演,足可见这个戏自创编出来之后对全国的影响有多么地广泛而深远。《中国京剧史》一书在以上引文中多处将《汤怀自刎》列为"传统剧目",说明这个戏在京剧界演出的长期性和普遍性,在20世纪20年代至40年代就已经成为京剧界常演的保留剧目。

四、爱国情怀

京剧《汤怀自刎》通过京剧的唱、念、做、打、舞多种艺术手段综合应用，尽情抒发了剧中人物汤怀的爱国情怀，故事出自《说岳全传》第五十四回。太师秦桧是个暗通外邦、偷窥宋朝江山的卖国贼，是索贿受贿残害忠良的大奸臣。他以射猎观景为由将徽、钦二帝诓至金国，逼二帝出让大宋江山。新科状元张久成中第后未拜奸贼秦桧，致秦桧怀恨在心。秦专权朝政，派张到朱仙镇岳飞帐下听差。张即到任，秦复借其女儿的娘娘名义传金牌，急派张作为钦差出使金邦探望二帝。岳飞命牛皋帐外传令，征召护使将军，汤怀自告奋勇。岳飞等长亭送别张、汤，恐有去无回，倍加伤感。汤护张返回时，金邦之帅兀术拦阻劝降，以封官晋爵相许，汤不为所动，宁死不降。兀术无计可施，命众兵将活擒汤怀。汤怀斩兵夺将，终因寡不敌众而力竭，误落陷马坑。兀术仍劝汤降，汤临危无惧，再刺一金将后，自刎而亡。

这个戏主题鲜明，思想内容健康，以写忠奸斗争和反抗侵略为题材，人物性格突出，爱憎分明，感情充沛，表现出汤怀的爱国之心和忠勇品质。该剧充满戏剧矛盾，人物之间有强烈的碰撞冲突，能抓住观众的情绪，并使之随剧情和人物命运的变化而跌宕起伏。全剧共有7场：第一场是新科状

赵松樵演《汤怀自刎》
（1950年11月9日《天津日报》）

元张久成受命赴任；第二场是大帐岳飞等接张久成到任，随后朝廷金牌到，复命张出使金邦；第三场是汤怀巡营，天明大营讨令；第四场是金邦营门，兀术得报宋朝派人来探望大宋天子；第五场岳飞等为汤、张饯行惜别；第六场是汤怀护使到金营，兀术见汤，爱其忠勇；第七场是兀术劝汤归降，汤宁死不降，决一死战，最终自刎而亡。剧中主要人物有汤怀、张久成、岳飞、韩世忠、王渊、牛皋、兀术等。

五、艺术特色

1. 扮相：赵松樵演《汤怀自刎》，以文武老生饰汤怀，前边汤怀穿紫"箭衣"，头戴"扎巾"，戴"黑三髯口"，手中使枪。后边汤怀披紫"靠"，头戴"虎头额子"。

2. 总特色：汤怀的表演特色是允文允武，连唱带打，演出时间只需三刻钟，是一出情节紧凑、艺术表演精良凝练的折子戏。

3. 精彩点：全剧以第三场汤怀"闯营讨令"、第五场"长亭饯行"和第六场"护使闯金营"、第七场"决战拒降"为重点场子。技术上较难的是在最末一场汤怀披"大靠"带"甩发"，甩发运用自如，是本剧技巧表演的主要卖点之一。松樵先生给汤怀安排有三番开打，有枪对大刀、枪对双刀的把子，有持枪、剑的一系列舞蹈，有翻身、摔"叉"等。

4. 唱腔：全剧唱腔以【西皮】为主，板式变化灵活，有【摇板】【快板】【垛板】【二六转快板】，到第五场"饯别"时，根据剧情需要改唱【二黄】腔。

初期的版本，汤怀上场唱昆腔，连耍马鞭，后来考虑有昆剧《麒麟阁》，出场的演法近似，于是改为【长锤】唱【流水板】。汤怀报名之后，唱【流水】："昨日阵前战鼓催，帐下的儿郎抖雄威。但愿得岳大哥扫平贼队，旗开得胜班师回。"【滚头子】【急急风】下。

汤怀的重点唱、念、做在第三场"讨令"，充分表现了汤怀忠心耿耿、临危不惧、勇挑重担的优秀品德，表达出汤怀报效国家、誓死也要不辱使命的坚强决心。第五场汤怀与岳飞两个角色密切配合，通过唱、念、做、表把二人情同手足的感情戏表现得真切动人，悲声惨然，泪洒氍毹。松樵先生在这场戏里为汤怀设计了几十句的【二黄】唱腔和汤与岳飞、张久成与韩世忠、王渊的对唱，唱得情意绵绵，配合充满真情实感的表情与身段，达到震颤心脾的艺术效果。如岳飞向汤怀敬酒饯别，汤怀接酒，点洒天地后，盅交龙套，整冠、请安，岳飞知道汤怀此去凶多吉少，满面愁容，上前搀扶。汤怀唱【原板】"谢过了元帅酒一樽"，以高音拖长腔，表达出汤怀激动的心情。以下几句接唱："背转身来泪淋淋。手足之情恩义重……倘若是小弟丧了命，望大哥闻此信买纸钱，你在十字街前把纸焚，也不枉你我弟兄结拜之情，弟死阴曹感你的大恩。岳大哥啊！"唱得悲伤感人，委婉动听，高低音结合，腔慢而情不断，语顿而音不歇，哭咽哀伤。最后，汤怀则以果断的语气唱出："强忍泪别兄长速登程。"干脆得几乎是一字一顿地唱出最后三个字，表现出汤怀果敢出征的英雄气概和坚强决心，在"嘣噔仓"的锣鼓点伴奏下，他要完"枪花"亮相，表现了汤怀的英雄把酒壮行、义无反顾的豪迈气度。

5.最后一场是武打表演集中的场子，但首先是演员要表现出剧中人物汤怀的奋不顾身、决战到底誓不投降的忠勇精神，是全剧的最高潮。任凭兀术以死相威胁，还是以利禄相引诱，都不能动摇汤怀这位民族英雄的钢铁意志，朗朗疾呼："俺乃堂堂宋朝大将，岂能归顺你这反贼！"最后落入陷马坑，面对弓箭在手的兀术，仍然仰天大笑道："我宁死不降！"临终竟然再举剑又刺死一将，才自刎尽忠。汤怀的大无畏英雄气魄可谓气壮山河，涌动起人们的心血沸腾，大力宣扬了中华民族"坚持抗战，宁死不降"的传统精神，极富悲壮的阳刚之美。由此不难理解该剧为什么在我国人民抗日战争时期会广受军民欢迎的原因。

《卿本戏痴小王桂卿》一书说："赵松樵节选《说岳全传》里的章节，编演了一出《汤怀自刎》的新剧目。在戏中，他扮演汤怀，身披大靠、挂黑三、表演甩发等精湛技艺，观众为之倾倒，彩声似潮如雷经久不息。"无论从艺术性还是社会效益来看，《汤怀自刎》都是一出充分释放正能量的优秀剧目，是一出戏幅不大而声情并茂、集唱念做打（舞）于一体的经典之作，是应予挖掘、继承和传承下去的又一艺术精品。

三十二、益都泪父子哭城　海参崴谱写悲剧

京剧《益都泪》是赵松樵创编的又一出京剧新剧目，它与《汤怀自刎》一样是一个单本短剧。1919 年孟秋，他与唐韵笙等在海参崴市演出，历时一年有余。海参崴本来原是中国的疆土，后被沙俄侵占，当年那里中国居民为多，即使俄罗斯、朝鲜等民族的人，也有很多懂中国话，喜欢看京剧的。海参崴是座商业很发达的海港城市，那时常有中国内地戏班到此地演出。《益都泪》（又名《父子哭城》）就是赵松樵在海参崴永仙茶园演出时编演的，当时他才 18 周岁半。该剧情节动人，演员以演人物感情戏为主，又兼唱、念、做、打的全面表演，所以一经上演，极受观众欢迎，此后数十年里都是他常演的本派保留剧目之一，巡演于天津、上海、烟台、大连等地，均获好评，不断有其他演员学演。海参崴首次演出时，松樵饰演主要角色察奎克，马武成饰演老元帅察汉。后来在上海演出时，曾由王汇川饰演察汉，程少余饰演田丰。1921 年 10 月 16 日上海《申报》记载，当晚上海丹桂第一台由赵松樵、高百岁演出《益都泪》，1924 年 2 月 15 日他再与曹宝义合作演此剧。可惜这个戏罕见记载。

一、剧情梗概

《益都泪》表现的是元代的故事，剧情是源于哪部正史、野史、笔记还是通俗演义小说，待考。只听他讲，事件发生在元顺帝时期，故事是当时一位傍他演出的花脸演员田奎庆说给他的，田知道他善于编导剧目，便给他讲了这么一段故事，他果然不几天编出来并投入排演，这位田姓演员还在剧中充当一名卖字画的配角。剧情描写的是元顺帝时益都城由老元帅察汉（字木耳）和察奎克父子镇守。敌对方的都督田丰不听本王将令，自作主张要夺取益都城，派人下战书。下书人被催押粮草归来的察奎克斩杀，察汉怒，欲斩儿，众将劝阻，察奎克被处罚四十军棍。田丰听从军师毒计，设陷马坑擒住察汉，劝察汉降，察汉不从，被绑上城楼，以察汉为人质要挟察奎克投降。察汉城上骂敌，教训儿子决不能降，勿顾父危，勇收失城。察汉被杀，察奎克悲恸万分，攻城力

战，终擒田丰，刺死敌军师，收回益都城。

二、剧本构架

该剧大约有九场戏。第一场为田丰一方人上场，田丰上高台，念诗，说白，交代要起兵夺益都城的背景。请军师进前议事，一边差人去下战书，一边发兵。第二场是察奎克上，有押粮车、马童等，为准备战争，从各处催办粮草归来。第三场是"大发点"，大刀手、旗牌、四将、察汉上。敌方下书人下书，察汉放其出帐，遇察奎克，下书人被斩。察汉欲将违命之子察奎克斩首，众将求情，责罚察奎克四十大板，推出帐外。第四场是察汉起兵，迎战田丰，会阵，开打。察汉误落陷马坑被擒，四将败下，田丰回营下。第五场是田丰劝降，察汉不从，军师再劝，察汉仍不从。田丰怒，欲将察汉绑赴法场处死。第六场为察奎克上，四将报信，察奎克悲伤愤怒，以为父死。第七场先由察汉（唱导板）上，在赴法场途中。上军师，再劝无功，田丰上，将行斩，军师献计将察汉绑上城，让察氏父子相见，胁迫察奎克投降。第八场是"灵堂"，察奎克误认父亲已死，设灵堂与众将祭奠老帅察汉，之后发兵益都城下。第九场是城楼，察汉与察奎克父子相见，察汉宁死不降，被杀。察奎克含悲忍痛大战，擒田丰、刺军师、收益都城，剧终。

三、艺术特色

1. 扮相

察奎克由文武老生应工，察奎克的表演有文有武，文戏和唱的部分分量很重，他饰演时头戴"虎头盔"，小"额子"，有"翎子""孤尾"，披绿"靠"，脚穿厚底靴。察汉戴"白满""帅盔"、穿黄"靠""斜蟒"。田丰由武花脸演员应工，穿蓝"靠"，戴"翎尾""黑扎"。田丰之军师由丑行扮演，头戴"巾子"，穿"八卦衣"。

2. 悲情

他编演的这个戏之所以成功，原因主要有两个方面。一方面他把这个戏规定在继承和发扬老谭派有文有武、唱、念、做、打兼工的模式上，另一方面他对全剧的表演都归结到人物的"情"字上，唱为抒

"情"，念为表"情"，做为达"情"，即使开打也为"父子情"和家国之情而战。为了充分表现出人物的情感戏，他把第八场、第九场作为重点场次，这是把人物情感冲突和全剧推上高潮的两场戏。

3. 表演

第二场和第三场为表现察奎克的人物特征做了很好的铺垫。第二场是察奎克催办粮草完成后回城交令，是察奎克第一次出场亮相，他把察奎克的这一出场表现得很有气势。首先装扮上就有大将之威，所带人员有兵丁、押粮车、马童，而且安排马童翻上，引领察奎克出场。同时，还配以唱、念和"马趟子"的舞蹈表演。下场时，还安有马童翻下和本人"转灯"等火爆的身段动作。在这所有气势雄伟宏大的场面安排与各种表演中，他的娴熟表演与打击乐的紧密配合，通过这一系列艺术处理，塑造出一个身手不凡的勇猛大将察奎克来。第三场，父亲察汉放走田丰的下书人，并令帐下不予阻拦，可是察奎克从外边办事刚刚回营，不知实情，更不清楚父亲已然有令放人，他见敌方之人就眼红，一怒之下斩了来使。这让老帅十分震怒，本欲斩之，因众将求情而改罚杖责。这一情节不但表现出老帅察汉执法如山的原则性和在执法中对部下、亲属一视同仁的优秀品质，同时察奎克爱憎分明、对敌强烈仇恨的人物性格突显出来。第八场和第九场集中表现了察氏父子的亲情，这两场戏与第三场相呼应，前边表现了军令面前不徇私情，后边这两场表现出父子情深依旧，亲情似海的人性本质。同时，这两场戏又艺术地集中表现出他们父子在死亡降临时却仍无所畏惧、宁死不降的高贵品质。这样，通过前后不同场次的戏，展现出父子两个人物性格的多侧面，从而使人物更加真实，更为丰满起来，尤其第八场和第九场充分表现出人情味，极力揭示出人的内心情感这种最复杂最丰富的东西，因而使该剧达到悲壮美的巅峰。

4. 艺术综合性

赵松樵编演的所有新戏，都是遵从唱、念、做、打、舞兼备的路子，把戏曲艺术的综合性表现做到最大化。例如他在第二场就开始有载歌载舞的表演，除唱而外，他安排察奎克有"趟马"等，下场时有"转灯"等一系列舞蹈，同时他启用马童的翻跟斗，帮助营造气势，衬托主要正面人物的威武雄壮。第三场有父子两人的唱、念、做的繁重表演，把人物性格进一步突现，而艺术表演也迈上一个新平台。第六场和第八场则通过大段成套的唱，再辅以念、做，把戏逐渐推入高潮。唱上既有【西皮导板】【垛板】【散板】【流水】，也有"灵堂"一场的几十句幽咽委婉、凄楚动人的【二黄原板】。他的做戏表情更令人望尘莫及，尤善塑造悲剧人物的他很自然地把观众就带入到凄楚悲惨的情境中，这是他擅长的演技。最末一场既是剧情的最高潮，也是他艺术表现的最高潮。这场的察奎克唱【导板】出场，出来后边走边唱，表现出人物急切的心情。之后，父子城前相见，当察奎克看到父亲被缚在城楼上面并未死时，他唱过几句后加"甩发"，甩几圈后，双腿跪，父子对唱、哭诉。在父亲被杀、"人头"从城上被扔下时，他纵身跃起，用手去接"人头"之后紧接走个"抢背"，跃身、接物、"抢背"三个动作连贯进行，表演得流畅自然，漂亮帅美，出人预料，是罕见的高难动作，最后的开打也是花样翻新，精彩绝伦。这个戏他经常上演，历时四十余年。

仅从以上资料看，从艺术创作和表演方面讲，这出戏无疑是成功的，然而思想内容上是否存在如何处理好民族矛盾的问题，无从把握。

三十三、红须客侠肝义胆　业内外同赞剧奇

《京剧剧目词典》在明代部分，收有《素珠大侠红须客》，没有《红须客》条目，剧本来源只注明为"中国京剧院藏本"。查两者在人物和剧情上完全一致，可证《素珠大侠红须客》即《红须客》，再查天津旧报纸的演出广告，20世纪50年代赵松樵在天津演出该剧时确曾使用过《素珠大侠红须客》这个剧名。该剧由赵松樵先生原创并首演，赵本如何被中国京剧院收藏，其中蹊跷不得而知。

《京剧知识词典》在人物部分的赵松樵词条写道："其常演剧目及本戏有《呼延庆打擂》《鹦鹉救真主》《虬髯客》《汤怀自刎》《智取北湖州》《骂杨广》《北地王》《益都泪》《金台打擂》《木兰关》等。"这一段关于他常演的代表剧目的记述，弥补了其他许多文献没有明确写明的

《红须客》是赵松樵的代表剧目这一内容，是应予肯定和赞赏的。但这里有些错误必须纠正：一是《北地王》应为《北汉王》；二是把《红须客》错写成《虬髯客》，恐怕就不是笔误或排字印刷的问题了。按：唐代杜光庭著有《虬髯客传》，后人据此编演的剧目有《风尘三侠》《红拂记》《三侠聚》《三侠图》《红拂传》《红拂女》等多出，杂剧本有《虬髯翁》，却无《虬髯客》剧名。这些戏均描写虬髯公张仲坚与红拂、李靖三人交往中的故事。松樵先生编演的《红须客》与上列剧目所表现的事件发生的朝代、剧情、人物皆不相同，完全是另外一出戏。

一、创演小史

《红须客》剧是松樵约于1919年上半年在山东省烟台市创作演出的，当时在烟台一地连演二十余场，场场爆满，京剧名家张少甫饰剧中的田雨。离开烟台后，当地演员黄宝岩继续演这个戏，十分走红。后来赵松樵到哈尔滨大舞台，再次排演《红须客》，同样轰动，连满月余。《红须客》的编演非常成功，继而编演出了第2本。在哈尔滨演出时，他饰红须客梁彦章，杨瑞亭饰姚彦，马德成饰王伯侯，郑玉华饰田雨，杜文林饰差人，孙玉楼饰王伦，于紫仙饰梁秀屏，小雪艳琴饰仙女。演第二本戏时，杜文林改演老和尚鹤园，马德成饰正德皇帝，小雪艳琴饰姚夫人，于紫仙饰仙女，其他演员的角色不变。该剧内容健康，情节跌宕起伏，引人入胜，表现方法多有创新，在上海、济南、烟台、哈尔滨、大连和天津等地久演不衰，演到哪儿红到哪儿，成为赵派独有的代表剧目之一。

过去昆曲剧目有一出叫《素珠记》，松樵所见只是一折小戏，只有一场，写梁彦章与姚彦相遇，言投意合，结为兄弟，梁赠素珠于姚，情节就这么简单。他见过此剧后，生发出要把此剧极简单的故事情节敷衍而编成一部大戏的念头。经过他的缜密构思，巧织细编，一出传奇式的精彩奇剧面世了。

二、剧情简介

其剧情为：明宪宗成化年间，太师徐国荣告老还乡，皇帝在长亭饯别，并赠给徐太师一串素珠。河南有位贫民梁彦章带妹妹梁秀屏外出寻生路，投入徐家做用人。徐之子徐忠横行妄为，多次调戏秀屏，一日被彦章撞见，大闹一番。徐忠不死心，逼秀屏成婚，秀屏不从，徐忠杀之。彦章怒杀徐忠后逃至二龙山落草。原寨主病逝，众推梁彦章为新寨主。徐太师回乡路经二龙山，梁闻报下山截杀，太师被家将救走，梁得素珠。徐丢失御赐素珠，其子被杀，报官缉凶盗。彦章欲聘山寨军师，下山寻访，遇书生姚彦，二人结义兄弟。梁请姚上山共举义事，姚有去意，梁以素珠宝物相赠。姚归家，妻产子，姚以素珠为贺。有耳目见素珠，报官讨赏银。姚被缉拿。姚彦家仆田雨逃至松林，无计救主，欲自缢。梁彦章下山，偶遇田雨，得知前后经过，速率众劫法场，救出姚彦，齐上二龙山。

该剧原拟编成三本的连台本戏，后来成形为两本经常上演，有时演出则压缩为一本，集中一个晚上演全，这样使该剧更加精练，结构紧凑。这个戏的思想内容反映了明朝中期官逼民反的社会矛盾和善恶斗争，揭示出以梁彦章为代表的被压迫被剥削的农民阶层为寻生存之路而斗争的社会现实，赞颂了真理和正义不可战胜的力量，讴歌了贫苦阶层人们之间质朴互助的情操和品德。这是一个寓教于戏的经典作品，演出有良好的社会效益。

三、艺术特色

《红须客》的艺术特色鲜明突出，可以归纳为以下几方面。

1. 这个戏饰演主角梁彦章的表演打破了行当的限制。他虽然在全剧中以饰演梁彦章一个人物贯穿始终，但是梁彦章在全剧中的身份却有多次变化。起初，梁彦章携妹离家出来直到在徐府为佣，他是一个青年贫民；杀死徐忠恶少，上二龙山做了寨主，他成了杀富济贫的义侠；下山访友求贤，他又乔装改扮为书生的文人模样；到下山救姚彦时，他又装扮成乞丐般的穷苦人；待到劫法场时，他却摇身一变成为红须侠客的本来面目。这样一来，剧情要求一个演员在同一个戏中要出现不同身份的几个角色形象，毫无疑问这对演员的表演技艺和化装技术必然是一个严峻的考验，而能对不同行当应付自如、不受行当所限制来表演，正是松

赵松樵演《红须客》饰梁彦章

樵先生得心应手的艺术特长。

人物身份的不断变换还给舞台表演带来另一个难度，那就是随着身份的改变，其装扮也相应要改变，一个演员在同一出戏里要变换几个装扮，不是一件轻而易举的事。这就意味着这位演员在整个演出过程中没有一点儿休闲，而且要有条不紊、迅速利索地改头换面、更衣变装，这就要求演员具备娴熟的化装技巧，精心巧妙的次序安排，是很考验演员功力的，既紧张，又有序，快而不乱，忙而无错，有条不紊。

这里当然需要有些窍门，只有经验丰富的演员才能应对裕如。特别应该指出的是他的新创造，即在劫法场时红须客由乞丐装扮摇身一变为侠客的一刹那，他当场变脸变装，而这要在一个【四击头】锣鼓点的几秒钟内急速地完成，真有如魔术般的效果。具体变化情况在本书谈他的绝技部分已有详述。

2. 梁彦章的不同扮相。上山前的梁彦章：一把鬃，小鬃发，小飘带、大领垫布、半边袍、小紫绦子、天兰色茶衣、小腰包、方口皂鞋；上山后的梁彦章：大额子、改良罗帽、翎尾、白箭衣、花武生道袍、原底靴，带镖囊；下山访贤的梁彦章：改扮成红须客装扮、戴侠客盔、紫眉毛、紫海下涛、紫侠额衣、虎头靴；劫法场时的梁彦章：破高方巾、富贵衣、夫子盔、杏黄穗及绒球、白侠客衣（青绒加牙）、裸腿、打鞋、特制虎头蛾子、小绣中蓬。

3. 在《红须客》的编演中，他还吸收兄弟剧种的一些表现手法于京剧中，是他改革创新京剧的一次成功尝试。1997年1月5日下午，中国戏曲学院教授、著名京剧导演李紫贵先生问我："赵先生给你说过他《红须客》中的一段唱吗？"我不知李老所指是哪一段，故而答曰："没有，请赐教。"他说："赵先生在《红须客》中借用了一大段梆子曲牌'寄生草'（音），填上他这出戏的词，并将腔调改得贴近京剧的【西皮二黄】，组成五音联弹，非常优美动听，这是他的一个创造！别的任何人是没有的。"

李老所指这段唱是《红须客》中梁彦章、王伦、高僧等人在"逛山"一场参加闹龙舟游景时的戏中安排的一大段唱曲，有几十句，唱词非常口语化、生活化，如同几个人物之间的闲聊应对，确是优美动听。例如高僧（唱）："你本是，侠义，侠义之中人，你算头一名！"梁（接唱）："蒙师傅抬爱，夸奖过甚，美言赠，无非是虚名，怎敢比高僧。"高僧（接唱）："老僧年迈气衰，我无有能。"梁（接唱）："不要客气，俱是自己人。今日相会，三生有幸……"这一段据松樵本人讲是他根据"知知草"（音，或作知己草）编出的曲调，基调取自河北梆子戏《少华山》中"烤火"一场里小生和花旦的一段对唱曲调改编出来的，这些曲调无论是在梆子戏还是京戏里都已经听不到了，失传了。我很幸运，有一天只有我与松樵先生在一起聊戏，谈到《红须客》时，他把这一整段唱给我听过，至今忆起，当时情景若在眼前，耳畔仍有余音，可惜没有录音。他唱时显出很兴奋的样子，显然他自己对这一段唱是很欣赏、很满意的。这一段的最后两句自然地过渡到了京剧唱腔，毫无生硬感。事有巧合，2016 年 11 月 13 日在微信收听到"京剧三鼎甲"公众号发出的"川页 LCP"的作品，题为杜文林《红须客游江》，播出杜文林灌制的这段唱的唱片。前已述及，杜文林曾与赵松樵同台演过《红须客》，饰演过剧中的差人和老和尚两个角色。文中附有的杜文林的这段唱片是在上海百代公司灌制的，唱片正面印有的字样是"杜文林《红须客游江》（九音联弹）头段"。该文除有唱片的声音资料外，并列出唱词，摘录如下，恰正借以弥补原创者赵松樵先生未留下完整这段唱词之不足，同时也弥补了松樵先生未留下这段很有特色和创意的唱腔的缺憾。

【九音联弹】唱词："说什么侠义，侠义之中人，俺算头一名，承蒙抬爱，夸奖过甚，美言赠，无非是虚名，怎敢比高人？老僧年迈气衰，无有能，休要夸奖，俱是自己人。在此相逢，三生有幸，一起前去江心游玩。叫明月与清风，近前听我命，急忙忙前去，快把那船舟安排定，沽酒饮刘伶，吩咐舟子莫要迟钝，速速前行，莫要留停。你们急忙出院门，我众人游玩山景，贫僧头前把路引，你等随后行。出得院来，四处观定。观山景，百鸟起喧声，山花色色新，竹林寺焦山，香山金鸡岭（按：原文写为'象山京集岭'），甘露寺有天下第一江山，是古人诗文，只见古迹不见古人，虚度寸光阴。人喜怒哀乐、离合悲欢，做梦未醒，如同浮云。诸般事何必认真，何必要争名夺利，费尽心机，岂不知那大数一到，火化冰，是水上浮萍。叹不尽那愚人蠢笨，上舟船游玩山景。"

接【西皮二六】："见了许多游山的人：见渔夫垂钩钓，优雅之境；见樵夫奔深山，他把那个柴来寻；农夫他去耕田，青年牵牛；见学生游山逛景去会诗文，他为的是那功名。走一山又一山，山山岭岭，走一水又一水，水水层层，南山上听了些木鱼来敲定，走近前原来是些比丘僧。他在那里诵经文，看破了红尘归仙境。"【散板】："长生不老脱凡尘……"

这一大段唱完之后是闹龙舟的场面，众人唱的是昆曲，并且唱中加锣鼓，有梁彦章的两次打"哈哈"，以表现梁等人观景看竞舟时的喜悦之情，非常富于生活气息和现场感。就在上舟观景，唱完这一大段之后，闹龙舟场面出现之前，于这间隙之中，他运用转台有个换场，变换成山水景片，然后是众人泛舟竞渡，有唱昆曲和舞蹈表演。他在这出戏中的艺术创造有多么的丰富而灵活，是我的秃笔无法描述的。

四、评价与传承

在我为此书收集素材而访问许多老艺术家和老观众时，凡见过他演出《红须客》的，无论行内行外人，无不跷指称赞该剧的精湛成功。出身于东北地区的武生名家张世麟曾说过："赵先生的《红须客》在东北演得红极了，他肚里的东西是太多了。你们谁学他这出《红须客》谁对，谁演谁红。"这说明戏编得好，能够"戏保人"。从京、津走出来而跟随赵老多年的京剧名家鲍云鹏、李慧春等同样对《红须客》赞不绝口。亲眼见过并且亲自演过该剧的小王桂卿先生说：《红须客》是赵松樵首编首演的名剧……舞台演出中，他一赶三，前饰侠客梁彦章，中饰书生，后饰乞丐。这三个人物，属于三种行当，赵松樵演来特色独具，将各自迥异的性格表现得一清二楚。其中'法场'一折，还表演当场变脸的绝技。此剧自首演后，成为赵松樵走南闯北各地演出必须上演的看家戏之一。早年观赏过此剧的老观众，久久难忘津津乐道。"①《红须客》堪称京剧传奇侠客戏的先锋之作，也是经典之作，这一个戏里集中了他在编、导、演多方面的艺术才华、广博的知识、创造的智慧、取得辉煌的艺术成就。

这出戏从 1919 年一直演到 20 世纪 50 年代，经历四十多年的舞台岁月。过去在东北地区和山东有演员学演这个戏，除了赵先生弟子李铁英等上演之外，上海名角小王桂卿先生对我说过，他在 20 世纪 40 年代到东北安东演出时，当地观众和戏院要看这出戏，要求戏班排演，在导演耿庆武（后在中国戏曲学院任教授）的协助下，他演出了松樵先生的得意杰作《红须客》。1949 年 5 月 19 日起，李铁英先生在天津南市大舞台戏院分两本演出赵派这一独有剧目，剧名改为《梁彦章》，连演十余天，上座不衰。该剧延续演到 20 世纪的 60 年代前后。

三十四、家传戏改弃梆腔　云罗山开响西皮

京剧过去没有《云罗山》这个戏，山西梆子、河北梆子原有此剧。那么，京剧《云罗山》最早在什么年代出现，怎样衍化而来，谁最先首演？这些问题在京剧界过去，起码最近 70 年时间里没有个正确的说法，本文或许能为之补苴罅漏，匡正视听。

一、京剧书对《云罗山》的记载

1. 查 1957 年出版、1980 年修订再版、由中国戏曲研究院主编、陶君起编著的《京剧剧目初探》所列《云罗山》条记："1950 年翁偶虹据晋剧改编，李少春、袁世海演出。"

2. 中国戏剧出版社 1986 年 11 月出版的《翁偶虹编剧生涯》书第 29 章"风云两度《云罗山》"有这样的记述："继《夜奔梁山》之后，我开始酝酿改编《云罗山》。这是我青年时代最喜欢的一出梆子传统

---

① 详见金勇勤《卿本戏痴小王桂卿》。

戏……现在，李少春谈出排演《云罗山》的意图，怎不使我心花怒放？回想我在幼年时期，看过梆子王小旺的《云罗山》，还看过他演的《雄黄酒》，那些甩发功夫，扑跌技巧，用当通神，如在目前。"

3. 中国戏剧出版社 1989 年 6 月出版的《京剧剧目辞典》中的"云罗山"条说："1951 年上海杂志公司出版，翁偶虹、李少春据山西梆子《云罗山》改编。"

4. 天津人民出版社 1990 年 10 月出版的《京剧知识词典》之"云罗山"条记为"1950 年翁偶虹据晋剧改编，李少春、袁世海演出"。

很清楚，上引的权威著作或辞书对《云罗山》剧目的解说一脉相承，如出一辙，互为转抄，此一说法至今绵延了将近 70 年。除此之外，其他图书资料亦无别样的记载。显然，根据这些资料，读者一定会很自然地误以为京剧《云罗山》的出处仅此一说，别无分号，这出京剧出现的年代是 1950 年。我们不得不遗憾地说：此乃大谬特谬矣！事实上京剧《云罗山》出现在舞台上的年代要比上列所记的年代前推 30 年，即早于 1920 年，甚至可以追溯到更早，而且此《云罗山》与彼《云罗山》的出现和形成并非无任何关系。事实上京剧《云罗山》另有更早的版本，首创者是赵松樵先生，翁偶虹和李少春的版本只不过是晚于赵松樵演出本 30 年后的另一改编本而已。

由此看来对剧目的何人何种版本入书，各书作者是有选择的，至少选择得不全面，没有客观地把剧目发展的全部史实完全记录在案。水有源，树有根，一件事物是如何来源的，总要有个最原始的东西，作为工具书的词典不可以舍本求末，这是不该出现的硬伤。下面就让我们深入了解一下京剧《云罗山》的来龙去脉吧。

二、《云罗山》由梆子戏改成京剧的历程

1. 梆子戏阶段：松樵之父赵鹏飞老先生于 1877 年从山东老家到太原，进入"梆、黄两下锅"的广福班学艺，《云罗山》中主角白士永就是老赵先生的本工活。1909 年才 8 岁的松樵在哈尔滨辅和茶园开始随父亲演《云罗山》，鹏飞饰白士永，松樵饰云尚吉，明月英饰赵久成。这个时期的其他梆子戏班也在演出梆子戏的《云罗山》。

2."梆、黄两下锅"：1912 年，他们在北京喜连成科班期间，于三庆园也演过《云罗山》。这时松樵（九龄童）已经替代他父亲扮演白士永，而且由过去完全唱梆子腔改为用皮黄和梆子两下锅的方式演出，前头唱西皮，后头仍唱梆子腔。那时的喜连成社还是个梆、黄两兼的科班，这个戏由赵鹏飞传授并导排。赵松樵回忆在喜连成社的一段生活时说："我当时除了演《挑华车》《武十回》和前边提到的老生戏外，还参加了由我父亲教授的全本《云罗山》。角色的分派，我和姐姐以外，还有侯喜瑞、元元旦、李喜楼、康喜寿、赵喜魁、金连寿、筱翠花、海棠红、明娃娃、张喜庆……通力合作，在当时可以说是一出极尽一时之盛的合作戏。"①1912 年使《云罗山》这个戏由完全的梆子戏向京剧迈进了一大步。那个历史时期正是京（剧）、梆（子）合班"两下锅"的方兴未艾的年代，京剧由弱变强，越来越成熟壮大，昆曲、梆子戏却日渐式微。在喜连成社演《云罗山》时，除赵松樵担任主角扮白士永外，明月英扮赵久成，康喜寿扮云尚吉，钟喜玖扮任彦虎，侯喜瑞扮任伯玉，于连泉（小翠花）扮白素莲。

3.改成完全的京剧：1920 年，松樵在哈尔滨大舞台演出，将梆子戏《云罗山》和《佛手橘》进行改造，移植为完全的京剧形式上演。这就是京剧《云罗山》的首次出现，是《云罗山》这个戏最早的京剧版本。从此，他把这个戏作为自己常演的剧目，从 1920 年直演到 1962 年，不断上演长达四十余年。据报载 1962 年 10 月 11 日赵松樵在天津华北戏院晚场再次上演，这是他亲自主演《云罗山》的最后一次公演。这四十余年的演出经历在各地的当时报纸都是有记载的，就本人所知，上海的《申报》《新闻报》《天津日报》这样的大报纸，在显著位置都有演出广告刊登，应该是有据可查的。需要特别强调的是，在四十余年间，坚持不断上演该剧的京剧演员只有赵松樵先生，他是最早在京剧舞台上演《云罗山》的京剧艺术家，并且他也是最后一位演京剧《云罗山》的京剧艺术家。

---

① 赵松樵.我的演戏生活片段回忆［M］//刘炎臣.京剧艺术在天津.天津：天津人民出版社 1995（11）:4.

1923 年 8 月 16 日上海《申报》

三、其他相关史料

1. 上海《新闻报》提前数日刊登丹桂第一台自 1923 年 8 月 10 日起演出《云》(即《云罗山》)剧的广告,主要演员有高百岁、刘奎官、小小宝义、王汇川、赵松樵、何雅秋、梅春奎、王兰芳、李庆堂、珍珠花、金少山、李少棠、筱九霄、陈昆甫、胡宝山、小吉瑞等。

2. 当时的《申报》称:"丹桂第一台,特烦赵君松樵新排忠孝节义喜怒哀乐历史好戏云准念八夜初次开演。"这里的"念八"指公元 1923 年 8 月 10 日。

这是松樵在上海丹桂第一台与高庆奎、金少山、刘奎官、王汇川、曹艺斌等演过自己编导的连本戏《呼延庆出世》之后,继续由他编导的又一出大戏。其实《云忠孝》就是根据他演出的《云罗山》改编而成的,这也是在上海《申报》《新闻报》连载数十天大号字介绍过的。他为团结刘奎官等演员共同合作,改编剧情,增添前部内容,加重云尚吉之父云忠孝的戏份,并将这一重要角色礼让刘奎官来充任,将剧名相应改为《云忠孝》。但这以后再演,他仍改回用《云罗山》剧名。在演

《云忠孝》剧时，他仍扮白士永，刘奎官扮云忠孝，金少山扮任彦虎，王汇川扮后部的云尚吉，小小宝义（曹艺斌）扮前部的云尚吉，王兰芳扮白秋莲（原剧中名白素莲），何雅秋扮白母。《云忠孝》剧名被收入《京剧剧目辞典》。

3. 著名京剧导演艺术家李紫贵先生在 1990 年的《戏剧电影报》上连载发表的回忆长文《忆江南》中，曾证实他父亲李庆堂及叔李少棠于 20 世纪 40 年代在上海搭大舞台戏班时，陪赵松樵先生演过《云罗山》。这是梨园界中人早就公认京剧《云罗山》是赵松樵本门看家戏的例证之一，同时也可证明京剧《云罗山》早在 20 世纪 40 年代就在上海演出，不应熟视无睹。

4. 最具说服力的文字，还是翁偶虹先生自己在其"编剧生涯"之外的一篇忆旧文章里，谈到过他于 20 世纪 40 年代看过松樵先生演的《云罗山》。该文说："在一个星期天的戏曲广告里，发现他（指赵松樵）日场主演全部《云罗山》……托大舞台的案目，买到两张戏票……长达三个小时的《云罗山》，看得我神凝目瞪，屏声静气……有些功夫，比梆子演员还瓷实，有些做、表，比梆子演员还细腻。你看他，在'卖斗'那场里的安详台风，文雅气质，万万想不到他是善演武花脸的！再看他，在'责杖'那场，戴着那缕又长又重的'倒栽甩发'，就像头上有轴儿似的驾驭着它，挥舞着它，前甩后甩，横扫斜扫，左旋右绕，上蠹于空，下打台板，还要迎着白士永父亲白老儿的打棍走'吊毛'、翻'抢背'，这些繁难多彩的技巧，没有幼功是不可能的。再看他在'过山'那场，冷极而颤，颤极而僵，僵极而神经错乱，用脚底下的碎步，头顶上的披缕，衬托着手挠指画，目语眉言的表情，这就是术语所说的'化魂儿的身段，出了壳的做派'，多么真着，多么明彻！我真不解，这位擅演颜良、潘璋的赵松樵，何以能挟泰山而超北海，凭般文雅地攀上了云罗？！"[①] 其实不难理解，松樵所演《云罗山》是父子两代人的艺术积累，非一代人的一时之功，况且他的本行就是文武老生，而他名震剧坛的颜良、潘璋之类的武花脸戏，反倒是他为大合作义演偶尔露峥嵘

---

① 剧坛，1983（6）.

的助兴之作，以与其他名家桴鼓相应，辅车相依而已。

看过翁文，也就很容易理解李少春为什么一定要翁先生帮他纂此戏了，这个戏对于一位文武老生演员太对工、太有魅力了，谁看谁爱，都会心动。另一方面又令人疑惑，对松樵所演的《云罗山》有如此深刻而良好印象并且大加赞赏，有可能在自己改编这个戏的时候一点也不参考和借鉴赵氏的表演，而只是"据山西梆子《云罗山》改编"或"据晋剧改编"吗？

5. 在此之前，李少春已对赵松樵先生的《云罗山》钦慕已久，跃跃欲试，但他并未直接找上松樵先生，如果直接去找，事情就简单多了。李少春找的是松樵先生的大徒弟李铁英，小哥俩熟稔，他向铁英要《云罗山》的本子，并要求铁英给说这出戏。铁英确实没向先生学过这戏，只好让少春直接去找师父。后来事实证明，铁英演剧一生，从未演过师父的这一出名剧。后来，少春又托翁先生出面找松樵先生，提出要买《云罗山》剧本。这让松樵心里很不舒服，他回答说："我还没混到靠卖本子过日子的地步，既然都是干这个的，我又与他父亲（指李桂春）关系不错，提钱就远了。只要喜爱，有用，拿去就是了。钱我分文不取，只要在用时注明'赵松樵秘本'就行了。"然而这个从知识产权保护的角度考虑并不算过分的要求，却未被二位所接受，多年后便出现了翁、李的改编版。他们在另起炉灶要改编《云罗山》之前，是分别都看过松樵先生演的《云罗山》的，很明显是受赵松樵先生演这个戏的启发，才萌发要搞这个戏的念头的，而并非只是在看过山西梆子的《云罗山》之后就萌生此念。

6. 据《三六九画报》第1卷第2—6期上刊登的马连良谈"唱戏是一桩顶难的事"一文说道："当我7岁那年，家住在阜成门外……阜成门外有一家戏园子叫阜成园……这一天，我决定逃一次学，去听戏。……那个戏班子我还记得叫宝胜和。那天我所听的戏，依稀还记得几出，有杨瑞亭的《战太平》，崔灵芝、冯黑灯的《因果报》和《云罗山》。那时候也不知道叫什么戏，后来我去上海，听赵松樵谈起这出戏来，才知道我小时候第一次听到的就是《云罗山》。"这是除李紫贵先生之外，又一位京剧界权威演员旁证了《云罗山》与松樵先生的密切关系。

7. 好戏是人人喜爱的，就连自成一派的唐韵笙也瞄上了赵派的这个戏。据唐韵笙的女儿唐玉薇编著的《唐韵笙舞台艺术集》记载：1948年下半年，唐在上海天蟾舞台即演出了《云罗山》，唐韵笙一人赶二角，杜近芳饰白素莲。1950年2月，唐再到上海天蟾，与李宝椿合作再演《云罗山》，仍是杜近芳演白素莲。1951年5月唐在江西南昌的南工戏院、1951年7月唐在云南昆明大戏院，也都上演了《云罗山》。《唐韵笙评传》一书指出，赵、唐二位京剧大家在艺术和剧目上有互为交流借鉴的关系，是有历史渊源的，这是符合事实的，他们惺惺相惜，互帮互学，此即一例。但是，《唐韵笙评传》书后的附录"年表"记唐韵笙"排演了翁偶虹新编历史剧《云罗山》"的说法令人质疑。唐在上海天蟾舞台演《云罗山》是在"1948年下半年"，而翁本出炉是在"1950年"，翁的"新编"还没有出来，怎么会有"排演了翁偶虹新编"的事情发生呢？况且翁本是应李少春之请定制的，不可能在李少春未演之前，翁公就将剧本先让予唐韵笙使用，显然所记与事实不符。

8. 除此之外，据景孤血先生所著《由四大徽班时代到中华人民共和国成立前的京剧编演新戏概况》之四的"沦陷时期"章节中记，李万春和鸣春社也演过《云罗山》。查鸣春社存在于1939年至1948年春，排演此戏肯定在1948年之前。京剧著名女伶赵美英也曾演过《云罗山》，并且很红，《中国戏曲史·天津卷·传记》中"赵美英"条目记载：赵美英"二十年代在天津登台"，"民国二十年，赵又重登舞台……其早期代表剧目有《云罗山》……"《京剧知识词典》第1版第548页"赵美英"词条也记："赵美英早期的代表剧目有《云罗山》《宏碧缘》《北汉王》《日月图》等。"又据《厉慧良纪念文集》第347页记，厉慧良也曾演过《云罗山》，饰白士永。从年代考证，这些艺术家所演的《云罗山》都早于翁本和李少春，各书未录，却单单记下翁本和李少春演出该剧，是不客观的。

四、小结

从以上史实不难看出，无论是唐韵笙、李万春、赵美英还是厉慧良等，所演《云罗山》的年代都在翁偶虹和李少春改编的版本出世以前，在此前，京剧《云罗山》都只有一个源头，即源自赵氏松樵的版本。自从松樵先生创演京剧《云罗山》之后，他的这个戏在京剧界引起了多么广泛而深远的影响，是不言而喻的。如果没有赵派首创演出京剧的此《云罗山》，也就没有其他京剧演员演出《云罗山》的事，更没有30年后版本的《云罗山》。此外，从1920年至1962年一直坚持几十年经常上演《云罗山》的京剧演员就只有赵松樵一人，而"新编"本只在1951年于北京、上海、天津总共演出不过20场之后，就收了，未再上演。所以，京剧著作每涉及剧目《云罗山》时，不应只记1950年才出现的一个新版本的情况，而应该添上京剧《云罗山》是如何由梆子戏演变为京剧的这更早、更长、更全，也更确切的历史发展过程的一笔，以及影响更大的赵本《云罗山》，和其他众多演员演过此剧的情况，只有这样客观全面地记述史实，才能成为董狐笔下的戏剧信史。

赵松樵是经历过大风大浪的，阅历的人和事太多了，因而修养成胸怀宽广、遇人遇事容量很大的人。他并未因此事耿介于怀，对李少春的艺术表现还是一如既往地喜爱，他深知一名京剧演员能唱出自己的三个字（姓名）来该有多么的不容易。他曾不止一次地在我面前夸赞少春的艺术，尤其对他演的《野猪林》赞不绝口，说："少春的《野猪林》多帅！"他一边说这句话的时候，还一边竖起大拇指。20世纪80年代他去北京办事，还特意拜访了翁偶虹，从20世纪40年代结识，将友谊维持到老年，这应该是梨园的佳话。宽敞的胸怀，梨园的义气，不因《云罗山》之高而阻隔友情，这或许就是松樵老能长寿的秘诀之一吧。

五、不同版本《云罗山》的剧情

1. 赵松樵本：

腊月初八赶庙会，穷秀才白士永去卖墨斗讨生计，其母及妹白素莲也去逛庙会。太师任伯玉之子任彦虎乃酒色之徒，横行乡里，在庙会遇素莲，欲霸占之。士永赶到，据理争辩，救回母亲与妹妹。任府奴才献计，将白士永父母劫持到任府逼婚，二老宁死不从，被任彦虎杀害。士永携妻、妹逃生，不畏风雪过云罗山，投表兄云尚吉处。尚吉父云忠孝遭任伯玉谋害已死，母子逃至云罗山下，因打抱不平救下尼姑，尼庵收留尚吉母子。尚吉在山中听到有妇人遇虎惊叫，打虎救人，所救竟是表兄妹，接回尼庵。白氏兄妹哭诉遭任彦虎迫害之情。云尚吉翻过云罗山，到任府怒斩任彦虎，报了云、白两家冤仇后投案自首。知府问案，得知尚吉父曾任提督，解尚吉进京，白氏兄妹写状同赴京告状。刑部大堂赵久成问案后，上奏朝廷，要求赦免云尚吉，请准其戴罪征伐来犯之敌。尚吉阵前见番王，番王与尚吉父早年为结义兄弟，于是罢战返朝，要求朝廷交出奸党任伯玉。赵久成保奏尚吉等起兵不为谋权，皇帝无奈，只好处死任伯玉。臣民欢庆，各家团圆。

2. 赵氏改编本《云》（又名《云忠孝》）的剧情：

云忠孝与任伯玉同朝为官，任嫉云受皇上恩宠，趁番邦入侵之机，荐云挂帅征剿，再推龚文章为运粮官。云发兵后，任暗命龚切勿按期送粮草，图谋害云。龚不听任之计谋，助云战胜，且劝番王归降。任谎报朝廷称云降番，欲与番邦进兵夺权。帝信以为真，命任伯玉调云忠孝回京，忠孝在京城下遭伏箭射杀身亡，任复抄云氏满门。忠孝之子尚吉保母冲出重围，逃至云罗山栖身。云家至亲白士永以卖墨斗为生，与妹秋莲相依为命。士永兄妹赶庙会卖墨斗，任伯玉之子任彦虎调戏秋莲，遭秋莲痛骂，彦虎强抢秋莲，尚吉路遇，怒杀彦虎，得报父仇。

3. 翁氏改编本：

增添彦虎妻不孕情节，强抢士永之子，增加彦虎妻蒙氏、妻兄蒙三靠和偷孩贼刘小义等人物，保留原剧中彦虎对白家父母逼婚杀害、士永兄妹出逃过云罗山的重要关节，删掉赵久成这个人物及与之相关的内容，把老本中白士永去投奔的云尚吉改为猎户万雄飞，把结尾由云尚吉杀死任彦虎改成万雄飞率众造反杀死彦虎。从戏剧文学的社会性来讲，翁改编本结尾情节的设置适应了中华人民共和国成立后确立的主导思想意识，这是时代的需要和产物。

六、赵松樵演《云罗山》的看点

1. 在戏班中没有合适人选时，他会一人赶饰三个角色，前部以不戴"髯口"的大嗓小生扮白士永。白士永在梆子戏和京戏里的扮相不同。

如"卖斗"一场，京戏里白士永的扮相是头戴绿的"一把鬏"，束黑巾头儿，左右两根细的黑色巾条，上身穿自制的绿色短袍，镶黑边，脚上布袜子、"夫子履"，脸上不化装，一副穷困书生样。在演梆子戏时，白士永穿黑色缎子的褶子，头戴黑高方巾，同样是光嘴巴，脸上是素的，不着彩。中部他扮云尚吉，以武生应工，俗谓打虎生，扮相与武松差不多。后部他再改扮赵久成，以文老生应工，戴"三白髯口"、纱帽。前中后三个角色，表现截然不同。前边是大嗓小生，光嘴巴（不戴髯口），以唱、念、做和甩发为表演特色，贫穷和悲惨相。中间以武生的漂、冲、勇为表演风貌，精气神十足。后边戴"髯口"，厚底靴，台风安详，与前两角色又截然不同。

2. 他在演《云罗山》时有两样绝技的展示。

（1）白士永在"过山"一场，由于人物处于大雪纷飞、北风凛冽、腹空衣单的恶劣情况中，身体难以承受，体态发生变化。这时他使用了"本色变脸"的表演绝技。本色变脸不用色彩化装完成变脸，是一种"内功"，演员通过对规定情境的内心深刻体验，由内而外地使脸色从本色变惨灰，进而又变成铁青色，随之眼泪、鼻涕流淌下来。每演到此情景时，他便准能如法炮制，令人莫名其妙而难以置信，此种功夫堪称一绝。

（2）另一绝技是他使用的"甩发"长可及膝，舞台上极为罕见。至于他甩发的花样怎样地层出不穷，技法怎么个变化多端，刻画人物的表情如何地"手挠指画，目语眉言"，他那"化了魂儿的身段，出了壳的做派"，上文中引用的翁文里已有详尽的描述，只有翁偶虹先生的生花之笔才可以绘声绘色地描写出来，才能让我们见字生情，无论多少年后再读，仍有身临演出现场的感受。

三十五、北湖州首现哈市　忠孝王一炮惊席

《北湖州》为简称，全称应为《智取北湖州》，剧情源自《明英烈传》第十回，评书本《明英烈》亦有之。这段故事在正史也有记载。

《明史·徐达列传》："太祖大悦，拜达大将军平章，遇春为副将军，率舟师二十万人，薄湖州。敌三道出战，达亦分三军应之。别遣兵扼其归路，敌战败，返走，不得入城，还战，大破之。"然而史书写的虽同为徐达攻取湖州，但这里说的并非是徐达与元兵作战，是记徐达与张士诚的开战。

京剧中所表现的则是徐达与元兵之战。剧情梗概如下：

> 元代末年，朱元璋揭竿而起，势力渐盛，他命徐达挂帅，攻下徐州、兖州一带，再令蒋忠为先锋，进攻北湖州。元忠孝王葛雅仙骁勇善战，固守北湖州。朱部将皆不敌葛，大败而归。蒋忠与战，难分胜负，各战至精疲力竭，丢盔弃甲，方肯各自回营。胡大海于阵地拾得葛之盔甲，徐达生计，命胡穿戴葛之盔甲，抄间道径奔湖州，诈称葛回城，湖州智取。葛率残部潜逃至煤山，见朱元璋独自在山上，左右并无护卫兵将，唯有二谋士在旁，遂举刀奋进直取。朱元璋拼命逃避，恰常遇春在此隐居，见状赶来救朱，力战葛雅仙，方解朱元璋煤山之危。

京剧《智取北湖州》流行于舞台演出的，主要有三个版本：一种是20世纪一二十年代流行的何月山演出版，何饰葛雅仙，那时盖叫天为配，饰常遇春；第二种是何月山逝世后，盖叫天的演出版，饰葛雅仙，以耍鞭著称，戏路仍步何之后尘；第三种就是赵松樵整理改编的版本，与何、盖不同，其特点是文武兼具。此外，还有一台连本戏《朱洪武出世》，1923年演于上海共舞台，也有松樵参加，其中虽有取北湖州的情节，却只是一带而过，未作为全剧中的重点来演，不能独立成剧。查《京剧剧目辞典》记《朱洪武出世》共三本，剧目介绍皆述朱元璋成事前的经历，未涉及取北湖州情节。

赵版《北湖州》产生于1926年至1927年间，当时黑龙江省督军吴俊生（外号吴大舌头）举办堂会戏，约请哈尔滨大舞台戏班去演出，演期一个星期。大舞台全班人马出动，有赵松樵、杨瑞亭、程永龙、马德成、杜文林、于紫仙、筱九霄、孙玉楼、马武成等名角儿。唱完堂会戏，在回哈尔滨的车上，松樵与孙玉楼合计着回到大舞台之后演什么戏。这时，他想起了几年前在上海共舞台演过的《朱洪武出世》，想把北湖州这段情节摘出来，加以充实改编，取名《忠孝王大战朱洪武》，这就是赵派《智取北湖州》的由来。回到大舞台就立刻排出此戏，他扮忠孝王葛雅仙，郑玉华扮老夫人，孙玉楼扮汤和。

赵本《北湖州》的剧情是：

> 广泰庄朱元璋起义，请徐达为帅，攻打北湖州。胡大海讨令，徐达未允，命蒋忠为先锋。朱元璋亲自出马督战，汤和保驾。葛雅仙在府中正为母亲大摆寿宴，忽闻朱兵攻城，出城迎战。李文中、汤和、蒋忠与北湖州守将大战。胡大海乘隙赚取北湖州城，并杀葛一家老小，还将葛母尸体悬于城下，葛回城见母尸痛哭，背母尸大战，追杀朱元璋，路遇常遇春，常执鞭击葛，朱元璋进取湖州城。

何月山演《北湖州》以腰腿功夫见长，盖叫天演常遇春以耍单鞭称善，都纯为武生应工，皆为武戏的路子。松樵改编主演的《北湖州》则以亦文亦武为特色，没有文戏功底，没有嗓和唱功，是不能演好赵派这个戏的，可以说它需以文武老生之工应之。与老戏相比，赵本在场次和情节上都有较大改动，内容更富戏剧性，人物性格更加鲜明突出，艺术表演形式多样。

赵派的《北湖州》改良创新主要有以下三个方面。

一是剧情上更加丰富充实，人物形象更加丰满，情节更加动人。他给戏增加了葛雅仙为老夫人拜寿的"寿堂"、葛雅仙"训子"的两场戏，从而使葛雅仙与老夫人（母亲）、夫人及儿子四个人物形成戏剧冲突。另外，增加胡大海把葛母尸体吊在城下，从而添加了葛雅仙"哭母"的场景。"拜寿""训子""哭母"这三个情节和三场戏的增益，完全是为更突出表现人物性格和情感而精心设置的，武戏中有"文演"，这是赵松樵编剧的高明处。这样安排为演员扩展了演戏的更大空间，为演员提供了施展表演才能的用武之地，使戏更具备了感染观众情绪、足能引起观众共鸣的核心剧情，使原剧由只表现葛雅仙护城和常遇春救驾这样极简单内容的武戏，一变而为既保留有这些内容，又充满人物复杂情感，唱、念、做、打四功俱全的文武兼具的戏，使这出戏从内容到形式的品位得到全面提升。赵派《北湖州》加强了该剧的悲剧化情调，因而在情感上加重了震撼观众的艺术力量。在武打戏中穿插进情感戏，同时又不失武打的重要成分，使戏有了质的改变和飞跃。

二是增添许多原来没有的唱段，让戏的艺术表演形式更全面，表现力更强，从多侧面刻画人物，艺术性大为提高。在"寿堂"一场，他增加一段【西皮原板】的唱，在回府时加了一段【拨子】唱腔，在"训子"时又加了大段的【二黄碰板】和四人对唱。这些演唱在其他人演的《北湖州》里是从来没有过的，这即是赵派《北湖州》的重要特色之一。

三是在武打方面，不为他人模式所束缚，创造出有个人特色的起打套路。他给葛雅仙安排了三场武打的戏，这三番开打各有不同。头一场起打为葛雅仙与汤和的对战，使用的兵器是大刀对剑。第二番开打是葛雅仙与李文中的对战，用的兵器是大刀对枪。第三番开打是连场戏，场场不同，精彩纷呈。

据哈尔滨当地老观众向他反映，《北湖州》这个戏在他演出之前，哈尔滨市还从来没有人来演过，说是他把这个戏带到了哈尔滨的。另据小王桂卿先生回忆，20 世纪三四十年代松樵先生在上海演出这个戏时，饰葛雅仙，当时还是少年的小王桂卿曾配演过葛雅仙之子。

从对《智取北湖州》剧的创作与改良，又一次让我们体验到赵（松樵）派艺术在创造上一贯尊崇的京剧表演要高度综合性的原则，具有武戏文演、文戏武演的突出特点。

三十六、清奇案选编为戏　张文祥刺马惩逆

清朝末期曾发生过四大奇案，"张文祥刺杀两江总督马新贻"案是这四大案之一。同治九年即 1870 年的 7 月 26 日上午，两江总督马新贻

在校场阅操完毕，于返回督署的途中，被埋伏道旁的张文祥所杀，不多时，马新贻毙命。这一案件引起朝野轩然大波。清朝政府大为震惊，一周内竟连连派出张之万等重臣要员前往事发地查办，就连大权独揽的慈禧太后都要亲自过问，插手此案，亲调直隶总督曾国藩前去南京督办。《清实录》卷二二八记："据魁玉奏称两江总督马新贻猝被行刺，因伤出缺，已将曾国藩调任两江总督。"

一、马新贻被刺案

此案非同小可，反映出政府与民间、官僚与百姓间久已存在的深刻社会矛盾，达到你死我活的激烈程度，足以使统治者胆战心惊，唯恐由此掀起波澜，冲垮摇摇欲坠的清王朝。清朝官方档案《清实录》228卷又称："惟以兼圻重臣，督署要地，竟有不法凶徒，潜入署中，白昼行刺，断非该犯一人挟仇逞凶。""惟省城士子云集，华洋并处，最易滋生事端，并着该将军严饬地方文武，认真稽察，随时弹压。"《清实录》204卷记："风闻浙省刺案，尚不只一起，粤省又有持刀入署之案。"《曾文正公手书日记》："同治九年十月初九日……始进养心殿东间。慈禧太后问：'尔几时启程赴江南？''江南的事要紧，望你早些儿去。'对：'即日速去，不敢耽搁。'""十二月二十八日夜将张汶祥之案细阅一过，将凶党余犯及承审之名，开一清单。"（按：清官方文件中书张名为汶祥，亦有书为文祥者——笔者注）由以上可看出清廷对该案的惊惧，证实了此案确已系于西太后和曾国藩的亲自干预。

这到底是件什么案子呢？清廷官方对案情的描述是："据称两江总督马新贻于 7 月 26 日赴署右箭道校阅，事竣回署，突遇凶犯刺伤胁肋。当经随从武弁等将该犯即时拿获严讯，仅据供称，系河南人，名张汶祥，而行刺缘由，供词闪烁。该督受伤甚重，延至次日身故。"清政府对马新贻是官官相护，涂脂抹粉，称"马新贻持躬清慎，决事公勤，由进士即用知县，历任繁剧。咸丰年间，随营剿贼，迭克坚城。自简任两江总督，于地方一切事宜，办理均臻妥协，方冀长承恩眷，倚畀优隆"。马死后，不仅"着赏加太子太保衔，照总督例赐恤，并入祀贤良祠。伊子马毓桢，着加恩赏给主事，分部行走"，而且准予"马新贻于

安徽立功地方建立专祠"(《清实录》228 卷),"将马新贻照阵亡例议恤
建祠"(《清实录》304 卷),又于史书为其立传(《清史稿》426 卷之列
传 213)。

　　对马新贻被刺一案,清人多种日记、笔记、小说等均有涉猎。当政
统治者为粉饰太平,掩盖官吏劣迹,官方资料所记多不实,民间人士为
之勘误求实,探查案情真相,对下层小民张文祥寄予同情或支持赞扬。
如《清朝野史大观》卷 4 之《刺马详情》、《春冰室野乘》之《张汶祥刺
杀马新贻实情》(李孟符著)、《清鉴纲目》卷 12 之《张汶祥杀两江总
督马新贻》、《清史演义》之《张汶祥刺马之因》(蔡东藩著)等,均对
该案中马新贻作恶自食其果的事实做了披露,这些在官方公布的案情和
文牍中是绝难见到的。有传说马新贻在临死前叮嘱家人千万不要赴京告
状,只有忍之才能保一家的平安。这说明这起事件有内幕,很复杂,并
不是一起简单的报私仇事件。有人认为这是官场中不同势力之间斗争的
结果,马新贻只不过是这种斗争的牺牲品。他出任两江总督,曾国藩原
任两江总督,后调任直隶总督,两江地区原是湘军的根据地,太平天国
被镇压后,30 万湘军被裁撤,可是湘军的势力在两江仍然很大。马新
贻不是湘军系统,他到任后,有触犯原湘军利益的可能,要杀马的大有
人在,不唯张文祥一人。1871 年 2 月 15 日,张文祥被凌迟处死,马新
贻尸体被护送回山东菏泽老家安葬。

李铁英演《张文祥刺马》(1950 年 12 月 26 日《天津日报》)

二、《张文祥刺马》剧

民间文艺界对此案十分敏感，评书、苏州评弹、方言话剧，乃至京剧，都以此案为题材，谋出新篇，做出反映。但是，这些文艺作品依据的史料或传说的来源不同，编出的情节各异，版本有别。由于它们是文艺作品，表现出了比史籍、书稿、笔记、日记等更加鲜明的爱憎，于挥毫泼墨之中表达了为张文祥鸣不平的立场。这些作品把张歌颂成一位不畏权贵、视恶如仇、伸张正义的大英雄。同时，大胆地揭露出以马新贻为代表的官僚欺压百姓、草菅人命的罪恶事实，无情鞭答了他们渔色负友、奸诈荒淫的丑恶灵魂。所以，这些作品被当政者视同洪水猛兽，一出世便遭当局打压查禁，却恰得欲盖弥彰的相反效果。

1.《京剧剧目辞典》所记的《张文祥刺马》编剧是王钟声，初在上海天仙舞台演出，没有说明编演的具体年代。徐剑雄著《京剧与上海都市社会》（1867—1949）一书（上海三联书店 2012 年 8 月第 1 版第 89 页）说："至光绪三十年间（1904）天仙茶园则由王钟声编排《张文祥刺马》。"这里并没有说明 1904 年在上海天仙茶园演出的《张文祥刺马》是否是京剧。又据天津《大公报》载：王钟声率上海"春阳社"在（清光绪三十四年（1908 年 5 月）到天津，在大观茶园演出新剧《张文祥刺马》《迦茵小传》等。当时所谓的"新剧"即早期的话剧，并非京剧。也就是说截止到 1908 年，虽然出现了戏剧《张文祥刺马》，却不是京剧。老剧评家和报刊创办人张古愚先生对此也有记述。

2. 王钟声所编的新剧《张文祥刺马》的剧情是：

> 猎户张文祥打死清兵，逃亡在外。一日，见镖客陈金威受地方官刁难，甚为不平，乃奋勇相助。陈深感其德，与结兄弟，留住家中。陈有表妹黄英如，精拳技，与张比武不胜，爱张英勇，陈妻成全张、黄婚配。为避官府追捕，陈、张举家投捻军。后捻军合入太平军，陈、张受李世贤节制。李遣陈率部攻打庐州，破城，知府马新贻被俘。马因曾剿捻军起义有功而升迁知府，本性奸诈凶狠，张欲杀之。陈被马之巧言所惑，允

马归降。马献媚，邀陈住入马宅，进而结义。马左右钳制陈，被张识破多次，马视张为眼中钉，使陈遣张领兵往攻舒城。张在外期间，马暗通清军，约期献城。清军至，马劝陈出城暂避敌锋。陈不识马之奸计，托妻于马，只身逃出城。陈妻色美，马久垂涎，欲霸占之，陈妻被逼自杀。马献庐州后，复率清军取舒城，因功升迁为浙江巡抚。太平天国灭后，陈投奔马处，求见妻。马明对陈修好，暗设计害之。张夫妇闻陈夫妇被马害死，愤甚。马领清军剿张部，张夫妇被冲散。张妻为替表兄嫂报仇，潜入马住地行刺，未成，反被杀。张决计复仇，自毁容，潜伏伺机以动。一日，张得马旧仆相助，伏于箭道，待马阅兵毕回署途中，马仆拦道求诉，马下轿时，张执刃刺马击中。

3.岳麓书社于1986年5月出版了一本名《张文祥刺马》的书，收有同名京剧改编本，未说明原编剧为谁，全剧共35场。从剧本内容看，与上述剧情大体相同，疑即出自王钟声本。然该本与王本不同的，是将陈妻名桂兰与张妻名黄英如对调互换，此为何因不详。

4.赵松樵本：

除以上各种之外，京剧《张文祥刺马》还有另一种版本，即赵松樵先生等编演的同名剧。1925年左右，他应邀在山东烟台的丹桂第一台演出时，首次编演了此剧，剧本编者除他外，还有一位叫蓬莱雪子的文人和另一位演员高景轩。这个剧本设计的人物与上述两个版本有所不同，主要人物除有张文祥、马新贻外，还出现了窦一虎（相当王本中陈金威角色）、张发（张文祥之家院）、小荷花（马之姨太）、马夫人等。初演时，高景轩饰张文祥，赵松樵饰窦一虎，张少甫饰张发，张艳芬饰小荷花。该戏当时在烟台连演十数场，引起轰动，场场满客。之后，松樵到大连西岗的同乐戏院演出，再次排演此剧，由赵松樵饰张文祥，蓉丽娟饰小荷花。后来，他在各地均演该戏。1942年1月，他在上海更新舞台挑班时，又复排上演之，当时的上海《新闻报》称《张文祥刺马》为"赵松樵君自编自导自饰主角"。这期演出中，他饰张文祥，高雪樵饰窦一虎。1948 年，他在南京领衔也演出了这一剧目。他最后上演此戏，是 1962 年在天津。几十年里坚持反复演出《张文祥刺马》一剧的京剧演员，唯赵松樵一人。

赵本与王本的剧中人虽然有别，但是剧情主干是大同小异的。经查方言话剧本的《张文祥刺马》，发现也有窦一虎、小荷花、张发这些人物，所以，推测赵本的《张文祥刺马》的素材来源于此。由于只知赵本初创年代，其他各本不明初创年代，所以，难于判断各版本之间的借鉴关系，孰先孰后无据可稽。如前所述，《张文祥刺马》不同于《云罗山》，《云罗山》的京剧原始本是只有赵松樵这一家的，而《张文祥刺马》是有不同版本的。如陈洁编的《民国戏曲史年谱》记：1918 年12 月"北京京剧班'益世社'组建"，"演出剧目有《张文祥刺马》《邓霞姑》《珍珠塔》《啼笑因缘》《铜碗丁》《春阿氏》《妓中侠》等。民国二十一年报散。"据此无法判断京剧《张文祥刺马》的演出年代。《中国戏曲志·天津卷·传记》中的"张艳芬"条目记："三十年代末，张艳芬参加天津以武戏出名的大舞台合作班社，演出大型武戏《张文祥刺马》……"这个记载可以肯定一个事实，即张艳芬于"三十年代末"在天津大舞台演出的《张文祥刺马》是赵本，因为张艳芬 1925 年前后在烟台就曾与赵松樵同台演过这个戏。

到了晚年，赵松樵对该剧总讲、每个角色的扮相、唱段、表演等，仍烂熟于心，无不牢记，尽管已经四十多年没有演出，还能倒背如流。有一次聊到此戏时，他兴之所至，当时给我唱了一段该剧"花园"一场中小荷花和马夫人的对唱。这是旦角的活，他竟也能记忆犹新，令人惊叹。赵本的场次与其他版本不同，王本 35 场之多，太过零碎，方言本为 10 幕，而赵本为十多场。他演此戏多扮张文祥，也时有扮窦一虎，扮窦一虎这个角色时，念白用湖北口音的方言白，用嗓为花脸嗓，有些特色。他扮张文祥以文武老生应工，文中带武。

这个戏的编演不仅体现出他在清装戏创作上的成果，而且反映出他对现实生活的关注和敏锐反应，说明他具有社会责任感和艺术家的良知。赵云鹤、李铁英、陈云超、郭云涛等曾演之。天津艺术研究所原研究员甄光俊先生在《赵松樵及其父其姐》一文中说："看过赵松樵演的

《张文祥刺马》的梆子老艺人刘顺廷先生称，他演出了张文祥的侠义气概，剧中有轻功技巧。刘顺廷早年与赵松樵在一个戏班里同台演出过，20世纪50年代在天津河北梆子剧院任教，所言应该为实。"

三十七、众名家沪上协力　呼延庆连本好戏

他编演一至四本《呼延庆出世》，是根据小时候在天津听的评书《金鞭记》和民间通俗小说《呼家将》编出的，又借鉴了梆子戏。1916年至1917年期间，他在哈尔滨与贵俊卿同在一个戏班，贵先生排演《红枫奇案》，赵松樵排演《金鞭记》，饰演呼延庆，那时还是梆子、京剧"两下锅"的形式演出，他唱皮黄腔，青衣等角色唱梆子腔。1919年他在海参崴把此剧完全改为京剧演出，这段史实在《唐韵笙舞台艺术集》一书中也有记载。他自饰呼延庆，马秀成饰包拯，马武成饰寇准，唐韵笙饰孟强，高三奎饰焦裕。1920年他再次在哈尔滨演出京剧《金鞭记》。他编演的此剧后来流传极广，成为京剧传统剧目之一。该戏经历了三个剧名的发展过程，最初剧名为《金鞭记》，早在1916年他就已经演出，到1919年改名为《呼延庆打擂》，从1923年在上演演出起又改名为《呼延庆出世》。三剧名各异，却均本于松樵先生的原创。是他率先把该剧改编成完全的京剧上演，这是他对京剧剧目的一个重要贡献。2017年8月8日，微信公众号主编川页LCP发给我一篇旧报纸刊登的上海共舞台的演出广告，云："今夜隆重献演有老戏的骨子有新戏的长处赵松樵当年成名作头二本呼延庆出世。"年代为何，演出者为谁，什么报纸，可惜发来的件未详。

一、独挑排戏通说全堂

1923年2月即从农历正月初一起，上海丹桂第一台陆续从京、津、东北等地约来众多北方的名角，赵松樵就是被邀者之一。据松樵回忆，他这次去上海丹桂第一台是筱九霄向戏班经理刘凤祥（前辈著名艺人）推荐的，订一年的合同。这些名角连同本地演员，集一时之盛，有高庆

奎、何雅秋、王汇川、刘奎官、赵松樵、高福安、小小宝义、孙少云、筱九霄、金少山、小吉瑞、李庆棠、王兰芳等。刘乃崇先生文《名留世间的高庆奎》记："1923 年 2 月，周信芳离开丹桂第一台，高庆奎到丹桂，与赵松樵、刘奎官、曹宝义、李兰亭等合演。"文中记有李兰亭，有误，彼时李兰亭并未在上海，不但亲历者赵松樵回忆未有李兰亭，而且查当年上海报纸刊登的演出广告中，记录的演员亦无李兰亭。开始他们以传统老戏满足上海观众，例如上海《申报》的 1923 年农历正月初六第 5 版上登载当天日场有高庆奎、王汇川演全本《诸仙镇》，何雅秋演《寒窑相会》，刘奎官演《水淹七军》，小小宝义演《独木关》，当天夜场高庆奎演全本《琼林宴》，何雅秋演《斩窦娥》，王汇川演《伐子都》，刘奎官和小小宝义演《新长坂坡》。再如《申报》1923 年 2 月 26 日第 3 版刊登广告，农历 11 日的日场由王汇川、刘奎官合演《连环套》，何雅秋演《徐杨返宫》，赵松樵和筱九霄合演《两狼关》，小小宝义演《投军别窑》，筱九霄双出演《收关胜》，夜场绅商特烦高庆奎演二本《戏迷传》，何雅秋演《贵妃醉酒》，王汇川、赵松樵、小小宝义合演《独木关》，刘奎官演《审李七》，筱九霄演《十字坡》，王汇川、赵松樵、刘奎官、小小宝义四人双出再合演《新长坂坡》。除此之外，高庆奎演《珠帘寨》饰李克用，亲点赵松樵饰程敬思为配；高演《斩黄袍》饰赵匡胤，再点赵松樵饰高怀德。他们还合作排演《佟家坞》，高庆奎饰余化龙，赵松樵饰安天寿，王汇川饰张天雷，高福安导演并主演。

丹桂第一台聘请的杨润谱（艺名还阳草，旦角名家，曾任天津奎德社社长）导排《十粒金丹》，主演有高庆奎饰高廷赞，小小宝义饰吕洞宾，另有金少山等。没演几场，经理刘凤祥看业务不理想，要戏班把这个戏马上切住，原计划要排的第二本《十粒金丹》尚在摇篮中就夭折了。可是，这个戏班的人与戏院的合同还差两个月才到期，戏班的人又不能散。这时刘凤祥与筱九霄商量，他们提出要松樵出来给排新戏，其他主演也一致保举，当时梨园界早有"赵松樵能排新戏"的传颂。经理也出面亲自找他，请他出来帮忙，无论如何要把未满期的合同给"圆"下来。22 岁的松樵临危受命，只好接受众议。经过认真思考，他认为这期合作名角荟萃，必须想一出这些主演都能同台合作的戏才好，于是他想到了 4 年前自己编演的《呼延庆打擂》，决定排演此戏，剧名改为《呼延庆出世》。排戏的前一天，后台便写出了水牌："明天排新戏《呼延庆出世》，特请赵松樵艺员担任排演。"那时"排演"也叫"说戏"，这个"职称"还不只相当于如今的导演，是连编剧带导演两职共兼的，有时甚至是兼任唱腔设计的。那时专职导演在京剧界几乎没有，专职编剧也极少，都多由主演身兼数职，总行其责。这次负责排《呼延庆出世》，就是这种情况。提前一天，他在家中打了个提纲，排戏这天演员都来齐了，就连高庆奎这样的大角儿也不例外，不摆架子，可丁可卯地到场顶着，仔细地听着给自己安排的什么角色，对自己所扮角色有何要求。本来大家静等着松樵给发本子了，令人惊讶的是人们片纸未见，一切剧情、场次、角色、台词、锣经，全由他当场现说，要不怎么会有"说戏"一词呢。这第一本的排戏从当晚散戏后，一直说到第二天上午。他排的戏在肚里装，从口里出，据说当年在上海除了他，就只有周信芳能如此。这一手把大家镇住了，无论长幼，都对面前这位年仅 22 岁却才华横溢的青年艺术家佩服至极。早就风传他能编剧、排戏，如今看来是名不虚传了。排戏过程中，天下起雨来，大家有些扫兴。戏排完，已经是上午十点来钟，雨过天晴，人们喜出望外，认为这是个好兆头，一致表示这回都得"铆上"，决心让《呼延庆出世》一炮打响，出世留名。

二、群星荟萃全梁上坝

位于上海四马路的丹桂第一台，大门前灯光辉煌，人头攒动，熙熙攘攘。大门上方用五层板制作的广告牌矗立着，几十只灯泡围作一圈，照得通亮映天。广告牌右边是一只用石膏塑成的立体老虎，从虎口喷出云烟，云烟中有用五层板制成的呼延庆人形。广告牌中部位置是云形，左边则是用五层板制成的包拯人形，铁骨铮铮的样子。广告牌上嵌有五个大字"呼延庆出世"，另有小字：总导演赵松樵，主演高庆奎、小小宝义、王汇川、刘奎官、何雅秋、高福安、金少山、王兰芳。宣传的气派十足，戏班全梁上坝，引来观客从四面八方齐聚"丹桂"门前，头一天的戏票早就一抢而空，客满的牌子早已挂出去，场内气氛热气腾腾。头本戏演员分担的角色为：高庆奎饰包拯（晚 10 点钟上场），小小宝义饰呼延庆，赵松樵饰寇准，王汇川饰呼延丕显，刘奎官饰庞文，高福安饰马昆，何雅秋饰呼延庆母王金莲，王兰芳饰西宫曹妃，金少山饰黄文炳，李庆棠饰黄文叙，高盛麟饰孟强。当时小小宝义（曹艺斌）是12岁，高盛麟只有8岁。从1923年5月6日夜场开始上演头本《呼延庆出世》，连演33天，场场爆满，欲罢不能，松樵连排下去。6月13日夜场起接演第二本，主演有高百岁、小小宝义、刘奎官、赵松樵、王汇川、何雅秋、高福安、梅春奎、金少山、筱九霄、李庆堂、李少棠、王兰芳、陈月梅等。7月14日夜场起上演第三本。8月23日上海《申报》载："丹桂第一台特烦赵君松樵续排著名宋史机关布景好戏四本呼延庆出世。"9月1日起演第四本，原班人马。1923年5月7日、6月16日、7月5日和8月24日的上海《新闻报》也曾登载过《呼延庆出世》一至四本的剧情和广告。

高庆奎演完头一本《呼延庆出世》的包拯后，就被上海大舞台从丹桂第一台戏院挖走，与在大舞台演《狸猫换太子》的小达子交叉演出。高庆奎到了大舞台后，演出《打棍出箱》《狸猫换太子》等。他在丹桂第一台订的不是长年的合同，包银6000，到大舞台后，订立长年合同，包银为4300。小达子在大舞台时也不是长年的合同，包银也是6000，到丹桂第一台后同样订立长年的合同，两人当时在上海的酬劳待遇是一样的，也是最高的。高庆奎走后，丹桂第一台这边继续演《呼延庆出世》，包拯由刘奎官扮演，其他人扮演的角色基本不变。松樵在丹桂第一台从1923年的5月至9月排演《呼延庆出世》4个月，接着就排演自家剧目《云罗山》（《云》或称《云忠孝》），上海《新闻报》在1923年8月10日刊登出该剧剧情摘要。他在丹桂第一台走红了七八个月之后，到11月时，丹桂进来了高百岁、杨天宝和小杨月楼父子等，与高庆奎合作要排40本的《五虎平南》。松樵怕影响别人排新戏，合同履满后便离开丹桂第一台，被南京百利公司派来的樊春楼接去演出。演到年底，曹宝义又接松樵回上海，进黄金荣的共舞台演出。

三、剧本结构与剧情

那么，他所有编的戏，包括这出《呼延庆出世》，是否只装在肚里，只有腹稿，而无原创剧本呢？不是的，松樵先生曾整理自己演过的戏，包括他本人编的以及他改编的传统的剧目，曾请专人整理、誊写成本。据他本人和家属介绍，当初他曾请一位先生，每天发给先生两块大洋，管先生吃饭，到他家为他记录、誊写剧本，装有两大戏箱子，精心保存了几十年，可惜动乱中被一齐抄走，至今不知下落，他一生的心血就这样毁于一旦，如烟消云散。

赵松樵编导《呼延庆出世》（1923年8月24日上海《申报》）

赵松樵先生编演的京剧四本《呼延庆出世》的剧情梗概如下。

第一本：从老戏《下河东》开始，宋太祖下河东，遭欧阳方围困。宋将呼延寿廷被欧阳方斩，寿廷之子呼延赞河东救宋王，斩欧阳方后，呼延赞亦战死。其妻痛悼丈夫后，携子呼延丕显隐居不仕。新王宋仁宗登基，召忠臣将门之后呼延丕显入朝，拜为元帅，命伐幽州。军中解粮庞豹是奸臣庞文之侄，因贻误军机被丕显处斩。庞文妻乃欧阳方之女，旧与呼延家族有杀父之仇，庞呼两家积怨日深。庞文之女册封西宫，父女合谋陷害呼家，呼家果遭满家抄斩，只呼延庆母子幸得逃脱。呼延庆9岁随母祭坟时被庞家察觉，包拯救呼延庆母子逃出京城。

庞文派子庞龙、庞虎穷追，擒住呼延庆，被庞文打死。呼延庆复被王禅老祖救活，带回深山传武艺。逾三年，呼延庆下山救母，在三虎庄结识孟良之后孟强、焦赞之后焦裕，三人往呼延家肉丘坟烧纸钱，大火蔓延，烧庞府。寇准与佘太君保护并放走三人，宋王怒，欲斩杨家将。寇准上殿奏本求情，王不允，包拯还朝，赶至法场，拦阻刀斧，怒打黄家二奸。

第二本：包拯劫法场触怒宋王仁宗，欲斩包拯。八贤王保本不准，则以金锏逼王赦包。寇准以探病为由，对庞文百般冷嘲热讽。呼延庆之母恐子外出再生事端，将子及孟强、焦裕锁于家中。幽州再传战书，黄文炳里通外国，窥视宋朝江山。庞文派僧人欧子芳设擂台招贤，适逢杨文广回朝，怒击庞文。欧子芳劈死卢延芳，呼延庆打死欧子芳，庞文欲擒，杨文广与佘太君救之。庞文上本，宋王复欲斩杨门之人。包拯得信，抬铡上殿，怒斩黄文炳。这本以呼延庆打擂、包拯怒铡黄文炳为主要情节。

第三本：呼延庆打擂后，奔至幽州，父子相识，呼延守信在崔家庄招赘。呼延平降生，得黄龙真人传武学成，奉师命下山侍母。呼延守信、呼延平、呼延庆相识。呼延庆、呼延平大闹东京汴梁，夺走帅印。包拯蒙冤获罪，被宋王削职为民。庞龙、庞虎追杀呼延庆、呼延平，二人逃至古庙内，被观世音菩萨搭救，呼延庆兄弟再脱虎口之险。

第四本：呼延兄弟因受庞文迫害，夺印后逃至边关幽州，呼家团聚，并发兵直逼京城，为包拯请命，还朝复职，要求宋王交出庞文父子。庞文请龟背道人暗害朝中文武忠臣。呼延庆领兵围京城，宋王无奈，命寇准带圣旨召回包拯，欲杀未遂，呼延庆得包拯指点，发兵讨伐庞文同党龟背道人，包拯与呼延庆被妖道困于山中。

四、影响广泛遍地开花

《呼延庆出世》自从赵松樵编演成京剧以来，在京剧界影响力与日俱增，跟进演出者渐渐多了起来。1923 年松樵等在上海首次演出《呼延庆出世》连本戏时，天津戏班、北京奎德社等派人赴沪学戏，回去后排演。《中国戏曲志·天津卷·大事年表》中记："1939 年 7 月 3 日，荣玉社子弟科班成立。之后，由童伶田中玉、方素琴等在天津天宫戏院演出连台本戏《呼延庆出世》。"《中国京剧史·中卷》第 28 章"沦陷区的京剧（上）"第 377 页在叙述抗战时期天津的京剧时记："李宗义、田菊林等角都是这一时期颇受观众欢迎的天津京剧演员，由他们领衔演出的《火烧绵山》《四郎探母》《龙凤呈祥》一类传统戏和《呼延庆出世》《猴王斗如来》等连台本戏都为市民所称道。"有的演员甚至在此基础上进一步铺陈敷衍，攒成十几本的连本大戏。《中国京剧史·中卷》第 29 章"沦陷区的京剧（下）"第 460 页在叙述东北地区的京剧时记："新民戏院则以本班演员和搭班主要演员唐韵笙等合作公演了新编剧目：《二子乘舟》《张果老成亲》……16 本《金鞭记》……以此与关内来的各大班社抗衡。"《唐韵笙评传》附录之"年表"记：1943 年唐韵笙"后去吉林市组建'育风馆京剧团'……在新庆大戏院演出《怪侠锄奸记》《天河配》《目连僧救母》《金鞭记》《张果老招亲》等"。《长春市戏曲志》记：1945 年 1 月，"松竹社"科班在长春影戏院（长春剧场前身）演出 16 本《金鞭记》，筱柏岩（孙震霖）饰呼延庆。据天津戏剧史料记载，1947 年姜铁麟和小盛春等，1948 年李铁英和陈云超、李元春等，均曾排演《呼延庆出世》。《天津日报》载，1957 年 11 月 3 日起，天津市建华京剧团王则昭、白晶珠、徐泽民、曹艺铸、袁文君、费玉策在天津群英戏院开始演出连本戏《呼延庆出世》，共演出 6 本。1962 年 7 月 16 日起，天津市革新京剧团在天华景戏院开始上演《呼延庆出世》，16—25 日演出了共 4 本，遂于 1962 年 9 月 2 日起革新京剧团在长江影剧院开始演出头本《呼延庆打擂》。

由以上被广泛演出的史实不难看出，松樵先生创演的京剧《呼延庆出世》（《金鞭记》《呼延庆打擂》）影响广泛，在演出市场具有强大的感召力，仅在天津就延续演至 1962 年。

三十八、巧构思鹦鹉救主　妙安排贝赋布局

京剧连本戏《鹦鹉救真主》是带有神话性质的剧目，内容以三国归于晋初期的年代和社会为背景。查《京剧剧目词典》在"两晋、南北朝"的剧目部分载有此剧，但是在剧情介绍中记主要人物有"司马昭"，是错误的，应该是"司马炎"。人物名字搞错，当然年代也就对不上了。该词典又记："未见原剧本，提要载 1924 年 6 月 28 日上海《新闻报》。演出于上海共舞台。"这里记载的年代、时间和地点均可证明，所记就是赵松樵在此时此地所演的史实。

一、演出与构思

《鹦鹉救真主》是赵松樵根据曹伯泉（曹毛包）演出的《马潜龙走国》重新编剧排演的，这个戏最早创作于 1919 年，他在海参崴演出时期，1920 年和 1927 年两度在哈尔滨大舞台排演此剧，与松樵一起研究该剧的有郑玉华、赵冠群、杜文林共四人。后一次演出时，松樵扮演许江，杨瑞亭饰司马炎，马德成饰丞相贝赋，孟丽君饰王月英。1924 年初，松樵从南京被上海共舞台戏院接去，又一次排演《鹦鹉救真主》，上海《新闻报》1924 年 6 月 28 日登载共舞台即将上演这个戏的预告和剧情提要。他在共舞台演出大约半年的光景，与其他主要演员合作得很愉快，戏院方面的业务红红火火。当时与他同在共舞台的有曹宝义、张文艳等。他为了表示心意，答谢各位主要演员与自己的精诚合作，他想为曹、张二位排一出由他们二位担任主角的戏，计划演《鹦鹉救真主》。于是，他对这个戏再予细加工，丰富剧情，增添人物，在唱、念、做、打、舞各方面做周到详尽的设计。演员所演的角色已经排定，由张文艳扮演剧中旦角头号人物王月英娘娘，曹宝义扮演剧中的头号人物贝赋丞相，他本人扮演司马炎，程永龙扮演王敦。但是，事情出了岔子，原班演员中闹起了纠纷，主演要辞班，这样一来原人就凑不齐了。戏院方怕

393

影响业务，好不容易要排新戏，眼看就要"泡汤"，于是戏院方改由应宝莲扮演贝赋，吕美玉接娘娘的角色，程永龙改扮反派人物黄宗道。后来在另一次演此剧时，由王兰芳饰演王月英。

赵松樵编的这个戏，把鹦鹉人格化，假托鹦鹉在人间行事，伸张正义，主持公道，惩恶扬善，这是非常富于浪漫主义色彩的创作构思，形似神话剧。鹦鹉现身原形时用"鸟形"表现，能显示出神鸟的神奇威力，但平时则让它化为一名丞相。尤其巧妙构思的是把"鹦鹉"二字拆开，取"鹦"字上头左部的一个"贝"字作为丞相的姓，取"鹉"字的左旁的"武"字与另一个"贝"字合成"赋"字，作为丞相的名字，这样组合成"贝赋"这个名字，很有点才学。传说司马炎登基后，宠爱一只鹦鹉，此鸟通人性，能说会唱，司马炎封它有丞相的爵位。剧中很多情节都与鹦鹉有关，可是在戏里，一只鹦鹉如何能参与剧情的表演呢？于是想出把它化为人形，设为丞相之位，表现起来就灵便自如了。这是很有创意智慧的奇思妙想。

京剧名家刘奎官、王汇川等均曾与赵松樵合演过《鹦鹉救真主》，刘奎官饰许江，王汇川饰邢赞。1919 年在海参崴与赵松樵一起演过《鹦鹉救真主》的唐韵笙后来把这出戏加以扩展篇幅并上演，据《中国京剧史》记载，1938 年至 1942 年间，唐韵笙在长春新民大戏院演出一些新编连本戏，其中就有"11 本《鹦鹉救真主》"。松樵先生的大弟子李铁英也排演过这个连本戏，李铁英饰许江。

二、结构与剧情

松樵先生共编有 5 本《鹦鹉救真主》，但是，经常上演的是 1—3 本。各本剧情如下。

第一本：故事发生的年代设定在公元 265 年以后，魏、蜀、吴三国统一，归为西晋的时期。晋武帝司马炎登基，尚无皇后。军师杜文夜观星象，认定娘娘出在河南地界，并根据星象绘出美女图形。炎帝大悦，命卢英和司马明携圣旨到河南寻访画中人。二人遍访民间，寻至以研墨、卖斗为生的王敦家，其女王月英被认定为娘娘。乡民欢送王月英父女进京。王敦父女入宫，敦受封为太师，但司马明见王敦不行参驾大礼，遂参奏勿封。炎改派王敦父子出守潼关。王敦夜梦大树开花，光华四射，不解梦意。一日拜谒当地一道观，观内黄宗道实为妖道，诡称王敦有帝王命相，言梦预示称帝吉兆，怂恿王敦父子造反夺帝位，自为国师。王氏父子本对炎帝派其出京城戍守潼关不满，决意谋反，招兵买马，反迹暴露。消息传入宫内，司马明复奏圣上，调王氏父子回长安，撤掉王敦兵权。黄宗道施妖法促司马炎昏睡不醒，王敦父子盗取龙袍篡位，黄受封军师。百官不服，忠臣尽遭杀戮。丞相贝赋为保全满朝忠良，伴装降服，遭众人斥为助纣为虐。王敦囚炎帝在御花园内，下令缉拿司马明。王月英闻宫中政变，至御花园探望炎帝，痛数其父兄不义，大逆不道，被父兄打入冷宫。王敦逼索国玺，司马炎拒，遭剑劈。司马明由暗道入冷宫探娘娘，与贝赋密商讨逆之策。司马明潜逃至潼关。月英母探女，亦遭女儿痛骂。月英在冷宫生下一子，取名司马潜龙。王敦之子王龙、王虎定下毒计，火烧冷宫，欲害月英母子，以图斩草除根。冷宫遭火焚，火光冲天，鹦鹉带出娘娘母子腾空而去。

第二本：黄宗道得知司马明逃至潼关，即令陈金定带兵前往围困，陈对妖道阳奉阴违。武将许江不愿与叛逆同流合污，挂冠离去，藏匿民间。娘娘王月英被鹦鹉救出后，落荒民间，又被东海王景晨救活，带回家中，与先已落脚王家的儿子司马潜龙团圆。此时儿子为避耳目，已改名马再兴。许江流落民间后，以卖艺为掩护，与马再兴巧遇，马拜许为师学习武艺。马再兴学武有成，某日偶遇东海镇守副将郎虎之子郎兴，郎兴寻衅，被马误伤而亡。郎虎搜出王月英母子，辨明身份，缉拿母子并经水路解往长安。途中，马再兴纵水潜逃，被渔民救起，后在昆山县遇邢赞。王月英被郎虎解至京城，鹦鹉二次救主逃出藩篱。许江率民众救娘娘，杀郎虎，在东海一带招兵买马，囤草积粮，与王敦父子对抗，待机重振朝纲。贝赋向王敦讨令，加以要到东海刺探虚实。贝赋到东海，正遇王月英哭海，以为马再兴已溺死水中。王月英与贝赋相见，并引见许江。

第三本：乡间贫民邢赞幼丧父母，随祖母长大，常与山林中老虎为伴嬉戏，吃虎奶，身强体壮。一日，邢上山打柴，所带干粮被饥肠饿肚的逃难之人马再兴吃掉，二人争吵，祖母劝解，两人和好，义结兄弟。祖母病故后，邢赞大病，为给邢治病，马再兴自卖到陶员外家为奴做佣。陶员外原为知府，告老还乡，老来得子。幼子终日啼哭不止，故招用人照看，唯马再兴抱之不啼，为此陶对马十分器重。闲时马常题诗于地，抒发郁闷之情，对悲惨身世时有流露。诗被陶家小姐发现，从诗中猜出马之身份，陶小姐以身私许。邢赞病痊愈，到陶府找马，愿以虎皮赎回马，还其自由身。马念及陶府上下人等待己恩厚情重，不忍离去。邢怒，认为皆是陶家小孩拖累马兄难以脱身，夺小孩掷地而亡。邢逃，马追，邢故以此计诱马跑出陶家。陶员外知幼子已死，又得知马为太子身份，且小女已私许之，毅然摒弃私嫌，愿为马再兴锄奸复仇鼎力相助。

三、表演与特色

1. 场面恢宏气势夺人

他在第一本戏里安排有一场乡民送娘娘王月英赴京入宫的宏大隆重的场景，角色有生、旦、净、丑俱全，表演形式有唱、念、做、舞齐备，形式新颖独特，开新风掘先河。这场戏里有众人的合唱，有王月英的大段独唱，有渔（夫）樵（夫）耕（种的农夫）读（书的书生）的对白、对唱，还有单人、多人和集体的舞蹈，配合上布景机关和灯光的调度巧用，多种艺术手段综合应用，营造出精彩纷呈、气氛热烈，使人赏心悦目、充耳动听的玄妙美感，让人觉得身临魔幻的仙境一样。若用现代词汇来表述，这是一项匠心独运的大制作，在当时确实是超前的全新设计。渔夫由老生扮演，樵夫由丑角扮演，耕者由花脸扮演，书生由小生扮演。还有一位大青衣的角色，就是新选的娘娘王月英。这场戏在舞台上配置的布景是立体式，前后上下是分有层次的，渔夫手持钓鱼竿立在船头之上，樵夫手拿斧头在山林间，农夫手扶锄头在田间，书生手握书卷在亭子里。大幕一拉开，有山有水，有田头地垄，有小船凉亭，渔樵耕读四个角色已经各就各位，场景美轮美奂，洋溢着生活气息。众百姓上，分散而立，全场充满喜庆热烈的气氛。

乐器响起，以海笛为主，加二胡、四胡、月琴、弦子伴奏。众人合唱："一寸光阴，寸光阴，河南城内民欢心。圣旨一到河南城，选请娘娘入朝门。"一乡民对众人（白）："请了！"众人（白）："请了！"该乡民（白）："听说咱河南诚出了娘娘之位，朝中来了大臣，奉旨选请娘娘以为朝阳，我们河南城有了天大的喜事！听说今日就要入朝，你我大家欢送欢送吧！"另一乡民（白）："唉，你们听见没有马蹄声响，远远望见銮驾来了！"众人（白）："把道让开了！"接着锣鼓起【冲头】，涨调门，起【导板】，王月英（闷帘唱）："圣旨到河南城，黎民声喊。"落腔后，上全副銮驾、众差官，王月英一家人坐车，王月英坐銮驾上，接唱【回笼】腔："奴身在闺阁间，到如今身入皇宫院。父做高官，母受皇封，一阵阵嬉笑容颜。"渔夫（白）："哎呀呀，想不到呀，我们河南城有了一位娘娘了，予我们河南壮威风，真真喜煞人也！"之后笛子启奏，渔夫有 5 句唱，唱完，众人笑。王月英在小唢呐的伴奏下有 6 句【原板】的唱。然后锣鼓起【滚头】，众人走"圆场""四门儿"。下边不再用海笛伴奏，改唱【西皮流水】板，由农夫唱 4 句。然后，王月英起"叫头"，唱 4 句【流水】。之后，有个小"圆场"，站在亭子里的书生有 4 句【数板】，王月英接唱【流水】板。最后起【急急风】锣鼓经，站"斜门"，"圆场"，远景是城楼，众人送，亮群相，落幕。

松樵先生把这一大场戏整个给我演过一遍，王月英的青衣唱腔他居然饶有兴致地全唱出来，我心中暗自赞叹。没有看过这出戏，通过老先生这一通说，已经让我感受到当场演出时的宏大场景和热闹气氛了。

2. 主配协力同台一戏

从以上的介绍可以看出，这很像现在的新编戏，可是，在八九十年前就已经有赵松樵先生创编出来这种表现形式和壮观的京剧舞台场面了。不但表现形式多样、多变、灵活，而且舞台上的演员都被调动起来了，让他们充分参与到整体表演的系统之中，这与一些名角强调"以我为中心"、台上只看一个人的艺术理念是有很大差别的。我们常说京剧演出要讲求"一棵菜"，什么叫"一棵菜"？舞台上一枝独秀，只突出主角一个人，那提得到"一棵菜"吗，还用得着提"一棵菜"吗？那就是一棵独苗，只有不但第一主角而且要主配、次配等凡是在舞台上的演员都要像主演一样认真、尽力并且有机会表现，才会形成"一棵菜"的演出效果。不仅是演员的表演，他还充分调动伴奏乐队的力量，紧密配合剧情和场面变化，发挥烘托气氛的作用，与演员表演、舞台美术造出的景物，共同构成这样恢宏、热烈的场景。多手段、全方位表现一个剧目，凸现京剧表演的综合性，是赵派艺术创作活动的一个明显特点。他说，单只这一场戏他就构思了半个多月的时间，场景、人物的设计，唱词、唱腔的编制，无不煞费苦心，精心的打造必然出来精品。这场戏的结尾他没有用传统的角色一次鱼贯而下的下场方式，而是采用集体亮相落幕的方式，这在九十多年前的京剧舞台来说，是很前卫很新派的，有新时代感。

3. 以情唱曲重在演情

演戏演的是人与情。第一本戏里有另一个重点表现的场次，就是王月英、司马炎、贝赋见面的一场，是感情浓烈的情感剧，生动感人。剧情是王月英之父王敦篡位，司马炎被幽禁在御花园，娘娘王月英前来探视，二人哭述衷肠，王月英怒斥贼父，贝赋偷偷前来，君臣计议。这场戏以王月英和司马炎的对唱为主要内容和表演形式，是全剧集中表现演员唱功的地方。采用变化的【二黄散板】【反西皮】【原板】等组成唱腔的套曲。例如【二黄散板】是王月英与司马炎的对唱，用"大光锣"为伴奏，烘托出人物此时悲伤的情怀和气氛，演员表现出的感情充沛。司马炎与贝赋对唱【反西皮】，然后是王月英唱【原板】，都是用音乐形象来塑造人物形象，传达出人物的情感世界。

4. 表演多样综合艺术

第三本戏里他分别给不同人物安排了唱、念、做的表演机会。例如在陶家花园一场戏中，当马再兴与陶小姐不期邂逅时，他安排有马再兴、陶小姐、丫鬟盼秋三个角色的对唱，以【南梆子】起唱，然后转

【西皮流水】板。这场戏演出时，在舞台上有马再兴、陶小姐、邢赞、丫鬟盼秋四个人，每个人的思想活动都有不同的表现，表现出的个性不同，戏给他们都提供了表现的机会，都有所刻画。在对唱中又夹有念白、【数板】，表演形式灵活多样，并且符合当时的情境。马再兴在陶家当奴佣，邢赞病愈后为了用虎皮赎回马的身份，上山打虎，这场戏里安排有邢赞的一套精彩的打虎舞蹈表演。邢赞路遇官兵要缉捕马再兴时，邢挺身而出，上前营救，这场有开打。

纵上所述不难看出，赵松樵编演新戏是紧跟时代前行的，他不但注意充分调动一切可以利用的京剧传统表现手段，而且能把当代最先进最新出现的一切影视表现形式与科技成果嫁接到中国古典戏曲艺术中去，加以充分利用，这种创造革新的精神和实践是非常难能可贵的。他为京剧表现形式的多样化和创新发展，做出了开拓性的探索，有可借鉴的价值。他艺术创造的实践和成果告诉我们，他是一位京剧的革新家和创造家，是京剧向现代发展的促进者，是探索京剧新表演形式的拓荒者，是为勘探京剧发展新路的先驱者，他是成功者。

著名戏曲理论家焦菊隐先生说过："进行新的艺术创造，既要根据生活，同时也要根据传统，丰富并发展戏曲在创作方法和艺术表现、艺术形式和构成规律上所早已形成的民族体系。"[1]松樵先生创编新戏的艺术实践，完全实现了焦先生期望的那样，在创作方法和艺术表现方法等方面丰富并发展了戏曲民族体系。

三十九、红莲寺连演三年　卓别林称赞不已

京剧《火烧红莲寺》是根据不肖生著的《江湖奇侠传》编剧而成的，但是赵松樵的演出本是把《江湖奇侠传》与他珍藏的《包公巧断七十二案》剧本进行移花接木，相嫁接而成的。

---

① 详见《焦菊隐戏剧论文集》第 260 页。

一、《火烧红莲寺》的影剧作品

该小说迅速走红后，据统计，仅 1930 年模仿该部小说而创作的武侠小说就有一百种左右。1927 年上海明星影片公司老板张石川决定把《江湖奇侠传》拍成电影，与郑正秋、周剑云策划商定，由郑正秋根据该书的第八十一回"红莲寺和尚述情由"等章节内容改编为剧本，摄影董克毅，影片定名为《火烧红莲寺》。拍完上映，继小说之后掀起第二波高潮。继之的第三波高潮就是 1935 年由赵松樵主创并领衔主演的京剧连本戏《火烧红莲寺》，并且京剧版的《火烧红莲寺》维持走红和产生影响的时间比同题材的小说、电影更长，电影是一两年，小说是 10 年，而京剧《火烧红莲寺》从 1935 年出世起被各地剧团演出一直持续到 20 世纪 50 年代，足有二十余年。

京剧《火烧红莲寺》是一部自 1935 年开始盛行于京剧舞台的侠客戏，主题思想是惩恶扬善、杀贪济贫、宣扬为官清廉爱民。据《京剧剧目辞典》记载，该剧共有三种版本：一是李万春收藏的三本版，编者不详；另一种是二本版，由翁偶虹为中华戏曲专科学校学生所编；第三种是据上海《新闻报》1937 年 7 月 14 日载上海共舞台曾演，此剧"五十四本"（有误，见下文）。对这第三种版本既没有注明编剧、导演，也没有注明主要演员为谁。除此之外还有其他版本，例如《中国京剧》2013 年第 2 期刊登上海顾炳兴先生的文章《白玉昆沪上往事录（上）》记：1929 年 10 月盖天红、汤桂芬在上海大世界乾坤大剧场曾演出《火烧红莲寺》。1932 年 8 月郭玉昆、王芸芳、高雪樵、林树森、粉菊花、陈鹤峰等在天蟾舞台演过剧名为《大破红莲寺》的戏。这样算来京剧至少有五种版本。在第三种版本出世以前，还有一种电影版的《火烧红莲寺》。上海明星电影公司的郑正秋、张百川移植拍成 18 集电影，这是我国独立摄制的第一部黑白武侠影片，由郑小秋、胡蝶、夏佩珍、谭志远等明星主演。但是，就戏曲而论，无论从戏幅之大、参加演出的演员阵容之强，还是从连演时间之长、影响之广，其他各种版本都无法与第三种版本相提并论。顾文也说：无论哪一个版本的《火烧红莲寺》都不如共舞台，这台《火烧红莲寺》的"生意好得出奇，客满的霓虹灯闪亮……人满为患，盛况空前"。

赵松樵主演《火烧红莲寺》（1935 年 11 月 4 日上海《申报》）

二、进上海一炮而红

那么，1935 年在上海共舞台创演这部鸿篇巨制《火烧红莲寺》的究竟是哪一位呢？

1935 年，李万春、张艳芬在上海共舞台做短期演出，戏院没赚上钱。李走后，共舞台急于要物色一名能为其赚钱的演员和剧目。张艳芬仍留在共舞台，拿出在天津下天仙戏院演过的剧本《江湖奇侠传》，与高雪樵等人只排演出一本戏。还是不成，接下去怎么办？共舞台戏班中有位演员陈月楼，推荐接能导演善编剧演技好的赵松樵来帮忙维持戏院的演出业务。陈月楼者原名陈喜奎，与松樵有故交，松樵好学，他曾给松樵说过《下河东》这出戏。

陈月楼想凭他与松樵的交情，根据他对松樵为人的了解，松樵定然不会拒绝他的请求，一准会来帮忙。这时松樵在大连，他在东北地区已经待了数年，上海曾 4 次来人要接他，都没能把他挖走，当地戏院千方

编导篇　编导改创　自制新戏

百计阻拦。这次陈月楼委托葛华卿去大连接赵松樵。葛华卿吸收前几次来人没能成功的前车之鉴，下车伊始先打听松樵的住址，不去戏院和戏班谈公事。葛找到赵家，留下请帖，约松樵到至美楼饭庄面谈。松樵以前并不认识葛，持请帖赴约。葛对松樵先生十分恭敬，说明是受陈月楼之托，乘"丰田号"日本船从上海专程来大连，邀请松樵去上海共舞台挑班演出，说时间紧迫，刻不容缓，人到上海后公事（酬金）好谈。松樵回家与家人商量，都同意去上海，决定他一人先走，如果十几人一起行动，目标太大，恐怕还是走不成，等他到上海安顿好以后，再接其他人去。葛华卿先期回上海，发来路费汇款 300 元以表诚意，松樵轻装简行，既没带帮手，也没带"戏箱""行头"，孤身一人乘火车经天津去上海。来到上海演什么戏好呢？他颇费思量。共舞台现在继续演《江湖剑侠传》应付着，不如改成《火烧红莲寺》，先编出第一本做"打炮"戏演出。这一炮打出就开门大红。他赶紧接来自己的一班人加入演出，越演越红，只第一本就连续爆满几十天。这就是上海共舞台演出几十本《火烧红莲寺》的由来。赵松樵是自始至终未间断领衔主演《火烧红莲寺》的唯一主角演员。

三、几点澄清

关于这部《火烧红莲寺》的多种记载出入比较大，需要澄清的主要有以下几点。

1. 赵版《火烧红莲寺》究竟共演出了多少本

许多资料记载不详或不确，如当年上海《新闻报》曾登载说该剧是 54 本，后来于 1980 年才成书的《京剧剧目辞典》人云亦云也记为 54 本，更晚在 1990 年出版的《京剧知识辞典》随之谬种流传仍记为 54 本。《中国京剧史·中卷》第 32 章下笔时倒是征得一些历史根源，记为"三十多本"，具体数字未详。

对此问题，我曾分别当面问过一直参与创作和主演该剧的赵松樵先生，还有参与演出的赵云鹤先生，他们父子都明确回答是 34 本。后查到当年报纸的演出广告，确定《火烧红莲寺》演出到第三十四本截止。

2. 赵版《火烧红莲寺》演了多长时间，年代为何

《中国京剧史·中卷》第 32 章记演了"长达三年之久"。陈洁编著的《民国戏曲史年谱》（1912—1949）记《火烧红莲寺》从 1935 年"11月 9 日"上演，"连续演至 1939 年，前后达四年"，记载有误。

1991 年《戏剧电影报》第 31 期发表旦角名家金倚萍先生短文"《火烧红莲寺》纪实"，记述甚详。该文以确凿史料说："据《申报》：一九三五年底，上海荣记共舞台'重金礼聘蜚声南北，文武唱做，独树一帜，超等能派泰斗'赵松樵于一九三五年十一月九日领衔主演《火烧红莲寺》。阵容强大，机关布景，又兼票价大众化（一至八角），一炮打响，一演即红，堪为上海连台本戏之冠。头本连满四十场，此后二、三、四……本连续上演，欲罢不能。除其间每年歇夏及王少楼、李雪枋、陈月楼插进演《白蛇传》'大耍真蛇'十天左右之外，《红》剧不断变换，扩大阵容，一直演到一九三八年七月十六日以'群英大会，红莲寺大团圆'号召观众。从一九三五年十一月九号开始至一九三八年七月十六日为止，共演出了三十四集，前后共历时三年八个月之久，可谓盛矣！"这篇文章很有历史资料价值，解决了长久没有确切答案的问题。但是计算错误，应该是该剧演出共历时"两年八个月"。

3. 究竟是谁领衔主演这部《火烧红莲寺》

《中国京剧史·中卷》第 32 章第 727 页写道："毛剑秋在共舞台演得最多的是《火烧红莲寺》，演了三十多本，长达三年之久。"这一段记述给读者的感觉好像是毛剑秋"演了三十多本，长达三年之久"，这是严重失实的。事实是毛剑秋与其他许多主要演员一样，并未参与共舞台这部《火烧红莲寺》全部的演出过程，只是参与其中某一阶段的演出。徐剑雄著《京剧与上海都市社会》（1867—1949）："从 1935 年 11月起到 1939 年止，四年多（这里年代与时长有误）的时间中，共舞台先后推出 34 本《火烧红莲寺》连台本戏，参加的主要演员前后有赵松樵、云艳霞、刘奎官、王椿伯、于素莲、周凤文、张韵楼、葛华卿、白玉昆、毛韵珂、王少楼、毛剑秋等。"文中人名按"前后"排列的顺序，即可看出一些情况。实际上《中国京剧史》关于毛剑秋参加《红》剧演出的记述是自相矛盾的。就在该书的同一页（第 727 页）又记："当

时毛剑秋在武汉已有不小的声誉，可在上海尚未崭露头角。1937年6月间，她被邀请参加一次规模较大的堂会戏……引起共舞台经理周剑星的注意，周便聘毛剑秋为共舞台的头牌旦角，8月，毛剑秋加入共舞台。"很明显，这里说毛剑秋是1937年8月进的共舞台，《红》剧是1935年11月在共舞台开始上演，在她进共舞台时，《红》剧已经演出21个月了。该剧的演出总共历时32个月有余，假设毛剑秋从一进共舞台就一直参与演《红》剧到底，也只

赵松樵演《火烧红莲寺》饰侠客

不过参演了11个月，何来"毛剑秋在共舞台演得最多的是《火烧红莲寺》，演了三十多本，长达3年之久"这样的事情呢？

关于究竟谁是《红》剧的领衔主演，另有其他资料可证。黄桂秋之弟子朱永康先生在《黄桂秋老师和他的黄派艺术》一文中说："此外还有共舞台红极一时的第29集《火烧红莲寺》，由赵松樵主演。"2003年第9期《中国京剧》第24页刊出苏宗仁先生文《难忘儿时"放汤戏"》记：赵松樵、袁小楼、王筱芳、张二鹏、田子文、琴丽芳、马秀蓉（赵燕侠姑母）等主演《火烧红莲寺》。金勇勤著《卿本戏痴小王桂卿》一书第190页记："以上海共舞台的演出为例，先是王虎辰主演的《红羊豪侠传》到赵松樵主演的《火烧红莲寺》……"加上金倚萍文，以及当时的报纸广告，这些资料都足以证明是赵松樵领衔主演的《红》剧事实。

四、对赵松樵及其《火烧红莲寺》的报道选摘

1.1935 年 11 月 4 日上海《申报》（见图）：

"荣记共舞台，重金礼聘，蜚声南北，文武唱做，独树一帜，超等能派文武老生第一泰斗赵松樵，现已抵申，静养数日，即日登台。"

2.1935 年 11 月 3 日《申报》：

题："士别三日自当刮目相看。一去十载，艺已登峰造极"。正文："赵松樵艺员曾于十年前在本台演出，那时共舞台还没有迁到现址，赵艺员年纪还轻，可是玩意儿已经足堪惊人，一上了台，生龙活虎似的，能唱能做，淋漓尽致，大家都说孺子可教，将来保证出人头地。后来一离上海，果然红遍大江南北，自己组班成班，在各埠开演，所至有声。此次本台编演《火烧红莲寺》，剧中都是豪侠之辈，需要一位能文能武而有天才的艺员加入，才能使本剧生色。数度派人去平津接洽，才把这位多才多艺的赵艺员邀到了上海。"

3.1935 年 11 月 8 日《申报》增刊第 6 版：

"荣记共舞台准明夜初次开演《火烧红莲寺》，紧接头本《江湖奇侠传》。重金礼聘蜚声南北，独树一帜，超等能派泰斗赵松樵，明夜新戏登台，前饰陆小青，后饰卜文正。刘奎官明夜登台，饰剧中吕宣良，云艳霞饰剧中女主角经婉珍，王椿伯饰季玉清，周桐华饰卜文正（前），于素莲饰季素娟……勇猛武生李铁英文武老生赵云鹤。"

4.顾炳兴《白玉昆沪上往事录（上）》：

"当时正在上演的《火烧红莲寺》，生意好得出奇，客满的霓虹灯闪亮，一度造成爱多亚路（今延安东路）交通堵塞，人满为患，盛况空前。"

五、对《火烧红莲寺》的评价

《中国京剧史》的撰稿者在介绍有关《火烧红莲寺》时，评价似乎不是太正面。那么，社会上广大观众和内行的老艺术家们是如何评价该剧的呢？

1. 徐剑雄著《京剧与上海都市社会》（1867—1949）："《火烧红莲寺》它是根据平江不肖生的章回小说《江湖奇侠传》编排而成，剧情大致内容：红莲寺僧知圆强抢民女入寺，湖广巡抚卜文正调查案情，微服私访，被知圆禁困寺中。昆仑派引兵进攻红莲寺，救出卜文正，火烧红莲寺，知圆投靠崆峒派。以后的情节围绕伸张正义、除暴安良的昆仑派剑侠与助纣为虐、多行不义的崆峒派剑客间的较量展开，其间矛盾重重，纠葛不断，争斗激烈，引人入胜。"这里对《火烧红莲寺》的评价似与《中国京剧史》中对该剧的评价是截然不同的。

2.《戏剧电影报·梨园周刊》2000年7月17日第27期（总第1162期）第2版曾刊登朱伯珵先生的文章《赵松樵演活卜文正》，文中回忆起作者亲临剧场看到的情景："1935年前后，我在上海读初一，常与家人去共舞台看连台本戏《火烧红莲寺》。赵松樵当时即为当家老生。""赵松樵在该剧中专演清官卜文正。《火烧红莲寺》有连环变换的机关布景，火炽勇猛的出手开打及新腔迭出的'九音联弹'，吸引了初窥京剧奥秘的普通观众。只要报纸上一登新戏公演的巨幅广告，共舞台门前就人头攒动。""围绕清官卜文正所断的一桩桩公案展开戏剧矛盾，每本都虚构一桩离奇的人命案子，由卜文正私访，众大侠暗助。情节丝丝入扣，曲折动人，最终水落石出，有一个皆大欢喜的大团圆结尾，观众尽兴而返。""赵松樵演的卜文正在剧中起着牵线搭桥的重要作用，比之施公、彭公有过之无不及。他的嗓音脆亮，道白清晰有力"，"记得有一本描述卜文正雪夜微服查访遇上恶徒，其时台上灯光惨绿，雪花飘飘，风声呼呼，卜文正带着童儿在前奔逃，后面恶徒手持钢刀紧追不放。赵松樵边走边唱，颠扑摔跌地大走各种花式的圆场。眼看即被恶徒追上，赵松樵使了一个很见功力的一百八十度的劈叉大滑步，竟然脱身而过。手中撑着的雨伞却被一阵狂风卷上半空，晃晃悠悠地飞去，这样的场面已使观众到了最激动的情绪巅峰"。"赵松樵演活了卜文正，也和其他演员通力合作演红了《火烧红莲寺》。"朱文帮助我们体会到亲见过这出戏的人客观真实地回顾了这个戏，描写翔实生动，让人读后如同身临其境。

3.著名京剧表演艺术家小王桂卿先生盛赞赵松樵先生主演的《火烧红莲寺》，他说："一出连台本戏《火烧红莲寺》连演了几年，成了赵派，人称老牌'卜文正'清官。""编织那样的场面，难度之高是京剧舞台上前所未有的。"他还说，他和父亲参演《火烧红莲寺》一剧，令他"兴奋难忘的是，享誉世界的美国喜剧电影大师卓别林亲临剧场观看了由赵松樵主演的此戏"。

卓别林观看《火烧红莲寺》（1936 年 3 月 11 日上海《申报》第 4 版）

六、卓别林盛赞《红》剧

1936 年 2 月 15 日上海《申报》第 14 版发表题为《卓别林赞美

"红莲寺"》的报道，摘录于后：

> "滑稽电影明星卓别林，此次过沪闻共舞台《红莲寺》之名，遂请联美公司驻沪代表克灵斯勒，转请卡尔登电影院经理曾焕堂伴往。卓氏见此种新型京剧，兴奋至不可名状。对于拉幕连变十四种布景之一场，亦极口赞美，并谓此种种（暗中变换）Dark Change 在欧美舞台虽极盛行，但从未有如是变换之多。主要演员转筋斗、旋燕子等武功，及抑扬顿挫之唱工，竟惊为舞台上之创见，欲加以研究。以卓氏意欲卒观全剧，作探讨中国舞台剧之捷径，奈程途仓促，约夜即须启程，而同时又须赴他约，故未能窥全豹。临行依恋不舍，欲在南游归程中，再过上海时，更须畅观其舞台之《红莲寺》。当今唯一电影艺匠，对《红莲寺》表热烈之情，足证此剧内容，自有相当之价值云。"

魏绍昌先生著《浦江漫记》对此事亦有记述："原来卓别林是在一九三六年三月九日来到中国的"，"一艘从日本东京启程的客轮把卓别林带到上海。同他一起来的，是他当时的新夫人宝莲高黛与宝莲的母亲亚尔泰高黛"，"卓别林到上海，住在外滩华懋饭店（今和平饭店）"。"饭后，梅兰芳又陪同卓别林一行到大世界隔壁的共舞台（今延安剧场）看戏"，"看戏时卓别林等坐在花楼右首的一间包厢里"，"当晚演出的是4本《火烧红莲寺》……卓别林入场时正演到'一场布景并不闭幕，连变十四变'的当口，他看了也跟观众一起鼓掌。他对台上的大翻筋斗，感到很有趣味。他还随着京胡的琴音，用右手打着拍子说：'中西音乐各有风格，我始终相信两者都能把各种情绪表现出来，都具有同样感人的艺术魅力。'"1936年3月16日上海《申报》刊登照片，照片说明是"《火烧红莲寺》第4集，卓别林在花楼观剧之情形"。

以上资料表明，当年赵松樵及其领衔主演的《火烧红莲寺》盛极一时，锐不可当，全剧优劣与否，自有公论。

七、赵版《火烧红莲寺》的成功经验

1. 要编织出引人入胜的剧情。赵松樵被公认是编演连本戏的圣手，《京剧知识词典》"赵松樵"词条写道："赵松樵于1915年南下后，以自编自演连台本戏最为人称道。"这部戏前四本是以《江湖奇侠传》为基础，编剧赵松樵参与，由本班的丑角演员付小波执笔。排完第四本，剧情就枯竭了。付小波向赵松樵讨计，往下怎么办。作为头牌领衔演员的赵松樵责无旁贷。为了丰富演出内容，编出吸引人的好剧情，他把剧中人物不变，拿出自己珍藏多年的《包公巧断七十二案》剧本，采取移花接木的手法，把《七十二案》围绕包拯办案的情节张冠李戴，改为以卜文正为中心人物展开剧情，嫁接到《火烧红莲寺》中去，故此才有"一桩桩公案展开戏剧矛盾，每本都虚构出一桩离奇的人命案子"，"情节丝丝入扣，曲折动人"。所以，俗话讲："剧本剧本，一剧之本。"千真万确，只有好的剧本，才可能创作出好的剧目。

无论是李万春藏本的三本版，还是翁偶虹编的二本版，或是赵松樵演的前四本《火烧红莲寺》，都是以向恺然（笔名平江不肖生）的《江湖奇侠传》为蓝本编出的，没有跳出这部小说的窠臼，无法更广阔地展开剧情。赵松樵创演的《火烧红莲寺》从第五本起跳出小说，使案件丰富，一案一个故事，独立成篇，在全剧中又互相牵连照应，每本结尾都留有"扣子"（未解的悬念），扣扣相连，本本衔接，构成巨篇。

2. 立意要好，主题思想要正确，能反映广大人民的渴求和心声，向观众散发出正能量，这样的戏才能立于不败之地，获得广大观众的欢迎。《火烧红莲寺》全剧贯穿的主题思想是"伸张正义，除暴安良"，以清官卜文正为第一主角，公正执法，微服查访，凶恶必惩，有罪必究，一定程度上维护了人民的利益和正义的尊严，全剧主导思想是有进步性和人民性的。最后，正义战胜邪恶，"有一个皆大欢喜的大团圆结尾，观众尽兴而返"。

3. 演员阵容强大，搞"五湖四海"，不搞"一家天下"，吸纳并融合各路各派艺术精华于一炉。除了赵松樵始终挑梁参加演出之外，《火烧红莲寺》在不同时期约请进来合作演出的著名演员曾有刘奎官、云艳霞、王椿伯、高雪樵、白玉昆、王少楼、于素莲、钱麟童、王桂卿父子、曹宝义父子、毛韵珂、王福胜、葛华卿、黄云鹏、陆少楼（陆毛豹）、田子文、毛剑秋、李雪枋、刘全魁、赵君艳、王富英、潘鼎新、张韵楼、张文琴、郭少亭等。小王桂卿披露："赵松樵主演的《火烧红莲寺》"光"武生阵容来看不可小觑，有赵松樵、王椿伯、王富英、小小毛豹、马庆云、甘延泉、现在台湾的张君瑞（又名张英武）、潘月山、小赵松樵、陈云超、陆毛豹……"小王桂卿父子四人参加演出《火烧红莲寺》约有 10 本，小王桂卿饰演剧中的小侠陈继志。这些名演员不同期地轮换登台，各显身手，大展才艺，给各家提供平台，皆有用武之地，因而使得该剧能保持长久的盛势不衰。

4. 表演形式花样不断翻新，亦文亦武。这部《火烧红莲寺》行当齐全，赵松樵在每一本戏中都演双出，一文一武，这本身就是一大看点。全剧也是有文有武，唱念做打，才艺纷呈。例如武打的戏，每一本戏中安排有三刻钟的开打，每晚 8 点半准时开始，到 9 点 1 刻停止，它的前、后是文戏，以演情节和情感戏为主。每本戏的开打表演都不一样，换样翻新，本本不同，套路层出不穷。曾在少年时参加过这部《红莲寺》演出的小王桂卿说："赵松樵在《火烧红莲寺》中饰演的卜文正，是真正出了名的被誉为'老牌卜文正'。剧中单打及对打聚集了众多武生，阵容甚为壮观。在共计 13 套对打中，小王桂卿和两个弟弟小二王桂卿、小三王桂卿三个人，就占了二套，依序在第五及大轴先后各打一套。所以如此安排被置于显耀的大轴，为的是迎合当时广大观众甚爱观赏童伶之情趣。13 套对打，压轴无疑是赵松樵，对打者依序是王桂卿、王少楼、田子文、王富英、马连良堂弟马庆云、陈金山父亲小小毛豹。""大开打展现，为时四十五分钟左右。在当年的上海共舞台，武戏是闻名遐迩的。"①

5. 表演形式灵活多变，内容新颖，创新当先是关键。赵松樵在这出大戏的创作与表演中，充分发动自己的创新机能，扩展创新思维，调动自己一切的文才武略，有许多创造发明不断从他的头脑里迸发出

---

① 详见《卿本戏痴小王桂卿》第 127 页。

赵松樵演《火烧红莲寺》饰卜文正

来，接踵而至。他花费很多精力投入到对各种类型侠客艺术形象的创造上。他在所有34本戏里，除了扮演好老生应工的卜文正之外，还要以武生应工扮演各不雷同的侠客人物，舞台形象千差万别，所用兵器五花八门，前所未有。如独臂侠使用的围腰宝剑，某侠客使用的双月牙刃，还有瘸腿侠使用的瘸拐兵器，又有一头长矛一头大刀的奇异兵刃等。他还设计出长辫侠客这样的人物，用又长又粗的头上发辫做武器"辫扫群寇"。在表演技巧方面，他密切结合剧情，发挥自己甩发功的特长，所戴"甩发"长度过膝，戴"髯口"，穿厚底靴，甩法千招百样，变化莫测，博得内外行人士的一致推崇。尤为可贵的是，无论戏如何的顺应时宜，他始终坚持运用戏曲传统的程式和规范，在不脱离京剧表演技法的基础上加以变化与革新。人们发现他演的还是戏曲，还是京剧的东西，而不是杂技和魔术，不搞无京剧艺术价值的噱头来哗众取宠。换言之，赵松樵的创新表演是在京剧传统框架内的创新，决不为适应市场和时尚而远离传统京剧的本质属性。他对表演方法和某些程式的活用与创新，一贯谨遵两条原则，一条是传统戏曲的艺术原则，另一条是表演要依据剧情和人物的需要而设计，不要脱离剧情和人物的技巧卖弄。

八、《火烧红莲寺》全国开花

自从赵松樵创演了《火烧红莲寺》以后，该剧不仅在上海本埠引起"本本轰动"，而且影响波及全国，各地演员纷纷学演，自此掀起竞相上演《红》剧的高潮。

1.《中国京剧史·中卷》第 376 页记载，1940 年前后，大批北京、南方演员在天津演出，"上演剧目如《狸猫换太子》《西游记》《火烧红莲寺》……由此丰富了天津的京剧舞台演出剧目"。

2. 同书第 379 页记："如稽古社 1940 年在天津演出的《火烧红莲寺》……等都是常演的剧目。"

3. 同书第 422 页记武汉"无声舞台除了《济公传》，还演过《火烧红莲寺》《西游记》《怪侠欧阳德》等剧"。

4. 同书第 443 页记：1940 年前后，"天津、武汉、苏州、杭州等地，也经常能看到……如《华丽缘》《火烧红莲寺》等"。

5. 同书第 461 页在介绍 1938 年至 1942 年期间东北地区的京剧演出活动时写道："各地班社也在演出传统折子戏的同时，大量排演类似剧目，如《火烧红莲寺》《目连救母》……"

6. 同书第 499 页在谈到"张家口的京剧活动"时写道："抗日战争时期，张家口庆丰园……由关玉锋、崔万春组织排演了《火烧红莲寺》……"

7. 北京与天津、南方和东北各城市一样受到赵版《火烧红莲寺》的影响，翁偶虹为中华戏校学生编排出两本的"红莲寺"，李万春在鸣春社也排演出三本的《红》剧，都是在赵松樵演出大获成功之后趁这股热潮出现的。

8.《中国戏曲志·黑龙江卷·哈尔滨戏曲志》（讨论稿）的"大事记"载，1938 年以后，小桂花等演员在哈尔滨经常上演《火烧红莲寺》。

9.《京剧艺术在天津》中王子民文《中原游艺场的京剧活动》记："20 世纪 90 年代后期，受到赵松樵在上海大红的《火烧红莲寺》连本戏的影响，赵鸿林等在天津南市上光明戏院也跟进排演了此剧。"

10.《中国戏曲志·天津卷·资料汇编第 4 辑》中"天津戏曲班社"

一章的"正乐剧社"条目记载，该社于 1940 年前后"曾演出连台本戏《火烧红莲寺》"。"迪音社"条目记该社亦于 1937 年秋成立后演过《火烧红莲寺》。

11.《中国戏曲志·天津卷·传记》中演员"小盛春"词条记：小盛春"后往来于唐山、保定、石家庄等地搭班，经常演出《狮子楼》《三气周瑜》《战马超》《火烧红莲寺》等戏"。另：《天津日报》1957 年 10 月 5 日演出广告刊登天津市扶新京剧团小盛春领导演出，在共和戏院，从 1957 年 10 月 6 日起连日演出《火烧红莲寺》，直演到 11 月下旬，历时将近两月。

12. 成立于 1958 年的沈阳市东风京剧团在 20 世纪 50 年代后期排演过《火烧红莲寺》，主演有出身富连成的姚世茹等。

赵松樵费尽心力铸造出的《火烧红莲寺》所取得的巨大成功，影响遍及全国。

除在中华人民共和国成立之前赵松樵编演或导演的上例剧目而外，在中华人民共和国成立之后，他仍然不断有新剧目编演或传统剧目恢复导演出来，奉献给观众，为京剧剧目宝库不断做出贡献。例如由他指导编排并演出的剧目有《渔夫恨》（带"法场"），《雪弟恨》《打金砖》《绿牡丹》（上下集），《卧薪尝胆》《五鼠闹东京》《独木关》《单刀会·逍遥津》《独木关》《张文祥刺马》《包龙图与呼家将》《七擒孟获》《刀劈五虎》，全部《飞龙传》，全部《云罗山》，全部《雪弟恨》《火烧百凉楼》《越王与西施》，30 本的全部《岳飞》《包公巧断奇案》和《红色卫星闹天宫》。

桃李篇　艺绝名重　高徒云集

　　赵松樵先生不仅在舞台表演艺术和京剧编导方面成就卓著，而且为我国京剧事业培养出一批将帅之才，这是他对京剧的另一方面重要贡献。据不完全统计，曾经正式拜他为师或义父而向他学习的有近四十位之多，无师生名分而向他学戏问艺者不计其数。他的正式学生中，曾任省级剧团主演、领导、编导、艺校名师、剧协职务和政协委员，成为一方京剧栋梁的专家级人物，就有十多位，有的早在 20 世纪 30 年代中期即已成名。他教戏传艺无门户之见，不论门里门外，凡愿向他求教者，无不倾囊以授。他惜才如宝，凡可造就者，他都关爱备至，竭力提掖，甘为人梯。他教人无利己私心，不为树本门本派，不强调学者非学他不可，鼓励从学者向一切好的艺术学习，创造适合自己条件的表演方法，凡对京剧艺术繁荣发展有益的，他都乐观其成。

　　以下对其部分门徒略作介绍。

四十、李铁英立雪赵门　文武佳早成大器

　　赵松樵先生的第一位入室弟子是著名京剧表演艺术家李铁英（1917—1991）。

　　李先生出身梨园世家，原籍北京，生于上海。其外祖父、舅舅、姨夫、叔叔均系京剧演员。其父李宝龙是武花脸名家，曾傍盖叫天等名角演出。据上海报载 1917 年 7 月 26 日天蟾舞台有李宝龙与贾宝山、褚云仙合演《金山寺》，《申报》载 1921 年 1 月 1 日起李宝龙在上海共舞台与吕月樵、孟小冬、林树森、张文艳、小宝义（曹宝义）、张德禄等同

台。1月1日日场在共舞台的演出中，有王益芳、张德禄、林树森、李宝龙（与小宝义合作）四演的《收关胜》之关胜，2月11日日场有小宝义、张德禄、王益芳、李宝龙合演的《大八蜡庙》。由这些信息可见，1917年李宝龙在上海已经是一位与诸多名家同台的知名主配演员了。

李铁英7岁起随父练功学艺，8岁时向武戏老师方玉珍先生学了第一出武戏《蜈蚣岭》，方先生后来在北京中华戏曲专科学校任武戏教师。1925年，李铁英正式拜赵松樵先生为师，拜师仪式在上海状元楼饭庄举行。拜师后，松樵先生教给他的第一出戏是《平贵别窑》。

李铁英拜松樵先生为师，还有一段趣话。铁英之父李宝龙从北京出来后，久演于上海。小时候的铁英成天出没于各大戏院，所见南北名角儿和好戏不少，可是他唯独迷上了松樵先生演的戏，非要拜赵师不可。父亲问他："你拜哪位不行，怎么就偏要拜他呢？"这事让李宝龙十分为难，原来这里有段隐情，孩子不知道。既然铁英认准只拜松樵，别人不拜，宝龙只好托出夏如云、宋云仙二位做保人，求松樵收自己的孩子为徒。松樵演出繁忙，南北穿梭，无暇带徒，再加上他认为自己才刚过20岁，不够收徒的资格，因而不愿收徒。可是，宝龙怕耽误孩子练功学艺的年岁，再三托人求情，松樵只好应承下来。

在拜师酒宴上，宝龙对松樵说："兄弟，今天咱们用《连环套》里窦尔敦的一句台词'你我旧日的冤仇一笔勾'！"松樵被这话弄糊涂了，问："这话从何说起呢？"宝龙说："你不知道？我以为你们家老爷子跟你说了。我一直以为咱们两家是冤家对头，你会记恨我呢。你家老爷子在上海时我太年轻，有一回在戏班里我与宝月楼一块儿练功，两人练着练着斗起气儿来，比画上了。你们老爷子正在场，劝我别这样，伤了谁都不好。我少不更事，又跟老爷子戗上了，激他走几下比画比画。老爷子说：'这是干什么，本来是我劝你们的，为你们好，咱们何必又伤和气呢？'说完，他要走，我又将他一军，非要他走出来看看不可。老爷子看事已至此，不给我亮几下不算完事，就说：'那咱们今天就当开个玩笑，别伤和气，只当是玩儿玩儿，没别的意思。'他说完把棉袍一撩，站上台前沿的栏杆上，来个'蹲提'，既轻且飘，更绝的是翻完之后两脚仍落在栏杆上，纹丝不动。他做完下来，又说：'我可没别的意思，只是开个玩笑.'他说完，转身走了。当时我心里真为老爷子挑大拇指，脸烧得通红。从此，我心里跟老爷子像有个没解开的疙瘩。不瞒你说，在此之前，我还一直以为你是我的对头人了。没别的，既然孩子非愿意拜你不可，我就把孩子托付给你了，过去的事咱们再别提了！"松樵听罢恍然大悟："敢情我和徒弟这两家的上辈人还有过一段'李家店比武'的缘分。"这真有点儿"一笑泯恩仇"的意味。

从此，李铁英跟随师父左右，边学边演。几年间他在师门里由跑龙套、打下手，到与师父演对手戏、自饰主角，师父给他配戏，打下扎实的文武功底，学会百来出戏，十几岁跟随师父在上海的演出即已获得内外行的好评。他正式挂牌登台，是在烟台演出《铁公鸡》，初名为小松樵，1933 年时赵师给他取正式名为李铁英，此后沿用一生。铁英之名是从"铁石英俊"一词摘取而来。松樵先生对给人取名还是蛮有学问和兴趣的，他给不少人起过好名字。后来，松樵之子赵云鹤登台时取艺名为小赵松樵，于是李铁英不再使用小松樵的艺名。

后排左起：孙震霖、唐啸东、郭云涛、赵云鹤（赵老之子）、李铁英、陈云超、李铁英之妹、小盛春。前右赵云铭。

前坐者为赵松樵夫妇，后排左起：孙震霖、唐啸东、郭云涛、赵云鹤、李铁英、陈云超、李桂英、小盛春，前右为赵云铭

松樵先生疼爱徒弟有口皆碑,视弟子如己出。铁英先生曾对我说,他在师父门里从来没挨过师父的打骂。铁英和云鹤在古稀之年相聚天津时,赵云鹤给大家讲起一件往事。有一天晚上,赵师忙里偷闲,把铁英叫到跟前,让他背《平贵别窑》的戏词。有一句戏词他说什么也想不起来,"吃栗子"(忘词、卡壳)了,吓得他冒大汗,越怕心越乱,就更想不起来。师父气得上了火,可是火再大也不打一下骂一句徒弟,不过火还是要泄,往哪儿泄?这时云鹤正在楼下洗澡,因为嫌水热,烫得慌,正在吵闹,赵师这下找到撒气的地儿了,下楼照云鹤的屁股就是一巴掌,当时云鹤只有5岁。到老时哥俩这次见面还算老账了,云鹤对铁英说:"我招谁惹谁了,你忘了戏词,结果叫我替你挨这顿臭揍,老爷子也太偏向你了吧!"说得大家哄堂大笑,合不拢嘴。在旁边的松樵先生解释说:"打自己儿子没有包涵,打徒弟就不行。人家把孩子托付给咱,是对咱的信任,人家送孩子来是跟咱学本事的,不是来挨打受骂的,谁家孩子谁不疼?咱要给照看好,只有教本事和疼爱的份,可没有亏待人家孩子的权力。对徒弟非打即骂,这话传出去可不好听。"一位请来担任铁英教师的先生,就是因为打铁英太厉害,被赵师辞退了。松樵先生说:"戏行里虽然有'打功'这么一说,可我从小因为练功学戏没被父亲打过,不是也照样学出来了?打孩子学戏是不科学的老法儿,这不是办法。我从来不打徒弟,他们同样也学得很好。要提起他学戏的兴趣,关键还在他个人。再说,咱从小学东西是从苦中走出来的,为谋生活也受过不少别人的气,难道自己尝过的苦还要让徒弟们受,再让徒弟受咱的气,于心何忍?"松樵待徒不严苛,学生却对他毕恭毕敬,视为亲人。我亲见过多次他们师徒相见相处的场面,深为感动。1989年,72岁的李铁英病体虽有恢复但未痊愈,却坚持从太原到天津参加纪念师父舞台生活82周年的演出,腿脚还不十分灵活的他,对来邀请和看望他的天津方面的人说:"师父这事我一定要去,不论给我什么活儿,我也要上台。"这时他已经脱离舞台10年了。到达天津的第二天早晨,铁英就赶到师父家拜望。他一进屋门,见到年将九旬的师父,他丢下手中拐杖,颤巍巍地屈身就跪。赵师见到这从小跟随自己长大,事业有成,如今已全白发,又拖病体的学生,顿时心酸起来,泪花盈眶,忙起身搀扶爱徒那沉疴之躯。铁英被在座的众人扶起时,已是老泪纵横,一边起身一边掏出手帕揩泪。赵师激动得声音哽咽,勉强克制挤出音来:"你还好吗?"在场的人们无不为这两位白发师徒的深情所动容。存在于老辈艺术家之间的那种师爱徒、徒敬师的美德,是我们中华民族的优良传统,无论什么年代,都是不可以丢弃的。

松樵先生年青时演务十分繁重,没有时间和精力授徒,但又怕耽误学生功夫,于是赵师出资专为铁英延聘两位教师,如后来成为李少春教师的崔凤鸣,还有专教他武戏的刘凤武。每天演出再带铁英去剧场观摩,一有时间就随机给说说。这样,铁英用一年半时间学会了《捉放曹》《四郎探母》《珠帘寨》《托兆碰碑》《当锏卖马》《洪羊洞》《定军山》《十八扯》《打渔杀家》《翠屏山》《打棍出箱》《戏迷传》等十多出戏,之后,他渐渐在师父演的《花蝴蝶》《赵家楼》《战翼州》《三气周瑜》及《红须客》《呼延庆出世》《鹦鹉救真主》《狸猫换太子》等戏中,由充当次要角色渐进扮演重要角色。赵师为提携他,有时师徒演对儿戏,如《白水滩》《战马超》等武戏,让铁英扮演主角穆玉玑和马超,赵师为他配演青面虎徐士英和张飞。

为让铁英能早日自立成为独当一面的角儿,赵师有意将他派出师门去闯练。1937年,他在师父家生活和学习了12年之后,20岁时终于出师了。为了让李铁英尽快成才出名,师父把他推荐给大连的宏济舞台戏院,让他代替自己去挑班演出。他在此除了上演师父的代表剧目《木兰关》《高平关》《北湖州》《南阳关》等戏之外,还演出《龙潭鲍骆》《铁公鸡》《战宛城》及关公戏等,出师即红,跃升头牌。他除演师门本派戏和自己的戏外,还与唐韵笙同台,因唐与赵情同手足的关系,演关公戏时特意要李铁英配演马童。李铁英向唐先生学会了"唐派"独有剧目《闹朝扑犬》《好鹤失政》《二子乘舟》《驱车战将》《未央宫》。尚小云与赵松樵自小同台,尚演《昭君出塞》也要李铁英来饰马童。从这两例看,李铁英的翻跟头功夫是出众的好。言菊朋先生演《让徐州》,亲点他扮演吕布。他另与曹艺斌演《封神榜》《天雨花》《龙凤帕》《董小宛》等。他从大连载誉到丹东(旧称安东)市和乐舞台任主演,后去过长春、哈尔滨、锦州各地,每到一地,上演的剧目都有师父常演的戏

《木兰关》《南阳关》《北湖州》《高平关》《甘露寺》《柴桑关》《六国封相》《斩华雄》等。他文武全能，唱、念有嗓，做戏有功，武戏能打能翻，又擅演关公戏，声名鹊起，所到之处极获赞誉，一颗京剧明星冉冉升起，大器早成。

1945 年以后，铁英先生经沈阳、烟台等地，到天津发展。1947 年，他带领一批演员先在天津老谦德庄的宝兴戏院演出，主要演员有彭英杰、李芝纲、袁文君、陈钟鸣等。这时他羽翼丰满，早享盛名，初到天津，凭借自己出众的文武之才、会戏多、不惜力、有人缘等有利条件，演出连满七个月。他的声名不胫而走，大噪津门，南市大舞台戏院的经理诸葛安闻风而来，亲自登门接他去大舞台演出。天津大舞台戏院位于闹市区内，地段繁华，人车川流不息，是块风水宝地，剧场内上下三层，能容三千位观众。1948 年 3 月，李铁英班师至"大舞台"，演员阵容扩大，相继加入的有小盛春、李元春、彭英杰、张世麟、刘麟童、鲍云鹏、郑敏恒等。李铁英先生文能顶正工老生、武能演大武生，红生、花脸也擅长胜任，是一位文武昆乱不挡的全才，大舞台正缺少像他这样一位能"挑班"挂头牌的。他一到大舞台，就充分发挥了已有的武生力量雄厚的优势，又补充请进武生名家陈云超、陈云祥兄弟，领衔演出了八八《铁公鸡》、四四《四杰村》等，一时把天津卫的剧坛搞得轰轰烈烈，热火朝天。大舞台的戏班声势更加红火，最兴旺时全剧团演职人员达到二百余人，这在当时十分罕见，生旦净丑行当配置齐全，演员正当盛年，武生人才济济，个个生龙活虎，一时成了天津武戏实力最强的京剧团体，大舞台戏院成为当年天津演出武戏的大本营，戏院门前天天人头攒动。当时天津流传一句话："要看武戏到大舞台！"

1948 年底，天津市外围地区被解放军团团围住，进攻在即，天津解放指日可待。1949 年 1 月 15 日天津解放。在中国共产党和中国人民解放军的领导下，以李铁英为首成立了新艺剧社。1949 年 2 月 1 日，李铁英与李元春、刘麟童等在大舞台排演了《长坂坡·汉津口》、全部《貂蝉》、《关云长曹营十二年》等戏，李铁英在天津解放后率先恢复文化市场的演出活动。2 月 21 日，铁英请导演名家李紫贵到他们京剧团讲《三打祝家庄》，并排演该剧，这也是他首开天津戏曲界上演解放区新编戏的先风。2月下旬李铁英成立新艺剧社，剧团的名字本身表明剧团要发展新兴文艺的宗旨，解放初期他在天津的戏剧活动见证了这一宗旨的实现。3月1日，铁英领导剧团上演了新编戏《逼上梁山》《闯王进京》《黄巢》等。5月8日，作为天津新艺剧社领导人，他以剧社名义在大舞台召开大会，请来著名戏曲家焦菊隐演讲，全市四百余位各剧种戏曲工作者踊跃参加。据《中国戏曲志·天津卷·大事年表》记：1949年5月17日，天津市改革旧剧筹委会在南市大舞台举行座谈会，研究、制订工作方案，李铁英参加。5月19日和29日，天津戏曲协会庆祝成立，在中国大戏院主办两场各剧种合作演出，京剧有李少春、侯永奎、李铁英、娄廷玉、鲍云鹏、费玉策的《大溪皇庄》。5月27日，李铁英参加天津市军管会文教部文艺处召开的"旧剧改革者座谈会"，出席者有焦菊隐、阿甲、翁偶虹、荀慧生、杨宝森等。1950年7月，李铁英成为天津市戏曲界第一批加入中国共产党的演员。同年，他被选为天津市人民代表、天津市文艺公会会长、天津市文联委员。1950年9月13日开始邀请恩师赵松樵先生加盟新艺剧社在大舞台的演出，10月他与师父在天津率先排演了王劼竹、翁偶虹的新编戏《将相和》。

1951年5月27日李铁英领导团结全剧团演职员，热情欢迎中国共产党代表进团，主动接受共产党对剧团工作的指导。1951年6月23日《天津日报》在第4版广告栏刊登一条消息："新艺剧社宣告解散启事：本社已于5月27日宣告解散，以前本社所发给社员之证章应即一律作废，凡本社对内对外一切未清事宜，请于即日起三日内向本社善后委员会洽办，逾期概不负责，特此声明。1951年6月23日。"随后李铁英成立起天津红风京剧团。领衔主演有李铁英、闻占萍、陈云超、袁文君、彭英杰、陈钟鸣、鲍云鹏。1951年9月16日起，他邀请前辈艺术家白玉昆先生参加红风京剧团的演出。9月25日，天津市文化局和市文艺工会举行表彰文艺团体模范庆功大会，李铁英获个人先进三等奖。1954年1月，他以扮演《古城会》之关羽，荣获个人表演一等奖。他带领自己亲手建立的红风京剧团，在刚刚解放的天津市走过了一段红色的光辉历程。他团结起一批要求思想进步的京剧演员，陆续排演出一批新戏，如《九件衣》《官逼民反》《猎虎记》《将相和》《白毛女》《枪毙袁文会》《仁义北霸天》《燕子李三》《红巾起义》《江汉渔歌》《张羽煮海》等剧，与优秀传统戏轮换上演，为中华人民共和国文艺舞台的繁荣发展，为中国共产党的宣传工作，都做出了重要贡献。《戏剧电影报》1992年第34期发表的汪冼同志文《忆天津南市大舞台》中说："1949年3月，我被派到南市大舞台京剧团担任'戏改干部'（即辅导员）。""李铁英被公推为团长，他是赵松樵弟子，工武生、文武老生、红生。他为人谦虚、和蔼、直爽，对解放区新来的干部非常尊重，思想解放，带头排演新戏。"

铁英先生性格开朗乐观，心胸宽广，生活中爱开玩笑，嗜酒，有海量。"文革"中，剧团里有个青年演员对作为"当权派"团长的李铁英有过激的行为。20世纪80年代某年，袁世海、厉慧良、杜近芳等到太原讲课交流，作为前辈的李铁英，把那个青年演员介绍给厉慧良学《钟馗嫁妹》。该青年被铁英团长襟怀坦荡、不计前嫌、以德报怨的高尚品格深为感化，从此加倍敬重这位德艺双馨的老艺术家。

李铁英好饮酒在文艺界是名声在外了，老友中无人不晓。有一年，他到北京出差办事，侯宝林先生知道了，可巧当天要上车出门，没时间接待他，侯先生便让夫人提上两个瓷瓶的洋河大曲，到李的住处去看望。见面时侯夫人抱歉地说："老侯今天马上出远门，实在没时间来看您，你们哥俩聚不了，他让我送来两瓶酒，您就包涵着自个儿喝吧！"铁英笑着说："我在'家礼儿'了，不喝酒啦，您拿回去吧！"侯夫人忙接过话茬："您别逗了，我早有耳闻，您能喝着哪！"早在天津解放前后，铁英和宝林夫妇就是好朋友。又有一年，侯宝林到太原参加个会议，和铁英在山西省文化厅碰见了，李对侯说："我不知道你来，跟我一块儿回家，我那儿没别的，有这个。"他一边说，一边用手比画端酒盅送上嘴唇的动作。然后，他接着说："现在你这个怎么样？"侯先生说："这个我跟你比，算是不会的，要跟别人比，还算是可以的。不过这次不成了，会已开完明天就上车回去了。下次我到太原，一定先不到别处去，下车就先奔您那儿，好不好？"

铁英艺德高尚，乐于助人，不争名利，这是师门的一个好传统。20世纪40年代他在大连宏济舞台演出时，老板要给他翻倍涨包银，为的是用他顶走一位原是头牌的老艺人，遭他拒绝。中华人民共和国成立后，他三次主动降薪降级，以提高普通演员的薪水待遇。他的工资开始是300元，一路降下来三次，到了1963年降到210多元，到1988年退休，这个工资从来没有再动过。他的一位老琴师跟他多年，是拉评戏出身的，铁英先生成名后，完全可以为个人演出效果和艺术发展考虑，换掉这位老人儿，再另外挑选更合适的京剧名琴师，别人也多次劝他换人。他却出于人情和梨园义气，坚持继续用这位老人儿，直到他退休不再唱戏为止。他在剧团的演出中，让出自己原本常演的剧目《长坂坡》《斩颜良》《武松》等戏，给武生名家陈云超来演。他为李芝纲主演的《铡判官》配演判官，为中青年演员赵小春主演的《三打白骨精》《无底洞》配演猪八戒，为当时还是青年演员的陈志清等主演的《蔡锷与小凤仙》甘当配角袁世凯，在全国演出百场，深获好评，另为新戏《闯王旗》配演郝摇旗等。他扶植培养青年演员，甘做他们的人梯，其例不胜枚举。1978年在北京的中国戏曲学校要调他去任副校长，他认为山西省是他的根基，老演员们都是跟着他从天津来到山西的，他不能只顾奔自己的安乐窝，决定留在山西，与老人儿们同寒暑、共冷暖，在处理个人与集体的利益关系的关键问题上，表现出高风亮节，他的崇高思想境界十分宝贵，令人敬佩，值得学习。

1955年10月，李铁英率天津红风京剧团去各地巡回演出，到达山西省太原市。该团以整齐年青的演员阵容，丰富的剧目和精湛的表演技艺，博得山西省人民的热烈欢迎，在观众中产生强烈反响。当时作为省会的太原市，作为戏曲大省的山西省，正缺少这样一个实力雄厚的京剧团。时任太原市主管文教工作的副市长刘舒侠（后任山西省委宣传部部长）代表市政府找铁英团长谈话，恳切邀请该团能够留在太原，成立国营剧团。作为中共党员的李铁英服从了国家利益的需要，支援贫困落后地区文化事业。经太原市与天津市政府间的协商，1956年7月，以李铁英为首的原天津市红风京剧团正式划归山西省，同时成立太原市京剧团，李铁英任团长，并被选为太原市人民代表。他们克服生活上的种种不便，从大都市来到偏远落后经济欠发达地区扎根，为山西省京剧事业的发展贡献出自己的一生。该团于1968年升格为山西省京剧团，1996

年又扩建为省京剧院。该剧院在李铁英先生的领导下，从无到有，从小到大，建起一个强大的京剧团体。他们继承发扬了原红风京剧团新戏创作非常活跃的优秀传统，新戏迭出，艺术活动蒸蒸日上。他们根据当时太原钢铁厂"三槽出钢"的先进事迹，编演了新戏《巨人擒火龙》，铁英扮钢厂厂长；1963 年该团排演现代戏《雷锋》，他扮部队团长；他在《草原英雄小姐妹》中扮演老爹；在《杜鹃山》中扮乌豆（后改名雷刚）；在《智取威虎山》中扮座山雕；在《芦荡火种》中扮胡传魁；在《黛诺》中扮文帅；在根据电影《扑不灭的火焰》编演的《红色交通线》中扮蒋二。1966 年至 1970 年，他作为团长、老艺术家，首当其冲地被关进"牛棚"，被剥夺了团长的管理权和演员的演出权。1970 年以后，他开始恢复上台演出，扮演过八大金刚之一、胡传魁、雷刚 B 角，又在《八一风暴》中饰魏司令，在《盘石湾》中饰项五伯，《蝶恋花》中饰湖南总督，在《蔡锷与小凤仙》中饰袁世凯，此剧被邀进中南海为国家领导人演出。

李铁英先生无论在哪一个历史阶段，都走在新剧创作的最前列，站在反映现实生活演新戏的最前沿，当之无愧地成为时代的文化先锋、文艺先锋、戏曲先锋、京剧先锋。他在积极推动并参与现代戏演出的同时，恢复演出传统老戏《古城会》《华容道》《白马坡》《追韩信》等。过去，他还排演过许多新编历史剧，如《海瑞》（扮海瑞）、《文天祥》（扮文天祥）、《卧薪尝胆》（扮勾践）、《碧血扬州》（扮李庭芝）、《还我台湾》（扮郑成功）等。铁英先生艺术上博学多才，能工老生、武生、红生，对不同流派广征博采。他学徒期间，赵师请人为他打下了良好的余派老生基础，武生和红生戏更得自赵师嫡传亲授。后来，他又从唐韵笙、周信芳、林树森艺术中吸收营养。他除继承了"赵派"的《木兰关》《汤怀自刎》《高平关》《北湖州》《南阳关》《六国封相》《斩颜良》《呼延庆出世》等剧目外，还继承演出"唐派"代表戏《闹朝扑犬》《二子乘舟》《未央宫》《好鹤失政》《驱车战将》，也演"麒派"擅长的剧目《追韩信》《徐策跑城》，但不全遵"麒派"，演得也很出彩。武戏方面，他除继承学习恩师的艺术外，也吸收盖叫天等名家之长，技术全面。铁英先生的关公戏久负盛名，艺出赵松樵、林树森和唐韵笙三大家，又结

合了他个人的艺术条件，加
以发挥创造，形成自己的特
色，被红生戏名家李洪春先
生誉为关公戏的"山西派"。
他有些戏走师父赵松樵的路
子，除了赵派代表剧目外，
像演《天河配》，他师父扮
演的牛郎舅舅的角色堪称一
绝，李铁英也演舅舅，同样
出彩。他有时甚至比他师父
的戏路还要宽，老生、武
生、花脸、小生、丑角、反
串旦角，例如他在《三打白
骨精》《无底洞》剧中曾饰
演猪八戒，在《闹天宫》剧
中饰演托塔李天王，在反串

李铁英在《蔡锷与小凤仙》中扮袁世凯

戏中饰演张桂兰，反串《虹桥赠珠》的刀马旦，反串《八蜡庙》中的丑
婆子张妈等，这些角色赵松樵先生不曾演过。

　　李铁英先生于 1991 年 5 月 21 日在太原市病逝，山西省文化界和领
导部门对他的一生给予高度评价。他一生追求艺术，为京剧艺术奉献出
一生的才智和年华，在京、津、沪、晋及东北地区都留有美名。他抛弃
优裕的大城市演艺生活，带领一个团结而富有朝气的大型剧团，来到当
时条件艰苦，又不以京剧为主要剧种的省份，在此播下京剧的种子，使
其终于扎根、发芽、开花、结果。他为山西省京剧事业的确立和发展，
立下了汗马功劳，他的英名将永远闪耀在山西省戏曲史册上，也必将在
中国京剧史册上留下重重的一笔。

　　李铁英先生生前是中国戏剧家协会会员，山西省剧协第二、三、四
届理事，山西省文联第二届委员，从 1970 年起被选为省政协委员，曾
任省京剧团名誉团长、省戏校副校长等职。其子李雨森继承李家艺业，
为山西省京剧院花脸演员，京剧名家方荣翔弟子。女儿李娟娟毕业于省

戏校，现在省文化厅创作室任职，她与李海涛、季翠霞合著《李铁英传》，2016 年 11 月由山西人民出版社出版。原山西省委书记胡富国为该书题词，称李铁英是"山西京剧奠基人"，原中国艺术研究院常务副院长曲润海称李铁英为"京剧山西之王"。

四十一、陈云超勇猛武才 迷颜良承师高艺

著名京剧武生表演艺术家陈云超先生生于 1921 年农历九月二十汉口，原籍河北省黄骅县，原名陈全福，出身于梨园家庭。其父陈月梅是工花旦、武旦的京剧名演员，既能配戏也能主演，以充二路演员为主，例如为小达子（李桂春）主演的《狸猫换太子》扮演刘妃（陈月梅与妻徐桂臣的婚事就是小达子给撮合的），为梅兰芳演的《宇宙峰》扮哑奴，1920 年 3 月 12 日上海《申报》刊登的演出广告，即有陈月梅与盖叫天、林树森、白牡丹（荀慧生）、筱金玲等合作演出的戏单，与孟小冬名字字号相同。另有 1921 年 1 月 2 日日场陈月梅与盖叫天、王月舫、李德山等演出《大舞乾坤圈》等。1923 年 6 月 13 日起，陈月梅在上海丹桂第一台参加由赵松樵导演的二本《呼延庆出世》的演出，合演者有高庆奎、小小宝义、刘奎官、赵松樵、王汇川、高福安、金少山、筱九霄等。上海荣记大舞台 1930 年 12 月 28 日的一份戏单，刊有梅兰芳、王凤卿、萧长华、姜妙香等演《凤还巢》的广告，有陈月梅与曹毛包、刘连荣、孙甫庭、李树勋并牌。他有时也做主演，如上海《申报》载：上海天蟾舞台 1921 年 1 月 1 日日场有陈月梅主演的《辛安驿》，1 日夜场陈月梅主演《吐蕃国》。这些史料证明，陈月梅先生早在 1920 年以前就已经是独当一面的名角了。1947 年前后，陈月梅受聘到四维戏校任教，名家刘秀荣等曾受教于陈先生。

陈云超 11 岁由赵云卿开蒙，开始练功学戏，12 岁首登舞台，14 岁时，其父陈月梅烦请刘全奎做介绍人，让儿子陈云超拜赵松樵为师，时在 1935 年，正是赵松樵在上海演《火烧红莲寺》大红大紫之际。日本军国主义侵略攻打上海时，松樵将众徒遣散回家，云超等几人誓死不愿

离开师父，赵师只好留下他们，好生呵护。

陈云超拜赵师源于他看了师父演的《斩颜良》后，一下子迷上了师父扮演的颜良，他觉得自己从来没有看过这么好看的戏，师父的表演让他佩服得五体投地，难怪人誉"活颜良"。他自从看了这个戏，"颜良"在他脑海里像是生了根，怎么也拂之不去，一想到台上颜良那特别的扮相，那优美的身段，那精湛的武功，他就兴奋不已，恨不能自己立刻也成为台上的颜良。他向父亲提出一定要拜松樵先生为师不可，要学演颜良。他果然拜了松樵先生为师，如愿以偿，成为赵门早期的入室弟子之一（据称他是继李铁英之后赵松樵先生的第二位弟子），而且最后终于成为继承"赵派"《斩颜良》剧最杰出的艺术传人。拜师后，赵师问他喜爱学什么，他直截了当地回答："我学大花脸。"于是，赵师给他请来金连喜老师，教他《牧虎关》《连环套》《战马超》等剧中的花脸戏。可是，他要学的并不是这些，初衷是要学师父演的颜良那种花脸，其实是武花脸，或者是武生勾脸戏，与正经的铜锤、架子花脸是两码事。后来，赵师也发现他还是学演武生更合适，便开始让他随自己学起武生。这一改对路了，造就出一位武生英才。

陈云超自小对艺术就认真、用功。有一年他随赵师到南京演出，金连喜老师教他《战马超》，才学了 7 天，他就能与赵云鹤师兄上台演这个戏。赵云鹤扮马超，他扮张飞。他们两人从小就搭伴演戏，在一起还爱钻研"把子功"，他们年岁不大，就创编出许多为人称道的好"把子"，用于他们自己的演出，或与师父的同台演出中，很早便显露出编演武戏的创造力。有些年，他们几乎天天凑在一起研究和练习"把子"，能琢磨出很多新点子，天生就是块搞武戏的料。那时，上海只有大舞台戏院的演出才有"打出手"，他们所在的共舞台还无人使过"打出手"。他俩研究并练成一套创新的"把子"，如"单刀枪""双拐""一刀三杆"等，一经上演大受欢迎，得到赵师的认可和鼓励。武生名家王桂卿先生见到云超说："爷们儿，你手里真行，这套把子还真好。"

云超练功极刻苦，别人练功穿三寸厚底靴，他则穿三寸半的厚底。他练功肯下苦功，耗费的时间多，他的练功靴子总是比别人穿得特别费，早早穿破了。有一次他的练功靴穿坏了，脚尖露出来，他到后台，看见师父的靴子各色各样，整整齐齐地排成一列。他心里真爱，大着胆拣一双绣花的靴子穿上，又去练功。汗水顺着两条腿直淌到脚下，不要说靴子里边，就连靴子外面也被汗水浸透了。师父进后台，发现这双靴子怎么湿了，就挨个问是怎么回事，这才知道，原来是这位用功的云超徒弟当练功靴穿了。师父气得来回走，直跺脚，对云超说："你靴子坏了，可以告诉我呀，我再给你换一双，哪能用这么贵的靴子胡糟践呢？连我都舍不得穿它，你可是会挑，就这么胡糟践东西呀！"云超原以为这回得挨回臭揍了，没想到只挨了这顿训，事情就过去了，既没罚也没打就完事了。云超说："这样的事要是发生在别的师父那里，徒弟不被打个皮开肉绽才怪呢，还不得给整熟啰。"

松樵先生培养徒弟，徒弟只要一出师，就不把徒弟留在身边，让他们出去闯练。1941 年，20 岁的云超出师后，先是跟师兄赵云鹤、师弟夏云堑等到山东烟台、蓬莱等城市演出。山东烟台是他师祖和师父几十年经营的根据地，是赵氏的红底子。他们到那儿演师父常演的戏，同样成功，演得极红，大受欢迎，云超为武生的头牌。在赵云鹤等人离开烟台去了南方之后，陈云超继续受邀留在烟台，仅在烟台一地就演了七八年。1947年时，在烟台与陈云超同在光陆戏院演出的有花月兰、马玉良、赵炳啸等。陈云超的戏路很宽，不仅以勇猛武生著称，除了演正工武生之外，还演文武老生戏、小生戏、武花脸戏、丑角戏。在烟台期间，他与人排演《青城十九侠》《封神榜》等，《四杰村》

陈云超演《金钱豹》饰豹子精

《驱车战将》《武松》《三打祝家庄》《武昭关》以及师门本派戏《木兰关》、《汤怀自刎》、《呆中福》(即《苦中义》)、《狮子楼》、《斩颜良》等，也都是他常演的剧目。他还与云燕铭合演《虹霓关》《斩经堂》《温如玉》，和孟幼冬合演《戏迷传》等。他曾接京昆名家侯永奎到烟台演出，两人结下深厚的友谊。侯先生临走前，给云超说了一出尚(和玉)派的《挑华车》为纪念，云超说给侯先生一出师传的《汉津口》作为回赠。后来我听侯少奎先生说，1945年陈云超与其夫人刘慧敏的结合还是侯永奎先生做的媒人。陈先生的岳丈是著名琴师刘紫臣，曾长期为老生名家周啸天操琴。八路军进驻烟台市，成立起"艺人救国会"，长期在此地演出的陈云超当选为会长。他接受排演新戏《三打祝家庄》的任务，组织排练、导演并饰演剧中的石秀，非常成功，时任八路军山东纵队五支队司令部秘书长和胶东文化协会会长的马少坡十分满意。

陈云超先生在烟台演得最红的，还要数《金钱豹》一剧。

《金钱豹》是陈云超较得意的剧目之一，有观众对他演的《金钱豹》给予高度评价。他演武生戏崇尚勇猛一派风格，动作幅度大，力度强，速度快，干脆麻利，所以，他的艺术风格就非常适合扮演豹子精之类的角色。当他还在师门内学徒期间，就喜爱上这出戏了。有一次他在上海大舞台戏院练功，看到一位演员演《金钱豹》，那时他就下决心要拿下这个戏。他借钱自己置办一套豹子衣、一把钢叉、两把木叉和一对锤，连学带练，这个戏他磨了五年也未露演过。后来他在烟台丹桂戏院做主演时，曹老板见他武功这么好，通过赵俊卿经理请求他上演《金钱豹》。陈先生行事一贯谨慎，不敢贸然，尽管此戏私下练过不下百次，已无一失手，但还是对穿上行头正式登台有所顾虑，对艺术极为认真负责，也是对戏院和观众负责。于是，他穿上服装，戴上蓬头，又练了7天。当他自认为有十成把握了，才答应贴演《金钱豹》。他这么小心，说明他对这个戏太喜爱了，太希望把它完美圆满地演成功，唯恐出现一点儿闪失。头天一上场，他以袍襟遮面出现，然后是大"涮腰""跺泥"亮相，袍襟抖开，贴在眼皮上的金片快速闪动，闪闪放光，紧接着从口中露出一对锯齿獠牙，上下舞动，然后来个"飞脚反蹦子"。亮相时的"跺泥"，腿抬得高，身拔得猛，落地稳如泰山，纹丝不动。只这一个出场，剧场内就炸窝了。他这出《金钱豹》真是"不鸣则已，一鸣惊人"。他对《金钱豹》这出戏精益求精，要更上层楼。他当初决心要练这个戏时，就下决心要把赵师说给他的耍牙的技巧运用到这个戏里。他决心练成这手活。初练时，嘴里不知磨破多少回，鲜血不知流了多少，终于他又拿下了这手绝活。这样一演，更是红得天崩地裂。过了一个星期，戏院又烦他再演《金钱豹》，本来只能容纳1200百个座的丹桂戏院，一下子上来两千六百人，连站人的地儿都没有，老板直担心这么多人会把楼板踩塌喽。从此，他这出《金钱豹》逢演必满。在烟台丹桂，他演《金钱豹》饰豹精，张世麟扮孙悟空，他演《龙潭鲍骆》饰骆宏勋，张世麟配饰胡理。他还与以演《金钱豹》著名的贺玉钦两人双演这个戏的豹子精。后来他到天津南市大舞台，曾与武生名家小盛春、满福山分别合作过此戏，棋逢对手，精彩纷呈。到了山西太原之后，他又与赵小春合演此剧，盛誉不减。

云超先生扮豹精表演的耍叉、耍牙为人称绝。牙笏在他口中吞进吐出，转动变换，以表现豹子血口獠牙的凶恶形象。据知，京剧演《金钱豹》带耍牙的，只有盖春来、陈云超及另一前辈演员有此绝技。京剧研究家刘曾复教授说，杨小楼在演《界牌关》时，像吊死鬼的老头有耍牙，在演《金沙滩》饰杨七郎时也用过耍牙，钱金福也表演过耍牙，他们都是耍双牙，并且不说话，钱金福在耍牙时不说话但是打"哈哈、哈哈，啊，哈哈哈哈"！陈云超初练时先用竹筷子衔在口内慢慢练习，日复一日，由生而熟，由熟而巧，由流口血而不流血，然后换上真的野猪獠牙再练。"长江后浪推前浪，一代更比一代强"，如今耍牙的技艺不但有人继承了下来，而且有了创新，使这一技艺有了很大的发展。海宁市青年女演员薛巧萍能耍10颗牙，并且耍的牙衔在嘴里时还能"道白"（说话），这就更绝了，把耍牙的技艺向前推进了一大步，极大提高了耍牙表演的难度。

陈云超耍叉时，明晃晃的钢叉在他身上来回翻滚，空中旋转，抛接自如。钢叉上的铁环时而哗啷啷作响，时而寂静无声，随心所欲，忽上忽下，忽左忽右，忽前忽后，运用自如，让人看得眼花缭乱，惊心动魄。有人写过文章，盛赞云超演的《金钱豹》时，说他的耍叉技术曾向

街上耍叉的杂技艺人学习过。这种传说，并无实事。就此我曾求证于
他，他说只是见过多位京剧演员在舞台演出时的耍叉，自己暗下功夫练
多了，才练出一手耍叉妙技。比较而言，他的耍叉表演不算是最多的。
他说：京剧演员的主要任务，或说演戏的宗旨是演人物和剧情，如果没
完没了地耍叉，那就不是在演戏，而是有卖弄技巧之嫌。戏曲演员终究
不是杂技演员，杂技演员的耍叉花样越多越好，练的时间越长越好，戏
曲就不能这样。另外，他所戴的蓬发，无论动作何等地繁难，都能一丝
不乱，功力之深令人惊叹。

　　云超先生所演《金钱豹》之好，还不仅限于他的耍牙和耍叉的精湛
技艺，他还吸收多家之长，来丰富自己的这个戏。当年在上海演《金钱
豹》出名的有天津的刘汉臣，能以大轴演之。刘先生的卖点其实只有一
手是别人没有的，就是踢叉（实际是连踢带扔叉，踢为虚，是假动作，
扔为实，是真动作）至空中后，悟空跳起接叉紧接"锞子"落地。上海
名武生王少楼的《金钱豹》也不错，常以倒二的压轴位置演之。郑立恒
虽以开锣戏演《金钱豹》，但有跳 40 个"铁门槛"的赢人之技。他把这
几手特色表演拿过来用于自己的这个戏中，并且又加了一排"旋子"。
各位的精华囊括于他一剧之中，锦上添花，这出《金钱豹》就蔚然可观
了。2009 年我在《中国京剧》杂志第 9 期上发表一篇题目为《各具特
色的"金钱豹"》的文章，综述擅演《金钱豹》的几位京剧名家的表演
特色，将陈云超先生纳入其中。很多老先生的优秀艺术得不到宣传，不
为社会所认知，是很可惜和遗憾的事情。其实，很多身怀绝技的老艺术
家被埋没在基层剧团，藏龙卧虎于民间，很值得挖掘和重视。

　　除《金钱豹》之外，陈云超先生另一出广获美誉的戏，是他继承乃
师"赵派"的代表作《斩颜良》。作为松樵先生的得意弟子之一，他不
但继承下来了这个戏，而且又有进一步的发挥创造，这也符合他恩师一
贯的艺术主张和教导：一是演戏要结合自己的条件，不一定老师怎样教
的就怎样去演；二是戏要常演常新，要跟时代一同前进，不断加工提
高。他经过深思熟虑，认为颜良"战曹将"的几场开打戏还有加工改动
的余地，他把颜良与曹将大战的过程表现得更加突出新颖，创出与众不
同的表演套路，从而更加突出颜良这个人物勇猛狂妄的个性。他征求师

父的意见，赵师让他走出来看。赵师看完后点头说："我看这点儿改得不错，往后可以这么演。"在松樵老的所有弟子中，云超是对《斩颜良》这个师父独创一派的戏研究最透、下功夫最大的一位，也是在这个戏上取得艺术成功最大的一位。他之所以能步其恩师后尘，在这出戏上能获得众所公认的成功，不仅仅是因为他一生都十分珍爱师父的这个戏，而且他自身的艺术条件适合演这个戏。他小时在师门先学的是花脸行，后改工武生，"赵派"演的颜良纯以武生演是演不好的，必须得有花脸的功底，陈先生演颜良"对工"，并且为此戏付出的心血最多。所以，恩师把这个戏的传承希望寄托在他身上。云超时刻铭记师父的嘱托，感到肩上有担子。山西省晋剧院一位武生演员找上他，说："我看了您演的《斩颜良》，对这个戏太喜爱了，如果不把这个戏学下来，我觉得是自己一生中的遗憾。"原与他同在一个团的武生演员吕锁森曾师从他学过戏，后来考入中国戏曲学院，现留校任教授和导演。当吕回太原看望他时，他把《斩颜良》剧本和自己演出这个戏的录像带交给吕。据陈先生在太原对我说，吕锁森曾向云超先生表示，一定不辜负"赵派"师徒两代人的期望，一有机会，定把"赵派"这个戏传承下去，使之发扬光大。陈云超先生到老年还多次演过《斩颜良》。一次是在20世纪80年代初，他与师兄李铁英在太原合作，铁英饰关羽，他饰颜良，当时他们二位都年届花甲，演出实况由山西省电视台摄录下来，成为珍贵资料。另一次是1989年4月在天津中国大戏院，他与赵师双演颜良，这次演出爆棚，空前轰动。他与陈云祥扮的许褚会阵时，两人的大刀开打，套路独出心裁，兄弟二人配合默契，密不透风。他独要的大刀花更称新巧猛脆，脚踢狐尾动作稳准利落，显出帅气，满堂喝彩。颜良被斩时，他以迅雷不及掩耳之势，随着一声"啊"的惊叫，只见他扔大刀，纵身而起，身向后翻转，全身僵直滚倒在地的一个"搁棒子僵身"。一位68岁的人，动作如此灵敏快捷，头插翎子，两条狐尾不扎，散垂及地，翻时不缠不乱，何等功夫！场内顿时热浪滚滚，爆发出雷鸣般的掌声，观众席间击掌呼叫连绵不断。演出的盛况，观众的热度，多年少见。

陈云超先生的武松戏也令人跷指，众口皆碑。早在20世纪40年代于烟台挂头牌武生长期演出时，他的武松戏就已享名。他的武松戏主要学的是两大家，一是师父赵松樵，一是江南活武松盖叫天，再结合他对人物和剧情的理解，在表演技术上也有个人的发挥。赵松樵的赵派武松戏与众不同，在刻画人物、扮相和表演方面都有独到之处。云超的武松戏既演全部的，也常演单折戏，如《打虎》《狮子楼》《快活林》《打店》等。著名剧作家马少坡在烟台工作时，曾多次观看他演的武松戏，在一次大会上发言，称陈云超是"活武松"。1986年，在他65岁时还演出武松戏，陈凤鑫饰酒保，李雨森饰蒋忠。在山东烟台时，他导演过解放区的新编戏《三打祝家庄》，予以演出。后来到天津加入红风京剧团后，又要排演这个戏，但是拿来的本子除了有场次和戏词之外，唱腔曲谱和表演提示都没有，全要由排演者编导。云超在烟台早已演过，所以担起主创任务，并兼演石秀的角色。这个戏连演连满了两个月，在刚刚解放的天津城引起极大轰动，著名演员李少春、袁世海、厉慧良等都纷纷从各地来到天津南市大舞台戏院，观摩学习这个戏。这可能是在全国大型城市中首开上演解放区新编戏《三打祝家庄》的先风。

左起：陈云超、赵松樵、李铁英

陈云超先生凡武生常演的戏都演，如《四杰村》《长坂坡》《杀四门》等，他也演各类行当的角色和剧目。据不完全统计，他演过的剧目有近百出。他说他演《艳阳楼》扮高登，早于20世纪40年代前期在烟台演出时，就已经率先别出心裁地创制出"醉打"的演法，已公开演出，获得好评，可见他是一位善于动脑筋的艺术家。他武功基础扎实，尤以短打武生见长，技艺精湛，动作矫健迅捷，扮相英武，开打洗练，身段边式，造型漂亮，文武兼备，能演武生、文武老生、小生、武花脸和丑行，精气神兼而充沛，虽以勇猛武生著称，但注重刻画人物，突出表现人物性格与感情，在武生演员中尤显可贵，确是位有创造力的能形神兼备的优秀武生艺术家。1948 年，他得到在天津的师兄李铁英的邀请，举家从山东迁到天津，加盟师兄的戏班。1954 年，在天津市第一届戏曲观摩会演中，他以扮演《艳阳楼》中的花逢春，荣获演员表演二等奖，其弟陈云祥饰演高登，二人双双获奖。1956 年，接受山西省太原市政府的盛情邀请，随天津红风京剧团整团到太原安家落户，成立国营的太原市京剧团，是山西京剧事业的创建者之一。1957 年在山西省第二届戏曲观摩演出中，他以扮演《锯大缸》中的孔宣，获得演员奖。同年 8 月 20 日在天津义演，与李瑞亭、刘麟童三人合演《大白水滩》，分饰十一郎；9 月 12 日在天津再次参加义演《四杰村》。在新编古装剧《生死牌》中饰海瑞，在《荀灌娘》中饰荀松。他除了演出传统戏之外，对表演现代戏也进行了许多的实践，如 1958 年主演《巨龙擒火龙》，饰书记；演《芦荡火种》，他饰郭建光，1964 年随团晋京参加全国现代戏观摩汇报演出，受到毛泽东、刘少奇、周恩来等领导人的接见；在《白毛女》剧中饰大春；在根据马烽所著的电影本《扑不灭的火焰》改编的京剧中饰主要角色。

陈云超先生作为剧团的领导，重视人才的储备和演员阵容的建设，他招贤纳士，亲自从各地引进优秀京剧演员到山西，如任岫云、李开屏、曹佛生、陈志清、周芡芸、赵昆祥、李新庚、耿文超、武建文、林修全等，作为剧团的骨干演员聘请进来。另外对传承京剧、培养戏曲人才工作也做出贡献。他除了在本剧团教授学员而外，还为外地或其他剧团培养人才，即使到耄耋之年也义不容辞。2004 年冬季，中国戏曲学院教授贺春泰慕名带领青年教师王洪涛拜访陈先生，2010 年初再次到太原，向陈先生索求《斩颜良》和《金钱豹》的音像资料，作为教学资料。2011 年，贺先生再派王洪涛进山西，向陈先生学习《斩颜良》，陈先生之子陈长龙协助教练。2015 年 11 月，94 岁的陈先生向中国戏曲学院教授兼导演、昔日的学生吕锁森传授武打的刀枪把子，亲自做示范动作。2016 年 1 月 15 日，95 岁的陈先生向中国戏曲学院教师徐小刚传授武松戏《打酒馆》的演法，由陈长龙先生代替父亲陪练。他还对学生赵新田、侯根平、王灵忠等经常指导，教授剧目，传授技艺。

他曾有两次应召调往中国京剧院做武生主演的机会，但都放弃，决心扎根山西，与老同事们同甘共苦。他还两次主动降薪，替国家分担困难。这些都表现出陈先生的高尚品德。

他曾任天津红风京剧团工会主席、太原市京剧团副团长、山西省京剧团副团长、山西省京剧院名誉院长、省剧协理事、市政协委员等职。

四十二、郭云涛崇尚赵派　得亲授六载受益

郭云涛先生于 1932 年生于上海，原名郭春申，出身梨园世家。其父郭效卿，本做洋行职员，青年时酷爱京剧，以至赴北京学戏，拜"通天教主"王瑶卿为师，工青衣，改名郭效卿。在京学习期间，效卿先生与梅兰芳、程砚秋等结下深厚友谊。出师后，他傍高庆奎挂二牌，中华人民共和国成立前后，参加梅兰芳剧团工作。云涛之母高佩英，是京剧老生高派创始人高庆奎的小妹，与梅兰芳夫人福芝芳和美籍华人电影明星卢燕之母李桂芬是结拜姐妹。云涛外祖父高四保是清末民初时期的名丑，舅父高庆奎、高联奎，表兄高盛麟、孙盛文、孙盛武、高世泰、高世寿，表姐夫李盛藻、李盛荫、曹世嘉等，皆为梨园中响当当的人物。这是一个人脉旺盛、世系庞大、英才辈出的梨园家族。

生于这样家族的郭云涛 6 岁时即被送到北京开始学戏的生涯，由舅父高庆奎先生以《汾河湾》中娃娃生的演唱为其开蒙。1942 年他 8 岁时，与表兄高韵笙、表侄李韵章考入北京富连成科班的"韵"字科做学员，工老生行，更名为郭韵申。经过半年严格规范的训练之后，他开始登台演戏，曾在师兄谭元寿演《金兰会》中饰岳云，谭饰岳飞，在头二本《洗浮山》中饰贺仁杰，谭饰贺天保，在哈元章演《打严嵩》中饰常

保童，哈饰邹应龙，在《洪羊洞》《骂殿》《斩子》等戏中饰杨宗保、赵德芳及娃娃生等。社长叶龙章和教师看他学戏很快，演戏很灵，决定选派他和李韵章叔侄二人作为外派的客串小演员，这为他提供了从小与大艺术家们同台演出，从而向他们学习受熏陶的良好机会。马连良演《三娘教子》，谭富英演《桑园寄子》，杨宝森演《三娘教子》《宝莲灯》《桑园寄子》，奚啸伯演《三娘教子》和《宝莲灯》，李盛藻及白家璘演《逍遥津》《生死板》《反五关》《三顾茅庐》等，程砚秋演《荒山泪》，荀慧生演《香罗带》，还有张君秋、王吟秋、李玉茹、侯玉兰、陈丽芳、李玉芝、梁小鸾等，凡演戏中有娃娃生的角色，只要有一个人，就是郭韵申的，需要两个时，则是他与李韵章的。这样演了 4 年，他长了舞台见识，领略到诸多名家的风采，学到很多在科班学不到的东西。从小就有机会与这么多好演员在一起演出受熏，是其他学员难得的。他富有灵气的台上表现，不断得到马连良、谭富英、侯喜瑞等前辈的称赞，都对他倍加关爱。就在即将毕业时，国内战乱使富连成科班举步维艰，难再办下去，只得解散。这时他尚未成年，不能搭班当演员，便返回上海，考入梅兰芳为校董、刘仲秋为校长的夏声戏曲学校，继续深造，得到刘校长亲授《甘露寺》《鱼藏剑》等，关盛明、赵化南等教授《清官册》《六部大审》《状元谱》《三顾茅庐》《八蜡庙》《翠屏山》《潞安州》等戏。他在富连成科班时，曾受教于雷喜福、王盛海、李盛泉、李盛藻、徐盛昌等老生名家，学过《太白醉酒》《辕门斩子》《斩黄袍》《三家店》《乌盆记》《碰碑》《定军山》《阳平关》《黄鹤楼》《下河东》《群英会》《甘露寺》《赶三关》等几十出老生戏。可以说，郭韵申的学生时期，是出自于名门，求学于名校（科班），受教于名师，得陶冶于名家。

旧时代以戏曲演员为职业的，在学业完成之后，搭班唱戏是必由之路。1949 年，在夏声戏校任教的赵化南先生荐举郭韵申去南京大戏院，找好友赵松樵先生。这时松樵先生是主演兼后台经理，所邀名角有李万春、李仲林、李慕良三李并挂头牌，松樵礼让挂特别牌。郭韵申心怀忐忑地找到南京大戏院的后台经理室，向松樵先生施过礼，把赵化南的推荐信递上去。松樵看过信，又仔细端详眼前这位年轻人，说："我跟你们化南先生是好朋友，既然是他介绍你来投奔我的，你就留下来吧。往后唱戏和生活上有何困难，只管提出来，我会尽力帮你的。"那时刚出科的想搭个班唱戏太难了，此时他能这么顺利地被松樵先生接纳，喜出望外。松樵先生问起他学了多少年戏，在哪里学，都跟什么人学的，学过哪些戏，他一一作答之后，松樵先生说："你的基础不错啊！"又问信中说的他与高庆奎是亲戚，到底是什么亲戚，他答："高庆奎先生是我的亲娘舅。"松樵先生听到这儿兴奋起来，说话也涨了调门："哎呀，这么说更不是外人了，我和你舅舅是磕头换帖的兄弟。"然后向他谈起当年在一起演《珠帘寨》《七星灯》《斩黄袍》《呼延庆》等情形。然后，松樵先生若有所思，接着开口："你既然今天找到我门上来，这就是咱爷俩有缘分，冲着我和高大爷的关系，我也要尽力把你带出个道儿来。不知你愿不愿意做我的徒弟，跟我演戏学艺呀？"他一听，又来个喜出望外，赶忙下跪磕头，口称："师父！"赵师上前扶起，说："快起来，不兴这个，鞠个躬就行了。走，跟我回家见你师娘去！"他随赵师进了家门，向师娘行过礼，师娘高兴，当天就留他在家吃饭。他不好意思地说："今天拜师父、师娘，我没拿出什么来能孝敬二老，反让二老先招待我，真过意不去。"师娘说："我们不盼你孝敬什么，只希望你跟着师父学好本事，别丢你师父的脸就行了。"师父这时想的是另一回事，说："我这门儿的徒弟，除你大师哥铁英出名早，不好再改名，其他人都是以'云'字取名的，那你叫什么呢？有了，你就叫云涛吧！"从此，郭韵申又改名叫郭云涛，一直沿用下来。

他与赵师朝夕相处长达六年，台上看师父演戏，台下向师父学戏。他在赵师耳提面命、口传心授下，学习了文武老生戏、红生戏和"黄派"武生戏，计有《骂杨广·南阳关》《汤怀自刎》《平贵别窑》《狮子楼》《凤凰山·叹月·独木关》《落马湖》《连环套》《巴骆和》《斩颜良》《过五关·古城会》等十几出戏。陪师父一起演过的剧目则多达七八十出，如《斩颜良》中赵师扮颜良，他扮关羽，全部《岳飞》中他扮演前十几本的岳飞，赵师扮后部的岳飞。在南京期间，他还与高盛麟、李宗义、童芷苓、王玉让、徐鸿培等同台。李宗义等演《龙凤呈祥》《借东风》，他扮赵云，李演《将相和》，他扮李牧。在学戏和演戏中，他对师父的"赵派"艺术体会越来越深刻，越发喜爱和崇尚赵师的艺术。这期间，李万春、李仲林、高盛麟、李盛斌各位武生名家都曾烦请赵师与他们合演《战马超》《独木关》以及天霸戏、关公戏，郭云涛对这些戏的赵派演法尤其领会至深。高盛麟离开南京去武汉演出时，与郭云涛商量要一起走，云涛念师父待他义重，不忍离开，并且想跟随赵师再多学多演些戏。

这时已是1950年的三四月份，蚌埠剧场派人来接赵师去演出，于是师父师娘及师妹一家，带上他和曹艺铸（武生名家，曹艺斌之弟，当时专为赵师扮演马童，后定居天津）、虞仲铭（赵师跟包师傅）等，离开南京到蚌埠市。两个月后，济南的孟丽君（著名文武花旦演员，兼演老生、老旦）接赵师，合演连本戏《宏碧缘》等，云涛随师在济南大观园戏院、大众剧场连演了三个多月。此后，在天津的李铁英、陈云超接赵师，赵师婉拒了济南各方面希望他留下来的要求，率云涛等于1950年7月到天津。云涛随赵师先演于南市大舞台，1950年底他随师加入恢复成立的扶新京剧社，1951年元旦登台。他本来在富连成和夏声戏校学得就扎实正规，加上这两年在赵师调教下充分的舞台锻炼，他的表演艺术水平突飞猛进，足可担当独立主演的任务。赵师鼓励他向不同流派不同演员的不同演法学习，赵师教过他《伐东吴》，后来又让他去找韩长宝先生再学这个戏。松樵演《黄鹤楼》带"水战"（这种演法不普通），让他饰赵云，又请演这个戏里赵云一角拿手的李鸿林来教"摔楼"的演法。赵师存有几百出戏的剧本，平时视为珍宝，很少示人，但对云涛则完全开放，说："我这里边有一些是稀有的秘本，你一有空就多看看这些本子，特别是我常演的戏，你要多看，不清楚的地方问我。今后每到一地演出排戏，你就可以替我说戏了，包括文武场，这为了让你全面掌握一个戏。将来你总有离开我的一天，到那时你可以独立给人家排戏了。光学会演主角还不够，要学会通讲。"从此，赵师不但让他"抱本子"替说戏，而且特意让他轮换演剧中各角色，好让他全面吃透一个戏，可谓用心良苦。所以，郭云涛先生后来能够成为表演、导演兼能的艺术家，也是获益"赵派"艺术较多的优秀传人之一。

郭云涛演《打渔杀家》饰萧恩

　　他不但能代替赵师给别人排戏，还在急需的情况下，为了救场能替师父演出。一次在南京演出，他师父日场演《狮子楼》，晚场演《战马超》。白天演出时，台毯没清理干净，师父的腰被什么东西硌了一下。到晚上化装时，师父的伤痛大作，伤处红肿起来。赵师说："看来前边扎靠的戏还能对付，后边夜战这场恐怕难以应付下来。"后台管事的很着急，戏都开演了，再换戏来不及。正在大家不知所措时，他向赵师毛遂自荐："师父，后边夜战让我替您吧。平时我注意学了您的演法，也不用再现说戏，您让我试试？"管事的心急，对赵师说："赵先生，救场如救火，我看就让他替您后半场吧！"赵师思量片刻，果断地说："好吧，你赶快去扮戏吧。"云涛一边扮装，一边心里默背一遍戏，穿上师父专用的"行头"。他演时完全按师父的路子，"搪棒子"等一样不漏地全走出来。戏演完，管事的过来开玩笑地说："台下还真被蒙住了，戏路一样，可就是人变小了点。观众可能以为张飞一个人打不过马超，由张飞、张苞爷俩一齐来了，那马超是非败不可了。"周围的人听了，都哈哈大笑起来。另一次替赵师演戏是1951年，为抗美援朝在天津中国大戏院举行义演。在中国大戏院的义演中，安排赵松樵、李铁英师徒在压轴位置演《斩颜良》，可是同天晚上赵师在共和戏院还要在大轴演营业戏《四杰村》。这天中国大戏院那边的戏拖晚了，这样，共和戏院这边的戏就赶不过来了。云涛在《斩颜良》中演完刘备，刚卸下装，赵师就派他快去共和戏院，通知戏要"码后"，不然赶不过来。他到了"共和"，已然垫演上了一出《拾黄金》，再不好另加垫戏了。拖得时间过长，观众会不答应的，观众买票来看戏，主要都为看大轴的正戏和演员。可这时赵师还没有赶过来，共和戏院管事的说："你师父来不了，就由你来顶上，都快 11 点了，这时叫谁来演呀。"云涛听了，认为确实没别的办法，只有硬着头皮扮戏上场了。观众一看出场的不是松樵先生，一阵骚乱，知道赵师没赶过来，纷纷议论："这是由徒弟替了，看不到他师父演，今天只好看他了。"立刻场内静了下来。他总算把头场演了下来，等到第二次上场，观众发现换上松樵先生演了，立刻掌声四起，这时已经是晚上十一点半了。散了戏，许多观众涌向台前，向赵老道辛苦，意思是刚在中国大戏院演了场戏，又赶回来为大家演出，太辛苦，同时也为他徒弟及时替他救场感到满意。郭云涛在天津扶新京剧社时，赵师大胆起用他主演《岳飞》，师父为鼓励他挑梁演主角，让师母拿出私房行头给他穿用。

1953 年，他随小盛春率领的扶新京剧社艺术交流团队到上海演出。在上海期间，有上海、北京、武汉、新疆各地剧团来挖人，约他参加这些地方的剧团。回到天津，赵师已率领部分人到外地演出，他与家人商量去外地的事。正在犹豫不决时，已担任福建省京剧团副团长的李盛斌到北京开会经过天津，看了几场他的演出，认为他条件很好，动员他去福建发展。此时他姐姐已在福建工作，他与李盛斌又同是富连成科班出身的师兄弟，于是 1955 年他去了福建。福建省领导听说从天津请来一位青年演员，就迫不及待地要看他演的戏。他到福州的第一场戏，演的就是师父的代表剧《骂杨广·南阳关》，展示出他唱、念、做、打的文武基本功十分扎实。戏刚演完，领导当即宣布正式吸收他加入省团，没有试用期。

他在剧团里得到老一辈艺术家的提携。他演《打渔杀家》饰萧恩，副团长李盛斌配饰大教师；他主演《定军山·阳平关》，李配饰赵云，副团长田子文饰《阳平关》之黄忠；演《巴骆和》时，他扮骆宏勋，李扮胡理，田扮九奶奶；在《十五贯》一剧中，他饰一号人物况钟，李饰娄阿鼠，田饰周岑，葛次江副团长饰过于执，三位副团长都曾与松樵先生长期合作过，知道他是赵松樵的爱徒，均愿为他配演，当时他年仅23岁。他来到福建，虽然生活条件比较艰苦，而且地处与台湾一水之隔的前线，但在艺术上却大有用武之地，春风得意，宏图可展。又如他在演《猎虎记》时扮乐和，在《三打祝家庄》中扮宋江或乐和，在《闹天宫》中扮哪吒，与李盛斌打棍棒枪。特别他在《霸王别姬》中饰演的李左车，更得到李盛斌等名家的称赞，认为他的官衣戏很有李盛藻的风韵。

1958 年剧团排演现代戏《战士在故乡》，他扮演主角并参加导演工作。紧接又排演出现代戏《红色风暴》，他饰演的施洋大律师引起全省文艺界的高度评价，报刊纷纷发表文章，赞扬他塑造人物的成功。1959年剧团根据扬剧《百岁挂帅》改编为表现杨家十二女将的京剧，由宋德珠扮杨排风，葛次江执导，郭云涛扮宋王并兼导演。因为劳累过度，葛病倒入住医院，团里派郭云涛接任该剧导演，这是他独立执导大戏的开端，这时他才 27 岁。团里发现了他除能演好戏外还有编导的才干，便希望他今后做专职导演。可是，他不舍得离开演戏的舞台，不舍得放弃十多年寒暑辛苦练出的一身功夫和学会的戏，团里只好同意他做演员兼导演。之后，他与袁灵云合演了《朱痕记》《法门寺》《四郎探母》《红鬃烈马》《龙凤呈祥》《凤还巢》《武则天》等，导演了由范钧宏编剧的《满江红》，由他与田子文扮演岳飞。来到福建后，他还露演过多出关公戏，如《斩华雄》《斩颜良》《赠袍赐马》《灞桥挑袍》《过五关》《古城会》《汉津口》等，他的红生戏多得自于松樵先生，受到当地的好评和欢迎。1970 年开始，他参加《红灯记》《智取威虎山》《奇袭白虎团》的演出，担任重要角色。1975 年，他导演并做主演之一的现代戏《红色少年》参加全国调演，中央国庆办特调该剧进京，作为国庆节活动的演出剧目，他被选作福建省文艺界的代表，荣幸地参加了在人民大会堂举行的国庆招待会。1987 年后，他被调到省艺术学校，开始做京剧教育工作。他先后教授学生《黄金台》《太白醉写》《斩黄袍》《打渔杀家》《龙凤呈祥》《南阳关》等，还协助其他教学教老生角色的演唱。尤其值得一提的是《南阳关》，他完全按师父的"赵派"戏路教授，演出后，得到了校内外教师和京剧院团各同行们的一致好评，他为自己能把赵师的优秀剧目和技艺传承下去，感到莫大欣慰和喜悦。

调至省戏校后，他先后应邀导演了闽剧《峨眉传奇》、北路戏《流氓剧团的孩子》、木偶剧《画皮》、京剧《金瓶缘》等，与马明泉合作执导彩色电影木偶片《八仙过海》，去海内外上映。

1989 年 4 月在天津，他向恩师学习了《张文祥刺马》《黑松林》等，并录音。

他晚年应邀在福州人民广播电台举办《梨园杂谈》研究，长达两年之久，播出上百期。

郭云涛夫人王桂蓉是青衣花旦演员，与尚子云、谭富英，裘盛戎、新艳秋、杨荣玖、赵燕侠、谭元寿等同过台演出，随夫调入福建省京剧团，至退休。

郭云涛先生扎根南国，根深叶茂，是一位才华横溢、艺术成就卓然出众的京剧表演艺术家和戏曲教育家、编导家，是京剧"赵派"艺术的优秀传人，是南海闽土上茁壮成长的一枝菊坛奇葩。可惜，郭先生于 2010 年因心脏突发大面积梗阻而不幸去世，终年 78 岁，他的病故是福建省京剧事业的一大损失，也是京剧"赵派"艺术传承的重大损失。

四十三、四十秋魏伟傍师　获薪传博闻广艺

魏伟，原名魏子富，师门名魏云龙，1948 年生，天津市人，天津市京剧院文武老生主要演员。他个人条件好，且勤奋，加上接受名宿巨匠数十年的精心雕琢，遂成一名优秀京剧表演艺术家。

自幼喜好文艺的他在 1958 年 19 岁时考入天津市小红花儿童艺术剧院，开始学习京剧。剧院经常请松樵先生去指导学员练功，他从这时起就得到赵师的艺术熏陶，并常到先生家中领受基本功的训练。"近水楼台先得月，向阳花木易为春"，他有此良机与大师结缘。1960 年，他被择优转入天津市建新京剧团学员队，归入专业团体，继续深造。这期间，他除继续得到赵松樵这位前辈大师艺术雨露的沐浴之外，还开始得

到谭派传人费世延先生的悉心指教。进到"建新"后，他先学文武丑，演过《三岔口》中的刘利华和《挡马》中的焦光谱等，这样他练就了一身过硬的翻扑功夫。后又改学过不长时间的花脸，唱过包公戏。他有很好的嗓音条件，最后，他转而专工老生行，以此为他的终身职业。20世纪60年代中期开始，现代戏和"样板戏"方兴未艾，各地和军队京剧团大力物色优秀青年演员，以加强大演"样板戏"的新生力量。1970年他被济南军区京剧团选中，参军入伍，担当主演。他演《智取威虎山》中的杨子荣、《沙家浜》中的郭建光、《平原作战》中的赵永刚、《奇袭白虎团》中的杨伟才等。

1978年他从部队复员回津，经严格考核进入天津市京剧团，成为该团的文武老生主要演员。从部队文工团回来，进入天津市京剧团以后，在天津中国大戏院的第一场演出是1979年5月17日晚场，当晚开场戏是闫邦建与郑惠玉合演的《武松打店》，中场戏是陈霖与张重华合演的《双下山》，大轴戏是魏伟、吴恩顺、柳素霞、温玉荣等合演的《辕门斩子》。之后，1979年5月29日至30日晚场，他又连续主演两场《辕门斩子》，前边是许世光与尔建国合演的《挡马》、何永泉与陈霖合演的《醉打山门》。他年轻有为，受到市团重用，不久即派他担任《火烧望海楼》和《六号门》两个大戏的主要角色，他与林玉梅、李荣威合演的现代戏《六号门》，在天津中国大戏院演出有五六十场之多。他还与名净邓沐玮共同主演了新编历史剧《一代元戎》，并到北京参加汇报演出，获得好评。1980年他随剧团赴拉丁美洲三国演出，得到国际友人的称许。

从部队回到天津以后，他更孜孜不倦地向赵松樵老先生学习，关系愈加密切。1981年4月，天津市文化局举办集体拜师会，魏伟正式拜松樵老为师，实现了多年的夙愿，这是他艺术向深广发展的一个重要转折。拜师会在天津国民饭店举行，同时收徒的先生还有杨荣环、刘少泉、李荣威、李少楼和李文英。1984年，他成为中国戏剧家协会会员。

当时魏伟这样年轻的演员能拜赵为师，是有较深渊源的。他从小就随赵师练功学戏，到正式拜师前，他们爷俩虽然没有明确师徒名分，但已经存在有二十余年的实际师徒关系。另外，他们在"文革"期间，师徒之情得到风雨的考验，彼此的人品认识得更加透彻。动乱之初，赵老已是68岁的老人，虽然剧团里没有太多针对他的大字报，也没有像其他大牌名角那样被整得死去活来，可是也被打成"反动权威"，归为"牛鬼蛇神"之列，入了另册，被派去给剧团职工看自行车的存车处。有时很晚了，剧团里还有没回家的，存车处剩有一辆自行车没人取走，老爷子也不能下班回家。夏天还好办，到了冬天的晚上，在露天地儿待到九十点钟甚至更晚，又冷又饿，那种罪对一位近七十岁的老人来说，就够受的了。魏伟当时被选为剧团的"文革"委员，胆子也大些，常特意从剧团出来催老先生回家，他帮照看自行车，有其他为难之处，他也常为赵老横遮竖拦，逆水推舟，还是为赵老对自己从小学艺上的帮助存有感情。费世延先生所受政治冲击很大，整天挨斗，被修理得很惨，工资被扣发，身体日渐虚弱。魏伟回到家中，向母亲说明情况，娘俩合计好拿副食本买斤鸡蛋煮熟，偷偷送到费先生手中。今天一斤鸡蛋算得了什么？可那时这一斤鸡蛋真是雪中送炭啊！当时鸡蛋是凭本定量供应的，每户人家每月就只卖一斤。一个月自己不吃送给别人还算小啦，严重的是不要说给斗争对象送鸡蛋，当时只要对这种人表现出一些同情，替说一句公道话，就有可能被株连，招致反革命之类的罪名。魏伟做的这些事，赵老看在眼里，对这位小青年产生好感，就连赵老太太听说这些，也夸他为人正派，不随波逐流，从心里喜爱。

天津市京剧团为培养业务尖子，1981年挑选几位优秀青年主演，准备让他们拜名师深造。在选择拜什么老师时，大家都看上了他嗓好且能文能武的优越演员条件，他演唱《斩黄袍》《辕门斩子》等唱功戏极红，李荣威先生要给他介绍李宗义先生，天津电台张福林编辑要给他介绍李和曾先生，名票李世勤又传话对他说："你要走运，厉头儿看上你了。"弄得他莫衷一是。拜师前的某天，他到松樵老先生家，说起团里要集体拜师之事。赵老之女云铭问他想拜哪位，他答不上来。云铭说："要不你就拜这儿吧。"这话正中小魏下怀，他想："如果拜二位李先生，我今后只能唱文戏，可惜我从小练的功无法施展，很多会的戏不能演。"他小时要拜老先生，是根本不敢想的事。如今有这样好的机会，他决心立雪赵门。松樵先生脑筋不守旧，旧社会就有"江湖无辈"之说，更何况今天新社会呢？他抛弃旧俗观念，毅然收魏伟为本门最年幼的徒弟。这也反映出松樵先生为培养青年演员不受旧观念束缚的可贵精神。后来的事实证明，魏伟认准拜赵师的选择是对了，一是老师教戏起点高；二是老师满腹经纶，魏伟向赵师能学的戏多；三是老师无门户之见，艺术上采取开放态度，故使他有广采博纳发展创造的开阔余地。魏伟另一位未正式拜师的先生，是著名老生费世延先生。费先生出身于北京富连成科班的"世"字科，20世纪60年代初成为四大须生之一的谭富英先生的正式弟子。魏伟向费先生问艺二十余年，学了很多老生戏，获益良多，在很大程度上也影响着他的艺术实践和风格。

魏伟具备的演员条件极佳，这是他艺术事业上不断取得成功的基础。他天资聪明，记忆力强，学习悟性高，基本功扎实。他的嗓音高亢响亮。因而在20世纪80年代他演的《辕门斩子》《逍遥津》《斩黄袍》《碰碑》等，均能高唱入云，红极一时。他能文善武，既可演唱工吃重的《四郎探母》《李陵碑》《珠帘寨》《失·空·斩》等，又能演需要武功过硬的《白水滩》《丧巴丘》《四杰村》等，少年时也曾演过武丑应工的《三岔口》《挡马》《小放牛》等。可见他能戏多，戏路宽。他的成长和成才，固然他本人的条件和用工是基础，但是，赵松樵先生对他的栽培、提携，也是很重要的因素。他到哈尔滨演出，师父就给在哈尔滨的老艺术家梁一鸣、云燕铭、高亚樵写信，让他带去，托付这些老艺术家多给指导帮助；他去大连演出，师父又给在大连的曹艺斌写信，让他带去。他无偿给徒弟所在的京剧团说戏，指导该团排演《雪弟恨》《逍遥津》《骂杨广·南阳关》(《忠烈传》)、《刀劈三关》《溪皇庄》《珠帘寨》等戏的演出，由徒弟主演，演出时他亲临"把场"。他为爱徒说了几十出戏，不断鼓励、鞭策魏伟努力向上。

1984年，魏伟在天津中国大戏院演过一场戏，几乎就是他的专场。他开场与王德刚合演《除三害》，以正工老生扮演太守王濬，中场是邓沐玮和柳素霞的《赤桑镇》，大轴魏伟以武生扮演《四杰村》之余千，尽显文武之能。

自从他拜松樵先生为师后，他更受到诸多名家的器重和提携。厉慧良说他"既能唱，又能打，还能翻"，流露出对他基础条件的喜爱。厉在晚期"大轴"演《艳阳楼》时,多次点名要他在压轴位置垫演唱工戏《辕门斩子》,开场是张学敏的《望江亭》,到沈阳、大连、鞍山、石家庄、保定等地演出时,这三出戏成了他们的保留剧目。有一次天津市京剧团到东北演出,头一天厉慧良以《长坂坡·汉津口》"打炮",让魏伟配演刘备。第二天丁至云的《凤还巢》,魏伟给配洪功,第三天是杨乃彭的《杨家将》,魏伟扮演赵德芳。在大连的演出,有他的《辕门斩子》,然后是荀派名家王紫苓的《柜中缘》,最后是厉慧良的《艳阳楼》。赵慧秋老师则与他、孙玉祥、康万生、赵春亮在山东省的德州、聊城等地合演《戏迷传》。张世麟演双出《蜈蚣岭》和《挑华车》,也单点要他中场垫一出《辕门斩子》。

搞承包演出队时期,他与张派优秀演员张学敏带团去东北地区的辽阳、锦州演出。头一天是他的《打金砖》,第二天是张学敏与刘守仁合演的《红鬃烈马》,第三天魏伟演双出,他以武生重工戏《丧巴丘》演开场,饰周瑜,第二出戏是张学敏的《春秋配》,最后是他的老生戏《逍遥津》。他另与张学敏经常演出《四郎探母》。杨荣环先生挑他合作,到鞍山、阜新以及在天津,同台合作者还有梅派优秀青衣高淑芳、架子花脸王德刚、著名琴师杨健。魏伟多次与杨荣环老师合作演出《四郎探母》和《红鬃烈马》。在演《红鬃烈马》时,魏伟饰薛平贵、高淑芳前饰王宝钏、后饰代战公主,杨荣环先生在《大登殿》中饰王宝钏。魏伟与高淑芳合演《四郎探母》时,杨荣环先生按尚(小云)派扮演萧太后。丁至云与他合作演出最多,他与丁至云、马少良作为领衔主演,率演出团队到锦州演出。第一天大轴是丁至云的全部《玉堂春》;第二天魏伟演大轴戏《打金砖》;第三天是丁至云的《凤还巢》;第四天是魏伟主演《雪弟恨》,他前饰黄忠,后饰刘备,董玉杰前饰关羽,后饰赵云;第五天是马少良的《八大锤》;第六天是魏伟与丁至云合演《四郎探母》,只《四郎探母》一剧在各地就演过几十场,他饰杨四郎,丁老师演公主。这次演出在当地引起轰动。他还与丁至云合演过《穆桂英挂帅》,丁演穆桂英,他扮寇准。

1988年3月,天津市京剧团派出以魏伟、高淑芳为领衔主演的演出团赴哈尔滨演出,主要演员还有丁承戎、单佑安、琴师汤振纲、鼓师陶文禄。第一天前边是高淑芳的《女起解》,后边是魏伟主演的《上天台·打金砖》,丁承戎的铫期,单佑安的邓禹;第二天魏伟演双出,前演《周瑜归天》,最后演《逍遥津》,丁承戎饰曹操,单佑安饰穆顺,两剧中间由高淑芳演《春秋配》;第三天他主演全部的《杨家将》,前演《碰碑》饰杨继业,后演《清官册》饰寇准,丁承戎的潘仁美;第四天是合作戏《大保国·探皇陵·二进宫》,魏伟饰杨波,丁承戎饰徐延昭,高淑芳饰李艳妃;第五天他主演《刀劈三关》;第六天高淑芳主演《红娘》;第七天他主演全部的《珠帘寨》,他的李克用,高淑芳的二皇娘,单佑安的程敬思,丁承戎的周德威;第八天是他与高淑芳合作演出《四郎探母》。他们的演出在当地引起轰动,当地报纸载文给予高度赞扬。

他自从拜师松樵先生后技艺精进,以其技术基础之扎实,会戏之多以及突飞猛进的艺术进步,在京剧舞台上蹿红的势头非常强劲,使他很快就成了当时天津京剧团的重要挑梁演员之一,一颗冉冉升起的京剧明星。1989年4月他参加师父的舞台生活82周年纪念演出后,江西省京剧院的师兄王超群先生邀他与著名青衣李开屏去南昌演出。在江西南昌,第一天有李开屏的《拾玉镯》,他的《打金砖》;第二天是他的《骂杨广》和李开屏的《女起解·三堂会审》;第三天由他与李开屏合作演出全部《四郎探母》;第四天是《龙凤呈祥》,他前饰乔玄,中饰鲁肃,后饰周瑜演《周瑜归天》,前文后武;第五天是《红鬃烈马》,从"别窑"起至"大登殿"止,他是薛平贵,李开屏饰王宝钏;第六天演出全部《珠帘寨》,他的李克用,李开屏的二皇娘;第七天他再演双出,前边演老生戏《碰碑》,中间是李开屏演《断桥》,最后魏伟与武生名家王超群合演《斩颜良》,王先生的颜良,魏伟的关羽,将7天的演出推向高潮。应观众要求又加演了两天的戏,一天是《四郎探母》,另一天是《红鬃烈马》。除此之外,他在深圳和奚中路双演武松,二人与郭琪合作《武松与潘金莲》。他另与中国京剧院著名演员谷春章在外地合演《上天台·逍遥津》等戏。他的戏路之宽、能戏之多,可见一斑。1989年,魏伟被著名电影演员和导演牛犇选中,合作拍摄电影《假大侠》,他演真大侠,牛犇以喜剧风格演假大侠。

但是,20世纪90年代中期以后,京剧市场空前萎缩,京剧演员要在本团有机会演出是很难的事。与大城市里京剧市场萎缩的情况相反，经济迅速发达的温州地区的京剧市场却呈现出惊人的活跃。为了不荒废自己得来不易的艺术技能，为了增加舞台实践，提高艺术水平，他接受温州民营剧团的邀请，开始了艰苦频繁的演出磨炼。结果是他的戏越演越多，他的技艺越来越熟练完善，他的"戏份儿"也越涨越高。在与来自全国各地演员的交流中，他也见识许多，学到许多。由于他出于名师之门，博学多才，会戏又多，成为当地极受欢迎的演员之一。1998年，他有机会到北京，作为外聘演员加盟北京风雷京剧团，经常上演赵师擅演的剧目《刀劈三关》《古城会》《凤凰山·叹月·独木关》《八蜡庙》以及《打金砖》《龙戏凤》《坐宫》《斩经堂》等戏，演期长达四年，受

魏伟演《打金砖》饰刘秀

到北京和外地观众及京剧名家茹元俊、谷春章、张古愚等的好评，反响热烈，并得到机会常向王金璐先生问艺。在京剧事业举步维艰的大环境下，他却抓住机遇，见缝插针，勇迎挑战，战而必胜，用汗水和勤奋换来自己艺术天地大丰收的黄金秋季。他承赵师衣钵，尤擅连文带武（舞）的老生戏，赵师的常演剧目《骂杨广·南阳关》《刀劈三关》《独木关》以及又唱又摔的《打金砖》等，亦均为他所常演。他还从赵师那里学会一堂"天霸戏"，像《落马湖》《恶虎村》《连环套》等。他年过不惑时又开始学演先生的关公戏，如《古城会》《走麦城》《华容道》等，颇具乃师风范，一演即受欢迎。

在松樵先生的众多门徒中，很少人有条件能几十年守在师父身边学

习。过去老演员东奔西忙，居无定所，师徒们是分多聚少。魏伟得天独厚，与赵师同居天津，从小至 50 岁，他在赵老身边长达近四十年。他从赵老那里所获耳濡目染和言传身教最多，这是他比其他各位师兄幸运很多的地方，因而他自然成为"赵派"艺术的重要传人之一。

我看过魏伟先生演出的剧目计有《珠帘寨》《逍遥津》《辕门斩子》《打金砖》《过五关·古城会》《凤凰山·叹月·独木关》《刀劈三关》《溪皇庄》《雪弟恨》《骂杨广·南阳关》(《忠烈传》)。他的《辕门斩子》是以"高派"为基础，又结合其他名家的唱法来演的。《珠帘寨》这出戏他向赵师学过，也向费世延先生学过谭、余的唱法，他演出时将其互为借鉴。至于《逍遥津》一剧，他开始是按"高派"路子演，后来赵师又亲传给他自己的演法，他以后再演就基本按"赵派"演了。"赵派"的《逍遥津》与"高派"多有不同，这已在前边《演艺篇》中详做评论。魏先生的《打金砖》在 20 世纪八九十年代初唱得极红，他听过赵老的讲解，又借鉴李少春的演法，再结合个人的条件，最后演绎出他自己的一套演法。前边的《上天台》他还研究了言菊朋、贯大元、胡少安的唱法。他扮演的刘秀端庄潇洒，风流倜傥，一派皇家气派。刘秀出场后先唱的【二黄慢三眼】"金钟响"一段，他唱得从容不迫，舒朗动听。接着的一大段几十句唱"孤离了龙书案"直到"一步一步随定了寡人"结束，唱得更是清丽韵致，一气呵成，沁人心脾，随着尾腔的一落，掌声四起，震耳欲聋。到"太庙"一场戏，他则发挥自己擅长能唱能翻的优势，以响遏行云的唱和繁复高难的摔，既充分表现出剧中人刘秀的惊恐迷乱的精神状态，又充分展示出演员精美高超的技艺水准，给观众极大的美感享受，几乎是每一句唱，每一个表演动作，无不博得全场的掌声和喝彩。他演"太庙"一场，改为一不上太监，二不上魂子。不上太监是他自己琢磨的，他认为自己摔后能起来，就可不必上两个太监搀扶，这样使舞台上显得简练、干净。他的这一演法，得到来看他戏的李万春先生的赞赏。事实上这样处理，确也达到了预期效果。不上"魂子"，是乃师松樵先生 1950 年时率先试行的，很快在京剧界推广开来。因为不让鬼魂出现在舞台上，所以魏先生在头番见姚期魂时，对着苍天加了一句念白"姚皇兄，孤一时酒醉，错斩你了！"这样一改，就把情节摆脱掉"魂子"出现在现场的情形，形成刘秀在向苍天祷告忏悔的情境。

他演的《忠烈传》是乃师赵松樵先生代表作《骂杨广·南阳关》的修改版，经他与同事多方面的修改加工，愈加彰显剧目随着时代不断进步的新气息和新成果。首先在扮相上，他比师父演出时的那个年代加强了舞台美化，其次对唱词进行了某些修改和丰富，创编了一些新唱腔，从而更适合现代观众的欣赏口味。同时，在表演方面，魏先生也加进去不少自己的东西。"金殿"一场是前半部戏的戏核，杨广篡位登基，下诏传老相国伍建章上殿来拟旨，诏告天下。在这场戏里，伍建章披麻戴孝，唱【导板】登场。他为了加强现代舞台的美化，在赵师原扮相的基础上，在孝帽上加块玉，把素白布孝袍改用双绉绸孝袍，加黑边，把麻绳改用白绸子系腰，腿脚改穿大袜子、"夫子履"，扮相更加华美光彩。他淋漓尽致地发挥唱、念、做的技艺，把【二黄导板】【回龙】和【二黄原板】成套唱段的腔韵和唱法加以变化，以适应今天广大听众的欣赏口味，他唱得激情昂扬，愤懑悲怆，让伍建章对杨广的种种倒行逆施所产生的憎恶情绪喷薄而出，一泻千里。赵师的原板唱词"人本是父母生……破口大骂"为两短句一长句，他则在两短句和一长句之间，又添加了四句以排比句式"他不该……"的唱词和另半句，历数了杨广的罪恶，增强了人物的情绪，发挥出演员唱的优势，相应地，唱腔也有所创新变化。随后"念诏"的数十句大段韵文道白，他完全继承赵派风格，念得遒劲有力，字字铿锵，情绪激昂，听来荡气回肠，大快人心。下半部他改革了赵师演法，所扮伍云召身着大靠到底、绸巾子、穿厚底。在府内见夫人一场，传统是唱【西皮】到底，"赵派"改为加唱【二黄】，为"摇条"和"人臣"两辙。魏伟把唱词又加丰富和调整，改唱为统一"摇条"辙。在几场开打中，他接连使了四个"摔叉"和一个"倒扎虎"，以表现战况的激烈和伍云召寡不敌众的困境。当夫人向他托子后自尽时，他走个"硬僵身"，以表现伍云召看到妻亡时的悲恐惊愕。在大将韩擒虎放走伍云召，伍表示感激时，他抬右脚伸平，左腿单提，"旱地拔葱"似的让身体腾空而起，落下时双腿跪地。这个技巧表演，是他把豫剧《三请樊梨花》中薛丁山的同样表演吸收过来的，用在这里正是地方，恰到好处。对他在这出戏里的各处成功创新，赵师给予肯定和鼓励，也得到广大观众的热烈欢迎。

他演的《独木关》是松樵老亲授的，从"凤凰山救驾"起，直到金殿面君、行赏封官止，是全的，恢复传统戏以后至今四十余年，除赵家门徒魏伟外，未见他人演全。前边"凤凰山"，他饰的薛礼扮相俊美，英气逼人。出场后，他除有"报家门"等道白外，还有许多复杂优美的舞枪身段，干净边式，枪与身上各种佩戴不缠不乱，显出功力。在"病房"一场，他不但有"黄派"韵味独特的唱腔，更着力刻画薛礼不畏病魔缠身而英勇善战的大无畏英雄气概。这是一出考验演员唱、念、做、武基础功夫综合能力的戏，难度很大，嘴里功夫、脚下功夫、表情做戏、嗓子都要有，而且都要好才行。

至于他的《刀劈三关》更是声名远播，唱响京、津、浙、穗。目前在全国能经常上演此剧者实不多见，只有赵（松樵）、唐（韵笙）两家传人。汪派的这个戏在赵氏门里得到薪火相传，继承发展。剧中人雷万春唱完【反二黄】唱段之后，以下劈三关都是武的，劈完三关之后又是文戏，这是"赵派"对这个戏的发展。魏伟在雷万春此番上场时，创造性地增加了一句【导板】唱，紧接马童翻上，以及一段七句的【流水快板】唱段。他这种演法，把大刀雷万春这员勇猛武将的气势和奔赴疆场出征的战斗声势，烘托得如火如荼，把雷万春一战成功的决心和信心表现得饱满充分。他这个艺术处理，是吸收了关羽的出场形式，也是吸收了李少春演《周瑜归天》的上场方式，显得火爆炽烈。

几十年以来，黄派武老生名剧《百凉楼》没有人演，也没有传承。松樵先生将其挖掘出来传予魏伟，并指导排演出来，使一出戏得到传承。该剧过去常以折子戏作为开场戏，只有四十五分钟的戏。魏伟和天津市京剧院数位同龄艺术家们在松樵先生亲授的剧本基础上，进行了改编，增加了许多情节的描述和表演，以及多处唱段，使之成为一个晚上的成本儿大戏。增加的一个半小时的所有唱、念、剧情和表演，无疑都需要他们自己来创作。例如头场的进龙棚，过去演法是剧中人吴祯和蒋忠两人齐上，各念一句，吴祯没有唱。扮演吴祯的魏伟改为单人上，讨令时增加八句【西皮二六】的唱。吴领令要下时，蒋忠才上，也加【散板】唱。下场之前，又增加了【流水板】唱段，且以“嘎调”收尾，接着是两人的四句【散板】。吴祯最后下场时，增添了“揉肚子”的表演，以表现吴对如何完成军令的思索和内心情绪。又如“烧楼”一场，他增添了【二黄导板】【回龙】、转【原板】的成套唱段。后边的扑火表演，他披“大靠”走“抢背”，朱元璋以“扑虎”动作过吴身上，两人起来再双“僵身”，下边再接开打有“快枪”“群趟子”等，斑斓绚丽，异常精彩。他们的成功创作，得到赵松樵、厉慧良等老艺术家和广大观众的充分肯定与赞赏。他唱、念、做、打、翻无不精彩的艺术表现，无论在北方还是南方，普遍获得称赞。早在1985年的《今晚报》和《剧坛》杂志，后在北京演出时期的《中国京剧》《北京广播电视报》等，均给予他关注和赞扬。

2007年4月初，他受中央电视台戏曲频道《名段欣赏》栏目组邀请，到北京录制了“三关”戏（《刀劈三关》《南阳关》《独木关》），都是他师父松樵老久演不衰的剧目，也是他自己常演的得意之作，观众反映他的戏逼真感人，脸上、身上有戏，表情丰富，难得一见。

他在艺术上首先继承了赵师艺术广博的特点，戏剧知识面广，会戏多，演出经验丰富，会演会编会导，文武俱佳，唱、念、做、打、舞技术全面，与乃师同样是全才的实力派京剧艺术家。其次他也继承了赵派“演人物”的艺术精髓，用综合艺术手段声容并茂地全方位塑造人物，无不鲜活感人。他还继承了赵师在艺术思想上开放性的优良传统，从善而流，南北风格广收并蓄，无门户之见，不死学硬仿，创新发展，在继承的基础上演出个人的特色。魏伟先生从天津京剧院退休后，曾受聘于天津观缨戏校等处执教，所教多人在全国获奖。

四十四、孚众望八方来朝　众高徒星光熠熠

除上述几位而外，与赵松樵先生有师徒关系的弟子还有以下几位。

夏云堃：京剧武生名家，1936年以后，继陈云超之后在上海拜赵松樵为师，工武生，其叔父为京剧演员。夏云堃的跟斗翻得好。1940

年前后，他与陈云超一同傍师兄赵云鹤到山东烟台演出，1943年在烟台与他们分开，之后就很少联络。据说，他在演出中摔坏肩膀，再演武戏很难发展，转而专攻编导。20世纪50年代，他曾在福建省某剧团工作，师弟郭云涛曾经见过他，此后情况不详。

周云起：京剧名家、编导家，本名周正邦，20世纪80年代我曾在上海访问过他。他个人回忆，他是继赵云鹤、李铁英、陈云超、夏云堃之后，第五位拜赵师学艺之人。他经张德禄介绍，成为赵门入室弟子，学文武老生，常随师叔赵庆兰与陈云超、夏云堃等傍赵云鹤到各地演出。他曾陪赵师演过《战马超》《长坂坡·汉津口》等戏。他在京剧团工作时，已经显露出编导的才能，20世纪50年代后期，有幸得到国家培养的机会，被选送到北京中央戏剧学院导演专业学习。学成后回上海，调入被列为上海重点打造的剧目大型舞剧《小刀会》剧组，参加编创工作。他在舞蹈设计时，融入了赵师当年在排演连本戏《火烧红莲寺》中创造的耍辫子功，以清装长发辫为武器做大开打表演，极具特色。他给舞剧安上耍辫子，以辫子抽打敌人，这一表演得到专家与观众的一致好评和欢迎，成了该剧舞蹈表演中的一个亮点。能把"赵派"创造的艺术成果运用于中国民族舞剧中，并取得成功，他为此感到无比欣慰和自豪。

刘宫阳：著名京剧武生表演艺术家，幼从家学，其父刘义泰原是河北梆子小生演员，后改演京剧武生。约于1940年（另有1947年之说），刘义泰搭上海天蟾舞台的戏班演出，与松樵同班，请松樵收刘宫阳为徒。1941年，刘宫阳拜赵师，并经点化，技艺精进，久演于上海。后来，宫阳傍文武老生名宿刘汉臣演出。1950年以后，他随刘到天津，演于南市的大舞台戏院。不久，赵师也到天津，先演于大舞台，后移师至共和戏院。刘宫阳在津期间恢复师徒联系，不断向师父学戏问艺。此时，刘宫阳已经是独当一面的著名武生演员，常演的剧目有《花蝴蝶》《金钱豹》《长坂坡》等，长靠短打均佳。不久，他返回上海，担任当地京剧团的主演，并定居上海。1976年，松樵老为避地震之灾，到上海投亲访友，师徒相会，恳谈甚欢，刘宫阳颇得教益。1980年，他还与上海著名票友、松樵老的门徒徐通文一起特制一面锦旗，祝贺恩师的

80 岁寿辰。

刘泽民：京剧表演艺术家，曾用艺名筱桂芳，其父刘椿泉在北京小荣椿社坐科，舅父李桂芳，均为京剧名演员，后移居上海。2010 年我到上海访问了他。刘泽民 7 岁练功，9 岁登台，10 岁向路凌云学关公戏，13 岁即有"小老爷"之誉。1947 年在广州演出，获好评，被赞为"活关公"。1949 年他回到上海共舞台戏班演出。1958 年任山东潍坊市京剧团团长、市政协常委，1961 年因病回上海。1979 年调入上海京剧院，是农工民主党党员，上海剧协会员，周信芳艺术研究会理事。1988 年退休，他一生从艺主工老生、红生。除学习"赵派"艺术外，对"麒派"戏也造诣颇深，颇有心得，经常上演"麒派"剧目，曾应邀在上海京剧院、上海戏校、武汉戏校、"麒派"研究班讲学教戏。他整理全本《汉寿亭侯》《古城会》《秉烛达旦》《走麦城》等关公戏，曾改编闽剧《炼印》、电影《虎穴追踪》、话剧《刘介梅》等为京剧，并兼导演和主演。他以关公戏最为著称，向赵师学过《斩车胄》等关公戏以及《乌龙院》《风波亭》《跳财神》等。

徐维廉：著名京剧演员，1948 年在南京拜松樵先生为师，曾在新亚戏院与赵师合演《张文祥刺马》等。1949 年离开赵师，赴外地演出，之后情况不详。

刘泽民饰关羽

小盛春：著名京剧表演艺术家，原名董世春、董景阳，1920 年生，河北任丘人，其养父董巨川为河北梆子老生名演员。他自幼随父学艺，先学娃娃生，8 岁以后跟随父亲学河北梆子老生，12 岁拜董玉山为师，工武生。学艺期间冬无棉衣，用棉花裹住膝盖，住的是窝棚。出师后，在搭班唱戏困难时期，暂时打短工。之后搭班演于保定、石家庄等河北省地区。1948 年天津大舞台组建燕林剧社，邀梁一鸣、鲜牡丹、孙鹏志、彭英杰、小盛春、绿牡丹（黄玉麟）担任主要演员，后在此又与李铁英、陈云超、李元春、彭英杰、刘麟童、鲍云鹏等众多武生名家同台。1951 年 11 月 26 日起，他加入赵松樵先生任社长的天津扶新剧社，任主演，该日首次登台演出。1952 年拜赵松樵为师，学演赵派《斩颜良》《走麦城》《汤怀自刎》《木兰关》等戏。他长靠、短打武戏皆精，尤擅猴戏，赵师鼓励他独辟蹊径，专工猴戏，是以主要演悟空戏挑班的第一人，并介绍他到上海向孙悟空戏的"郑派"创始人郑法祥先生学习。他练功勤奋刻苦，吃饭时用筷子顶筷子，吃水果时模仿猴子的吃法，艺不离身。他的悟空戏融南北各派风格于一炉，既有人物，又有武技，在表演、扮相、剧目方面均有创新，已经形成独有风格，自成一派，南北驰誉，影响极大。他自创特有的姿势，如出场时单腿独立，另一条腿弯曲高抬，手搭凉棚，远望。《水帘洞》中，有让枪在鼻子上转的表演。他受赵师三平式大刀的启发，创制出三平式金箍棒（见图）。1953 年 11 月—1954 年 3 月，小盛春应邀率艺术交流小组去上海演出，

小盛春演《黄风岭》饰孙悟空

演员有王承森、张鸣禄、郭云涛、钳韵宏、杨麟芳等。应上海方面请求，在合同之外初一至初五加演日场，全部收入捐给上海演员过年。临回津前一天，当地演员为感谢而请他们吃饭，小盛春给上海到场人员每人一条绿炮台香烟，两方面畅谈一宿。1958 年始，他任天津塘沽京剧团主演兼业务团长。他的艺术受到梅兰芳、李少春等人的观看和赞赏，与梅兰芳第一次接触是在邢台，接梅的台，照样场场客满。在北京，梅兰芳、李少春分别向他发出邀请。他是德艺双馨的艺术家，原工资定两百多元，自己降到 170 元，上海邀请他，每月给 1000 元，为本团演员及其家属的生活，他没有去。1966 年他竟遭迫害，剃头、批斗、挨打、跪一夜，他的神经崩溃了。家属未见尸首，火化场一位他的戏迷私自留下骨灰，落实政策后交出来给家属。终年仅 46 岁，业内外人士无不为他过早离世而深感惋惜。

他扮演的悟空大气，有猴王的气派，又有人的智慧和感情，以突出表现悟空的性格为宗旨。所以，他编演的悟空戏，不只有各种武技的表演，更多的是有人物，有剧情，有情感。他给悟空这个角色安排了许多的唱段和念白，这种演法是"小派"戏的突出特点。他被誉为南北驰名的一代美猴王，其艺术创造影响及今可见。

小王虎辰饰关羽

小王虎辰：著名京剧表演艺术家，其父王虎辰是京剧武生名家，所演《周瑜归天》当时盖世无双，以后演员再演此戏多以王派为楷模。小王虎辰幼随京剧名家（老）曹毛包习艺，基本功深厚，戏路极宽，武生、红生、文武老生、铜锤和架子花脸均演，是位全才的京剧表演艺术家。1952 年，他在天津南市共和戏院的扶新京剧团时，与小盛春同时拜赵松樵为师，在赵师门下的名字为工云庆。他除了向赵师学演赵派的《汤怀白刎》《探地穴》《九江口》《斩颜良》《战马超》等戏外，他在艺术上无门户之见，广收并蓄，擅演关公戏，为关公戏名家之一，主要吸收唐韵笙的为主。他也学演其他"唐派"剧目，学演白玉昆先生的《岳飞》等戏。他常演剧目如《关云长》（1—8 本）《走麦城》《千里走单骑》《水淹七军》《单刀赴会》《程咬金》《鹿台恨》《白水滩·通天犀》《血溅本庄楼》《六国封相》《拿高登》《长坂坡·汉津口》《三进士》等。他的包公戏也很有特色，如《包龙图》《铡美案》《砸銮驾》《铡国舅》等。他视剧目不同而采取的演出风格各异，有的包公戏他"大扮"，戴"黑三"，有的戏则采取南方的戴"五绺"。他的艺术南北兼容，文武俱佳，是演人物派的艺术家。1961 年，他落于辽宁安东（今改名为丹东）市京剧团，与张正芳并挂头牌。"文革"后，他被调入戏校工作，教戏育人，但是他正式接受磕头拜师的只有一位弟子裴咏杰。收徒后，他们师徒到天津拜望松樵先生，将徒弟介绍给赵师，三代人留有合影存世。他的能戏多和文武兼备，以及擅演关公戏这些戏路，还有一赶三、一赶五之能，极似乃师赵松樵。1993 年，小王虎辰先生不幸病逝。

唐啸东：女，京剧老生名家，籍贯广东。她艺宗余派老生，亦曾向京剧老生名家周啸天请益，向周先生学其拿手戏《夜打登州》等。1952 年，她搭天津扶新剧社演出，拜赵松樵为师，专学老生戏，是赵师唯一一位女弟子。"文革"后，因身体原因，未再演出，后期情况不详。

孙震霖：著名京剧表演艺术家，原名池富华，艺名筱栢岩，自幼随养父松柏岩（孙鹤良）习艺，工武生、老生，8 岁在大连首登舞台。1942 年，养父母成立小科班"松竹社"，筱栢岩为头牌，堪称文武双全。1946 年后，他进北京四维戏校搭班演戏，同台有谢锐青、张春孝等。1949 年初，经万子和、袁世海介绍拜李少春为师，随李之"起社"演出。1950 年他父子到天津演出，1951 年进赵松樵为社长的扶新剧社，不久拜松樵先生为师。1954 年，在天津市第一届戏曲观摩演出中，赵师提携他配演《战马超》之张飞，他以饰马超获表演二等奖。与赵师同台三年多之后，他离津去山东济南，在山东省戏曲观摩演出中以《挑华车》一剧获一等奖。1957 年 5 月离山东，回长春加入吉林省京剧团，直至退休。孙震霖扮相英俊，功底扎实，文武兼能，武生长靠短打皆善，尤擅悟空戏。1982 年，长春电影制片厂拍摄京剧《火焰山》，他为艺术指导，扮演悟空的演员即其学生，该片获当届戏曲艺术片的百花奖。"文革"后刚刚落实政策，他即到天津看望赵师夫妇，1986 年再次住赵师家十多天，后来趁参加天津的全国戏剧艺术节和全国新剧目调演活动，又多次与赵师谈戏问艺。

孙震霖（左二）饰武松

徐荣奎：京剧老生著名表演艺术家，北京尚小云先生主办的荣春社科班高才生，基本功瓷实，文武兼备，曾在多家剧团挑班领衔演出。1957 年前后，他率团到天津演出，有一天演《探地穴》，徐荣奎请到场观看演出的赵松樵先生指教，松樵先生当场稍作点化。荣奎感受颇多，极服前辈，择日登门，当即拜师。赵师授以《战潼台》为赠，后又教徐《碰碑》和《刀劈三关》等戏。他演得很红的戏《打金砖》《杨家将》《疯僧扫秦》，唱、念、做、舞无不精妙，极获赞誉。他早在 1946 年到上海时已开始接触"赵派"艺术。1955 年，他加入唐山市京剧团，为领衔主演。20 世纪 70 年代，他以主演现代戏《节振国》再度扬名天下。

后来此戏拍成电影时，虽然节振国的角色由别人代替他饰演，但影片中节振国的唱、念之音，则全部为徐荣奎所配。

王志英：著名京剧表演艺术家，原名万志英，1932年生，回族，河北沧州人。1942年他10岁起在各地演出，1950年前后在天津搭班演出，常随赵松樵弟子郭云涛到师父家中，聆获教益，久慕先生大名。20世纪50年代中期，他辗转落户佳木斯市京剧团，做主演兼导演。1978年，他调入黑龙江省艺校执教，曾被评为优秀教师，一级演员，至退休。1984年到津正式拜松樵老为师，取师门名为王云圣。赵师传授给他《路

赵松樵与王志英师徒

遥知马力》《乌龙院》等，应求提供剧本《观音得道》。他1965年为现代戏《雪岭苍松》编唱腔，获东北大区会演优秀唱腔设计奖，1979年获黑龙江省优秀唱腔设计奖。中央人民广播电台、黑龙江省电台、辽宁省电台、哈尔滨电视台都曾为他制作过专辑节目，介绍他的艺术成就。1989年应邀参加赵师从艺82周年纪念活动，他演出了《斩韩信》，获好评。2007年夏，中央电视台戏曲频道《名段欣赏》栏目录制了他演唱的《三家店》《二堂舍子》《海瑞背纤》《李陵碑》《古城会》《未央宫》和《徐策跑城》的选场选段。录像后，在北京因心脏病发作不幸逝世，终年75岁。

焦麟昆：著名京剧表演艺术家，沈阳京剧院主演，晚年为该院艺术指导，是唐韵笙的学生。1984年他随团到天津演出，偕同李春元、周仲博二位名家拜访松樵先生时，他当即要求拜认先生为师。老先生以焦如此声望和年纪，再收为徒不合适而婉拒。焦拜师意诚，言其师唐先生已故，今赵老就是其师，欲当场叩拜，被先生拦阻，考虑再辞不恭，先

生答应顺其意而行，认可与他为师徒关系。焦先生已是功成名就的艺术家，至老年尚孜孜不倦，有艺术追求，求前贤为师问艺请益，其精神可贵可敬。

陈鹤昆：著名京剧表演艺术家，1953年起任安徽省安庆市京剧团主演，后为团长。他生于1919年，少入上海喜临堂科班，先习武生，再工老生，后为麒门弟子。他从青少年便常看松樵先生戏，受其艺术熏陶，心仪已久。他功底扎实，会戏多，戏路宽，文武兼能，博学各家。他演济公戏学赵如泉，演包公戏学李桂春，演关公戏学李吉来，"三公"戏艺宗各路名家，在省内外有广泛影响。他的《火焚绵山》和《九更天》(带滚顶板)，均有口碑。1989年他到天津参加松樵先生从艺82周年活动，其间要求拜老先生为师，其情况类似焦麟昆。老先生乃与对焦麟昆一视同仁，言问艺术求学可以，拜师不必，劝说他们都已是知名艺术家，学生满门，再为人徒恐不适宜。陈亦如焦然，词恳意决。赵师只好同意借拜寿仪式时接受陈的拜师请求，以圆其年少时即有的认师之梦。

与松樵老有师徒名分的不下三十几位，还有一些以义子名义随松樵先生学艺，择要介绍如下。

王超群演《金刀阵》饰孙悟空

王超群：著名京剧表演艺术家，1927年生，回族，出身梨园家庭，8岁起在上海开始学艺，曾进厉家班，后拜盖春来为师。其父复领超群拜认松樵为义父，从学求艺。1948年他崭露头角，与周信芳、言慧珠等同台，同年随马连良剧团到香港演出。最后他加入江西省京剧团，为武生主演，曾任业务团长。他是有艺术成就的京剧表演艺术家，不但长靠短打武生戏行当出色，又能演武

丑和武花，尤擅悟空戏，在南方有"猴王"之称，从学者多。他武戏深
受赵松樵、盖叫天、盖春来和郑法祥影响。1989 年，他到天津参加松
樵先生从艺 82 周年活动，演出了《独木关》和《闹天宫》，极获赞誉，
也得到松樵老的褒奖，特别对他演的悟空戏深表赞赏，说"他出手快，
手里功夫好，演得大气，这个年岁很不容易"。王先生曾在南昌举办过
"王超群脸谱画展"。他曾任省政协委员、省剧协副主席、省京剧团艺术
顾问等职。

陈金柏：京剧武生表演艺术家和教育家，1924 年生，艺名九岁红。
他 10 多岁时被其师推荐拜认松樵先生为义父，从学深造武生表演。他
在上海天蟾舞台随先生边学边参加演出，得到亲传"赵派"的名剧《汤
怀自刎》《长坂坡》《杀四门》《木兰关》《北湖州》《挑华车》等。20 世
纪 50 年代，他加入吉林省京剧团为武生主演，"文革"后调入省戏校，
担任武生教师，培养出多名优秀武生演员。他对"赵派"艺术极为推崇
喜爱，20 世纪 90 年代他在天津接受我访问时，说他教学生《长坂坡》
等戏即以"赵派"路数教授，认为"赵派"艺术见真功，难度大，看点
多。1990 年 8 月，他在学生陪同下去北京检查身体，特意路经天津拜
望赵师。

李芝纲：著名京剧铜锤花脸艺术家，1929 年生，天津人，一级演
员，中国戏剧家协会会员，山西省京剧院著名花脸表演演员。他 14 岁
在山东与李和曾演《逍遥津》《哭秦庭》等，15 岁拜费玉策为师，16 岁
在天津中国大戏院与
李玉茹、李少春、袁
世海、王泉奎同台，
18 岁搭天津南市大舞
台戏班演出，声名鹊
起。1950 年，他加入
红风京剧团，为花脸
主演，1951 年拜认松
樵先生为义父，问艺
学戏，1956 年转归

李芝纲饰曹操

太原市京剧团。1964年，他拜裘盛戎先生为师。常演剧目有《草桥关》《牧虎关》《白良关》《铫期》《探阴山》《铡美案》及曹操戏。他演《铡判官》曾创造过1958年在太原连演38场、1963年在天津连演37场的不凡演出纪录。他多次获省级金奖和一等奖，艺术传略收入《当代戏曲表演艺术家名录》《中国文艺家传集》《世界华人文学艺术界名人录》和《亚洲艺坛名流》等。

鲍云鹏（后立者）与赵松樵先生

除了正式拜师弟子及义子从学者外，另有些演员以师侄关系长期与松樵先生同台或在其左右接受教益，例如以下几位。

鲍云鹏：著名京剧表演艺术家，原名鲍兰波，1921年生，北京人，其父鲍顺义在天津隆庆和科班坐科，与盖叫天等同科，后为尚和玉弟子。鲍云鹏6岁从北京到天津，8岁被送去烟台随名师张少甫学艺6年，在张门与松樵之子赵云鹤为师兄弟。回津后，他又学于韩长宝，并随松樵先生同台演出，请益多年，自随赵门弟子以"云"字取名法改名为鲍云鹏。中华人民共和国成立前夕他搭天津大舞台演出，任武生主演之一，后加入红风京剧团。1954年1月参加天津市第一届戏曲观摩演出，获表演二等奖。1956年他随团转为太原市京剧团，1975年到省戏校任教，1984年调入省晋剧院任武戏教师。1986年4月在"振兴山西省戏曲青年调演"活动中，他以《拿登高》获得武打设计奖。1989年随山西省京剧院李铁英、陈云超等到天津参加松樵先生从艺82周年纪念活动，演出《铁笼山》之"观星"一场，一招一式皆中规范，有大家之风，深得松樵先生赞赏。他的武戏尤以长靠戏见长，有尚（和玉）派遗风，武功精湛，身架工整漂亮，开打勇猛帅气，享有盛誉。

李慧春：著名京剧表演艺术家，1927 年生于天津，原籍河北省固安，文武老生名家。他 8 岁开始练功，随翟福奎、刘少锋学老生，14 岁拜李兰亭为师，在天津大舞台随师练功，得亲传《劈山救母》《石秀探庄》《快活林》《白水滩》《乾坤圈》等。19 岁时到北京，师从长胜禄学文戏，向钱富川学武戏。3 年后，他搭班演出，曾随李兰亭戏班到山西太原等地演出。1953 年在青岛，1955 年至 1958 年在新疆兵团京剧院，任编导室主任。1958 年其母让他归余（叔岩）派戏路，又学于蔡毷青、李适可、从鸿奎等人，学会余派戏十余出。1959 年到徐州市京剧团，任团长，1963 年到安徽省滁州市京剧团，任团长，并在戏校任教多年，至退休，回天津家。在津期间常向松樵先生问艺，并协助先生录音十出戏的说戏资料。他还协助举办赵松樵艺术生活图片展。1989 年 4 月，他参加纪念先生舞台艺术生活 82 周年演出，与王志英合演《未央宫·斩韩信》饰萧何。他文武兼能，编、导俱善。其岳父郑玉华是位才长艺广的著名老艺术家，长期和松樵先生同台，且有金兰之交。曾为毛主席演过《打渔杀家》，在徐州市京剧团退休。

陈云祥：著名京剧表演艺术家，陈云超之弟，幼随兄练功，教习极严，虽非松樵先生正式弟子，但随兄与松樵老长期同台，并随兄取名为云祥。他曾师从韩长宝等学戏。20 世纪 40 年代中后期，随兄在山东烟台长期演出，1948 年以后同回天津，搭天津大舞台李铁英戏班演出，20 世纪 50 年代在天津建华京剧团演出。"文革"后，他从剧团调入天津市艺校任教，至退休。其岳父为著名前辈京剧艺术家白玉昆先生。

四十五、求学者来而不拒　润菊圃传业授艺

松樵先生不但对门内弟子为京剧传经布道，而且对于凡菊圃内的花枝都尽心耕耘、施肥、浇水、剪枝、锄草。到了晚年，他更是老骥伏枥，不用扬鞭自奋蹄，竭力为菊圃滋润土地，栽培苗种。他为各专业剧团教戏排戏，做艺术指导，对演员言传身教，课业授艺，对业余京剧活动也热心扶持鼓励。

他除晚年又收了五位"老徒弟"之外，还给天津市京剧团（以下称"市团"）留下了几出戏。1984年一年，他给市团就传授排演了两出大戏。一出戏是"赵派"老生代表作之一的《骂杨广·南阳关》，1984年12月10日在中国大戏院正式上演，剧名改为《忠烈传》，内容唱词稍有改动。转天《今晚报》报道说"《忠烈传》是著名京剧家赵松樵的拿手剧目之一"，赵派得意弟子魏伟一赶二，前扮伍建章，后扮伍云召，王德刚饰杨广，温玉荣饰韩擒虎，董玉杰饰伍保，孙鸣凯饰太监张衡，郭秉新饰宇文成都，王长君饰少夫人，宗志扬饰太夫人。经过赵老的苦心相授和全团上下的大力合作，该剧大获成功，反响热烈，于1985年1月4日应观众要求再度上演。二出戏是《雪弟恨》，他说这个戏里行当全，拴人多，要让市团中青年演员团结合作。他给马少良和郭秉新单说了"捉潘璋"中关羽和潘璋的演法，当年是他与林树森合作的。他亲自上阵传帮带，演出时他自饰"哭灵牌"中的刘备，后赶扮大马童，马少良前饰关羽魂后扮赵云，魏伟前饰黄忠后扮刘备，温玉荣的诸葛亮，郭秉新的潘璋，董玉杰的关兴。1985年，他为市团又指导排出第三出戏《珠帘寨》，于4月24日首次上演。该剧是他在1923年和高庆奎先生合作的，这时魏伟正迷恋"高派"唱腔，于是赵老就按"高派"路子教给他。魏先生又请教了谭派传人费世延先生，加上市团罗世鸣导演帮助，《珠帘寨》终于呈现于天津舞台，魏伟饰李克用，温玉荣饰程敬思，高淑芳饰皇娘。他还为市团指导排演了《逍遥津》和《百凉楼》。《百凉楼》自恢复传统戏后，只有松樵教授天津市团演过此戏，至今京、津、沪尚无人继承演出。这个戏过去全的分两本，是黄（月山）派常演剧目，早年瑞德宝、赵松樵也常贴演。这次市团演员们把戏压缩为一本，剧情写朱元璋继郭子兴起义，遭到刘福通的忌恨，孙德崖给刘献计，在百凉楼设兴隆大会，诓朱赴宴，预设埋伏，趁机杀朱。大将吴祯伴朱赴宴，宴席间刘命部将舞剑，图谋刺朱，舞者反被吴杀。百凉楼遭刘火烧，吴护朱逃。刘率兵追至乱石山，蒋忠锤震乱石山，常遇春赶来救朱脱险。魏伟扮吴祯，连文带武，唱、念、做、打无不精彩。剧中朱元璋由温玉荣扮，郭秉新扮常遇春，王德刚扮蒋忠，李元信扮刘福通。以上这五出戏，除《珠帘寨》外，其余四个戏是天津市京剧团历来从未演过的。

他在关心京剧繁荣发展的同时，对其他剧种也给予关怀和支持。早在 20 世纪 60 年代初，他就开始为天津市评剧院青年演员说戏传艺，热心扶植评剧的发展。"文革"后，他刚刚被落实政策时，暂时被派到天津市杂技团做艺术指导和顾问，为杂技演员的肢体训练和节目动作设计出谋划策，为杂技表演的情节化做出贡献。

赵松樵（坐者）85 岁授艺　　右起：赵云鹤、魏伟、王志英

1984 年，北京的中国北方昆曲剧院名家侯少奎要排演关羽戏《单刀会》。该剧原本就是昆曲，赵老过去经常上演，记得 20 世纪 50 年代后期我在天津南市共和戏院看过松樵老演这出戏。侯少奎之父侯永奎先生是昆曲名家，生前与松樵先生熟稔。经中国京剧院叶盛长先生介绍，少奎带两位伙伴同到天津，向松樵老学习《单刀会》。来学戏的三人中一位是要扮鲁肃的演员，另一位是扮周仓的演员，少奎扮关羽。三位到赵老家去过三四个半天，可巧有两次我在座。老先生头脑清晰，反应灵敏，身手矫捷，说戏时连唱、念带表演，有时中间加解说，讲全堂戏，各角色的舞台位置、身段、表情，以及三个角色的配合，无一不讲得细致周到，倾囊以授，扮鲁肃的演员迅速详细地做着记录。后来我到北京出差，有一天白天路过西单戏院，看到戏院门口戳块牌子，写着《单刀会》，主演侯少奎，赵松樵艺术指导，可惜在晚场演出，没赶上看这

场戏。回天津后，我将所见告诉赵老。他听了很高兴，夸奖少奎是位有心人，说"不愧是干戏铺出来的，懂得这里的规矩"。再后来，我在电视里终于看到侯少奎先生等演的《单刀会》录像，片头字幕也清楚注明"艺术指导赵松樵"。

他以深厚的艺术底蕴和丰富的表演经验，影响所及不仅在于京剧本业，而且涉及到昆剧、评剧、河北梆子、舞剧和杂技界，这在京剧演员中恐不多见。1986年，天津市筹办戏曲艺术节，天津市河北梆子剧院选定新编古装剧《关羽认妻》参加戏曲艺术节。梆子剧院决定聘请津门关公戏首席的松樵老做艺术指导，向河北梆子老生名家王伯华传授扮演关羽的表演经验。他传艺从来不强调学者必须一招一式都照自己的演法，况且梆子戏和京剧终归是两个剧种，王先生又是有表演经验的知名演员，所以松樵老把演关公戏的普遍原则和特有的身段工架教授给伯华先生，他给伯华留出消化吸收和根据剧情自我发挥创造的充分空间。这种教学方法非常奏效，在松樵老和有"豫剧梅兰芳"之称的陈素贞两位老艺术家的精心指导下，该剧荣获戏曲节一等奖。天津除了河北梆子剧院之外，还有一个天津市青年河北梆子剧团，也经常请松樵老给予艺术指导。1987年9月5日，该团著名老生表演艺术家高明立要重新排演《乌龙院》，请松樵老亲临剧场观看指导。之后，剧团又请松樵老向高传授《路遥知马力》和《云罗山》两剧，我在老先生家就碰到过高先生两三次，松樵老说戏，高边听边记，教的人认真，学的人也勤奋。他对优秀中青年京剧演员无不呵护栽培，尽心诚意予以提携。

1986年，天津市召开了文艺工作者代表大会，代表们集中住进天津宾馆。天津市京剧团文武老生表演艺术家马少良与松樵老同是京剧界代表，少良对他十分敬重，会议期间经常照顾老先生起居，每逢开会都小心翼翼地搀扶老人家同去会堂。松樵老最惜才爱将，对少良的文武之能一直褒奖有嘉，关爱备至。短短几天会议期间，少良见缝插针地向赵老问艺学戏。少良久闻赵老演《南天门》精彩出众，意欲学这出戏。赵老教戏育人善于因材施教，从来不为自己的名利着想，而是总替学习者考虑问题。他对少良说："你师父是万春，可他从来不演《南天门》这类戏。你如果学演《独木关》这个戏，倒是万春常演的剧目，你演能有些影响,我可以帮你。"同住期间,他给少良传授了不少东西。后来,少良索性带上录音机,时常去他家登门求教,他陆续给少良说了《南天门》和《天雷报》的部分表演。

有一次,松樵老在中国大戏院遇见天津市京剧团武生主演苏德贵,当时德贵出现点儿麻烦,有些心灰意懒。老先生大发慈悲心怀,鼓励他要振奋精神,学好本领,事业上别自暴自弃。德贵毕业于天津戏校,在校时就"科里红",到市团工作后备受器重。此时能得到松樵先生这样一位老前辈古道热肠的关心与呵护,深受感动,从此常到老人家中领教。老先生把自己年轻时演《薛家窝》时设计使用的一套"对刀把子"传授给德贵,这套把子当年极受行内外的赞赏。这是两个角色对打时使用的,所以他同时把它传给天津市青年京剧团的李志勇,以便于二人对练。他还把另一套自己当年演《四杰村》时设计使用的"双刀枪把子"也传给了德贵。他翻箱倒柜,把自己的陈年老货都抖出来,诚心诚意地要传给中青年演员,希望他们能继承下来。有一次德贵正在团里排练场复习松樵老教的"把子",被厉慧良先生一眼盯上,厉凑上去问德贵:"这套把子你是跟谁学的?"德贵经常跟厉先生学戏,照实说怕引起误会,临时现编了个瞎话:"您看怎么样?这是我自己瞎琢磨的。"厉先生板着脸摇摇头,说:"你胡说,不是我小瞧你们,你们还编不出来这套东西,你跟我说实话!"德贵看瞒不过行家的法眼,就如实说是赵老爷子教的。厉先生说:"怎么样,我一看就知道这是出自高人的东西。"

天津市京剧团的架子花脸演员王德刚拜师袁世海先生,津、京虽近,还是有些远水难解近渴,便就近常向松樵老求教。他向德刚传授了《黄鹤楼》之张飞、《战长沙》之魏延、《宝莲灯》之秦灿"打堂"、《下河东》之欧阳方、《刘唐下书》之刘唐等多出戏,这些戏都是如今较难见到的,如能把它们传下去,也不枉老先生的用心良苦了。有一次王德刚在天津第一工人文化宫演出《刘唐下书》,就是按照"赵派"的路子演的,包括扮相。

为迎接1989年举办的自己从艺82周年的纪念演出,松樵老安排爱徒魏伟与市团著名旦角演员李莉两人合作生、旦对儿戏《武昭关》。如今观众对《文昭关》是耳熟能详的,很难见到另一出戏《武昭关》。为了挖掘继承更多的优秀传统戏，他整理出这个戏。两位中年主演都没演过这个戏，所以他让他们从抄词起，然后一句句教他们唱腔，再教表演、身段、锣经。学过一段时间后，我见两人在一天的下午都到了老先生家中，对一遍戏，好让松樵老指导审查，两人放开嗓对唱起来，十分认真。这个戏，教的和学的都下了很大功夫，可到最后落实演出剧目时，被主办方以照顾外地演员多演出为理由拿了下来，实在可惜。

天津市京剧三团文武老生演员曹铁生在20世纪80年代后期至90年代前期也经常到赵府问艺，他曾向老先生学了《乌龙院》和《张松献地图》，这后一出戏现在可能没有人会了。曹铁生的祖父曹宝义与松樵老是结义弟兄，铁生的父亲曹艺铸自幼坐科学武生，跟头翻得好，在南京为松樵演关公戏饰演马童，后随松樵先生从南京来到天津，建立家庭。

三团梅派青衣李开屏毕业于中国戏曲学校，曾在《梅兰芳舞台艺术电影片中的《贵妃醉酒》一剧里扮个宫女，专工梅派青衣。毕业后先后在山西太原、天津等地剧团演出，在20世纪八九十年代常向松樵求教。

与松樵先生同在一个剧团的青衣、花旦演员郭琪在事业上很有追求，她向老先生学过《南天门》之小姐、《刀劈三关》之公主、《清风亭》中"认子"一场的"丢包袱"表演，以及《七月七》中牛郎与织女的戏等。

前排左起：陈云祥、鲍云鹏、陈云超、赵云鹤、赵松樵、李铁英、王超群、李芝纲；后排左起：魏伟、郭云涛、赵云铭、李志勇

　　赵松樵先生在用心关注培养本地戏曲演员的同时，还热心帮助全国各地求教者。1987年11月，湖北省荆州市松滋京剧团来津演出，某天该团几位演员由李荣威夫人陪同拜访了赵老，并请他给指导《乌龙院》的演法。1988年12月，全国京剧新剧目会演在天津举行。作为吉林省京剧团的选派代表，武生名家孙震霖特意单独提前几天来天津，看望年迈的师父。这期间，他向松樵老请教了《溪皇庄》的演法，特别与恩师研讨了如何扮演剧中褚彪的表演经验。1990年，上海京剧名家小高雪樵来信，求松樵老给打出《溪皇庄》的剧本，在此前后，福建省戏校名师郭云涛求索《张文祥刺马》等剧本，哈尔滨的黑龙江省戏校王志英索要《观音得道》剧本。他不辞九旬高龄，一应满足请求，亲笔整理出来寄去。同年，大型电视系列片《中国京剧艺术》在紧锣密鼓地进行拍录，据说这部巨片专门针对的是海外文化影视市场，意在记录下中国京剧沿革的历程和原汁原味的传统。素有京剧历史"活化石"和"活辞典"之誉的松樵先生自然成为编导锁定的求助目标。整部系列片的片头以《跳加官》开锣，要求保持旧时传统的"破台"演法。编导在北京经曹铁生的推荐慕名到天津，请松樵老出山担任艺术顾问。俗谓难者不会，会者不难，这对松樵先生来讲实在是太平常的事，他的亲身经历完全可以讲清京剧近百年发展变化的来龙去脉，会使该片增加京剧艺术的历史厚重感和真实性，使之更显中国传统文化的丰满底蕴。摄制组由北京移师天津。他先在家中给魏伟、曹铁生和郭琪反复讲解旧时《跳加官》的表演程序，以及所用服装、道具、音乐伴奏等，然后由这三位到现场指导排练。到实拍那天，他被接到拍摄现场的天津市戏剧博物馆老戏楼，亲自坐镇督导，由天津市京剧团做班底。摄录在上午进行，到中午12点多了，我看他虽然精神很振奋，但仍显出疲惫的样子，可以想见他在现场指导工作的辛苦。这位90岁的老人，还在为挖掘继承保存京剧传统做贡献。

　　松樵老作为京剧界的一位长者、博学多才的京剧艺术大师，尽到了替祖师爷传道的责任。他传艺授业尽其所知，倾其囊物，待人以诚，助人为乐。他还虚怀若谷对待向他求学的名家，许多成名的演员与松樵先生虽然没有师生之分，但是他们从"赵派"艺术中学到很多东西，吸收了很多营养。

如高盛麟、鲍月春、王正屏、厉慧良等。高盛麟在《战马超》中演张飞是完全得松樵先生的亲传，在《走麦城》中饰演关平，穿厚底靴的演法也是学"赵派"。

厉慧良从"赵派"艺术中"捋叶子"很多，例如表演上马时有用脚"认镫"的细腻表演；演《长坂坡》的"夜宿"一场，有一次在天津第一工人文化宫的演出中，就没有像他往常的演法，坐在放倒的椅子上，而是学"赵派"站在马身旁做瞌睡状；在"掩井"一场，晚年有一次他在中国大戏院演出，"抓帔"的表演也不是他平时在"抓帔"之后上椅子走"倒扎虎"，而是学"赵派"在"抓帔"完了，身子往后撤，同时将手中的帔高扬到空中，再转身，然后单腿跪地，"跪蹉"奔井台；再比如厉在演《火烧望海楼》中有个甩长发辫子绕脖子的动作，那是学松樵先生在《火烧红莲寺》中有个"辫扫群寇"的情节，侠客利用自己的辫子做武器开打的"辫子功"。

上海京剧院著名花脸演员王正屏的《刘唐下书》，是周信芳给他说的当年与松樵先生合演这个戏时的"赵派"演法，王先生自己公开讲："我有三个老师，裘盛戎、周信芳、赵松樵。"

上海20世纪三四十年代著名武生演员鲍月春"从艺先学张翼鹏，后又学赵松樵"。[①] 还有天津京剧院的著名演员马少良，出国后有一次回国在上海演《连环套》，在辞别大人时下场前的"打躬"表演程式，就是仿照松樵先生给他说过的表演方法演出的。

另据上海名家刘泽民先生讲，粤剧名家马师曾演的《搜书院》中就学有松樵先生的东西。

松樵先生曾向傅德威传授赵派《长坂坡》等及勾脸武戏，向高盛麟、李万春、李仲林、李盛斌等传授赵派《战马超》，向张世麟传授赵派《长坂坡》等。

北京京剧团高宝贤在恢复传统戏后来天津向他学习过《刀劈三关》《群英会》中鲁肃的演法、《闹朝扑犬》的身段等。事后高宝贤曾对其师

---

① 详见《卿本戏痴小王桂卿》第143页。

兄费世延讲:"赵老先生真有东西!"

有一年松樵先生到北戴河休养,遇到来自北京的著名老生演员赵世璞,世璞向他学习了《斩黄袍》中高怀德一角的演法。

天津的很多京剧名家都求教过赵老先生。早年受过他教益的演员就更多了。

过百岁而逝的宋宝罗老先生在回忆与赵老一起时写道:"在这期间,赵老对我的帮助很大。赵老很爱才,对我非常器重,我在他的协助下,确实受益很多。他对传统戏见多识广,点子很多,他主张老戏革新,大胆改良。因为我小的时候学的很多是传统折子戏,有些戏没头没尾,观众看不懂。我和赵老研究后,他给添个头,加个尾,这样观众很喜欢。比如《武乡侯》加个《斩魏延》,《逍遥津》连《受禅台》,到杀献帝刺华歆止,观众看了大快人心。演《风波亭》带《疯僧扫秦》止,该剧久演不衰。"

曹艺斌的成名也有松樵先生的鼎力提携,松樵在自编执导的《呼延庆出世》中,起用当时才12岁的艺斌扮呼延庆,让他与自己及高庆奎、刘奎官、金少山、王汇川、筱九霄这些大艺术家同台,为他提供了蹿红的机会和舞台。艺斌还向松樵先生学习过《平贵别窑》。

1939年上海戏剧学校成立之后,曾聘请松樵先生为"正"字科学生授课教戏,毕业于该校的花脸名家王正屏对赵派艺术崇拜至极,执弟子礼。据京剧名家小王桂卿先生讲,王正屏之所以能与京剧结缘,并且进入京剧演员专业队伍,成为其中的一员,就是因为当他还小的时候看了赵松樵先生演的《火烧红莲寺》和小王桂卿几位兄弟童伶的演出入了迷的结果。

他在为专业剧团和演员的成长发展操心尽力的同时,也为京剧的普及、为扶植京剧的业余活动而竭尽所能。1989年7月,他被聘为河北区戏迷协会艺术顾问;1989年9月,他担任天津市铁牛杯职工业余京剧大赛评委;1991年6月,他为河东区文化馆业余京剧团指导排演《斩颜良》,不但自己无私奉献,而且还拉上正在身边的儿子——著名京剧表演艺术家赵云鹤一起去说戏指导。曾获全国十大名票号称的天津名票李世勤、张天佑,获国际票友金龙杯一等奖的张广发,以及名票贾庆等,都常向松樵老领教问艺。

从小随松樵老练功学艺的张家武，后来被南京军区前线文工团选走，成为舞剧主要演员，担任芭蕾舞剧《红色娘子军》中的洪常青、《沂蒙颂》中的方排长等主要角色，为该团当时四大男主演之一。松樵先生为中国舞剧艺术培养出精英。后来这个团两度派演员到天津，向松樵老学习舞剑和耍辫子功等，当年来求学者早已成长为少将军衔的部队文艺干部了。

四十六、振剧艺任重道远　众晚生梨园争奇

赵松樵先生身后的第三代人，即其孙辈人，以及他弟子们的第二代家人，或者松樵先生弟子之弟子，即其再传弟子，合有几十位之多。他们继承前人的精神和艺术，正在为京剧或者曾经为京剧奉献出青春年华，为京剧艺术的传承付出过或正在继续付出着努力。以下仅就部分人员做简略介绍。

一、赵云鹤子女及传人

赵松樵先生的第三代人，亦即从赵鹏飞老先生算起赵氏艺术之家的第四代传人，都是赵云鹤先生的子女。

赵松樵之长孙、赵云鹤之子赵钰伯于 1937 年在上海出生，自幼随祖父和父亲练功习艺，并与他们同台演出，几岁时就为祖父演出的关羽戏饰演小马童，赵钰伯先学武生、文武老生，由于形象好，扮戏俊秀，且有小嗓儿，改而专工文武小生，曾师从杜富

赵钰伯（右）与王亦苓演《红娘》

龙、梁桂庭等名家。赵钰伯文武兼备，唱做俱佳，能编能导，加上家学渊源的优越条件，使他成长为一名很有才华的优秀演员。20 世纪 40 年代末至 60 年代前半期，他曾活跃于上海、天津、太原、承德、东光、临清等地的京剧舞台上，承担演出和编导，散发出熠熠星光。如 1960 年他随祖父在天津市建新京剧团时期，除了自己主演《辕门射戟》之外，曾与王又娟演出《拾玉镯》《红娘》《断桥》《贵妃醉酒》《勘玉钏》，《大英杰烈》(《铁弓缘》)、《悦来店》，与李瑞亭、王又娟合演《三盗芭蕉扇》《三打白骨精》，与张金波、刘韵彤等合演《铡判官》，与刘麟童、沈春莺等合演《武松》，与李瑞亭等演出《真假美猴王》，与祖父及王又娟、李瑞亭、刘麟童、费世延、陈志华等合演《张文祥刺马》(饰演上元县令)，与梅派青衣名家舒昌玉合演《玉堂春》《凤还巢》《西施》，与袁金秋合演《倩女离魂》，在《包公怒铡陈世美》中饰陈世美。1963 年 3 月 11 日—12 日在共和戏院上演由他导演并参与演出的《孙悟空棒打万年椿》(李瑞亭饰悟空，赵钰伯饰万年椿)。由他编剧和导演的新编古装戏《兵符记》被搬上舞台，刘麟童与王又娟主演。1964 年 4 月 4 日晚开始在天华景、共和等戏院上演由他与费世延共同导演的现代剧《千万不要忘记》(又名《祝你健康》)，1964 年 8 月 16 日起开始在民主剧场、天华景等戏院上演由刘中兴、赵钰伯、高贵生导演的现代戏《芦荡火种》。赵钰伯是一位很有潜力和发展前途的演员，可惜在"文革"中剧团解散后被迫转业，告别京剧舞台。

1978 年 9 月，赵钰伯与王亦苓(王淑玉)恢复上演传统戏，9 月至 12 月在天华景戏院每天演出两场戏，只《红娘》一剧就上演了约 200 场，极受欢迎。之后，他们还到山东巡回演出，剧目有《红娘》《拾玉镯》《勘玉钏》《玉堂春》《凤还巢》《棒打薄情郎》等。赵钰伯还与著名女老生金振东合演《逍遥津》，他饰穆顺的表演非常精彩，深受欢迎。尤其值得一提的是他代表祖父赵松樵先生表达乡情，在 1980 年到祖籍故乡山东武城慰问演出，演出了赵松樵先生老爷戏的代表剧目《古城会》。

令人惋惜的是赵钰伯这样一位多才多艺的好演员，在 2002 年病逝

赵和平演《柜中缘》饰刘玉莲

于天津，终年 65 岁。

赵云鹤之长女赵桂荣学艺于江苏省京剧团学员队，是位才女，后来夫妻二人服务于连云港市文工团，后在"文革"期间双双殉难。

次女赵四平在 1958 年进南京戏校京剧班，工武旦。赵四平之夫张惠刚出身梨园家庭，其父张品山原名张文庆，是京剧花脸演员，铜锤、架子、武二花均善，曾在上海通鉴科班坐科，傍过周信芳、盖叫天、梁一鸣等名角，与武生小毛豹合演《白水滩》等，中华人民共和国成立后加入南京市金陵京剧团。张惠刚的姑母张雪琴在安徽省淮南市京剧团，工京剧青衣、花旦；大表妹在安徽六安市京剧团，亦为青衣、花旦演员。张惠刚于 1947 年生于南京市，1958 年考入南京市戏校京剧班，先工小生，后改老生、花脸，曾在南京市京剧团做演员。

三女赵和平于 1963 年考入南京市戏曲学校，学花旦，学成后进南京市京剧团做演员。她扮相俊秀，嗓音清丽响亮，曾主演过《挡马》《柜中缘》《花田错》《红灯照》《红灯记》《红色少年》等，后参加《赵氏孤儿》《智取威虎山》《平原作战》等剧的演出，担任重要角色。赵和平之夫章文兴于 1958 年进入南京戏校越剧班，毕业后在 1984 年调入江苏省京剧院做武生、武丑演员。章文兴曾演出《三岔口》之刘利华、《连环套》之朱光祖、《五鼠闹东京》之蒋平，在孙悟空戏中主演悟空角色，参加演出《奇袭白虎团》，曾随团访问瑞士、德国、日本、墨西哥、印度尼西亚、韩国以及香港、台湾。他后来转为管理工作，曾任江苏省京剧院紫光大戏院的总经理。

桃李篇　艺绝名重　高徒云集

章文兴演《三岔口》饰刘利华

　　赵云鹤先生除子女大多从事过京剧艺术外，还指导培养过众多的青年演员，正式拜过赵云鹤为师的弟子有江苏省京剧团的马妙芳、南京市京剧团的武生主演郭贺军。曾受其教益的学生还有顾德林、郭海亭、严阵等。

　　顾德林于1960年考进江苏省戏校京剧科，在学生时期观摩老艺术家的演出时，被赵云鹤先生演出的关羽戏所折服，从此决心要向云鹤先生学戏。毕业后分配到江苏省京剧院做演员，恳求云鹤先生教戏。云鹤先生指导他从基本功练起，为他今后学习演出关羽戏夯实基础，长达六年。在先生的悉心指导下，顾德林刻苦用功，听从指导，技艺精进。1997年12月先生曾亲自给他出具说明书，称："顾德林是我的学生（徒弟），跟我十几年了，学关羽戏有6年时间。我所传授给他的有《千里走单骑》《古城会·训弟》《华容道》《三战吕布》《水淹七军》《汉津口》。所教的这些戏，小顾都能很好地领会，演出时都能很好地体现出来，我是满意的。""但小顾在业务上是个知难而进的人，虽然学关羽戏难度大，小顾有一种献身于艺术的精神"，"让我最高兴的是目前在舞台上，他已然站到头路活的工作岗位上去了，这是他勤学苦练的成果……"顾德林在赵云鹤师父的精心培养下，在演关羽戏方面技艺尤其突出，他在 1997 年 6 月撰写过一篇论文《我演关羽戏的几点体会》，总结了自己在赵云鹤、李人杰、刘泽民等先生的多年教导下，演出《温酒斩华雄》《古城会》等关羽戏的心得体会，得到专家的好评。他学习和演出的关羽戏有《虎牢关三英战吕布》《温酒斩华雄》《斩颜良》《古城会·训弟》《水淹七军》《千里走单骑》《华容道》《汉津口》等，已是擅演关羽戏的一位杰出艺术家。

严阵于 1981 年考入江苏省戏校，1988 年分配到江苏省京剧院，先后受教于田中玉、程双椿、刘富坤、赵云鹤、王琴生等名家。1998 年进入中国京剧优秀青年演员研究生班深造，师从刘勉宗、丁震春、李浩天、耿其昌、谭元寿诸先生。他工文武老生，兼演红生，唱余（叔岩）、言（菊朋）两派。1995 年以演出新编戏《西施归越》中之范蠡角色获首届京剧艺术节程长庚铜奖，他主演的新编戏《马前泼水》被拍成京剧电视艺术片。2001 年获全国青年演员评比展演二等奖、"哈药六杯"全国京剧青年电视大赛优秀表演奖。演出剧目有《古城会》《华容道》《独木关》《打登州》《野猪林》《打金砖》《将相和》《秦琼观阵》《卧龙吊孝》，现代戏《沙家浜》等。他向赵云鹤先生主要学习关公戏的表演。现为一级演员，曾任江苏省京剧院副院长。他在一篇《琐谈赵老爷子的"关老爷"戏》的文章中写道：

> 京剧老生行当中的"红生"，是以饰演《三国演义》中关羽角色而特定的一个行当，京剧人很崇尚忠义，所以都会把关羽尊称为"关老爷"，关公戏也被称为"老爷戏"。赵云鹤先生善演关老爷戏，故我辈学生都会尊称先生为"赵老爷子"。早在戏校学艺期间，我有幸欣赏到老爷子的《古城会》。剧场里那个静如泥胎，动则惊人的活关公，让我瞠目结舌，不敢相信一个年近七旬的先生，能够以角色的魅力统领全场观众，让我们长久保持着激动的心情，紧跟着每一个身段，每一句唱念。舞台上，先生简直是太"霸道了"！我要学，我要跟赵老爷子学"关老爷"戏。如愿以偿，1992 年在京剧院领导的关心下，得老爷子的青睐，我得到了随先生学艺的机会。为审核学生的

基础，看看是否有条件唱"老爷戏"，老爷子传授的第一个戏是《独木关》。那段时间，我倍加努力，不敢懈怠。终于，在一个伏天的下午，老爷子说："孩子，今天教你几个老爷戏的刀法亮式，你若能走好这几个亮式，咱们就开始《古城会》学习。"先生的"老爷戏"源于师爷赵松樵，被誉为赵家门"老爷戏"，后又拜干爹周信芳大师学习"麒派"艺术，其艺术养分得以丰满，经过多年演出实践，根据舞台实际不断更新自己，逐渐形成自己独特的赵派"老爷戏"风格。赵派的"老爷"其形威武肃穆，其音声如洪钟，在舞台行动中与鼓点、音乐的配合标准而有气口，沉而不板，动而不乱，每一个亮相都赋予了极美的线条，每一步运动都是有韵味地简略充满着艺术智慧。过去唱老爷戏规矩很多。如演出前需沐浴、肃静、食素，演员一旦扮上戏就不能与无关人搭话。待一切穿戴完毕，需由盔箱师傅高声说："请老爷盔！"盔箱师傅双手高举老爷盔，扮演者要焚香虔诚跪拜三下，此时盔箱师傅才能给扮演者戴上老爷盔。赵老爷子说："这都是我们过去唱老爷戏的规矩，新社会了，你们就不必走这么多的礼序了，但我们唱戏的，特别是能唱老爷戏的对关老爷的这份尊重，可不敢忘掉，这不是迷信，这是一份尊重，要记得，以后也要说给你的学生听。"老爷子授戏之前把师爷曾经对他的这番教诲传给了我，我在以后的演出中虽没如此规范的程序，但心中的这份尊重一直不敢忘记。我学戏是从拉山膀、走台步开始。赵派云手是花脸掌法武生云手运行，上升则云开，下探则捞月，拉开则翻肘翻腕，如拱月一般向外推抻。圆场步间中度、匀称，步法则"大三"简略，从不费步。推髯、抒髯、绕髯、拖髯讲究指法，从不混淆。老爷子规范的形体行动谱，不同于一般的"私房"踩锣技法，往往能把【四击头】【水底鱼】等锣鼓点，哪怕是简单的一击锣，都能踩出轻重，走出旋律来，其组合的身段在舞台上配套完成，达到了精、准、巧、美的最高艺术享受。譬如《古城会》中关老爷第一个【四击头】的出场：关老爷【导板】

后，马童在【急急风】剁【头】的鼓点簇动下，往返台面，随着高技巧的跟头翻出，剧场气氛已达沸点，台下观众已急不可耐地期盼关老爷的隆重出场。此时关老爷的出场，既要闪亮登场，又不能踩着前面的节奏无效登台，还要遵循着肖然不动、动则惊人的艺术个性与观众见面。老爷子会巧妙地放掉【四击头】的重要的第一击锣，让一击锣余音稍稍延长，左脚准准地重重地踩上二击锣，右脚紧随跟上，一个中速小半弧行圆场落府在九龙口，左脚颠步在三锣上，右脚在钹上重挫地抻开控制，连同四锣、拧身、变脸、下脚，头一次完成出场的第一个亮相。这种匠心别致的、有行动思想的出场，自然就获得爆棚式欢呼和激情的掌声了。演关老爷除了要标准掌握老爷特定的身段谱，还要十分注重老爷刀法的规范运用。在过去，老爷的青龙偃月刀在戏班里是一件无比崇高的圣物，非道具师傅，或演关老爷、演马童、小校场上使用，旁人是绝对不能碰的。青龙偃月刀的护套一旦摘下，它就是有灵性的圣物，恐怕俗世人玷污，道具师傅是要严加看管的，在扮关老爷的演员上场之前，师傅才将圣物双手递到演员手里，等一场下来，师傅会在下场的地方接过来继续保管，到演员上场的地方等待你上场时再次递上。一把青龙偃月刀重于普通大刀三至四倍。老爷子常说："关老爷的刀不是拿来耍的，是用来摆的，是帮助你完成关老爷塑像的。"老爷蠹刀式：随着捋髯亮相，后手要拧开刀刃，刀背相叠老爷盔，贴腰提刀亮式；背刀式：右手上膀子，掏腿转身连同交左手顺开刀面，右手推髯起右跨脚式，左手拧背刀口向上，在铙钵一击中瞬间亮相，然后向前踩准两锣一钵鼓点，前蹲式亮相点盔捋髯。老爷子特别讲究刀刃、刀背的运用，每一式的刀面转换往往都在极其细微之处，在观众不一定注意的地方，可见老爷子非常讲究。如三磕张飞蛇矛和三挡马童的处理中，磕枪都是内腕平刀卸力，挡式则要变刀背横挡，再如横刀、拖刀、提刀刀刃要向上，背刀刀刃向外，抱刀则刀刃内环等这些都有规范，不能混淆。老爷子的老爷戏易学难工，所有这些规范都要在"五法"使用中连贯、综合运用，然而老爷子表现关老爷特有的精、气、神，恐就笔墨难以叙述全豹了。

严阵的这篇文章，把赵松樵、赵云鹤两代人的赵派关羽戏的表演表述得十分详尽，非常系统，很有实用价值，对于演关羽戏的演员来说，是极有指导和借鉴意义的。

二、李铁英子女及传人

李铁英先生是松樵老"顶门"的大徒弟，其家庭也是个梨园世家，其子女中不乏艺术界人士。

李铁英之子李雨森是李门第四代艺术传人，同时又是赵松樵先生的第三代艺术传人。他 1949 年生于天津大舞台戏院的后台，生母是当时天津的著名评剧演员。1960 年，他考入太原市艺术学校，然后到太原市京剧团做代培学员，师从花脸名家李芝纲、赵永如，工花脸行当。1962 年 13 岁的李雨森开始登台，演出《探皇陵·二进宫》，饰徐延昭，在《黄金台》剧中扮演伊立。之后，山西省话剧团借调他去参加演出话剧《雷锋》，饰演少年雷锋。1967 年，他在太原市京剧团与省歌舞团联合排演的交响音乐剧《沙家浜》中饰演胡传魁。1972 年以后，他开始在京剧《智取威虎山》中扮演李勇奇，在京剧《八一风暴》中扮演杜师长，在《蝶恋花》中扮演廖老爹。此时他 23 岁，已经是剧团里行当出色的花脸主要演员了。

恢复传统戏以后，李雨森开始主演《赤桑镇》的包拯、《过五关·古城会》和《白马坡》中的关羽，在《七侠五义》中扮演韩章，在《三打陶三春》中扮演郑子明，还在现代戏《一夜生死恋》和《龙城风雨》中饰演重要角色。在庆祝山西省京剧院（原太原市京剧团）建院 30 周年的演出中，他与武生名家陈云超合演《打酒馆》，饰蒋忠，在三本《狸猫换太子》中饰包拯，在《沙家浜》中饰胡传魁。这时候李雨森在剧院里扛起了花脸行当演员的"大梁"。1981 年，中央文化部主办"京剧舞台上的年轻人"活动，中央人民广播电台选播了李雨森演唱的《赵氏孤儿》中【汉调】的唱段，引起各地听众的关注。1982 年山西省举办各剧种剧团大会演，李雨森捧得二等奖。省电台还经常播放他演唱的《赤桑镇》等戏的曲目，深受广大听众的欢迎。

左起：方荣翔夫人、方荣翔、李雨森，在拜师仪式上

1984年，经师爷赵松樵的介绍，李雨森在泉城济南拜著名裘派花脸艺术家方荣翔为师。当年6月24日山东省报《大众日报》在第一版以"快讯"及时报道了"方荣翔喜收新徒"的消息。他清楚地记得，83岁的师爷松樵先生陪着他从天津一起出发，没有买到座位票，爷俩头天晚上上火车，转天一早五六点钟就到了济南。为了不惊扰方荣翔一家的休息，爷俩在外边转悠到八九点钟，才去叩响方家的大门。方先生亲自开的门，一见到松樵老，就地磕头，口称"师叔"。雨森急忙上前搀扶师父，而方先生又忙搀着松樵老，这三代人你搀我扶地进了房间，场景感人。方师母对雨森开玩笑地说："你小子真会找拜师的介绍人！还惊动师叔亲自来干啥呀，那么大年纪了。"为此，雨森曾在2016年撰文《赵松樵师爷陪我奔济南》，以缅怀师爷和师父。拜师后，李雨森送师爷回天津，然后又返回方先生家中，连吃带住一个多月。在这些日子里，方荣翔先生传艺认真负责，每天从早起喝足茶水开始，直说戏到中午，中午不休息，继续上课，再讲到吃晚饭时才打住。李雨森如饥似渴地用

心学，向先生学了全部《铫期》和《黑旋风李逵》，以及演唱技巧、科学发声方法等，使他获益匪浅。时间虽短，但经方先生指点，雨森技艺精进，在如何运气、用嗓、吐字、唱功诸方面开了窍，有了长足的进步和提高，教学成果明显。回到太原后，1985—1986 年李雨森排演了全部《铡判官》等戏，同事们一致认为他在唱功技法上有了突飞猛进的提高，得到专业演员和观众的肯定与赞赏。

李雨森除了从事京剧学习和演出以外，还应各地电视台和制作单位的邀请，参加了三十多部电视剧的拍摄，饰演几十个角色。特别是在电影《关羽》中饰演曹操，与饰演关羽的侯少奎、饰演刘备的陈道明合作，该影片在日本、东南亚国家产生了很大影响，大受推崇。雨森在艺术上受到其父和师爷松樵老的影响很大，直接得到过师爷的很多亲传，因此，又可以说他是赵松樵先生的再传弟子之一。

李雨森的一个弟弟李雨晶，先考入剧团的少年训练队，工武生，1960 年初参军，在部队的一次练功中发生意外事故，不幸致残，20 年后病逝。

李铁英的一个女儿李娟娟，自幼被父亲送到山西省戏曲学校，学习戏曲音乐专业，1988 年毕业后被分配到山西省京剧团工作，为乐队琵琶演奏员。2004 年调入山西省文化厅人事处工作。为从事艺术专业工作，她于 2006 年调到文化厅创作室担任作曲至今。2016 年 5 月她的歌曲作品《美丽中国梦》获得山西省第十一届精神文明建设"五个一工程"优秀作品奖。她聪颖过人，做事干练，组织编写的《李铁英传》于 2016 年 11 月由陕西省人民出版社出版，填补了一项戏曲史研究的空白。

李铁英 1980 年后期经松樵先生介绍，收了天津市青年京剧团演员李志勇为徒。另外，据说还有剧团委派的学生数人。

三、陈云超子女及传人

云超先生之长子陈长龙为山西省京剧院武生演员，自幼随父练功，后考入京剧团学员班，工武生，曾主演武松戏《打酒馆》等，在《三打陶三春》中饰演陶虎，有出色表现，演出效果极佳，获好评。

云超先生之次子陈稳泰，这个名字是师爷赵松樵先生所取。他初入京剧团学员班，20 世纪 60 年代参军，在部队编导、演出京剧等，多次获奖。复员后进入内蒙古自治区电视台，做记者、导演，曾导演电视剧《离婚》等，获奖。后调入浙江省电视台，担任记者、导演，曾为第四届中国国际动漫节开幕式的"动漫天堂"水上晚会的总导演之一。退休前任浙江省电视台文艺部主任。

四、郭云涛子女

郭云涛先生之长女郭杰，福建省京剧院一级演员，工老旦，福建省第八届政协委员。1979 年入上海戏曲学校学习，师从李盛泉、李多芬两位老师。1983 年获福建省首届中青年演员比赛金奖，1991 年主演现代戏《山花》，获国家文华奖，2001 年主演现代戏《走过十五岁》，获福建省委宣传部"五个一工程"奖、福建省戏曲会演一等奖、优秀演员奖。2005 年中央电视台戏曲频道《名段欣赏》专栏录播《赤桑镇》《岳母刺字》《沙家浜》选段。

郭杰演现代戏《山花》

郭云涛先生之长子郭大冬，原为福建省京剧院演员，后进入影视界，现为资深影视制片人，师从著名电影导演黄健中，从事影视制作，制作电影几十部，电视剧数百部。他参加制作的电影《红娘》获 1998 年第五届中国电影华表奖最佳电影技术奖、1999 年第二十二届中国电影百花奖最佳故事片奖，电影《银饰》2005 年获日本 SKIP 国际数字电影节技术奖，电影《天狗》2006 年获第九届上海国际电影节最佳影片提名、2006 年第十二届中国电影华表奖提名、2007 年第二十六届中国电影金鸡奖最佳故事片提名、第十三届北京大学生电影节最佳故事片奖。另有电影《未来警察》《大内密探灵灵狗》《世纪末晚钟》等，电视剧作品有《王海涛今年四十一岁》《蓬莱八仙》《青春燃烧的岁月》《滇西往事》等。

五、小盛春子女及传人

小盛春先生有一女一子，女儿董芙蓉自幼随父练功学艺，工花旦、武旦，"文革"中离开剧团，落实政策后进入天津市戏剧博物馆工作，至退休。曾撰写回忆其父小盛春的文章，在《中国戏剧》杂志发表。其夫李福禄自幼跟随小盛春先生练功学戏，工武生，因"文革"转业到企业，后担任工厂管理工作。

董芙蓉有一子，是小盛春先生的外孙，名李孟阳，学京剧老生，曾师从赵松樵先生的弟子魏伟学戏。李孟阳于 2016 年 8 月 29 日在微信公众号"青衣童儿道场"组稿发表《纪念"美猴王"小盛春逝世 50 周年专辑》，受到关注。

向小盛春先生学习的人很多，正式徒弟极少，尚未来得及收更多的徒弟，46 岁就被迫害致死，如果他能多活 20 年、30 年，甚至更长时间，以他的艺术造诣，全国来向他求艺的肯定会有几十位。据说他有位徒弟去了唐山，在皮影剧团工作。另一位在身旁的徒弟取艺名小小盛春，原名陈金来，又名陈雷。有一年小盛春带领剧团到邢台演出，与剧场负责人交上好朋友，陈金来是这位的侄子。三年自然灾害时期，农村生活过不下去，邢台的这叔侄俩来到天津，找到小盛春，非要让侄子跟随他学演戏不可。小盛春留了他们一个多月，最后收下这个孩子，还帮着跑关系、上户口，留在剧团学艺。小盛春每天除了演出之外，还要教这个徒弟练三遍功，晚场的戏演出结束，再教第三遍练功，每天都要到夜间两三点钟才能回家。经过两三年艰苦耐心的教练，这位小小盛春终于登台，跟随师父演悟空戏，我曾在共和戏院看过几次。"文革"后这位小小盛春的状况不详。

六、小王虎辰之弟子

小王虎辰先生于 1952 年拜赵松樵先生为师，正式收的唯一弟子裴咏杰，成为松樵先生再传弟子之一。

裴咏杰（后）与赵松樵（前中）、小王虎辰夫妇

裴咏杰原任吉林省京剧院副院长，现任湖北省京剧院副院长、一级演员、中国戏剧家协会理事、周信芳艺术研究会副会长、第三届中国京剧优秀青年演员研究生班研究生、中国戏曲学院首届京剧流派班导师，享受国务院特殊津贴。他出身梨园世家。其祖父裴寿山、父裴少春、叔父裴少双均为京剧武生演员，其母陈秀芳工青衣。裴咏杰入门先学余派老生，他学艺无门户之见，广学博纳，1983 年拜的第一位师父是多才多艺的著名京剧表演艺术家小王虎辰。1987 年以麒派名剧《徐策跑城》获首届"全国青年京剧演员电视大选赛"优秀表演奖，1988 年考入中国戏曲学院"明星班"深造，师从著名京剧表演艺术家麒派传人萧润增、逯兴才二位先生。1990 年考入中国戏曲学院明星班深造，归入"麒派"后，他转益多师，师从李师斌、赵麟童、周少麟、董春柏，成为"麒派"艺术的第三代优秀传人。此外，他还曾得到京剧界前辈老艺术家赵松樵老先生的亲传，并向赵云鹤、陈云超、陈鹤昆、刘泽民、徐培鸿、孙鹏麟诸位名家学艺。

　　裴咏杰常演的代表剧目有《徐策跑城》《萧何月下追韩信》《斩经堂》《乌龙院》《义责王魁》《打严嵩》《四进士》《千里走单骑》《走麦城》《群英会·借东风·华容道》等。他曾荣获"第十八届中国戏剧梅花奖""全国京剧优秀青年演员评比展演"一等奖。由其主演的新编历史剧《弦高献牛》在"第三届中国京剧艺术节"荣获"优秀剧目奖"及个人表演一等奖；主演的新编戏《牛子厚》在"第六届京剧艺术节"荣获一等奖，该剧还荣获 2009—2010 年度"国家舞台艺术精品工程重点资助项目"，2012 年荣获中宣部第十二届"五个一工程"大奖；由其主演的改编创作传统京剧《楚汉春秋》，在"第七届中国京剧艺术节"和"第二届湖北艺术节"中广获好评。

　　1990 年裴咏杰在中国戏曲学院明星班的学习结业，到天津看望松樵先生并且求教。松樵先生谈到他们经常演出的《徐策跑城》中有个问题需要改动，就是薛蛟是薛刚的侄儿，薛刚是徐策的子侄辈，而薛蛟称徐策为"爹爹"，这就显得人物之间的伦理关系混乱，让观众莫名其妙，可是传统演法对此一直是墨守成规，没有解决。咏杰问怎么办，松樵先生告诉他自己对这个事的解决办法，就是在薛刚见了徐策之后要下场时，薛刚（白）："伯父要言而有信。"徐策（白）："哦——老夫偌大年纪，岂能失信于你？"薛刚（白）："侄儿遵命就是。薛蛟上站！"薛蛟（白）："在。"薛刚："从今往后，与徐伯父要祖父相称！"薛蛟："孩儿记下了。"薛刚（白）："众将官，将人马倒退四十里！"他在这里把此前存在的人物辈分不清楚的问题给解决

裴咏杰演《斩经堂》饰吴汉

了。这件事给裴咏杰很大的启发，一是老先生对戏抠得很细，每一个节骨眼都不放过，演戏还要研究戏，精益求精，讲究戏理；二是松樵老90岁这么大年纪还在家里不停地研究戏，思考问题，对晚辈从艺者是个很大的教育，言传身教，这就是以他们的行动和精神在传授下一代、下两代，代代相传，在潜移默化地教育晚辈，影响晚辈。

晚霞篇　老骥伏枥　德艺永存

四十七、锋芒存宝刀不老　夕阳红晚霞绚丽

东汉末年著名文学家、"建安七子"之一的王粲在其《登楼赋》中有这样的几句感叹：

> "惟日月之逾迈兮，俟河清其未极。冀王道之一平兮，假高衢而骋力。惧匏瓜之徒悬兮，畏井渫之莫食。步栖迟以徙倚兮，白日忽其将匿。"

1977年，松樵老已是耄耋之年，然而他仍精神矍铄，身轻体健，手脚敏捷，老当益壮，正想为恢复和振兴京剧艺术献策尽力。天津市文化局征求他对工作去向的意见，计划安排他或去戏校或到剧团。根据他个人要回剧团的意愿，任命他为天津市京剧二团艺术指导。

枕戈十多年之后，他以77岁高龄开始陆续恢复上演了《古城会》《华容道》《逍遥津》《刀劈三关》《徐策跑城》等剧目，在全国京剧界产生广泛影响，引起关注。复出后，他重新登台的第一次公演是1978年12月4日在天津延安影剧院，前边的戏有《打龙袍》《乾元山》，大轴是他主演的《徐策跑城》。其后，1979年11月19日他在民主剧场第二次演出《徐策跑城》。之后，他开始潜心整理全部《双狮图》（即《举鼎观画·徐策跑城》）剧本，将其恢复上演，1979年2月28日晚在河东礼堂首演，4月24日晚在长城戏院再次上演。这是恢复传统戏后赵松樵在全国京剧界首先演出该剧，不仅在当时，也是至今唯一上演该剧的艺术家。除自己演出外，他还给青年教戏，为剧团排戏，以一颗纯真的

童心，为恢复和振兴京剧一点一滴踏踏实实地奉献出夕阳的余热，映照着晚霞的余晖。

为抢救戏曲文化遗产，当时的文化部拟订出一个雄心勃勃的计划，委托中国艺术研究院组织力量有选择地拍录一些老艺术家精湛的表演艺术，这是一项对抢救和保护京剧有重大意义的工程。1980 年，中国艺术研究院蒋厚礼等莅临天津，在天津河北梆子剧院排练场录下赵老常演的汪派名剧《刀劈三关》。他在改良老戏方面别有建树，使传统戏更臻完美，创出别具一格的艺术风采。他不但唱汪派腔韵醇厚，而且 80 岁老人耍起刀花来既帅且溜，扮相英武，身段洒脱。接着，他在天津南开文化宫剧场演出整理加工和开始上演不久的《举鼎观画·徐策跑城》。录像人员抓住这现场演出的大好机会，把一个个精彩的场面摄入镜头。这个戏突出体现了他的南北风格兼容并蓄的艺术特色，独辟新意，难能可贵，留下了宝贵的史照。原已计划好要再多录几出戏，尤其赵派的《逍遥津》已确定下来，然而因工作条件没准备好而放弃，留下永远无法补救的遗憾。

前左起：张世麟、赵松樵、李万春，中左起：厉慧良、丁至云、
吴素秋、李砚秀、郭荣启，后左一程正泰、左三姜铁麟

　　1981 年 1 月上旬，复出不久的李万春率北京京剧二团到天津演出。有一天，松樵老应邀到戏院观看演出，劫后余生的两位梨园耆宿相见，感慨万千。北京京剧二团的业务管事王振林出面，找到天津京剧二团，要撮合赵、李二位合作一回。提议一出，立即得到京、津剧界和观众的一致欢迎。李万春打算让松樵先生以《跑城》演"大轴"，他在前边演《古城会》。松樵先生说：那不合适，远来是客，不能这样办。经再次商量。计划特烦松樵老露演二十多年未见的拿手戏《斩颜良》，由万春饰关羽，这次合作就这么定了。

　　半个多世纪以来，凡擅演关公戏的名家大多与他合作过此戏，早在距此 32 年前的 1949 年，李万春和赵松樵在南京就合演过此剧。时至 20 世纪 80 年代，健在的京剧艺术家都已"白发催人老"，逝者则"凋谢花落去"，如赵、李的戏界巨匠已是凤毛麟角，他们本来就惺惺相惜，故而一拍即合。按理说 80 岁的他本不该再动此戏，可是盛情难却，耄耋之年的二老不仅上演了，并且一演就是连续四场，令人难以想象。头天松樵先生在化妆室背脸而坐，化装完毕一转身，李先生吃了一惊，看他完全变样了。前两天演于新兴影剧院，台毯是新的，绒毛又厚又滑，穿厚底靴时脚下抓不住它，他没敢放开手脚。后两天移师南开文化宫剧场，他如鱼入水，前两场把身体也活动开了，大展身手，观众狂热起来，尽情高呼："好颜良！"看到这里，可把陪他到剧场保驾的女儿赵云铭吓坏了，真为老爹捏把汗，心提到嗓子眼儿，她知道父亲演戏一贯的毛病：上了台就"玩命"，不管不顾起来，那时谁也拦不住他啦。老先生自己有"根"，多少年在台上也没出过错，他从来不干没有把握的事。他说过："出错，那是自己功夫不到，功夫练到家，就不会在台上出错。"这话一言中的。戏演到最末一场颜良被斩之前，不等老父亲上场，云铭就赶忙托付李先生和其他演员，只要到他一扔大刀，就赶快架他下场，不然他就要"起法儿"摔"抖锞"了。果然，在关羽抬刀斩颜良后，他扔刀刚要"起法儿"，李先生立即伸手抓住他手臂，这个"抖锞"就没让他走出来。多么难得的老艺术家合作演出的机会，而且有四场的良机，天津电视台没有抓住机会录下实况，甚为可惜。所幸当时天津人民广播电台将演出录下音，这才使后来为此剧做"音配像"成为可能，亡羊补牢，略慰遗憾。

1981 年是天津戏校成立 25 周年，校方要举办隆重的校庆活动。从戏校筹建到建立起来再到教学，松樵一直关注并支持该戏校的戏曲教育工作，京胡大师杨宝忠、京昆名家田菊林、京剧名宿杜富隆和刘少峰，都是他推荐让戏校聘请他们做教师的。本次活动安排有一天是名家大合作演《龙凤呈祥》，原想请厉慧良在末场"芦花荡"中扮张飞，厉没接受，反而推荐松樵老出任。他对来人说："赵老演这个戏的张飞，那在全国是首屈一指。"尚派青衣名教师孙荣蕙代表校方登府拜访赵老说："您在天津演出生活有 30 年了，对戏校的成长发展一向很关心。这次如果您身体情况允许，能参加演出，那为校庆可是太添光彩了。"松樵先生没架子，有求必应是出了名的，他当即表示定当支持和尽力。于是定下由他扮攒底的张飞，杨荣环扮孙尚香，尚长春扮赵云。演出那天，剧场里人声鼎沸，掌声与喝彩声震耳欲聋。演出结束，尚长春与杨荣环把松樵老搀扶在中间，走向前台，向热情的观众多次谢幕致意，有人给拍下了这珍贵的一瞬间。

左起：杨荣环、赵松樵、尚长春

他的精妙艺术、高尚艺德和丰富的艺术人生，得到同行的推崇与尊重。1981年天津为纪念尚小云先生逝世5周年举办演出，尚长春、高盛麟等应邀来津。演出前，尚、高二位先生登门拜望松樵老，一进门，一边口称"老叔"，一边深鞠90度大躬。尚长春父亲尚小云先生与松樵先生从十来岁就在一起演戏，情同兄弟，相交莫逆，而高盛麟的父亲高庆奎先生与松樵是结义兄弟，长期同台，故而高、尚两家与他都是世交。演完戏，他到后台慰问大家。高盛麟先生正卸装，有人在帮他脱靴子，见老人家亲临后台"道乏"，忙站起来给他深打一躬扶他坐下，说："我今天在您面前献丑了，您看我哪点儿不对，给说说。"盛麟一直站立于侧，周围众人围得水泄不通，他对盛麟的演出倍加褒奖。

演出前，他入场找座号，中国京剧院老生名家、北京梨园叶氏"五虎"之一的叶盛长先生在老远就打招呼："师哥！"盛长与松樵兄于1947年在上海天蟾舞台长期同台。这天尚长春先生没有演出任务，也在观众席就座，见他走过来，忙站起来远远拱手喊"师叔"！

有一年武生名家王金璐先生在天津演出，他到场观赏，并于演毕到后台道辛苦，王先生一听说老先生来了，不等卸完装，大汗淋漓只穿件"水衣子"就忙向后台门口跑去，迎接松樵老，王夫人急忙跟在后边给他披上衣服。

北京京剧院名家谭元寿、马长礼来津接受天津市青年京剧团王立军、张克等拜师的那年，松樵老应邀出席聚会。马长礼先生见老先生来了，找机会凑到跟前，伸出手来与他握手，问："赵老，您还认识我吗？"两人已有三十余年未见面，彼此有很大变化，赵老不敢贸然错认，边端详边喃喃地说："您是……""我是小马，马长礼！在'扶新社'，您演关公戏，我还给您来过扛刀将呢。"马先生谦虚地自我介绍。松樵老猛然忆起，忙起身紧握着马先生的手，同样自谦并大加赞赏地说："嗨，别提那会儿。这些年你搞得很好呀，现在继承马派当数你名列前茅了！"事后，松樵老逢人就夸赞马长礼先生为人谦恭，不忘故交，说："长礼现在在全国很了不起了，他能这样做，很不容易，这才是人物。"

也是20世纪80年代某年的一天，著名青衣、花旦艺术家吴素秋提两瓶红酒来看望松樵老。吴老师 1940 年左右在上海演出时，松樵正大红于上海。1954 年天津戏曲会演时，武生名家姜铁麟先生（吴之夫）曾与松樵先生双演《拿高登》，当时松樵老主动提出自己演前部的高登，让出后部由姜铁麟演，姜先生深受感动。

河北省京剧团到天津演出新排的《八仙过海》，看过演出后，松樵老也是到后台慰问大家。扮演吕洞宾的著名演员祝元昆听说他下后台，忙奔到跟前叫"师叔"，然后解释道："说起来我与您关系可不算远，我从小跟陆喜才先生学戏，师父常对我提起您，说您与他小时候在喜连成时还是结拜弟兄，正经我该称您师叔。"赵老听后十分高兴，想不到能见到陆喜才师兄的传人，并对《八仙过海》这出戏大加赞扬和鼓励。

左起：厉慧良、赵松樵、张世麟、杨荣环

1982 年，天津市文化局为保存他享有盛誉的关羽戏艺术资料，请他演录全部《华容道》。录像那天早上，我接到他的电话通知，赶到位于劝业场后身的延安影剧院，这时他已在后台化装。摄像由天津著名摄影家夏放担任，录像进行得仔细认真，本来一个多小时的戏，足足录了两个半小时才告完成。为他配演孔明的是他的老搭档、谭派老生名家费世延先生。他这出《华容道》与现在常见的演法大有不同。现在演所谓

《华容道》，其实普遍只演"挡曹"一折，他则从孔明升帐演起，然后派将，关羽讨令，立军状，挡曹，放曹，回令，刘、张、赵求情，孔明赦免关羽止。这些关目使《华容道》成为有头有尾脉络清楚、可独立成章的一出戏，现在没有人这么演了，很值得留作资料。关羽的扮相本来就复杂，全身着装的行头分量很重，头戴"夫子盔"，挂长髯，身上内穿"铠甲"外穿"蟒袍"，足穿厚底"虎头靴"。这天的靴子尺寸还大，穿着不合脚。演"挡曹"时要手持一二十斤重的青龙偃月刀，还要耍几下，摆出各种形态的身架，加上唱、念连做戏，这些对一位81岁的老人来说谈何容易！

1984年，他在为天津市京剧团排的《雪弟恨》中，亲自出演"哭灵牌"一折的刘备，演唱大段【反二黄】唱段，声情并茂，一气呵成。他在剧末"火烧连营"中又赶扮赵云的大马童，这个角色在天津舞台上已经几十年未见了，他以黑白两主色勾脸，眉子下斜，勾大元宝嘴，嘴岔上翘，唇微抹红，一副非常可爱的笑的脸谱，两耳上插"耳毛子"，全身青色袍衣袍裤，上身外罩坎肩，头戴青色扎巾，打散成扇面形，脚穿薄底靴，腰背插令旗。这别开生面的大马童一亮相，前后判若两人。他以83岁高龄传帮带中年艺术家的举动，表现出一位老艺术家的事业责任感和高尚品质。

1986年9月19日至20日，天津市京剧的三个团与中国大戏院联合举办两场演出，庆贺该戏院建成五十周年。天津市京剧团成立以后，中国大戏院成了该团的基地。这次演出活动由厉慧良牵头，负责联络老艺术家们。一天下午，厉先生来到松樵老的家，可巧我在场。他们已定合演《八蜡庙》，厉先生不放心，临演出之前再次来看老先生。他对厉慧良说："我也替你跑不了，帮不上什么忙，多辛苦你了。"厉两次劝他："演出那天，您千万别穿'厚底儿'，就穿'夫子履'。您只要一上去，就准对。"临出门，厉还是不放心地说："咱可说好，您就穿'夫子履'。"我和他送走厉，回到屋里坐下，他说："当然，大家关心爱护我是好的，我也理解，慧良出面组织大伙儿，怕我出现闪失，他担责任。我既然答应下来这个活儿，该怎么演就得按规矩办。一出场褚彪穿个'夫子履'，那不叫人笑话？演不了我可以不演，既演就不能让观众失望。"这天大轴戏是《八蜡庙》，他饰前褚彪，厉慧良饰后褚彪，马少良饰费德功，包式先饰费兴，王则昭饰施士纶，李荣威饰金大力，邓金昆饰前窦虎，翟武齐饰后窦虎，施明华饰前米龙，苏德贵饰后米龙，李英杰饰黄天霸，魏伟饰老院子，孙鸣凯饰老道，高淑芳饰小姐，穆祥熙饰朱光祖，苏建超饰贺仁杰，丁承戎饰关泰，李焕弟饰张桂兰，张重华饰张妈。这个戏集中了天津市的京剧精英，阵容齐整而强大，多年不见。尤其一些多年不登台并且多年不在一起合作的老艺术家们搞这次大会串，实属机会难得，像赵松樵、厉慧良、包式先、王则昭、邓金昆、李荣威、孙鸣凯、施明华等人凑在一出戏里同台合作，可以说前所未有。松樵先生对我说，他的心愿是演"议事"和"走边"两场，然后再换人。可是谁也不敢劳烦他演"走边"，终归是86岁的老人了，所以他只好演前边的文场子。他一出场，那英武的扮相，潇洒的身影，矫健的台步，脸上英姿焕发的神气，一派老英雄的勃勃生气，一下就赢得满堂的"碰头好"。再听他那苍朴遒劲而气壮声洪的念白，再看他那细腻传神而极富人物个性的做派，临下场时那精彩敏捷而干脆率美的几下"水袖功"，真是非同凡响，只这一场戏就博得几次阖堂好。戏在人演，此话不差。

1988年是天津市表演艺术咨询委员会成立一周年。天津把本市京剧、评剧、河北梆子、豫剧、越剧、话剧、曲艺、杂技等各表演艺术领域老年艺术家集合在一起，担起对全市各院团及演员在艺术上作咨询、指导和建议的任务，以发挥他们的艺术专长，传授经验。一年来，该组织取得很大成绩，受到领导和观众的赞扬，中央领导同志荣高棠、高占祥分别为该会成立一周年写来了贺词。为庆祝周年日，咨询委员会在中国大戏院举办了五天的演出，时间是4月26日至30日。在总共5场的演出中，刚迈进88岁门槛的松樵先生抖擞精神，兴致勃勃地参加了4场演出。首场演出的第一出戏是武生名家李少楼与其子李英杰爷俩合演《狮子楼》，少楼饰武松，英杰饰西门庆。少楼先生多年息影舞台，五六十年代我在中国和新华两戏院看过他演《挑华车》《伐子都》等。他武功基础扎实过硬，当年是一位很"冲"的好武生。他在中华人民共和国成立初来天津时，他父亲领着他到共和戏院曾找过松樵先生，搭过扶新社演出。如今少楼年过花甲，体态甚胖，神情怡然，踢"大带"的

动作以及几个亮相，仍显得干脆漂亮。第二出戏是李荣威、张韵啸合作
《真假李逵》，两位名净演来相得益彰，我还是在 20 世纪 50 年代末，在
中国戏院看过李的李逵戏。第三出戏是赵慧秋、赵春亮合作《春秋亭》，
程派风范，二赵珠联璧合。第四出戏是松樵和包式先老二位演的《扫松
下书》。松樵老决定演这个戏是因为他认为自己的年纪与这个戏里的角
色张广才相近，戴"白满"，唱、念、做兼工，正适合演这个戏和戏中
的人物。虽然《扫松下书》为周信芳常演而闻名，但是"赵派"的演法
和风格不落"麒派"窠臼，发挥个人特长，表演摹人更加细腻可观，把
一出南边常演的戏表现出一派北国风貌，是他一生探索"南戏北演"的
典范之一。他把一个步履蹒跚、耳聋眼花的老人描画得栩栩如生，情趣
盎然，潇洒飘逸，自然流畅，既见老态龙钟的形态，又有柔中见刚的功
夫展现，已入化境，可以看出，他没有把这出戏当作歇工戏，而是演成
一出吃工戏。老先生演戏不习惯戴扩音器，剧场内鸦雀无声，他那声
洪气足原汁原味的唱、念，听来确是一种美的享受，88 岁老人音贯满
堂，无不为老先生的深厚功力所叹服。再看那优美的身段，随意自如
的"水袖"，任所欲为的台步，以及上身的前仰后合，手指弹须，两次
甩髯等，均颇见功力。做功的细腻是"赵派"表演的突出特色之一，你
看他撵树上的小鸟，被地上石头险些绊倒后返回看地，为表现剧中人张
广才的年迈而精心设计的小碎台步和两腿走路的僵直感，一步三晃，有
时欲前反退、站立不稳而致身体前后摇摆如风吹荷叶等，这些与人物和
剧情水乳交融的程式表演，既是生活，更是艺术，如诗如画，令人看得
如痴如醉。这出戏由 73 岁的著名文丑包式先老人饰演下书人李旺，司
鼓姚占琦老先生，操琴王裕民先生，使演出锦上添花。四位老先生年岁
加起来，共有二百八十岁左右，成为剧坛佳话。27 日第二场戏开场是
李焕弟、孟繁忠等主演《青石山》，接下来是多年未登台的荀派艺术家
王紫苓演《红娘》中"送棋盘"一折。她虽然嗓音失润，然而风采依
旧，唱、念和身段非同一般，妙龄红娘的形象立现台上。这使我回忆
起 20 世纪 60 年代她在天华景、新华、中国等戏院的演出情景。天津扶
新剧社成立的首场演出，松樵先生主演《逍遥津》，费玉策扮曹操，王
紫苓扮伏后，郭云涛扮穆顺。恢复传统戏后，我在第一文化宫看过她与

赵春亮、黄荣俊、张学增合演的《柜中缘》，风采依旧。《红娘》之后是张文轩的《遇龙酒馆》，即《游龙戏凤》。张先生能演能编导，是一位干才，这个戏他走言派路子，剧本也经他修改过。第四出戏由朱玉良先生主演《牧虎关》，这是他过去常演的剧目。朱先生师从北京名净刘砚亭，后向金少山请益，长期与周啸天合作。他嗓音宽厚圆润，金少臣离开天津京剧团后，朱先生就是该团的第一净，周啸天先生则是继杨宝森之后天津市京剧团的第一老生。这晚的压轴戏由松樵老披挂傅红，演他的杰作之一《古城会·训弟》，名净张韵啸饰张飞。他的关公戏气度非凡，在天津影响最大，盛誉最隆，为天津第一"关"。此戏开锣前，作为晚会主持人的厉慧良一身白色西装登场，愈显帅气，向上千观众说："赵老也是我的老师，偌大年纪对久已不演的戏仍能倒背如流，我们遇到不会的，还要去向他请教。"这番诚恳的话引起全场热烈的掌声，表达对老先生的敬意。最后是丁至云、哈宝山、季砚农合演《玉堂春·会审》一折。28 日，松樵老休息一天。29 日和 30 日两天，他与马三立、小岚云、花五宝、史文秀、王毓宝、赵慧秋、王则昭、李荣威、张文轩、鲜灵霞、六岁红、筱玉芳、莲小君、李福安、王玉馨、裘爱花等多艺种名家参加演唱会演出。

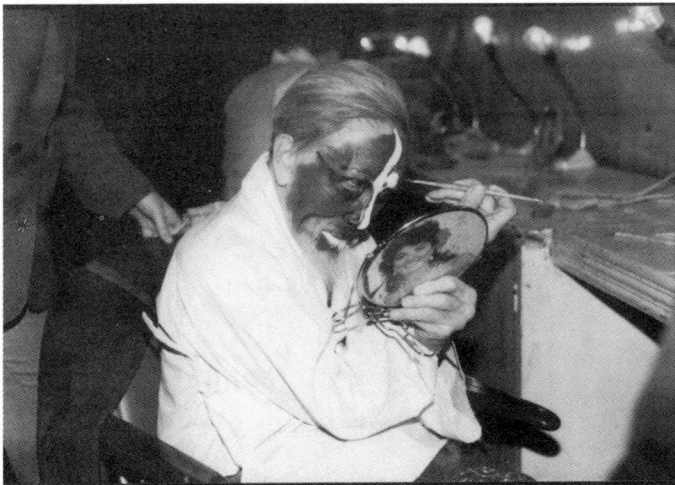

赵松樵 88 岁最后一次粉墨扮颜良

　　赵老对京剧艺术的继承和发展，对表演艺术的丰富和创新，对戏曲剧目的建设，对戏曲人才的培养，都建立了丰功伟绩，国家不会忘记，观众不会忘记。1989 年 4 月，天津市表演艺术咨询委员会、天津市京剧团、天津文联和剧协、天津电视台等联合举办"祝贺赵松樵先生舞台艺术生活 82 周年"大型演出活动。分散在全国各地的赵老的部分学生，以及本市和外地的一些艺术家纷纷前来祝贺演出，他们中有：松樵先生之子、江苏省京剧团主演兼艺术顾问赵云鹤，山西省京剧团主演兼艺术顾问李铁英和陈云超、李芝纲、陈凤鑫，山西省晋剧院教师鲍云鹏，江西省京剧团主演兼艺术顾问王超群，上海戏曲研究所特聘梅派艺术研究员舒昌玉，安徽省安庆市京剧团原团长陈鹤昆，安徽省滁州市京剧团原团长李慧春，福建省艺术学校教师郭云涛，黑龙江省艺术学校教师王志英，以及驻津的相声大师马三立、京剧名家刘少泉、赵慧秋、袁文君、陈云祥、姚占琦、王裕民等。话剧表演艺术家、前天津戏校校长、时任表演艺术咨询委员会副主任的马超先生做节目主持人。

　　所有艺术家齐心协力，不计报酬，不讲条件，齐集津门，共同为这位德高望重的前辈京剧艺术家举办的活动前来助阵呐威。演出只有三场，参演的艺术家多，尽管各位多次表态一切服从演出需要，不挑角色不讲出场前后，让演什么就演什么，打旗儿跑龙套都可以，但是剧目和演员阵容确定仍颇费筹谋，几经改变。各地艺术家被安排在中国大戏院招待所，该处正在修缮，环境条件很差，尤其王超群和王志英二位回族艺术家，无法统一安排他们的吃饭。但是每位艺术家都为赵老纪念活动着想，无一提出任何要求，使演出活动顺利圆满地完成。

　　剧目反复研究三次，前两次由松樵老、赵云鹤、赵云铭、魏伟和我五人碰头研究，由我执笔。第一次初步拟出三天的剧目，有通力合作的《铁公鸡》《斩颜良》《走麦城》，舒昌玉演《祭塔》，郭云涛演《骂杨广》，鲍云鹏演《铁笼山》，李芝纲演《探阴山》，王志英演《斩韩信》，魏伟、李莉合演《武昭关》，王超群演《闹天宫》。但是，这样安排还有一些外地来的艺术家没有活儿，另外，云鹤先生提出当时把《铁公鸡》这个戏搬上舞台是否合时宜，此戏禁演了几十年，还有些心有余悸。我提出《走麦城》虽然是松樵老常演的关公戏，代表作，而且戏好、人头也齐，但是在喜庆日子演出关羽之死还是不太合适。于是，我们又拟出第二个节目单：由松樵老率子云鹤、徒李铁英三演《古城会》（仍然是关公戏，以团圆结局），孙震霖演《恶虎村》（因有筹备出访日本任务未到），王超群演《闹龙宫》，舒昌玉演《生死恨》，陈鹤昆演《九更天》，鲍云鹏演《铁笼山》，王志英、李慧春、李开屏演《未央宫》，松樵老与徒魏伟双演《逍遥津》，袁文君演《红线盗盒》，李雨森与李志勇合演《真假李逵》，郭云涛演《骂杨广》，魏伟与李莉合演《伍昭关》，松樵老率徒李铁英、陈云超及李慧春、李芝纲、陈云祥等演《斩颜良》，最后一天通力合作《群英会·借东风·华容道》。这样一来，演员都安排下了，可是戏又过大，三场容不下。看来指望我们，难以忍痛割爱，把谁砍下去都不忍心下手。第三次参加研究的有天津市表演艺术咨询委员会书记安大本、天津表演艺术咨询委员会办公室主任郭纯、天津电台和电视台代表刘家良，他们到老先生家，和我们一起商讨。他们看过我们拟的第二套方案之后，提出本地演员节目过多，希望多照顾外地年老演员。本着尊重承办方意见的精神，确定的第三套节目方案为：演出地点为天津中国大戏院，演出时间为1989年4月16日至18日晚。第一天：王超群主演《闹天宫》，陈鹤昆、高淑芳、宗志扬演《九更天》，松樵老、铁英、云鹤、王德刚、郭秉新、穆祥熙演《古城会》，由云鹤、铁英、松樵老分饰前中后关羽。第二天：王超群主演《独木关》，郭云涛主演《骂杨广》，袁文君演《红线盗盒》，松樵老率李铁英、陈云超、李芝纲、陈云祥等演《斩颜良》，由松樵老和云超师徒分饰前后颜良。第三天：鲍云鹏演《铁笼山·观星》，王志英与李慧春、高淑芳主演《未央宫》，舒昌玉演《生死恨》"机房"一折，松樵老率云鹤、云超、超群、云鹏、袁文君、魏伟、李志勇合演《大溪皇庄》，马三立、赵慧秋友情会串。

最后的节目安排就按照第三方案定下来，由我执笔写出每天的剧目和主要演员的简介，形成本次演出的正式"节目单"，以此印发。

《大溪皇庄》这个戏几十年未见舞台，马三立先生在"贺寿"一场友情串演丑角，有大段【数板】"劝人方"，还有与著名青衣、花旦艺术家赵慧秋老师两人风趣幽默的对白、逗趣，马、赵、袁三位艺术家的串演串唱，给这个戏锦上添花，增加了许多喜庆气氛和看点。马先生素与松樵老交好，同住一个小区之后，来往更加密切。这次为老先生纪念活动而出来串演，在他艺术生涯的后几十年中实乃破例之举，足见他对松樵先生的格外敬重。

赵松樵88岁三演《古城会》，左起：赵云鹤、赵松樵、李铁英

实际演出时，参演人员有些变动。李铁英先生当时已72岁，1979年就患过心脏病，身体没有完全恢复，走路还不十分利索，1989年时还需拄拐杖。到津后，又因体质虚弱而水土不服，闹起拉肚。其徒李志勇每天在家做好鸡蛋面汤，用保温瓶装好送到招待所，侍候师父食用。铁英先生在天津观众中声望极高，他对师父松樵先生的纪念活动竭尽全力，也为了不让观众失望，他头天坚持带病上场演《古城会》。第二天在《斩颜良》中要扮的关羽角色比头天的表演要繁重，一人扮关羽到底，出场多，唱、念、做、打都有。铁英先生之子李雨森因有拍电视剧的任务，没能与父亲同行来津，演《斩颜良》这天赶到天津，披挂上阵，正好父子双演关羽，文场关羽由铁英先生上演，武场则由雨森捉刀

代庖，演出非常圆满。另一变动是云鹤先生事先在本团接受了排新戏的任务，为中华人民共和国成立 40 周年献礼的剧目，本次演出前为排戏就是天津—南京两地赶场，来回穿梭。头天参加完开幕式和《古城会》的演出之后，团里催得紧，他只好立刻回团，后两天的戏没能如愿参加。第三个变动是原定《大溪皇庄》最后的开打要全梁上坝，凡本次到津的各位武生名家均要粉墨登场，集体亮相。各位艺术家事先做了充分准备，赵云鹤、陈云超、王超群、鲍云鹏、陈云祥、魏伟等认真研究了演法，有的还现编了开打套路，试练了几次。可是，最后这天《大溪皇庄》的"贺寿"一场戏抻得太长了，演到晚上十一点半钟，这场戏还没打住，观众没一个起堂的。当然是名家荟萃，各显神通，难得一聚，但是这使后边的演出时间被挤没了。最后不知哪位"棒槌"自作主张，在后台喊了一嗓："戏马上收了！"结果大家等待已久的重要的开打煞尾硬给掐了，其实只需要 10 分钟就可以圆满收场。这不但很对不住几位七十来岁已装扮好并候场两三个小时的老艺术家们，也对不住不舍得离开剧场，已坚持到将近十二点的广大观众，而且使一出三十多年未谋面绝好的大武戏草草收场，使戏不完整，留下美中不足的遗憾。

这三天的戏引起不小的轰动，有不少人从北京等地专程赶来看戏。北京《戏剧电影报·京剧大观》发表苏舞的文章说，松樵老这几场纪念演出"才使人真正体会到什么叫'爆满''狂热'，不是座无虚席，而是'立'无虚席"。《今晚报》著名记者董鹏先生在 4 月 17 日以《菊坛名宿粉墨度春秋年尊艺精氍毹传佳话》为题，较详细报道了这次具有强烈轰动效应的纪念演出，文中称"素有盛名的赵松樵老先生昨晚率其弟子粉墨登场"，"他的表演勇于创新，自成一家，融南北风格为一体"，"大轴戏《古城会》把演出推向高潮，赵松樵、李铁英、赵云鹤分饰关羽。'训弟'一折，赵松樵表演凝重大方，唱腔雄浑洪亮，虽年近九旬，精力旺盛，演出中观众掌声不断"。传说中国京剧院第一武丑张春华先生也购票，并带领十多人从北京来津观看了《大溪皇庄》等戏，不知消息确否。在十几年后，他为京剧研究生班毕业汇报演出指导也排演了《大溪皇庄》，学员们以反串演出。

这次规模盛大的演出结束两个月后，沈阳京剧院按预订计划在天津演出 3 天，演完就赶紧回沈阳。在津期间，沈阳京剧院的几位主要演员李春元、焦麟昆、周仲博拜访了赵松樵老先生，而黄云鹏、汪庆元没有时间亲临过府拜望，只好打电话问候，问老先生能否出来到剧场看戏。老先生说"出不去了"，对方问能否听出他是谁，老先生说："谁我也听不出来，就知道你是'小七官儿'。"原来松樵先生在上海演《火烧红莲寺》期间，黄云鹏才十来岁，当时的艺名叫"小七官儿"，松樵先生与他的师父曾在《火烧红莲寺》剧中有过合作。

82 周年的纪念演出活动之后，余波难平，各方面仍觉意犹未尽。故于 1990 年 3 月由赵老居住所在区的河北区文化馆和戏迷协会出面，联合天津市表演艺术咨询委员会、中国剧协天津分会，共同筹办"祝贺赵松樵先生舞台艺术 83 周年赵松樵艺术生平图片展览"。河北区文化馆和戏迷协会邀请赵老之女赵云铭、魏伟、李慧春和我参与筹备。经我们与天津表演艺术咨询委员会副主任马超、剧协天津分会秘书长韩之栋会晤协商，确定筹委会人员组成，由剧协天津分会主席赵路、咨询委员会副主任马超、剧协天津分会秘书长韩之栋、咨询委员会办公室主任郭纯、著名表演艺术家马三立、厉慧良、杨荣环、朱玉良、张世麟、哈宝山、王则昭、姚占琦、赵慧秋、李荣威、王裕民组成活动筹委会顾问团，筹委会秘书长李慧春、赵绪昕（兼撰文）。文化馆和戏迷协会再三谦让，表示只做具体工作，不入筹委会名单。

松樵老虽经"文革"浩劫，残留的旧照片仍然不少，许多艺术家看后都很惊讶，十分羡慕。展品有放大的剧照、生活照数十帧，每张配有详细文字介绍，这些能保存下来，是弥足珍贵的。此外还有评价赵老艺术的书报、杂志，以及名人所赠字画等，展厅内琳琅满目，内容极为丰富。1990 年 4 月 11 日上午，"赵松樵艺术生平图片展"在天津市河北区文化馆隆重开幕。天津市为一位戏曲艺术家个人举办图片展览是极为罕见的。河北区时任区长兼区委书记亲为揭幕，盛赞松樵老几十年如一日，为中国京剧，为天津市及住区河北区的京剧事业和精神文明建设一贯做出努力和贡献。接着郭纯代表天津市表演艺术咨询委员会，马三立和杨荣环分别代表天津市文艺界同人讲话，他们一致高度评价松樵老的艺术成就和高尚品德，感谢他对京剧事业和艺术人才培养做出的特殊贡献，并祝愿他健康长寿。松樵老答谢各方面领导和各界朋友对他多年来的关心和支持，对各位领导和艺术家朋友们出席他图片展开幕，表示欢迎和感谢。到会贵宾们作为首批观众，仔细参观了展品，他们对老先生艰辛漫长的艺术人生肃然起敬，对他取得的丰硕而卓越的艺术成就深表赞佩，对展览内容的充实丰富惊叹不已。开幕式和参观之后，举行了联欢会，出席开幕式的各位艺术家引吭高歌，欢声笑语，各自表达对老人的祝福。主持人首先请90岁的松樵先生演唱数十年未见于天津舞台的《路遥知马力》唱段，他那神饱气足的演唱引起全场热烈的掌声。应大家要求，他再唱一段同样几十年没人演过的老戏《南天门》，唱得字清韵厚。紧接着，马三立先生做即兴表演，这是其他任何场合无法听到的节目。两位大师表演完，很少再登台的朱玉良先生唱铜锤骨子戏《白良关》，赵慧秋老师表演拿手的自拉自唱，袁文君老师反串小生戏《杨宗保巡营》，李荣威先生演唱久违的《李七长亭》，还有王则昭、黄少华、李开屏、李经文、魏伟、刘明珠等各位京剧表演艺术家演唱了精彩的唱段。最后，大家又烦松樵老再次登台，再唱一段作为"大轴戏"，才算宣告结束。司鼓是咨询委、著名鼓师姚占琦，操琴为咨询委、著名琴师王裕民。天津电视台对开幕式作录像，天津人民广播电台资深戏曲编辑王联生前来采访，对开幕式和演唱会都作了录音。1990年4月13日晚，天津电视台的"天津新闻"节目对展览开幕式作了报道，1990年4月29日和5月1日，天津人民广播电台新闻台在中午13点10分播放"祝贺赵松樵舞台艺术83周年展览"的开幕式录音报道和名家祝贺演唱会的实况录音，电台的文艺台在当日的16点30分作了重播，以飨听众。

　　1990年4月16—18日，为纪念周信芳诞辰95周年，由天津人民广播电台文艺台、天津文艺广播促进会、周信芳艺术研究会、天津市京剧团、中国剧协天津分会联合主办，在天津市第一工人文化宫大剧场举办麒派艺术专场演出，邀请各地麒派弟子莅临天津献艺。这个日期恰好与赵松樵老先生的生日相临近，选择这一演出日期且在天津举行，不知是否是有意的安排。这次活动聘请了两位艺术家为顾问，一位是赵松樵先生，他与周信芳长期合作，有手足之情，对麒派艺术有深入的了解；

晚霞篇　老骥伏枥　德艺永存

另一位是张鑫海，他是与周信芳长期合作的鼓师，当然更是麒派艺术的亲历者。

1990 年 4 月赵松樵艺术生平图片展开幕式合影

为了能利用现代电视音像传播技术，让更多人群较全面了解赵松樵这位饱经沧桑而成就斐然的大师级京剧艺术家，并作为永久保存的资料，对他浩瀚的艺术人生有个概括总结，天津人民广播电台记者刘家良与天津电视台文艺部戏曲栏目导演孟祥友合作筹划，要为松樵先生拍摄一部传记性文艺专题片。在松樵老及其家属的推荐下，特约我做总撰稿人，电视台方面约北方曲艺学校教师何佩森做解说、天津电视台摄像师芮连仲摄像。我们住进了南开大学的招待所，集中精力进行创作。我提议请著名剧作家翁偶虹和京剧名家叶盛长两位出镜，评论赵老艺术，他们二位与赵老近年尚有来往，我在此前对他们二位也有过访谈。于是我引领摄制组成员去北京两先生寓所。我帮助导演拟定出片中需选用的剧目影像资料，以及需要补拍的剧目单。片头背景画请天津戏剧博物馆美术家张天翼（后调入天津艺术研究所）绘制戏画，片名请全国知名书画家孙其峰教授题写。《才长艺广赵松樵》的片名，我至今始终不满意，松樵老的艺术才干和成就只用"才长艺广"四个字概括，既不全面也不准确，分量不够，片名没有突出他的创造成就。但是当时有人提议，就借用翁偶虹先生文章题目中的"才长艺广"四个字作为片名，我也只好暂为附和。2001年初，天津市政协文史资料委员会组织编辑出版《近代天津十大戏曲家》，承蒙为此书组稿的天津艺术研究所研究员甄光俊先生盛情相邀，我忝列特约作者之一。在为松樵先生的长文拟题时，我经深思，最后定题目为《独树一帜京剧全才赵松樵》，自认为比较准确地点明了赵派艺术既独特又广才博能的特点。

拍片是在1991年夏秋之交，8月31日上午，在天津市京剧团三楼排练大厅响排《走麦城》选场，松樵老亲自为演员和乐队说戏指导。9月5日下午，他在其子云鹤先生、其女赵云铭女士、其再传弟子李志勇，以及我和一位特约的王医生等陪同下，到滨湖剧场拍摄《云罗山》的"卖斗"、《南天门》《路遥知马力》的"路遇日久"和《走麦城》的"大帐"见诸葛瑾各戏的选场片段。天津京剧团名丑穆祥熙扮演《路遥知马力》中的日久，名老生温玉荣扮《走麦城》戏里的诸葛瑾，著名鼓师李凤阁、著名琴师汤振刚等为之伴奏。他以年近91高龄，在三个小时之内换四次扮相，改演四个戏的四个角色，尤其《走麦城》的关羽，要穿三寸厚底靴子，铠甲蟒袍加身，从头到脚一身的服饰，行头几层，又厚又重，化装又复杂又繁难。当时暑热正盛，他却能有条不紊地圆满完成演录，这对一位中青年演员来说都算是很辛苦的差事，何况他是年过九十岁的老人。录制过程中，测量他的血压曾升高到190，却仍坚持完成全部录制任务，在场的人们为老先生奇迹般的表现赞佩不已，交口称颂他堪称世界艺术表演界的一棵值得中国人骄傲的"不老松"，高参入云，长青永翠。正所谓：古来青史都不见，今有功名胜古人。

1991年9月24日，吉林省京剧团著名武生表演艺术家孙震霖带领学生王旭东到松樵老家拜谒，来电话邀我作陪午餐。次日晚，李永金、魏伟、李世勤和我陪同松樵老到第一工人文化宫看该团的演出。到剧场观看演出的还有杨荣环先生、宋玉庆夫妇和董文华尚明珠夫妇。

10月5日，天津市人民公园国艺茶社成立，松樵老及厉慧良、王玉磬等戏曲界名流应邀参加了开业式。

10月8日他又参加了庆祝全国京剧票友大选赛开幕活动，并以清唱祝贺。10 月 9 日，《天津日报》第 3 版刊登了记者杨新生的摄影报道："91 天津和平杯中国京剧票友邀请赛昨晚在中国大戏院开幕。天津市京剧界'五世同堂'祝贺演出……92 岁的赵松樵参加演出。"

左起：李雨森、赵松樵、方荣翔

1992 年 2 月 7 日，天津电视台 12 频道的《菊圃揽秀》戏曲系列节目的第一集播放出刚刚制作完成的《才长艺广赵松樵》，播出后反响热烈，其后的两三年内多次播放。

1992 年 6 月 9 日，北京中国京剧院的老生表演艺术家叶盛长先生到天津看望了松樵先生。叶先生拿出一把大折扇，让他在上面签名留念。打开折扇我一看，扇子两面已经有不少名家的签字，这扇子很可能是叶先生受托为同来的一位陪客征签的。

1994 年 12 月下旬，天津人民广播电台请他到电台，参加新年戏曲晚会的节目录音。考虑到他年迈且时逢寒冬季节，电台工作小组携设备到赵老家，录了老人给全市听众的新年贺词和清唱节目，编入了新年戏曲晚会广播节目中。

1995 年 6 月至 1996 年 2 月，受天津市民族文化促进会委托，在李慧春先生协助下，赵老用 8 个月时间，说录了 10 出戏的总讲。这是他留下的最后一份录音资料，保存于天津民促会。

1996年5月上旬，天津电视台《中华戏曲》栏目第10期播放了《赵松樵专辑》节目。

1996年8月30日，名武生鲍云鹏登门看望老先生。之后，上海某文化部门派一位青年摄影师来津为他摄影，这可能是他最后的留影。

四十八、做奉献热助公益　德艺馨苍松永翠

松樵先生从青少年至晚年，一生对社会公益事业非常热衷，究竟奉献过多少次义务演出，无法计数。前文第25章已集中介绍过松樵先生在中华人民共和国成立前与京剧名家们的一小部分义务演出活动，这里记述的是他在天津的一些热助公益的义举。

1957年夏季，我国部分地区遭受多年未遇的洪涝大灾。在松樵先生的倡导和组织下，天津扶新、建新京剧团联合正在天津演出的山西省太原市京剧团、山东省济南市京剧团，共同举办赈灾义演，支援灾区人民。松樵先生是建新团业务团长，他的弟子李铁英是太原团的团长，另一弟子小盛春是扶新团的业务团长，松樵老自然一呼百应。这次演出规模宏大，名家济济一堂，剧目硬克，技艺精湛，以致观者50年后对这次义演仍记忆犹新，津津乐道。《今晚报》2007年8月19日副刊发表了在北京工作的天津籍画家邓元昌先生文《五十年前京剧"武生大会"赈灾义演》，文中说："天津的武戏素有传统，各剧团当家武生和武旦、武丑、武花都来参加献爱心，强强联合，名为武生大会，一时轰动津门。""时间是8月20日晚场，地点中国大戏院……一清早，中国大戏院门前就排起了购票长龙。""那天共有五出戏，足足演了4个小时。头一出戏是李少楼、刘少泉的《三岔口》，"第二出是济南京剧团李幼麟主演的《金钱豹》，"第三出是《白水滩》，由陈云超、刘麟童、李瑞亭三演穆玉玑。这三位同出自老艺术家赵松樵门下，师兄弟同台献艺，轮番舞动亮银棍，轮番开打，各显本领，谁肯示弱？""压轴戏，《古城会》……文武老生擅演红生兼演武生的李铁英与其师赵松樵分别前后

饰演关羽。师徒二人台风稳健且有激情，亮相极富雕塑美。尤其是那把大刀与众不同：刀头、刀杆、刀鐏长度各占三分之一，威武雄壮气势非凡。""大轴为《泗州城》……由武旦刘云秋和擅演猴戏的小盛春主演。前场的几位武生演员包括赵松樵老先生都来参加助演。""那一晚的武生大会赈灾义演，演员与观众互动完成，犹如武生们和戏迷们的盛大节日。岁月悠悠过去了半个世纪，回忆起来竟仍历历在目，演员们急功好义的精神，高超的技艺是能让人记住一辈子的。"

为此次赈灾，赵松樵又与河北梆子名家银达子、金宝环等人，联合举行了另一次的义演。

1984年10月21日下午，天津市戏曲界在津的老主演联合举办"爱我中华，修我长城"的义演，为修缮天津地界内残破的长城募款。组织者请松樵老参加，他不假思索满口答应，唯使老人不满意的是让他清唱，依他自己的心气儿想彩唱一出或一段，为的是多尽些力。21日是个星期天，第一工人文化宫大剧场内满坑满谷的观众，能集中在一场见到这么多各剧种久违的老艺术家，是千载难逢的幸事。那些年戏曲市场还很红火，观众趋之若鹜，一票难求。这场的票价是4元、3元、2元和1元8角，按当时物价来说，入场券算是昂贵的，但仍早早售罄，场内无一虚席。演出从下午两点直演到五点半才结束，演时之长多年里仅次于1989年的那场戏。他和数位老艺术家兼任节目主持，他与名净朱玉良先生首先出场主持，说词合辙押韵，风趣幽默，场内不时爆发哄堂大笑，尤其他们习惯了上台演戏，主持说话也挂韵带味，有如念韵白，与一般主持人风格迥异，别有情趣。这次演出将京、评、梆、豫、越多剧种的老艺术家集于一堂，是天津戏曲名家的大荟萃，他们打破剧种和主配的界限，混搭演出，别开生面，趣味盎然，身体力行地弘扬了演员团结协作不争名利的优良作风。开场戏是京剧《钟馗嫁妹》的"嫁妹"一场，京剧名家厉慧良扮钟馗，赵慧秋扮钟妹，越剧名家陈佩君扮杜平，豫剧名家陈素贞扮丫鬟。陈素贞当时年过花甲，嗓音失润，但她那花旦的台步走起来迅疾如风，婀娜灵活的身段，活泼伶俐的神态，活脱脱一个小姑娘，特别是耍的辫子功更让人拍手叫绝，台上短短两三分钟的表演光彩照人。接下来是京剧《坐宫》片段，丁至云扮公主，王则

往事图说

周汝昌与赵松樵

在1986年元旦古文化街开业典礼上，著名红学家周汝昌（左）和京剧表演艺术家赵松樵在一起亲切交谈。 文图提供：**曹铭**

赵松樵与周汝昌（左）

昭扮杨延辉。然后是河北梆子戏《喜荣归》的"会夫"片段，金宝环扮崔秀英，武忠庭扮赵玉，一位评剧名家（忆不起人名）扮崔平，姚秉玉扮演崔母。第四出戏是越剧《孟丽君》中"探病"一场，裴爱花扮孟丽君，筱少卿扮皇甫少华，张桂香扮皇甫敬，评剧名家王素娟扮皇甫夫人，韩依萍扮云兰。第五出戏是评剧《秦香莲》中"见皇姑"一场，六岁红扮秦香莲，筱玉芳扮皇姑，王鸿瑞扮包拯，不同剧种的丁至云、金宝环、赵慧秋、陈佩君扮四宫女。第六出戏是河北梆子《辕门斩子》的片段，京剧的厉慧良、王则昭和越剧的裴爱花、筱少卿扮站门龙套，梆子女老生王玉磬扮杨延昭，京剧的李荣威扮焦赞，宋鸣啸扮孟良。这六个节目匠心独运，打破各剧种和性别的界限，各剧种演员穿插搭配，妙趣横生。接下来是名家清唱段落，评剧名家鲜灵霞坐在轮椅上引吭高歌，京剧名家赵松樵、朱玉良、赵慧秋、程正泰陆续登台，一展歌喉。松樵老唱的是《刀劈三关》中"刀劈三关威名大"的一段，唱完之后，掌声不息，只好返场又唱一段《徐策跑城》中的【垛板】。他那神饱气足的演唱在第一文化宫这样宽旷的剧场内回荡，其声震屋撼瓦，一句一个"好"，显出他老当益壮，余勇可贾。最后张世麟以"挑车"片段结束演出。

　　1987年，天津市文艺界响应市政府的号召，为平房改造工程集资义演。危陋平房的改造是造福百姓深得民心的好事，赵松樵闻讯积极参与，以歌效力。

　　1988年3月30日和4月1日，天津人民广播电台为庆祝本台"海

晚霞篇　老骥伏枥　德艺永存

河晨光"节目开播一周年，举办"津门表演艺术家演唱会"，他应邀再亮歌喉，清唱了《南天门》和《路遥知马力》的唱段。他的演唱俏丽流畅，情真意切，音韵独特，无人不为他年高寿长而又精气神如此充足饱满感到惊奇，既羡慕又为他高兴。

老人节的慰问敬老院活动常请他出来参加，他热心地给敬老院的老年朋友演唱，与他们座谈、联欢，共同讨论养生长寿之道，为使老年人身心健康而尽一份心力。

小孩子们的活动也少不了他，1991年初他与其他几位京剧名家被请到天津电视台，与京剧的少儿爱好者一起联欢，让京剧一脉相承，代代薪传。

一般人到八九十岁就该休养生息，可他却越老越忙，社会公益活动接踵不断，一颗滚烫的心在顽强有力地跳动着。1988年8月29日至31日，天津市为"88国际体育援助计划"举办"为了儿童健康募捐义演"，他在总共三场的演出中，出演了两场义务戏。我内心希望他能多留下几出戏的音像资料，当我问他为什么这次义演唱的又是《南天门》和《路遥知马力》选段时，他解释说：大家都不容易，一组琴师要为好多演员伴奏，每回演唱都改唱段的话，就要给琴师多添麻烦，加重他们熟悉新曲谱的负担，所以他只好选琴师曾为他伴奏过的熟悉的段子。我听了很受感动，他就是这样一位不愿多麻烦人、事事为别人想的忠厚老者。

谈及赵老晚年经常在各种场合演唱《路遥知马力》，需要说明一点。有传媒介绍赵老时，标题为"麒派赵松樵"，这是对赵老完全错误的认识。诚然，赵派艺术借鉴和吸收了麒派的一些东西，但是这绝不意味着赵松樵先生的艺术风格是宗麒的。这出《路遥知马力》的戏，很多人认为是麒派的名剧，但不了解这是一出老早就有的传统戏。赵松樵从很年轻时就开始演这出戏，1922年他在哈尔滨与著名河北梆子演员魏联升（小元元红）组合"两下锅"的戏班，就曾演出《路遥知马力》。他的这出戏并非来源于麒派，而是来源于苏廷奎先生。我听到过苏廷奎的《路遥知马力》的唱片，看到了苏的唱词，赵老的唱词与苏先生的基本一致，但唱腔和唱法上，赵老更现代化了，且具有他自己特点了。赵老无论什么戏，他的演出都不模仿某一个流派和某一位艺术家，而是在继承的基础上自有创新，自成一派的。他一生不演麒派戏，但是演出的某些剧目与周信芳重叠，那是传统戏，并非是麒派独有的剧目。

从以上两章的记录文字可以看到，九十余岁的松樵先生的京剧活动和社会活动是很频繁和忙碌的。

然而，"夕阳无限好，只是近黄昏"，生老病死的自然法则是任何人也无法抗拒的。

1996年11月里，松樵老不小心患上感冒，之后其精神便不如以前那样乐观振作，从言谈中不时流露出厌生的情绪。到12月他更显萎靡，无精打采，以往说话滔滔不绝的状况不再，时有神情呆滞魂不守舍的样子。我最后一次去看他，他已卧床，儿子赵云鹤夫妇特意从南京赶来，与妹妹云铭夫妇共守床边。家人说他不吃饭，让我到床边劝饭，他说："谢谢你，我不吃，实在吃不下。"口中多次叨念"我想你们哪"！不多时，李慧春先生也来了，告诉我老先生见到他时，除提到说戏的事之外，还问"今天中国（大戏院）有什么戏？"我们听了更觉心里难过，生命垂危弥留之际还念念不忘舞台，最让他难以割舍的唯有京剧，能支撑他生命的是那"戏魂"。12月中下旬，天津市文化局副局长、影剧表演艺术家孔祥玉，天津市表演艺术咨询委员会主任等到赵府探望老先生。他临终前的几日我没去看他，我真不忍心亲眼见他离去的场景，但那几日我心里总是惴惴不安，就怕有一天传来什么不好的消息。可是，这一天终于还是不可阻挡地突然闯来。1996年12月29日早晨7点半刚过，我正准备去上班，电话响了，是松樵老的女婿李永金先生低沉的声音，说赵老已于7点15分刚刚故去。对此我既有思想准备，又觉得突然。说有思想准备，是因为他终究是将近百岁的老人了，人生终有一别。说觉得突然，是因为他留给人健康乐观的印象太深，以致让人难以相信他会这么快就匆匆地走了。放下电话，我很茫然，沉吟片刻后立刻赶赴他家。一路上想到今后再不能与他促膝长谈，就抑制不住伤心的情绪。我们还没有谈够，还有许多问题没有来得及向他请教呀！我虽不才，但我们总可以算作知音，如今他弦断琴碎，那"峨峨兮若泰山，洋洋兮若江河"的高山流水之音将成绝响，怎不叫人错愕叹惜，锥心泣血？他那慈眉善目、谈笑风生的样子，在凡是接触过他的人心中将永远铭记，无法忘怀。一颗京剧巨星陨落了，一代宗师飘然若仙般地驾鹤西去了，去见他那盟兄高庆奎、林树森、刘奎官等，去会他那喜连成科班时的小伙伴康喜寿、高喜玉、侯喜瑞、陆喜才、于连泉等，去看他那情同手足的尚小云师兄，以及好友谭富英、金少山、盖叫天、裘盛戎、周信芳、李洪春等。老几位都在冥府那厢聚会，久别重逢，可能一块儿又琢磨合作哪出戏，或许击鼓拨弦，鸣金响锣，戏又开场了吧？

1996 年 12 月 31 日，天津《今晚报》第 2 版刊发著名记者董鹏先生的报道《京剧表演艺术家赵松樵逝世》。北京《戏剧电影报·梨园周刊》编辑施海鲲先生以最急件处理，当期改版赶排出由我撰写、王金璐先生哲嗣王展云转送的松樵老逝世的报道短文。噩耗一时传遍津、京和全国各地。全国政协副主席、京剧活动家万国权先生闻讯后，电派天津政协负责人，委托其代表他送来花篮致哀。

赵老的不幸逝世是中国京剧事业的一大损失，中国京剧失去了一位百年京剧发展变化的亲历见证人和参与者，失去了百年京剧的一块"活化石"，失去了京戏的一部"活辞典"，失去了一座珍藏丰富的"戏库"，失去了创作巨丰的一位京剧编导家，失去了一位能点石成金的戏曲教育家，失去了北京喜连成社首科学员里最后一位离世的京剧老前辈，失去了一位有艺龄近九十年、享寿 95 岁、91 岁时仍能粉墨登场的举世罕见的戏剧超人，失去了一位德高望重、令人景仰的中国戏曲之"魂"。

左起：赵松樵、赵夫人、马三立

他的真才饱学得到许许多多知名京剧艺术家的认可与敬重。1989年4月在赵老寿诞的家宴上，相声大师马三立对同桌就座的我们说："赵老不光是你们搞京剧的老师，也是我的师傅。"1997年在赵老家属治丧完毕后的答谢聚会上，著名谭派女老生王则昭对同席的我们动情地说："我们都是从赵老处受过益的，他在时，我们觉得很踏实，因为天津终归还有这样一位老先生在我们前边顶着，我们不清楚的地方可以去问一问他。现在，老先生走了，今后学生们来问我们，可是我们连个问的地方都没有了。"她这番话与厉慧良先生一样感同身受。这三位艺术家的发自肺腑之言，使我们深切体会到松樵先生的仙逝对京剧事业该是一个多么大的损失。这意味着京剧失去了一位领军人物，一位旗手，一位传道授业解惑的导师，京剧会有很多东西再不能得到延续而失传，会有很多关于京剧的疑问再无从找到答案而成为永远的谜。

松樵先生辞世后，前来吊唁的各界人士络绎不绝。中国戏曲学院教授、著名戏曲导演李紫贵老先生作为京剧编导元老代表，中国戏曲学院教授、著名京剧武生王金璐先生作为京剧表演艺术家代表，中国京剧院著名文武老生表演艺术家叶盛长先生作为北京喜（富）连成科社的叶氏代表，北京京剧院著名文武老生表演艺术家谭元寿先生作为京剧七代世家谭氏的代表，从北京专程到天津吊唁并参加追悼会。参加吊唁与追悼会的还有原天津市文化局老局长、剧作家王雪波，当时市文化局副局长孔祥玉、刘炳森，天津表演艺术咨询委员会书记和主任，天津艺术研究所戏剧研究室黄炳增主任，研究所研究人员陈笑暇、甄光俊，剧作家陈绍武、曹荆予，天津电视台戏曲节目主编导演孟祥友，天津人民广播电台编辑刘家良，天津京剧院、天津河北梆子剧院、天津青年京剧团、天津戏校领导人李经文、高寿鹏等，在津的京剧表演艺术家和各剧团数百人。赵老弟子陈云超夫妇及陈云祥，李铁英之子李雨森，著名花脸艺术家李芝纲夫妇、武生名家鲍云鹏夫妇等，专程从山西太原市赶来奔丧。除全国政协副主席万国权先生之外，送来花篮的还有天津市政协副主席鲁学政，市委宣传部、市文化局、市剧协、市表演艺术咨询委、裴盛戎艺术研究会、山西省京剧院及天津市各剧院团。

唁电从全国四面八方不断传来，摘录部分唁电悼词如下：

中国艺术研究院知名文艺评论家李希凡对松樵老高度评价："惊闻赵先生逝世，深感痛惜，先生德高望重，文武上乘，技压群英，盛名南北，堪称京剧界一代宗师，英名永存"；

中国艺术研究院阚维辰、蒋厚理、张大伟唁电称："赵老仙逝，痛失大师，剧坛文武昆乱佳通，南北盛名，技绝艺精，《跑城》永在，音容永生"；

江苏省京剧院著名表演艺术家王琴生、梁慧超、周云亮以崇敬的心情说："惊闻赵老仙逝，万分悲痛，京剧界又失去一位德高望重的老艺术家"；

上海京剧院著名花脸表演艺术家王正屏在唁电中满怀深情地说："惊闻赵老仙逝，悲恸欲绝。吾虽非赵老入室弟子，然吾与恩师神交半世，心仪已久，情深意笃，山高水长。赵老腹笥宽广，德艺双馨，文武昆乱无不私绝，是正屏终身楷模。吾若非从先生身上汲取养分，焉能羽毛渐丰？惜乎，世事匆匆，失之交臂，我竟与先生永结师生之缘未能，实乃终身之遗憾。今恩师跨鹤西去，正屏怎不哀哀心碎？……弟子正屏泣首"；

江西省京剧院著名武生表演艺术家王超群赞美松樵老："惊悉义父仙逝，悲由中来，潸然泪下，天隔南北，抱病之躯不能扶灵尽孝，实为憾事。义父寿寝，遥寄心香挽句悼念，以托哀思。梨园中独领风骚，形美、神美、人更美；京剧界饮誉全国，德高、艺高、品格更高"；

天津青年京剧团一级编剧陈绍武敬献挽联曰："忆当年九龄神童红遍三江，菊部同声赞君赵；痛今日一座戏库顿塌津卫，梨园异口哭松樵"；

天津美术学院教授、全国知名书画家孙其峰先生以老戏友身份题词："艺苑长存"；

天津美术学院教授、全国知名书画家慕凌飞先生的题词是："菊坛流徵"；

京剧谭派老生著名表演艺术家王则昭先生亲书挽联，登临赵府，挽词哀叹："赞乐独怀黄幡绰，剧坛痛失李延年"；

京剧尚、荀两派著名表演艺术家王紫苓先生在家属陪同下送来挽

幛:"德高望重";

著名书画家李西源先生也以"德艺馨"三字对松樵老表示高度敬仰之情。

发来唁电的还有江苏省京剧院,广东省京剧艺术促进会南国京剧社,上海梅兰芳艺术研究会舒昌玉,上海戏校刘泽民,福建省艺校郭云涛,吉林省戏校陈金柏,吉林省京剧团孙震霖,黑龙江省艺校王志英,黑龙江省黑河地区政府曾桂明、王秀岩等。亲自打电话致哀慰问的有天津市政协副主席鲁学政,天津市委宣传部副部长,中华民族文化促进会副会长谢国祥,尚小云先生之子、全国著名京剧花脸表演艺术家尚长荣先生等。

至2017年岁首,松樵老离开我们已经整整20个年头了,可是人们对他的人和他的艺术的缅怀却从未停息。在他刚刚离世的1997年1月4日,天津《今晚报》发表王永运怀念赵老的文章;1月23日北京《戏剧电影报》刊出苏舞的回忆文章《赵松樵的最后两场戏》;1月23—24日天津电视台连续两次播出赶制的赵老专题节目;2月1日《天津日报》登载著名作家周骥良回忆赵老文;4月3日上海戏曲评论家龚义江发表《赵松樵八十岁的"跑城"》;同年台湾《申报》刊载星翁文《活颜良赵松樵逝世》;1998年8月5日美国《世界日报》发表《赵松樵——九龄童飞刀惊人》;同年8月著名京剧理论家刘琦发表《声犹在耳——忆赵松樵先生》文,刊于《戏剧电影报》;2000年6月30日《中国演员报》刊发著名京剧表导演艺术家郭云涛文《谈赵松樵演"连环套"》;2000年第3期《中国京剧》杂志发表王永运缅怀赵老文《斯人乘鹤去绝艺留人间》;2001年第3期《中国京剧》刊出《赵松樵创演新戏事略》的长文;2002年2月《近代天津十大戏曲家》一书收入松樵先生艺术与生活传记;2004年8月27日天津《老年时报》登出《赵松樵天津历险记》的忆文;2006年9月3日《今晚报》发表笑暇文《赵松樵与红净戏》;2007年第6期《中国京剧》刊发赵老年青时扮《三侠五义》剧中展昭的巨幅剧照;7月11日天津《老年时报》登载短文《赵松樵早期津门艺事》;8月20日《今晚报》发邓元昌文《五十年前京剧武生大会赈灾义演》,回忆了赵老倡导并组织赈灾义务演出实况;2008年《中国京剧》

发表甄光俊文《赵松樵及其父其姐》；2008年12月由中国戏剧出版社出版《赵松樵评传》；2010年出版的《卿本戏痴小王桂卿》一书中专列有一章《声隆誉盛的赵松樵》；2010年《中国京剧》第8期刊载杨蒲生文《浅谈京剧"刀劈三关"》；2010年第9期《中国京剧》发表曹嘉文的文章《做戏投入，刀法精纯——忆赵松樵"棍扫萧金台"之胜英》；2010年10月出版的《春华秋实》一书收有《一代宗师赵松樵》的传记性长文；2011年《中国京剧》第4期发表"纪念赵松樵先生诞辰110周年"《与魏伟先生一席谈》的文章；《中国京剧》2011年第8期再有曹嘉文的《于细微处见功力——忆赵松樵"杨家将十小战辽王"》；天津人民广播电台《京剧大戏院》栏目2011年11月15日起由评书、相声名家王文玉连续播讲的《梨园演义》，列有"赵松樵"专辑；《中国京剧》2012年第2期刊有曹嘉文的《威武豪装，草泽雄风——忆赵松樵"三盗令"之杨林》；2015年2月3日微信公众号"戏曲曲艺两门抱"发表"看梨园不老松赵松樵先生"——独树一帜的赵派《徐策跑城》；2015年2月12日"青衣童儿京剧道场"发表【老戏和流派】《斩颜良》：《追忆"活颜良"》；2015年3月26日"青衣童儿京剧道场"【老戏与流派】发表五谷不是无谷的文章《赵松樵独具一格的"刀劈三关"》；2015年4月28日"戏曲曲艺两门抱"发表【纪念赵松樵先生】系列文章：赵云铭文《给父亲的一封信》、魏伟文《怀念恩师赵松樵先生》、张家武文《饮水思源忆大师》、李雨森文《师爷带我奔济南》、李志勇文《追忆师爷赵松樵先生》；2015年6月26日"青衣童儿京剧道场"【京剧忆旧】发表赵麟童文《漫谈我见过的好角儿好戏》；2016年3月6日微信公众号"戏剧传媒"发表赵绪昕文《赵松樵与唐韵笙的互补共进》；2016年3月21日"戏曲曲艺两门抱"发专辑：《纪念"能派"名家赵松樵先生115周年诞辰》；2016年10月10日公众微信号"京剧三鼎甲"发表"老戏骨赵松樵先生谈演戏生活的体验"一文；2016年10月24日"京剧三鼎甲"发表唐玉薇文《弟兄情谊深——访赵松樵先生》；2016年10月31日"京剧三鼎甲"发表赵松樵回忆《我与周信芳》文；2017年3月7日"京剧三鼎甲"发表【独家专访】"魏伟老师回忆师父赵松樵"。

以上仅是目前能够搜集到的部分有关赵松樵先生的资料发表记录，

一位艺术家在身后能得到如此大量而密集的纪念文章，是非常罕见的。确实，赵松樵先生的为人和经历，是值得人们永远怀念的，"赵派"艺术是值得研究、学习和发扬的。他给后人留下无止境的研究课题，相信今后人们对他还会有谈不尽的话题。

散论篇　说戏论艺　谈故忆旧

　　赵松樵先生才长艺广，而且年事高，阅历长，广见博闻，腹笥甚丰，对京剧界的方方面面存有大量的散论。本篇将其生前十几年中对本人所谈所议摘选一部分加以整理，提供出来，或许对京剧研究者、演员以及爱好者有所裨益。为了行文方便，以下两章文字凡是赵松樵先生的叙述，都改用第一人称"我"来表述。有时需要做些适当解释，或把意思稍微延伸一下的，在括号内加了作者的按语。

四十九、说戏文讲情论理　道艺事捡贝拾遗

　　在这一章里，将赵松樵先生十数年对我谈论艺术、经历等方面有参考价值的只言片语，整理出来列出，作为一位老艺术家的经验之谈，奉献社会。

　　1. 艺人不易：过去有人说"艺人不义"，错了，不是仁义之义，而是不容易。（1983年9月6日松樵老以其亲身经历现身说法，与我谈到过去做演员太难了。）首先要学戏练功，要曲不离口，要夏练三伏，冬练三九。此外，还要研究观众的心理，要对准观众的口味下戏单子，观众是一个地方一个样。（按：用现在的话讲，就是要调查研究，要摸清京剧演出市场的情况，不是演员想给观众什么就演什么，而是观众喜欢看什么，演员才演出什么，要摆正演员与观众的位置，搞清楚演员与观众之间的关系。所以，有人把"艺人不易"错误地理解为"艺人不义"，就大错特错了。）

　　2. 人家观众来看戏，是花了钱来看你的，是从大老远奔你来的，你

就要让人家看到好戏，给人家一些真东西才对。

3. 演戏演戏，演戏要"细"。演戏不细致不行，手指一指，就能让人看出指到哪里，指的是什么。演戏不只是"戏"，还要有细致之"细"。这是我小的时候，一位姓迟的老先生点拨给我的，我一辈子都记着。（按：戏演得好与不好，其实在很大程度上就在"细"与不细。）

4. 戏演得不好，在于没有研究好剧中人物，要先研究透剧中人物的性格，才能演好戏。

5. 演戏在台上出错，尤其是武戏，那是自己的功夫没下到，功夫练到家了，就不会出错。

6. 有人缘，才有戏缘，有了戏缘，才有演员的饭缘。

7. 我演戏，要求自己宁可不要"好"，也要把人物演对喽。（按：他是演人物派。）

8. 戏词里常有"吉人自有天相"，这句话可能传错了，应该是"吉人自有乾相"。（按：有道理，乾卦是周易64卦第一卦，乾为天，是上上卦，代表"刚健中正"。乾相，是最好的卦象，所以说运气好的人应该是"乾相"，疑似"天"为"乾"之讹音。）

9. 过去我们唱戏的，那叫唱戏"低"，是演员就低人三分，没有社会地位，被人瞧不起，在社会上受人歧视。现在好了，艺人成了艺术家，这样的变化来得可不容易呀！

10. 艺人之间要团结，要讲义气，不要挡着别人的财路。

11. 南边的戏拿到北边去演，北边的戏拿到南边去演，准对。（按：经验之谈，辩证之论，也是他注重调查研究市场动向的结果。）

12. 我唱戏，到了舞台上总是一样的精神，没有不高兴的时候。演员无论有什么事，不能把个人情绪带到台上去。有的演员只有到了要好的地方才铆劲，其他地方就随便、松懈，出现了演员本人的身份，这就不行。演员应该从一开始到一场戏演完，要演好角色，不能有一个自己、一个角色两个人。如果演员自己在台上就松懈，那么台下的观众也就松懈了。

13. 演人物要合情合理，设计每个动作、每个身段，都要符合剧情，符合人物，不能为追求喝彩而卖弄技巧。没有喝彩声，只要符合人物，也要去做。有人演关羽，一演就哆嗦，总眯着眼。关羽是丹凤眼，不是总眯着眼。他又不是神仙，总眯着眼干什么？还甩发，打旋子，更不行了，他是五虎上将之首，这不是关羽应该走的东西。有人演《长坂坡》的赵云，赵云是一员大将，哪能有扔枪的动作，把赵云演小了。有人演《拿高登》，把两头担的墩子用脚踢起来，墩子有多重，用两只胳臂练它都费劲，一只脚能把它踢起来？还有的手里拿着马鞭拧旋子、翻跟头，你人在马上，能拧旋子、翻跟头吗？这些表演都与人物或情形不符，不能为要好而失去人物的身份和不顾剧情。

14. 我的先天条件不好，个头矮，按理说不适合扮演个头大的角色。但是我不只寄希望于三寸、三寸半的厚底靴，而是心理总要觉得自己高大才行。上装扮戏完了，就要想：我就是关羽，我就是赵云，我就是徐策，不是赵松樵，因此架子就出来了，随之人物也就出来了。（按：为增高人物的舞台形象，穿高厚底靴固然重要，但更重要的是演员自我的意识暗示。）

15. 有人演戏时在马上的姿势与在马下的姿势都一样，这不对。当你手拿马鞭，丁字步站着，这是表示人在马下的姿势；当人在马上时就不能这样的姿势，要两腿分开站着才对，表示人的两腿跨在了马背上。要有所区别，有讲究。（按：程式来自于生活，表演程式也要符合生活规律和真实。）

16. 陆文龙过去是小生戏，后来改为由武生演，要演出陆文龙的孩子气，这就是武戏文演。（按：还是要演人物。）

17. 关羽性耿，但讲规矩；张飞是能折能弯；刘备能哭，会笼络人。三个人不同，各有特性，掌握了三个人不同的特性，人物基本就出来了，戏就有了。

18. 在三国戏《赠袍赐马》中，关羽接受曹操赠送的金银财物时，关羽从来不施大礼，而当曹操把吕布的赤兔马送给关羽时，关羽反而大礼重谢，这是为什么呢？演员要弄明白关羽这"轻财重兽"的道理。关羽得到这匹赤兔宝马，就可以在一旦得到刘备的消息之后马上动身，以最快的速度找到刘备，回到大哥的身边，所以，关羽得到宝马良驹比得到什么都看得重要。（按：这还是与演人物和剧情有关，是讲剧情戏理的。）

19. 演现代戏，没有必要多加布景，重要的场景可以加一些，一般可以不加，主要还是要靠演员的表演和唱功，做戏都应该能表现出来。（按：无论演现代戏还是古装戏都要遵守戏曲的写意性规则和虚拟化表演，结合当前出现的所谓"大制作"现象，很有针对性。）

20. 对一些角色性格的认识：

赵云——忠字当先，忠勇、大气，尊刘备为主人，严守职责。

黄忠——年迈不服老，有仁义之情。

关羽——尊刘备为汉室宗亲，有半个义字，见机行事，目中无人。

张飞——一心向刘备，勇猛侠义，鲁莽，粗中有细。

焦赞——懒怠，有些滑稽。

刘唐——耿直、爽朗，敢担责任。

李逵——能折能弯，心胸坦荡。

魏延——睁眼不认人，有反叛精神。

颜良——勇而无谋。

青面虎——勇猛、义气。

宋士杰——性格软中有硬，做事前考虑充分，不冒失，稳重有智谋，社会阅历丰富。

（按：总结得很简单，寥寥数语不一定全面，可供参考。）

21. 文戏虽然没有武打，只有唱、念、做，那么"做"就很重要了。人在舞台上，脸上的表情、眼睛的传神都要有，手、步、身段形体都要动起来，这就是文戏武演。武戏文演，就是虽然是武打的戏，也要演出剧情和人物来。（按：这里明确地反映出他的"文戏武演"和"武戏文演"的艺术思想。）

22. "闲了练，忙了用"，艺术就要没事就练，多一手是一手，等一有机会就马上能用。我在 1950 年刚回到天津不久，剧团有一次演《金钱豹》，跟我学过戏的一位青年演员临时说腿不行了，演不了，我决定让他走文场的戏，剩下的武场戏让曹艺铸上。当时曹艺铸还没有顶过正戏，这次让他上正是机会。我知道他有要叉的功夫，是跟一位卖膏药的刘师傅学的。他这一上不要紧，从此就出了个武生人才，后来成为建华京剧团的当家武生。要是他平常不练会耍叉，能有这个机会吗，有机会也来不了呀！（按：培养和扶植人才，也要被扶植者具备条件，自己没有提前下功夫"闲了练"，哪会有"忙了用"的机会呢！）

23. 我二十来岁的时候在上海与盖叫天合演《恶虎村》，我一看节目预告，有我的名字，我心里一掂量，估计一定是盖的黄天霸，那我一定是演李武的活儿了。到了后台一看水牌子，果然不出我之所料。那时候，演员搭什么戏班，根据这个戏班里都有什么样的演员，同自己合作的是哪些人，就要清楚演什么戏时自己应该是扮什么角色。我与盖叫天对过戏后，他问我："赵先生，谁给你说的？"我说："怎么，有什么不对的地方吗？"他还要坚持问："到底是谁给你说的？"我说："是刘全瑞先生说的。"他说："我说呢，太好了！"我演李武，打弹、背弓、抓刀这几个动作就对了。现在有许多人演《恶虎村》的李武都是手拿弓开打，这不对，不合情理，不把弓背在身上，那怎么开打，那弓是武器？（按：演员在戏班里要知道自己是干什么的，在什么位置，但这不应该影响自己的多学多练，艺不压身，有机会便上。）

24. 中华人民共和国成立初，尚小云到天津，请我到南市路口的全聚德吃饭，他在席间问我两个问题。一个问题是："戏箱一打开，应该先检查哪件东西带没带？"我答："应当先看富贵衣。"他说："不对，要先看老斗衣，先穿老斗衣，再穿富贵衣，才能步步高升呀！"他又问："咱们唱戏的像什么呀？"我不知道从哪方面回答才能对上他问的意思，就说"不知道"，听他的解释吧。他说："像万花筒。"我想，对呀，我们唱戏的，人是同一个，可是上台唱戏就千变万化。生活中的人也是一样，不要夸夸其谈，讲大话，要在实践中努力去做，在艺术上做出实际成绩来，让别人心服口服，进而承认你。我22岁那年到南京，和好几位名角搭班演出，那时我只挣600元。因年底天冷，我穿一件棉长袍，接人的不认识我，以为我是哪个老板的跟包的。刚到码头，他们把几位名角接到百利饭店，把我安排在一个有大院子的客栈。我的戏码安排在第四的位置演出，他们都是"压轴"。别人的名字排在剧场的外边，用灯圈起来，很显眼，而我的名字被安排在剧场里走道的墙上。可是，连演两三天，他们的戏越演越黑，我的戏却打响了。到这时经理不得不来找我，要把我的戏排到后边，涨我的戏份儿钱，求我救救驾。（按：人生如戏，人在社会里也像是个"万花筒"，千变万化，真才实学才能赢人。）

25.（1987年5月23日述）过去演《伐子都》有一位山西演员，我父亲就学他的演法。京剧界演《伐子都》比较好的是丁宝山。演《伐子都》必须有从三张高下来的功夫。这个"下高"的动作有多种表演方法，常用的有三种，一种是向前或向后翻下来，一种是"大叉"下来，还有一种是"旋子"下来。前翻是人先在三张顶上倒立，身体立起后，两腿弯曲向下，身体呈元宝形的"鼎"，然后再翻上去，立稳后，向前翻下来。我演《鸳鸯楼》从三张顶下来，采用的是"大叉"下来。

26. 汪笑侬的《空城计》最后有30句的【二六】唱段，别人没有。汪的戏一般没有【慢板】的唱，他所有的戏都与别人不同，都有创造。《斩马谡》就有不同，老的是见过赵云，上庆功酒，之后赵云下，然后责打王平、斩马谡、哭，赵云进帐，问孔明为何落泪，念白一段后，后帐设宴庆功。汪派的演法是赵云下之后，朝官上，报"姜（维）母到"，众人下，再升帐，打王平，要斩马谡，押送马谡下去，朝官问"因何落泪"，这里汪先生给孔明加了四句【散板】的（唱）："大官体要来讲情，我军中不用无能的人。马谡犯罪（锣经：空哐）立斩命（高腔）。"（咚咚喤，咚咚喤，咚喤，刽子手献人头。孔明右甩髯，右手握扇插入髯口后边，然后髯口又从右手臂甩回来，小磋步）（接唱）："血淋淋的人头滚埃尘（悲腔）。"再（接唱）："可怜你随山人功劳重，马参谋。"朝官接唱一句："丞相免悲把话云。"朝官（白）："丞相，马谡犯罪即已斩首，以整军规，为何丞相有这样的悲泪？"孔明（白）："将军。"（垛头）接唱【二六】。他加了一个朝官的角色，又加了许多的唱与做，很有剧情。这一场戏他演时阖堂好。

27. 我演《杀四门》，不光是舞蹈、耍"枪花"，也有唱功，如【二六】【散板】【西皮原板】，有文有武，有唱有做，这样的演法别人没有。（按：这又是他的"武戏文演"之一例。）

28. 周信芳的《四进士》演得很好，很出名，但是有两处我与他有明显不同，都是在半夜偷看田伦写给顾读的信这一场戏中。一是他用蜡烛照明，我用油灯；二是在抄写完信件以后，亮出袍子的衬里让台下观众看时，他亮出的是空白的袍子里，我是事先在一块布料子上写好字，缝在袍子里上，（白）："这两个娃娃倒是年轻得很，我盗了他们的银两、书信，他们都不晓得。顾读呀顾读，你不贪赃枉法还则罢了，你若贪赃枉法，我这个衣襟（小锣：嗒，嗯），就是你的对认啊，哈哈……"这时，我向台下亮出衣襟。这是1954年我在天津共和戏院，应文化局一位李处长的要求演了一回《四进士》。平时我不动这个戏，有马连良、周信芳他们演，我就不演了。（按：这个艺术处理说明他演戏注重细节表演，虚实结合，每一出戏都有他个人特色的表演。）

29.《汉津口》一般的演法都是没有什么情节，只是"卖样"，哆嗦、小开打，最后关羽要几下大刀就完，表示胜利了，谢幕。我演这出戏改为有坐大帐，关羽上，有大帅旗，唱四句后，飞虎旗下，赵云、张飞走过场，然后曹操手拿令旗督军而上，见到关字旗号，曹军大乱，关羽取胜。（按：这点儿好像没谈全，不过可以看出有与众不同的地方。）

30.《苦中义》原为梆子戏，曹伯泉移植为京剧演出，我与他演出时，他扮演第一主角傻子，我演老生的角色。后来我对该剧又作加工，并且自饰丑角傻子，在烟台、大连演，红得不得了。我一到这些地方贴出广告，看过我这出的观众不说我的名字，就说"傻子又来了"！剧中主角外号叫傻子。（按：敢于尝试，才有成功的可能，不尝试，就无成功的机会。文武老生要演丑角戏，真是"艺高人胆大"，说明他演戏不被行当所束缚，着眼还是在人物上。）

31.20世纪20年代初言菊朋在上海郑家木桥共舞台陪程砚秋演《贺后骂殿》唱的【慢板】，在《上天台》（不带"太庙"）唱的【原板】【快三眼】。他也演《打棍出箱》，我最爱听他的腔儿。他唱戏是先唱字后唱腔，而且咬字与众不同。他演《贺后骂殿》时，我有什么事都不去办了，专去听他。我唱《上天台》就吸收了一些言的腔。我认为唱《上天台》好的，第一是言，第二是奚啸伯。

32.我一生最爱听的老生唱腔是言（菊朋）、汪（笑侬）、高（庆奎）、奚（啸伯），也爱学他们的腔。（按：言、高、汪、奚都是唱"情"的韵味派老生，由此可见他的艺术取向，也是注重唱情的一派。）

33.当年在上海，刘鸿升演于大舞台，王金元在丹桂第一台，第一台是尤鸿卿的老板，周信芳的经理。何月山也在第一台，搭周信芳的戏班。王金元的绝活儿是"单腿旋脚"。当时盖叫天常说一句话："有王金元，就没有我盖叫天。"两人同工，那时竞争激烈。

34. 厉慧良的父亲是琴师，叫厉彦芝，1952 年来天津看我，我们拜为结义弟兄，在云南京剧团的戴国恒陪厉彦芝到我家，那时我住在河北区鸿顺里，戴国恒是厉慧良的义父。那时慧良来到天津，他父亲托我关照慧良，让我无论如何多给指点，说："这不是外人，是咱自己的孩子。"表现得非常客气，很尊重我的样子。我徒弟李铁英的弟弟李慧来是厉家班的学员出身。据说厉家班的成立得到蒋介石的资助。

35. 二路老生耿永奎是生、旦、净、丑都演，如《天雷报》中的老旦，他和刘韵芳、苗胜春、刘斌昆都陪周信芳演过老旦的角色。老旦中的彩老旦，是老旦加上丑的东西，就成为"活"老婆了。

36. 张九魁（老生）、赵庆兰（武生）、韩文奎（花脸）、张少福（老生）、毕永才（悟空戏）、锞子五（摔锞子好），都是 20 世纪 20 年代天津戏班班底中的尖子。锞子五陪武生名家薛凤池演《挑华车》里的黑风利，张少福专陪李吉瑞、尚和玉、薛凤池演《挑华车》的岳飞。张九魁是二路老生，当年是河北大街上的天桂戏院的"角儿"。

37. 京剧唱词中用"吔斜""姑苏"两辙的不多，举出两出戏为例：

（1）"吔斜"辙唱词例：

《鹦鹉救真主》中邢赞与院子、马潜龙对唱的【西皮散板】：邢赞（唱）："我吃酒你竟敢在此撒野。"院子（唱）："黑小子你不讲理脾气特别。"马潜龙（唱）："我兄弟他不好我来赔谢。"邢赞（唱）："再多言我将你一劈两截。"院子（唱）："听此言气得我火性暴烈，黑小子你叫什么？"邢赞（唱）："我是你爷爷！"

（2）"姑苏"辙唱词例：

周信芳演的连本戏《狸猫换太子》中《探阴山》里包拯、油流鬼、柳金蝉三人对唱的【二黄原板】唱词：柳金婵（唱）："我这里走向前把苦来诉，料不想我被害入了阴部。望青天予冤鬼申明我苦，但愿我冤魂得离阴部。"包拯（唱）："听她言她对我把冤来诉，左思右想难坏我包龙图。"油流鬼（唱）："油流鬼在一旁听他们口诉，问大人到五殿可查清楚？"包拯（唱）："你那里问到我提醒老夫，我也曾在五殿与阎罗查过了生死簿，我就查他不出。"油流鬼（转唱跺板）："走向前忙跪首，尊声包龙图，柳金蝉你也不要哭，你的冤枉我一概清楚。我替你诉，这里边有个缘故，我要说，你们是稀里糊涂。"（转原板）："那李宝与我们判官爷有亲故，李宝做事上了生死簿，判官爷怕他外甥犯罪，把他这条撤下。"（白）："扯巴扯巴卷了一个绳钉进了生死簿。"（唱）："你就是天神查也查不出！"

（按：《鹦鹉救真主》是他演过的戏，《狸猫换太子》《探阴山》是他从来不唱的戏，他也能记得一清二楚，什么叫"肚里宽"，犄角旮旯他都要学，都要背记在心。）

38. 过去有一位唱花脸的老先生叫张凤台，专唱黑头的包公戏，据说是郝寿臣的老师，久占山东烟台。此人骨瘦如柴，可在台上一扮出来，使人不认识他了，显得魁梧起来，块头大很多。嗓音也好，洪亮，听了让人震耳朵。还有一位专唱架子花脸和武花脸，他的打"哇呀"是三起三落的打法，而且越到后来调门越高，很有气势。

39. 《扫松》老的路子是张广才上场有四句诗，"坐堂"后，先念【引子】，然后坐下，念诗，有的演员也不念。"上场诗，下场对"，是戏曲表演的老程式。我改为张广才一上场就拿一条扫把，不坐，打【引子】："奉劝世人要学好，莫学浪子无下梢。光阴不催人自老，我把红尘一旦抛。"这四句不能去掉，因为这四句的内容是表现剧中人的人生观和生活经验，表现出张广才的老成，而且念到最末一句有剧场效果，必有掌声。剧中我有一个被树根绊脚的细节表演，要表演的生动形象，正像生活中的事，要真实，如果这里用"屁股座子"，人跳起来，就假了。这里我学的是苏廷奎先生的"三步"：一绊、二绊，第三步是"软屁股坐"，前两步绊脚的动作要加身子扭的身段。最后下场时，我有甩"髯口"的动作，先向右转三圈，再向左转一大圈，双手架住胡须，（白）："你在这边走，我往那边行。"

40. 一般都知道《挑华车》过去是武花脸、武生"两门抱"的活，最先是武花脸应工的，由俞菊笙改为武生演出，他的徒弟杨小楼、尚和玉也就传下来由武生演出了。高宠是勾大"三块瓦"，以红色为主，表现高宠的忠、勇、猛。高宠穿蓝"靠"是为了省服装，过去也有穿褐色"靠"的，并不十分严格。后改穿绿"靠"比较普遍。我演《挑华车》时已经不勾脸了。

41. 很少有人知道《英雄义》这个戏过去也是"两门抱"的。剧中的史文恭勾大"三块瓦"，以紫色（青带紫）为主，其次是淡黄色，画皱纹。盖叫天起初是陪他哥哥盖月楼演，他哥演史文恭，穿白"箭衣"。后来盖叫天演史文恭，改穿紫"箭衣"。南学"盖派"，北学"尚（和玉）派"，尚和玉穿白的，戴"黑三"。厉慧良虽然穿白的，可是学的是"盖派"的演法。玉成班出身的杜玉奎在哈尔滨演出时是以花脸应工，勾紫花脸，穿蓝"箭衣"，戴"黑满"。我师兄孙玉楼演《英雄义》也是勾紫脸。

42. 我父亲唱《翠屏山》是先唱【西皮】，从"吵家"以后改唱梆子腔。花旦头一场唱【南梆子】，第二场"揉肚子"一场唱梆子腔，第三场"杀和尚""杀山"唱梆子腔。所以，我过去演是"两下锅"，在喜连成社时期演这个戏是两堂人，到时候换一堂人。

43.《铜网阵》这出戏是武戏文唱的戏，主要应该演出白玉堂的人物个性来。我小时候刚懂事就记得有这出戏，以后学李吉瑞的路子演这出戏。此剧本来是黄月山的好戏，李学黄，我学李。李演在前边有【导板】【散板】的唱，后边有"托兆"，有唱，李曾灌有唱片。弟兄四人住店，三个人喝了酒，只有蒋平没喝酒，酒杯上有"玉堂"的字样，不慎把酒杯摔碎了。到晚上，死去的白玉堂托兆，李唱时是"乙字调"，他的嗓好，老腔老调。后来有李玉奎演这出戏也很好，但是没有李吉瑞的名声大。李唱："叫鬼卒驾阴风把店房来进，又只见众兄长困睡沉沉。我这里使阴风把他们惊醒，尊一声众兄长细听分明。都只为……"

44. 黄天霸的戏不好演，李吉瑞卖"横"，眼珠子滴溜儿转，杨小楼卖"嘴皮子"，嗓子好，有"堂音儿"。像《骆马湖》《连环套》，虽然是武生演，其实是"黄派"戏里的文戏，只有《恶虎村》是一出武戏。我演过黄天霸的戏有《洗浮山》《殷家堡》《恶虎村》《连坏套》《骆马湖》《薛家窝》《黄隆基》等，"八大拿"的戏都演过。虽然都是黄天霸的戏，可是每出戏的剧情不同，黄天霸的表演也要不同。我演黄天霸的戏是学李吉瑞，学杨小楼不对工，各人的条件不同，但是嘴皮子是学杨，人物的个性是学李。杨小楼的嗓子好，底气足，身架子高大，字眼清。李吉瑞扮出来的黄天霸有股子狠劲儿，翻脸不认人。《恶虎村》是半个短打戏，前半出还是文戏。黄天霸的戏大多都是有文有武。（按：这也是黄天霸的戏久演不衰、可看性强的原因所在。）

45.《洗浮山》里的黄天霸是由二路武生演的，头路武生主演的是贺天保，有唱，有双刀坯子，周啸天演贺天保演得好。这个戏里的贺天保、黄天霸我都演过，看跟谁在一起演。

46.1921 年我在上海共舞台与盖叫天合演《劈山救母》，我的沉香，他的黄龙真人，演到二本，台下我们没有对清楚"把子"的套路，结果到了台上，两人就对起戏来了。按他的路子要求，沉香有个"卧鱼儿"，沉香用剑砍他的头，他用双刀，我挑开他的刀去砍头，他缩头，我又砍他的腿，他跳起来，用靴子踹我的剑。这一套我们没对过，所以在台上演出时他总是不满意，摇头小声对我说："唉，不对。"我们又接着对把，一直打到合上他的路子，他感到满意才算完，这才收式亮相。这个事给我们两个的教训，一是在台下好脸面不行，台下好脸面，到了台上就丢了脸面。二是演员一定要会得多，要是会得少，总打不合手，就下不了台了。我们有了这次合作的经验，所以到了十几年以后，我们在一起演《大名府》的时候，盖叫天点名要我扮演林冲，因为这个戏里到最后水擒史文恭时，有史文恭与林冲的对"把子"开打，结果两人演起来很合手，我们那套"把子"被奉为经典。

47.我年青的时候，在《走麦城》一剧中演过关平，演法与众不同。我演的关平始终是穿厚底靴，不换薄底的，这种演法，高盛麟学我。（按：小王桂卿在其书中谈到过。）另外，在战败时，我有当场"脱靠""解甲""挺盔"的表演，以表现关平战败的惨景。我把关平的演法传给了孙震霖等人。

48.《走麦城》剧中有"刮骨疗毒"一折剧情，我用带"彩"的表演：把豆腐渣染成红色，点上几滴黑色，表示瘀血，提前把它们敷在胳膊上，用薄铁皮包好。华佗刮骨时，用刀子刮铁皮，发出声响，表示刮骨的声音，然后将红色的豆腐渣刮到童子手里的托盘上，关羽配合表演，为分散精神的集中力，故意下棋，做出强忍疼痛的表情，观众反映很真实。

49. 演戏不能光为好看，显出演员很帅，不行，要讲得通道理。我经常为陪徒弟们演《古城会》而配饰张飞的角色。在张飞要进屋给关羽赔礼道歉的那场戏，一般演员在进屋之前，打开扇子时，是用猛劲一甩，把扇子打开，要一个帅劲儿。我觉得这样演不妥，张飞是偷偷进屋的，不是大摇大摆的，这样打开扇子不是动静太大，提前让关羽知道他进来了吗？所以，我演张飞是把扇子拉开，而不是一甩地发出声响打开，然后蹑手蹑脚进屋，轻轻绕到关羽的身后，观察关羽在看"春秋"的情形。这一点儿地方虽然是小节骨眼，也要动脑筋。（按：这点就表现出赵派的"演戏要细"，很合剧情戏理。）

50. 1989 年 1 月 26 日，演员冯连仲到我家，他受厉慧良之托，找我要《打銮驾》的本子。20 世纪 50 年代前期，我在共和戏院扶新剧社时编演此剧。我们从八义士下山投奔包公、公孙策也去投靠包公开始演起，接下来是上殿献铡刀、打銮驾、陈州放粮、铡庞昱、遇李后、打龙袍等，此前无人这样演过。我演包公，勾大脸，大扮，小达子演包公是改良扮。我的演戏原则是别人好的地方我不用，别人没有的我创新。当时在共和戏院演这个戏时，杨麟芳以小花脸应工饰范中华，在"水底鱼"锣经中，包公与范中华两人配合的动作表演，他一步一个磕头，真好，有技巧有幽默，他把范中华演红了。可以说，如果没有范中华这个角色，就没有后来的杨麟芳，是这个角色把他给托起来了，给他的出名提供了机会。后来，他给小盛春配演猪八戒，又是一绝。他出身于演滑稽戏的底子，这些角色对他正对工。他与小盛春等到上海演出，行前托我给周信芳写信，他要见周信芳，并向其问艺。从上海回来后，他找我，要求正式进扶新剧社。我安排他演的第一出戏是《追韩信》，让他饰萧何，让我的徒弟郭云涛陪他演韩信，我把我的行头提供给他，让他使用。李太后由赵红英（赵燕侠的姑母）饰演。

现在演《遇皇后·打龙袍》，都把范中华这一角色删除了，其实这个人物是这一段戏的戏核，很有人物个性，戏剧性很强，演好了很精彩。

51. 我演包公，每次上轿和下轿都会有"好"，其实没有什么特殊的，就是做派的细致，要把上轿和下轿的动作真实地表演出来。1954年我应盖春来盛邀，到齐齐哈尔演出，与山东名净铁铮以 A、B 制演《秦香莲》的包公。他的个头高，架子大，嗓儿好，但是上、下轿这一下不行。我的上轿动作要与包兴这个人物配合来做，包兴右手打开轿帘，左手伸出去撤轿上的一块板（虚拟动作），这时轿向前下方倾斜，包公左手抓袖口，右腿踢"蟒袍"，右手抓袍，上步，左腿迈一步，右腿跨轿杆，上步，迈上轿的底板，转身，放下手中的袍，然后包兴放上那块开始时撤走的案板，包公双臂在胸前交叉，趴在板上，包兴撂下轿帘。这是我整套的上轿的动作表演，无非是把生活中真实的上轿动作在舞台上艺术地展现一遍而已，可是编成京剧的程式以后，则是有节奏有表演成分的艺术表演。那块案板就是安在轿门中间位置的横着的一块挡板，既是为坐轿人安全，也可为坐轿人扶一扶、趴一趴休息而用。下轿时，整套动作反过来做，动作程序倒置。另外，秦香莲呈上王延龄的扇子时，我演的包公要站起来，包公是王延龄的学生，见到老师的用品，如见老师，站起来表示尊重。这些都是小节骨眼儿，细节表演，如果不理解人物和剧情的内涵，就表现不出来这些。

52. 在舞台上演张飞，非得有小花脸的身段不可，不然就显不出张飞的形象有可爱的美来。而演李逵，则要走出花旦的东西，只有这样才显得美。否则，如果这两个人物完全按花脸行当表演和亮相，人物就显得生硬、死板、傻气，无美可言。我演张飞主要学的是两位前辈，一位是苏廷奎，他的特点是"美"；另一位是程永龙，他的特点是"威"。两相结合，就演出了张飞既威且美的双重形象。

53. 在海参崴演《翠屏山》，剧中石秀有扔刀、接刀的动作表演，用的都是明晃晃的铁片儿真刀。与我合作演出的是我的一位师哥，叫田玉山，那时他已经有三十来岁了，我才十多岁，个子矮，他的身材高。有一场在酒馆，"酒保，可有酒？""有酒！""如此，酒保，快与我拿酒来！"这时我有个举刀绕头、缠酒保的头的动作，我矮，够不着他，他还特意低头，可是仍然够不上位置，刀片很锋利，不小心，刀片蹭着他的后脖子了，当时他的辫子就被削掉了，鲜血直流。后台的人赶紧上来，用面粉堵住伤口。师哥田玉山怕我害怕，在台上还一个劲儿地小声安慰我："小师弟，别怕，不要紧的。"我虽然小，没经过这种事，可还是照样削完头后"亮式"。

54. 十来岁在北京演《鸳鸯楼》，也有使真刀从高处下来（表示武松从鸳鸯楼飞奔下来），然后向高空扔刀、接刀、亮相的一套动作，故而被人称为"飞刀九龄童"。

55. 最近我给魏伟说《骆马湖》，这个戏演全喽，是一晚上的戏，且占的人太多，如果不带前边的，也要演两个小时。我主张，要打着李（吉瑞）派戏的招牌，就要一招一式都按李吉瑞的走，不能学一点皮毛，又自己去攒去了，结果让人一看，谁也不像。学李的每个动作、眼神，但是唱、念不要学他，他当初的唱、念全是老派，现在照搬他的，观众就不好接受。排出来的戏，一演，让人家看，真有传授，是李吉瑞的东西，那才行。

56. 天津过去戏园子可不少，最大、最高级的当时（按：1920 年前后）要算是下天仙（后改为人民剧场），同时还有东天仙（东浮桥又称金汤桥的东边）、北天仙（河北大街天桂戏院），南市里有几家，如广和楼、丹桂（后改为南市新闻影院），后来的南市百货商场过去也是个戏园子。当时这些戏园子的票价都比较贵，像李吉瑞这样的"角儿"，票价卖到三毛钱加一百个子儿，也就卖到这个价，没法再高了。

57. 大约是在 1920 年前后，由门帘改为拉幕，我们演员们非常不习惯，觉得很别扭，不知道应该从哪里上台，怎么上台才好。门帘有门帘的好处，演员出场显得比较有派头。当年刚一时兴布景的时候，观众感觉很新鲜，哪怕一个十分简单的（布景）"片子"，观众也会给予"阖堂好"。

58.《斩韩信》是唐韵笙常演的戏，小王虎辰演此戏也不错。黄梅戏的名家王少舫原本是唱京剧的，他也唱《斩韩信》，后来改唱黄梅戏了。小杨月楼也曾唱过这个戏，但是他以小生应工饰演韩信，而唐韵笙是以带黑三的老生演韩信。

59.1948 年在南京大戏院，我挑班，挂特牌，让李万春、李慕良、李仲林挂头牌，我们共四块头牌。我与李万春合演《战马超》《斩颜良》。有一天，李慕良唱《捉放曹》，郭云涛饰吕伯奢，后边是《三战吕布》，李仲林、李万春参加，由李仲林压大轴。在《芦花荡》中我饰张飞。演《战马超》，张飞如果"欺不住"马超，戏就演不好，可是演马超的不"飘"不行。马超要有公子哥的气度。李少春扮演马超比李万春好，这与演员的文化素质、家庭影响等都有关。

60.《艳阳楼》老的演法也有"醉打"，演时高登是前醉后醒，当烧艳阳楼的大火越烧越旺时，高登就醒过来了，顶多开打的十分之二是"醉打"，十分之八是"醒打"。全是醉打，而且总是打赢，就不符合道理了，违反了人之常情。另外，老的演法高登用大刀拼打，应该是两番，有人演一番，不是老演法。"醉打"老的早就有，只是少，并非是某人的创造。

61. 我看过谭富英年青时演的《打棍出箱》。有人演时躺在箱内，然后两脚腕搭在箱子边上，人从箱内起来，身子平直躺在箱子边上，随锣鼓点又下沉，再上升，然后翻身到台板上。我演的方法不同，不用这个，而是身子平躺箱子上，翻身一个正的"抢背"从箱子上下来，紧接走"甩发"。

62. 吕布和周瑜虽然扮相差不多，几乎相同，可是小生演员要分清楚这两个人物的不同。吕布是三代佣人出身，而周瑜是官宦人家出身，家庭背景不同。另外，周瑜是帅，吕布是将。所以，周瑜要演出有气度、有气势来，两个人物不能一样。

63. 过去有一位唱老生的，叫吴宝奎（魁？），是傍谭鑫培的，他给我说过《洪洋洞》，我也请他给李铁英说戏。据他说，洪洋洞不是一个洞，而是一个地名，杨家将的杨老令公的骨灰埋在这里。这个地方是个操场，在埋骨灰的地方有三个台子，《洪洋洞》的唱词中有"望秧台"一词，很多人唱成"望阳台"、"望乡台"，他说是不对的，应该是"望秧台"。此人有吸大烟的癖好，拿起大烟枪，烟泡一点上，他的精神就来了，什么都记起来了，有一次就是在这种时候，他跟我说起有人唱这戏出现的唱词错误。

64.20 世纪三四十年代，上海京剧界有"四大怪"之说，这四个人是赵如泉、毛韵珂、杜文林和我。什么意思呢？是说当时在上海的京剧演员中，这四位演员与众不同，属于"怪才"。"怪"在什么地方呢？他们什么都能演，不管是生旦净丑，文的武的，而且演出来与众不同，常常是独出心裁，演出来的东西出人意料，并且经常是有"绝"的。像毛韵珂有一样绝的，他在连本戏《狸猫换太子》中饰演李后，与小达子合演，他从小姑娘演到老年，前边以花旦应工，用小嗓，后边以老旦应工，用大嗓，不容易。

65. 李少春拜余叔岩为师以后，第一次到上海演出，我受邀也参加了演出。有一天李少春以演《挑华车》"压轴"，"大轴"是我、林树森、周信芳我们仨合演《战长沙》，我的魏延，林树森的老爷（按："老爷"是京剧演员对关羽的敬称，林树森有"摩登老爷"之称，行头讲究，头饰的珠子用水钻的，扮相英俊），周信芳的黄忠，周扮黄忠有一样绝的，在黄忠被关羽的拖刀计拖下马之后，黄忠将刀右手串腕，右脚向前颠步，他头上戴的"金大镫"往前挪动至眉际，看着险些要掉下来，然后脑袋向后微仰，"金大镫"又回到原位。（按：这个周先生的演法，松樵先生传授给了爱徒魏伟老师。）我演魏延专门有个表现押运粮草的"过场"戏，就这一场戏，在锣经【水底鱼】配合下的表演会有三个"好"。后边替黄忠"讲情"一场，主要是做戏，要演出剧情和人物性格来。这出戏的魏延唱得不多，主要看做戏。一般人演这个角色，不是演过了头就是演得不够，要演到恰如其分。当年在上海，净角演员云集，可是只要演大义务戏中有魏延的戏，就一定会让我来演，就像演潘璋、颜良、张飞，无论多少班合演，这些角色都是我的，其实有那么多唱花脸的演员了，他们非让我演不可。

66. 宋江杀阎婆惜用的不是匕首，而是一把裁纸刀，宋江在县衙做书吏，裁纸刀随身带着。我在济南市趵突泉的大街上看到一把裁纸刀，十分精致，有七八寸长，刀柄有个轱辘钱形状的把手，我买了回来，专门用在演《乌龙院》时使用。这个是我的私房道具，其他人没有，他们一般都用匕首。

67. 我演宋江，阎婆惜拉宋江去官府，宋江打阎婆惜的嘴巴子，宋江反手（左手）抓她的手腕，她一斜身，宋江用右手打她嘴巴子。这时，我的手一扬，迅速打一下我的大腿，发出"啪"的一声响，就好像是打她耳光的声音，效果很好。

68. 我是演宋江的，可是与周信芳合作时，他非烦我给他配个刘唐不可。我说："让我演，我得加点东西。"信芳说："随你怎么加都可以。"过去演法刘唐上场是打小锣上，我改为打大锣上场，我改穿厚底靴，手拿大扇，有一个走"过场"的戏，发挥表演。在上酒楼时，饰宋江的周信芳在前边走，他上楼蹭几步，我在他后边也蹭几步，不能错的。落座后，刘唐转椅子，右腿绕椅子背，然后身子藏在椅子后边。

69. 《回龙宫》：清代同治三年的本子，内容为萧太后之子中计而死的事。这个本子是我二十几岁时，与我搭班演出的一个叫刘六的，在北京通过刘景然买到转给我的。这是个宫廷秘本，后来本子老得都翻不了页了，只能用薄薄的竹扞子挑。在皇宫里演出时，是梅巧玲演萧太后。程砚秋知道了我有这个本子，他要排这个戏，饰演萧太后，托付翁偶虹要买这个本子。我说："我还没混到指望卖本子过日子的时候，他要用，可以借给他，但是演出时要写明'根据赵松樵秘本'就行了，我不要钱。"程砚秋不同意，此事未成。

70. 《云罗山》原是山西梆子戏，我父亲赵鹏飞先生擅演此剧，把这出戏传给我，我在20世纪20年代初把它改编成京剧演出，从此京剧有了这出戏，可以说是我本门独家的剧目，从那时一直到60年代，我不断在各地演出。40年代后期，李少春看上这出戏了，要排演，也是通过翁偶虹要买本子。我还是那句话："我还没到靠卖本子过日子哪。愿意用就拿去，我与他父亲关系很好，提钱就远了。不过演出时，写上'根据赵松樵秘本'就行了。"结果少春不同意，又找我徒弟李铁英，铁英没跟我学过，也没演过这个戏，还是让他直接找我。他也始终没来找过我。后来这才有了1950年他与翁偶虹搞出的新本《云罗山》，我没见过。听说在北京、上海、天津总共演了一二十场以后，这出戏就收了，以后没再演。

71. 《骂杨广·南阳关》这个戏是我根据两折分别演出的老戏《骂杨广》和《南阳关》重新编的戏。20世纪80年代，北京的"喜连成"师弟叶盛长要让其子叶金援排演这个戏，盛长曾向我提起过，打算从我这儿拿本子。后来不知为什么就没信儿了。

（按：2010年前后，北京京剧院一位知名老生演员也想排这个戏，曾向我要这个剧本。剧本所有权不属于我，我无权转让，建议他通过正式途径向赵松樵老先生的家属研究此事，结果又无下情。）

72. 演花脸戏的勾脸，同一角色的脸谱不是在任何时候都要一样的，演员要根据自己的脸型、根据不同剧目的剧情，而有所变化。不同演员的前额宽窄、颧骨突不突出、眼睛大小、鼻子高矮、嘴岔大小等都不一样，脸谱的勾法就不能一样。再有，虽然是同一个人物，要根据不同剧情，脸谱也要有变化。我演张飞，在《走麦城》之前的戏里，我演张飞时勾的是笑脸，这是根据张飞的性格特点决定的。而在演《走麦城》之后的剧目时，因为关羽死了，张飞的脸谱我就勾成哭丧的脸。

五十、追往昔才俊辈出　堪回首菊坛趣忆

1. 程永龙

（1）他比我大。约大二十来岁，可是我很多戏是向人家学的，受他的影响，特别是一些花脸、关公的戏。他是河北省霸县人，与小达子同乡。他坐科于永盛和（又作永胜和）科班，是"永"字科出身。

（2）这位老先生很有能耐，肚里宽敞，武生、文武花脸都行，老爷戏自成一派，人称"泥胎老爷"。

（3）20世纪30年代（按：1936年）他曾在天津稽古社弟子科班教戏，后去了东北，他在天津、东北各地名气很大。

（4）演老爷戏，我知道的用"三停式"（按：三平式）大刀是他，别人不用。后来我演老爷戏也学他，用"三停式"大刀，威风，有样儿。

2. 郑法祥

（1）郑法祥与我在很年轻的时候就在一起演戏，我们之间的关系很好，他出了一本书，（按：《谈悟空戏的表演艺术》），还想着给我寄来一本。1953年小盛春等人到上海演出，我给他写了一封信，让小盛春捎给他，托付他关照并指导他们。他很热情地到剧场看戏，并且到后台给

予指点，还赠给小盛春一根他自己用过的金箍棒。其实，那时他早就不演戏了，脱离舞台很多年，很够意思。

（2）他演猴戏，不让人笑，一笑，他就不乐意了，说："怎么，你们看我是猴呀！"他把孙悟空看得很神圣，孙悟空后来修成正果，是"斗战胜佛"了，所以，他很忌讳别人把孙悟空的戏说成是"猴戏"。他要人们把孙悟空看成是"齐天大圣"，是"斗战胜佛"。

（3）他平时穿的衣服与一般人不同，穿个道袍似的外衣，挺特殊的。

（4）我与郑法祥是师兄弟（按：未问是从何而论），让我住他的糕点铺的楼上。他的身量很高，可是扮出孙悟空来一缩身，有时变得不过三尺高。

（5）郑法祥与林树森的一个事儿挺有意思。那时，他和林树森都在演戏之外开了一间店铺，两人的店铺在同一条街上，还距离不远。一到热天，他们都卖酸梅汤，林树森的店铺临街的柜台上摆着一个关羽形象的招牌，而郑法祥的店铺临街的柜台上摆着一个孙悟空形象的招牌，都以各自擅演的角色为招牌。

3. 苏廷奎

（1）北京人，外号"苏大梨"，久演于天津，在天津唱得很红。他住天津北大关关下方家胡同，我14岁时也住在这儿。这里不远有个普乐茶园，净叫好角，苏廷奎、程永龙、尚和玉、白玉昆、刘汉臣等都在这儿演出过，尚和玉的《青石山》在这里演得很出名。（按：本人小时住三条石大街，离普乐大街不远，经常路过这个普乐茶园遗址，20世纪50年代改为工厂的厂房，被一家制造钢锉的人占用。）

（2）《斩颜良》一剧最初是我向苏先生学的，但他穿"大靠"，戴"黑满髯口"，我穿"改良靠"、厚底靴，戴"颏下涛"（俗作"海下涛"）胡须。他是我前岳父马永山的徒弟，在天津，有一天马永山带我去苏先生家看望他，苏先生正患哮喘病，那年代缺医少药，他为防止喘得厉害，就用椅子背顶住前胸。就是这样的身体状况，见到师父时还坚持下床磕头。马对我说："来，见过你师兄！"我过去称他为苏先生，仍称"苏先生"。他说："别这样，这可没有。以前不知道这层关系，今后咱们就是兄弟相称了！"

（3）苏先生演花脸、老生都好。他的做工老生戏好，周信芳学他老生。他的花脸戏另辟一路，我学他花脸。

（4）他演《乌龙院》比别人多4句唱。（按：访他时这四句唱词没有全记下来。1916年，苏廷奎在哈尔滨庆丰茶园与马德成、贾玉峰、李玉奎、石月明、唐韵笙、喜彩凤、喜彩春等合作演出。）

（5）《黄鹤楼》中"张飞闯帐"一场戏他演得最好，张飞有一段【跺板】非常优美动听。一般演张飞都有念白："叫声诸葛亮啊，孔明！"要表现张飞对诸葛亮的不满情绪，这是对军师的大不敬。苏先生不这样演，他先道白"叫声诸葛亮啊"，这时张飞与诸葛亮同样发愣，张飞感到对军师的不敬，发愣后，又改口称："叫声诸葛先生！"这点儿他演得与众不同，透出了张飞的处事灵活和可爱的一面，苏先生有个人的特色，处理得细致，比较合理。

（6）苏先生演李逵时的报名也与众不同。一般报名的台词是："你要问我的名和姓，俺哪，李逵！"他的报名台词则是："你要问我的名和姓，李逵就是咱的名！"

4. 小孟七

（1）小孟七扮演三国戏中的刘备演得好，当年有"活刘备"之称。

（2）小孟七演戏的吐字与众不同，喷口有力，轻重分明。如他唱《白逼宫》（《逍遥津》）中的【摇板】"曹操做事太不正"中的"太"字出音很重，拖长腔，"正"字又重，而且出口干脆。下边接唱"屡见上殿刺寡人"，"刺"字音很重，"寡人"二字唱得非常惨，拖长腔。"内伺摆驾后宫进，想一个良谋除奸佞"，唱到"奸佞"二字时左顾右盼，唯恐让曹操及其同党偷听到。（按：一边学唱一边讲解，老先生们对演戏都处理得很细致，所以成好角。）

（3）鲁肃演得最好的也是小孟七。当初我之所以要学小孟七，是因为当时我倒仓，没嗓，想开做工戏。潘月樵、老三麻子嗓音都不很好，就讲做工戏。所以，我开始决心学他们，不然我就站不住了。什么也不怕，就怕不钻研，老是一般化，就不行啦。小孟七给我说过《打严嵩》等戏，我陪他演了不少戏，获益匪浅，如《宋江吃屎》《翠屏山》等，在《翠屏山》中，我扮演石秀，他演杨雄。

（4）《感德忘恩》这出戏是小孟七编的。有一年小孟七在烟台演出，恰好周信芳也到了烟台，而且他们二人所在的戏园子距离不远，结果爷俩唱了"对台戏"，小孟七这边贴什么戏，周信芳那边也贴什么戏。其实过去演员是身不由己的，很多时候并不是演员在搞竞争，而是两边戏院的老板利用演员在恶搞竞争。小孟七年岁大了，周信芳以前向孟先生学了不少东西，所以，孟老非常生气，针对周信芳临时编了这出《感德忘恩》上演。

（5）小孟七演《乌龙院》有个创造，宋江杀了阎婆惜后，不让阎婆惜躺在舞台的台板上，他在舞台后侧搭一张床，挂有帐子，床上有被、褥、枕头，阎婆惜被杀死后，让她躺到床上，然后把帐子撂下来。这种演法太"实"，没兴起来。

5. 小达子（李桂春）

（1）1954 年，天津举办第一届戏剧观摩会演，邀请我与小达子合演《叹月·独木关》，我演前边的《薛礼叹月》，他在后边演《独木关》。演之前，他来过共和戏院找我，说："怎么样，松樵老弟，咱俩演一回《独木关》怎么样，给李（吉瑞）老板争争光。"（按：二人同为李吉瑞先生表演艺术的拥戴者和私淑者。）

（2）河北梆子生行演员的艺名取什么什么"达子"，始于"何达子"，他之后又有了金达子、银达子、小达子等。

（3）1950 年小达子到天津大舞台戏院来看我演的《凤凰山》，他在楼上包了一个厢，等我一出来，他就可劲儿地鼓掌，很捧场。其实他这个人的脾气很怪，可是跟我很要好。他和我都学李吉瑞的"黄派"戏。散戏后他到后台，一见我的面就赞叹一番，说："好兄弟，咱们可为李老板传名了！"

（4）又一次也是在共和戏院，我演《九江口》。我正在扮戏，小达子来了，叫着"松樵老弟"就到了化妆间，他说看到报上登我今天演这出戏，就专门来看。他说："现在也只有你能和当年的程永龙摽一票了！"

6. 周信芳

（1）周信芳年青的时候也演《骆马湖》《连环套》等戏。他与梅兰芳、程砚秋、尚小云、荀慧生都可以合作，唯独不能和余叔岩合作，他们是"铁对"。

（2）我与周信芳一起研究过《四进士》中顾读这个角色的演法。1946年我们一起在上海黄金大戏院那会儿，他演《四进士》，非要我陪他演顾读不可，我哪里演过这个角儿呀？他说："别人的三个字不行，我包说戏好吧。"连正戏带"过场"都说了，为演这个戏，我还特意定制了一对儿"尖纱"。一扮出戏来，他又说："老弟，我说你行吧，一扮出来就把别人给压了！"那次是梁一鸣的毛朋。我和周信芳还一起研究过《刘唐下书》《战长沙》等戏。这两出戏也是，他非点名要我陪他演刘唐、魏延这些花脸的活儿不可。在上海每次13班主演大会串，周信芳都是"会头"，老生、武生、文武老生的演员多，他就把我分派到花脸行里了。他说："谁让你会得多，别的生行演员不会演花脸活儿，没别的，你就受累吧。"演《雪弟恨》让我扮潘璋，演完了，他对我说："你太厉害了，你演完潘璋，往后谁还敢再接这个活儿啊！"事情都是逼出来的，还别说，也给我提供了机会，这些花脸角色我都没白来，留下个好声誉。

（3）演《战长沙》，周信芳饰黄忠，他学的是小孟七。在上海演大义务戏时，我与周信芳、林树森合作演《战长沙》，当时有人称我们是"三绝"，周饰黄忠，林饰关羽，我饰魏延。

（4）在周信芳的所有常演戏中，我认为他最好的戏是《六国封相》，其中安了不少穷生的东西。他徒弟高百岁有嗓，学老师的这个戏最为有利，所以，高百岁有一年到哈尔滨演出这个戏，一下就唱红了，其他学生学不来周信芳这个戏的神髓。

（5）《扫松》一剧周信芳唱得最出名，周学于王鸿寿，王演整本戏时的剧名为《赵五娘》，周改编后剧名为《描容上路·扫松下书》。林树森也演《扫松》，林的演法接近王派，林与周都灌过《扫松》的唱片，其中唱到"他若是蔡伯喈……把良心坏"时插入念白"小哥哥"，这是周信芳的发明。

7. 高庆奎

（1）高庆奎的《逍遥津》唱13句的"欺寡人"，现在有人改唱8

句。孙菊仙、双处都唱 13 句，我也是唱 13 句"欺寡人"。

（2）高庆奎在 20 世纪 20 年代就红得不得了，在上海演戏，包银挣六千，老板怕他演出误场，让我们这位高大嫂每天负责叫早（催他去剧场），还另外再给开六百块的"叫早钱"。

（3）《失街亭·空城计·斩马谡》这个戏，谭派和余派着重放在《空城计》来表现，而高庆奎的高派则是把重点放在《斩马谡》一折，高派艺术表现富有激情，这段情节最适合高派的艺术发挥。孔明这时的思想冲突激烈，在唱【导板】"翻来覆去难消恨"一句唱词时，高先生用"楼上楼"的唱法，两次翻高。又如《斩黄袍》中的【二六】板式唱的"孤王酒醉在桃花宫"一段，用的气口、情感，前潇洒，后悲沉，情绪上大起大落，很是精彩。

8. 盖叫天

（1）盖叫天演的《劈山救母》很好，我十几岁时在天津天福楼戏园看过，盖叫天扮沉香，王鸿寿扮二郎神，时慧宝扮刘彦昌。那场戏黎元洪去看了。盖叫天耍的乾坤圈在当时算是绝活儿了。另外，他用两把斧头，一把斧子柄的端头有盖儿，提前将一根长绸子条放在斧柄内，等演到劈山救母时，沉香把斧头向山扔去，手抓绸子条的一端，斧头飞出去，这个叫"彩斧"，是盖叫天的创造。

（2）盖叫天要向郑法祥学演孙悟空戏，郑法祥不教，对盖叫天开玩笑地说："母猴学不了公猴。"他嫌盖叫天演出来的是个小猴、母猴，"郑派"的孙悟空专门讲究大气、大势。

（3）盖叫天学自李春来，为人自强气盛。1920 年前后在上海共舞台演出，化妆间在地下室，通往地下室是一条楼梯，光线很昏暗。那时盖叫天手上戴一只钻石戒指，走到楼梯时他的戒指就闪闪发光，人们知道这是盖五爷来了。演出前，盖到后台拜过祖师爷，然后在桌几后一坐，眼戴墨镜，别人说东道西，他从来不参与，坐在那儿一声不吭。有一天，程砚秋比他晚到，拜过祖师爷后看到盖，程上前问安："五爷来啦！"他把墨镜向上一推，"哼"了一声，仍然不动，派头大。

（4）1934 年以前，具体年头记不清了，盖叫天与张翼鹏父子到大连演出，我去捧场，看了第一天的演出。前边是张翼鹏演《雅观楼》，这是他的拿手戏，演红了。压轴戏是盖叫天的《乾坤圈》，这也是他的拿手戏。开演前，观众对这出戏和盖叫天抱很大的期望，纷纷议论："这出《雅观楼》，张翼鹏演得不错。听说盖叫天是他的父亲，不用问，更错不了！"可是，这时的盖叫天已经是快五十的人了，扮出《乾坤圈》中哪吒这样的小孩形象不适合了，不像，舞台形象不佳。这下坏了，观众议论开了，说："这是哪吒吗，这不是哪吒他爸爸吗？"结果张翼鹏红了，盖先生"黑"了，要不说京剧演员不容易，哪一点不合适都不行。我与盖叫天在20世纪20年代就一起在上海演出，这时我在大连已经待好几年了，已有些根基，于是，我出面在大连的"登赢阁"饭庄摆了两桌，请来大连当地一些有影响的人物，给大家介绍盖叫天，此后盖叫天才开始在大连唱红起来。后来盖叫天回到上海，对人讲："我去大连时，没有人理我，只有赵松樵理我。"

（5）我们在上海义演《大名府》带《一箭仇》，盖叫天演史文恭，他点名要两个人，一个是要我扮演林冲，为的是我俩有一套对打的"剑枪把子"，是我俩在他家研究的，在当时演得很红，被内行人视为经典"把子"。我演林冲，带"飞虎阁"搜索超，高百岁演索超，林冲有四句昆腔【粉蝶儿】。他又点周信芳演一人到底的卢俊义，周还不会到底的卢俊义，由李文俊给周说的这个戏。盖叫天在私底下还不与周"对戏"，非要与他"台上见"不可。

9. 刘奎官

花脸戏《艳阳楼》《状元印》《通天犀》最为拿手，关公戏也很出名。我们磕头拜把子以后，我排《云罗山》，为了团结他，增加彼此的感情，把戏名改成一个字的《云》（按：《京剧剧目辞典》有剧名《云忠孝》词条，即为《云罗山》），那时候时兴这个。我把改编本的云忠孝角色让他演，给他加了不少的戏。在上海时，我们一块儿演过不少的戏。

10. 白家璘

原名白铁山，最早是唱花脸的，拜了高庆奎为师以后，改唱老生，也演关公戏。我们在一起合作过。

11. 李长奎

（1）他的《乌龙院》有三变脸，是他的绝活儿，一出戏如果没有一样"绝的",就不能叫"唱角"。《乌龙院》中宋江与阎婆惜抢书信,两人在地上爬,因为宋江丢了书信,身上瘫软,哆嗦,腿上无力,随后被阎婆惜抢到了信,而又不归还,宋江这才杀了阎婆惜。杀她时,桌子摆在舞台的侧边,杀后让阎婆惜倒在帐子的后边,这样不污染舞台。这其实是小孟七的东西。这出戏的前边我学李长奎,后边学小孟七,可是李长奎的三变脸没有学到手。

（2）他演《乌龙院》到《杀惜》时,阎婆惜（白）:"非狼非虎,你也要怕它三分!"这时,李饰演的宋江向前猛然一点头,头上戴的"方巾"一下子竖立起来了,然后慢慢地自动落了下来,这可算一个绝活儿。

12. 刘汉臣

（1）叫刘汉臣的京剧演员我碰到的有两个,我和他们都在一起演过。一个是上海的年轻一点的刘汉臣,和他一起唱过《卧薪尝胆》,他去（扮）勾践,我演吴王。后来他在天津、北京演出,（按:1927年）被军阀褚玉璞暗杀了。

（2）天津还有一位刘汉臣,年青时很有一号,他什么都唱,能抓观众。他是从小就学戏的,艺名八岁红。1954年天津市第一届戏剧观摩会演,刘汉臣演的是"麒派"戏《徐策跑城》。后来我们在天津经常一块唱,他搭过我们的扶新剧社,后来我都离开扶新了,他还在那儿和小盛春挂头牌演出。为了和上海的年轻一点的刘汉臣区分开,一般把天津这位刘汉臣叫"老刘汉臣",他比我大个三四岁。

（3）我有个徒弟刘宫阳,从在上海就跟着天津的刘汉臣,又从上海跟到天津,等刘汉臣正式加入了扶新剧社跟小盛春合作以后,刘宫阳就回上海去了。

（4）老刘汉臣和人演戏有个毛病,这场戏的演出如果他先得到台下叫好声了,这一出戏的演出他会精神振奋,演出精彩来,如果别人先得到"好",他心里不痛快。有一年在天津我们一起演《战长沙》,我去（扮演）魏延,他演黄忠。魏延先上场,我演魏延有点名声,深得观众的喜爱,结果先得两三个"好",下场了。他上场演出就"放水"了,我琢磨怎么回事呢?一想,哦,是我先得"好"了,惹他不高兴。等我再上场,我想办法让他落"好",他来精神了,后边我俩演得很好。演员之间很有哏。

13. 宁奎峰

（1）和我是结拜的弟兄，比我大得多，是东北有名的做工老生。他演戏有独到之处，他演的"打黄盖"有特殊的表演。

（2）我演鲁肃，学的是宁奎峰和苏廷奎。宁奎峰久占东三省，半截嗓，可是做功好，哪出戏都好。

（3）人悲伤了不行，可要是太过高兴了也不行，他是在打麻将的时候去世的，就因为赢了，太高兴了，结果人不行了。

14. 侯喜瑞

（1）少年和青年时代我与侯喜瑞有过多次同台合作，先在"喜连成"，合演的戏很多，《宦海潮》《独木关》《云罗山》等，都是他给配戏，我们还是"磕头"。后在上海我们合演《连环套》等。

（2）1981年，年近九十岁的侯喜瑞到天津，在天津中国大戏院台上的边幕看《战宛城》的演出，高盛麟的张绣，尚长春的典韦，李荣威的曹操，陈永玲的邹氏。他是我在喜连成社时期的师兄，又是磕头弟兄，我去戏院看了他。他一边看戏，一边背戏词儿。那时他耳音不灵了，带助听器，问我多大年纪了，我用手比画了一下"八"字。他年岁大了，耳音又不好，加上他正专心看戏，我们没多说话。等戏演完，我先回家了。转天听别人对我说，演出后照相，侯喜瑞还特意找我，他问别人："我那个松樵师弟哪儿去了？"

15. 樊德春

是我师哥，他是我父亲的徒弟，演二路武生的，我跟他学了不少戏，像《挑华车》《铁笼山》《艳阳楼》等。我们两人在一起的时候，他帮我连练功带说戏，对我帮助不小。我的师兄弟还有孙文林、苏月楼、任灵芝（花旦）、金香翠（青衣）、王凤池（摔打花脸）、吕元祥（后来成为第一个给尚和玉"抱本子"的）、娄廷玉（第二个给尚和玉"抱本子"的，后来到天津稽古社任教），他们都曾是我父亲的徒弟。

16. 王鸿寿

（1）我陪王鸿寿演出《走麦城》时，我的心气儿是扮演关平，因为我陪林树森演《走麦城》时就扮演关平，这在当时的上海京剧界都是知道的。可是，王先生不同意我给配演关平，他跟别人说，让我演吕蒙。我原来以为他不让我演关平是他认为我配不上他，其实冤枉老先生了，不想是老先生抬举我，因为过去他演《走麦城》的时候，是让周信芳给他配吕蒙的。

（2）我演老爷戏，看的好角多了，根基都是王鸿寿，我也一样，可是我还受程永龙的老爷戏影响不小，学他的关羽分量。当然，主要还是要根据我自己的条件来演。

17. 杨瑞亭

（1）我年青时在嗓音变声前后的阶段，高调上不去，到哈尔滨去演出，戏箱丢在车站上没上得了火车，回去再找，没有了。铁路上只给我赔了100元，那够什么呀！没了行头，到了哈尔滨唱什么戏打炮呢？我想起在天津"东天仙"看过杨瑞亭演的《潞安州》。杨瑞亭初到天津，在丹桂戏院演出，位于南市，后来改为新闻影院，李吉瑞、尚和玉、张黑均在此演过，在当时算是比较高级的戏院了。后来银达子常驻这里。特级的戏园子有"天福楼"，杨小楼、盖叫天等曾在此演出，还有"大罗天"、小杨月楼等在这儿演过。我凭记忆说了两天的戏，第三天打炮《潞安州》，一下子红了，这是我在东北地区第一次演这个戏。据我所知，《潞安州》是瑞德宝传给杨瑞亭的，在哈尔滨是我唱红的。

（2）杨瑞亭属兔，北京人，在家排行第四，小名杨四。是唱梆子戏的底，后来改演京剧，先唱老旦戏《钓金龟》《徐母骂曹》《目连僧救母》等。他的肚里宽，文武老生"靠把"戏都行，腿功好，到了天津，演红了，人称"假杨小楼"。后来他什么戏都唱，《翠屏山》《恶虎村》《八蜡庙》《长坂坡》《铁笼山》《艳阳楼》《战冀州》、连本戏《济公活佛》等，他最红时挣过3300，每天110。第一次我与他合作在哈尔滨，还有马德成、马武成、七岁红、孙玉楼等。我与他在海参崴分的手，再没碰到一起。

（3）我们排本戏《卧薪尝胆》，曾给上海的刘汉臣打鼓的齐向阳（音）执导，让我扮演越王勾践，我没同意，杨瑞亭比我的包银挣得多，我怎么好演第一主角，我提议演吴王夫差，伍子胥是马德成的，伯嚭由杜文林演，文种是马武成的，范蠡是郑玉华，七岁红演王孙骆。这出戏演得很红，连演多少天，场场爆满。我演吴王在姑苏台临死时，我按关羽"走麦城"的路子演，很受欢迎。

18. 七岁红

艺名七岁红的演员不止一个，有一位是李文卿（音），另一位是杨锦堂。李文卿比杨锦堂好，在武生中能挂头牌。他的个头矮，但是很冲，能翻能打。他以短打戏为主，如《金钱豹》《嘉兴府》《铁公鸡》等戏，用真刀真枪。他向我学了《洛迦山》《木兰关》《汤怀自刎》等我的戏。他与我同岁，但我的生日大，他称我兄长，我们与孙玉楼、刘四立、筱九霄、李香阁、赵冠群等是结盟兄弟。在哈尔滨大舞台时我演了《洛迦山》，他后来到天津也演这个戏，他扮演罗汉，有个给他傍角的叫张德仲（音），应该走"小翻蛮子"，但那一天这位演员有点懒了，临时改走"垛子蛮子"，李一看他变了，来不及躲，张从上边砸了下来，一下就把李的腿给砸断了。此后他的腿始终没有彻底治好，武的戏再演不了，他的演出开始走下坡。我35岁去北京要接马连良去大连演出，路经天津，那时他正在天津华北戏院演出，我去看他。天津的刘汉臣演《追韩信》，他只能演个韩信。知道我来，他把我接到后台，见到我落泪了，情绪很坏。他的艺术本来很不错，心胸也大，现在因为腿受残疾而不能主演武戏，当然心情不好。他哥哥给了他10元钱，让他陪我出去吃夜宵，在法国地（按：法国租界地）吃的西餐，那时只有法国地有夜点。过去他能演武戏时，挣900元，因为受伤唱不了正戏，哭着说连亲哥哥都不喜欢他了。他很伤心，说："要不是你给我这几出戏，我连戏都没得唱了。"

19. 小元元红

约在1920年，我与小元元红、董巨川等组成京、梆"两下锅"的戏班子，在哈尔滨新舞台戏院演出，位于道外四道街。小元元红的本名叫魏联升，是"卫派"河北梆子的创始人，当年相当红。与他同台的有小香水、金刚钻，还有何达子，他们都是从天津唱红的，这些名家把河北梆子戏给唱得时兴起来了。魏联升去过两次哈尔滨，第一次是1915年，那时我就与他在同一个戏班唱戏，在道外的同乐茶园，领班的叫师少堂（音）。自那年我们离开，5年以后我们又在"新舞台"见面了。

这时，他的眼睛已经坏了，二尺以外看不见东西，为了他，台口前排安装一排电灯泡，怕他看不见从台上掉下来。从他那里开始兴起来台前安有灯泡照明。那时哈尔滨娼界有个当红的妓女叫三荷花，被一个恶霸资本家姚锡久包养着。三荷花爱看戏，尤其对魏联升的戏着迷，天天去戏院看他的戏。这一来，姓姚的起了疑心，认为三荷花与魏联升有暧昧之情。在魏联升的太太和姑娘回家探亲之际，姚锡久探得消息，买通两个刺客，筹划对魏联升下毒手。魏是个瘾君子，抽大烟，两个刺客假扮成兜售大烟的商人接近到魏联升的住处。这一天正好有演出，我主演《翠屏山》，扮石秀，魏扮杨雄，他没在家，两个歹徒扑了个空。第二天，我演《路遥知马力》，他在我后边演《蝴蝶杯》。晚6点钟他在戏园子旁边的住处刚起床，抽几口大烟后，到戏园子来扮戏。这时，两个歹徒戴上假辫子，平常的打扮，来到戏院后台的化妆间。魏正在扮戏，进来两个人，不认识，打个招呼"魏老板"，魏刚要回话，就见一把电镀的匕首扎进魏联升的脖子右侧，紧接第二刀捅到肋骨条，当时魏联升就躺倒在地上。伙计们吓得动弹不得了，好一会儿才爬起来，两个刺客中一人走前台，另一人从后台门逃走。这时我正在台上演到"住店"一场，一个提水的伙计看到有人蹿出去，以为是小偷，上前抱住，歹徒朝他开了一枪。大伙一听枪响就乱了，后台经理刘子辰（音）怕枪伤害到大家，把大家拦住。歹徒逃出戏院以后，为了吓唬大家别追他们，朝天开了两枪就跑掉了。戏演不下去了，观众纷纷四散逃走，没心思看戏了。第二天来人验尸，魏联升的尸体已经僵硬了，出不了门，只好从窗户把尸体抬出去。正在验尸时，不知从哪里来两个人，给尸首照了相，然后扬长而去。不知是记者，还是姚锡久派来的人要验证魏联升是否真的死了。1950年，中华人民共和国成立以后，据说姓姚的和两个刺客都被人民政府镇压了。

20. 王汇川

艺名八岁红（这又一个叫八岁红的），他与盖春来、周振博、周海天都是周凯亭的徒弟，工文武老生，后改名王汇川。约在1925年他在奉天（沈阳）给汤玉麟家演"堂会"戏，在《黄鹤楼》剧中扮赵云，此时他已经患有眼疾，一不小心从台上掉了下来，正摔倒在汤玉麟的怀里。汤问："怎么了？"他答："眼有点毛病，看不见。"汤这时大发善心，自己掏出 500 块钱，其他的让太太们给凑，让他治眼病。可是他的眼病一直没有治好，越来越严重。（按：据其家属后人记王汇川拜师武生名家张百顺，曾进北京"正乐"坐科。到东北地区演出，最后落脚于黑河市，晚年患病回乡调养，病逝于家乡。我曾为其撰有《目盲其人王汇川》一文，刊于《中国京剧》2004 年第 3 期。）

21. 盖春来

本姓王，叫王桂林，我们从十多岁就在一起演出，和吴铁庵在烟台瀛洲戏院同台。盖春来拜花脸演员周凯亭为师，后成武生名家。1955年我去齐齐哈尔演出，就是他接我去的。他与小杨月楼是一拨，名在小杨以下，比小杨挣得少。（按：盖春来是好角，可惜最后落脚在偏远的齐齐哈尔市，但当地对他很照顾，很重视。）

22. 刘斌昆

（1）我在上海时，刘斌昆是演丑角的中年演员，是斌庆社出科的。当时有位周五宝，是第一个傍周信芳的丑角演员，同时傍周的还有刘云芳、赵云卿、王兰芳，去哈尔滨、长春演出时，是他们一起去的。当地人以前看过高百岁，周信芳后去的，这一去，当地人说："这不是学的高百岁嘛！"把周信芳气得够呛。刘斌昆是第二个傍周信芳的丑角演员，他以演《纺棉花》里的张三、《大劈棺》里的纸人二百五最为拿手，庄周拿扇子扇坟点化，纸人见风就微微摇摆，这个二百五的演法是他的首创。

（2）他扮的张三扮相是粘胡子，戴毡帽，尖形，穿坎肩。我们合演《大名府》时，他扮醉皂。看过他演的《乌龙院》中的张文远，芙蓉草、李玉茹、赵晓岚、童芷苓分别扮演阎婆惜，刘斌昆扮的张文远带《活捉三郎》。

（3）他在《六国封相》中扮老太太，他的身材高，可是扮出来却矮下去一节，前鸡胸，后罗锅，人变了个样子，化装成门牙掉了半个。他的化装技术有一套。

23. 何月山

（1）演《铁公鸡》用真刀真枪，最早的，在南边有潘月樵、小孟七等，北边有程永龙在天津、东北哈尔滨等地演出。这几位并不以真刀真枪开打为主要演戏的手段和目的，而是以做戏、演人物为主。中华民国成立以后，天津的李文卿（七岁红）、刘荣萱、何月山等开始用真刀真枪演《铁公鸡》，并且开始主要卖开打、翻。何月山把真刀真枪演法带到了上海。上海丹桂第一台的尤鸿庆（音，花旦演员金碧玉之父）接何月山去上海，何带去四个傍角的。何有嗓，文武都好，也能翻，在上海唱《钓金龟》，大轴演《铁公鸡》。

（2）何月山是天津武生演员，20世纪初从天津被上海邀去演出。他刚到上海时，自己还不敢开口要包银，他心里没有底，不知道在上海演得怎么样，老板问他要多少，他只是说"演演看"。结果，一出《长坂坡》在上海演红了。他的武功高强，是在他哥哥的藤条下打出来的，从小他哥哥把着他练功太严苛了。到上海后，他越演越红，包银最高时达到4000块大洋。他比盖叫天红得早，出名也早。

（3）出名以后，他就不再刻苦练功，也不听他哥的劝说，后来他哥离开了他。他长期吃喝嫖赌，身体越来越不支，演出时打不完几个回合的"把子"就气喘吁吁，原本他很漂亮的跟头也翻不起来了。一次，演《年羹尧》，为了将就应付，他把原来很火炽的开打改为耍三节棍，耍了一场下来，到布景后边就吐了血。同台演出的盖叫天凑过来问："何大哥，怎么啦，哎呀，吐血啦！"何月山听完这话，情绪更糟，突然倒下。从此，他就一蹶不振，最后上不了台了，直到病逝。年岁不大，太可惜啦。

（4）我与他在1916年杭州第一台演出，那时他还正红着哪，与梅兰芳、王凤卿我们一起演出，他挂武生的头牌，跟冯子和、小孟七他们从上海去的。他还有一条好嗓子，唱老旦戏，经常是文武双出，红极一时。

（5）厉慧良有些演法是学的何月山，他没赶上何月山的年代，不知是谁给他说的。何月山的每一出戏都讲究，而不是将就。他常常是在前边唱老旦戏如《钓金龟》，后边演《金钱豹》，或是前边演《戏迷传》，后边再演一出武戏。他的改良《长坂坡》有战四将，张部用九个腰花大快枪，夏侯惇用春秋大刀，于禁用二龙头枪，许褚用狼牙刀和哪吒枪。

（6）何月山的出殡和刘鸿升的出殡在同一天，当天上海的京剧界中的文行演员送刘鸿升，武行演员送何月山。出殡那天，两支队伍在四马路碰头会合，声势很大，轰动上海。

24.瑞德宝

（1）年青时我们在天津的"天福楼"演《甘露寺》，我的乔玄，他的赵云，一个【四击头】演砸了。他走的是规矩的架势，台下"嗵"的一声，他跟台下大家说："我怎么了，没砸呀？"原来此前武生赵庆兰演《甘露寺》的赵云，演到这里有道白："正是，心中可恼小周郎，先生八卦世无双，大胆我把新府闯，假报曹操夺荆襄。"他用上了《恶虎村》里黄天霸的东西，很火爆，台下吃，所以，瑞先生的演法台下观众以为演错了。

（2）1921年我与他在天津南市广和楼一起组班演出，那年在张府我们与梅兰芳、余叔岩一起唱堂会戏。后来到上海，我让云鹤（赵松樵之子）拜他学老爷戏和"靠把戏"。

（3）瑞德宝与谭鑫培曾长期同台，所以，他的"靠把戏"学老谭，有根基。听瑞德宝讲，他们合演《战长沙》，老谭只演黄忠，瑞德宝演关羽，李仲林演魏延。

25.碧云霞

（1）碧云霞是杨宝森原配夫人之母，杨之岳母，在上海我与她、盖叫天一起演过《七擒孟获》，盖叫天饰孟获，我演赵云，碧云霞演祝融夫人。有一场戏是孟获和夫人跳舞，她的鞋带开了，结果穿的鞋掉了，她趿拉着鞋勉强把这场戏演下来。

（2）根据天津当时的事实编的新戏《失足恨》被碧云霞演红了。当时，观众买一二等的戏票，可以获赠一张演员的照片。她在上海共舞台（陈家木桥）演这个戏时，我与盖叫天、时慧宝、罗小宝、金少山都在共舞台搭班。

（3）碧云霞在上海很红了一阵子。后来被天津督军李景林用10万元的一个存折把她带走，做了姨太太，从此再未登台。中华人民共和国成立初期，在天津中国大戏院合作演出，我和她见过一面，说了会儿话，那天是杨宝森演的《南天门》。

26.张少甫

张少甫是余派老生，那是真正的余派，但是他又比余叔岩强的是武戏也好，余是老生，张少甫是文武老生。我从烟台把他接到上海。他的缺点是扮相苦，到了上海不如周信芳的扮相了。我跟他说到了上海，演什么戏也别演《平贵别窑》，这个戏要扮相俊才行。有一次他演《四进士》，周信芳包了三排座位，把票分发给上海的票友去看戏。演出结束后，周信芳率领这一百多号人上台祝贺，很为捧场。从此，张少甫在上海站稳，以后有不少票友向张学戏。（按：这可以看出过去唱戏的有多讲义气。）

27. 周啸天

周啸天拜了马连良，但是他不死学马，他最大的优势是嗓子好，又宽又亮，响堂，完全用丹田气，不偷工。再有就是武功好，因此他的身上好看，实际上他学张少甫的地方多。20 世纪五六十年代我们都在天津工作和生活，经常有往来，一起切磋技艺，回忆在烟台的情形。

28. 李宗义

抗日战争时期，周啸天、王玉蓉、李盛斌在上海皇后戏院演出，李盛斌的《伐子都》演得很红，那时正是他最走红的时候。我这时在更新舞台当后台经理，李宗义、李多奎、李玉芝、金少臣到更新舞台演出，人称"三李一金"。更新这边班底硬，人员齐，当时哪个戏院也唱不过这边，演出非常红火，场场爆满，尤其是一贴《四郎探母》，戏院更是门庭若市。

29. 程砚秋

1923 年快到年底的时候，上海丹桂第一台后台经理由刘凤祥接替周信芳，进来程砚秋、郭仲衡、侯喜瑞等一班人演出，刘凤祥约我去参加演出，演全部《王宝钏》的王允。有一次演《红鬃烈马》时，我们扮四个将，专项开打的戏。为此，四个演员都新制了四个"盔头"。我的"盔头"带电灯，到亮相时，一按开关，灯就亮了。侯喜瑞饰演魏虎，小小宝义（曹艺斌）扮薛平贵，演《别窑》。前边是吴富琴的王宝钏，演《三击掌》，然后是何雅秋的王宝钏，演《别窑》，荣蝶仙的代战公主，演《赶三关》。程砚秋从《武家坡》开始接演王宝钏，郭仲衡接演薛平贵，一直演到《大登殿》。那时程砚秋 20 岁，我 22 岁，他的嗓音还好着哪，唱起来也是满宫满调的。那时他在上海，有贯大元、言菊朋、郭仲衡都傍着他，不像后来。程也演过从《彩楼配》起到《大登殿》止。那个阶段，程砚秋找我要我珍藏的剧本《回龙宫》（写萧太后之死），一般人没有。可是，他要拿回去改编，又不挂我"赵松樵藏本"，我没同意给他。大约我25岁时从南京回上海，在共舞台我们又同在一个戏班合作了一回。后来在济南我们碰上过，同住一个旅馆，他们住楼上，我们住楼下。我在济南大观园戏院演出，他在济南车站戏院演出。

30. 梅兰芳

（1）我与梅兰芳三度同台。头一次是在1916年，在杭州第一舞台，共同参加由刘全瑞老先生组织的京津沪南北名家联袂的演出，有王凤卿、姚玉芙、姜妙香、冯子和、何月山、小孟七、李兰亭等。梅兰芳在"大轴"演《天女散花》《黛玉葬花》等，我们中后场演《下河东》《铁公鸡》等。第二次是1922年，我们和瑞德宝、余叔岩在天津一起演堂会戏。第三次是1954年，天津举办第一届戏曲观摩会演，最后一天请来梅兰芳演出"大轴"戏，"压轴戏"让他选择演员和剧目，他点我和李铁英我们师徒的《古城会》，又与他同台一回。

（2）我的戏有两个地方借鉴了梅的东西，不是直接用，而是从他的戏里得到启发。一出戏是我演的《独木关》，"病房"一场，当听到是安殿宝杀来的消息时，他们别人演薛礼有的是搁桌子，把桌子掀翻。我演，把桌子当成薛礼的病榻，我在桌子后边站起来，然后双手支撑桌子围着桌子连续慢慢转身，用以表现薛礼勉强拖着病重的身体从床上挣扎起来，要去战场参加战斗的样子。这是我从梅先生的《贵妃醉酒》中喝醉后从桌子里醉态走出来的表演中得到的启发。另一出戏是我编演的《洛迦山》，我扮演罗汉，为表现罗汉在云空中行进的状态，我想到了梅先生的《天女散花》，于是创作了罗汉耍丝绸彩带的表演。

31. 黄桂秋

我和黄桂秋很熟识，在上海同事多年，一起演全部的《雪弟恨》时，他演孙尚香，在"压轴"唱《祭江》，是他的拿手戏，嗓音甜润，唱得稳，上场唱【二黄慢板】，后头"哭江"时唱【反二黄】。他不光唱得好，做戏也好。他的另一出拿手戏是《春秋配》。唐山大地震时期，我到上海投亲，去看了他。他听说我来，站在楼梯口对我说："恕我个罪儿，我不能下楼去接你。"他喘得厉害，我说："你别下来，我自己上去吧！"他给我沏茶，端上洋点心，还是老一套礼节。我说："咱们在一起的那会儿，想起来日子多快呀。你那么红，没传给人哪？"他说："事不由人哪，身体不行呀，病缠身，没办法。"我从上海回天津不久，就听说他故去了，想不到这是与他的最后一次见面，万幸，我们还见了一回。

32. 赵君玉

军阀孙传芳在天津南马路城里的功德林被刺。孙传芳后期隐居天津，信佛教，常去功德林参加佛事活动。军阀混战时期，孙传芳曾害死一名军官施从滨。施从滨有一女施剑翘，立志为父报仇，经过周密策划，终于枪击成功。此事轰动全国，上海京剧界闻风而动，天蟾舞台戏班编演新戏，剧名就叫《施剑翘》，赵君玉扮演施剑翘，赵如泉扮演施从滨。

33. 刘喜奎

（1）刘喜奎是演花旦的女演员，唱梆子戏出身，当年很红。她在海参崴住旅馆，有一天晚上，俄国人来查护照，当时有很多人没有护照，就到处乱跑。查护照的人怕床底下藏人，就把手提的灯放在地上，身子趴在地上往床底下看，一不小心，他的头碰撒了尿盆，淋了一头。此事一传出，竟成了一大笑话，有人说："看人家刘喜奎该有多红，就连俄国人都喝她的尿！"

（2）在北京第一台演出时，她红得不得了，她自己有包月的洋车，车上安装有四个摩电灯，车走起来，电灯就亮，车一停，电灯就灭。有一次她去戏园子，有几个公子哥打赌，说谁要是能亲一下她，就赢五块钱。其中一个人整天在戏园子门口等着，等她刚一迈步下车，这个人上去搂住就亲了一下。警察把这个人带到派出所，说他有伤风化，罚款10元，他只好认头。回来他要别人请他到饭馆吃饭，他赢了五块钱，可是自己还赔了五块钱。

34. 李吉瑞

（1）黄月山之后，"黄派"艺术最有影响的传人要算是李吉瑞了，马德成、小达子我们都在他之后，学人家。《独木关》本是一出老戏，是李吉瑞把这出戏给唱红起来的。

（2）我父亲赵鹏飞曾与李吉瑞拜过把子（结义兄弟），也与夏家拜过兄弟。李吉瑞唱红的戏还有《骆马湖》《连环套》《铜网阵》《请宋灵》《刺八杰》等。

（3）我与李先生在上海同台演出，是他最后一次到上海献艺。我的"黄派"戏直接得益于李吉瑞先生，还有我的父亲和姐姐。

（4）有一年李吉瑞到山东烟台演出，他领一帮人出去玩，在一块地里大便。看青（照看庄稼）的把他叫住，问他拉完了吗，用什么擦的，他答用的是纸。看青的让他看一块石头，上写弄脏这块地打死勿论。大家劝也不行，告诉看青的这位是唱戏的李吉瑞。看青的问：你就是在丹桂第一台唱戏的武生李吉瑞？李答：是。最后，让他用土捧着屎扔到河沟才算完事，这还是给了他面子。（按：看来碰上的不是一般的农家，定是大家主，恶霸一类的，否则敢立"打死勿论"的牌子？）

35. 金少山

（1）金少山在20世纪20年代到上海，我们就经常在一起同台。金少山的成名时间要比我们晚得多，可是他一旦成名就不得了，南北享有盛誉，红得摸不得了。

（2）他人脾气比较古怪，有些玩世不恭的样子，真是人生如戏，不过他与我很要好。20世纪20年代他经常给我配戏，我演《长坂坡》，他来个张飞。我们也演"对儿戏"，多次合作《连环套》。

（3）后来他演红了以后，老板拿他也没办法，他经常演戏"误场"是大家都知道的。有一次快到他上场了，戏院还没见他的人来，黄金荣派人再三去他住处催他。他实在不能再推迟了，骑上摩托车就奔戏院。到了路口的警察岗亭子，正赶上亮红灯，他顾不得红灯，闯了过去。印度警察在岗亭子上直喊："瘪三！"一看是金少山，马上改口说："噢，是金三爷！"金少山打个招呼过去了。迎面开来一辆小汽车，是黄金荣生气了，亲自坐车去找他，还在戏院对大家说："等他来喽，看我怎么收拾他！"路上看到他过来，马上又让司机掉头往回开，一边追他，一边气急败坏地不断骂他。到了戏院，金少山匆匆扮戏，前边已经垫了很多戏，观众等得着急了。他一上台，登时台下一片叫好声，再一开口，全场炸窝。这时黄金荣一下子没气儿了，口称："还是得金三爷！"演出结束，金少山一到后台，黄金荣凑上前去，对他说："怎么样，累了吧，拿几包烟土，回去好好休息。"烟消云散，完事大吉。

36. 露兰春

露兰春是女老生演员。1924 年周信芳在丹桂第一台排演连本戏《汉刘邦》，他饰演的霸王大扮，但不勾脸，戴一个假面具，如同罗汉脸一样，从鼻子往上是面具。我们在共舞台排演《汉高祖》，由黄金荣的夫人露兰春演刘邦，盖叫天演霸王，我演张良。我们是一本的戏，各个人物都出来了，剧情也基本都有了，如刘邦出世、起事、鸿门宴等都包括进去了。周信芳那边演到三四本排不下去了，两边都演一样的戏，这就是过去业务竞争闹出的争执。两边闹到夏月润那里，他是梨园会长，由他裁决，结果是两边都可以演，各演各的，一边剧名叫《汉刘邦》，一边叫《汉高祖》。后来露兰春与黄金荣闹离婚，她不演了，让我演刘邦，上午给我的剧本，晚上就要登台，那时演戏多不容易！刘邦有好多事，有过山、斩蛇，过山时有双手抓吊环打秋千过山的动作，脚下是空的，什么也没有。还有转台，那时各戏院都是转台的。我演刘邦，盖叫天演霸王，苗胜春演张良。

37. 费玉策

费玉策是北京中华戏曲专科学校的学生，属"玉"字科的，他学的是侯喜瑞。他与张海臣、刘少峰等都是当初我们建立扶新剧社时的花脸演员。我演《白马坡》时他饰曹操，我演《单刀会》时他演周仓。

38. 傅德威

（1）"尚（和玉）派"武生，体形胖，敦实，扮相好，功夫扎实，出身于北京中华戏曲专科学校，是第一科"德"字的学生。大约 1944 年，我在上海更新舞台当后台经理，我接张少甫、金少臣、云燕铭来演出，傅德威是傍着他们一班人来的。那时正是周信芳在卡尔登排演《文素臣》，云燕铭她父亲朱百岁在周那里做班底，演丑行。我与傅德威在更新舞台合作演出《嘉兴府》，有时他演鲍自安，我演总兵，有时我们俩的角色倒过来。还有时我们双演《长坂坡》，为捧他，我演前边的赵云，让他在后边演。他演戏很规矩，完全按"尚派"的演法。我与他同场演出，演法上要保持协调，不能出入太大。我把自己的戏《汤怀自刎》的马鞭出手摘过来，用到赵云身上，我一手是枪，一手是马鞭，耍马鞭、枪花。他在台边看个满眼，到了后台，对我说："真好，您演的既不是京派，又不是海派，您这是赵派。有绝活儿，不同凡响，有时间我得好好向您学习学习。"

（2）演《火烧裴元庆》，我演裴元庆，他演李元霸，勾脸，雷公嘴，他的锤不出手，我的锤也不出手，他只有一个扔锤、接锤，然后走"抢背"。他很尊重我，称我为"老夫子"，1987 年还托人带话给我，问候我好。

39. 王虎辰

王虎辰 28 岁死于九江，太可惜了，他的武功、嗓子、做戏都好。他在最红的时候，周信芳都在前边给他垫演"压轴"。传说有一次夏天，上海马路上有一位妇女打着旱伞在他前边走路，他穿的是绸马褂，从后边翻一个前"虎跳"，他从伞上边翻了过去，站在了这名妇女的跟前，足见他的功夫，旱伞举着，高度超过人许多，他得翻多高才能过去。他在南京时热天练功，穿上戏衣、厚底靴，在院子里太阳底下练耍"枪花"。他每天演完戏回来，脚不换拖鞋，而是穿上厚底靴子，他为艺术下的功夫太大了。《周瑜归天》都学他的演法。

40. 贵俊卿

（1）他是票友"下海"的老生演员，有文化，会外语，艺术也高。他把《群英会》《空城计》里的孔明给演活了。《群英会》里，在《借东风》之前，孔明与鲁肃相见，孔明（白）："周都督要杀我，你要救我一救……"此时他用扇子挡住脸做微哭状，当鲁肃转过脸去时，他接唱，"你不来救我……"把孔明演得活灵活现。

（2）在《空城计》中的"城楼"一场，孔明唱道："我是又无有埋伏，呵呵，又无有兵。"在这句唱词中加进了一个"呵呵"的冷笑，把孔明故作镇静、假戏真做、逢场作戏，想蒙混过关的心理状态给演绝了，人物演出来了。

（3）《空城计》司马懿要杀进城去，这点儿贵俊卿先生有个小节骨眼别人没有。他在城楼上听到城楼外司马懿军队发出"杀，杀"的呐喊，这时他把扇子从右手交到左手，用眼瞟着宝剑，意思是随时用腾出来的右手去拔宝剑。当司马懿说出"杀不得"后，他才又用右手摇扇，唱【二六】。（按：这点儿贵先生做得细致，有人物和剧情，这就叫好角，演戏走脑子。）

（4）贵俊卿演孔明的戏，有一出戏读祭文，他不唱，而是背诵三国书里的祭文原文，这是他的拿手活儿。我参考了他的这种演法，在我的《骂杨广》这出戏里读草诏时，编了一大段韵文，不用唱，也用背诵的方法表演，效果非常好。

41. 伤残名演员

京剧演员中残疾的有几位，他们在舞台上照样演，很不容易，要比一般人下更大的功夫。我知道的光腿有残疾的就有三位。一位是孟鸿寿，艺名"第一怪"，拿手戏是《拾玉镯》的彩婆子，在出场前站在台口一声"啊嗨"，紧接着他把拐杖一扔，登台，等他一出去，一点不正常也看不见。一位是刘鸿升，别管是唱老生戏，还是唱包公戏，照样不误。另一位就是赵慧秋，她不仅唱青衣戏，青衣戏动作少，还好就合，她还唱花旦戏，花旦戏的动作太复杂了，这就更难了。

42. 因戏得福

（按：1985年4月11日）讲个故事，地震时去上海，在那里我得了盲肠炎，在曙光医院住了18天。一位姓阎的主治大夫看到我病历上的名字，问我："您是过去在上海演《红莲寺》的赵松樵吗？"我说："是呀。"他说："我从小就看您的戏，这些年也不见您的消息，您去哪里了？"我说："去天津了。"他说："您既然是演戏的，就别开刀动手术了，影响您的气力，我想办法用药治吧。"于是这位阎大夫用中药保守治疗的方法，我吃了一段时间的中药后，肚子里就像开了锅，结果真给治好了，这还沾了演戏的光。

43. 时慧宝、罗小宝

时慧宝与罗小宝均工文老生，所演的戏码也大致相同，但是各有千秋。

（1）有一天，罗小宝演《四郎探母》的《坐宫》，时慧宝演《马鞍山》，这两个戏中都有一句"我好比南来雁……"，虽然唱词一样，用的腔也一样，可是他们唱的是各有特色。时慧宝凭着他的底气足，一气呵成，而罗小宝则凭其唱腔的花哨取胜，都受欢迎。

（2）他们都参加了《七擒孟获》的演出，而且都演同一个人物诸葛亮，罗小宝饰前诸葛亮，时慧宝饰后诸葛亮。罗小宝有个病根，就是一旦需要气力太足的时候，他身子就会堆萎下来，顶不住了。这一天他犯病了，当唱到"轩辕制车……"这一句时，还没唱下来就不行了。这时时慧宝还没扮好戏，一听说前台罗小宝出事了，时慧宝马上登台，有四个门将挡住他，他一边扮戏，一边接唱，博得满堂的"好"，台下观众照听不误，听得出来唱的人已经不是罗小宝了，换人了，可是又看不见换上来的人，还在纳闷呢！

44. 粉菊花

约在 1925 年，我与粉菊花在上海陈家木桥的老共舞台同台演出，合演过《阴阳河》，我以老生应工饰男主角张茂深，她演女主角李桂莲。粉菊花的老师叫牛凤兰，工刀马旦，是武生、花脸两门抱的著名老前辈牛春化的儿子。粉菊花常演的戏有《泗州城》《取金陵》《虹霓关》《大卖艺》等武旦应工的戏。在演《大卖艺》中，她有个绝活儿，用凳子像摆花盆一样，摆起来五层，有时她超常发挥，摆起来八层、十层。她身体倒立，从一层以"旱水"、左右"卧鱼儿"动作，一层层地上去。上到最后，身体倒立不动，一层层地蹦着下来。后来听说她去了香港，组织戏校教学生，培养艺徒。

九仙旦也有这一手活，过去凡是演武旦的，都要先学这个传统的技艺，当然繁难的程度不一样。

45. 吕美玉

她是著名演员吕月樵之女，曾为香烟的外包装纸做过广告，印有她的艺术照片。演新戏《失足恨》，是写天津的一件实事，天津闹大水灾，一个女学生受到旧社会恶势力的欺凌迫害。最初由王芸芳编演出来，可是没唱红。第二位是吕美玉演，虽然好一些，仍然是不大红。第三位上演此剧的便是碧云霞，她一演红了，碧云霞倒落下了这出戏。

46. 双处

（1）双处是他的艺名，因为是天津票界出身，所以叫双处，本名叫双阔亭。他专学孙菊仙的孙派，初期常演于天津，后来在东北享有的名气更大。

（2）我演《逍遥津》就学的是双处，有十三个"欺寡人"。唱词各家不全一样，双处唱的还是老腔老调，腔儿比较直，迂回委婉少，过去唱戏重视字眼，不重视腔。我改的唱腔就接近现在了。我给他配演过二皇子之一，唱完【导板】"父子们"之后，他的演法不是先上两个皇子，一边门站一个，然后汉献帝一个人再出来，而是由汉献帝一只手牵着一个皇子一起出场。我与他演出时，他已经70来岁了，眼睛有了毛病。

（3）有一次演出什么戏，要在场上拿马鞭，他眼睛看不见，一边两只手胡乱抓，一边问："马鞭呢，我的马鞭哪儿去啦？"

47. 黄云鹏

（1989年6月22日述）黄云鹏随沈阳京剧团到天津演出，只演三天，演完立刻就走。黄云鹏给我打电话，说时间太紧，不能到府上看望，问我能否出来到剧场看戏，还问能否听得出来打电话的人是谁？我在电话里说："我听不出来，不过我就知道你是'小奇观儿'（音，小七官儿？）如今你行了，也是大人物了！"黄云鹏说："是呀，现在我长大了，不是过去的小奇观儿啦！"我在上海演连本戏《火烧红莲寺》时，曾有一度十几岁的黄云鹏跟着他的师父一起参加演出。

48. 杨小楼

（1）我看过杨小楼演的《长坂坡》《溪皇庄》《金钱豹》等戏。杨小楼演戏，不仅唱、做好，而且讲究扮相和道白。演《长坂坡》，上场时先从上场口向下场口走，然后再回到台前，为的是突出刘备和皇娘的位置在台口，这一点就合戏理。有些人演赵云，叫赵云站台口，这就不对了。虽然饰演赵云的演员是主角，可是剧中角色的身份不对。

（2）另外，他念的"主公且免惆怅"，把"公"字挑高，走鼻音。

（3）再有，他上马动作有几下哆嗦，后来许多人学他这个上马时的哆嗦动作，其实这不是杨小楼故意的动作，而是他当时没站稳，学他的人把这个毛病学去了。

（4）杨小楼也演《金钱豹》，同样注意念白。他穿一身白，上绣黑色大金钱，勾脸干净，头的两边带两个大白绒球，演完下来，白绒球一点儿也不脏，这是功夫。再有，他有几个"跺泥儿"很稳，每次下台都有"跺泥儿"亮相，两手高举在头的上边两侧，很美。最后在下场是他有三腿，挺好。

49. 雪艳琴

京剧演员中至少有两个叫雪艳琴的。我说的这个，此人原来的艺名叫小宝钗，她的父亲叫张俊臣，艺名晚香玉，演摔打花旦的，与我是磕头的弟兄。小宝钗初期是唱梆子花旦的，如《拾玉镯》《喜荣归》等。她从16岁开始跟我演出，在烟台、东北各地改唱"西皮""二黄"了。我说她这个名字不是唱京剧的，要给她改名字。我写了许多的名字，放在祖师爷供桌上的竹筒里，晃了晃，抽出来一个，上面写的是"雪艳琴"，从此就叫这个名字了，当时还不知道北京有个叫雪艳琴的演员。后来知道有另一个雪艳琴，就管我们这个叫小雪艳琴了。现在（按：指1989年）她在沈阳戏校当老师，退休了，该有七十多岁了。她演《霸王别姬》《天女散花》等戏学梅派的路子，很好，演《天女散花》耍绸子要得好。

总结赵松樵先生漫长而绚烂的艺术人生，诌出几句顺口溜的赞颂词，作为全书的结束语。

这正是：

> 风流已随故人去，重聚笑语合新声。
> 何日再听君一曲，龙吟虎啸绕津城。
> 君虽乘鹤登仙境，身后绝艺万世惊。
> 德艺双馨松樵老，梨园青史标功名。

跋　给父亲的一封信

赵云铭

尊敬的父亲：

您好吗？

您离开我们已经 20 年了，我至今一直享受着您留给我的那份慈父的亲情。从您那里继承下来的众多亲友的深情厚谊，温暖着我的心，使我毫无孤独感，请您放心。

父亲，近年已经进入网络时代，经常在网上看到怀念您的文章，每当至此，都勾起我对您万般的思念，浮想联翩。您给我的感觉始终是一位温和慈爱的父亲，您对我的身教胜于言传，父女如朋友，您像是我的良师益友。您教我"要好好做人，与人团结，尽力把事情办得圆满"。这是您的经验总结，也是您的为人之道。话虽简单，可是要做到这些并不容易，您为此付出了一生的努力。我敬佩您在那染缸般的旧社会里能保持自尊自爱，洁身自好，不喝酒、不吸烟、不沾毒，一心钻研艺术，淡泊名利，心胸开阔，仁慈宽厚，这些使您得以长寿。您 13 岁丧母，16 岁丧父，中年丧妻、丧女。这些大不幸的遭遇，您勇于面对，担起责任，爷爷病重时您侍奉尽孝，为姑姑养老送终，为叔叔尽心竭力。您对家庭的责任感让我感动。您的榜样使我在遭遇困境时也能自强不息，走出心理的阴影。

您在漫长的人生艰苦磨炼中铸就了刚柔相济的性格。您的温柔性格体现在待人处世上，您总是站在他人的角度思考解决问题，凡和您接触过的人，包括同行、乐师、服装师等，您都和他们相处融洽，体贴入微。您不与同行争名夺利，您常说"艺人不容易，何必与同行过不去"。您的刚强烈性则表现在对自己的艺术上，练功刻苦，勤奋好学，多难的技能也要练就，说您是"戏痴"毫不为过。生旦净丑，文武昆乱，您一一攻破，全不畏难。您本工是文武老生，可是还精于其他多个行当。您经常饰演《群英会》中的鲁肃和孔明，《逍遥津》中的汉献帝，《打金砖》中的刘秀，《龙凤呈祥》中的乔玄和张飞，《走麦城》中的关羽或关平，《斩颜良》中的颜良，《连环套》中的窦尔敦和黄天霸，《战长沙》中的黄忠或关羽、魏延，《战潼台·探地穴》中的杨六郎和寇准，《智取北湖州》中的常遇春，《砸銮驾》中的包公，《苦中义》中的傻子，《天河配》中的舅舅等。这些角色中有文老生、做工老生、武生、红生、铜锤花脸、架子花脸、武花脸和丑行，演的人物都栩栩如生，每个活儿都是讲究而不将就。您自幼打下"五功""五法"的扎实基础，毯子功、靠功、靴子功、髯口功、水袖功、甩发功的功底深厚，在演人物和剧情中得到合理的发挥，运用自如，表达情感，演活人物，得到内行们的尊重和敬佩，受到全国各地观众的热烈欢迎。

您从艺90年经历了晚清、军阀混战、抗日战争、解放战争的动荡年代，切身体会过在旧社会演员"看似上流，实际不如下九流"的苦难，中华人民共和国成立后演员由艺人变为文艺工作者、艺术家，社会地位发生了根本的转变，生活有了保障，您对此深怀感恩之情，认为"演员应该珍惜这一切，要自尊自重，要用心提高艺术水平，回报社会"。您从1979年古稀之年开始积极做示范演出，教戏排戏，整理剧本，倾囊以授。您乐观地说："我现在每天都在进考场，考我小时候学的、唱的戏忘没忘，哈哈哈！"您把这当成晚年对社会和人民应尽的义务和生活的享受。您年过九旬为后学者提供宝贵的艺术经验和资料，在一周的时间里我和大哥陪您录制电视专题片《才长艺广赵松樵》，您不辞劳苦，说戏、排戏、演戏、拍外景。拍摄舞台演出的那一天，您的血压高达190，以您的性格肯定不会停下来，我请来王大夫陪护您左右，总算顺利完成大半天的拍摄工作，不知内情的大哥事后吓出一身的冷汗。我安慰大哥说："我和爸爸爷俩从来都是心有灵犀，配合默契，你放心，这下没事了。"

我最理解您对京剧艺术怀有的86年的情感，不舍不弃，您是在与时间赛跑和拼争，您是想以自己的行动告诉后人：京剧作为中国的国粹，是一代代无数位京剧人用汗水、智慧甚至生命努力拼搏传承到今天的，来之不易。前辈们积累下来的艺术成果是要后继之人珍惜并认真继承的，不要受南、北、京、海的议论干扰，学其精华，代代相传，丰富积累，创新发展，才是京剧人应该做的当务之急。您以耄耋之年努力一搏，是您作为一名老艺术家对京剧所尽的最后一份力量，赤子的一份责任，是对京剧后来人寄予的殷切希望。

父亲，赵绪昕先生所著关于您的大作出版后受到各方好评，令人无比欣慰，今天，《超等能派泰斗赵松樵评传》即将出版，更让我激动。几十年来绪昕先生对您的经历、艺术不断地研究，搜集资料，考证史实，精益求精，锲而不舍，使我非常感动。这次他不顾三伏酷热的天气，尽心竭力伏案笔耕，我从心底对他这种为京剧艺术的传承发展无私奉献、执着耕耘的精神深感敬佩。

请您放心，今后我会继承您的遗志，为京剧的传承发展尽我的绵薄之力。

尊敬的父亲，您多保重，不再耽误您与老朋友们畅谈和研究戏的时间了，或许你们又要开锣唱戏了吧？愿你们尽情享受你们为之奋斗一生的京剧艺术的乐趣吧！

您的女儿云铭拜上

2016 年 8 月 19 日

附录一　赵松樵艺术生活纪略年表

（1901—1996 年）

1901 年（清光绪二十七年）

农历三月初十日（4 月 28 日）降生于江苏省镇江市，原籍山东省武城，出身梨园家庭。父赵青山（又作庆山），艺名赵鹏飞，梆子、京剧两兼演员，后专工京剧武生、武丑行，一代名家。姐明月英（曾用名杨君波、杨月波），先工梆子戏，后改工京剧老生、武生，清末民初至 20 世纪 30 年代的著名女演员。

1906 年（清光绪三十二年），5 岁

开始随父亲、姐姐练功学艺（以虚龄记为 6 岁）。

1907 年（清光绪三十三年），6 岁

以"小客串"名开始登台，在《桑园寄子》《汾河湾》《三娘教子》等戏中扮演娃娃生。

随父母及姐在天津，随姐搭天津宁家坤班，赴汉口等地演出。

有资料记在天津进小四喜班坐科，赵松樵本人否认进过小四喜班。

1908 年（清光绪三十四年），7 岁

随父、姐在上海、哈尔滨等地演出，开始主演《狮子楼》《恶虎村》《八蜡庙》《九更天》《宦海潮》《云罗山》等文、武的正戏，人誉"小神童"，有"白玉堂"之绰号。

约在本年或下一年到海参崴演出。

1909 年（清宣统元年），8 岁

随父、姐在烟台市演出，与麒麟童首次同台。

在吉林替姐演出，以一出《恶虎村》大获成功，誉为"九龄神童"，遂以九龄童为艺名。

秋，在哈尔滨辅和茶园与父、姐合演《云罗山》等戏。

1910 年（清宣统二年），9 岁

与父、姐演于天津，观摩李吉瑞、程永龙、苏廷奎等人演出，获益匪浅。学演《独木关》《铜网阵》《请宋灵》《骆马湖》等黄（月山）派武生戏，人誉小李吉瑞。

1911 年（清宣统三年），10 岁

4 月上旬谭鑫培在天津凤鸣茶园演出，松樵为谭先生演的《桑园寄子》配饰娃娃生邓方（关于该年谭鑫培在天津哪个茶园演出，不同记载有出入）。

在天津广和楼戏院搭北京三乐科班演出，与尚三锡（尚小云）等人同台，与尚结为挚友。

1912 年（民国元年），11 岁

1 月 6 日起在哈尔滨、吉林等地与父、姐演出《云罗山》《翠屏山》《伐子都》《宦海潮》等戏。当地报纸赞誉赵氏姐弟为"皮黄高手"。

应喜连成社东家牛子厚先生邀请，春节前夕与父母及姐到北京，姐弟带艺入科喜连成社，搭班学艺兼演出。拜萧长华为师，取科班名赵喜祥。

春节登台，开始与明月英、雷喜福、王喜秀、高喜玉、陆喜才、康喜寿、钟喜久、侯喜瑞、吴喜年、于连泉（筱翠花）等人同台，演出《打渔杀家》《失·空·斩》《洪洋洞》《请宋灵》《独木关》《连环套》《盗魂铃》《挑华车》《石秀探庄》《长坂坡》《八大锤》《恶虎村》《鸳鸯楼》《翠屏山》等几十出戏。

社长叶春善喜九龄童演戏之能，收为义子。

赵鹏飞为喜连成科班导排《云罗山》《宦海潮》《佛手橘》三出戏。

喜连成社东家在本年易主，科班易名富连成，赵氏终止在喜连成的教戏、演出或学习。

1913 年，12 岁
举家到天津，与父亲、姐姐在天津演出。

1914 年，13 岁
演于大连等地，母病逝。

1915 年，14 岁
姐明月英离家，姐弟从此分离 20 年。

1916 年，15 岁
在哈尔滨编演《金鞭记》，后改称《呼延庆打擂》《呼延庆出世》。

与吴铁庵、盖春来组班演于烟台。由艺名九龄童更改名为赵松樵。

嗓音开始变声（倒仓），变声期间苦练武功并以演武生戏为主。

首次到上海，演于大舞台，打炮戏为《翠屏山》《战冀州》《狮子楼》。

11 月末至 12 月上旬，在杭州第一舞台参加"京、津长江南北名角"联合演出，同台有梅兰芳、王凤卿、何月山、冯子和、小孟七、姜妙香、姚玉芙、李兰亭、刘莲香、李桂芳、王福连、刘慧霞、于振庭等人。主演《翠屏山》《独木关》《乾元山》《恶虎村》《下河东》，与小孟七、李兰亭等合演《宋江吃屎》，与何月山、李兰亭合演《铁公鸡》等。

1917 年，16 岁
赵鹏飞先期从杭州去烟台，联络好戏院后，到杭州接赵松樵到烟台演出。在烟台演出一个时期后，再到哈尔滨。

在哈尔滨演《长坂坡》《战冀州》《铜网阵》《盗银壶》等戏。

父赵鹏飞病逝。

1918 年，17 岁

在哈尔滨与刀马旦名演员凤灵芝成婚。

在长春与高百岁同台演出。

1919 年，18 岁

嗓音开始恢复，可兼演文戏、武戏。

在烟台与张少甫合作演出。编演新戏，至此时已编演过《木兰关》《红须客》《张文祥刺马》、连本戏《呼延庆打擂》(《金鞭记》)、《诸葛亮招亲》《三搜卧龙岗》等，改编演出《逍遥津》《路遥知马力》等，移植改编梆子戏《苦中义》为京剧。

8 月，与唐韵笙、曹毛包、马武成、马秀成、高三奎、一盏灯等在海参崴演出。先后演于永仙和松竹两戏园，上演自编戏《金鞭记》(后改名《呼延庆打擂》《呼延庆出世》，1—4 本)，饰呼延庆，以及《长坂坡》《黑松林》等戏。编演新戏《益都泪》(《父子哭城》)。

学习、改编并开始上演《刀劈三关》。

1920 年，19 岁

8 月在海参崴永仙戏园演出，同台有高三奎、马武成、张云卿(一盏灯)等人。

9 月 28 日长子赵云鹤在海参崴降生。

本年末至次年在哈尔滨大舞台与杨瑞亭、马德成、程永龙、杜文林、郑玉华等人同台，主演自派戏《木兰关》《螺蛳山》《红须客》，改编上演《骂杨广·南阳关》《汉阳院·长坂坡》《北湖州》《铜网阵》《潞安州》等，合演《战长沙》《龙凤呈祥》《金鞭记》等。

移植改编《云罗山》《佛手橘》为京剧并演出。集体排演《卧薪尝胆》《永庆升平》《济公活佛》《飞龙传》《开天辟地》《封神榜》《七国志》等。

1921 年，20 岁

应上海共舞台邀请，农历正月初八登台，以自编戏《螺蛳山》

打炮。

与盖叫天、林树森、露兰春、李桂芳、吕美玉、黄玉璘（绿牡丹）合演《楚汉相争》。

与盖叫天合演两本《劈山救母》，分饰前后的沉香。

3月6日、7日夜场与盖叫天、碧云霞、林树森、时慧宝、罗小宝、毛艳秋、粉菊花等人演出《七擒孟获》。

在上海期间还与王鸿寿、麒麟童演《大闹花灯》，与王鸿寿演关公戏和《徐策跑城》，在关公戏中饰吕蒙。与李吉瑞演《骆马湖》，饰李大成。得到王鸿寿、李吉瑞的亲传。

据《中国戏曲志·黑龙江卷·哈尔滨戏曲志》的《讨论稿》中"大事记"的记载，1921年3月下旬在哈尔滨新舞台，赵松樵与卫派河北梆子创始人魏联升（小元元红）合组"两下锅"的戏班赴哈演出。

1922 年，21 岁

1月1日起在天津南市的广和楼戏院挑班演出，主要演员有瑞德宝、凤灵芝、小玉茹、赵庆兰、崔小楼、筱鸿升，演出《战冀州》《挑华车》《玉麒麟》（《大名府》）、《祝家庄》《下河东》等戏。

3月5日在天津某张府与梅兰芳、余叔岩、瑞德宝、名票王君直等人同台演堂会戏。

本年编演自派戏《汤怀自刎》。

1923 年，22 岁

应邀于正月初一在上海丹桂第一台登场，打炮戏为《螺蛳山》。同台合作的有高庆奎、何雅秋、王汇川、刘奎官、高福安、筱九霄、小小宝义、孙少云、董俊峰、金少山、小吉瑞、李庆棠、王兰芳等人，这一班人合作至10月初。

高庆奎、程少余、陈少福、刘奎官、曹宝义、林树森、胡宝山、黄成美（鼓师）、陈吉瑞、王汇川、赵松樵（依长幼排序）十一人义结金兰，时誉为"梨园十一杰"。

2月23日日场大轴戏由赵松樵、胡宝山、小吉瑞合演自派戏《木兰关·侬智广镇守螺蛳山》，夜场压轴戏主演自派戏《汤怀自刎》，配演王永利、李庆棠。

3月5日晚起与高庆奎、何雅秋、高福安、刘奎官、王汇川、小小宝义、筱九霄共同参演《智破佟家坞》，高福安导排。

3月15日起原班人马合演全部《铡判官》，高庆奎导排。

3月23日夜场起全班合演《十粒金丹》，杨韵谱导排。

4月8日夜场起全班合演《丐侠记》，杨韵谱导排。

5月6日夜场起至6月5日，全班合演头本《呼延庆出世》，赵松樵导排。

高庆奎演至6月2日，3日起被大舞台挖走演出。

6月13日起在丹桂第一台续演第二本《呼延庆出世》，赵松樵导排，主演有高百岁、小小宝义、刘奎官、赵松樵、王汇川、何雅秋、梅春奎、高福安、金少山、筱九霄、李庆棠、李少棠、王兰芳、陈月梅等。

8—9月改编上演《云罗山》为《云》，与刘奎官等合作演出。

10月6日起丹桂第一台进来程艳秋（后改程砚秋）、郭仲衡、荣蝶仙、高百岁、小杨月楼、侯喜瑞等一批演员，赵松樵等在此同台继续演出，与程艳秋、郭仲衡、侯喜瑞等合演全部《王宝钏》，饰王允。合作至11月6日。

10月6日晚赵松樵与刘奎官、沈鹤鸣、金少山等合演三本《铁公鸡》，7日日场赵松樵与侯喜瑞合演《斩颜良》，10月18日日场赵松樵演双出戏《挑华车》《金锁阵》，20日场演《剑峰山》《越虎城》，21日夜场与小杨月楼、高百岁合演《大英杰烈》，23日夜场主演《连营寨》，24日夜场与陈鸿奎、金少山、王兰芳合演《黑松林》。另与侯喜瑞、荣蝶仙、筱九霄合演《扈家庄》，与高百岁合演《乱石山》《感德忘恩》《益都泪》，与刘奎官合演《水淹七军》《收关胜》，与筱九霄合演《两狼山》，与高百岁、刘奎官、金少山等合演《三本铁公鸡》，与金少山、王永利合演《金锁阵》，与小杨月楼、高百岁合演《大英杰烈》，自己单挑演出《汤怀自刎》《恶虎村》《潞安州》《连营寨》等。

11月28日起应邀到南京下关百利公司新新舞台演出，接替孟小冬的台。同台演员有孟燮卿、萃坤灵、王冠影、白玉英、小玉楼、小凤英、小樊春楼、小月红、小香红等。主演《汤怀自刎》《益都泪》《南天门》《白马坡》《凤凰山》《长坂坡》《木兰关》《潞安州》《骆马湖》《战长沙》《溪皇庄》《黑松林》《两狼山》《越虎城》《拿高登》《七擒孟获》《金锁阵》《请宋灵》《百凉楼》《路遥知马力》，两本版的《苦中义》以及《翠屏山》《平贵别窑》《葭萌关》《常遇春救驾》，开始改良《白马坡》(《斩颜良》)的演法，遂享"活颜良"之誉。

排演新戏《义犬报恩》《炮打连镇》。在此地演至 1924 年 1 月 27 日，演期两个月，最后一场演的是深受欢迎的《苦中义》。

本年 12 月 23—24 日为浦镇平民小学义演。

1924 年，23 岁

2 月 8 日起应邀到上海共舞台演出，与张文艳、安舒元、小龚云甫、萧湘云、董俊峰、曹宝义、张德禄、小孟七、粉菊花、李桂芳、金少山、吕美玉、陈彩霞等同台合作。8 日日场倒三由赵松樵、萧湘云、小孟七合演《翠屏山》，饰石秀，8 日晚演压轴戏《杀四门》，9 日白天和晚上分别演出《葭萌关》《木兰关》。有资料记载，9 日夜场与曹宝义合演的《木兰关》为义演。10 日日场与金少山合演《连环套》。11 日晚与安舒元、萧湘云、陈彩霞、金少山演出《珠帘寨》。2 月里还与曹宝义、粉菊花义演《回荆州》。另与安舒元、李桂芳、曹宝义、金少山合演《黄鹤楼》《珠帘寨》《八大锤》《龙虎风云》《诸葛亮施展缩地法》等。后，露兰春加入演出，合演《盗御马》，露饰黄天霸，赵饰窦尔敦。

3 月 12 日与小孟七合演《斩颜良》，赵松樵饰颜良。

4 月 5 日与张德禄双演《新长坂坡》，分饰赵云，后与张文艳、小孟七、李桂芳、曹宝义合演全部《贩马记》，9 日夜场、13 日日场、18 日夜场与金少山合演《连环套》，18 日日场与金少山合演《新长坂坡》，饰赵云，金少山饰张飞，19 日日场与曹宝义合演《葭萌关》，夜场与金少山、吕月来合演《牛头山》。此班演至 4 月份。

在共舞台另与程永龙、张文艳、曹宝义、应宝莲等同台，执导排演连本戏《鹦鹉救真主》。

5月30日，上海伶界联合会为恢复榛伶学校筹款，在新舞台举办7次义演，同台有李吉瑞、小达子、常春恒、刘筱衡、露兰春、毛韵珂、盖叫天、杨宝森、绿牡丹、赵君玉等，与高庆奎合演《珠帘寨》，饰程敬思。

11月，与林树森、金少山合演《大汉刘关张》，饰刘备；《长坂坡·汉津口》饰赵云；与金少山再演《连环套》多次。

自编本派武戏《洛迦山》。

1925年，24岁

在烟台大量上演本派戏、改良的传统戏及连本戏。

编演新戏《张文祥刺马》。

在上海首开山门，收李铁英为入室弟子。

1926年，25岁

与杨瑞亭、程永龙等在哈尔滨大舞台合作。

大舞台京剧班与华乐舞台李金顺评剧班联合演出营业戏和义演，实现"京、评两下锅"，大受欢迎。

1927年，26岁

在哈尔滨大舞台与杨瑞亭、程永龙、马德成、杜文林、马艳秋、孙玉楼、郑玉华等演出《群英会》《龙潭鲍骆》《飞龙传》等戏。改编上演《北汉王·高平关》。演出自派戏。

（注：以上1926—1927年事为松樵先生本人回忆，据《中国京剧史·中卷》记载，在此期间赵松樵在哈尔滨大舞台、奉天共益舞台、长春新民大戏院、大连宏济舞台都有演出活动。）

1928年，27岁

3月，当年有评剧大王之称的李金顺联合赵松樵、盖春来、杨瑞亭、马德成、筱九霄、杜文林、程永龙等京剧名家在哈尔滨大舞台为贫病著名演员王少鲁丧葬募捐义演。

1929 年，28 岁

8月在哈尔滨大舞台与程永龙合演《斩颜良》，饰颜良。

另:《中国京剧史·下卷》"附录（下）"第1360页记:"1929年，程（永龙）与杨瑞亭、杜文林、花翠兰、赵松樵等组成五福班在哈尔滨、沈阳、安东、大连演出，声誉更佳。"

1930—1935 年，29—34 岁

在安东（今丹东）松柏大戏院、大连宏济大舞台、新京（长春）新民戏院等东北地区各大戏院长期挑班演出。

1935 年，34 岁

1月28日在哈尔滨新舞台演出全部《武松》。

7月应上海荣记共舞台聘请，走出东北，赴沪演出，从11月9日起登台，创演连台本戏《火烧红莲寺》34本，连续演出两年零八个月，至1938年7月16日止。

1936 年，35 岁

3月9日美国电影艺术家卓别林在梅兰芳等人陪同下，到荣记共舞台观看赵松樵领衔主演的《火烧红莲寺》第四本，给予高度评价。

陆续收陈云超、夏云堥、周云起等三十余人为徒，计划成立小科班，后因日军侵入上海，计划夭折。

在天蟾舞台与高庆奎等演出《七擒孟获》，饰孟获，高庆奎饰孔明。

1937 年，36 岁

2月3日在上海大舞台参加十大京剧戏班主要演员第六次大会串，演出全本《夜审潘洪》（即全部《杨家将》），在《碰碑》一折饰杨继业。

10月24—26日，参加上海伶界联合会为难民救济会筹募捐款的义演活动，演出在共舞台举行，主要演员还有周信芳、林树森、小杨月楼、白玉昆、毛韵珂、高百岁、陈鹤峰、张翼鹏、粉菊花、王富英等，

剧目有《群英会》《鸿门宴》《关云长》《抗战金兵》《嫦娥奔月》。

11月5日与毛剑秋、白玉昆、王椿伯、田子文等在共舞台演出由欧阳予倩编剧的《梁红玉》，饰韩世昌，表达对抗日战争的声援。

1938年，37岁

1938年的"八·一三"日本侵略军发动攻占上海的战争以后，上海伶界联合会为救国公债筹款，发起京剧名家的广播演唱会。9月26日下午，梅兰芳、周信芳、小达子（李桂春）、林树森、杨瑞亭、白玉昆、赵松樵、芙蓉草（赵桐珊）、高百岁、陈鹤峰、毛剑秋、云艳霞、韩金奎、田子文、金素琴、金素雯、华慧麟、袁美云、杨菊萍、赵啸澜、张文琴、韩素秋、名票赵培鑫、孙钧卿、孙兰亭等参加演唱会。

同年10月24—26日，上海伶界联合会在共舞台继续举办义务戏的演出，为难民筹集救济款，号称"全沪艺员，一起出马"，每天从中午十二点半开演，至傍晚六点半结束，票价仅售2角至1元2角，"价目绝对平民化"，盛况空前。

这三天的戏是：24日在前边演折子戏，有沈丽琴、潘鼎新的《三戏白牡丹》，钱麟童的《扫松下书》，美素娟、小白牡丹等八演《嫦娥奔月》，王桂卿、高雪樵、王富英、张德禄、张质彬、袁小楼、张韵楼、白叔安八演三本《铁公鸡》，陈筱穆、路凌云的《投军别窑》，李少春的《击鼓骂曹》，压轴戏是金碧玉、云艳霞、金素琴、韩素秋的四四《五花洞》，大轴是整本戏，全部《群英会·借东风·华容道》（周信芳饰鲁肃、林树森饰关羽、白玉昆饰孔明、毛韵珂饰孔明、程少余饰曹操、王筱芳饰赵云、韩金奎饰蒋干）；25日以演整本戏为主，有葛华卿、韩金奎、白玉昆、金碧玉、粉菊花、张翼鹏、李瑞来、金素琴、于素莲、筱文林、韩素秋等合演的八本《雁门关》《呼延赞表功》，中轴戏是林树森的《古城会》，大轴戏为周信芳、赵松樵、高百岁、王椿柏、陈鹤峰、王富英、刘全魁合演的《鸿门宴》；26日连折子戏带整本戏共有7出之多，依次是谭红妹、碧艳芳的《查头关》，小白牡丹、韩素兰的《打花鼓》，粉菊花、周菊芳的《大泗州城》，赵韵声、滕雪艳的《汾河湾》，高雪樵、小三麻子（李吉来）、张韵楼、路凌云等演全部《关云长》，倒三戏是杨瑞亭、韩金奎的《张义得宝》，压轴为小杨月楼、杨菊萍、郭少亭、张月亭的《凤仪亭》，大轴是《断臂说书》（周信芳饰王佐、张翼鹏饰陆文龙、马庆云饰岳飞、何润初饰乳娘）。

冬季，为上海伶界联合会筹集资金，参加"南北名伶大会串"的演出，在《战宛城》中串演典韦、在《大名府》中饰林冲、在《铁公鸡》中饰向荣。

1939 年，38 岁

12月7日起参加上海难民救济会组织的"文武老生总动员"义演活动，为难民筹募棉衣，其他演员有周信芳、赵如泉、高百岁、陈鹤峰、王椿伯、陈筱穆、杨宝童、李如春、刘文魁、钱麟童、王富英等，在天蟾舞台演出两场，剧目有《鸿门宴》《追韩信》。

1940 年，39 岁

进上海天蟾舞台，与陈鹤峰、杨宝童、刘文魁等接续排演连本戏《黄天霸》，在《拿谢虎》中扮演的谢虎有绝技表演，连演连满 57 天，威震剧坛。从第七本排演至第十三本止。

夫人凤灵芝病故。

春季，接宋宝罗进天蟾舞台，松樵先生为其排演整本的《逍遥津》《武乡侯》《风波亭》《下河东》《秦琼》等成本大戏，连满三个月。

参加为江苏六县水灾、为麻风病医院募捐的义演，主演《逍遥津》《战马超》《单刀会》《取成都》。

5月底在更新舞台与麒麟童、高百岁义演《战长沙》。

8 月 20—22 日，参加 4 场义演，剧目有《龙凤呈祥》《雪弟恨》《大名府·一箭仇》《战长沙》，主要演员还有麒麟童、盖叫天、黄桂秋、谭富英、林树森、赵如泉、梁一鸣、高百岁、李仲林、张德禄、郑玉华、芙蓉草、张翼鹏、刘斌昆、王富英、杨宝童、李如春、李吉来等。

应邀为新成立的上海戏剧学校"正"字科学生讲学传艺。

1941 年，40 岁

在上海更新舞台开始挑班演出，兼任后台经理。

与宋宝罗合作演出。

与小杨月楼、郭玉昆、刘文魁合作演出，主演《拿高登》《大铁笼山》《云罗山》《骂杨广·南阳关》《殷家堡·骆马湖·擒李佩》，与小杨月楼合演《坐楼杀惜·活捉三郎》、全本《貂蝉》等戏。

1942 年，41 岁

继续在更新舞台挑班并兼任后台经理。

4 月 9 日与麒麟童、林树森、赵如泉、黄桂秋、俞振飞、李仲林、高雪樵、小三麻子、刘文魁、郭玉昆、袁世海、曹四庚等参加义演全本《吞吴恨·刘关张三义归天》。

5 月起与小杨月楼演出连本戏《武则天》。

分别接黄桂秋、谭富英、李宗义等到更新舞台演出，李宗义、李玉芝、姜妙香、李多奎、傅德威合班演出。

应天蟾舞台邀请，与盖叫天、叶盛章、高雪樵、班世超等共同为高盛麟友情助演。

1943 年，42 岁

续任更新舞台领衔主演，兼后台经理。

与蔡素英女士成婚，白头偕老。

参加为上海伶界联合会兴办榛伶学校、施舍冬衣、开办粥场举办的义演，再次合作《大名府·一箭仇》，饰林冲。

1944 年，43 岁

续任更新舞台领衔主演，兼后台经理。

提携青年武生名家傅德威，与之双演《长坂坡》《嘉兴府》等戏，并向傅德威传授武生及勾脸戏的表演方法与经验。

倡议并组织在黄金大戏院举办义演，为在抗日战争中生活贫困的艺人们募捐，2010 年京剧名家刘泽民赞誉赵松樵先生为慈善家。

1945 年，44 岁

在上海共舞台与赵如泉并挂头牌，排演连本戏《宏碧缘》1—3 本，白家麟、李如春同台演出。

因反抗戏院资方的剥削与压迫，被上海几家戏院资方老板联合抵制，不能在上海登台，赴杭州、苏州、镇江、无锡、常州演出。

1946 年，45 岁

被周信芳接进上海黄金大戏院，挂特牌，二人合作演出《斩车胄》《斩颜良》《战长沙》《四进士》《刘唐下书·坐楼杀惜》等戏，合排连本戏《封神榜》，同台有梁一鸣、高百岁、田菊林、王富英等。

研究并上演《华容道》，获好评。

女儿赵云铭在上海出生。

应著名刀马旦兼武旦演员白玉艳之请，赵氏三代人到上海共舞台与之合作演出，帮助排演连本戏《荒江女侠》《三侠剑》，合演传统戏《泗州城》等，同台有武生王少楼等名家。

1947 年，46 岁

春节前后赵氏父子在更新舞台排演连本戏《太平天国》，演员有陈鹤峰、曹慧麟、张二鹏、鲍月春、俞素秋、王筱芳等。

夏，受天蟾舞台邀请与唐韵笙合作演出新编戏《十二金钱镖》、传统戏《斩颜良》《艳阳楼》《铁笼山》《绝龙岭》《战马超》《真假包龙图》等，同台有高雪樵、魏连芳、李春元、李刚毅、于素莲、胡少安、叶盛长、艾世菊、马世啸、张云溪、张春华、李宝魁、高维廉、宋遇春等。

收著名武生刘宫阳为徒（所忆年代有出入，另记为 1941 年）。

到苏州协助赵云鹤演出《野猪林》《血滴子》。为鲁智深角色创演专用的罗汉拳和罗汉铲"把子"。

1948 年，47 岁

在上海黄金大戏院演出《大名府·一箭仇》《艳阳楼》《莲花湖》

等，同台有盖叫天、高盛麟、叶盛章、高雪樵、云燕铭、李仲林、张翼鹏等。

教授高盛麟《战马超》中张飞的赵派演法。

弟赵馨声、弟媳张玉燕夫妇遭国民党军官杀害。

离上海，在无锡与唐韵笙义演《斩颜良》。

赴南京，在南京大戏院等剧场领衔演出兼后台经理。分别与李万春、高盛麟、李仲林、李盛斌演《战马超》，与李万春双演《走麦城》之关羽，轮换扮演《连环套》之黄天霸与窦尔敦，与李万春、李仲林等合演《斩华雄·三战吕布》，与高盛麟演《斩颜良》，与童芷苓演《武松与潘金莲》，与王玉让演《连环套》，与李宝童演《斩黄袍》，单挑主演《汤怀自刎》《骂杨广·南阳关》《张文祥刺马》等自编戏。

编演全部《关公》系列剧，从《关羽出世》起至《夜走麦城》止。

收徐维廉为弟子。

1949 年，48 岁

继续演于南京。

收郭韵申为入室弟子，改师门名为郭云涛。

担任南京市文艺界平艺员（相当于旧制的梨园公会会长，受解放军军管会管辖）。

组织义演，救济失业的演员。

1950 年，49 岁

1 月 23 日，南京市京剧改进委员会成立，苏堃为主任委员，赵松樵、管公衡为副主任委员。

春，离南京，赴蚌埠演出。

五六月间被在济南的孟丽君接去合作，演出《宏碧缘》《关公赞貂蝉》等戏。与程砚秋会面。济南方面挽留，因在天津的弟子们邀接而婉拒。

7 月回到阔别 28 年的天津，其入室弟子李铁英、陈云超等所在的天津新艺剧社于 7 月 14 日开始上演赵松樵编导的连本戏《呼延庆打擂》。

8月1日应邀与京剧荀派创始人荀慧生，评剧名家鲜灵霞、刘翠霞，鼓曲名家小彩舞、周文如，相声名家常宝堃，魔术名家陈亚楠，共同为天津燕乐戏院重新开张揭幕剪彩。

9月13日在大舞台搭天津新艺剧社首次登台，打炮戏是全部《隋炀帝》。当时演员阵容有赵松樵、李铁英、陈云超、袁文君、唐啸东、彭英杰、小盛春、闻占萍、张海臣、鲍云鹏、曹艺铸、郭云涛。陆续演出全部《三国志》（分饰鲁肃、乔玄、关羽、张飞或分饰关羽、王允）、《曹营十二年》（分饰关羽、颜良）、全部《连环套》（前饰窦尔敦、后饰黄天霸）、《扫松下书》《北湖州》，全部《木兰关》《汤怀自刎》，1—8本《夜走麦城》（分饰关羽、黄忠、赵云）、全部《寇准》（《战潼台·探地穴》）、《红须客》、全部《逍遥津》《长坂坡·汉津口》《北汉王·高平关》《铁笼山》、全部《路遥知马力》、全部《薛礼》（《凤凰山·叹月·独木关》）、《跑城》、全部《黄忠》（《战长沙·定军山·阳平关》）、《战马超》《大溪皇庄》《斩颜良》，八演《铁公鸡》《战长沙》、全部《益都泪》《苦中义》《大名府》等。所演剧目丰富，多为天津舞台所未见或久未演出，繁荣了天津京剧演出市场。

10月1日，赵松樵、李铁英师徒合演翁偶虹的新编戏《将相和》，是该剧在天津的首演。

11月26日为在大舞台新艺剧社演出的最后一天，剧目为《张文祥刺马》。

12月6日起领导扶新剧社演于共和戏院。

1951年，50岁

担任天津扶新剧社社长，领衔演出，主要演员曾有张海臣、费玉策、高桂秋、杨筱卿、钳韵宏、周蕴华、何昆林、曹艺铸、郭云涛、王紫苓、筱麟昆等，特约郭韵蓉、刘宫阳、闫世善参加演出。后陆续加入演出的还有李少楼、陈云声、刘麟童、杨麟芳、吴韵芳、朱玉良、华慧麟等。

演出本派戏及传统戏，如《云罗山》《木兰关》《骂杨广·南阳关》《北汉王》《三国志》《龙潭鲍骆》《铁笼山》，全部《刘关张》，《智取北湖州》《夜走麦城》《双狮图·徐策跑城》《逍遥津》《扫松》《百凉楼》《斩颜良》《定军山·阳平关》《黑松林》《铁公鸡》《古城会》《借东风·华容道》《九江口》《打严嵩》《剑峰山》《渔夫恨》《凤凰山·独木关》《刀劈三关》等。

执导并演出全部《关公》《大名府》《金大力怒骂黄天霸》《施公下淮南》等。

为配合抗美援朝战争，编演大型连本戏《岳飞》，编剧王德义，导演赵松樵，从 1951 年 5 月 12 日至 1952 年 4 月 5 日止，共演出 30 本，历时 11 个月。

3 月 18 日演出《上天台》，首创"太庙"一场不上"魂子"的演法，开一代新风。

继续上演大型连本戏《岳飞》。

6 月 17 日为支援抗美援朝战争义演两场，票房收入全部捐献。

11 月 26 日开始接小盛春加入扶新剧社在共和戏院的演出，打炮戏是《花果山·闹海岛·闹龙宫》，赵松樵让出大轴戏的位置，以《徐策跑城》为小盛春垫场演压轴戏。

12 月 24 日小王虎辰开始搭扶新剧社在共和戏院登台，以《千里走单骑》打炮，赵松樵让台息影。

1952 年，51 岁

1 月，赵松樵领导扶新剧社继续演出《岳飞》，演至 4 月 5 日第三十本结束。

1 月小王虎辰、小盛春联袂演出，7 日新加入董盛岩参加演出。

收小王虎辰、小盛春、唐啸东为徒。

6 月 4 日起张艳芬开始加入演出，6 月 14 日京剧名家刘汉臣开始加入演出。

8 月 15 日起率扶新剧社部分演员赴哈尔滨等地演出，剧目有《斩颜良》《骂杨广·南阳关》《虎头牌》《威震华夏》等，被东北观众赞誉为"红生名家"。

9 月 6 日返津登台，当晚与刘汉臣合演《斩颜良》，后二人多次合演此剧。他们还曾合演《三国志》（赵松樵饰王允、唐啸东饰陈宫、刘汉臣饰关羽、曹艺铸饰华雄、小盛春饰吕布；另有赵松樵分饰鲁肃、关羽，刘汉臣分饰乔玄、张飞，小盛春饰周瑜，唐啸东饰孔明，曹艺铸饰赵云，刘淑华饰孙尚香）、《古城训弟》《夜走麦城》（赵松樵饰关羽，刘汉臣饰刘备、黄忠，小盛春饰赵云，曹艺铸饰关平）、《艳阳楼》（刘汉臣饰高登、赵松樵饰青面虎、小盛春饰花逢春）、《长坂坡·汉津口》《战长沙》（赵松樵饰魏延、刘汉臣饰黄忠、杨麟芳饰关羽）、《千里走单骑》（刘汉臣饰前关羽、赵松樵饰后关羽）等。

赵松樵单独主演《凤鸣关》《汤怀自刎》《木兰关》《上天台》《斩黄袍》《刀劈三关》《赵云劈五虎》《路遥知马力》《九伐中原·铁笼山》《北汉王》《跑城》《单刀会》《伍建章与伍云召》（《骂杨广·南阳关》）、《华容道》《百凉楼》《卧龙岗·火烧夏侯惇》《单刀会·白逼宫》等。

1953 年，52 岁

领导扶新剧社在天津共和戏院演出《益都泪》《汤怀自刎》《战潼台》《风波亭》《木兰关》等。

1 月 28 日起著名武生孙震霖参加演出。

5 月 25 日率孙震霖、杨麟芳、刘复初、郭云涛、周稚威外出演出返津，开始登台，演出《苦中义》《红须客》等。

11 月 30 日起特约周云亮、周云霞加盟扶新剧社演出，至 1954 年 2 月末。

收孙震霖为徒。

1954 年，53 岁

1 月，参加天津市第一届戏剧观摩演出，陪李铁英演《古城会》、陪孙震霖演《战马超》，均饰演张飞。李获一等奖，孙获二等奖。

与李桂春（小达子）双演《叹月·独木关》，与姜铁麟双演《拿高登》。

在闭幕式上，梅兰芳演大轴戏《宇宙锋》，亲点赵松樵与李铁英师徒演压轴戏《古城会》。

赵松樵、盖叫天、韩长宝、娄廷玉、周啸天同获天津市第一届戏剧观摩会演纪念奖。

3月起赵松樵领衔华慧麟、张艳芬、孙震霖、唐啸东、高桂秋、曹艺铸等开始演出，导演并主演《云罗山》《越王与西施》等。

3月29日起约请著名文武老生张铭声、文武花旦董明艳参加扶新剧社的演出，此时在扶新剧社的主要演员还有钳韵宏、郭云涛、小盛春、杨麟芳等。

1955年，54岁

夏季，率团到山东济南天庆戏院及威海、福山、烟台等地巡回演出，主要演员还有筱高雪樵、唐啸东、郭云涛等。

在济南期间与尚小云先生会面，尚先生赠二人少年时的合影照片，并赠绘画折扇。

应盖春来之邀率团到齐齐哈尔市演出，途经海城、鹤岗、双子河等地演出。

与长春市京剧团合作，赴外地巡演。与赵麟童等合作，排演新编戏《还我台湾》，进京演于北京民主剧场。最后一天应北京方面要求，在中山音乐堂演出传统戏《屯土山·斩颜良》，一赶两角，前饰关羽，后饰颜良，深获赞誉。

1956年，55岁

接受京剧小生名家杜富龙等人盛邀，3月5日起领衔天津市京剧团建新分团的演出，任业务副团长至1966年。该团主要演员曾有赵蕴秋、刘麟童、王富英、齐慧秋、张少臣、张海臣、费世延、包芳华、李瑞亭、沈春莺、唐啸东等人。

导演《呼延庆出世》，新排演《五鼠闹东京》《怪侠欧阳德》，演出《苦中义》《战潼台》《单刀会》《逍遥津》《骂杨广·南阳关》《夜走麦城》《九江口》《云罗山》《跑城》《拿高登》《汤怀自刎》《骆马湖》《龙潭鲍骆》《斩颜良》《八蜡庙》《斩黄袍》《独木关》《铁公鸡》等。

1957 年，56 岁

5 月，重新整理加工并演出《铁公鸡》。

8 月 19—20 日联合京剧名家李铁英、小盛春、徐荣奎、刘麟童、陈云超、李少楼、刘少泉、李瑞亭、李幼麟，河北梆子名家银达子、金宝环、梁蕊兰、王玉磬、宝珠钻、金香水等，举办义演。

收徐荣奎为徒，传授《碰碑》《战潼台·探地穴》《刀劈三关》。

9 月 11—12 日组织并参加在天津第一工人文化宫举办的义演"武生大会"，参与演出四演的《四杰村》。

10 月在天华景戏院排演《蒋伯芳棍扫萧金台》，连演将近一个月。

10 月 25 日排演自编戏《红须客》，大转舞台。

11 月演出自编戏头本《呼延庆出世》。

1958 年，57 岁

1 月起在天华景戏院排演连本戏《七侠五义》。

3 月 5 日起在天津塘沽戏院演出《古城会》《逍遥津》《刀劈三关》《天波杨府》等。

7 月 5 日受邀参加谭富英、裴盛戎在天津收徒仪式，老友相逢，与谭富英、裴盛戎、马长礼等畅叙旧谊。

11 月在天华景戏院演出《七侠五义》。当选天津市和平区人民代表。

1959 年，58 岁

3 月演出《战长沙》、全部《武松》、全部《包公怒斩陈世美》。

4 月演出《灞桥挑袍》。

8 月 9 日参加 1959 年天津市戏剧会演，在天津小剧场（后改名延安影剧院）演出《古城会》。

为庆祝国庆节，在天津市人民剧场演出《古城会》，正在天津演出的马连良、张君秋等到场观摩。

1960 年，59 岁

1 月演出《华容道》《斩颜良》《千里走单骑》。

2月演出《跑城》《走麦城》《龙潭鲍骆》、排演头本《五鼠闹东京》。

3月演出 1—3 本《五鼠闹东京》等。

4月演出 1—3 本《五鼠闹东京》《别窑》。

11月执导并演出《杨家将十小战梁王》)、上下集《五鼠闹东京》《卧薪尝胆》(同年天津市塘沽京剧团搬演)。

12月导演并演出《卧薪尝胆》,赴北京参加全国文教系统群英会,与周信芳、梁一鸣、盖春来等众老友相逢。

1961 年,60 岁

1月演出上下集《五鼠闹东京》等。

4月演出《三盗令》等。

6月 18 日起分两期组织并参与对五十余个传统剧目的整理、加工、演出。

继续演出连本戏《五鼠闹东京》,排演新戏《三盗令》。演出《古城会》《龙潭鲍骆》《单刀会·白逼宫》《大战宛城》等。

10月演出《古城会》《龙潭鲍骆》《白逼宫》《大战宛城》等。

12月演出《薛礼叹月·独木关》。

1962 年,61 岁

1月演出《路遥知马力》《逍遥津》《八蜡庙》《战樊城》《刀劈三关》《龙潭鲍骆》《叹月·独木关》《古城会》。

2月演出《华容道》《凤凰山·独木关》。

3月演出《汉寿亭侯》《逍遥津》《古城会·训弟》。

4月演出全部《连环套》《八蜡庙》。

5月演出头本《五鼠闹东京》《穆桂英大破天门阵》、新排上集《包龙图与呼家将》。

6月演出全部《雪弟恨》(前后饰关羽、中饰黄忠),排演并主演《七擒孟获》《跑城》《走麦城》,导演并演出《蒋伯芳棍扫萧金台》。

7月新排并主演上下集《绿牡丹》,演出《杨家将十小战梁王》《七擒孟获》，导演并主演《张文祥刺马》。

8月演出上下集《绿牡丹》《张文祥刺马》《蒋伯芳棍扫萧金台》《七擒孟获》等。

9月演出《雪弟恨》《蒋伯芳棍扫萧金台》、上下集《绿牡丹》《七擒孟获》、新排首演《通天荡》《走麦城》《八蜡庙》《刀劈五虎》、全部《打渔杀家》、新排首演全部《飞龙传》。

10月演出《打渔杀家》（带法场）、全部《云罗山》《南天门》《汉寿亭侯》《刀劈三关》《北汉王》《吕布与貂蝉》等。

应山东家乡地方政府盛邀，率团回乡慰问乡亲，带病坚持数天演出，得到家乡父老拥戴，被当地群众和政府誉为"人民艺术家"。

当选天津市河北区政协委员、常委。

在天津市干部俱乐部小剧场为到天津视察工作的刘少奇、班禅演出《古城会》，饰关羽，张韵啸饰张飞，王宝春饰马童，冯荣焕饰蔡阳。

1963年，62岁

演出《战长沙》《刀劈三关》《打金砖》《黑松林》《路遥知马力》《九江口》《逍遥津》《独木关》《骂杨广》《走麦城》《大名府》《徐策跑城》、全部《渔夫恨》《甘露寺》（与梅派男旦名家舒昌玉合作）、《天波杨府》《华容道》《砸銮驾》《汤怀自刎》、全部《龙潭鲍骆》《单刀会·逍遥津》等。

扶持优秀中青年演员，4月5日起邀请梅派青衣名家舒昌玉参加本剧团演出，并亲自为其垫演《跑城》，4月13日与舒昌玉等合演全部《甘露寺》。

9月参加演出现代戏《芦荡火种》《铁道游击队》等。

12月，新排大型历史剧《兵符记》，由松樵先生之孙赵钰伯导演。

被选为天津市第三届政协委员，此后连任至第七届。

1964年，63岁

演出《群英会·借东风·甘露寺·丧巴丘》《单刀会·逍遥津》《打金砖》、后部《水泊梁山》、全部《天波杨府》《龙潭鲍骆》《四杰村》等。

4月4日晚演出现代戏《千万不要忘记》，饰演剧中主角老工人丁海宽，连演连满半个月。主演或参加演出现代戏《追马》《雪岭苍松》《烽火桥头》《智取威虎山》等。

1965 年，64 岁
明月英因心脏病逝于天津。

1970 年，69 岁
受"文革"冲击，剧团解散，转业至天津河北区综合计划局工作。

1976 年，75 岁
唐山大地震波及天津，偕夫人等避居上海 10 个月，其间会晤黄桂秋、小王桂卿、筱高雪樵、刘宫阳、刘泽民、周云起等京剧界人士并传艺。

正式收刘泽民为徒。

1977 年，76 岁
回归文艺界，被任命为天津市京剧二团艺术指导。

开始逐步恢复演出《古城会》《华容道》《逍遥津》《刀劈三关》《徐策跑城》等剧目。

为青年演员辅导并执排《战长沙》《神亭岭》《斩颜良》等戏。

1978 年，77 岁
高盛麟从北京到天津拜访、请益、叙旧。

12月4日晚在延安影剧院演大轴戏《徐策跑城》。

1979 年，78 岁
2月19日晚在民主剧场演大轴戏《徐策跑城》。

2月28日、4月24日、5月6日、6月25日、12月24日晚演出《举鼎观画·徐策跑城》或《徐策跑城》。

10月15日在天津市民族文化宫恢复演出《逍遥津》，10月28日再次上演《逍遥津》。

12月23日晚恢复演出《雷万春刀劈三关》。

12月24日晚以78岁高龄演双出，前演《跑城》，饰徐策，后演《华容道·关羽挡曹》，饰关羽。

1980年，79岁

3月13日晚演出《雷万春刀劈三关》。

中国艺术研究院音像室受中央文化部委托，到天津为赵松樵演出的《刀劈三关》《举鼎观画·徐策跑城》录像。

高盛麟、吴素秋等京剧名家登府拜访。

1981年，80岁

1月8—9日在天津新兴影剧院、10—11日在天津南开文化宫，与李万春连演4场《白马坡》（《斩颜良》），时年80岁，李70岁，可惜当时未录像，幸有录音，后制出"音配像"。

1月21—23日在中国剧协天津分会第二届代表大会上当选中国剧协天津分会副主席，是继杨宝森之后第二位担任此职的京剧艺术家。

高盛麟、尚长春、孙荣蕙等登府拜访。

9月9日应邀参加天津戏校成立25周年庆祝演出，与杨荣环、尚长春、李荣威等合演《龙凤呈祥》，以80岁高龄饰演"芦花荡"中之张飞。

在天津市文化局举办的集体拜师会上收天津市京剧团优秀文武老生演员魏伟为弟子。

被批准加入中国共产党。

1982年，81岁

天津市文化局为全本《华容道》演出录像。

艺术生平收入湖南人民出版社出版的《中国艺术家辞典》现代第

三分册。

指导天津市京剧团魏伟主演的《逍遥津》。

京剧名家吴素秋等到访。

1984 年，83 岁

为天津市京剧团传授并指导《忠烈传》《雪弟恨》《火烧百凉楼》的排演，在中国大戏院亲自参加《雪弟恨》的演出，在"哭灵牌"一折饰刘备，紧接在"火烧连营"一折赶饰大马童，为马少良饰演的赵云配演，引起轰动。83 岁提携中青年演员的精神令人赞佩。

10 月 21 日参加"爱我中华，修我长城"的义演，主持之一兼清唱。

为中国北方昆曲剧院侯少奎等传授《单刀会》。

收王志英、焦麟昆为弟子。

东北京剧名家李春元、周仲博、焦麟昆登府拜访。

1985 年，84 岁

为天津市京剧团指导《珠帘寨》的排练与演出。

为天津市京剧团著名武生苏德贵和天津市青年京剧团演员李志勇教授《薛家窝》中的对刀、《四杰村》中双刀枪等"把子"功。

1986 年，85 岁

应请和豫剧名家陈素贞共同为天津市河北梆子剧院新编戏《关羽认妻》担任艺术指导，辅导河北梆子名家王伯华扮演关羽角色的表演，该剧在天津市新剧目会演中获一等奖。

教授京剧名家马少良《南天门》《天雷报》等戏。

参加天津中国大戏院建立 50 周年庆祝演出，与厉慧良双演《八蜡庙》之褚彪。

1987 年，86 岁

2 月起担任天津市表演艺术咨询委员会终身委员。

为天津市河北梆子青年剧团老生名家高明利教授《乌龙院》《云罗山》《路遥知马力》等戏。

参加天津市平房改造工程集资义演。

11 月，湖北省荆州市松磁京剧团几位演员慕名来访，向松樵先生问艺，学习《乌龙院》一剧的表演。

1988 年，87 岁

为庆祝天津市表演艺术咨询委员会成立一周年粉墨登场，与名净张韵啸合演《古城会·训弟》，与名丑包式先合演《扫松下书》，不佩戴扩音器。

参加"为了儿童健康"项目的募捐义演。

参加天津人民广播电台举办的"津门表演艺术家演唱会"。

开始在天津市表演艺术咨询委员会委派的工作人员傅胜利的协助下整理演出本数本，整理工作至 1991 年结束。

1989 年，88 岁

4 月 16—18 日，天津市表演艺术咨询委员会、天津市京剧团联合主办"庆祝赵松樵先生舞台艺术生活 82 周年"的盛大演出活动，来自天津、上海、山西（太原）、江苏（南京）、福建（福州）、江西（南昌）、黑龙江（哈尔滨）、安徽（滁州、庆阳）的八个省市近二十位各地顶级艺术家齐聚天津，大多艺术家系赵松樵先生的亲传弟子、授艺义子和再传弟子。参加演出的有李铁英与李雨森父子、赵云鹤、陈云超、王超群、舒昌玉、鲍云鹏、刘少泉、李芝纲、袁文君、郭云涛、王志英、陈鹤昆、李慧春、魏伟、李志勇，以及天津市京剧团的著名演员温玉荣、宗志杨、郭秉新、吴恩顺、王德刚、王文斌、沈伯华、孙鸣凯、孟繁忠、杨来春、陈霄、齐忠岚等鼎力相助，相声泰斗马三立、京剧名家赵慧秋等友情串场。演出了《古城会》《斩颜良》《大溪皇庄》等十数个精彩剧目，盛况空前，引起轰动。

收京剧名家陈鹤昆为弟子。

为弟子郭云涛传授《黑松林》《张文祥刺马》，为弟子王志英传授《乌龙院》《路遥知马力》，为天津市京剧团名家李莉、魏伟教授《武昭关》。

7月受聘为天津市河北区戏迷协会顾问，9月受聘为天津市职工业余京剧大赛评委。

1990年，89岁

3—4月，中国剧协天津分会、天津市表演艺术咨询委员会、中共天津市河北区委宣传部、河北区文化馆联合举办"赵松樵舞台艺术生活图片展"。

4月16—18日，上海市周信芳艺术研究会、天津市京剧团在天津第一工人文化宫举行麒派艺术专场演出，聘请赵松樵为艺术顾问。

艺术生平收录天津人民出版社出版的《京剧知识辞典》。

为大型电视系列片《中国京剧艺术》之《跳加官》做表演现场的艺术指导。

1991年，90岁

担任天津市中青年演员电视大奖赛评委会的艺术顾问。

8—9月，天津电视台拍摄电视专题艺术片《才长艺广赵松樵》，以九旬高龄粉墨登台，一个下午录下《南天门》《云罗山》《路遥知马力》《走麦城》共4出戏的选场片段表演。

9月24日，吉林省京剧团武生名家孙震霖等来访，邀请25日亲临一宫观看该团演出的《闹龙宫》等。

10月8日，参加天津电视台举办的"天津市老中青少京剧演员与票友演唱会"，一起庆祝全国京剧票友大赛在天津开幕。

1992年，91岁

6月1日，夫人蔡素英病逝。

6月9日，中国京剧院著名老生表演艺术家叶盛长先生从北京赶来拜访、慰问。

1994 年，93 岁
2 月，艺术生平收录《天津市当代专家名人录》。

开始享受国务院颁发的有特殊贡献专家的津贴。

12 月下旬，天津人民广播电台为新年戏曲晚会到家中录音贺词与清唱。

1995 年，94 岁
6 月起，受天津市中华民族文化促进会委托，由李慧春先生协助录音，讲述 10 个剧目的总讲。

参加中国第一届京剧艺术节庆贺活动，与李瑞环等领导人和众多京剧名家会见。

接受上海东方电视台及京剧研究家王家熙的采访并录像。

1996 年，95 岁
2 月完成 10 个剧目的说戏总讲录音工作。

4 月 27 日，天津电视台《中华戏曲》栏目摄录生活与访谈专辑。

8 月 30 日，山西省晋剧院武戏教师、京剧武生名家鲍云鹏先生来访。

9 月，上海有关文化部门派专人到天津，拍摄生活照。

11 月患感冒，12 月转肺炎，引发心力衰竭。

12 月 29 日晨 7 时 15 分病逝，终年 95 周岁零 9 个月。

附录二　赵松樵演出剧目选录

　　赵松樵先生艺术生活89年（1907—1996），粗略估计他一生演出场次高达3万场之多，演过的剧目总有几百出（多集连本戏做一个剧目计），扮演剧中各类人物的艺术形象也有几百个，要想将他演过的剧目、人物统计完全，是不大可能办到的事情。所以，本资料只能遗憾地做到"选录"而已。即便如此，已能从中看到他的能戏之多、戏路之宽、应工之广、创作之丰了。这足以印证他全才的艺术素养。1935年上海《申报》赞誉他为"蜚声南北，文武唱做，独树一帜，超等能派泰斗"，是实至名归的。

　　【开天辟地】连本戏，扮蚩尤，约在1920年前后演于哈尔滨大舞台，齐向阳编剧，杜文林导演，同演者有杨瑞亭、马德成、赵冠群、杜文林、郑玉华、于紫仙、雪艳琴、孙玉楼等人。

　　【封神榜】连本戏，扮苏护，曾演出1—3本，约在1920年前后演于哈尔滨大舞台，马德成饰姜子牙，刘英玉饰纣王，于紫仙饰妲己，杜文林饰申公豹，赵冠群饰费仲。20世纪40年代在上海黄金大戏院再饰苏护，与麒麟童、高百岁合演。

　　【反五关】扮黄飞虎。

　　【绝龙岭】扮赵公明，1947年在上海与唐韵笙合演，唐扮闻太师。

　　【摘缨会】扮楚庄王，有文有武。

　　【搜孤救孤】扮徐策，整本戏之一折，与《法场换子》等连演。

　　【战潼关】又名《攻潼关》，扮余化龙，文武戏，有改良。

　　【伐子都】扮公孙阏（子都），有"三变脸"。

　　【将相和】扮廉颇，20世纪40年代在上海曾与白家璘合演，白饰蔺相如。1950年在天津与李铁英合演由翁偶红改编的此剧，是天津最早上演翁本的演员，李饰蔺相如。

【卧薪尝胆】分别饰演过越王勾践、吴王夫差。20世纪20年代初期先在上海与当地后起之秀刘汉臣合演，刘饰勾践，赵饰夫差。后在哈尔滨与杨瑞亭合演，杨饰勾践，赵饰夫差，马德成饰伍子胥，杜文林饰伯嚭，马武成饰文种，郑玉华饰范蠡。30年代在东北、40年代在江南、50年代在天津，几度上演该剧，均饰勾践。

【桑园会】扮秋胡，1919年在海参崴松竹茶园开始上演。后曾与坤旦张艳芬、乾旦李绍先等合演。

【兵符记】所扮角色不详，1963年12月由所在的天津市建新京剧团排演。

【鸿门宴】1937年10月下旬在上海共舞台戏院参加义演，同台有周信芳、林树森、小杨月楼、白玉昆、高百岁等名家，1939年12月在上海天蟾舞台再次演出义务戏《鸿门宴》。

【楚汉相争】扮过张良、刘邦。据《粉墨春秋》记：1921—1922年上海共舞台排演，盖叫天饰楚霸王，林树森饰章邯，露兰春饰刘邦，赵松樵饰张良，李桂芳饰范增，吕美玉饰前虞姬，黄玉麟（绿牡丹）饰后虞姬，金少山饰樊哙。以后再演该剧时，露兰春退出，赵松樵饰刘邦，苗胜春饰张良。

【松棚会】扮王莽，20世纪40年代在上海为宋宝罗编排并合作演出，与其他戏联袂演出。

【上天台·打金砖】扮刘秀，两剧连演，1951年3月演出时率先改革在"太庙"一场不上"魂子"的演法。

【战黄巾】扮张角，青年时期演出的剧目，反其意而演之，名家盖春来在剧中饰演老道人皇甫嵩。

【扫松下书】扮张广才，宗王鸿寿，有改良，在南方时不演出，回到北方后开始上演该剧。中年以后常演的剧目，配演李旺者曾有三吉仙、包式先等丑角名家。1988年在天津中国大戏院以87岁高龄最后一次公演此剧，不用扩音器，声音、表情和形体动作堪称精妙绝伦，把一位老者表现得惟妙惟肖。

【关羽出世】扮关羽，自编连本戏《关公》中之一折，1948年开始演于南京市。

【斩熊虎】扮关羽，1940 年前后开始上演，1948 年在南京演此剧时由韩连奎饰熊虎。

【桃园三结义】扮刘备，1921 年开始演于上海，林树森饰关羽。

【斩华雄】扮关羽，1920 年与程永龙合演时扮过吕布，程饰关羽，孙玉楼扮华雄。

【虎牢关】扮演过关羽、王允、吕布，曾与合作者有林树森饰关羽，林树勋饰董卓，李桂芳饰吕布。

【连环计】扮王允，曾于 1941 年与小杨月楼合演。

【貂蝉】扮王允，1941 年在上海更新舞台曾与小杨月楼合演，小杨月楼扮演貂蝉。

【凤仪亭】扮王允，全部《貂蝉》中之一折。

【三顾茅庐】扮黄承彦，连本戏之一折，与"诸葛亮出世"连演。

【大汉刘关张】4 本连台本戏，曾扮演赵云等角色，1924 年 11 月起在上海共舞台演出，同台合作者有林树森、金少山等。

【神亭岭】扮太史慈，20 世纪 20 年代在哈尔滨大舞台与杨瑞亭合演，杨饰孙策，20 世纪 40 年代在上海演出时由王桂卿饰孙策。

【战宛城】曾扮张绣、典韦，1912 年在北京喜连成社时演于三庆园，赵松樵（九龄童）饰张绣，侯喜瑞饰曹操，钟喜久饰典韦，高喜玉（元元旦）饰邹氏，于连泉（筱翠花）饰丫鬟春梅，李喜龙饰许褚。另曾与合演者有赵如泉、刘奎官、刘汉臣等，直演到 20 世纪 50 年代。

【赞貂蝉】扮关羽，又名《月下赞貂蝉》，1950 年在济南市与孟丽荣（孟丽君之妹）合演，孟饰貂蝉。

【斩车胄】扮车胄，1936 年在上海应周信芳特邀合作演出，周扮关羽。

【屯土山】扮关羽，常与《约三事》连演，曾合演扮曹操者有刘银龙、李芝纲等。1955 年将此剧再与《斩颜良》连演，在北京中山音乐堂演出，前饰关羽，后饰颜良，引起关注。

【约三事】扮关羽，常与《屯土山》连演。

【白马坡】扮关羽，常作为《曹营十二年》等关公系列戏中的一折演出。

【斩颜良】扮颜良，或贴《白马坡》剧名，有时连用《白马坡·斩颜良》。1922 年开始演于南京，驰誉南北，创造出颜良全新的舞台形象和演法，至今享"活颜良"美誉长达 97 年之久，曾与夏月润、高庆奎、周信芳、林树森、赵如泉、王虎辰、刘汉臣、刘奎官、唐韵笙、李洪春、李万春、高盛麟、李铁英、小盛春、小王虎辰等合演。学演赵派该剧者有李铁英、小盛春、赵云鹤、陈云超、小王虎辰、王超群、孙震霖、郭云涛、李志勇、韩云江等。1981 年以 80 岁高龄与 70 岁的李万春在天津连演 4 场《斩颜良》，引起轰动。1989 年 4 月率弟子在天津合演此剧，88 岁的他饰前颜良，陈云超饰后颜良，李铁英、李雨森父子扮关羽，李芝纲扮曹操，陈云祥扮许褚，震惊剧坛。据称再传弟子裴咏杰有意继承该剧，另，陈云超将此剧传予中国戏曲学院教师吕锁森、王洪涛以及山西省晋剧院演员等。

【过五关】扮关羽，常与《古城会》带"训弟"连演。早年亦曾扮演过蔡阳，20 世纪 20 年代在哈尔滨演出时，程永龙饰关羽，杜文林饰张飞，郑玉华饰刘备，孙玉楼饰马童。

【斩蔡阳】扮关羽，常与《古城会》连演，有不同的艺术处理。

【古城会】扮关羽，常演剧目，为其关公戏的代表作之一，有独创之处。全部《古城会》从《过五关》演起，至《训弟》止。1954 年陪弟子李铁英参加天津市第一届戏剧会演，曾饰演张飞。1989 年在天津中国大戏院最后一次演出《古城会》，饰"训弟"一折之关羽，时年 88 周岁，赵云鹤饰演"斩蔡阳"之关羽，李铁英饰"进城"之关羽。学演"赵派"《古城会》的名家有李铁英、赵云鹤、小王虎辰、郭云涛、魏伟等。回天津初期，名武生曹艺铸配饰马童。

【古城训弟】扮关羽，戏词、表演有个人创造，不单演，与前《古城会》连演。

【千里走单骑】扮关羽，从《屯土山》兄弟失散演起，之后包括《约三事·白马坡·封金挂印·灞桥挑袍·过五关·古城会·训弟》。自 1948 年以后直演到 20 世纪 60 年代。

【封金挂印】扮关羽，不单演，见《千里走单骑》。

【灞桥挑袍】扮关羽，不单演，见《千里走单骑》。

【曹营十二年】扮关羽，包括《屯土山·赠袍·赠马·斩颜良·诛文丑》等，20 世纪 50 年代曾演于天津，该剧戏目已在他编演的全部《关公》连本戏中。

【汉寿亭侯】扮关羽，与《曹营十二年》等关公戏内容大同小异，1948 年作为连本系列关公戏之一演于南京，20 世纪 50 年代演于天津。

【金锁阵】扮演角色不详，据报载 1923 年 10 月 20 日日场在上海丹桂第一台主演，合演者为王永利、金少山，多次上演。

【火烧夏侯惇】扮夏侯惇，剧名又作《博望坡》《火烧博望》，连本戏之一折，也单演，20 世纪 50 年代在天津数次上演，有个人的创造。

【诸葛亮招亲】曾扮张角、黄承彦，1919 年在烟台与张少甫演出时排演，连本戏。1921 年 11 月中旬在哈尔滨华乐茶园与皮黄名伶小惠芬、小如意合演。后演于上海、东北地区、天津等地。曾与同台演出者有赵化南、宋宝罗、华玉莲等。

【汉阳院·长坂坡】前扮刘备，后扮赵云，始演于 20 世纪 20 年代。一人双出，赶饰两角，前文后武、前老生后武生为其特色。

【长坂坡】扮赵云，常单演，为其长靠武生戏代表剧目之一，始演于 20 世纪 10 年代初期。后常与《汉阳院》连演。1919 年在海参崴演出时，马武成饰刘备，凤灵芝饰糜夫人，马秀山饰曹操。1922 年 3 月 5 日在天津以《长坂坡》与梅兰芳、余叔岩、瑞德宝同台演堂会戏。1924 年在上海共舞台与林树森、金少山合演《长坂坡·汉津口》，赵饰赵云，林饰关羽，金饰张飞。1944 年在上海更新舞台与傅德威双演《长坂坡》，与高雪樵、王富英、赵云鹤等数位武生名家合演该剧。学习过"赵派"《长坂坡》的有赵云鹤、李铁英、陈云超、陈金柏、傅德威、张世麟等。

【汉津口】扮关羽，不单演，《长坂坡·汉津口》连演。1923 年曾在上海丹桂第一台与林树森、金少山合演，赵饰赵云，林饰关羽，金饰张飞。该剧直演到 20 世纪 50 年代后期。

【三搜卧龙岗】扮孔明，1919 年与张少甫在烟台排演，20 世纪 40 年代在上海演出 1—4 本，林树森饰关羽，赵松樵饰赵云，金少山饰张飞。

【群英会】赵松樵的《群英会》包括《草船借箭·借东风·华容道·甘露寺·芦花荡》几折戏，20 世纪 50 年代前期在大连，最后三天临别纪念演出时，头一天他"一赶三"，前饰鲁肃、中饰乔玄、后饰张飞；第二天他"一赶四"，分饰鲁肃、关羽、乔玄、张飞；最末一天他"一赶五"，分饰鲁肃、诸葛亮、关羽、乔玄、张飞。如此安排剧目和"一赶四""一赶五"的演法，极为罕见，梨园独步。

【借东风】扮诸葛亮，见《群英会》。

【华容道】又名《华容挡曹》，扮关羽，常演的关公戏之一，以前带"讨令"、后带"回令"的全部《华容道》为特色。1982 年天津市文化局录像，费世延饰诸葛亮。

【群·借·华】见《群英会》。

【战长沙】曾扮黄忠、关羽、魏延三个角色，以所扮魏延的艺术风格独特而著称于世。20 世纪 20 年代在哈尔滨演出时，马德成饰关羽，马武成饰黄忠。后常演于山东、上海、天津等地，合演时饰演黄忠者曾有张少甫、周信芳、费世延等，饰演关羽者曾有林树森、高百岁、刘汉臣等。在上海时期，周信芳饰黄忠、林树森饰关羽、赵松樵饰魏延，三人合演此剧，时誉为"三鼎甲"，后于 1940 年 5 月底在上海更新舞台与周信芳、高百岁再度演出。所饰魏延为其拿手戏之一。

【龙凤呈祥】曾扮乔玄、刘备、赵云、周瑜、张飞各角色。20 世纪 20 年代在哈尔滨大舞台时，与杨瑞亭、马德成、郑玉华、小雪艳琴、杜文林等合作演出。1940 年 8 月 20 日日场在上海大舞台义演此剧，赵松樵饰张飞，林树森饰乔玄，高百岁饰刘备，黄桂秋饰孙尚香，王富英饰赵云，李如春饰孙权，杨宝童饰鲁肃。1981 年赵松樵以 80 岁高龄，应天津戏校邀请，与杨荣环（饰孙尚香）、尚长春（饰赵云）、李荣威（饰孙权）等合演该剧，在攒底的《芦花荡》中饰演张飞，引起轰动。

【甘露寺】扮演乔玄，常与《回荆州》《芦花荡》等剧连演。曾以乔玄、吴国太、刘备、孙权、赵云的"五音联弹"唱法为特色。20 世纪 20 年代演于哈尔滨时，他前饰赵云、后饰张飞，杨瑞亭饰乔玄，马德成饰刘备，郑玉华饰吴国太，杜文林饰孙权。20 世纪 30—50 年代在上海、天津时，他扮演乔玄。南北演法均通。

【回荆州】常与《长坂坡》《甘露寺》等其他折子戏连演，1920 年以前经常与凤灵芝等演于哈尔滨等东北地区，1924 年 2 月在上海共舞台曾与曹宝义、粉菊花等义演该剧。

【黄鹤楼】曾扮刘备、赵云、张飞，既单折演出，也与其他折子戏连演。

【芦花荡】扮张飞，经常在名家大合作戏中露演，此为赵松樵先生拿手杰作之一，享誉菊坛。其所扮张飞别具声容，自成一家，常被名角特烦合作演出。

【反西凉】又名《马超出世》，扮马超。

【战冀州】扮马超，青少年时期常演剧目，1912 年在北京喜连成社时与康喜寿互为交换的剧目，当时曾演于三庆园，侯喜瑞饰杨阜。1916 年在上海大舞台上演，1917 年演于哈尔滨，1922 年演于天津广和楼戏院等。

【赚历城】扮马超，赵松樵将此剧与《战冀州》连演，很吃功夫。20 世纪 20 年代演于烟台，张少甫饰姜叙。剧名又作《诈历城》。

【张松献地图】又名《献地图》《献西川》，扮张松，艺宗汪笑侬，曾授予天津市京剧团著名演员曹铁生等人。

【战马超】又名《夜战马超》《两将军》《葭萌关》。曾扮马超、张飞，所饰张飞别具一格，技艺精湛，不同凡响，自成一派，是常与名家及弟子、晚辈合作的剧目。饰演马超时，曾与合作扮张飞的名家有程永龙、王永祥等；扮张飞时，曾与合作扮马超的有唐韵笙、高雪樵、刘汉臣、高盛麟、李万春、王富英、李仲林、李盛斌、李铁英、小盛春、赵云鹤、陈云超、孙震霖等。除弟子外，1948 年在上海、1949 年在南京分别向高盛麟、李仲林、李盛斌、李万春等传授"赵派"《战马超》的演法，高盛麟在该剧中饰演张飞时宗"赵派"。

【单刀会】扮关羽，常演的关羽戏之一，久负盛名。1984 年中国北方昆曲剧院侯少奎等三人专程到天津，向其学习该剧，回北京上演后，北京电视台录像，中央电视台戏曲频道播放，字幕显示赵松樵为该剧艺术指导。

【逍遥津】又名《白逼宫》，饰汉献帝，常演剧目，借鉴双处（孙菊仙派传人）、刘鸿升、高庆奎艺术特点，经改良加工，在唱、念、做方面自成一格。曾与合作饰曹操的名家有程永龙、曹毛包、任金祥、金少臣、费玉策等，曾与合作扮穆顺的名家有张少甫、杨麟芳、郭云涛、费世延等。

【白逼宫】即《逍遥津》。赵松樵先生把《逍遥津·衣带诏·战马超》连在一起演，非常罕见，1952 年 10 月 11 日他在扶新剧社任社长时曾演，与小盛春等合演于共和戏院。

【定军山】扮黄忠，早期常演剧目。

【取襄阳】扮关羽，前与"封五虎""拒婚"，后与"刮骨疗毒""水淹七军""夜走麦城"连演，名为全部《夜走麦城》,《取襄阳》为其中一折。

【刮骨疗毒】扮关羽，见《取襄阳》。

【威震华夏】扮关羽，是多折关公戏的组合剧目，包括《水淹七军》及前后的情节。

【关云长】扮关羽，又名全部《关公》，1948—1949 年在南京自行编演连本系列剧。20 世纪 50 年代在天津、东北各地演出，广获好评，人誉"红生名家""活关公"。

【走麦城】扮关羽，常用《夜走麦城》剧名，是其关公戏的代表剧目之一，声、情、技并茂，独树一帜。从"封五虎"演起，至"败走麦城"止。20 世纪 20 年代曾与王鸿寿演出，饰吕蒙；与程永龙演出饰关平；20 世纪 30 年代在上海与林树森演出饰关平，郑玉华饰廖化，李宝龙饰徐晃。1948 年演于南京，20 世纪 50 年代在天津经常上演，曾有陈云超、孙震霖、刘麟童等饰关平。

【玉泉山】扮关羽，即二本《走麦城》，又名《关公显圣》。擅演关公戏的演员演此剧者不多，郭云涛等曾配演。

【活捉吕蒙】扮吕蒙，20 世纪 20 年代在上海与王鸿寿演出《走麦城》时配演吕蒙。

【伐东吴】扮黄忠，又名《大报仇》，有自家的东西，广获赞誉。

【黄忠带箭】即《伐东吴》。

【大报仇】扮黄忠，即《伐东吴》。

【连营寨】扮刘备，不单演，为整本戏《雪弟恨》中之一折。1984年为天津市京剧团排演《雪弟恨》，并以83岁高龄参与演出，饰刘备演《哭灵牌》，后扮赵云之大马童。魏伟前饰黄忠，后饰"火烧"之刘备，马少良前饰"捉潘璋"之关羽魂，后饰赵云，温玉荣前饰刘备后饰孔明，董玉杰饰关兴，郭秉新饰潘璋受松樵先生亲传。

【哭灵牌】扮刘备，20世纪四五十年代演出，最后一次公演该剧是1984年在天津中国大戏院。另见《连营寨》。

【活捉潘璋】扮潘璋，不单演，整本戏《雪弟恨》中之一折。1940年8月21日参加义演全部《雪弟恨》，同行都要看他的花脸戏，他只好扮演潘璋，与林树森扮的关羽演"对儿戏"，有绝技表演，轰动剧界，人称"活潘璋"。

【雪弟恨】曾扮刘备、关羽、潘璋等角色，见《连营寨》《哭灵牌》《捉潘璋》。

【吞吴恨】又名《刘关张三义归天》，1942年4月9日在上海天蟾舞台义演此剧，分由刘文魁、小三麻子、林树森扮前、中、后的关羽，周信芳饰刘备，赵如泉饰黄忠，赵松樵饰潘璋，有"活潘璋"之称，高雪樵饰关平，黄桂秋饰孙尚香，郭玉昆饰赵云，袁世海饰张飞，俞振飞饰陆逊，李仲林饰吕蒙。

【七擒孟获】曾扮赵云、孟获，1921年在上海与盖叫天合演此剧，三月初六、初七日夜场演于共舞台，饰赵云，盖饰孟获，罗小宝与时慧宝分饰前后的孔明，碧云霞饰祝融夫人。1936年在上海天蟾舞台演此剧，赵松樵饰孟获，高庆奎饰孔明。20世纪50年代在天津曾帮助建新京剧团、建华京剧团等排演该剧。

【凤鸣关】扮赵云，青年时期常演剧目，曾演于长春等地。（另有同名剧为隋唐五代故事，乃《飞龙传》中一折。）

【天水关】即《收姜维》，扮姜维。

【武乡侯】所扮角色不详，1941年在上海更新舞台为宋宝罗编导的剧目，合演者有高雪樵、杨宝童等人。

【八阵图】扮孔明，20世纪60年代在天津民主剧场等处上演，刘麟童、李瑞亭等助演。

【草上坡】《铁笼山》之前的剧情，写迷当行围射猎，与众蛮女歌舞行乐之事，与《铁笼山》连演，过去为招徕观众，有演员演出《铁笼山》时广告注明"准带草上坡"字样。

【铁笼山】曾扮姜维、司马师。常演剧目，扮姜维为其勾脸武生戏之杰作，享有盛誉。1941—1944 年常以此剧为压轴戏演出。1947 年在上海天蟾舞台为捧红唐韵笙，不计名利，为唐配演司马师，唐饰姜维，萧德寅饰迷当，宋遇春饰陈太，李刚毅饰马岱，八女兵由赵晓岚、于素莲、董芝兰、张美娟、闫少泉、叶盛长、高雪樵、张云溪扮演。1950 年在天津曾与韩长宝合演。

【九伐中原】即《铁笼山》，1952 年 9 月 10 日赵松樵任扶新剧社社长时，在共和戏院上演该剧，饰姜维，剧名写为《九伐中原·铁笼山》。

【战潼台】扮寇准或杨六郎，常与《探地穴》连演，常演剧目，拿手杰作，唱、念、做俱佳，深受观众欢迎。1957 年将该剧连同《探地穴》授予徐荣奎。

【探地穴】又名《寇准背靴》等，技艺精湛，风趣幽默，唱、念、做俱佳，为其老生做派戏代表作之一，与《战潼台》连演。

【哭祖庙】扮北地王刘谌，宗法汪笑侬。

【三国志】曾扮多个角色，20 世纪五六十年代在天津常演的合作整本剧目，根据演员阵容不同，包括的剧目有所调整变更。赵松樵先生视不同剧目而扮演不同角色，经常"分包赶角"（一人饰多角色），曾扮过王允、乔玄、鲁肃、关羽、张飞等。

【鹦鹉救真主】自编连本戏，曾扮司马炎、许江。20 世纪 20 年代初期编演于哈尔滨，自饰许江，马德成饰贝赋，杨瑞亭饰司马炎，孟丽君饰王月英。1924 年 6 月 28 日上海《新闻报》载演于共舞台，自饰司马炎，应宝莲饰贝赋，吕美玉饰王月英，程永龙饰黄宗道。后唐韵笙、李铁英、赵云鹤等均曾排演此剧，并扩展多本。

【桑园寄子】曾扮邓方、邓伯道，1911 年在天津陪谭鑫培演此剧，以娃娃生饰邓方。成年后再演该剧时饰邓伯道。

【隋炀帝】扮隋炀帝杨广，1950 年 9 月 13 日，回到天津上演的第一出戏就是《隋炀帝》，以这出在北方难得一见的戏"打炮"，主要演员有李铁英、小盛春、陈云超、闻占萍、袁文君、唐啸东、陈钟鸣、彭英杰、鲍云鹏。

【骂杨广】扮伍建章，不单演，与《南阳关》连演为其首创，并且创制一人演双出、前饰伍建章后扮伍云召的演法，为"赵派"老生艺术经典剧目之一。20世纪20年代创演于哈尔滨，后演于烟台丹桂第一台，张少甫饰韩擒虎，张庆奎饰杨广，韩连奎饰宇文成都。1937年1月9日夜场在上海共舞台以大轴戏演出《骂杨广·南阳关》。1984年由天津市京剧团恢复演出，改名《忠烈传》，赵门弟子魏伟主演。1989年4月福建省戏校教师郭云涛在天津中国大戏院演出前部《骂杨广》，均引起极大关注和欢迎。

【南阳关】扮伍云召，不单演，与《骂杨广》连演，见《骂杨广》。

【忠烈传】见《骂杨广》。

【凤凰山】扮薛礼（仁贵），常演剧目，与《薛礼叹月》《独木关》连演，艺宗黄（月山）派，取法李吉瑞，再加个人改良创新，有自家特色，为他"黄派"剧目的代表作品之一。剧名又作《薛礼救驾》。

【薛礼叹月】扮薛礼，通常是《凤凰山·薛礼叹月·独木关》三折戏连演。1954年参加天津市第一届戏剧观摩演出，与李桂春双演薛礼，赵演前部《凤凰山·叹月》，李演后部《独木关》。

【独木关】扮薛礼，参见《凤凰山》《薛礼叹月》。1912年在北京喜连成社时期曾演于三庆园，侯喜瑞饰张世贵，康喜寿饰周青，陆喜才饰老兵（搀扶将）。

【取帅印】常与《三江越虎城》连演。

【三江越虎城】又名《杀四门》《越虎城》或《男杀四门》，饰秦怀玉。20世纪10—40年代常演剧目，耍"枪花"、枪"出手"均有独到处。常与《取帅印》连演。

【摩天岭】扮薛仁贵。

【法场换子】扮徐策，早期演出剧目。又名【换金斗】。

【双狮图】扮徐策，常与《徐策跑城》连演。

【举鼎观画】又名《双狮图》，扮徐策，不单演，常与《跑城》连演。所唱一句【导板】吸收《逍遥津》唱腔，其他唱腔尊夏山楼主。

【徐策跑城】简称《跑城》，扮徐策，或与《举鼎观画》连演，或单演，融南北戏路为一体，始演于20世纪50年代，晚年得意之作，唱词、唱腔、表演、人物塑造吸收王鸿寿一派特点，自成风格，不同于"麒派"。1980年中国文化部委托中国艺术研究院为其演出实况录像，后制成光盘流行于世。

【武则天】扮狄仁杰，连本戏，1942年5月起在上海更新舞台与小杨月楼、刘文魁等合演。

【宏碧缘】曾扮演鲍自安、骆宏勋、小鲍自安、狄仁杰、余千、花正芳等角色。连本戏，1945年在上海共舞台与赵如泉合演一至三本，第一本戏中前饰狄仁杰后饰余千，第二本戏中饰小鲍自安，有独到的扮相与表演，一时轰动。1960年前后在天津重排，恢复演出一至三本，头本戏饰演任正千，第二、第三本戏中饰演鲍自安，剧名改为《龙潭鲍骆》。

【龙潭鲍骆】曾扮鲍自安、余千等角色，见《宏碧缘》。

【王宝钏】扮王允，1923年10月在上海丹桂第一台与程艳秋（砚秋）、郭仲衡、侯喜瑞等合演全部《王宝钏》，吴富琴与程艳秋分饰前后的王宝钏，郭仲衡饰薛平贵，小杨月楼饰演代战公主，侯喜瑞饰魏虎。

【平贵别窑】扮薛平贵，青中年时期常演剧目，合演者有华慧麟等。

【武家坡】扮薛平贵，经改编，增加唱词与唱段，与众不同，自成一家。

【红鬃烈马】扮薛平贵，曾与华美蓉等合作演出。

【刀劈三关】扮雷万春，1919年首演于海参崴北园子，此后成为常演剧目，为其汪（笑侬）派剧目中的代表戏，久演不衰，直演至八十余岁。在"汪派"传统基础上经加工，增强武打戏的分量，使成文武兼备的更加精彩的剧目。有人著文称"几乎是武戏"，非也。1980年中央文化部委托中国艺术研究院为其演出录像，后制成光盘流行于世。

【雷万春】即《刀劈三关》，又名《雷万春大刀劈三关》。

【珠帘寨】曾扮李克用、程敬思，1923年在上海丹桂第一台与高庆奎合演时，饰程敬思，自己主演则扮李克用。

【北汉王】扮刘承佑，剧名又作《汴梁图》。常演剧目，拿手杰作，经改编加工后，唱念做兼工，刻画人物入木三分，小杨月楼等曾与合演。

【千里送京娘】扮赵匡胤，剧名又作《送京娘》。20 世纪 20 年代演于哈尔滨，与孟丽君合演。在上海等地时曾与合作者还有粉菊花、张艳芬等。

【飞龙传】曾扮柴荣、史彦超等角色，连本戏。首次排演约于 1927 年在哈尔滨，同台的名家有杨瑞亭、程永龙、杜文林等。后在上海、天津再次排演。

【斩黄袍】曾扮赵匡胤、高怀德，1923 年在上海与高庆奎合演时扮高怀德，自己主演时扮赵匡胤。

【十粒金丹】扮演角色不详，连本戏，1923 年 3 月 23 日在上海丹桂第一台上演头一本，同台合作者有高庆奎、王汇川、小小宝义（曹艺斌）、金少山等。

【呼延庆出世】自编自创京剧剧目，连本戏，共编 4 本，初名《金鞭记》，后改名《呼延庆打擂》《呼延庆出世》《呼延庆》，均本于此。原为梆子、皮黄两大块，松樵改为京剧，约在 1915—1916 年创演于哈尔滨，自饰呼延庆。1919 年演于海参崴，仍自饰呼延庆，马秀成饰包拯，马武成饰寇准，高三奎饰焦裕，唐韵笙饰孟强。1923 年 5 月起演于上海丹桂第一台，赵松樵任总导演兼演寇准，高庆奎饰包拯，小小宝义饰呼延庆，刘奎官饰庞文，王汇川饰呼延丕显，高福安饰马昆，金少山饰黄文炳。此剧自赵松樵创演，备受推崇，此后全国各地剧团学演，有的加以扩充剧情，从 20 世纪 20 年代流传演到 60 年代。

【金鞭记】见《呼延庆出世》。

【呼延庆打擂】见《呼延庆出世》。

【云罗山】曾扮云尚吉、白士永，家传戏。原为梆子戏，1908 年饰云尚吉演于哈尔滨辅和茶园，其父赵鹏飞扮白士永，其姐明月英扮赵久成。1912 年在北京喜连成社时，父为科班执排此剧，以梆、黄"两下锅"形式演出于三庆园，赵松樵（九龄童）饰白士永，明月英饰赵久成，康喜寿饰云尚吉，钟喜久饰任彦虎，侯喜瑞饰任伯玉，筱翠花（于连泉）饰白素莲。1920 年在哈尔滨演出，赵松樵将《云罗山》完全改编成京剧演出。1923 年 8 月 10 日在上海丹桂第一台改编为剧名《云》

（《云忠孝》）演出，赵自饰白士永，刘奎官饰云忠孝，金少山饰任彦虎，小小宝义饰前云尚吉，王汇川饰后云尚吉，王兰芳饰白素莲，何雅秋饰白母。20 世纪 40 年代在上海大舞台再度上演，恢复原剧名《云罗山》，翁偶虹携中华戏校学生储金鹏往观，倍加推崇，留有赞赏文字。20 世纪 50 年代在天津经常上演，几十年成为"赵派"代表剧目之一。

【云忠孝】见《云罗山》。

【大英杰烈】扮王富刚，1923 年 10 月 2 日夜场在上海丹桂第一台与小杨月楼、高百岁合演。

【杨家将】曾扮杨继业、赵德芳、杨七郎等角色。1919 年演于海参崴时扮演八贤王赵德芳，唐韵笙饰杨六郎。1937 年 2 月 3 日上海 10 个京剧班主演义演全部《杨家将》，周信芳饰寇准，白玉昆饰赵德芳，赵如泉、赵松樵等分饰杨继业。另曾饰演过《金沙滩》一折戏中的杨七郎。

【李陵碑】又名《托兆·碰碑》，扮杨继业，全部《杨家将》中一折，常单演。1937 年 2 月 3 日日场在上海大舞台义演，在《李陵碑》一折中饰演杨继业，有"挺盔卸甲"的独特表演，传为美谈。1957 年在天津将此演法传予名家徐荣奎，随之徐到北京演出该剧，使用此法演出，引起轰动。

【黑松林】扮杨六郎或赵德芳。1919 年在海参崴演出时扮赵德芳，唐韵笙饰杨六郎。20 世纪 50 年代在天津经常演出，饰杨六郎，费玉策饰潘洪。

【两狼山】即《李陵碑》，见《杨家将》。

【夜审潘洪】《杨家将》之一折，见《杨家将》。

【三岔口】扮焦赞，20 世纪 50 年代在天津扶新剧社作为社长，为年轻武生演员所演《三岔口》配演。

【雁门关】扮演角色不详，1923 年在上海与王瑶卿、李洪春排演全部八本的《雁门关》。

【洪洋洞】扮杨六郎，早期常演剧目。

【杨家将十小战辽王】饰包拯，20 世纪五六十年代在建新京剧团做业务团长时期排演，沈春莺饰穆桂英，刘麟童饰呼延赞，费世延饰寇准，张学芳饰辽王，申文杰饰王强。

【问樵闹府】扮范仲禹，早期常演剧目，与《打棍出箱》连演。

【打棍出箱】扮范仲禹，与《问樵闹府》同演，早期常演剧目。

【双包案】又作《真假包公》《真假包龙图》，扮假包拯。1947年在上海天蟾舞台与唐韵笙合演，翁偶虹著文盛赞二人"全循金秀山、郎德山的路子，一对一地唱"，旗鼓相当，平分秋色。赵所饰演的假包公前文后武，后带大开打，扮相自创。

【包公巧断无头案】自编剧目，扮包拯，20世纪30年代演于安东（今称丹东）等地。

【包公巧断铁中案】自编剧目，扮包拯，20世纪30年代演于安东等地，1951年6月18日、6月25日、10月18日、10月25日在天津扶新剧社演出。

【包公巧断奇案】自编自演连本戏，扮包拯，早期演于外地，1954年2月18日起在天津共和戏院上演。

【铡美案】扮包拯或王延龄，20世纪50年代演于天津、齐齐哈尔等地。

【打銮驾】扮包拯，剧名又作《砸銮驾》，接演《遇皇后》，两剧连演。20世纪50年代演于天津、东北地区，1951年演于天津共和戏院，有个人艺术特色。

【路遥知马力】扮路遥，20世纪20—60年代常演剧目，早期杜文林等曾与合作演出。1991年八九月间为摄制文艺专题片《才长艺广赵松樵》，以90周岁高龄最后登台演出《路遥知马力》的"路遇"一场戏。

【血手印】自编自导自演，扮演角色不详，根据地方戏移植改编。

【遇皇后】扮包拯，前边演《打銮驾》，两剧连演，20世纪50年代演于天津等地，有个人艺术特色。

【包公与呼家将】饰包拯，1962年7月在天津建新京剧团任团长时编演，在第一工人文化宫上演。

【五鼠闹东京】饰演角色不详，1956年在天津建新京剧团排演，1960年再度上演。

【花蝴蝶】扮姜永志，青少年演出剧目，带攀杠表演。

【铜网阵】扮白玉堂，剧名又作《大破铜网阵》，宗"黄派"李吉瑞，早中期常演剧目。

【乌龙院】扮宋江，常演剧目，20世纪20年代在哈尔滨与孟丽君、20世纪40年代在上海与小杨月楼等名家多有合作。

【刘唐下书】扮刘唐，全部《乌龙院》之一折。1946年在上海黄金大戏院周信芳演《刘唐下书·坐楼杀惜》，特请赵松樵助演刘唐。创新为"大扮"，大锣伴奏出场，加"走边"表演，使原先是"过场"的戏改为单独一小场戏。以后王正屏为周信芳配演刘唐循"赵派"。

【坐楼杀惜】扮宋江，全部《乌龙院》之一折，也常单演，一般从"闹院"演起。曾于1941年在上海更新舞台和小杨月楼合演。

【宋江吃屎】所扮角色不详，1916年在杭州第一舞台与小孟七、李兰亭合演，小孟七饰宋江。

【武松】扮武松，全部《武松》的整本戏，曾与吴绛秋、童芷苓等名家合演，至20世纪50年代在天津仍经常上演。

【武松与潘金莲】扮武松，从"打虎"演起，后带"杀嫂"，曾与吴绛秋等多位旦角名家合作演出，1948年在南京与童芷苓合演。

【武松打虎】又名《景阳冈》，扮武松，全部《武松》之一折。

【狮子楼】曾扮武松、西门庆，从20世纪10年代开始演出，与姐明月英演出时扮西门庆，后自己演武松。1912年在喜连成社时演于三庆园。经常作为单折戏演出。

【十字坡】饰武松，全部《武松》之一折，不单上演。

【武松打店】饰武松，全部《武松》之一折，即《十字坡》。

【快活林】扮武松，全部《武松》之一折，不单演。

【醉打蒋门神】扮武松，全部《武松》之一折，不单演。

【鸳鸯楼】扮武松，青少年时期常演剧目，家传戏，1907年始演，1912年演于北京三庆园。有在"三张桌"搬"朝天蹬"之后持真刀以"大叉下高"、人落地后耍"刀花"、高空抛刀、接刀、亮相的绝技表演。因此时誉为"飞刀九龄童"。

【翠屏山】扮石秀，早期常演剧目之一，1908年始演，1912年在北京三庆园演出时侯喜瑞饰杨雄，高喜玉饰潘巧云，吴喜昆饰潘老丈。后在哈尔滨同乐、新舞台演出时苏廷奎饰杨雄。1924年2月在上海共舞台曾与小孟七、萧湘云合演。

【大名府】曾扮卢俊义、林冲，1922年1月起在天津广和楼戏院挑班演出，饰卢俊义。1940年8月22日在上海大舞台义演该剧，饰林冲，周信芳饰卢俊义，盖叫天饰史文恭，赵如泉扮时迁，张翼鹏扮武松，高百岁饰索超，梁一鸣饰吴用，刘斌昆饰皂隶。赵与盖共同研究合编的一套"剑枪把子"享誉京剧界，20世纪80年代授予苏德贵、李志勇。

【玉麒麟】即《大名府》，扮卢俊义，1922年在天津广和楼戏院挑班演出此剧时，贴出剧名为《玉麒麟》。

【英雄义】剧名又作《一箭仇》，饰演史文恭。

【清风寨】曾扮燕青、李逵。

【打渔杀家】扮萧恩，传统老戏，1910年始演，后改排新编《渔夫恨》并常演之。

【渔夫恨】扮萧恩，传统戏《打渔杀家》的改编版，至1963年仍在天津上演。有与众不同的剧情安排，前演《拿高登》后接演《打渔杀家》，前以武生饰演高登，后以老生饰演萧恩，未见其他演员如此演法。

【拿高登】又名《艳阳楼》，扮高登。他常以《拿高登》剧名贴演。常演剧目，为他拿手戏之一，20世纪40年代在上海经常上演于各大剧院。1947年、1948年两度应邀出演青面虎徐世英的角色，为唐韵笙、高盛麟配演。1954年在天津与姜铁麟曾双演该剧。

【三盗令】扮杨林，1960年6月由天津建新京剧团根据中国京剧院二团演出本排演，刘麟童饰燕青，唐世杰饰蔡庆，申文杰饰关胜。

【梁红玉】扮韩世昌，为支援当时的全国抗战，1937年11月5日在上海共舞台与毛剑秋、白玉昆、王椿伯、田子文等义演该剧。

【两狼关】扮韩世昌，1923年3月11日在上海丹桂第一台与筱九霄合演，此后多次演出，筱九霄饰梁红玉。

【汤怀自刎】自编独创剧目，扮汤怀。编于1922年，首演于烟台市，1923年11月29日夜场在南京下关新舞台上演，1924年2月17日夜场在上海共舞台与曹宝义合演，此后遂成"赵派"代表剧目，常作为"打炮戏"在各地演出。学演者众，除赵门弟子李铁英、陈云超、赵云鹤、小盛春外，抗日战争期间在山东胶东半岛和苏北地区抗日根据地常有演出，鼓舞了中国人民的抗日热情和坚强决心。至 20 世纪 60 年代，天津塘沽京剧团小盛春、天津革新京剧团刘承童等还在演出，赵松樵本人最后演于 1962 年。即使现在在温州地区仍有剧团继续演出，剧名用《汤怀尽忠》或《送钦差》，演法已与"赵派"有改动。

【木兰关】自编独创剧目，扮屏洪，1919 年编演于烟台，不久在哈尔滨以此剧"打炮"，一炮而红，遂成代表剧目之一。文武并重，剧情感人。1923 年 12 月 15 日夜场、30 日夜场在南京下关新舞台以"大轴"戏演出。1924 年 2 月在上海共舞台与曹宝义合演。至 1962 年京剧名家小盛春、刘承童还在演出该剧。

【螺蛳山】自编独创剧目，扮侬智广，1919 年以此剧在海参崴"打炮"，之后演于上海、哈尔滨等东北及山东各地，成为"赵派"武戏代表剧目之一。剧情与《木兰关》相衔接，两剧成为姊妹篇。

【益都泪】自编独创剧目，又名《父子哭城》，扮查奎克。1920 年前期演于海参崴的永仙茶园，后常演于各地，亦为"赵派"独有代表剧目之一。唱念做打并举，悲剧经典之作。1923 年 11 月 28 日、12 月 18 日夜场演于南京下关新新舞台，1924 年 2 月 9 日在上海共舞台上演，曾合演者有名家曹宝义、张连福、韩连奎等。

【岳飞】前部扮周桐、宗泽，后部扮岳飞。为配合抗美援朝战争而排演，王德义编剧，赵松樵等导演，大型连本戏，在天津共和戏院从 1951 年 5 月 12 日演起，至 1952 年 4 月 5 日，共演出 30 本，历时 11 个月。

【佛手橘】又名《盗银壶》。曾扮邱晓义、杨元玉。家传戏之一，受其父传授，原为山西梆子戏，幼时扮演杨元玉，父扮邱晓义。1912 年其父赵鹏飞先生为北京喜连成社执排此剧。1920 年赵松樵将该剧改编成完全的京剧演出。

【潞安州】一人演双出，前扮陆登，后扮陆文龙。1920 年将此剧带到哈尔滨演出。

【劈山救母】曾扮沉香、哪吒，1921 年在上海曾与盖叫天合演此剧，头一本戏中扮哪吒，盖饰沉香，二本戏中饰沉香，盖饰黄龙真人。为此剧与盖共同研究创编一套"双刀剑把子",被视为经典之作。

【济公活佛】扮演角色不详,20世纪20年代与杨瑞亭等人在哈尔滨大舞台排演。

【虎头牌】扮银住马,1953年8月曾演于哈尔滨市松江剧院。

【朱洪武出世】扮演角色不详,据报载1924年2月16日日场上演,主演为赵松樵、粉菊花、张文艳、小兰春、曹宝义、李桂芳、吕美玉等。

【朱洪武大战忠孝王】扮葛雅仙,根据《朱洪武出世》和《智取北湖州》自行编演。

【九江口】扮张定边,初以武老生应工,后改以架子花脸应工演出,从20世纪30年代演至1963年。唱腔、表演、脸谱有特色,勾"碎脸"而非"三块瓦",人物刻画细腻生动,声情并茂,"跑船"一场的表演技艺精湛,形成独特的风格,深得观众赞誉。

【智取北湖州】扮葛雅仙,改编剧目,文武兼俱,自成一格,20世纪20年代开始演于哈尔滨,曾与合作者有郑玉华、孙玉楼等名家。

【火烧百凉楼】扮吴祯,中青年时期常演剧目,宗"黄派",取法李吉瑞,有自家东西。1984年指导天津市京剧团恢复排演该剧。

【乱石山】扮演角色不详,据报载1923年在上海丹桂第一台与高百岁合演。

【常遇春救驾】饰常遇春,1923年末在南京排演,1924年1月24日夜场在南京下关百利公司新舞台上演。

【义犬报恩】所演角色与剧情不详,据报载1924年1月26日夜场在南京新新舞台大轴戏上演,合演者有白玉英、小玉楼、小樊春楼等。

【苦中义】自编自演剧目,原为山西梆子戏,移植改编为京剧演出,又名《傻子不傻》《呆中福》。扮陈青,以丑角扮演,20世纪10年代末首演,后遍演于山东、东北、天津、上海等地。悲喜剧,红极一时,每贴必满,表演诙谐幽默,寓教于乐,劝人向善。1924年1月曾演于南京新新舞台,20世纪50年代在天津多次上演。剧中插入一段学唱评剧《马寡妇开店》的唱,是当年在哈尔滨向李金顺学的。名丑陈志华、赵春亮曾在剧中饰演彩旦连氏。赵云鹤、陈云超、小王虎辰等均学演。

【明英烈】扮演角色不详，1951 年 7 月 6 日在天津共和戏院排演。

【三娘教子】曾扮倚哥、薛保，早期常演剧目，幼时常以娃娃生扮倚哥。成年后饰薛保，曾与合演扮王春娥的旦角名家有男旦马妙侬、李绍先等。

【红须客】自编独创剧目，又名《素珠大侠红须客》，扮梁彦章，1919 年编演于烟台市，张少甫饰演田雨。后遍演于天津、上海、山东、东北各地，成为"赵派"独有的代表剧目之一。20 世纪 20 年代在哈尔滨演出时，杨瑞亭饰姚彦，马德成饰王伯侯，郑玉华饰田雨，杜文林饰差人，于紫仙饰梁秀屏，孙玉楼饰王伦。共编有两本，剧情跌宕，引人入胜，表演创新，装扮奇特，有当场变脸、变装的特技表演，所演之处无不走红。京剧名家王汇川等亦曾合作演出。

【炮打连锁】所扮角色及剧情不详，2010 年前后才发现有资料记载，据报载曾于 1924 年 1 月在南京新新舞台排演过全本的此剧，合演者有白玉英、白玉楼等。

【四进士】扮宋士杰，20 世纪 50 年代天津市文化局某处长多次要求看他演的该剧，勉为演出，因周、马演此剧很红，平日赵不演此剧，只演一次，表演风格不同"麒、马"。另于 1946 年与周信芳在上海黄金大戏院合作时演过该剧，周饰宋士杰，赵饰顾读。

【天雷报】又名《清风亭》，扮张元秀，为其衰派老生戏的代表作之一，曾授予魏伟、马少良等。

【南天门】又名《走雪山》《曹福登仙》，扮曹福，常演剧目，在谭派基础上增加做戏和舞蹈动作的表演，自为一派风格，为其衰派老生戏的代表作之一。曾与合演饰玉莲的演员有李绍先、张艳芬、小雪艳琴、沈春莺等。曾授予天津市京剧团的魏伟、马少良、李开屏等演员。

【还我台湾】扮陈泽，以花脸应工，扎"大靠"，1955 年和赵麟童一起接受长春市京剧团的邀请排演此剧，进京汇报演出。后为天津市建新京剧团排演，在天华景戏院上演，大转舞台，刘麟童饰演郑成功。

【永庆升平】连本戏，扮顾焕章，20 世纪 20 年代在哈尔滨演出，杨瑞亭饰马梦太，杜文林饰马成龙。

【三侠剑】连本戏，扮胜英，1946 年应上海共舞台邀请，与白玉艳合作演出，帮助排演该剧。

【棍扫萧金台】扮胜英，又名《蒋伯芳棍扫萧金台》，1957 年 10 月由所在的天津建新京剧团排演，在天华景戏院上演，1962 年再度恢复演出。

【黄天霸】曾扮谢虎、罗四虎等，又名《金镖黄天霸》，1940 年应上海天蟾舞台之约，与陈鹤峰等接排连本戏的此剧。亦曾扮演金大力。

【佟家坞】连本戏，扮曾天寿，1923 年 3 月在上海丹桂第一台演出，高庆奎饰余化龙，高福安饰马玉龙，王汇川饰雷洪，刘奎官饰佟金柱。

【溪皇庄】扮褚彪，常演剧目，宗"黄派"，20 世纪 40 年代在上海周信芳曾特烦扮演花德雷。1989 年最后一次演出该剧，饰前褚彪，魏伟饰后褚彪，王超群饰尹亮，刘少泉饰贾亮，郭云涛饰彭朋。

【怪侠欧阳德】所扮角色不详，1956 年在天津建新京剧团排演，李瑞亭扮演欧阳德。

【恶虎村】扮黄天霸，受父家传，自幼演出，1909 年以演此剧获"九龄童"艺名。1921 年盖叫天在上海共舞台演此剧，应请配饰神弹子李五，获盖赞赏。扮演黄天霸时，名家苏廷奎曾配饰武天虬。20 世纪 30 年代后期在上海新舞台曾与盖叫天、韩长宝等人合作演八八的《恶虎村》，八位武生名家分饰黄天霸，引起轰动。

【哭祖庙】扮北地王刘谌，宗汪（笑侬）派。

【郑州庙】又作《茂州庙》，见《拿谢虎》。

【拿谢虎】扮谢虎，剧名又作《郑州庙》《一枝花》，连本戏《黄天霸》中一折。1940 年应邀进上海天蟾舞台与陈鹤峰等人合作演出，继续排演《金镖黄天霸》，其中一本戏即《拿谢虎》。所饰谢虎为老派"大扮"，有绝技表演，连演 57 天，场场爆满。

【薛家窝】曾扮黄天霸或薛金龙，1940 年在上海天蟾舞台和高雪樵等合演。创造有特色的开打"把子"，曾传予苏德贵等。

【拿罗四虎】饰黄天霸，剧名又作《独虎营》，黄天霸系列剧之一。

【殷家堡】扮黄天霸，剧名又作《拿殷洪》，小桂元（李仲林之父）、李宝龙（李铁英之父）曾与合演。

【骆马湖】曾扮黄天霸或李佩，剧名又作《拿李佩》，宗黄（月山）、学李（吉瑞）、融杨（小楼），且自出机杼，形成个人风格。1922年在天津与梅兰芳、余叔岩、瑞德宝同台演堂会戏时即有此剧上演，在上海时盖叫天特请饰演李佩，二人演对手戏，相得益彰。

【拿李佩】见《骆马湖》。

【淮安府】扮黄天霸，黄天霸系列剧之一。

【捉拿蔡天华】扮黄天霸，黄天霸系列剧之一。

【八蜡庙】曾扮褚彪、费德功，常演剧目，剧名又作《拿费德功》，1909年始演。1924年2月在上海共舞台与刘四立、张德禄、金少山、粉菊花等合演。20世纪40年代在上海大舞台各京剧班社主要演员大会串，演出该剧，曾饰费德功，周信芳饰褚彪，金少山饰金大力，张翼鹏饰黄天霸。1986年为庆祝天津中国大戏院建立50周年，应厉慧良邀请，两人双演褚彪，赵饰前褚彪，厉饰后褚彪，王则昭扮施仕纶，包式先扮费兴，邓金昆扮前窦虎，施明华扮前米龙，李荣威扮金大力，孙鸣凯扮老道人，此为松樵先生最后一次演出该剧，时年85周岁。

【拿费德功】见《八蜡庙》。

【连环套】曾扮黄天霸、窦尔敦，常演剧目，前带《盗御马》时，前扮窦尔敦，后扮黄天霸。1910年前后始演，宗黄（月山）学李（吉瑞）。1912年在北京喜连成社时期演于三庆园，饰黄天霸，侯喜瑞饰窦尔敦。曾与合作扮窦尔敦的名家有程永龙、苏廷奎、曹毛包、魏德奎、金少山、侯喜瑞、裘盛戎、王玉让、李万春等。1948年在南京与李万春轮换扮演黄天霸和窦尔敦。

【盗御马】与《连环套》连演，前饰窦尔敦，后饰黄天霸，一人饰两角。

【红蝴蝶】连本戏，扮赵大刚，20世纪20年代演于长春市燕春（音）茶园，凤灵芝扮演赵凌如。

【铁公鸡】曾扮向荣、张嘉祥、铁金翅，连本戏，常演剧目，单本常演第三、四本。1916年在杭州第一舞台与梅兰芳、王凤卿、何月山、姜妙香、冯子和、小孟七、李兰亭等南北名角同台时，曾与何月山、李兰亭等名家合演，饰张嘉祥。曾参加上海10个戏班主演联袂演出的《铁公鸡》，饰向荣。曾与合演的名家还有刘奎官、高百岁、高雪樵、金少山、李铁英、赵云鹤、陈云超等人，中年以后有刘麟童、李瑞亭等。

【太平天国】扮萧朝贵，连本戏，1947年在上海更新舞台排演，合演者有赵磐声、赵云鹤、赵钰伯等赵家班成员。

【血滴子】连本戏，扮侠客，1947年与其子赵云鹤等人在苏州开明戏院排演的连本戏，赵云鹤饰演周日清，张铭声饰演乾隆皇帝。

【塔子沟】扮李金玉，20世纪20年代演于哈尔滨，与赵冠群、孙玉楼等合演，使真刀真枪开打表演。

【张文祥刺马】曾扮张文祥、窦一虎，1919年首演于烟台，饰窦一虎，高静轩饰张文祥，张少甫饰张发，张艳芬饰小荷花。后常演于上海、天津及东北各地，饰张文祥。1942年1月在上海更新舞台演出此剧时，上海《新闻报》演出广告明确登载："赵松樵自编自导自饰主角。"又据回忆与烟台蓬莱仙子、高静轩根据文明戏剧本改编为京剧。李铁英、赵云鹤、郭云涛等均学演。松樵本人坚持演出，直到1962年，是全国唯一一位40年间经常上演此剧的演员。

【捉拿康小八】曾扮康天赐、刘瘸子，剧名又作《枪毙康小八》《东皇庄》。20世纪50年代在天津建新京剧团排演，刘荣萱、刘麟童、李瑞亭等合演。

【宦海潮】扮于少云，青少年时期演出的剧目，得其父家传，原为梆子戏，后移植为京剧演出。1908年演于哈尔滨辅和茶园，以娃娃生饰演于少云，其姐明月英饰于天球。1912年其父赵鹏飞给北京喜连成社执排该剧，赵松樵（当时艺名六龄童）仍饰于少云，明月英饰于天球，侯喜瑞饰郭盛恩，雷喜福饰于福，高喜玉饰于夫人，周喜增饰王如海，康喜寿饰军门，陈喜兴饰彭提督，吴喜昆饰军爷，于连泉（筱翠花）饰老妈。

【火烧红莲寺】连本戏，创作并领衔主演，每本戏扮演卜文正和某一侠客，一人前后分饰两角。在上海荣记共舞台从1935年11月9日演起，至1938年7月16日止，共演出两年八个月，上演了34本戏。剧中唱、念、做、打、舞的表演和服装、道具、化装、布景、灯光等多有创新，轰动全国，影响深远。国际著名电影大师卓别林到上海时亲临剧场观看演出，赞不绝口。此剧的演出在全国产生巨大影响，各地剧团竞相排演该剧。此剧先后吸收来各路各派著名演员陆续参加演出，如白玉昆、刘奎官、王桂卿父子、王椿伯、高雪樵、钱麟童等，群星云集，声势浩大。

【荒江女侠】扮老侠客，1946 年应著名刀马旦兼武旦演员白玉艳邀请，在上海共舞台戏院与之合作，帮助排演连本武戏《荒江女侠》《三侠剑》及传统剧目，赵家班成员悉数助阵，担任重要角色。从此该剧成为白玉艳代表剧目。

【观音得道】据民间济公故事自编自导自饰主角，扮达摩，20 世纪 20 年代演于哈尔滨华乐戏院，孟丽君饰观音。应弟子王志英请求，1993 年最后一次整理剧本，传予王志英。

【七国志】连本戏，前扮降妖罗汉，后饰吕洞宾，20 世纪 20 年代演于哈尔滨，筱九霄饰白猿，杜文林饰汉钟离，小雪艳琴饰牡丹。

【洛迦山】自编原创剧目，前扮罗汉，后饰吕洞宾，一人分饰两角色。1924 年 2 月首演于上海，后曾被拍成电影片，七岁红在剧中饰演哪吒。

【十二金钱镖】扮"飞豹子"袁振武，1947 年秋在上海天蟾舞台与唐韵笙合演，翁偶虹编剧，唐前后饰俞剑平，中饰李云崧，张云溪饰杨华，张春华饰乔茂，郭元汾饰谷万钟，赵晓岚饰李映霞，宋遇春饰黄强汉。

【天河配】扮牛郎之舅父，20 世纪 40 年代演于上海，50 年代演于天津，人物刻画细腻深刻，表演生动谐趣，剧场效果强烈。

【泗州城】扮伽蓝，1946 年应请提携著名刀马旦青年名家白玉艳，为之配演。

【借牛】现代戏，扮主角老倔头，20 世纪 60 年代中期在天津群英戏院演出。

【烽火桥头】现代戏，扮抗日战争时期的一位老地下工作者老赵头儿。

【追马】现代戏，扮主角老农民。

【耿老栓】现代戏，扮主角耿老栓。

【智取威虎山】现代戏，扮威虎山上的"八大金刚"之一。

【千万不要忘记】现代戏，扮主角老工人丁海宽。

附录三 赵松樵部分音像资料索引

（1958—2016）

1.《单刀会》演出剧照：1958 年 6 月 30 日《天津日报》，赵松樵饰关羽，费世延饰鲁肃。

2.《骂杨广》静场录音：约在 1958 年或 1960 年天津人民广播电台录音。

3. "评剧演员韩学门向赵松樵学艺" 新闻报道图片：1962 年 3 月 2 日《天津晚报》，杨克拍摄。

4.《上天台》静场录音：1979 年天津人民广播电台录音【二黄慢板】"金钟响" 唱段。

5.《徐策跑城》静场录音：1979 年天津人民广播电台录音。

6. 照片：《天津日报》1979 年 9 月某日。

7.《举鼎观画·徐策跑城》演出实况录像：1980 年，国家文化部委托中国艺术研究院摄录，先制成盒带，后复制为光碟，流行于世。

8.《刀劈三关》演出实况录像：同 7。

9.《白马坡》（《斩颜良》）演出实况录音：1981 年 1 月与李万春在天津合作演出现场录音，天津人民广播电台录制，后据此制成 "音配像"。

10.《华容道》（带 "讨令" "回令"）专场录像：1982 年由天津文化局音像室专场摄录。

11. 为连载文配发生活照：《天津日报》1982 年 10 月 6 日、13 日、20 日、12 月 1 日。

12.《刀劈三关》清唱现场实况录音：1984 年 "爱我中华，修我长城" 筹款义演。

13.《徐策跑城》清唱现场实况录音：同 12。

14.“赵松樵热心收徒传艺”新闻报道图片：《剧坛》戏剧杂志 1985 年第 1 期第 46 页，杨克拍摄。

15.扮演关羽剧照：1987 年 10 月 15 日《艺术周报》。

16.《南天门》清唱录音：1988 年 3 月 30 日至 4 月 1 日，天津人民广播电台“庆祝海河晨光开播一周年，津门表演艺术家演唱会”实况录音。

17.《路遥知马力》清唱录音：同 16。

18.《古城会》演出实况录像：1989 年 4 月，“庆祝赵松樵先生舞台生活八十二周年”演出，赵松樵、李铁英、赵云鹤两代人三演关羽，天津电视台录制。

19.《斩颜良》演出实况录像：1989 年 4 月，与弟子陈云超师徒双演颜良，天津电视台录制。

20.《大溪皇庄》演出实况：1989 年 4 月，与王超群、刘少泉、袁文君、魏伟等合演，马三立、赵慧秋友情串演，天津电视台录制。

21.新闻报道“剧坛名宿粉墨度春秋，年尊艺精氍毹传佳话”文与图片：《今晚报》1989 年 4 月 17 日，董鹏文。

22.《路遥知马力》清唱录音：1990 年 4 月 11 日，“祝贺赵松樵舞台艺术 83 周年图片展”开幕式及京剧名家演唱会，天津人民广播电台记者王联生录音，后制成专题节目在电台播出。

23.“祝贺赵松樵舞台艺术八十三周年图片展”开幕式录像：1990 年 4 月 11 日天津电视台采访录制，电视台《天津新闻》栏目播出。

24.晚年关羽剧照及生活照：《天津画报》1991 年 4 月第 2 期，傅胜利文。

25.电视专题片《才长艺广赵松樵》：1991 年八九月间，天津电视台摄制，总撰稿赵绪昕，编导孟祥友，解说何佩森，摄像芮连仲，播出时长 30 分钟。

26.《南天门》清唱录像：1991 年 10 月 8 日，庆祝全国京剧票友大赛在天津开幕，“天津市老中青少京剧演员与票友演唱会”，天津电视台录制。

27.《刀劈三关》清唱录像：同 26。

28. 照片：《天津日报》1991 年 10 月 9 日，该报记者杨新生摄。

29. "新年戏曲晚会"贺词与清唱录音：1994 年 12 月下旬，天津人民广播电台到赵宅录音。

30. 口述从艺经历、说 9 出戏的录音：受天津市中华文化促进会谢国祥委托李慧春采访。

31. 晚年便装照：《中国京剧》杂志 1996 年第 1 期。

32. 专辑电视片：1996 年 4 月 27 日，天津电视台《中华戏曲》栏目摄制。

33. 赵松樵、赵磬声合影：1996 年第 42 期《戏剧电影报》刊发。

34. 病逝追悼会实况录像：1997 年 1 月上旬，天津电视台录制。

35.《白马坡》（《斩颜良》）音配像：1997 年中央电视台、天津市民族文化促进会制作。

36. 剧照集锦：《中国京剧百老荟》影集，1998 年 3 月出版。

37. 晚年便装照及关羽剧照：2001 年第 3 期《中国京剧》杂志。

38.1937 年便装照、颜良和卜文正剧照：《近代天津十大戏曲家》，天津人民出版社 2002 年 2 月出版。

39. 多幅便装照及剧照：《赵松樵评传》，2008 年 12 月由中国戏剧出版社出版。

40. 演出结束与观众会面现场照：2010 年 10 月天津人民出版社出版《春华秋实》文集。

41.《举鼎观画·徐策跑城》VCD：2011 年出版发行《中国京剧名家名段》系列音像制品之一。

42.1953 年师徒合影及与多位名家合影：《中国京剧》杂志 2011 年第 4 期。

43. 剧照及生活照：《天津市文化艺术》图册，天津市文化局编辑出版，年代不详。

44.《斩颜良》大幅剧照：《梨园周刊》（《戏剧电影报》改版），年代日期不详。

附录四　赵松樵艺术评论文目录

（1979—2017.4）

1. 赵松樵述，孙淑英整理.《谈谈练基本功》.《天津日报》，1979-07-22（4）.

2. 王永运.《老树红花喜迎春——谈赵松樵的"徐策跑城"及其他》.《天津日报》，1979-09.

3. 孙淑英.《八十不老雄心在——访问著名京剧演员赵松樵》.《天津日报》，1979-09-18（2）.

4. 王凯.《赵松樵舞台生活七十年》.天津市文化局《百花园报》，1979-10-10（3）.

5.《中国艺术家词典》第3分册.赵松樵词条.北京语言学院编委会编.湖南：湖南人民出版社出版，1982.

6. 王永运.《宝刀不老——记赵松樵》.天津市文化局戏剧研究室编.《戏剧研究资料》，1982（2）.

7. 孙淑英.《赵松樵的艺术生活》.《天津日报》，1982-10-06、13、20、12-01（3）连载.

8.《我的舞台生活》.赵松樵述、梅子整理.中国剧协天津分会编辑出版.《艺术学习》——"戏剧资料"，1982（12）.

9. 赵松樵、赵绪昕.《开拓新剧目，繁荣京剧舞台》.《剧坛》，1983（6）.

10. 翁偶虹.《从一专多能谈到赵松樵的才长艺广》.《剧坛》，1983(6).

11. 刘荣昌.《赵松樵的绝技浅谈》.《剧坛》，1984（6）:37-38.

12.《天津市京剧团排演"忠烈传""雪弟恨"》.《今晚报》，1984-12-10.

13. 赵松樵述、徐新整理.《我和周信芳》.《剧坛》杂志,1985(4)首发,中国戏剧出版社,《周信芳艺术评论集》(续编)转载.

14. 赵绪昕.《赵松樵热心收徒传艺》.《剧坛》,1985(4):46.

15. 赵绪昕.《矫矫不群,自成一家——谈赵松樵的关羽戏》.吉林省文化厅主办.《艺术周刊》,1987-10-5(3).

16. 邓小秋.《"活颜良"印象记》.天津市文联主办:《艺术家》,1989(2).

17. 赵绪昕.《赵松樵与唐韵笙》.中国剧协北京分会主办.《戏剧电影报》,1988-07-10(28).

18. 曹嘉文.《赵松樵三改脸谱》.《天津日报》,1988-12-06(5).

19. 赵绪昕.《祝贺赵松樵先生舞台艺术生活八十二周年演出节目单》.1989-04-16、17、18.

20. 赵绪昕.《祝贺赵松樵先生舞台艺术生活八十三周年图片展》前言及图片说明词.1990-04.

21. 鲍国之.《百余幅剧照留轨迹,九龄童享誉红氍毹》.《今晚报》,1990-04-12(2).

22. 赵绪昕.电视专题片《才长艺广赵松樵》解说词.天津电视台录制,1990-04.

23. 甄光俊.《菊国人瑞赵松樵》.《今晚报》,1990-06-20(3):"老年生活".

24. 艺术生平收录《京剧知识词典》"人物篇",1990(10):547.

25. 马铁汉.《难忘"活颜良"》.《戏剧电影报》,1991(2):3.

26. 赵绪昕.《"火烧红莲寺"剧考》.《戏剧电影报》,1991(12).

27. 张生.《活颜良赵松樵:白马坡陡起风波,夏月珊一语解围》.新加坡某杂志,杂志名称、年代不详.

28. 赵绪昕.《由"红须客"之误谈起》.《戏剧电影报》,1991(15).

29. 傅胜利.《京剧界的不老松——赵松樵》.《天津画报》,1991(4):2.

30. 金倚萍.《"火烧红莲寺"纪实》.《戏剧电影报》,1991(31):3.

31. 曹嘉文.《赵松樵的"三绝"——耍牙、僵尸、变脸》.《戏剧电影报》,1991(42):3.

32. 焕文.《赵松樵几辞"四进士"》.《今晚报》, 1991–11–07:2.

33. 赵绪昕.《赵松樵艺术生活纪略年表》.天津艺术研究所主办:《艺术研究》, 1991（冬季号）.

34. 电视专题片《才长艺广赵松樵》.《天津日报》, 1992–02–02.

35. 电视专题片《才长艺广赵松樵》.《今晚报》, 1992–02–07.

36. 王永运.《老树红花——观"才长艺广赵松樵"》.《今晚报》, 1992–02–13.

37. 苏宗仁.《"血滴子"在苏州》.《戏剧电影报》, 1993（15）.

38. 沈兆熙.回忆赵氏父子演《血滴子》文题未详.《戏剧电影报》, 1993（18）.

39. 赵绪昕.《赵松樵父子与"血滴子"》.《戏剧电影报》, 1993（21）:3.

40.《天津市当代专家名人录》.赵松樵条目.王跃贤主编.天津:天津人民出版社出版, 1994（2）.

41. 赵绪昕.《赵松樵演出剧目集录》.《艺术研究》, 1994（冬季号）.

42. 赵松樵述、刘炎臣整理.《我的演戏生活片段回忆》// 天津政协文史资料委员会编.《京剧艺术在天津》.天津:天津人民出版社出版, 1995（11）:1–10.

43. 赵绪昕.《赵松樵演"斩颜良"》.文化部振兴京剧指导委员会主办.《中国京剧》, 1996（1）.

44. 马祥麟.《我与昆曲共一生》.《戏剧电影报》, 1996（22）.

45. 侯正飞.《关于张玉燕之死》.《戏剧电影报》, 1996（31）:11.

46. 王永运.《赵松樵的绝技》.《戏剧电影报》, 1996（37）:11.

47. 王永运.《斯人乘鹤去，绝艺留人间——忆京剧表演艺术家赵松樵》.《今晚报》, 1997–01–04:2. 又见于《中国京剧》.2000（3）.

48. 赵绪昕.《赵松樵先生逝世》.《戏剧电影报》, 1997–01–09.

49. 苏舞.《赵松樵的最后两场戏》.《戏剧电影报》, 1997–01–23:11.

50. 赵绪昕.《赵松樵先生生平》（为天津市表演艺术咨询委员会、赵松樵治丧小组悼词代笔）.1997 年 1 月初赵松樵追悼会上由天津市文化局副局长孔祥玉宣读.

51. 周骥良.《"戏篓子"赵松樵》.《天津日报》,1997-02-01:5.

52. 龚义江.《赵松樵的八十岁"跑城"》.《戏剧电影报》,1997-04-03:11.

53. 赵绪昕.《赵松樵京剧艺术简论》.《艺术研究》,1997(春季号).

54. 星翁.《活颜良赵松樵逝世》.台湾:《申报》,1997.

55. 赵绪昕.《赵松樵——九龄童飞刀惊人》.美国:《世界日报》,1998-08-05.

56. 刘琦.《声犹在耳——忆赵松樵先生》.《戏剧电影报·梨园周刊》,1998(33期).

57. 赵绪昕.《赵松樵在喜连成的年代》.《中国京剧》,2000(3).

58. 郭云涛、赵绪昕.《谈赵松樵演"连环套"》.中国戏曲表演艺术学会主办.《中国演员报》,2000-06-30.

59. 朱伯琏.《赵松樵演活卜文正》.《戏剧电影报·梨园周刊》,2000-07-17:2.

60. 王永运.《赵松樵的"三变脸"》.《今晚报》,2000-09-07.

61. 赵绪昕.《赵松樵创演新戏事略》.《中国京剧》,2001(3).

62. 赵绪昕.《独树一帜京剧全才赵松樵》//天津政协文史资料委员会编.《近代天津十大戏曲家》.天津:天津人民出版社,2002(2):109-142.

63. 齐会英.《赵松樵传记》//《天津戏曲五十年》.天津杨柳青画社,2002(9):106.

64. 何佩森.《德高望重,艺广才长——怀念赵松樵先生》.《今晚报》,2003-01-05.

65. 赵绪昕.《赵松樵天津历险记》.《天津老年时报》,2004-08-27.

66. 陈笑暇.《赵松樵津门艺绩》.《今晚报·副刊》,2006-09-03.

67. 陈笑暇.《赵松樵与红净戏》.《今晚报·副刊》,2007-05-30.

68. 赵绪昕.《赵松樵早期津门艺事》.《天津老年时报》,2007-07-11.

69. 邓元昌.《50年前京剧"武生大会"赈灾义演》.《今晚报·副刊》,2007-08-19:"沽上艺踪".

70. 甄光俊.《发轫于烟台的赵松樵及其父其姐》.《中国京剧》，2008（4）.

71. 小王桂卿.《声隆誉盛的赵松樵》//《卿本戏痴小王桂卿》.上海：上海人民出版社 2010（1）:126–130.

72. 王玉璞.《打鼓生涯 70 年》（二）.《中国京剧》，2010（1）:80.

73. 杨蒲生.《浅谈京剧"刀劈三关"》.《中国京剧》，2010（8）.

74. 曹嘉文.《做戏投入，刀法精纯——忆赵松樵"棍扫萧金台"之胜英》.《中国京剧》，2010（9）.

75. 赵绪昕.《一代宗师赵松樵》//《春华秋实》.天津：天津人民出版社，2010（10）:159–165.

76. 赵绪昕."纪念赵松樵先生诞辰 110 周年"《与魏伟先生一席谈》.《中国京剧》，2011（4）.

77. 曹嘉文.《于细微处见功力——忆赵松樵"杨家将十小战辽王"》.《中国京剧》，2011（8）.

78. 王文玉.《梨园演义——赵松樵》.天津人民广播电台，2011–11–15:《京剧大戏院》系列播讲之一.

79. 曹嘉文.《威武豪装，草泽雄风——忆赵松樵"三盗令"之杨林》.《中国京剧》，2012（2）:54.

80. 五谷不是无谷《浅说京剧"刀劈三关"——赵松樵独具一格"刀劈三关"》.微信公众号"青衣童儿京剧道场"，2015–03–26.

81. 刘连群.为《梨园周刊》登载巨幅颜良剧照配文.年代日期、期号未详.

82. 刘荣昌.《一把劫后的折扇》.《天津日报》，年代日期不详.

83.《独树一帜的赵派"徐策跑城"——看梨园不老松赵松樵先生》.微信公众号"戏曲曲艺两门抱"，2015–02–03.

84.【老戏和流派】.追忆"活颜良"《斩颜良》，微信公众号"青衣童儿京剧道场"，2015–2–12.

85.【老戏与流派】.《赵松樵独具一格的"刀劈三关"》.微信公众号"青衣童儿京剧道场"，2015–03–26.

86. 赵云铭.《给父亲的一封信》.微信公众号"戏曲曲艺两门抱"，

2015-4-28:【纪念赵松樵先生】专辑.

87. 魏伟.《怀念恩师赵松樵先生》. 出处同第86.

88. 张家武.《饮水思源忆大师》. 出处同第86.

89. 李雨森.《师爷带我奔济南》. 出处同第86.

90. 李志勇.《追忆师爷赵松樵先生》. 出处同第86.

91. 赵麟童.《漫谈我见过的好角儿好戏》. 微信公众号"青衣童儿京剧道场",2015-06-26:【京剧忆旧】.

92. 双翼翔.《小忆赵松樵》// 王雪晗《独家专访武生名家双翼翔老先生》. 微信公众号"戏曲曲艺两门抱",2015-10-21.

93. 赵绪昕.《赵松樵与唐韵笙的互补共进》. 微信公众号"戏剧传媒",2016-03-06.

94.《纪念"能派"名家赵松樵先生115周年诞辰》. 微信公众号"戏曲曲艺两门抱",2016-03-21.

95.《赵绪昕先生对百度百科"赵松樵简介"的勘误》. 微信公众号"戏曲曲艺两门抱",2016-03-28.

96.《独家专访——赵松樵先生爱徒,梨园界的"真大侠"魏伟先生》. 微信公众号"戏曲曲艺两门抱",2016-05-26.

97. 赵晓岚.《跟唐韵笙合作演戏》. 微信公众号"戏曲曲艺两门抱",2016-09-12.

98.《老戏骨赵松樵先生谈演戏生活的体验》(附视频). 微信公众号"京剧三鼎甲",2016-10-10.

99. 唐玉薇.《弟兄情谊深——访赵松樵先生》. 微信公众号"京剧三鼎甲",2016-10-24.

100. 雪飞:《朋友,你听过"斩颜良"吗?》. 微信公众号"京剧三鼎甲",2017-02-14.

附录五　赵松樵饰演花脸角色脸谱

江　洵

1. 颜良：京剧《白马坡》中，颜良的传统扮相为勾紫三块瓦脸，戴扎巾大额子，翎子狐尾，挂黑满髯，扎紫色硬靠。赵松樵先生为了突出人物形象，对原有扮相进行了改良。改作戴改良盔，扎紫色改良靠，见刘备时戴八面威，袭蟒束带，粘紫色叉眉，带鼻卡，挂紫色"海下涛"髯口。脸谱也改为揉紫脸，并用"破脸"的方法，自脑门至鼻梁勾一道白色刀形长纹，长纹的上部左侧点一白点，示其为关羽刀劈而死，不得善终。赵老改良的颜良脸谱，以充分夸张的写实手法，突出了人物骄狂而骁勇的特点。这个扮相深得人心，对后学演员影响很大，现在凡演颜良者，大多以赵老的扮相为标准进行装扮。

颜良
白马坡
赵松樵谱
当年照片

2. 关羽：赵松樵先生饰演《古城会》《华容道》等剧的关羽，均用搓脸的手法，而不是用红油彩勾脸。勾较细的直眉子、丹凤眼，眼梢略有弧度，抵于鬓边，勾窄鼻窝。晚年有时勾作圆头尖尾的剑眉和矮鼻窝，据云多是由他人代勾。赵老的关羽脸谱，特点在于要在脸上点画七星痣，其中三颗在右颧处，两颗在左侧，眉里点一颗红痣，脑门上点一颗黑痣。演《走麦城》等关羽暮年的剧目，则将眉子和鼻窝改为灰色。

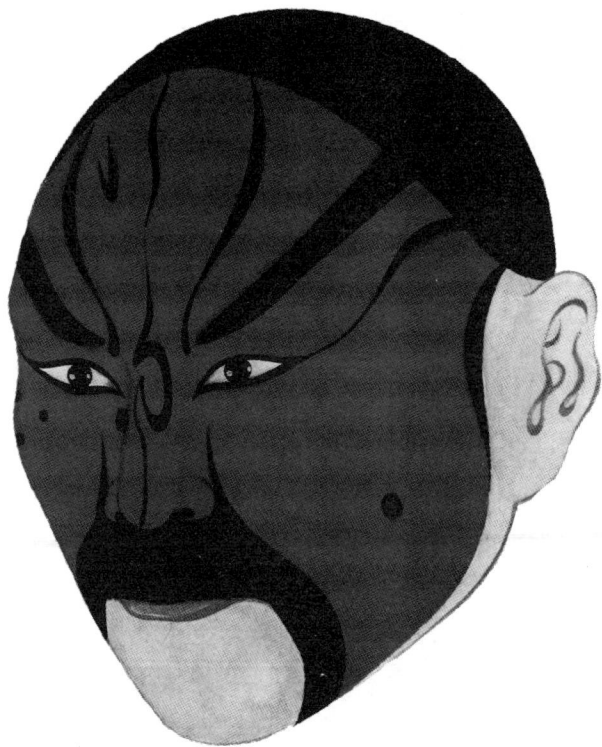

關羽

古城會

趙松樵譜

劍然

關羽

華容道 趙松樵譜 晚年劇照

3. 张飞：赵松樵先生扮演张飞，不同的剧目采用了不同的扮相。例如，演《三江口》，早年的扮相是戴草帽圈，赤膊穿卒坎，腰插令旗；晚年则打扎巾加草帽圈，穿紫素箭衣，外罩宝蓝色卒褂，系大带，持令旗。演《芦花荡》，仍按传统的老扮相，戴甩发加草帽圈，穿黑色快衣裤，系大带，腰插令旗。演《周瑜归天》，则戴扎巾盔，扎靠，持枪、马鞭，背单鞭——据贺永华先生讲，梆子班演《龙凤呈祥》，张飞在江边接应刘备，即扎靠上。赵老的张飞脸谱，仍按传统勾黑十字门脸。只不过，在《三江口》和《芦花荡》中，勾环眼和敞鼻窝，早年在黑通天中，还要留出一笔白道，这都是梆子的勾法；在《周瑜归天》中，则按照京剧的勾法，勾比较方正的笑眼窝和山字形圆鼻窝；《造白袍》则易黑鼻窝为灰鼻窝。赵老对张飞的脸谱十分讲究，据他的弟子魏伟先生讲，赵老曾强调，张飞的脸谱要勾出笑容，只有《造白袍》必须勾出哭相。

张飞

芦花荡

赵松樵谱

剑虹

張飛

周瑜歸天

趙松樵譜

晚年錄相

張飛

三江口

趙松樵譜

晚年錄制

4. 张定边：赵松樵先生的《九江口》张定边，勾油白老三块瓦脸。眉眼鼻窝，均较他人更加夸张。勾蝶翅眉子，眉头尖挑，中部纤细而圆转，眉梢放宽，太阳穴白地处点两枚红点。白眉子上压一笔水墨细线。眼窝宽大，呈三角形，梢部画套水墨的白色大眼珠。鼻窝直耸，呈山字形。印堂勾红色细线，自额际勾至鼻梁。赵老的这个脸谱，形如大蝴蝶，准确地刻画了张定边这一耿介而肃穆的孤忠老臣的艺术形象。

張定邊

九江口

趙松樵藏

劇照

附录五　赵松樵饰演花脸角色脸谱

5. 鲍自安：赵松樵先生早年演出《龙潭鲍骆》，饰演鲍自安，揉老脸，戴鸭尾巾，挂小白扎，穿蓝褶子，足踏登云履，手持大折扇。"开打"时露白发髻，穿白色打衣裤，持单刀。鲍自安的脸谱，本为油白老三块瓦，沪上演之，则改为揉脸，赵松樵先生如此，赵如泉先生亦如此。赵老的鲍自安脸谱，纹理多而复杂，同样是揉老脸，赵老饰演的《封神榜》闻仲，脸上纹理则勾得很少，这是因为，鲍自安身为江湖豪侠，沧桑砥砺；而闻仲身为主国重臣，地位崇高。身份上的差别，体现在脸谱上，自然不能"千人一面"，可见赵老对角色的把握自有准绳。

鲍自安

龙潭鲍骆

赵松樵谱

剑呒

6. 大马童：赵松樵先生曾于 1985 年演过全部《吞吴恨》，前饰刘备，后饰大马童。他的大马童勾白色马夫脸，八字眉，月牙形的笑眼窝，连鬓胡子。印堂勾一笔红色梭形，梭形两旁点两笔黑点，位居两眼之间。勾红嘴岔，嘴角下撇，口衔假牙，做出十足怪相，令人观之发噱。

大马童

吞吴恨

赵松樵饰

剧照

7. 傻子:《苦中义》又名《呆中福》,是赵松樵先生移植于梆子的独有剧目,共五本。据马少童先生回忆,该剧演一个傻子的恶母改嫁,为一名员外收作二房。恶母欲谋员外家私,加害员外及员外与前房夫人所生之女,傻子仗义鼎助员外一家屡次脱险的故事。赵老在剧中饰演主角傻子,扎朝天辫,赤膊,穿肥大的吊带彩裤,勾丑角粉团歪脸,粉团外揉锅烟子,勾红色嘴岔,嘴角上扬,做出憨笑的神态,虽然面带傻相,但是并未刻意丑化,使人观之不觉庸俗。

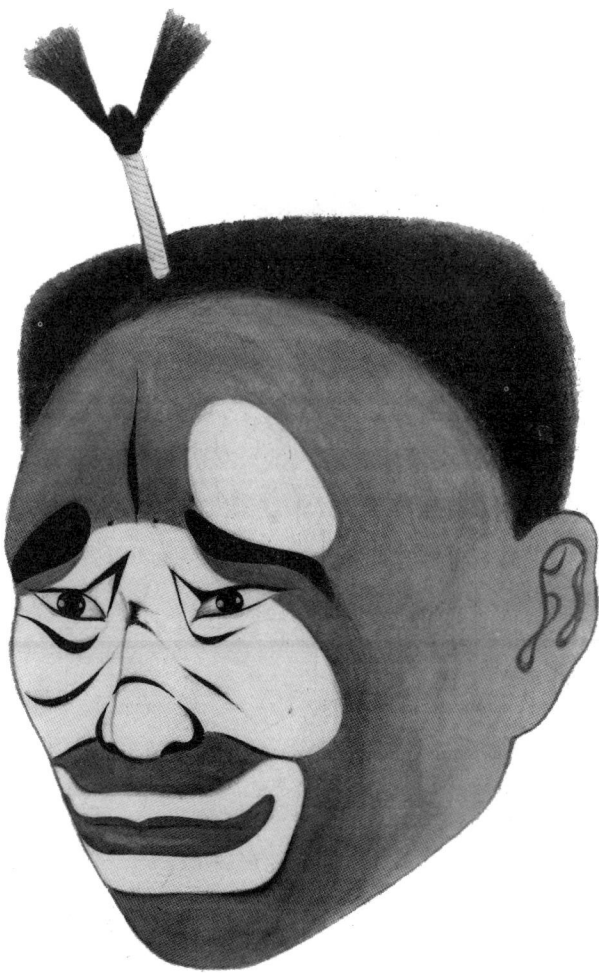

傻子

呆中福

苦中义

赵松樵谱、剧照

(以上脸谱及图解经魏伟、赵云铭二位老师审阅并斧正。)